MERGER &
ACQUISITIONS

U0100048

── 增訂二版 ──

香港企業
併購經典

馮邦彥 ┊ 編著

前言

　　物競天擇，弱肉強食，適者生存。這是自然界演化的規律，亦是現代商業社會發展的必然之路。

　　美國著名經濟學家、諾貝爾經濟學獎獲得者喬治‧丁‧斯蒂格勒在考察美國企業成長路徑時指出：「沒有一個美國大公司不是通過某種程度、某種方式的兼併而成長起來的，幾乎沒有一家大公司主要靠內部擴張成長起來的。一個企業通過兼併其競爭對手的途徑成為巨型企業是現代經濟史上一個突出現象。」

　　所謂「兼併」（MERGER），《大美百科全書》的解釋是：「在法律上，指兩個或兩個以上的企業組織組合為一個企業組織，一個廠商繼續存在，其他廠商喪失其獨立身份。惟有剩下的廠商保留其原有名稱和章程，並取得其他廠商的資產。這種企業融合的方法和合併不同，後者是組成一個全新的組織，此時所有參與合併的廠商皆喪失其原來的身份。」而《新大不列顛百科全書》的解釋則是：「指兩家或更多的獨立企業或公司合併組成一家企業，通常由一家佔優勢的公司吸收一家或更多的公司。一項兼併行為可以通過以下方式完成：用現金或證券購買其他公司的資產；購買其他公司的股份或股票；對其他公司的股東發行新股票，以換取所持有的股權，從而取得其他公司的資產和負債。」所謂「收購」（ACQUISITIONS），根據《新帕爾格雷夫貨幣金融大詞典》的解釋是：一家公司購買另一家公司的大部分資產或證券，目的通常是重組其經營，目標可能是目標公司的一個部門收購，母公司出售或回收子公司股權與之脫離關係或讓產易股，或者是目標公司全部或大部分有投票權的普通股合併或部分收購。

兼併和收購在經濟學上的涵義通常可解釋為一家公司以一定的代價和成本如現金、股權等，來取得另外一家或幾家獨立公司的經營控制權和全部或部分資產所有權的行為。隨着經濟全球化的發展，兼併和收購的界限愈來愈模糊。正如溫斯頓所講："傳統的主題已經擴展到包括接管以及相關的公司重組、公司控制、企業所有權結構變更等問題上，為簡便起見，我們把它們統稱為併購。"

　　在過去的一百多年間，全球共發生過五次公司併購浪潮。前四次併購浪潮分別發生在 19 世紀末、20 世紀初的世紀之交，第一次世界大戰之後的 20 年代，第二次世界大戰以後的 50-60 年代，美元危機和石油危機之後的 70-80 年代。20 世紀 90 年代中期以來，隨着經濟全球化進程的加快和新經濟的發展，以美、日、歐為主的發達國家的公司企業掀起了新一輪的併購高潮，即第五次併購浪潮。第五次企業併購浪潮發生在人類社會由工業社會走向以全球化、一體化和信息化為特徵的知識經濟社會的轉折時期，其來勢之迅猛，規模之浩大，影響之深遠，引起了全球輿論和國際商界的高度矚目和關注……

　　根據聯合國貿發會議的統計，20 世紀 90 年代跨國併購額佔全球併購總額的比重保持在 25% 左右，2000 年這一比重上升到 33.5%。2000 年，全球併購總額達到了 3.4 萬億美元，其中，跨國併購超過 1.4 萬億美元。當年，全球超過 10 億美元以上的跨國併購個案達到 157 宗，而 AOL 與時代華納的併購的資本金額就達到 1840 億美元，創歷史最高紀錄。這場跨國併購浪潮從美國發端，並迅速擴展到德國、法國、英國、瑞士等歐洲國家，以及日本、韓國等亞洲國家，覆蓋的行業包括航空、電訊、金融、石油、汽車等各個重要領域，形成一股空前的、國際性的發展大趨勢。

　　就連一向被視為收購兼併的"世外桃園"或"綠洲"的中國也受到深刻的影響。自 1990 年中國恢復建立證券市場以來，中國內地也擂響了企業收購兼併的第一輪鼓點。1993 年 9 月，深圳寶安集團策動收購上海延中實業股份有限公司，就是中國企業併購的先聲，被譽為中國"企業收購第一戰"。目前，中國企業的收購兼併，包括跨國併購，可謂此起彼伏，方興未艾。

　　隨着全球包括中國併購大潮的上漲，人們對於收購兼併戰略戰術的運用，包括收購兼併目標的確定、方式及技巧的運用、風險的控制，以及利弊的關注程度等迅速上升。這方面，香港四十多年來的收購兼併歷史，可提供一個生動、有益的借鑒。戰後，尤其是 20 世紀 70 年代以來，隨着政治、經濟環境的轉變，香港各種資本、財團的勢力透過收購兼併進行財勢和利益的重組，從中演繹出一幕幕精彩絕倫的併購活劇，積累了豐富、深刻的經驗、教訓。

20 世紀 70 年代初，香港經濟由英資獨領風騷，英資怡和旗下的置地以換股方式鯨吞牛奶公司，藉此擴張勢力。然而，70 年代末期以後，新興華資財團崛起，英資財團則憂慮香港前景而有所退縮，此消彼長之下，華資強人李嘉誠、包玉剛等先後從英資手中奪取和記黃埔、九龍倉、香港電燈及會德豐等公司。80 年代中期，以劉鑾雄、羅旭瑞等新興華商為代表的股壇狙擊手，將歐美的收購戰術引入香港，一些經營保守傳統家族公司，如華人置業、香港大酒店、永安集團等，先後成為被狙擊的對象……

踏入 20 世紀 90 年代，隨着中資崛起，部分作風進取的中資大企業，如中信泰富等，先後展開對恒昌企業、美麗華酒店的收購戰，挾巨資的國有企業如首鋼、香港中航等，亦在香港大展身手。與此同時，已晉身跨國企業之列的東南亞華人財團亦不甘人後，先後策動海託、亞證、電視企業等一系列收購兼併。值得注意的是，隨着 1997 年香港回歸的臨近，香港的英資公司部署了一系列的"撤退"策略，其中最經典的包括滙豐集團收購英國米特蘭銀行的"帝國還鄉"一役，圍繞置地控制權的長達 20 年的攻防戰。這一時期，香港發生了兩宗並不十分起眼的併購活動，就是利豐透過對英之傑旗下的天祥洋行（即：英之傑採購）及太古集團旗下的太古貿易的收購而乘勢崛起。至此，英商主導香港貿易業的時代宣告結束。

1997 年回歸以來，香港先後經歷了兩場金融危機，分別是 1997 年的亞洲金融風暴和 2008 年的全球金融海嘯。兩場危機對香港經濟都造成空前的衝擊，香港企業收購兼併再次風起雲湧，其中，最矚目的當數 1997 年李嘉誠的二子李澤楷旗下的盈科所策動的對香港電訊的收購，以及 2009 年以後李嘉誠的"乾坤大挪移"及資產重組。這兩宗收購、重組的案例，堪稱經典中的經典。此外，在香港以 H 股上市的內地企業萬科爆發空前激烈的爭奪戰，更成為內地商界高度矚目的併購案例。

本書正是在這一系列大大小小的收購兼併案例中，選取了三十六個具有代表性的經典個案詳加演繹，力圖再現當年的場面，並加以適當的說明分析，以作借鑒、參考之用。本書既可視為一部香港近五十年來公司收購兼併的歷史，亦可作為收購兼併的個案分析教材。倘若讀者能從中獲益，筆者將深感欣慰。

　　在本書即將出版之際，筆者要衷心感謝香港三聯書店、三聯書店前總編輯侯明女士和本書的責任編輯鄭海檳先生及劉汝沁小姐。本書能夠如期付梓，製作精美，是與他們的大力支持，熱忱協助和辛勤努力分不開的。

　　當然，由於筆者水平有限、資料掌握未能夠齊全，其中定有不少疵誤和錯漏之處，懇請識者指正。

馮邦彥 謹識

2017 年 7 月

目錄

01

先聲奪人　置地兼併牛奶公司

　　香港公司收購兼併中，第一宗廣為人知且影響深遠的案例，是 1972 年發生的被號稱為香港地產"皇冠上的明珠"的置地公司兼併牛奶公司事件，俗稱"置牛大戰"，這是本書的開篇。

　　是役，身兼置地主席的怡和大班亨利·凱瑟克，利用當時英資洋行如日中天的氣勢，以及置地作為歷史悠久的大地產公司的聲譽，以換股方式向牛奶公司股東提出全面收購。他首先展開先聲奪人的輿論攻勢，掀起了香港經濟史上一場精彩絕倫的廣告戰。

　　結果，在形勢比人強的情況下，牛奶董事局敗走麥城，主席周錫年黯然掛冠，置地終於得償所願，不費一文現金便成功鯨吞了牛奶這家規模宏大的機構。

　　然而，古語云："禍兮福所倚，福兮禍所伏。"誰又能料到，置地的輝煌勝利，可能已為日後的被狙擊，埋下伏筆！

這場置牛大戰的主角，是老牌英資洋行怡和集團旗下的置地公司。怡和創辦於 1832 年，藉着對中國的鴉片貿易和鴉片走私而發跡，其歷史比香港開埠的時間還要久遠。1841 年香港開埠後，怡和即將其總部遷到香港。因此，它自稱"一直代表殖民地時代的香港"。

怡和的勢力，曾一度膨脹到整箇中國內地，它曾在廣告中驕傲地宣稱："在中國任何地方，哪裏有貿易活動，哪裏就有怡和洋行。"當時，怡和經營的業務，已從鴉片貿易擴展到貿易、航運、倉庫碼頭、交通運輸、金融保險、房地產、工業以至公用事業等各箇領域，成為舊中國著名的多元化、綜合性大型企業集團，號稱"洋行之王""洋行中的王侯"。

1949 年中華人民共和國成立後，怡和損失了在中國的全部資產，將業務撤回香港。20 世紀 60-70 年代，它在英資四大行中，位居榜首。美國著名《財富》雜誌曾在一篇文章中聲稱，統治香港的權力，"依序而列"是馬會、怡和、滙豐和香港總督。怡和的排名尚在滙豐和港督之上，其權力之顯赫可見一斑。當時，香港商界每每提到怡和，無不肅然起敬。

置地是怡和集團旗下的主力，創辦於 1889 年，是香港歷史最悠久的地產公司。創辦人是著名英商保羅·遮打爵士及怡和執行董事詹姆士·凱瑟克。當時，他們都認為香港地理環境優越，遲早將成為世界一流的商埠，經營地產將大有可為，遂聯手創辦置地公司，由詹姆士·凱瑟克出任公司董事局主席。自此，怡和大班兼任置地主席便成了傳統。

置地創辦後即在香港最繁華的商業核心區中環廣購物業。19 世紀末，香港政府在港島北岸展開龐大填海工程，置地即在新填海區購買土地，大興土木，興建多幢具維多利亞時代風格的商廈。到 20 世紀 30 年代，置地已成為香港首屈一指的大型地產公司。

置地在中區的擴展活動，因 1941 年日軍侵佔香港而中斷了三年零八個月。不過，自 50 年代起，置地的擴張步伐再度啟動，它先後建成公爵行、怡和大廈、太子大廈，又組成城市酒店公司，建成著名的文華酒店。20 世紀 70 年代初，又在中區海旁建成樓高 50 層的康樂大廈，這是香港及亞洲當時最高的建築物。這時期，置地在中區的"物業王國"已趨建成，被譽為香港地產"皇冠上的明珠"。

20 世紀 70 年代初，隨着繁盛商業區向灣仔、銅鑼灣、尖沙咀等地區伸延，置地開始向中區以外地區發展。1970 年，置地在銅鑼灣東角地段相繼建成怡東酒店、世界貿易中心，就是這一發展的先聲。

1972 年，亨利‧凱瑟克出任怡和大班兼置地主席，成為大股東凱瑟克家族出任該職位的第五位成員。亨利‧凱瑟克早年畢業於英國伊頓公學和劍橋大學，1967 年已出任怡和董事，出任怡和大班時年僅 34 歲，儘管他年少氣盛，但頗富謀略。

當時，香港海底隧道通車在即，銅鑼灣已成為中區以外最繁華的商業區，地價急升，已成商家必爭之地。亨利‧凱瑟克看到牛奶公司在銅鑼灣有大片牛房、冰廠，潛質優厚，遂打起牛奶公司的主意。

牛奶公司亦是一家老牌的英資公司，創辦於 1886 年，創辦人是蘇格蘭裔醫生文遜。文遜早年在英國鴨巴甸大學修讀醫科，1883 年移居香港，行醫濟世，他發覺有需要創辦一個生產牛奶的牧場，提供新鮮、衛生的牛奶給社會各階層有需要的人飲用，遂於 1886 年發起創辦牛奶公司。牛奶公司在薄扶林、銅鑼灣等地區買下大片土地，興建牧場，飼養乳牛，榨取鮮奶出售。

1918 年，牛奶公司收購了怡和洋行的製冰公司，改組為“牛奶冰廠有限公司”，業務進一步擴大。到 70 年代初，牛奶冰廠已發展成一家大規模的上市公司，擁有員工超過 2000 名，售賣牛奶製品的門市部遍佈全港各區。

當時，牛奶公司並無控股大股東，董事局主席是曾在香港政壇紅極一時的華商周錫年。周錫年出身香港世家，早年留學英國，回港後執業做耳鼻喉科醫生，聲名鵲起。他在二次大戰時曾接濟過不少知名人士，為他在戰後從政提供了便利條件。

從 1946 年起，周錫年歷任立法局議員、行政局議員以及兩局首席議員，直至 1962 年任期屆滿，深得戰後兩任港督葛量洪和柏立基的賞識，備受重用。1960 年他獲英女王頒發爵士銜，成為香港歷來獲此銜位的第四位華人。利隨名來，不少商家拉攏他合夥，他因此而成為牛奶公司、華人銀行等多家公司的董事局主席。

不過，在 1967 年香港政治騷動中，周錫年未能旗幟鮮明地站在港督一邊，反而靠攏台灣尋找太平門。這種政治取向的轉變遂使他失寵於港督。這亦是亨利‧

凱瑟克敢於向牛奶公司開刀的原因，再加上當時牛奶公司經營保守，徒擁大片潛質優厚的土地而不作發展，終於成為置地覬覦的目標。

▲ 置地向牛奶公司提出全面收購建議 ◄◄◄

1972 年 10 月 30 日星期一，香港股市爆發了置地對牛奶的收購戰，這是香港股市發展史上首宗轟動全港而又影響深遠的收購戰，可說開創了香港現代經濟中企業兼併收購的先河。

翌日，置地在各大報章以全版廣告刊登了它的收購建議：置地將委託怡富和獲多利為財務顧問，以兩股面值 5 港元的置地股票，換取一股面值 7.5 港元的牛奶股票，即以換股方式全面收購牛奶冰廠有限公司。置地並表示，根據 1972 年 10 月 27 日香港證券交易所的收市價，置地每股 94 港元，牛奶每股 140 港元，換股建議實際上使牛奶股價升至每股 188 港元，即牛奶公司股東的資本值，將增加 34%。

置地並在各大報章廣告詳細列明收購原因：置地公司董事會堅信，為股東利益着想，置地公司應加強並擴展目前已具有雄厚實力之酒店及飲食業。與牛奶公司合併之建議將成為符合此政策之進一步行動。牛奶公司的行政人員及職工之利益受到保障，而加入擴大之集團後，將使他們之前程更為美好。維持牛奶公司獨立而自成一體之地位及素質亦將為該集團之方針。

合併後的酒店、飲食及食品集團，將成為太平洋區最重要的同類集團之一。它將向雙方之股東提供機會，參與業務分散而又有連帶關係的集團，其資源分別投資於本區內三種發展最迅速的行業——地產、消遣及飲食業。

上述集團的財力既增強，於適當時候將可讓牛奶公司的業務得以擴展。置地公司歷來被公認為經營有方之地產專業機構，此點足以協助牛奶剩餘之地產物業獲得有利之長期發展。雙方集團擁有股權的機構之地理分佈形勢及分別在各地區樹立之地位將提高雙方在廣闊區域內發展業務能力之地位。

置地向牛奶股東描述了兩家公司合併後所形成的綜合性大型企業集團的長

遠前景，還特別強調了置地作為老牌專業地產公司對發展牛奶剩餘地產物業的優勢。最後，置地表示：「董事會肯定，建議中之股權合併對雙方之股東至為有利。」

為了加強換股建議對牛奶股東的吸引力，置地即時聘請專業公司重估資產，每股置地資產值為 28 港元，公司總資產超過 17.5 億港元。同時，置地又向股東承諾，保證 1972 年度派息不低於 1.2 港元，比上年度增加 26%；1973 年度派息 1.5 港元，增長 25%；1974 年度派息 2.02 港元，增幅達 35%。

置地對牛奶的收購，引起投資者的憧憬，令整個股市沸騰起來。其時，香港股市正進入快速成長時期。1969 年遠東會的創辦，以及其後金銀會、九龍會的相繼創辦，打破了香港證券交易所的長期壟斷，一大批新興華資公司紛紛上市，香港股市形成了前所未有的大牛市，恒生指數從 1971 年底的 341.1 輾轉攀升到 1973 年 3 月 4 日的 1774.96 點的歷史性高位。置地對牛奶的收購無疑令股市火上加油。

1972 年 10 月 30 日，置地收購量牛奶的消息外洩，牛奶股價一開市便高升 48 港元，達 188 港元，其後股價節節颷升，最後以 196 港元收市，上升 56 港元，升幅高達 40%。置地升幅雖不及牛奶，但全日亦上升 10 港元，以 104 港元收市，升幅達 10%。當日，恒生指數大幅上升 43.67 點，以 613.66 點收市，升幅為 7.5%，全日成交總額達 4.43 億港元，創下歷史新紀錄。

翌日，或許是當時香港證券法例尚未健全，牛奶並不需要停牌，其股價進一步攀升至每股 200 港元水平，市場投資氣氛更形熾熱。奇怪的是，牛奶董事局並無即時應對措施，亦未召開會議研究對策。由於缺乏新消息刺激，11 月 2 日牛奶股價回軟，跌至每股 191 港元水平。種種跡象，反映了當時的市場遠未成熟，與今日的情況相去甚遠。

及至 11 月 3 日，牛奶董事局才作出初步反應，表示將聘請羅富齊父子（倫敦）有限公司為顧問，研究置地的「接管建議」。而牛奶公司執行董事兼總經理柯倫亦匆忙趕返香港，研究對策。翌日，牛奶公司及羅富齊父子（倫敦）聯合在報章刊登全版廣告，呼籲牛奶股東暫時不要作出任何決定，等待董事局的通知。

11 月 8 日，牛奶終於就置地收購建議作出正式回應，在當日報章刊登廣告，拒絕置地的收購建議。翌日晚上，牛奶公司召開首次記者招待會，出席者均為牛奶高層要員及其支持者的首腦，包括牛奶董事局主席周錫年、執行董事長兼總經理柯倫、牛奶公司董事兼和記國際主席祈德尊、會德豐主席約翰‧馬登，以及羅富齊父子（倫敦）首席董事李柱等，陣容鼎盛。

會議上，李柱代表牛奶董事局提出反對置地收購的三項理由：

一、如果接受收購建議，將會減少牛奶股票的股息，因為根據 1972 年度的數據，牛奶每股股息 3 港元，置地兩股股息合共 2.4 港元，以股息得益計算，對牛奶股東不公平。

二、如果接受收購建議，亦將會減少牛奶股東的贏利。因為 1972 年度牛奶每股贏利 3.65 港元，置地兩股贏利 2.58 港元。置地的收購建議將使牛奶股東贏利削減。

三、置地收購的目的是利用牛奶的優勢擴展業務，但牛奶在各方面已有良好聲譽，有自己的實力，無須藉助收購合併。

李柱最後表示，置地的收購建議不會成功。這次記者招待會實際上亦是向置地展示實力，顯示英資四大洋行中的和記國際和會德豐均站在牛奶一邊，雙方勢均力敵。

11 月 10 日，牛奶再次出招，以打擊置地的換股建議。當日，牛奶董事局在報章刊登廣告，宣佈牛奶的連串反擊措施，包括將牛奶股份分拆，一股拆五股，然後送紅股，分拆後每股送一紅股。換言之，牛奶股票經拆股及送紅股後每一股變為十股。牛奶公司還宣佈，1972 年度牛奶除稅後純利預計將超過 2670 萬港元，比 1971 年度大幅上升 35%，1972 年度派發股息將達每股 3 港元，比 1971 年度每股 1.8 港元將急升 67%。

20 世紀 70 年代初，正值香港股市進入大牛市時期，投資者對股市的認識亦遠沒有現時深刻，因此，股市上每逢遇到拆股及送紅股，該股價格必然飈升。牛奶董事局此舉顯然是投其所好，竭力爭取小股東。果然，當日，牛奶股價大幅飈升，最高達每股 290 港元，最後以每股 268 港元收市，與 10 月 27 日的收市價相比，短短十數日內股價升幅高逾一倍。該日，置地股價亦被搶高到每股 127 港元的歷史高位，市盈率高達 98.45 倍，而恒生指數則升至 759 點，四間證券交易所全日成交創下 7 億港元的新紀錄。

◢ 置地掀起精彩絕倫的廣告戰 ◢◢◢

面對牛奶董事局的頑強抵抗，怡和大班兼置地主席亨利·凱瑟克充分利用怡和洋行當時如日中天的氣勢，以及置地號稱世界三大地產公司的良好聲譽，以先聲奪人之勢向牛奶股東展開排山倒海的心理攻勢。

11月11日，置地在報章刊登廣告，赫然標榜自己是“股王”，同時以“牛奶公司股東應考慮下列事項”為題，針對牛奶董事局拆股送紅利的措施，提出多項質問：

一、牛奶公司何以現時才拆股及送紅股？牛奶此舉沒有令公司的資產有任何改變，只不過是把每股值268港元的股票，變成十股每股值26.8港元的股票。

二、牛奶公司的增長率是否確實訛謬？牛奶董事局預測1972年度公司贏利將增長35%，實際上是將1972年5月牛奶供股所得款項計算在內，如果將這筆款項撤除，牛奶實際增長率僅得21%。

三、牛奶董事局罔顧將來。牛奶沒有發表1973年度預測，而置地在收購建議中，已明確指出未來三年的贏利增長情況。

四、置地不忘提醒牛奶股東，如果置地一旦停止收購行動，牛奶股價應由268港元下瀉至收購建議前的135港元，共下跌49%。

數日後，置地意猶未盡，一連三天連續在各大報章刊登全版大廣告牌，展開更凌厲的心理攻勢。11月14日，它首先針對牛奶公司徒擁大片優質土地而不懂善加利用的弱點，譏諷地說：“人皆盡知，荒山野嶺只能長青草，絕對不會生長贏利，閣下當然深知其中道理。”接着，它又標榜自己的優勢：“能在地皮之上建築向高空發展的摩天大廈，方能使股東贏利直沖霄漢。”

11月15日，置地又在全版大廣告中，自詡“名列世界三大地產公司”，並驕傲地宣稱：“過去五年業績每年直線上升，所以論以往業績，是置地；論將來寄託，也是置地！”及至11月25日，置地再在全版大廣告中刊出醒目標題：“今後三年大發展，誰人能與共比肩？”又向牛奶股東呼籲：“加入置地股東行列向前邁進，此其時矣！”平心而論，這種宣傳手法頗能打動牛奶股東的心。

為加強攻勢，置地又向牛奶股東直接發出公開信，向牛奶董事局提出九點質疑：

一、牛奶何故不透露 1973、1974 年度贏利展望？

二、牛奶何故不透露其資產值？

三、牛奶何以大幅增加法定股本？

四、誰人真正不歡迎置地換股建議？

五、股票在股市中之交易活力是否值得研究？

六、牛奶公司對地產的專才何在？牛奶以往曾出售大部分具有發展潛力的地產，為什麼？

七、置地地產業務是否局限香港？

八、收購成功，置地保留牛奶所有員工行政管理豈會成為問題？

九、收購無論成敗，事後雙方股價都會回落，則接受收購建議何來額外風險？

在九點質疑中，置地再次抨擊牛奶的弱點（第六點），並標榜自己的優勢（第七點），實際上是以自己的所長，攻擊對方之所短。在這次收購戰中，置地可說充分利用這一優勢。

面對置地鋪天蓋地的輿論攻勢，牛奶董事局亦不敢怠慢，立即刊登廣告予以反擊。這次反擊的重點，是置地收購牛奶的方式。廣告表示："各股東應考慮：建議內容是以股票換股票，不是以現金換股票；股票市價可以降低，亦可以高漲；閣下因此必須異常慎重判斷香港置地換股建議之價值。" 廣告最後呼籲牛奶股東等待牛奶董事局的通知，以免貿然採取行動而喪失未來的一切權益。

稍後，牛奶董事局針對置地的換股建議，再刊登全版大廣告，廣告以圖表顯示，牛奶股票經專家重估後每股資產值高達 80 港元，而置地兩股的資產值才達 56 港元，廣告提醒牛奶股東 "請細心縝密衡量事實，香港置地公司之換股使閣下之每股收益減少；每股股息減少；每股資產值減少"。

這一廣告確實刺到置地的痛處，廣告刊登當晚，置地即加以反駁，透過發言人質疑牛奶資產重估的準確性；又隨即聘請專業測量師再次重估資產。11 月 21 日，置地罕有地在各大報章刊登兩版廣告，其中一版是聲稱經專業測量師重估後，置地每股資產值已增加到 51 港元。換言之，兩股置地的資產值已達 102 港元，遠高於牛奶一股 80 港元的水平，換股顯然對牛奶股東有利。

另一版則告訴牛奶股東如何去兌換置地股票，表示凡接納換股者四日內可收到置地的新股票。為爭取牛奶股東的支持並消除疑慮，置地又宣佈取消收購的附帶條件，即"接受換股以不少於牛奶公司已發行股份之 90% 為準，或由香港置地決定較低之百分率"。

同日，牛奶董事局亦在報章刊登一版廣告，內容主要是質疑置地資產重估的準確性。廣告指出："本年 10 月 30 日，貴公司宣稱按董事局近日之估值標準計算，置地公司之流動資產淨值不少於 17.5 億港元，約合每股港幣 28 港元，惟昨日之廣告即指出置地公司股票每股值港幣 51 元，亦即流動資產合計約為 32 億港元，貴公司可否解釋流動資產淨值如何能於數星期內增加 14 億港元？"至此，置牛的廣告戰可說進入了白熱化階段。

牛奶的反擊，確是招招擊中要害，對此，置地亦不敢輕敵。當日（11 月 21 日），置地主席亨利‧凱瑟克親自出面就牛奶董事局的質疑作出澄清。亨利‧凱瑟克表示，置地在 10 月 30 日的資產重估，董事局是採用了保守的估值方法對已發展的物業按投資原則估值，而發展中的物業，則以適當調整下的原則估值。至於 11 月 20 日的資產重估，是由專業測量師根據置地公司地產的公開市價作出估值，並由另一家獨立的估值專業機構加以核准。亨利‧凱瑟克強調，香港置地之地產，乃以公開市價作為估價標準，與當初以投資原則作為估價標準，自然不同，故所得之資產值，亦因而迥異。

亨利‧凱瑟克在輕輕化解牛奶董事局攻擊的同時，不忘順勢反擊，他表示："雖然牛奶公司仍未公佈對其公司估值所按標準之細則，但本人相信，本公司引以為據之專業估價準則，與牛奶公司所引用者大致相同。投機者應瞭解，一間地產公司能按公開市價對其資產作出公允之估價；但一間貿易機構若將賴以維持業務之物業出售，作為發展之用，則該公司實難向股東交代。"言下之意，是牛奶的資產重估，其準確性值得懷疑。

▲ 牛奶公司籌組牛奶地產展開反擊 ◢◢◢

在這場全港矚目的廣告戰中，置地步步進逼，牛奶董事局則頑強抵抗。其間，置地透過顧問公司怡富和獲多利，頻頻催促牛奶股東儘快將股票寄往或送到中環畢打街中央登記處登記，以便接受置地的換股建議，而最後期限是 11 月 29 日。對此，置地還警告牛奶股東："待至最後關頭才採取行動之牛奶股東，可能發覺其條件不符合，因而無法以牛奶股票換取置地股票。"隨着換股期限的日漸逼近，前往置地換股的牛奶股東愈來愈多，令置地要在九龍梳士巴利道的星光行增設換股辦事處。當時，市場甚至盛傳置地已持有牛奶 51% 股權。雖然牛奶公司顧問立即澄清有關傳言，但形勢似乎對牛奶董事局愈來愈不利。

這時，置地開始擺出勝利者的姿態。置地主席亨利‧凱瑟克表示，置地換股成功後，他本人無意取代周錫年在牛奶公司的地位，甘願做其副手。他又表示沒有計劃改組牛奶的人事組織，只是要運用置地的專長，協助牛奶公司貿易和地產的發展。他又批評牛奶過去只懂賣地，地產發展經驗不足，藉此進一步展開心理攻勢。

客觀而言，置地的換股建議，對牛奶股東並不公平。然而，他們都看好置地的長遠發展前景，寧願暫時吃虧。當時，香港地產市道蓬勃興旺，投資者都爭相追捧地產股。置地作為老牌地產公司，擁有中區黃金地段的主要貴重物業，號稱世界三大地產公司之一，其前景顯然被投資者看好；牛奶股東更憧憬置地入主牛奶後，能充分發揮其專長協助牛奶公司發展地產，從而獲得高額利潤。

牛奶董事局亦深知牛奶股東的心理，要阻止股東們前往置地換股，眼前惟有背水一戰，與其他地產集團聯手，創辦自己的地產公司，自己發展旗下的物業，只是這一着棋已下得太遲。

11 月 22 日，市場開始盛傳牛奶公司將有大機構加入協助發展地產，又說置地可能二送一紅股，結果有關消息立即刺激兩隻股票齊齊飆升，收市時更被爭購一空。

其實，當日置地送紅股是假，牛奶方面有機構加入協助發展地產倒是真的。11 月 24 日下午，牛奶公司召開記者招待會，宣佈已與香港地產公司華懋置業達成協議，雙方合組一家名為"牛奶地產有限公司"的機構。

其中，華懋置業將向新公司注資 1.24 億港元，換取該公司 24.9% 股權，而牛奶公司則以旗下所屬地皮換取新公司 75.1% 股權，其中，25% 的股票將免費派發給牛奶公司股東，新公司將在各證券交易所掛牌上市。牛奶董事局表示，牛奶地產的股票分派予牛奶股東後，牛奶公司股票的資產值及贏利收益將因此而增加，這就是董事局之所以拒絕與置地換股的理由。翌日，牛奶董事局再次刊出全版廣告，極力宣揚是項交易對牛奶公司的重要性，並譏諷已接受換股的牛奶股東將失去這一大好機會。

華懋置業在當時是一家頗活躍的中型地產公司，由華商王德輝、龔如心夫婦創辦於 20 世紀 60 年代，主要在荃灣等城市郊區發展小型住宅樓宇，深受市場買家歡迎。華懋與牛奶合組牛奶地產公司時，本身已頗具規模。據主席王德輝當時接受記者訪問時表示，華懋已擁有四十多個發展地盤，經營業務以地產為主，並涉及化學工業、建築及金融等，共持有附屬公司約 30 家。

儘管如此，當時以華懋的實力和聲譽，仍不足與置地抗衡。置地主席亨利‧凱瑟克就以輕蔑的口氣表示，牛奶這次是找錯了對象。華懋過去只是在葵涌、九龍以及新界一些地方發展房地產，對於發展牛奶現時所擁有的地皮可說完全沒有經驗，只會浪費這些地皮。因此，他斷言新成立的地產公司是不會成功的，置地對此毫不足慮，並且將阻止這項交易，因為置地已接到足夠的轉讓股份否決這項交易。

面對置地的譏諷，華懋、牛奶並未氣餒，華懋亦加入廣告戰，連續刊出全版廣告向牛奶股東推介，而牛奶董事局的廣告戰更堅持到 11 月 29 日置地換股期限的前一天，大有戰鬥到最後一兵一卒的氣概。

11 月 28 日，牛奶董事局在各大報章刊出全版廣告，這是牛奶在是役刊出的最後一個廣告，廣告的正文是：

"牛奶公司雖然擁有龐大地產但本質上是一間食品貿易公司，其貿易是由一批專門人員主理，彼等之工作過去已有良好成績，且已訂立在西太平洋區的進一步發展計劃。牛奶公司董事局深信此批專門管理人員主持一間獨立的公司所獲成就必定勝過主持一間附屬於地產公司的貿易公司；特別是附屬於不謀合作但求取得絕對控制權的置地公司。

"牛奶公司對置地公司經營地產的能力，毫不置疑。事實上，置地公司若正式與牛奶公司商討聯合發展地產，牛奶公司當然慎重考慮其建議。牛奶公司寧願與華懋置業有限公司協議合作，是基於下列理由：

• 牛奶公司要單獨管理經營其食品貿易。

• 華懋置業有限公司只佔牛奶公司撥交牛奶地產公司物業的 24.9%，即謂牛奶公司對於撥出的地產仍然保有控制權。

• 牛奶公司並非出賣其物業。華懋公司是以 1.24 億港元的物業和現金注入牛奶公司資產之內，實際上增高了資產總值。因此，牛奶公司能夠贈送給牛奶公司股東每股約值港幣 17 元的新公司股票，不必減低利潤及資產價值。"

最後，該廣告在計算出 1973 年度置地、牛奶兩家公司的市盈率後表示："牛奶公司董事局仍然深信牛奶公司股票每股價值遠超置地公司股票兩股加起來的價值。"

這份廣告可視為牛奶董事局對這場置牛大戰的一個總結，系統說明該董事局何以堅拒置地的收購，最後表達其心聲。

◢ 置地成功吞併牛奶公司 ◣◣◣

可惜，牛奶股東對牛奶董事局的一片苦心並不領情，愈到期限逼近，愈多牛奶股東前往置地換股。11 月 29 日，置地的換股期限終於到來，是日，置地宣佈，截至 11 月 28 日止，置地已取得牛奶公司 51% 以上股權。換言之，取得了決定性的勝利。

當晚，置地董事局召開記者招待會，出席會議的除置地主席亨利·凱瑟克外，尚有置地董事、香港金融界以及報界人士，多達數百人，場面極為鼎盛。凱瑟克滿面春風地宣佈收購成功，並表示繼續維持牛奶公司原有名稱和經營方式不變，又重申保留周錫年在牛奶的主席職位，自己願意屈居副手。

11 月 30 日，置地在各大報章再刊出全版廣告，宣佈置地已擁有 80% 以上的牛奶公司股票，置地決定將換股建議的最後期限延長至 12 月 15 日。置地又向牛奶股東贈送一副對聯，對聯曰："置地公司招朋立己立人延環層樓增異彩，牛奶冰廠攜手同心同力芬馨豐席享嘉名。" 興高采烈、躊躇滿志之情溢於言表。這是置地刊出的最後一版廣告，為這場精彩絕倫的廣告戰畫上了一個句號。

及至 12 月 15 日，置地收到牛奶公司已發行股票約 90%。根據公司條例，置地將向其餘牛奶股東進行強制性收購。至此，一場轟動全港的收購戰拉下帷幕，牛奶公司被置地成功兼併，其上市地位亦告取消。主席周錫年痛失江山，無意留戀主席職位，遂與董事祈德尊一道辭去牛奶董事職位，黯然掛冠而去。

置地鯨吞牛奶後，果然發揮所長，將其剩餘土地加以發展。1973 年，置地將牛奶公司在銅鑼灣的冰廠改建為氣派豪華的溫沙公爵大廈（即現今的皇室大廈）；1976 年，置地又利用牛奶公司在港島薄扶林的牧牛場地皮興建 "置富花園"，包括 26 幢高層及低層的住宅大廈，約 4000 個住宅單位，這是置地首次發展的私人屋邨。這些發展計劃，都為置地股東（包括牛奶股東）帶來不菲的利潤。

有評論指出，是役，置地不費一分一毫現金，便鯨吞了牛奶這家規模宏大的機構，堪稱香港收購史上的經典之作。然而，置地並非沒有付出代價，經過這次換股，大量置地股票流散在眾多小股民間，怡和對置地的控制權因而被削弱，這便種下日後置地遭到華資大亨們狙擊的禍根。

02

兵不血刃 長江實業收購和記黃埔

繼置地兼併牛奶之後，另一宗震動香港商界的收購兼併，是李嘉誠旗下的長江實業，以"蛇吞大象"的方式入主和記黃埔。

20 世紀 70 年代末，香港的政經形勢已發生重大變化，羽翼漸豐、雄心勃勃的新興華商，開始覬覦經營保守、信心不足的老牌英資公司。首先策動收購的，是李嘉誠的長江實業，它不動聲色地向怡和旗下的九龍倉發動"偷襲"，遇到頑強抵抗後即全身而退，繼而悄然轉向另一家英資大行——和記黃埔。

是役，李嘉誠以超人的智慧和深刻的洞察力，巧妙地利用當時的政經形勢，以兵不血刃的方式智取和黃，從而在眾多新興華商中脫穎而出，為其登上香港首席家族財閥的寶座，一舉鋪平道路。

這次收購，可以說毫無"血腥"味，既無正面的激烈對抗，亦無瀰漫的硝煙。然而，它卻被視為達到企業收購兼併的最高境界，值得後來者細研、深思。

是次發動收購的，是 20 世紀 70 年代新興地產發展商長江實業。長江實業創辦於 1972 年，創辦人李嘉誠原籍廣東潮安，1928 年在家鄉出生，11 歲時因日寇侵華，隨父母舉家遷居香港。李嘉誠 15 歲時，父親不幸病逝，只好輟學外出謀生，很快成為出色的推銷員。

1950 年，李嘉誠以自己多年積蓄及向親友籌借共 5 萬多港元，創辦了長江塑膠廠，邁開其建立日後宏偉基業的第一步。之所以取名"長江"，根據李氏的解釋，是"長江不擇細流，才能納百川歸大海"。

1957 年，長江塑膠廠重組為長江工業有限公司，其時公司已初具規模，年營業額已達 1000 萬港元，李嘉誠稍後亦成為香港有名的"塑膠花大王"，為其日後的地產發展掘得第一桶金。1958 年，李嘉誠看好香港地產前景，開始涉足地產業。該年，他在北角購地興建一座 12 層高的工業大廈，命名為"長江工業大廈"。1967 年香港爆發政治騷動，地產陷入低潮，李嘉誠利用這千載一時的良機，大量吸納低廉的地皮和物業，奠定了日後在地產界大展鴻圖的基礎。

1971 年 6 月，李嘉誠創辦長江地產有限公司，1972 年 8 月易名為長江實業（集團）有限公司，全力向地產業發展。當時，正值香港股市進入大牛市，李嘉誠把握良機，及時將長實上市。長實法定股本為 2 億港元，實收資本 8400 萬港元，分 4200 萬股，每股面值 2 港元，以每股 3 港元的價格公開發售 1050 萬股，集資 3150 萬港元。

1972 年 10 月，長實正式在香港掛牌上市。上市首日，受到股民熱烈追捧，股價飆升逾一倍。當時，長實已擁有樓宇面積 35 萬平方呎，每年可收租 390 萬港元，並擁有 7 個發展地盤，其中 4 個地盤為全資擁有。上市第一個年度，長實獲得純利 4370 萬港元，比上市前預測超出近 4 倍。

長實上市後即利用發行新股作為工具大規模集資，並趁地產低潮大量購入地皮物業。僅 1973 年，長實就先後五次公開發行新股，總數達 3168 萬股，並將集資所得購入中環皇后大道中、德輔道中、灣仔軒尼詩道等多處物業。1975 年 3 月，長實再以每股 3.4 港元價格發行新股 2000 萬股，集資 6800 萬港元，購入地皮物業十多處。1976 年，長實擁有的樓宇面積已增至 635 萬平方呎，即在短短上市四年間增加了 17 倍。

1977 年，長實的聲譽達到了一個新高峰。該年一月，地鐵公司宣佈在地鐵中環站和金鐘站上蓋的發展權接受招標競標，由於兩地段地處香港中區最繁華地區，競投激烈，參加投標的財團多達三十多個，其中，又以老牌英資地產公司置地的奪標呼聲最高。中區一向是置地的勢力範圍，置地志在必得，豈容他人插足其間。

長實針對地鐵公司債務高企、急需現金回流的困境，提出了一個極具吸引力的投標方案：將上蓋物業完工時間與地鐵通車的日子配合，即地鐵通車之日就是物業完成出售之時。結果在眾多財團中脫穎而出，勇奪地鐵中環及金鐘站上蓋的發展權。消息傳出後，香港輿論為之轟動，認為是長實的"三級超升"，是其擴張發展的重要里程碑。

1978 年 5 月，地鐵中環上蓋物業環球大廈開盤，總值 5.9 億港元的物業在八小時內售罄；8 月中旬，地鐵金鐘站上蓋物業海富中心開始推出銷售，首日成交逾九成，兩項交易均打破香港紀錄，地鐵公司主席自然眉飛色舞，大談地鐵賣樓賺錢，扭轉財政劣勢。長實亦因此贏得不菲的收益，聲名鵲起。自此，長實在香港商界的地位，已不同凡響。

◢ 長江實業偷襲九龍倉功敗垂成 ◣◣◣

1978 年，經過數年的急速成長，長江實業已羽翼漸豐，聲名大震，它更加雄心勃勃，準備為 80 年代的發展作出籌劃。這時，香港地產市道已升到高位，地價已開始升到不合理的水平。其間，香港股市仍然疲弱，尤其值得注意的是，當時一批優質的英資上市公司，因經營保守或對前景信心不足，其股價普遍大幅低於它們的資產淨值，而大股東的控制權亦頗脆弱。李嘉誠以敏銳的目光，看到長實的新發展方向，決定動用現金，收購這些上市公司。

早在一年前，李氏已小試牛刀，以 2.3 億港元收購了美資的永高公司，開創了香港華資公司吞併外資企業的先河。永高公司的主要資產是港島中區著名的希爾頓酒店，由於經營不善，公司贏利停滯不前。當時輿論普遍認為李嘉誠出價過高，但事後證明，長實對永高的收購極為成功，因為要在同樣地點興建同等規模的一流酒店，再花費多一倍資金也辦不到。

初露鋒芒之後，李嘉誠即將目標指向九龍倉。九龍倉是一家老牌英資公司，創辦於 1886 年，當時稱為香港九龍碼頭及倉庫有限公司，主要業務是經營九龍半島的碼頭及倉儲業務，在尖沙咀海旁擁有龐大土地。九龍倉的創辦人是著名英商保羅·遮打爵士及怡和洋行，因而成為怡和旗下置地公司的聯營機構，怡和大班亦同時兼任九龍倉主席。到 20 世紀 40 年代，九龍倉已發展成香港一家以效率著稱的大型碼頭倉儲公司，其碼頭能夠同時停泊十艘遠洋巨輪，貨倉能儲存約 75 萬噸貨物。

然而，20 世紀 60 年代末以後，香港的碼頭業掀起貨櫃化革命。九龍倉遂將碼頭倉庫遷到新界的葵涌、荃灣，在尖沙咀海旁碼頭倉庫舊址興建規模宏大的商廈，包括海運大廈、海洋中心及海港城等，業務搞得有聲有色。

可惜，九龍倉的投資策略有兩個致命的弱點：其一，其地產發展以發行新股籌集資金為主，如 1973-1974 年間，九龍倉為籌集海洋中心及海港城發展資金，先後多次發行新股及送紅股，令公司股數從 990 萬股增加到 8501 萬股；1975 年及 1976 年，九龍倉再先後發行可換股債券及附有認股證債券，結果使股價長期偏低，大股東對該公司的持股量被大大攤薄。其二，九龍倉興建的商廈，以出租用途為主，現金回流極慢，贏利增長低，這也是造成九龍倉股價偏低的重要原因之一。

1978 年初，九龍倉的股價最低為 11.8 港元，其間，香港地價不僅沒有回落，反而大幅飆升，地處繁華商業區的尖沙咀海旁，更是寸土尺金。這種強烈的對比當時已經被敏銳的香港股評家察覺，1977 年 10 月 12 日，《信報》資深股評家思聰就以"九龍倉物業開始蛻變，未來十年贏利保持增長"為題，指出九龍倉如能充分利用它的土地資源，未來十年可以出現年增長 20% 的勢頭，這隻每股市價僅 13.5 港元的九龍倉已極之偏低，將是 1978 年的熱門股。

然而，比股評家更敏銳的是李嘉誠。當時，李嘉誠得到一項情報，說只要購入 20% 的九龍倉股票，便可挑戰置地的大股東地位，事實上當時作為大股東的置地，對九龍倉的持股量僅達 10%。李嘉誠遂以"暗度陳倉"的方式，不動聲色地從各種渠道吸納九龍倉股票，從每股十多港元一直買到每股三十多港元，前後共購入約 1000 多萬股九龍倉股票，約佔九龍倉已發行股票的 18%。

　　隨着九龍倉股價不尋常的大幅飆升，嗅到"腥味"的大小財團以至升斗市民意識到正有財團收集九龍倉股票，一場空前激烈的收購戰爆發在即，紛紛蜂擁入市，將九龍倉的股票炒得熱火朝天。這時，市場盛傳李嘉誠有意收購九龍倉。1978 年 3 月，九龍倉股價已飆升至每股 46 港元的歷史性最高水平。

　　直到這時，一直自以為最高貴堂皇的怡和才慌了手腳，記起長期以來被他們忽略的持股量嚴重不足的事實。其時，怡和因 20 世紀 70 年代中前期對香港信心不足，大規模投資海外，結果泥足深陷，資金短缺。雖然緊急部署吸納九龍倉股份，然而為時已晚，且資金有限，只好向滙豐銀行求助，由滙豐主席沈弼親自向李嘉誠斡旋。據說，當時出任滙豐董事的"世界船王"包玉剛正計劃部署其"棄船登陸"的策略，亦有意問鼎九龍倉。

　　面對錯綜複雜的激烈競爭局勢，李嘉誠權衡利弊，覺得眼前仍不宜與歷史悠久且根基深厚的怡和公開對抗，不宜得罪滙豐，必須妥善地處理好與"世界船王"包玉剛的關係，既要避免劍拔弩張的局面，又要謀取實利並為長實的長遠發展留下迴旋餘地，幾經反覆思考，李嘉誠終於決定鳴金收兵。

　　1978 年的一個夏日，李嘉誠在中區文華酒店的一個幽靜的雅閣約見包玉剛，雙方經過 20 分鐘的商議，李嘉誠將所持九龍倉股權全部轉售予包玉剛，讓包氏繼續接手九龍倉的爭奪，而李嘉誠則取得了約 6000 萬港元的贏利，全身而退。

　　之後，包玉剛向傳媒宣佈其家族已購入九龍倉 15%-20% 股權。兩日後，《明報晚報》刊登李嘉誠的專訪時曾有這樣的解釋："他（李嘉誠）本人沒有大手吸納九龍倉，而長江實業的確有過大規模投資九龍倉的計劃，是以曾經吸納過九龍倉股份。他本人安排買入九龍倉全部實收股份 35%-50%，作穩健性長期投資用途，但當吸納得約 1000 萬股之時，九龍倉股份的市價已經急升至長實擬出的最高價以上，令原定購買九龍倉股份的整個計劃脫節。結果，放棄這個投資計劃。"

　　李嘉誠收購九龍倉功敗垂成，不少人替其可惜。然而，從事後的情形看，這實在是一着"以和為貴""以退為進"的高招。他這樣做，既避免了與怡和的正面對抗，又賣了人情給滙豐和包玉剛，為長實日後的飛躍埋下了伏筆，收到"一箭三雕"的功效，其中奧妙，頗值得商戰高手和經濟學家仔細研究。

◢ 長江實業覬覦和記黃埔 ◢◢◢

　　踏入 1979 年，長實集團的實力更加雄厚，聲勢更加浩大。這年，長實擁有的樓宇面積已達 1450 萬平方呎，超過了置地的 1300 萬平方呎，成為香港名副其實的 "地主"。長實先後與會德豐、廣生行、香港電燈、利豐、香港地氈等擁有大量廉價地皮的老牌公司合作，發展它們手上的物業；又與中資公司僑光置業合組地產公司，取得沙田火車站上蓋物業發展權，並與中資公司在屯門踏石角興建大型水泥廠。

　　同時，李嘉誠當選為中國國務院屬下部級公司——中國國際信託投資公司（簡稱中信集團）董事，同時當選為董事的還有霍英東和王寬誠，這兩位華商早就與中國政府建立密切關係。李嘉誠的當選，反映了他在中國政府心目中的地位正在迅速冒升。時機已經成熟，李嘉誠遂將他的目標，指向英資四大行之一的和記黃埔。

　　和記黃埔的前身是和記洋行和黃埔船塢。和記洋行也是一家歷史悠久的老牌英資洋行，創辦於 1860 年，當時稱為 Robert Walker and Co.。1873 年，英商夏志信接管該公司，改名為 John D. Hutchison and Co.，即和記洋行。和記洋行在 20 世紀初進入中國內地，曾先後在上海、廣州等口岸開設分行。1920 年夏志信在上海病逝，該洋行由皮亞士及卡迪斯購得。20 世紀 50 年代初，和記洋行從內地撤回香港，曾被會德豐收購 50% 股權。

　　和記洋行在有逾百年歷史的老牌洋行中，本屬三四流的角色，但在 20 世紀 60 年代卻迅速崛起，成為香港股市中光芒四射的明星。導致這一急劇轉變的，是退役陸軍上校祈德尊加入和記洋行。60 年代中，祈德尊透過其控制的萬國企業收購和記洋行，翌年易名為和記國際。自此，和記國際進入急劇膨脹的新時期，先後收購著名的老牌英資公司黃埔船塢、屈臣氏、均益倉、德惠寶洋行、泰和洋行以及旗昌洋行等，全盛時期下的附屬及聯營公司多達 360 家，經營的業務遍及地產、財務、保險、酒店、船務、船塢、貨倉、棉毛紡織、汽車、洋酒、汽水、藥品、進出口貿易等，成為當時香港規模最龐大的商業機構之一，實力僅次於怡和。

　　可惜，祈德尊過於雄心勃勃，攻伐過度，未能及時在股市高潮中鞏固已取得的成績，1973年3月以後，香港經濟受世界石油危機影響進入調整期，股市崩潰。1975年，和記國際在印尼的一項重大工程合約出現危機，資金周轉困難，瀕臨破產。

1975年9月，和記國際召開股東大會，要求股東注資以解決公司財務危機，被滙豐銀行所代表的股東否決。和記國際的債權人準備循法律途徑要求公司清盤。在沒有選擇的情況下，董事局被迫接受滙豐銀行的收購，由滙豐注資1.5億港元購入和記國際9000萬股股票，佔已發行股票的33.65%，滙豐成為大股東，祈德尊被迫黯然辭職。當時，滙豐銀行曾承諾，一旦和記國際恢復贏利，滙豐將在適當時候出售和記國際，這就埋下李嘉誠入主和記的伏線。

稍後，滙豐邀請被譽為"公司醫生"的韋理出任和記董事局主席兼行政總裁，和記國際進入韋理時代。韋理原籍英國蘇格蘭，1932年在澳州出生，1964年應邀來港，先後將多家公司扭虧為盈，在香港企業界嶄露頭角。韋理上任後對和記國際大肆整頓革新，制止虧損，改善集團管理制度，並於1977年底將和記國際與旗下最主要的附屬公司黃埔船塢合併，成立和記黃埔。應該說，到李嘉誠覬覦和記黃埔時，和黃已恢復生機，逐漸走上正軌。

▲ 李嘉誠兵不血刃智取和記黃埔 ◢◢◢

李嘉誠棄九龍倉而取和黃，顯示出他超人的智慧和深刻的洞察力。首先，歷史上，九龍倉一直是置地的聯營公司，與置地是怡和集團的兩大主力。收購九龍倉，必將遭到大股東怡和的全力反擊，尤其是李嘉誠收購九龍倉的消息外洩後，怡和已高度警覺，是役將相當慘烈，事後包玉剛"負創取勝"便是明證。而和記黃埔自從祈德尊黯然辭職後，已缺少家族性的大股東，其股權分散在眾多股民手中，收購和黃，將不會遭到家族性大股東頑強抵抗，戰情將平和得多，付出的代價也較小。

其次，滙豐銀行自收購和黃之後，已有諾言在先，將在適當時機出售和黃。根據香港的公司法和銀行法，銀行不能從事非金融業股，債權銀行可接管陷入財政危機的企業，但當企業經營步上正軌，必須將其出售予原產權所有者或其他投資者。

在適合承購和黃股份的投資者中，原大股東祈德尊家族實際上已經破產，無力承購龐大股份，與滙豐關係良好的包玉剛則正全力以赴爭奪九龍倉，無暇他顧，而李嘉誠的長江實業則與滙豐素來保持良好關係。1967 年雙方還合作重建中區華人行，1978 年落成時滙豐主席沈弼對這次合作相當滿意，尤其是在九龍倉爭奪一役，滙豐還欠李嘉誠一個人情。因此，長實收購和黃的成功機會相當大，而所付出的代價將不會太高。

李嘉誠為此秘密與滙豐銀行接觸，據說得到的答覆是：只要條件適合，長江實業的建議，會為滙豐銀行有意在適當時候有秩序地出售和記黃埔普通股提供機會。

吸取上次收購九龍倉消息外洩的教訓，李嘉誠對這次的保密極為重視。在外界一無所知的情況下與滙豐銀行就收購和黃股份展開秘密談判。1979 年 9 月 25 日，李嘉誠終於與滙豐銀行達成協議，完成這宗被傳媒形容為使其 “直上雲霄的一宗交易”。

當日下午 4 時，在主席沈弼的主持下，滙豐銀行董事局召開機密會議，商討將和黃股份出售給李嘉誠事宜。出席會議的董事包括沈弼、包約翰、牟詩禮、韋彼得、馬登、羅斯、包玉剛、許世勳、湯茂生等，怡和及太古兩家英資大行的代表均未到場。會議於 6 時結束，董事局同意沈弼提出將和黃普通股出售予長江實業的建議。

這次會議的內容事先除沈弼及包約翰外，其他董事一無所知，可以說是一宗高度機密的交易，有關交易事前亦未諮詢和黃董事局的意見，只是在會議結束後，由沈弼致電和黃主席兼行政總裁韋理，通知他有關決定。當日下午 6 時 30 分，李嘉誠和滙豐銀行正式簽訂收購合約，一家老牌英資大行就此落入新興華商囊中。

當日午夜，長江實業和滙豐銀行同時分別對傳媒宣佈，長實已與滙豐達成一項協議，以每股 7.1 港元價格，收購滙豐手上全部共 9000 萬股和黃普通股，約佔和黃全部已發行股份的 22.4%，長實成為和黃最大股東。根據協議，長實須立即支付總售價 6.39 億港元的 20%，餘數可延遲支付，為期最長兩年，不過須在

1981 年 3 月 24 日之前支付不少於餘數的一半。是項交易，長實以極優惠條件收購了和黃股份。

不過，是項交易遭到和黃管理層的猛烈抨擊。和黃主席兼行政總裁韋理認為，滙豐銀行的售價太低，以每股 7.1 港元計算，和黃的總市值僅 28.6 億港元，僅和黃擁有的紅磡土地，價值已達到這個數字。他指出，根據和黃的資產重估，資產淨值達 58 億港元，即每股市值 14.4 港元，比滙豐的轉讓價高出一倍。對於滙豐僅要求長實支付總售價的 20%，韋理直言："李氏此舉等於用美金 2400 萬元做訂金而購得價值十多億美元的資產。"

對於韋理的尖銳抨擊，滙豐銀行即時作出回應。滙豐表示，董事局並不反對和黃管理層所指該公司資產淨值平均每股值 14.4 港元。然而，如果以這個價格出售 9000 萬股普通股，並不容易找到買家。目前每股 7.1 港元的價格釐定，是經過滙豐與長實雙方商討，以和黃近日平均市值每股 5.5 港元再加上三成計算出來的，滙豐還表示，此時出售和黃股份，一則可以藉此實現多年前賣股承諾，二則又可以為收購美國的海洋密蘭銀行提供多一點資金準備。其時，滙豐的國際化部署已經展開。

不過，滙豐沒有解釋為何向李嘉誠開出這樣優惠的承購條件。事實上，就是長實向滙豐銀行即時支付的收購和黃股票的首期款項，也是一天前由滙豐主席沈弼親自批准貸予李嘉誠本人的。當時，香港的英資洋行，包括怡和、太古，以及和黃管理層，還有一些英美大公司，均對和黃虎視眈眈，滙豐卻選擇了李嘉誠，令不少觀察家頗感意外。不過正如韋理所說："香港目前的政治經濟因素是促使上海滙豐銀行決定不將和記股權轉讓予其他人士控制的公司，銀行方面是樂於見到該公司由華籍人士控制。"

長實收購和黃的消息傳出後，香港股市一片沸騰，各大報章紛紛發表評論，形容此舉是"蛇吞大象""石破天驚""有如投下大炸彈"。《信報》政經評論指出："這次交易可算是李嘉誠先生的一次重大勝利，是長江實業上市後最成功的一次收購，較有關收購九龍倉計劃更出色（動用較少的金錢，控制更多的資產），李嘉誠先生不但是地產界的強人，亦成為股市中炙手可熱的人物。"

就這樣，李嘉誠充分利用當時有利的政治經濟形勢，運用"以和為貴""以退為進"的策略,兵不血刃,取得了他一生中最輝煌的勝利,難怪是役被經濟評論家認為是收購的最高境界。

▲ 長江實業平穩過渡接掌和記黃埔 ◢◢◢

李嘉誠購入和黃股份後,於同年 10 月 15 日出任和黃執行董事。經過一年多的持續吸納,到 1980 年底,長實持有和黃的股份已超過 40%,韋理辭去和黃主席兼行政總裁職務。1981 年 1 月 1 日,李嘉誠正式出任和黃董事局主席,成為入主英資大行的第一位華人大班。

李嘉誠入主和黃後,深知要控制這家龐大的公司並非易事,尤其是該公司旗下的貨櫃碼頭、船塢、製藥及零售業務等,對於作為地產公司的長實來說,相當陌生。因此,李嘉誠極力安撫和黃的外籍高層管理人員,並委以重任。在韋理辭職後,即委任其副手李察信出任行政總裁,業務董事夏伯殷及政務董事韋彼得亦獲得留任,組成黃新管理層的三駕馬車。李嘉誠還多次在和黃會議上強調和黃的獨立性,以穩定軍心。不過,與此同時,李嘉誠亦不忘委派長實的李業廣、麥理因出任和黃執行董事,負責籌劃該集團的地產業務的發展,實際上為日後全面接管和黃未雨綢繆。

在新管理層的主持下,和黃先後將眾多的附屬及聯營上市公司私有化,包括和記地產、屈臣氏、和寶、安達臣大亞,又將連年虧損的海港工程售出,和黃的業績得到進一步的改善。綜合純利從 1980 年度的 4.11 億港元增加到 1983 年度的 11.67 億港元,和黃的市值也從 1980 年初的 38.7 億港元增加到 1984 年的 98.5 億港元,成為香港股市中第三大上市公司,僅次於滙豐銀行和恒生銀行。

不過,在這期間,以行政總裁李察信為首的和黃管理層與李嘉誠的矛盾逐漸尖銳,這種矛盾其實是韋理時代和黃管理層與大股東滙豐銀行的矛盾的延續。當時,韋理在致力將和黃扭虧為盈的同時,並不甘心長期蟄伏於滙豐旗下。從 1976 年到 1979 年期間,韋理積極推動和記不斷進行收購合併,先後收購了均益倉及黃埔船塢兩家大型公司,一方面既增加了和黃的土地儲備,增強和黃的實力,另一方面又使得大股東滙豐在和黃的持股量下降。

滙豐銀行自然明白韋理的野心，遂把手上的和黃股權全部轉讓予長實，利用長實來控制勢力不斷膨脹的韋理，而長實亦可分享和黃龐大土地儲備發展後的收益。滙豐此舉當然遭到韋理及其在和黃原有勢力的反對，眼看努力多年即將到手的成果，平白流到長實手中，故韋理抨擊滙豐不應把股份售予長實，應按比例售予原先的股東，這顯露了和黃管理層不希望外界人士插手和黃行政，種下了長實與和黃管理層歧見的原因。

其後，韋理引退，行政總裁由其副手李察信接替。雖然表面上暫時解決了雙方的矛盾，但和黃高層基本上仍是韋理時代的班底，仍然貫徹韋理時代的宗旨，積極阻止長實插手行政，並全面鞏固本身的勢力。

接替韋理出任和黃行政總裁的李察信，早在 1927 年已加入和記，經歷了祈德尊、韋理時代以及長實的入主，職位日益提高。但他與韋理一樣，並不甘於只成為決策的執行者，他希望長實與滙豐銀行一樣，只承擔大股東的職責，完全不過問和黃事務。因此，在出任和黃行政總裁期間，李察信的曝光率相當高，以和黃"當然發言人"的姿態出現。李察信在多次對外公開談話中，都曾強調和黃的獨立性。

其間，市場曾流傳長實會全面收購和黃的消息，李察信被記者問及此事時表示："我只是一名僱員，並不是東主，對東主的事，是不便討論。雖然李嘉誠是和黃主席及大股東，但一直以來，他並未干涉和黃的工作，對我所提出的公司發展的意見，也從未反對。在每兩個星期一次的非正式聚會中，李嘉誠先生則不斷強調和黃之獨立性，及以現行方針繼續發展下去。"這番話可說充分反映了李察信內心的想法，他希望和黃能夠繼續獨立下去，按照他個人的抱負和部署，去發展和記黃埔。

李察信等人利用長實取得和黃控制權之後，在貿易、零售、貨櫃碼頭等業務仍須依賴原有管理人才這一青黃不接的機會，積極擴張本身的勢力。

最明顯的例子是設法排擠和黃華籍高級行政人員，避免這些華籍高級行政人員勢力擴張，與長實結成同一陣綫。1983 年，多名和黃華籍高級職員被迫離職，造成人心惶惶的情況，部分華籍行政人員因而與長實方面接觸，要求解決問題。

其時，李嘉誠見全面接管的時機尚未成熟，堅持不直接干預和黃行政，只對這些華籍行政人員進行安撫。

1984年，李察信等人與李嘉誠的矛盾表面化，導火綫是長實決定和黃派發巨額現金紅利。事緣1983年底，和黃因來自地產的贏利大增，積累了大量現金，雙方就這筆巨額現金的安排出現歧見。

根據李察信的意見，和黃作為一家獨立公司，要利用這些資金繼續擴展，為和黃謀取更大利益，而主席李嘉誠則傾向於將大部分現金派發給股東，理由是幾十億港元現金如存在銀行生息，由於從1984年起實行新稅制，每年可能要徵交數千萬港元稅款。

結果，在大股東長實的堅持下，和黃於1984年4月派發巨息，每股和黃除這一年度末期息0.42港元之外，還派發特別現金紅利4港元整。為此，和黃該年度派發股息總額達20億港元。和黃這次派息，最大得益者自然是長實，長實一次性獲得7億港元的股息。很明顯，李嘉誠的這一部署，削弱了和黃管理層的權力，並有利於長實進一步增持和黃股權，一舉兩得。

這自然引起和黃管理層的不滿，他們利用外資基金的不滿試圖迫使長實接受以股代息的建議，可是外資基金卻持續拋售和黃股份，終於導致雙方的裂痕無法彌補。此時，李嘉誠已完成接管部署，在形勢比人強的情況下，以李察信為首的三巨頭只好全部辭職，長實正式接管和黃管理層。

和黃新管理層除李嘉誠繼續出任主席外，副主席由麥理因升任，他實際上是長實在和黃的全權代表，財政大權由與李嘉誠關係密切的盛永能掌握，和黃董事總經理則由馬世民出任，專責集團的貿易及零售業務的行政管理，權力已比李察信時期減少。至此，李嘉誠已實際控制了整家和記黃埔。

長實接管和黃管理層後，即發揮其地產專長，着手籌劃將黃埔船塢舊址發展為規模宏大的黃埔花園計劃。其實，20世紀80年代初，和黃已開始與香港政府商討重建黃埔船塢的補地價事宜。由於當時地產市道蓬勃，雙方一直無法就補地價問題達成協議。其後因香港前途問題浮現，地產市道崩潰，談判被迫中止。

及至1984年9月，中英兩國草簽關於香港前途問題的聯合聲明，投資者開始恢復信心。李嘉誠即趁地價仍然低迷之際，與香港政府再度展開談判。同年12

月，和黃宣佈與港府達成協議，補地價 3.9 億港元，另加道路建築費 2 億港元。

在公佈黃埔花園發佈計劃時，李嘉誠親自到場。黃埔花園發展計劃是當時中英簽訂《聯合聲明》後香港首項龐大地產發展計劃，和黃宣佈將在六年內投資 40 億港元，在黃埔船塢舊址興建 94 幢住宅大廈，共 11224 個住宅單位，總樓宇面積達 764 萬平方呎，另建商場面積 169 萬平方呎。

黃埔花園從 1985 年 4 月推出第一期，到 1989 年 8 月出售最後一期，其間地產市道穩步上升，黃埔花園的售價亦從每平方呎 686 港元上升至 1755 港元。據粗略估計，整個黃埔花園平均樓價為每平方呎 1220 港元，以住宅面積 764 萬平方呎計算，和黃在約四年半時間內的總收入達 92 億港元，扣除 40 億港元發展成本，純利達 52 億港元。此外，和黃還持有 169 萬平方呎商場作收租用途，為集團提供了穩定的租金收入。和黃所擁有的黃埔船塢這一寶藏，經李嘉誠之手開採、挖掘，終於綻放出絢麗的異彩。

李嘉誠入主和黃，不但使其地產主業獲得重大發展，更重要的是，自此，他旗下公司的業務已從地產迅速擴展到貿易、批發零售商業、商務、貨櫃運輸、船塢、貨倉和交通運輸、石礦業、建築業以及投資業務，成為香港業務最龐大、最廣泛的企業集團之一，這為他登上香港首席家族財閥的寶座，奠定了最堅實的基礎。

是役之後，李嘉誠被香港傳媒喻為 "超人"。自此 "超人" 之稱不脛而走，譽滿香江。

03
棄舟登陸　包玉剛勇奪九龍倉

幾乎就在李嘉誠收購和記黃埔的同時，號稱"世界船王"的包玉剛亦打了一場漂亮、乾淨利落的世紀收購戰。

20世紀70年代末，包玉剛敏銳地察覺到世界航運業將出現空前大蕭條，危機正在逼近，因而毅然果敢地實施後來被人們津津樂道的"棄舟登陸"策略，大量變賣船隻……

為了成功"登陸"，包玉剛不惜背水一戰，與老牌英資怡和旗下的置地展開一場空前激烈的九龍倉增購戰。是役，雙方可謂棋逢對手，包玉剛穩紮穩打，步步為營。置地則老謀深算，伺機反撲。最後，置地趁包玉剛遠赴歐洲公幹之機，搶先發難，策動突襲，包玉剛則以海派豪氣迅速反擊，不計較暫時的得失，一舉奪取九龍倉的控制權。

資深股評家對這場增購戰的評價是："船王負創取勝，置地含笑斷腕。"然而，孰勝孰負，數年後已見分曉，包氏藉此建立其立足香港商界的"灘頭陣地"。

繼李嘉誠之後，接手爭奪九龍倉的，是享譽國際的"世界船王"包玉剛。包玉剛，原籍浙江寧波，1918 年在故鄉出生，早年曾在上海銀行界任職，1949 年舉家移居香港。1955 年，包玉剛看好當時世界航運前景，遂創辦環球航運有限公司，斥資 70 萬美元購入一艘 27 年船齡、載重 8700 噸的燒煤船，改名"金安號"，邁開創辦環球航運集團的第一步。

1956 年，埃及收回蘇伊士運河。世界航運費用上漲，包玉剛趁機向銀行借款增購船隻，擴大經營，到該年底，環球航運公司的船隊已增至 7 艘。早期，環球航運公司的船隻，絕大部分以"長期租約"的方式租給日本的航運公司，日本經濟的勃興使包氏的船隊迅速擴大。包玉剛運用所謂"三張合約"的策略，即用租船合約去取得銀行貸款合約，再以銀行貸款合約去簽訂造船合約，迅速擴大其航運業務。

20 世紀 60 年代中後期，中東危機一度使蘇伊士運河關閉。日本對油輪需求急增，包玉剛即訂造多艘 10 萬噸級以上超級油輪，開始躋身"世界船王"行列。1973 年，世界石油危機爆發，油輪需求驟減，世界航運業開始不景。然而，包玉剛的環球航運集團卻因為實行"長租"政策而渡過難關。該年，美國著名雜誌《財富》估計，包氏所擁有的船隻約有 960 萬載重噸，家族財富約有 7-10 億美元。當時，包玉剛極可能已成為香港華商的首席富豪。

誠然，包玉剛的成功，還與他與英資滙豐銀行建立的密切關係有關。早在 20 世紀 50 年代中，包玉剛就成功說服滙豐會計部主任桑達士，打破滙豐"不可借貸給輪船公司"的戒條而取得貸款。20 世紀 60 年代初，桑達士出任滙豐銀行主席後，雙方關係已發展到共同投資。據估計，到 70 年代中期，滙豐在環球航運集團的投資，約佔近半數股權。由此可見雙方關係之密切程度。

1977 年，著名的吉普遜船隻經紀公司曾列出世界十大船王排行榜，其中，包玉剛以 1347 萬載重噸高踞榜首，超出名列第二位的日本三光公司一倍以上，香港另一位船王董浩雲則名列第七位。是年，美國《新聞周刊》對包玉剛作出這樣的評價："他是一個小心謹慎的保守分子，他是一個不習慣於海洋生活的後起之秀。1955 年投身於航運事業時甚至分不清船隻的左舷右舷，但是精力充沛，勤奮工作。從此迎頭趕上，而且後來居上。"

到 70 年代末，環球航運集團步入巔峰，成為世界航運業中高踞首位的私營船東集團，旗下漆有集團標誌"W"的船舶超過 200 艘，總載重噸位超過 2000 萬噸，直逼前蘇聯全國商船的總噸位。包玉剛本人亦因"世界船王"之名享譽全球。

◢ 船王包玉剛"棄舟登陸" ◣◣◣

然而，就在此時，包玉剛作出了一項後來令所有人震驚而又佩服不已的果斷決定：棄舟登陸，將家族的投資作重大的戰略轉移。

其實，20 世紀 70 年代先後爆發的兩次世界性石油危機，包玉剛已敏感地覺察到世界航運業可能出現大衰退。當時，石油消費大國紛紛減少石油的進口、消費量，超級油輪閑置的情況愈來愈嚴重，而日本、南韓等造船中心仍繼續不惜大幅減價吸引世界船主前往訂貨，久盛不衰的造船熱，必將加劇船隻的過剩，危機已漸漸逼近。

1978 年發生了兩件事，更加強了包玉剛實施"棄舟登陸"策略的決心。第一件是當年環球航運的大客戶之一——日本輪船公司因經營不善瀕臨倒閉，而取代桑達士出任滙豐主席的沈弼已明顯減低對環球航運的興趣，他甚至要求包玉剛對其船隊租約的可靠性作出書面保證。幸而，其後日本輪船公司因得到日本銀行界的支持而渡過危機，環球航運集團得以免遭巨大損失。但自此，包玉剛對世界航運業的戒心已經大大提高。

第二件是該年 11 月，包玉剛在其姨表兄、當時出任中國政府經貿部部長盧緒章的安排下，到北京秘密會見剛復出的中國領導人鄧小平，這次會面明顯加強了包玉剛對香港前景的信心。當時，包玉剛剛向日本訂購一艘 40.5 萬噸級超級油輪，由於該艘船吃水太深，不能在香港停泊。包玉剛訪問北京後曾對人說："假如遲幾個月，在上訪北京之後，這艘巨輪訂與不訂，則須得重新考慮。"一句話道出了北京之行對他的影響。

包玉剛立即着手實施"棄舟登陸"的策略。首先是"棄舟"，包氏逾 200 艘船隊中，超級油輪就有 48 艘。他決定把每艘油輪的賬面價值降到比市價低，甚至不惜拆卸這些超級油輪作廢鐵出售。在賣掉大部分油輪後，他又着手為旗下亞洲航業等公司"減磅"。到 1986 年，環球航運集團航隊已減至 65 艘，載重噸約 800 萬噸，僅相當於高峰時期的四成。

滙豐銀行一位首腦事後說："包玉剛這個舉動當時令人十分驚異，一年前，他仍是世界上最大的船主，一年內他賣掉了很多船隻，減少了借貸項目。在別的船主仍在買入之時，他沒有乘機要高價，他要價很低。那段時間，他十分冷靜，這正是他能夠成功的原因。"

憑着敏銳的觸覺，包玉剛成為 20 世紀 80 年代航運大蕭條中，少數能夠有幸避免遭到沉重打擊的船東，順利逃過航運業大蕭條時期的災難，並積聚實力向香港地產業進軍。而其他主要的航運集團，包括董浩雲的東方海外、趙從衍的華光航業等均泥足深陷，被迫債務重組。

事後，包玉剛對於他這一高瞻遠矚的舉措，亦不無得意地表示："我們成功地還清了所有債務。那個時候，我們看到別的香港船主在他們的年度報告中仍然作出樂觀的預測，訂出的價格仍然大大高於流行的市場價。我十分驚奇和擔心，希望他們能逃過災難——但很不幸，自從 1985 年起，他們不得不讓他們的股票在交易所停止交易了。"

瞭解這一背景，就明白包玉剛何以在九龍倉一役中，不惜付出頗高代價背水一戰。是役，包玉剛許勝不許敗。

◢ 包玉剛與怡和爭持激烈 ◣◣◣

1978 年夏，包玉剛開始實施其"棄舟登陸"策略的第二步："登陸"。他的目標是怡和旗下的九龍倉。

其實，早在李嘉誠不着痕跡地在市場吸納九龍倉股票的時候，包玉剛已看中了九龍倉。九龍倉擁有的產業，包括位於九龍尖沙咀海旁、新界及港島的一些碼頭、貨倉、酒店、大廈、有軌電車以及天星小輪，資產雄厚。可以說，誰擁有了九龍倉，誰就掌握了香港最重要的貨物裝卸、倉儲業務。這與包氏的龐大船隊極為配套。尤其重要的是，九龍倉在寸土尺金的尖沙咀海旁擁有極具發展潛質的大片土地，其時陸續興建成海運大廈、海洋中心及海港城等貴重綜合物業，成為尖沙咀區內赫赫有名的地王。

包玉剛從李嘉誠手上購入九龍倉股票之後，1978 年 9 月 5 日，他公開向傳媒宣佈他本人及其家族已持有 15%-20% 的九龍倉股票，成為九龍倉最大股東。不過，包玉剛當時表示，他無意購入更多九龍倉股票。在此項宣佈後數日，九龍倉董事局邀請包玉剛及其二女婿吳光正加入董事局。當時，一般人都相信，九龍倉事件已暫告一段落。其間，香港股市大幅回落，九龍倉股票亦從最高價的每股 49 港元跌至每股 21 港元，九龍倉事件漸趨沉寂。

然而，九龍倉爭奪戰其實並未結束，只不過雙方從明爭轉為暗鬥。包玉剛繼續不太着痕跡地吸納九龍倉股票，怡和為保衛九龍倉的控制權，透過旗下的上市公司怡和證券，大舉拋售手中的股票，將所得資金盡數購入九龍倉。在有關各方的吸納之下，從 1979 年 3 月起，九龍倉股票再度輾轉上升。到年底，九龍倉股票再創新高，一度突破每股 60 港元水平。

其間，市場盛傳包玉剛及其女婿吳光正曾在九龍倉董事局上提出一連串改革建議，但均為九龍倉董事局拒絕，曾有不愉快場面出現，雙方關係漸趨緊張。據說，在一次董事局會議上，包玉剛提議，環球航運集團在九龍倉董事局的席位，應從兩席增加到四席。當時的怡和主席紐壁堅則表示反對，並反建議應由置地公司的執行董事兼總經理鮑富達加入九龍倉董事局，並出任執行董事。雙方在會議中爭執激烈，最後，環球航運集團爭取到多兩個席位，而置地執行董事兼總經理鮑富達也順利進入九龍倉董事局。

1979 年底，包玉剛與怡和洋行的九龍倉爭奪漸趨表面化。12 月 7 日，怡和旗下的置地公司宣佈收購怡和證券手上的九龍倉股票，令置地所持的九龍倉股權增至 20%，與包玉剛在 1978 年 9 月 5 日公佈所持九龍倉股權十分接近。與此同時，怡和將所持英國怡仁置業公司股權全部出售，置地則將金門大廈賣給陳松青的佳寧集團。1980 年 4 月 9 日，置地宣佈供股。連串措施明顯是要籌集資金，加強對九龍倉的控制權，與包玉剛決一雌雄。

包玉剛亦為最後決戰作出相應部署。1980 年 4 月 25 日，包玉剛透過旗下一家原本不顯眼的上市公司隆豐國際投資有限公司，作"蛇吞象"式的收購，以發行新股、發行遲延股票等方式籌集資金，以每股 55 港元價格，向包玉剛家族購入 2850 萬股九龍倉股份。

隆豐國際的前身是隆豐投資有限公司，創辦於 1918 年，原本經營的業務為證券投資及貸款，其後成為會德豐集團旗下的附屬公司。60 年代逐步被包玉剛收購，轉歸包氏旗下。包玉剛利用該公司的上市地位籌集資金並貸款給旗下船務公司，隆豐國際逐漸增加對船隻方面的投資，並建立自己的船隊。

包玉剛透過隆豐國際收購家族持有的九龍倉股票，得到了滙豐銀行和李嘉誠的支持。滙豐銀行認購了隆豐國際的部分新股，而李嘉誠的長江實業則包銷隆豐國際 20% 新股。

這時，包玉剛透過隆豐國際持有九龍倉的股權已增加到 30%，仍保持九龍倉大股東的地位。包玉剛將家族所持九龍倉股票售予隆豐國際，減輕了個人的財務負擔，有利於保留實力與置地周旋到底，是一着進可攻、退可守的妙招。

局勢的發展，漸漸到了攤牌階段。此時，置地陷於進退兩難的困境。置地雖然幾經艱辛增加九龍倉持股量，但包玉剛並不讓步，仍保持大股東地位。在可預見的將來，包玉剛極可能再增持九龍倉股份，並要求參與九龍倉的管理。

如果置地要爭持到底，又恐力有不逮。當時，九龍倉股價已升至每股 67 港元，要增至包玉剛的持股量至少需動用 7 億港元。由於利率高企（最優惠利率達 14 厘），向銀行貸款代價高昂，而九龍倉的周息率只有 1.8%，向銀行借貸對置地的財政狀況將有不良影響。若要通過發行新股集資，又擔心重蹈九龍倉之覆轍，造成股價偏低，令華資大亨轉而打怡和或置地的主意。事實上後來置地的控制權遭到挑戰，證實這種顧慮並非沒有根據。

在進退兩難的困境下，怡和主席紐璧堅希望打破僵局，遂主動約見包玉剛。雙方各派出代表進行談判，怡和方面是主席紐璧堅、置地是執行董事兼總經理鮑富達，包玉剛方面則是包玉剛及其女婿吳光正。

談判一開始，紐璧堅即開門見山，要求包玉剛出讓手中所持的九龍倉股票，交換的條件是置地公司在港島擁有的物業。這種交易的提議在怡和和包玉剛之間已非第一次。70 年代初，怡和主席亨利‧凱瑟克就曾向包玉剛提議，以怡和集團總部所在地的康樂大廈換取環球航運集團旗下的一艘 20 萬噸級以上的超級油輪。當時，這一提議被包玉剛拒絕，因為在 1973 年中東石油危機之前，一艘這類超級油輪大約要值兩幢康樂大廈的價錢。

這次，怡和主席紐璧堅又提出類似建議。為試探對方的誠意，包玉剛開出的條件是，以港島的金門大廈、太古大廈和太子大廈進行交換。這三幢商廈中，太古大廈和太子大廈都是中區最貴重的物業，其中，太子大廈還是當時包氏的環球航運集團的總部所在地。

怡和方面自然反對包玉剛的開價，並提出以港島的金門大廈、九龍的星光行，以及半山的部分住宅物業來交換。結果，雙方因交換條件談不攏，不歡而散。這樣，和平解決九龍倉爭奪的途徑已被堵塞，局勢漸漸發展到雙方公開攤牌的階段。

◢ 置地搶先發難爭取主動 ◣◣◣

1980 年 6 月 20 日（星期五），陷於進退兩難困境的置地，趁包玉剛遠赴歐洲參加國際獨立油輪船東會議之機，搶先發難。當日下午 3 時，置地高層會見新聞界，宣佈置地增購九龍倉股份的建議。

置地執行董事兼總經理鮑富達宣佈，置地將以"兩股置地新股加 76.6 港元周息 10 厘的債券"合共以每股價值 100 港元的價格，購入九龍倉股票，預算增購 3100 萬股，使置地持有九龍倉的股權從 20% 增至 49%。

鮑富達強調，是次換股行動是"增購"而非收購或與九龍倉合併，置地之所以選擇這個時刻提出增購九龍倉股份的建議，主要是基於公司財政狀況理想；而將增購的目標定為 49%，一方面是要避免觸發香港收購及合併守則的全面收購點，由於未過半數，無須以同樣條件向其他股東提出收購；另一方面是九龍倉經營良好，無意改變董事局結構及其管理方式。

當日，九龍倉股票在香港四間證券交易所停止掛牌，而香港證券監理處亦就置地增購九龍倉事件召開會議研究，但沒有透露會議內容及結果，只表示翌日將繼續開會。作為九龍倉的董事之一，包玉剛的女婿吳光正在當日早上得知置地增購的消息。當時，兼任九龍倉主席的紐璧堅在電話中向吳光正通報了這一事件，並請吳將這信息轉告正在歐洲開會的包玉剛。作為九龍倉董事局主席，他有責任通知每一位董事。

實際上，紐璧堅對包玉剛的行程了然於胸，就在數日前九龍倉召開年會的會議上，紐璧堅要求包玉剛告知近期的旅行計劃，包氏如實介紹了他的歐洲之行。紐璧堅正是要選擇包玉剛不在香港的日子發動襲擊。

這次置地的"增購"行動，可說是經過精心的考慮和周密的部署，並且將包玉剛可能的反應計算在內，是一着進可攻、退可守的絕招。其原因主要是：

一、置地搶先發難，爭取主動。它的增購行動一如收購牛奶公司時所用的手法，是以股票和債券的形式進行，較為安全。因為要增購 29% 的九龍倉股票，所增發的置地股票不算太多，而應付債券的 10 厘息亦較當時最優惠利率 12 厘為低。萬一贖回債券遇到困難，可出售九龍倉部分物業，以現金紅利派回股東供置地還款，置地的"增購"行動所付出的代價相對較低。而包玉剛則先機已失，要提出比置地更有吸引力而又可以即時實行的計劃只有用現金增購，所付出的代價勢將不菲。

二、置地將增購的價格提高到每股 100 港元，換言之是要迫包玉剛以每股100 港元現金的價格提出增購九龍倉。由於置地最初持有的九龍倉股票較為便宜，約每股 10 港元左右，其後增購，亦大約每股 40-50 港元。如果置地增購行動失敗，包玉剛以每股 100 港元提出增購，置地退而求其次，可獲得不菲的利潤。

三、置地選擇 6 月 20 日星期五宣佈計劃，是一着絕妙的招數。其時，包玉剛正在歐洲參加國際獨立油輪船東會議。並準備在下星期一會見墨西哥總統。其間的星期六、日，是公眾假期，籌集資金將有頗大困難。置地此招可說是攻其不備，希望殺包玉剛一個措手不及。

面對置地發動的突襲，吳光正即與遠在歐洲的包玉剛取得聯繫。當晚，隆豐國際就有關九龍倉股份的建議發表通告，指隆豐國際已擁有九龍倉已發行股本的30%，置地的建議內容繁複，條件無吸引力，要求九龍倉股東勿接受置地的條件。

翌日，《信報》的政經短評以《二鳥在林不如一鳥在手》為題發表評論，認為置地此舉旨在趁高拋售九龍倉轉而購進置地以鞏固其控制權，並以"圍魏救趙"形容置地的"增購"手法，斷言置地如果遇到反增購的壓力，必將會壯士斷臂賣出九龍倉。這篇評論確有先見之明，事態後來的發展，證實了其眼光的獨到及準確。

這時，遠在英國倫敦的包玉剛已展開了連串緊急應變活動。他在一個事先已約定的會議中會見了怡和集團的幕後首腦、前任董事局主席亨利‧凱瑟克。會見時，亨利‧凱瑟克向包玉剛通告了置地增購計劃。他以勝利者的姿態對包說："這對你來說是一宗好買賣，九龍倉的事就留給我們操心處理罷。"他又將自己的私人電話號碼告訴包，指包有什麼決定隨時可與他聯絡。包玉剛則告訴亨利‧凱瑟克，他將繼續原定行程星期一與墨西哥總統會面。

6月21日（星期六）清晨，包玉剛取消了原定的高爾夫球活動，轉而約見當時亦在倫敦開會的滙豐銀行正副主席沈弼及包約翰，雙方在工作早餐中討論了置地增購計劃。包玉剛表示，他個人目前擁有5億港元現金，如果他提出反增購建議，希望滙豐銀行能即時借貸約15億港元現金予以支持。在獲得沈弼的肯定答覆後，包玉剛遂決定提出反增購。

有了滙豐銀行15億港元的支持，包玉剛勝券在握。他隨即電告香港的吳光正，立即組織律師和財務顧問商討反增購對策，將於星期日返抵香港領導這一戰役。

6月22日星期日，包玉剛取消了星期一與墨西哥總統的約會，從倫敦乘飛機到瑞士蘇黎世，並轉乘瑞士航空公司的班機趕返香港。包玉剛知道，如果他直接從倫敦直飛香港，肯定逃不過怡和的耳目。

包玉剛悄然返港即在中環希爾頓酒店租下會議廳作臨時辦公室，與隆豐國際的財務顧問、滙豐旗下的獲多利公司要員舉行緊急會議，商討對策。在探討了各種可能性之後，包玉剛詢問，需開出什麼價格才能使反增購行動取得成功？財務顧問表示，鑒於置地的增購是以股票和債券的形式進行，包氏只要提出以每股九龍倉90港元的價格，就可戰勝置地。

包玉剛再詢問，要保證百分之百地取得九龍倉已發行股票的49%，而置地不會再提出反增購建議，應出價多少？財務顧問遂建議，每股九龍倉的價格可提到100港元或105港元現金。包玉剛毅然一錘定音，就以每股105港元現金提出增購。

這實際意味着包玉剛將額外多付出 3 億港元現金。

當日下午 7 時半，包玉剛召開記者招待會，他表示：“為了保障個人及家族本身的利益，將以個人及家族的名義，出價每股 105 港元的現金，增購 2000 萬股九龍倉股份，期限為星期一及星期二兩天，涉及金額將達 21 億港元，有關增購手續將委託獲多利公司辦理。”

當晚 11 時，置地執行董事兼總經理鮑富達在接受記者訪問時表示，他仍未知悉包玉剛所提出的現金收購九龍倉詳情，故不願置評。

◢ 包玉剛雷霆一擊勇奪九龍倉 ◣◣◣

1980 年 6 月 23 日星期一開市後，大批九龍倉股東湧向獲多利公司總部爭相求售九龍倉股份，排隊的人潮洶湧。上午 10 時半，獲多利貼出通告，令九龍倉股東轉到新鴻基證券公司進行登記，但群眾鼓噪，獲多利遂繼續認購。11 時半，獲多利公司宣佈完成增購目標，而新鴻基證券公司則繼續接受登記，直到下午 2 時半止。

包玉剛在數小時內動用現金約 21 億港元，使對九龍倉的控制權從 30% 增購至 49%，順利完成預定目標。當日下午 2 時半，九龍倉董事局舉行會議。會後，包玉剛神采飛揚，與九龍倉主席紐壁堅三緘其口的神態，形成鮮明的反差。

6 月 24 日傍晚，置地公司發表聲明，取消日前提出增購九龍倉股份的建議。置地發言人表示，所有交抵該公司要求換股的九龍倉股票，將全部退回原來股東。置地並表示，目前約持有 1330 萬股九龍倉股票。這個數字與置地建議增購九龍倉時持有的 2340 萬九龍倉股份相比，約減少了 1010 萬股九龍倉股份。

原來，置地在宣佈增購建議之前，已將包玉剛可能的反應計算在內，預防包玉剛的反擊。因此，當包玉剛決定反增購後，置地即於星期一清早將所持有約 1010 萬股九龍倉股票第一時間售予獲多利公司。據當時行內人士透露，儘管包玉剛在反增購時曾清楚表示不會購入屬於置地的股份，獲多利亦曾拒絕收取與怡和系有關的九龍倉股份，但仍有大批股票轉用銀行代理人公司及經紀人的名義，由

50 人星期一清早前往和記大廈獲多利公司總部門外輪候，第一時間售予獲多利。市場估計，包玉剛購入的九龍倉股票中，約有一半是由置地供應的，這批股票每股平均價格約為 37.5 港元，置地在售出後約賺取 7.21 億港元的非經常性贏利。

翌日，九龍倉在香港股市恢復掛牌，一開市投資者便放盤，九龍倉股價一直跌至每股 80 港元才有成交，當時最低跌至每股 72 港元，以每股 74.5 港元收市，比停牌前下跌 2.5 港元，比包玉剛的收購價下跌了 30.5 港元。這一天，星期一登記出售九龍倉股票的散戶紛紛向獲多利和其他經紀收取現金，每一登記人士最高可售出 800 股九龍倉普通股，很多經紀行人頭湧湧，部分散戶一度誤會增購條件有效而持股求售。經紀人需延長辦公時間，處理發放現金予已登記出售九龍倉股票的客戶。

至此，九龍倉爭奪戰已近尾聲，然而卻餘波未了。事緣 6 月 23 日包玉剛反增購的當日，香港證券監理處連續三次就置地與包玉剛家族增購九龍倉股份召開會議。會後，香港證監專員、收購及合併委員會主席麥思表示，該委員會認為包玉剛家族在完成增購 2000 萬股九龍倉股份之後，實際已取得九龍倉的控制權。他並指出，包氏在收購中未能符合收購及合併守則中的 "公平對待全體股東" 的原則。

6 月 24 日，包玉剛在與財務顧問獲多利舉行會議之後，即由獲多利代表包氏就收購及合併委員會的聲明發表公告，公告表示："包玉剛爵士認為，香港置地有限公司將所擁有的九龍倉股份，由 20% 增加至 49% 之建議，曾對他此前在九龍倉的股權地位構成威脅，但他增購相當於 2000 萬股九龍倉股份，得以保障其本人及其家族之利益。包玉剛爵士在現階段無意向其他九龍倉股東提出全面購股建議。"

6 月 25 日，收購及合併委員會召開會議，研究包玉剛所提的理由是否充分，及對九龍倉股東是否公平。由於九龍倉的財務顧問亨寶財務公司未能出示齊備資料，委員會暫不發表意見。翌日，該委員會再度召開會議，直至晚上 9 時才結束。

該委員會主席麥思在會議結束後宣讀了一項聲明，表示獲多利及包玉剛家族的九龍倉增購行動事前未有諮詢委員會主席的意見，違反收購合併守則 "對所有股東公平" 的精神，應受到公開譴責。他又表示，該委員會建議包玉剛最低限度應以每股 105 港元價格向九龍倉股東提出"局部收購",且不應運用是次增購股份所賦於的股票權。麥思並表示,該委員會將重新檢討收購及合併守則的內容。果然,一年後該委員會將全面收購的觸發點,從 50% 降至 35%。

不過,收購及合併委員會的建議被包玉剛拒絕,獲多利表示"局部收購"建議並不可行。

與此同時,亦有報刊指滙豐銀行在這次增購事件中可能觸犯銀行條例,因為根據銀行條例,銀行向某一董事及其親屬貸出無抵押貸款,不能超過 25 萬港元或該銀行已繳足股本及儲蓄的 1%。

對於這一指責,從歐洲趕返香港的滙豐銀行副主席包約翰向傳媒表示,滙豐貸款予包玉剛,是銀行與客戶的關係,並無抵觸銀行法例。不過,他承認這次增購九龍倉將刺激香港的投機活動。稍後,港府發言人亦表示,政府已關注這次增購事件,並曾根據銀行法例展開調查,證實包玉剛在這次貸款過程中,沒有任何違反香港銀行法例之處。至此,整個九龍倉增購事件算是拉下帷幕。

◢ 孰勝孰負? ◢◢◢

是役,包玉剛以迅雷不及掩耳之勢一舉取得九龍倉的控制權。消息傳出,全港轟動,香港傳媒指包玉剛打了一場漂亮、乾淨利落的世紀收購戰。

不過,當時最有影響力的評論,卻是《信報》資深股評家思聰先生的評論:"船王負創取勝,置地含笑斷腕",意指包玉剛雖然取得了勝利,但付出的代價太大,而置地雖然丟失了九龍倉,卻賺取了 7 億港元的巨額利潤。

確實,包玉剛雖然勝了是役,但因九龍倉復牌後股價滑落,即時賬面損失就達 6.1 億港元之巨,再加上逾 20 億港元現金的利息,以 13% 年息率來計,一年利息就達 2.86 億港元。因此,不少人均同意包玉剛只能算是"慘勝"。

然而,六年後,《信報》著名政經評論家林行止先生卻有這樣的評論:"持有數以十億元計資金的人的想法和只擁有千數百萬元資金的人的想法,是完全不同的。二者最大的分歧,是投資眼光的長短和對投資項目的選擇。一個最明顯的例子是包玉剛於 1980 年將投資重點從航運業轉移至地產。包氏當年收購九龍倉，價格在 36-110 港元之間，調整後每股約 6 港元，加上利息支出，這宗收購在六年後的現在（現價約 9 港元），從賬面看，仍無利可圖……這樣計算的人，一定不會有包氏充滿魅力的大動作──但包氏這樣做，使他避過了一場令大部分船公司陷入財政困難的航運業大災難……利用九龍倉的基礎，包氏成為一位在地產物業發展、酒店及貨倉業上舉足輕重的地產商。試想當年如果斤斤計較股價上的得失而放棄收購，包氏的大部分財富可能已和航運業同沉海底！”林行止的結論是：“包氏的投資轉移，顯示了他有過人的識見與遠見。”這場轟動全港且空前激烈的九龍倉爭奪戰，究竟誰勝誰負，且留待後人慢慢評說。

04

曇花一現　佳寧帝國的崛起與崩潰

　　20世紀70年代末80年代初，香港股壇升起一顆光芒四射的新星——佳寧集團，它的創辦人陳松青透過一系列近乎瘋狂的收購兼併活動，在短短的數年間使一家資產只有數百萬港元的公司，膨脹為市值高達逾百億港元的多元化大型企業集團，在香港商界建立起一個龐大的商業帝國。

　　佳寧集團在巔峰時間，旗下的附屬公司多達100家，包括佳寧置業、維達航業、其昌人壽三家上市公司，涉及的業務遍及地產、建築、貿易、航運、旅遊、保險、製片、殺蟲等多個領域，銀行家排着隊等待着向佳寧貸款，而佳寧集團主席陳松青，亦巍巍然成為當時香港商界最顯赫的人物之一。

　　然而，佳寧集團在經歷急風驟雨式的發展之後，並未能及時鞏固已取得的成績，或許在商業交易中涉及太多的欺詐成份而無法鞏固。結果，當市道逆轉時，這個龐然大物窘境頓顯，並隨即土崩瓦解，給它的支持者留下逾百億港元的債務，曇花一現地結束了其在香港商界的風雲史。

　　可以說，佳寧集團的崛興及衰敗，留給後人的教訓相當深刻。

開始的時候卑微得令人難以置信，時間也短得令人難以置信，陳松青創造了一個商業帝國，一般人稱之為佳寧集團。這個集團以佳寧集團有限公司和佳寧代理人有限公司這兩家私人公司為核心，又旁生出一系列私人公司。這兩家核心公司又控制着三家上市公司，從而形成一個龐大的商業帝國。

陳松青早期家庭生活的紀錄，似已在第二次世界大戰中日本佔領東南亞諸國毀於戰亂。陳松青祖籍福建，他的出身和身世，則有多個版本。他的新加坡護照顯示，他在 1933 年 12 月 10 日生於福建，但他卻自稱於 1938 年在沙撈越出生。

年輕時，陳松青負笈英國，在倫敦大學攻讀土木工程學，20 世紀 60 年代在新加坡和馬來西亞工作，曾在新加坡從事小規模土木工程生意，後來被法庭裁定破產。70 年代初正是香港經濟蓬勃發展的時期，三山五嶽的商界豪客和落魄失意者，紛紛來到這塊新型的冒險家樂園尋找發展機會。1972 年 6 月，破產後窮困潦倒的陳松青也來到了香港，初期在鍾氏兄弟的家族公司任土木工程經理。當時，鍾氏兄弟已是香港的大地產發展商，旗下公司包括凱聯酒店、益新集團等。陳松青的崛起，可以說與鍾氏有莫大的聯繫。

陳松青來到香港，也正值香港股市進入空前大牛市的繁榮時期，這給陳松青留下極深刻的印象。在鍾氏兄弟公司打工之餘，陳松青一直用心鑽研地產股市運作的秘訣，為日後的創業暗作準備。

1975 年，陳松青開始自立門戶，他與鍾氏家族的另一成員鍾鴻生合作創辦德力生公司，以 250 萬港元購入養和醫院現址一塊地皮，一年後以 620 萬港元售給港府有關部門，首宗交易即旗開得勝，且獲利甚豐，這無疑給陳松青以極大的鼓舞。就憑着在地產市道上升時期的低買高賣，陳松青在香港掘得他日後發跡的“第一桶金”。

1977 年 11 月，陳松青在香港註冊成立佳寧集團有限公司，初期註冊資本是 500 萬港元，後來增至 1000 萬港元。到 1980 年底，該公司註冊資本增至 1388.88 萬港元，有關資本共分為每股 1 港元普通股 100 股，及年息 3 厘每股 1 港元的可贖回累積優先股 1388.87 萬股。優先股持有人中，佳寧代理人有限公司持有 888.87 萬股，其餘 500 萬股份分別為高景琬、陳婉玲、陳秀玲及陳美玲所擁有，而這四人即陳松青的妻子及女兒。

使佳寧集團充滿神秘的是它的最大股東——佳寧代理人有限公司。該公司成立於 1978 年 2 月，資本 10 萬港元，分 10 萬股，每股 1 港元，陳松青佔 99999 股，佳寧集團董事烏開莉佔 1 股。從事後得知的資料看，陳松青顯然便是佳寧的"真命天子"——主腦兼最大股東。不過，他當時以極低調的神秘姿態出現，並起用受僱董事，試圖減輕外界對他的注意。

然而，由於佳寧在香港商界崛起太迅速，其處事的魄力、可動用的資金及果斷的作風，不比尋常，且事事出人意表，因此香港商界均認為佳寧"必有幕後操縱"。當時，眼看佳寧以似乎源源不絕的龐大資金展開令人眼花繚亂的收購，外間傳說紛紜，一說它受菲律賓總統馬可斯的夫人的支持，一說前蘇聯莫斯科人民銀行站在它的背後，更有一說是婆羅洲沙巴和木材商團的資金供其運用……

佳寧集團雖然對上述傳聞斷然加以否認，但對於資金來源是否來自東南亞僑商的求證，則未予正面的承認或否認。這更增加了佳寧的神秘莫測感。這種神秘色彩，一度令很多冷靜、實事求是的銀行家、投資者傾倒，認為無論陳松青承諾什麼，他都能辦到。陳松青正是在這種經過他刻意營造的神秘氣氛之中，展開了他的急風驟雨式的收購擴張行動。

佳寧集團成立初期，主要是經營殺蟲劑生意，在 1978 年收購了一家有困難的旅遊公司——健的旅業，將業務擴展到旅遊業。不過，佳寧的主業始終是地產業。陳松青極善利用銀行的貸款來壯大旗下公司的資產。後來的事實證明，佳寧那些表面看來"取之不盡，用之不竭"的外來資金，其實均來自銀行的貸款。

且看陳松青是如何取得銀行的貸款：1978 年，佳寧集團以 1850 萬港元購入元朗一幅土地，即將其按揭給馬來西亞的裕民財務公司，取得 6000 萬港元的貸款；同年又將數月前以 170 萬港元購入的一幅土地向交通銀行按了 2000 萬港元，比成本高逾十倍。就這樣，陳松青利用"滾雪球"的原理，藉銀行按揭套取大量資金，再利用這些資金購入貴重物業，在短短兩年間購入了約 30 個地盤，樓面面積達數百萬平方呎。到 1979 年，佳寧已成為香港一家中型地產集團。

當時，適逢香港政府正積極策劃將香港發展成為國際性金融中心，1978 年 3 月，港府宣佈放寬自 1965 年銀行風潮後實施的停發銀行牌照限制，在其後 9 個月內一口氣發出 27 個牌照。由於銀行數目在短時間內急增四成，再加上其他各類金融機構的激增，加劇了銀行業的競爭。這時期，中國開始積極推行四個現代化計劃，並實施改革開放政策，刺激香港經濟亦蓬勃發展，種種有利因素令市場一致看好香港的地產、股市前景，資金亦一窩蜂地擁入地產、股市，使地價、股價大幅飆升。陳松青正是用這些有利的客觀條件來建立自己的商業王國。

▲ 佳寧成為香港股市萬眾矚目的新星 ◢◢◢

1979 年，佳寧集團開始受到香港同業的注目。同年 9 月，佳寧以每幢售價800 萬港元的高價向市場推出 8 幢赤柱複式豪華住宅別墅，該售價比當時市場價格高出兩倍，但仍能銷售一空（事後證實大部分由佳寧附屬公司購買），在市場引起轟動效應。陳松青透過連串手法，將佳寧描述為一家成功的地產發展商。

這時，陳松青認為條件已經成熟，他計劃部署將佳寧"借殼上市"。收購的目標，則指向黃氏家族的寶光集團旗下的上市公司美漢企業。

1979 年 12 月，佳寧向寶光探盤，先是以 2860 萬港元向美漢企業購入清水灣道 16 座複式別墅，平均每座價格 179 萬港元，創下該批樓價的最高紀錄。稍後，佳寧又以 2.68 億港元向美漢企業購入加拿芬道京華銀行大廈，以 9.5 萬平方呎樓面計算，平均每平方呎 2821 港元，在當時亦創出該樓宇價格的最高紀錄。

據說，在出售京華銀行大廈過程中，曾有這樣的插曲：在商議之初，寶光遲遲沒有出價，當時，寶光高層曾有爭議，有的說應出價每平方呎 1500 港元（售價為 1.4 億港元），有的說應每平方呎 1800 港元（售價為 1.71 億港元），但爭議尚未有結果，佳寧集團便迫不及待地提出 2.68 億港元的買價，結果皆大歡喜，順利成交。

經過兩宗交易後，陳松青直接向黃氏家族提出收購美漢企業控股權的要求，獲得同意。同年 12 月 29 日，佳寧宣佈以每股 6 港元的價格，斥資 43.78 億港元向寶光集團收購美漢企業 52.6% 股權。當時，美漢企業在過去兩年的大部分時間裏，股價都停留在 1.5 港元水平，但在停牌前已急升到每股 3.8 港元，即使如此，佳寧開出的價格仍讓市場大吃一驚。

證監處裁定佳寧需向美漢股東提出全面收購。當時，獲多利代表佳寧發出收購建議文件，文件形容佳寧："⋯⋯佳寧代理人有限公司的全資附屬公司的股本，完全由陳松青先生和他家族多名成員實際持有。陳先生是一名合格土木工程師，在香港建築業有 11 年經驗。⋯⋯佳寧集團的政策是在香港尋求及取得合適的地產投資，作為發展、出售或保留作投資用途，佳寧集團已經⋯⋯收集了一可觀的香港地產投資組合，佳寧集團也參與包機、旅遊、建築材料買賣和酒店經營管理。"

　　到 1980 年 3 月底，全面收購結束時，佳寧集團持有美漢企業的股權已增加至 75%，仍保留其在香港的上市地位。同年 7 月，美漢企業易名為佳寧置業有限公司，成為佳寧集團在香港的上市旗艦。

　　就在佳寧收購美漢的同時，陳松青以更加矚目的方式展開他的收購行動。1979 年 11 月，陳松青與鍾氏家族的鍾正文組成 Extrawin 公司，陳松青佔 75% 股份，鍾正文佔 25%。陳松青和置地公司初步洽談了幾宗物業交易後，便把矛頭直指位於香港島金鐘地段的金門大廈。

　　金門大廈由著名的金門建築公司興建，1975 年怡和收購金門建築後，金門大廈成為怡和的物業。1978 年 12 月，置地公司以 7.15 億港元向怡和購入該幢物業，到 1979 年底，置地因要籌資金增購九龍倉股票，遂有意把該大廈"以高於一年前的購入價"出售。陳松青遂立即與置地展開洽商。

　　1980 年 1 月 10 日，陳松青、鍾正文與置地簽定買賣合約，透過 Extrawin 以 9.98 億港元價格向置地公司購入金門大廈。這項交易令置地在短短一年間獲利 2.83 億港元。這是香港有史以來金額數最大的一宗地產交易，消息傳出，震動香港內外。

　　當時，傳媒的焦點，有部分集中於置地在此項交易中所獲得的巨大利潤。不過，大部分的注意力很快就放在佳寧成為香港地產市道的新興力量上。報界把金門大廈交易和幾乎同時進行的收購美漢企業聯繫起來，紛紛對陳松青的背景作出猜測。1980 年 1 月 11 日《亞洲華爾街日報》發表評論說："這兩宗數以億元計的交易，把佳寧投放到香港地產業的前列，代表東南亞進入地產市場最大規模的一次。"

　　佳寧的兩宗矚目交易，亦引起了香港證監處的注意，要求佳寧的律師行提供陳松青及其集團更多的資料。1月14日，陳松青在律師的陪同下，前往證監處。陳松青宣稱：佳寧由他和一個大家族控制及擁有重大權益，該大家族散居於新加坡、馬來西亞、印尼等地。他又自稱原籍福建，和潮洲商人有密切關係。佳寧的資金大部分來自紐約市場，有一筆大貸款，年期限為15年，利息9厘。

於是神話開始了，並被其他人及傳媒渲染得愈來愈厲害。陳松青過人之處，就是他塑造自己形象的能力無人能及，他身邊的人又推波助瀾，暗示他的資金來源大有背景。這樣，有關佳寧集團得到菲律賓總統馬可斯的夫人的支持，以及前蘇聯莫斯科人民銀行站在它的背後等種種傳聞，源源不斷地出籠，給陳松青頭上罩上神秘莫測的光環。

1980年7月11日，佳寧集團證實已"如期"支付購買金門大廈的最後一筆款項。7月15日，佳寧集團宣佈將所持金門大廈75%的權益，以象徵式的1港元代價轉讓給佳寧置業，由佳寧置業承受金門大廈的權益和債項。

當時，佳寧置業表示，該集團有意對金門大廈作"長期投資"。然而，言猶在耳，到7月底，佳寧置業突然宣佈，有關出售金門大廈的談判已進入"深入階段"，售出價約為15億港元。受到有關消息的刺激，佳寧置業股價進一步急升至9港元。

8月14日，佳寧置業宣佈與恒生銀行創辦人林炳炎的公子林秀榮、林秀峰兄弟持有的百寧順集團達成初步協議，以11.8億港元出售所持金門大廈75%權益，買家已支出訂金，交易將於9月13日完成。不過，初步協議很快就被另一聲明所取代，佳寧置業與鍾正文將以16.8億港元價格，把整幢金門大廈售予百寧順，交易將於10月底之前完成。換言之，佳寧及鍾正文在不到一年時間透過買賣金門大廈，所賺取的利潤竟高達近7億港元。

消息傳出，香港股市沸騰起來，大批股民蜂擁追逐佳寧置業股票，使股價進一步飆升到15.4港元水平，整家公司的市值從收購時的約5億港元急增到逾36億港元，股東人數從收購時約1500名增加到近10000名。這時，佳寧集團第二階段的擴張可說是正式完成。

佳寧擴張的第一階段，可以說是陳松青在鍾正文的扶助下，在香港建立起初具規模的生意，累積少許個人財富，更重要的是，找到了一個甘願保持絕對商業機密的資金來源。第二階段，是陳松青部署集團"借殼上市"，並透過轟動全港的金門大廈交易，將佳寧置身於香港地產界的前列，塑造了佳寧作為成功的大地產商的形象。這個階段，他已向他的導師鍾正文和其他投資者證明，他有"取之不盡、用之不竭"的龐大資金。正是在這種神話式的氣氛中，陳松青開始了佳寧第三階段近乎瘋狂的收購擴張活動。

◢ 佳寧藉瘋狂式收購攀上巔峰 ◣◣◣

從 1980 年中期起，陳松青充分利用過去兩年所建立的聲譽，透過發行新股及向銀行借貸，展開大規模的收購活動。龐然大者計有：

一、1980 年 9 月，佳寧置業宣佈組成佳寧航運，先是以 6100 萬港元向保華建築購入一艘 3 萬噸的乾貨輪"先進號"，易名為"佳寧一號"，繼而又向日本和西德訂購四艘乾貨輪，進軍航運業。一年後，佳寧置業將佳寧航運注入維達航運，換取維達 2919 萬股票，每股作價 7.6 港元，又向怡和及李氏家族購入 1.82 億維達股票，每股作價仍為 7.6 港元，以 8290 萬港元現金支付。交易完成後，佳寧置業取得上市航運公司維達航運 65% 股權。

二、同年 9 月，佳寧置業與泰國 Rama Tower 達成換股協議，佳寧以每股作價 17.3 港元，發行 2888888 股新股，換取 Rama Tower 25% 股權。Rama Tower 是泰國主要的上市公司之一，擁有五家酒店，並經營保險和財務。

三、同年 11 月，佳寧置業以每股 6 港元價格，向鄭氏家族購入上市公司捷聯企業 2380 萬股股票，涉及資金約 1.42 億港元，取得捷聯企業 35% 股權，成為公司大股東。不過，事隔三個月，陳松青似乎又改變主意，不想把捷聯變成為另一家與佳寧置業平衡的公司，遂以每股 6.3 港元將捷聯股份售予鍾正文，捷聯後來易名益大投資，成為鍾正文控制的上市公司。

四、同年 12 月，佳寧置業又與日本的上市公司日活電影公司達成協議，互相進行收購，佳寧以 1 億港元代價取得日活電影公司 21% 股權，而日活電影公司則以 6624 萬港元代價認購佳寧 446.6 萬股股份。換言之，佳寧付出約 3000 多萬港元現金，控制了日活 21% 股權。日活電影公司成立於 1912 年，主要業務是娛樂事業，包括電影製作、經營日本國內 428 家電影院，並擁有不少土地儲備。

五、同年 12 月，佳寧置業宣佈與邱德根的遠東發展、鍾正文的益大投資、馮景禧的新鴻基證券合組僑聯地產，藉遠東發展旗下的上市空殼公司港九海運取得上市地位，由其餘三家公司注入資產，令僑聯地產成為一家擁有 8.63 億港元資產的上市公司，佳寧置業持有其 21.7% 股權。不過，該公司的各主要股東後來對股份買賣出現歧見，並引起證監專員的調查，最後由鍾正文接手。

六、1981 年 6 月，佳寧置業宣佈以每股 9 港元價格購入上市公司友聯銀行約 10% 股權。

七、同年 6 月，佳寧置業宣佈與其昌人壽水火保險有限公司的菲律賓大股東 Ayala 國際（企業）有限公司達成協議，由佳寧以 1500 萬股股份（相當於佳寧置業已發行股份的 6%），換取其昌人壽 46% 股權。其昌人壽是香港上市公司，業務以經營人壽、家庭水險及火險為主，在英國、澳洲、馬來西亞、新加坡及泰國均有分行及代理公司。

八、同年 8 月，由佳寧置業（佔 33%）、置地（佔 25%）、佳寧集團（佔 22%）、美麗華（佔 7.5%）和新景豐（佔 7.5%）組成的財團，宣佈以 28 億港元代價，向美麗華購入美麗華酒店舊翼一幅土地，條件是先付 15%，另外 18% 在未來六個月內支付，餘款 18.76 億港元在 1983 年 5 月 4 日支付。該土地計劃興建一 "置地廣場" 式的商廈，預計全部工程於 1995 年底完成。

九、同年 8 月，佳寧宣佈與置地合作，向聯合汽水公司購入 6.94 萬平方呎土地，代價為 1.2 億港元，用以改建成一幢工業大廈。同時，佳寧又與楊協成公司合組老智公司，購入聯合汽水公司的控制權。

十、同年 11 月，佳寧置業宣佈以佳寧股票換取新西蘭一家保險公司 50% 股權。

佳寧展開的連串收購，的確是令人目眩，難怪當時就有評論說："佳寧就像貪婪的主婦跑進超級市場，看到合適的東西就拾在籃內，絲毫不理會標價。"事後，一名佳寧職員亦指出，公司全盛時期，陳松青會斷然決定大量投資某行業，似乎金錢完全不在他考慮範圍之內。陳松青本人固然時常超時工作，公司職員亦常被迫效法他。一名職員回憶陳松青教訓他應儘快完成最多的工作時，曾嘲諷地說："記着，在佳寧是沒有明天的。"

那一時期，佳寧可說是一個成功的借貸人。到 1981 年，連香港最大、信譽最佳的滙豐銀行，亦成為佳寧集團經常貸款的銀行之一。1981 年底至 1982 年初，滙豐銀行便向佳寧提供 2 億港元貸款，而用作擔保的只是佳寧的股票及其 1.15 億港元購入的物業。既然滙豐銀行亦肯貸款，其他銀行自然亦樂意追隨。一名銀行家就說過："滙豐銀行認為可以的，我們當然沒有問題。"

佳寧向銀行貸款，通常是以其股票或物業作抵押。一般而言，銀行貸款只限於股票市價的 50%，假如股票跌價，貸款人便要拿出更多的股票，或者清還部分貸款。陳松青深明此中道理，因此他極注重佳寧股票的升跌。為此，不惜採取各種手法"托市"，或不斷發表大動作的聲明，或"洩漏"有利於己的消息，或高價購買本公司的股票，以使他的公司的股價不斷上揚，令人覺得這些股票有非常活躍的市場。這樣，申請貸款時，用股票作抵押才會為銀行所接受。

佳寧能夠輕易貸款的另一個原因是陳松青本人。簡單地說，他的手法擊倒了不少銀行家：他們覺得陳氏似乎有用之不竭的資金而且勢力強大。陳松青是法國名畫的收藏家，收藏品常掛於辦公室內。1982 年，陳松青擁有五輛勞斯萊斯汽車，據本地一位勞斯萊斯代理商說，這是全港個人擁有這種汽車的最高數字。

在銀行源源不斷資金的支持下，陳松青展開令人眼花繚亂的收購活動。到 1982 年中巔峰時期，佳寧已儼然成為香港一家規模龐大的多元化企業集團，旗下的附屬公司多達一百多家，包括佳寧置業、維達航運及其昌人壽三家上市公司，規模已接近歷史悠久的英資大行如怡和、太古等。

◢◢ 佳寧帝國的崩潰 ◢◢◢

不過，佳寧集團在經歷了暴風驟雨式的發展之後並未能及時鞏固已有成績，或許它在商業交易中涉及太多欺詐成份而無法鞏固。1982 年，幸運之神不再眷顧佳寧，佳寧集團開始因外部經濟環境的轉變而逐漸陷入困境。

這時，它的主要合作者、益大集團主席鍾正文比陳松青更早覺醒，他發現他和陳松青合作的五項計劃令他的負債高達 13 億港元，可能令他破產。他試圖抽身脫離，不理會這樣會對他的合夥人造成什麼樣的後果。他還發現陳松青用他的股份謀取私利，損害他的利益。於是，他決定與陳松青攤牌，令陳以優厚條件讓他脫身。

鍾正文派人調查陳松青早期的活動，由於他可以把整件事情揭發出來，陳松青不得不向這件實際上是商業勒索的行為屈服，與鍾正文和解。和解的條件對佳寧集團造成了更大的傷害。

這時，以往一直有利於陳松青擴張的外部經濟環境開始迅速逆轉。事實上，自 1981 年下半年開始，世界經濟衰退已令香港經濟不景，利率高企，港元貶值，內部消費萎縮，公司利潤下降，再加上香港前途問題逐漸提上議事日程，種種利淡與不穩定因素已相繼浮現。當時，香港的地產市道經過七八年的輾轉攀升，已達到巔峰狀態，各種物業的空置率已達到極高水平，所謂位高勢危，已相當危險。

到 1982 年下半年，形勢更加惡化，反映市場信心變化的恒生指數已從年初的 1405 點，下跌至 7 月底的 1150 點，跌幅達 18%。突變來自中國銀行宣佈以 10 億港元價格購入興建中區新行的地皮，假如這幅地在一年前出售，測量師估計售價可能達 25 億港元。真實的價格出現了，股市大吃驚，從而進一步下挫。

同年 9 月，英國首相戴卓爾夫人乘福克蘭群島一役大勝之勢訪問北京，提出以主權換治權的建議，遭到鄧小平的拒絕，結果在人民大會堂歷史性地跌了一跤。消息傳到香港，早已疲憊不堪的股市、樓市應聲下跌，佳寧集團的困難迅速表面化。

1982 年 9 月 26 日，佳寧發表中期業績，贏利為 2.7 億港元，較上年增加 2.75%，宣佈中期息每股派 1.2 角。然而，到了 10 月 26 日，佳寧突然罕有地宣佈取消派發中期息，改以十送一紅股代替，同時發行 5 億股優先股集資 5 億港元。此舉實際上暴露了佳寧的困境，股價即時暴跌，一天之內瀉去三成，由每股 1.52 港元跌至 1.02 港元。受此影響，香港股市亦大幅急跌 9.48%，被視為"堅固防綫"的 800 點大關輕易跌破，股市總值損失 132 億港元。

首遭厄運的是鍾正文的益大投資。1982 年 11 月 1 日，益大投資宣佈清盤，公司主席鍾正文倉皇潛逃離港，留下 21 億港元債務和其他貸款擔保 16 億港元，他的兒子按照香港古老的錢債法例，到赤柱監獄服刑去了。

益大投資被清盤後，佳寧的真相亦徹底暴露了：早在 10 月份，就知道益大借下銀行貸款高達 10 億港元，按比例計算，佳寧的債務至少也達這個數目，因為益大就好像佳寧的影子一樣。因此，證監處否決了佳寧供股集資的計劃，並對佳寧的財務進行調查。

1983 年 1 月 2 日，佳寧集團宣佈旗下三家上市公司佳寧置業、維達航運及其昌人壽暫停上市買賣，重整債務，取消發行 5 億港元優先股的計劃，改為建議由母公司佳寧集團注資 2.5 億港元，以及由滙豐銀行在有條件情況下，向佳寧提供有抵押活期透支 2.5 億港元。

同年 2 月 6 日，佳寧宣佈委任亨寶財務及獲多利為代表，向包括逾 70 家銀行、財務公司在內的債權人商討重組計劃。當時，佳寧甚至以 10 萬港元的月薪從英國聘請滙豐銀行前任副主席包約翰為債權銀行代表，入主佳寧董事局。佳寧的債務重組按經典的以股代債原則來擬定，並透過出售旗下附屬公司來減輕債務。不過，有關計劃的成功希望始終不大。

就在這期間，突然發生的一宗命案徹底粉粹了佳寧的重組希望。1983 年 7 月 18 日，香港裕民財務公司助理經理伊巴拉希，在香港麗晶酒店一間客房被人勒死，並被偷運到新界一蕉林拋棄。由於兇手遺下明顯的綫索，警方很快就拘捕了一名麥姓男子。該名男子後來招認他只負責棄屍，並指兇手是一名在逃的朝鮮人，姓冼，受陳松青指使行兇。

伊巴拉希的死導致警方對裕民財務的搜查，結果發現佳寧屬下公司對裕民財務的負債龐大，有關債項高達 5.4 億美元，而且與佳寧的賬目不符。至此，佳寧龐大的資金來源真相大白，它既非來自東南亞華僑巨富，亦不是菲律賓馬可斯夫人的支持，更不是前蘇聯莫斯科人民銀行站在背後，而是來自馬來西亞的一家財務公司——裕民財務。

裕民財務是馬來西亞政府銀行裕民銀行的一家全資附屬公司，該銀行是一家有國際業務的大銀行。由於香港政府凍結發出銀行牌照，裕民銀行便以附屬公司形式在香港成立一家接受存款的公司，名為馬來西亞裕民財務有限公司。1979 年，裕民財務已與佳寧建立合作關係，而佳寧正是在得到裕民財務的全力支持下展開大規模擴張活動的。至此，神話已被戳穿。

事後證實，當時，陳松青和裕民財務合作，企圖在債務重組計劃之外努力為自己的公司取得資產。佳寧集團共欠下裕民財務、滙豐銀行、獲多利等金融機構逾百億港元債務額。陳松青和裕民財務企圖隱瞞佳寧的總負債,特別是拖欠裕民財務的逾 40 億港元的負債額,以便使重組得以進行。

9 月 18 日,警方再次出動,對佳寧集團展開全面搜查行動,取得了逾百萬份文件。10 月 3 日,佳寧集團主席陳松青在家中被捕。警方再拘捕多名有關人士,包括律師行的合夥人,有數名核心人物在此前逃離香港,獲多利的約翰‧溫巴思知道自己會被控,主動從倫敦回到香港。1984 年 4 月 13 日,就在伊巴拉希謀殺案開審前一日,他在游泳時自殺。

警方的行動徹底粉碎了佳寧的重組計劃,就在陳松青被捕後六日,債權人之一的美國信孚銀行向香港高等法院申請將佳寧清盤。至此,顯赫一時的佳寧王國正式瓦解。

事後警方調查證實,佳寧集團破產時,有關債務已高達 106 億港元,其中僅欠裕民財務的債項就達到 46 億港元;而且,導致佳寧迅速崛起的關鍵——佳寧置業向百寧順出售金門大廈的交易從來沒有完成,佳寧的物業在無法出售時就轉售名下的私人公司,由此換取紙上贏利。

作為佳寧集團覆滅的餘音,港府落案起訴前佳寧集團主席陳松青、董事何桂全、百寧順集團的林秀峰、林秀榮兄弟以及會計師碧格及盧志煊等六人,指控他們於 1981 年 1 月 1 日至 1982 年 7 月 31 日期間,在香港串謀以不確定和誤導的言辭和隱瞞佳寧的贏利、流動資金和財政實況的方法行騙佳寧股東和債權人。

該案從 1986 年 2 月開審,1987 年 9 月 15 日審結,歷時 19 個月,開庭約 281 天,出庭證人達 104 名,證供文件 2.5 萬多頁,控辯雙方的法律費用接近 1 億港元。無論在審訊耗時方面,還是在花費公帑方面,該案均創香港司法史之最。

不過,最出人意表的是,主審官柏嘉最後以證據不足為理由,裁定六名被告均"無須答辯",並引導陪審團裁定被告串謀詐騙罪名不成立,當庭予以釋放,同時並裁定所花費 1 億港元的訴訟費由政府支付。此裁決一出,香港輿論一片嘩然。

在該案中,事件的主角陳松青雖然被裁定"無須答辯"而獲釋,但他的官司仍然不斷,為曾經稱雄香港商界一時、曇花一現的佳寧王國,留下裊裊不斷的餘音。

05
局部收購 新興華商挑戰中華巴士

20 世紀 80 年代初，香港新興華商亦向華資的老牌公司策動收購兼併，其中最著名的，就是百利保收購中華巴士一役。

向中巴展開敵意收購的，是新興華商羅鷹石旗下的百利保，百利保以母公司鷹君的實力為後盾，邀得著名"公司醫生"、前和記黃埔主席韋理掛帥，組成陣容強大的戰車——亞隆，陣前又得到中巴股東黃氏家族倒戈相向，在收購戰中着着領先，似乎勝券在握。

面對強敵，中巴大股東顏氏家族表面上雖然聲稱"以不變應萬變"，實際上出盡奇謀，先是向小股東動之以情，誘之以利，繼而利用當時證監法律的縫隙和漏洞，邀得好友組成局部反收購的奇兵，以其人之道還治其人之身，終於令形勢逆轉，挽狂瀾於既倒，力保江山。

中巴收購戰開創了香港"局部收購"的先例，其間處處挑戰當局的證券監管，是頗值得研究的一宗收購兼併案例。

中巴全名"中華汽車有限公司"，是一家老牌的華資公用事業上市公司，創辦於 1933 年，創辦人是顏成坤和黃旺財兩大家族，且兩家有姻親關係。不過，後來黃氏家族不斷出售中巴股份，顏氏家族遂成為中巴大股東。

　　顏成坤是廣東潮陽人，1905 年出生於香港，早年曾做抬轎員，後來發跡，擁有大批坐轎，賺得第一桶金。黃旺財則從事船務運輸業務，往來香港與廣東沿海。兩人的背景均與運輸有關。1930 年，顏成坤及黃旺財等看到港九市區人口增加，各業繁榮，經營巴士服務大有可為，遂合資創辦中華汽車公司（China Bus Company）。

　　當時，香港已有六家巴士公司，其中，顏成坤及黃旺財的中巴與鄧肇堅、雷氏家族創辦的九巴（當時稱九龍汽車公司），以及啟德汽車公司均在九龍市區提供巴士服務。這三家公司行走的路綫相似，競爭相當激烈。1933 年，港府將港島區和九龍區的巴士服務專營權分開招標，顏成坤、黃旺財等成功投得港島區的巴士服務專營權，遂將中巴重組，創立中華汽車有限公司，並接管了港島區原有三家巴士公司業務，壟斷了港島區巴士服務專利。而九巴亦成功投得九龍及新界的巴士服務專營權。自此，香港交通運輸業形成"兩分天下"的局面。

　　1941 年底太平洋戰爭爆發後及日軍侵佔香港期間，中巴的車隊悉數被毀或被徵用，業務陷於停頓，損失慘重。不過，二次大戰後，中巴在顏成坤的掌舵下，經營策略相當進取，不斷購入巴士及廠房，其業務不但迅速恢復，規模更日漸擴大。據統計，從 1951 年至 1966 年，中巴車隊擁有的巴士已從 151 輛急增到 498 輛，年載客量從 4612 萬人次增加到 1.86 億人次。中巴為解決戰後香港市民衣食住行中"行"的問題，作出了貢獻。1960，中巴再度獲得港島區巴士服務的專營權，為期 15 年。1962 年，中巴根據《一九六〇年交通事務（港島）法案》規定，將 25% 股票在香港上市，成為上市公司，其時，控制權仍掌握在顏氏和黃氏兩大家族手中。

　　這時期，顏成坤不但是潮州大亨的叔父輩人物，更成為香港政經界炙手可熱的紅人。1955 年，他獲得港督葛量洪委任，出任立法局議員，1959 年更晉身港府最高權力架構——行政局，並兼任立法局首席議員，直接參與戰後香港的重建與發展的許多重要決定。顏成坤先後於 1955 年和 1961 年獲英女王頒發 OBE 和

CBE 勳銜。這是中巴及顏成坤本人的黃金時期。

顏成坤的克勤克儉、事事親力親為，是他成功的因素之一。據中巴員工透露，顏氏即使到了八十多歲高齡，仍然每天扶着手杖上班，工作至深夜，甚至星期六、日亦不休息。他精力過人，頭腦清晰，公司上下大小事務，包括巴士的日常運作都能兼顧，甚至能隨口說出一條巴士綫的成本和收入。然而，亦正是他的這種性格，導致了他的巴士王國的衰落。

到了 20 世紀 70-80 年代，隨着香港經濟的蓬勃發展，市民生活質素的提高，市場對巴士服務的質素提出了更高的要求。然而，顏成坤仍堅信市民只需要低廉的巴士服務，繼續維持中巴低成本的經營方針，拒絕將中巴現代化。他的這種日趨保守的經營方針，令中巴呈現一片衰老破敗的景象：四十多年樓齡的總部大樓殘破而欠修理，車輛陳舊，班次不足，員工士氣低落，巴士服務每況愈下，乘客投訴有增無減⋯⋯

1973 年，香港的交通諮詢委員會就曾認為，香港的兩家巴士公司經營服務水平不高，因此向港府建議由英國聯合海外運輸公司與香港兩家英資公司合作，聯手接辦兩家巴士公司，否則到 1975 年兩巴專利權合約期滿後中止續約。聯合海外運輸公司是英國電機牽引公司的附屬公司，其主要業務是向客戶提供公共交通的管理服務，業務範圍包括非洲、中南美洲、印度及遠東部分地區。當時聯合海外公司總經理曾親自來港與兩巴負責人洽商，並提出以購買或換股方式以獲取中巴 30% 及九巴 45% 股權，希望藉此參與香港的巴士業務，後遭到兩巴的堅決拒絕而作罷。

1971 年，中巴與港府達成協議，再度獲得港島區巴士服務的經營專利權。根據協議中巴純利受到政府管制，為固定資產淨值的 15%，超出之數撥入發展基金，不足之數由發展基金撥回，如發展基金的資金用完，可申請加價。由於中巴需按港府的意圖擴充車隊及增加行車路綫，業務再度發展。到 70 年代末，香港的地價大幅上升，中巴因擁有車廠、停車場等大批廉價土地，資產值大幅上升。然而，中巴的保守經營作風依然故我，改善不大，導致股價長期大幅低於資產淨值，遂成為新興財閥覬覦的目標。

▲ 百利保覬覦中華巴士 ◢◢◢

是次覬覦中巴的新興財閥,是鷹君集團旗下的百利保。鷹君集團原名鷹君有限公司,創辦於 1963 年,創辦人是潮州籍富商羅鷹石。羅鷹石早年隨父親到泰國謀生,跟隨長輩學習經營土產、洋雜生意。1938 年羅鷹石轉到香港繼續經營家族的洋雜、布匹、貸款等生意,及至 50 年代中他個人賺取了首個 100 萬港元。50 年代後期,羅鷹石眼見大量中國移民湧入香港,房地產市道日見興旺,便轉而經營房地產業,於 1963 年創辦鷹君有限公司。"鷹君"一名取自羅鷹石的"鷹"及其妻杜莉君的"君",英文譯作大鷹,寓意振翅高飛,鵬程萬里。1972 年 10 月,羅氏趁香港股市大潮將鷹君上市,集資 3000 萬港元。

鷹君上市後對香港的地產市道興衰看得頗準,早在 1974 年、1975 年間地產市道還十分疲弱的時候,大股東羅鷹石便估計到地產市道不久便會復甦,而且將從工業樓宇起步。鷹君原本在新界已擁有不少工業用地,這時又在葵涌等地區大量購入工業用地,相繼興建金威、貴寶、保盈、瑞樂、金龍等工業大廈,成為 1975 年後那兩三年內工業大廈的最大供應商。由於當時"牛仔褲熱潮"流行,很多山寨廠東主積累了大量財富,他們紛紛購入廠房以作擴大生產之用,加上港府嚴格執行工廠遷出住宅樓宇的法例,小廠家對小型工業單位需求迫切,種種原因使鷹君興建的工業樓宇在短期內銷售一空。1976 年度,鷹君的贏利不足 500 萬港元,到 1980 年度已超過 1 億港元。鷹君成為 70 年代中後期急速成長的地產公司之一。

1979 年,羅鷹石次子,畢業於香港大學建築系的羅旭瑞加入鷹君,協助父親拓展鷹君業務。羅旭瑞是公司理財的高手,鷹君自此進入大發展時期。1980 年 5 月,鷹君將旗下的酒店業務組成富豪酒店集團,並於同年 10 月在香港上市,以每股 1.9 港元價格公開發售 1.6 億股新股,集資 3 億港元用於興建位於尖東和機場的兩家富豪酒店。

稍後,鷹君又透過富豪酒店以 1.6 億港元價格收購小型地產上市公司永昌盛 61.68% 股權。1981 年 1 月,永昌盛以現金及發行新股方式向富豪酒店收購一批物業,包括沙田麗豪酒店地盤,以及中巴、九巴各約 10% 股權,並易名為百利保投資。這時,羅鷹石家族控制的上市公司已增加至三家,包括鷹君、富豪酒店及百利保，市值已達 33.5 億港元，在華資地產財閥中，僅次於李嘉誠的長江實業、郭得勝的新鴻基地產、鄭裕彤的新世界發展，以及陳松青的佳寧置業而名列第五位。

鷹君之覬覦中巴、九巴等擁有大批廉價土地儲備的公用事業上市公司，其實早在 1980 年已經開始。不過，九巴的收購被新鴻基地產捷足先登。1980 年 11 月，新鴻基地產宣佈斥資 5 億港元，以每股 14.2 港元價格收購九巴 33％的股權，由於未能獲得百利保的配合，新地的收購未能取得成功，最終只購得九巴 23％股權。

新地收購九巴顯然加快了羅氏收購中巴的行動計劃。1981 年 1 月 23 日，羅鷹石家族發覺有第三者介入爭奪中巴的控制權，決定先發制人，令第三者知難而退，遂透過百利保收集和吸納中巴股份，計有從鷹君購入 66.4 萬股、從富豪酒店購入 252.2 萬股、從羅旭瑞、羅嘉瑞兄弟分別購入 11.6 萬股及 74.8 萬股中巴股份，每股成交價為 22 港元。從 1 月 25 日到 6 月 10 日，百利保再從市場暗中吸納 19.8 萬股中巴股份，6 月 11 日更成功得到中巴另一股東黃氏家族的倒戈支持，向其購入 308.8 萬股中巴股份，每股成交價為 24.96 港元。至此，百利保約動用了 1.77 億港元取得中巴已發行股份的 20.4％，成為中巴第二大股東。

從 1981 年 3 月 11 日到 7 月 17 日，百利保在市場試盤，先後拋售了數目為 22.5 萬股中巴股票。結果發現股票不斷被買家吸納，中巴股價不但不受 "試盤" 拋售的壓力而下跌，反而緩緩地從每股 23 港元逐漸上升到每股 33 港元水平。百利保因而確定市場上有人希望大幅增加中巴股份的持有量。這次試盤的結果，加強了百利保收購中巴的決心。同年 4 月，百利保透過屬下一家附屬公司亞隆（Athlone），組成收購中巴的戰車。亞隆邀得著名 "公司醫生"、前和記黃埔主席兼行政總裁韋理出任公司主席，又邀得前滙豐銀行董事牟詩禮出任公司董事。亞隆的董事總經理羅旭瑞表示，邀請韋理和牟詩禮加盟，就是要藉助他們的專才重組中巴。其時，韋理辭退和記黃埔主席兼行政總裁一職僅數月，這次重出江湖，再掛帥印，顯然對收購中巴信心十足。

百利保組成戰地司令部，又取得中巴兩成股份，遂發起戰前的宣傳攻勢。在 1981 年上半年的數月間，百利保以中巴最大小股東身份不斷向中巴董事局提出改善中巴的管理與效率的建議，結果均如所料未獲接納。此舉顯然是要爭取市民和港府的同情和支持。果然，百利保再與港府有關高層官員接觸，獲得保證無意對中巴控制權易手提出異議。至此，百利保收購中巴的條件已趨成熟。

▲ 收購中巴開創香港"局部收購"先河 ◢◢◢

1981 年 7 月，正是香港股市從牛市轉向熊市的轉折點，不過，當時熊市的悄然降臨並未為多數股民所感知。7 月中旬中巴收購的消息開始外洩，中巴的股價從每股 29 港元輾轉攀升到 34 港元，當時市場已盛傳百利保將收購中巴，收購價為每股 35 港元。

7 月 22 日星期五，當日港股在銀行加息 1 厘後開始下跌，然而中巴股價在收購傳言的支持下繼續上升。事實上，當日下午在中環德輔道中遠東大廈 20 樓百利保總部的會議室內，一個高度機密的高層會議正在進行，參加者包括亞隆主席韋理、董事總經理羅旭瑞、副董事總經理羅嘉瑞、董事牟詩禮，以及亞隆的財務獲多利的集團財務經理羅撥斯等。他們正為策動中的中巴收購戰作最後準備。會議期間，不少記者得到傳聞，紛紛致電求證，得到百利保財務顧問的證實，百利保正舉行高層會議，內容與收購及中巴有關，但拒絕透露詳情。

當晚 7 時，百利保高層會議結束，即時向公眾發表收購中巴的建議：百利保將透過全資附屬公司亞隆，以每股現金 35 港元，收購 1350 萬股中巴已發行面值 2 港元的股份，約佔中巴已發行股份的 36.5%，涉及資金約 4.72 億港元。百利保表示，已持有中巴 20.4% 股權，收購完成後百利保的持股權將增至 56.9%。

是次收購，可說開創了香港"局部收購"的先河。百利保表示，之所以沒有向中巴提出全面收購建議，原因是根據公共巴士服務條例的規定，中巴必須維持一家公眾上市公司才能取得經營專利權。因此，收購建議只擬收購足以令百利保取得中巴控制權的股份。對此，香港證券監理專員兼收購合併委員會主席麥思亦明確表示，根據香港現行的收購及合併守則中的第十條規定，即"如提建議者謹擬收購某公司一部分之任何證券，則所作之任何聲明必須清楚說明該建議仍須待委員會批准"，他並表示，雖然百利保的收購建議是以導致控制權轉移，同時亦超越即將執行的 35% 控制權分劃點定義，但因根據專利法例，公共事業機構如屬上市公司，約 20%-25% 股份必須由公眾人士持有，以免中巴成為私營機構，因此收購及合併委員會批准了百利保"局部收購"的建議。

鷹君、百利保主要經營地產生意，是次忽然插手公共交通事業，自然令人聯想起收購中巴背後的真正目的，是覬覦中巴大量優質廉價土地儲備，這將使收購遇到阻力。因此，百利保在這方面做足功夫，包括事前不斷以最大小股東身份向中巴提出改善意見，收購時又向市民許下不少惹人憧憬的承諾，諸如改善服務、提升保養標準及次數，又答應收購成功後改善員工服務條件、工作環境及內部晉升機會等等。為防止外界及中巴董事局攻擊百利保缺乏管理巴士服務經驗，亞隆主席韋理更飛抵澳洲，會晤英國聯合海外運輸公司首腦，商討一旦收購中巴成功後，由該管理顧問公司向亞隆提供業務幫助等。

百利保收購中巴，事前已作了充分準備，既邀得前和記黃埔主席兼行政總裁韋理，前滙豐銀行董事牟詩禮等重組公司的專才加盟，組成精英雲集的戰地司令部，又取得中巴股東黃氏的倒戈支持，已持有兩成中巴公司股權，並獲得港府和收購及合併委員會的批准，可說一開始已不同凡響，勝數頗高。然而，百利保收購中巴卻有兩個致命弱點：一是收購價不夠吸引，其時中巴股價在市場上已升至每股 35 港元左右；二是收購附帶條件，一旦收購失敗，小股東只能得回股票，這給中巴大股東顏氏家族可乘之機。

百利保收購中巴的消息傳出後，瞬即引起廣大市民的關注，持有中巴股票多年的小股東當然更加興奮，中巴大股東顏氏家族此時才如夢初醒。

7 月 20 日晚上 7 時 15 分，顏成坤之子、中巴董事兼副監理顏傑強致電報社，探查市場關於百利保收購事件的發展。在獲悉報社已獲得有關的收購內容後，大表驚訝，立即停止晚膳，並要司機從中環開往北角一家報社，親自向報社借取百利保收購建議的影印副本。顏傑強隨即致電其父顏成坤，在找不到顏成坤之後即驅車返回中環，與其財務顧問寶源投資舉行緊急會議，商討對策。

顏氏家族與寶源投資的緊急會議直到晚上 11 時左右才結束。會後，寶源投資財務部一位負責人首先向記者透露，顏氏家族已持有中巴股權超過 35%，並決定拒絕百利保提出的收購建議。該名負責人還透露，在過去六個月內，中巴大股東的股權分佈已有轉變，與顏氏一起創辦中巴並一直出任中巴董事的黃氏家族已不再是中巴大股東。

翌日，中巴董事局在股市開市前，申請將中巴股票停牌一天。當日，中巴董事局在顏氏家族堅尼地道的住宅內與財務顧問寶源投資繼續舉行緊急會議。會後，顏傑強在北角中巴總部向新聞界公佈董事會的三項決議：第一，接納早於數日前請辭的原董事黃氏家族成員等的辭職，即時生效；第二，正式委任寶源投資有限公司為中巴的財務顧問並立即成立一個特別小組，以便就收購行動對股東提供意見；第三，中巴董事局認為亞隆的收購建議絕對不受歡迎，亦不充分反映中巴的價值，且不切實際及不反映中巴股東及公眾的利益，董事局建議其他股東拒絕收購。

顏傑強在記者會上並表示，中巴董事會暫時無意提出反收購建議，將以“不變應萬變”的態度注視事態的發展。不過，對於記者詢問顏氏家族會否在市場上吸納更多的中巴股份，顏傑強則拒絕表態。

7月24日，中巴復牌買賣。奇怪的是中巴股價在市場上並未見異動，僅在每股 34.5 港元至 35.5 港元窄幅徘徊，交投亦未見活躍。不過，顏氏家族表面上雖按兵不動，實際在復牌當日已快速在市場上以每股 35 港元的價格，大手吸入了 15 萬中巴股票“定驚”。

剛巧，當日香港城市設計委員會發表北角分區計劃大綱圖則，中巴位於北角英皇道內地段 5532 及 7178 號的露天停車場及車房辦事處的地皮獲城市設計委員會從“工業用地”改為“綜合重建區”，供非工業綜合重新發展之用。這兩幅地面積共達 10 萬平方呎，經修訂後其價值顯然已大幅提高，中巴董事兼副監理顏傑強即直指亞隆每股 35 港元的收購價不合理。

百利保方面隨即展開反擊。7月25日上午，百利保董事總經理羅旭瑞在中環德輔道中遠東大廈 20 樓百利保總部接受《信報》記者獨家採訪時強調，中巴每股 35 港元的收購價極為合理，該收購價是依據中巴詳細的物業價與前景分析後才小心釐定的，由於中巴北角車廠獲城市設計委員會批准改為非工業用地早已在意料之內，收購價亦已將其計算在內。他並表示，事實上，每股 35 港元的收購價已略為偏高。

7月27日，中巴董事局發表聲明，表示已委託仲量行對中巴的物業資產進行重估，並呼籲中巴股東拒絕亞隆的收購建議，理由是亞隆的出價過低，收購所提出的要點並不符合經濟原則，收購亦非為公眾利益着想。翌日，中巴發表最新的物業估值報告，該報告指出，如果將廠房另加高空發展權，並假定政府批准物業重建發展，中巴物業資產淨值為 12.68 億港元，每股資產淨值 34.25 港元。但如果主要物業可以交吉（即這些物業不再作為中巴廠房），及按政府條件發展，中巴物業資產淨值為 15.54 億港元，每股資產淨值 42.51 港元。

中巴的物業估值立即遭到百利保方面的駁斥。百利保董事總經理羅旭瑞表示，中巴的估值是 "不切實際" 的，因為中巴的估值報告中的假設是屬於仍要 "期待實現" 的利益，而亞隆所提出的每股 35 港元收購建議比中巴的 "期待實現" 的利益更高，顯示亞隆的出價極為合理。與此同時，百利保亦發表聲明，駁斥中巴董事局對亞隆收購建議的指責，又呼籲中巴小股東接受亞隆的現金收購建議。

顏氏家族在與百利保方面就中巴的價值展開激烈舌戰的同時，又步步緊逼，發動輿論，爭取同情和支持。其時，中巴勞資雙方正就工人的工資增加額方面展開談判，中巴董事局利用此形勢動員中巴員工臨危表態，由於資方 "識做"，中巴員工遂透過工會表態支持，同情老闆，一時間 "做生不如做熟" "擁護中巴" 的言論此起彼伏。中巴又找到摩托車業職工總會香港巴士分會聲援，表示支持中巴原董事局，並對公司的遭遇表示同情。

中巴大股東顏氏家族除 "動之以情" 之外，亦一反慣常吝嗇的作風，向中巴的股東 "誘之以利"。7 月 31 日，中巴董事會在致股東函件中宣佈建議派末期息每股 3.5 角，令該年度全年派息額達每股 4.5 角，較 1980 年度全年股息每股 2.9 角增長了 55%。中巴董事局並表示，擬於日後秉承其一貫政策，將每年度溢利的 50% 撥作股息派予股東，因此來年的派息可望增加。在該股東函件中，中巴董事局還透露有關方面的持股量，稱各董事及其合夥人已合共持有中巴 1457.77 萬股中巴股份，約佔中巴已發行股份 39.4%。

至此，百利保方面的形勢開始不利，副董事總經理羅嘉瑞表示，儘管中巴董事局已聲稱擁有近四成中巴股份，但他對百利保的收購量行動仍具信心，他更透露百利保曾與部分持有相當數量（約 2%-3%）的中巴股東洽商，他們已表示支持百利保的收購行動。鹿死誰手，仍屬未知之數。

◢ 顏氏家族展開 "局部反收購" ◢◢◢

　　8月4日，持續了近半個月的收購戰終於打破悶局，出現了石破天驚的逆轉。當日，由顏氏家族佔80%股權、新昌地產佔20%股權的新公司Snowspark宣佈，該公司將以每股38.5港元價格，收購中巴股份260萬股，約佔中巴已發行股票的7%。這實際是針對亞隆 "局部收購" 的一場 "局部反收購"。

　　根據Snowspark收購建議披露的資料顯示，截至8月1日，顏氏家族實共擁有1163.2萬股中巴股份，約佔中巴已發行股份的31.4%。另一名董事黃熾光及其合夥人則共持有430.21萬股中巴股份，約佔中巴已發行股份的11.6%。換言之，顏氏家族及其合夥人已共擁有中巴已發行股份的43%。因此，Snowspark只要購入中巴7%股份，就可以保住江山不失！

　　該份資料還顯示，其實早在1981年1月23日百利保宣佈已購入11.1%中巴股權以後，顏氏家族已意識到中巴有被收購的危險，故在3月8日至7月22日期間，不惜動用2260萬港元先後共購入110.76萬中巴股份，平均購入價為20.22港元，從而令顏氏的持股量從原有的28.1%增加到30.8%。亞隆宣佈收購中巴後，顏氏再分別於7月24日和7月31日購入15萬及5萬中巴股份，遂令持股量增至31%。

　　與此同時，中巴董事局宣佈，原先就亞隆收購建議受聘出任中巴董事局及股東顧問的寶源投資，由於已獲Snowspark請求代表收購數目為260萬股為限的中巴股份，將不能向中巴董事局及股東提供獨立意見。因此，中巴董事局已另委任怡富有限公司就亞隆及Snowspark的收購建議出任中巴董事局及股東的顧問。中巴董事局又申請將中巴股份停牌一天。

　　對於這次 "局部收購"，半途殺出充當 "白武士" 義助顏家的新昌地產主席兼總經理葉謀遵則表示，葉家與顏家已有20年的交情，雙方亦有合作的先例，是次合組Snowspark提出反收購，有利於兩家公司的股東及公眾人士。不過，他拒絕透露新昌地產在這次收購行動中所擔當的角色。而中巴董事兼副監理顏傑強則表示，經過此次合作，新昌地產在日後中巴物業發展方面，將會扮演一個極為重要的角色。不過，事後證明，新昌地產的如意算盤並未打響。多年後，葉謀遵眼看中巴將北角車廠交由太古地產發展，遂一怒之下辭退中巴董事之職。此是後話。

Snowspark 的“局部反收購”行動隨即遭到百利保方面的強烈反對。當日，亞隆的財務顧問獲多利即向香港收購及合併委員會提出投訴，投訴的內容有三點：（一）Snowspark 只接納收購 7% 的中巴股份，遠低於亞隆所提議收購的 36.5%，未能真正照顧少數股東權益；（二）新昌地產顯然觸犯了收購及合併條例中“一致行動”的規定；（三）英國方面規定任何團體提出“局部收購”建議後，則有關雙方均禁止在市場吸納被收購公司的股份，以便小股東可自由作出決定。但顏氏家族在公佈中顯示，在亞隆提出收購建議後仍在市場上吸納中巴股份有限公司，明顯有違守則精神。

獲多利代表亞隆所提出的投訴，實際上正是亞隆的致命傷，是顏氏家族針對當日香港證監條例的漏洞和不足向亞隆投下的致命一擊。因為根據 Snowspark 的收購建議，Snowspark 只要能購得中巴已發行股份的 7% 即大功告成，而且 Snowspark 還可採取收購建議以外的途徑，即在市場上自由吸納達到此一目標。這實際上已將亞隆置於極為不利的位置。無怪乎亞隆即向收購及合併委員會提出投訴。

可惜的是，亞隆的投訴並未獲收購及合併委員會接納，後者並未對 Snowspark 採取任何行動。收購及合併委員會主席麥思甚至表示，香港無需要以英國所執行的守則為唯一的準繩。至此，百利保方面可說形勢急轉直下，然而，亞隆仍未放棄最後努力，反而奮起反擊。8 月 5 日，百利保在與其財務顧問獲多利召開緊急會議以後，即宣佈亞隆的反“反收購”建議，把原本每股 35 港元的收購價大幅提高到每股 41 港元，仍維持收購中巴 36.5% 股權不變。百利保同時聲明，將與 Snowspark 看齊，保留在市場或採用其他方法買賣中巴股份的權利。百利保董事總經理羅旭瑞在接受記者訪問時表示，亞隆對收購行動仍具有信心。他指出，由於百利保以前是以低價買入中巴股份，現在雖然將收購提高到每股 41 港元，但平均而言百利保購入中巴股份有限公司價將仍低於 35 港元。

就在戰事進行得如火如荼之際，8 月 6 日，麥思以收購及合併委員會主席身份，根據香港收購及合併守則第三十條規定，發表中巴股份的交易詳情。根據麥思的透露，7月27日，即在亞隆提出首次收購建議後的第七日，百利保及其附屬公司會在市場上出售 39.8 萬股中巴股份。百利保發言人對此解釋說，公司在出售該批股票主要目的是試探中巴的反應。該發言人表示，這批股票相信大部分已注入顏氏家族或新昌地產手中。不過，當時證券界人士則認為，百利保這項出售中巴股份行動，除有試探作用外，也可能是要抑制中巴股價超過 35 港元，以免亞隆的收購價失去吸引力。

與此同時，受聘為中巴董事局及股東的顧問怡富有限公司發表聲明，該聲明包括四點建議：（一）對所有股東來說，亞隆所提出的每股 41 港元的收購價是公平合理的，具吸引力；（二）顏氏家族及其合夥人已擁有龐大數量的中巴股份，亞隆實難購得逾 50% 的中巴股份，其收購計劃可能失敗。同時，Snowspark 保留在市場或其他方面購入中巴股份以達其建議收購數目，因此尚未出售其持有中巴股份的股東，可能沒有機會為任何一個收購建議接納；（三）基於這種情況，股東應考慮在中巴股份恢復買賣時，以現時高價在市場上售出中巴股份；（四）在股東及公眾利益的前提下，中巴董事局應嘗試與 Snowspark 及亞隆就爭購達成若干建議。怡富的建議，實際上鼓勵股東在中巴股份恢復買賣後趁高拋售，這為 Snowspark 的收購提供了更有利的條件。至此，亞隆的收購可說敗局已定。

◢ 顏氏家族成功保衛中巴控制權 ◣◣◣

由於收購及合併委員會在是次收購戰中的處理手法引起各方不滿，從 8 月 5 日至 8 月 12 日，收購及合併委員會就 "中巴收購戰" 展開了持續八天、長達 25 個小時的會議。其間又邀請中巴董事局和百利保雙方的財務顧問出席，而中巴股份亦遲遲未能恢復掛牌買賣。這種情形令市場人士更加不滿，香港證券交易所主席莫應基就直指證監處在處理這件事上十分不當，遲遲未能將中巴股份恢復買賣，間接剝奪其他股東將中巴股份出售的權利。

及至 8 月 13 日，事情終於出現突破性的進展。當日下午 2 時 30 分，證券監理專員及收購及合併委員會主席麥思在證監處召開記者招待會，宣佈該委員會對中巴收購事件的決定。麥思表示，這是香港首宗"局部收購"事件，因此各方面均不熟悉有關情況，有關三方均需對"誤解"負責。麥思強調，"局部收購"本質上是十分不公平的，原因是雙方原來持有的股數不同，又無須向其他股東提出全面收購。經過這次經驗後，收購及合併委員會將極不可能再批准另一宗"局部收購"建議。

麥思又承認，當寶源投資代表 Snowspark 提出另一個局部收購建議時，曾向他表示建議與亞隆所提出的大致相同，因此建議獲得了收購及合併委員會的通過。但實際上，兩者之間有重要的差別。因為 Snowspark 的建議中表示，如該公司在市場上或從其他途徑購得所擬收購的足夠股份時，則該公司可以削減或拒絕接受收購建議的股份。麥思除將責任推卸給 Snowspark 的財務顧問寶源投資，指它沒有"特別促請委員會注意"外，又透露曾盡力要求雙方停止在市場吸納中巴股份，及退一步不將所吸納的部分算入收購建議中，但均遭到 Snowspark 拒絕。

麥思表示，收購及合併委員會經過接近一周的馬拉松式會議後，決定保留雙方可自由在市場上或透過其他途徑購買中巴股份的權利，但 Snowspark 必須依循收購建議，按比例收購最少 160 萬中巴股份，而所付出的收購價，須為在收購結束六個月前由 Snowspark 購入中巴股份所付出的最高價。麥思又表示，有關新昌地產與顏氏家族在收購戰過程中是否有違反"一致行動"的守則，收購及合併委員會經過調查後，證實新昌地產並未有違反此項守則。

麥思所宣佈的種種決定及解釋，顯然有偏袒 Snowspark 一方的嫌疑，故理所當然遭到百利保方面的強烈不滿。亞隆主席韋理立即親自在其財務顧問獲多利公司辦事處向記者發表聲明，猛烈抨擊收購及合併委員會處理中巴收購事件不當。他指出：（一）批准 Snowspark 的 7% "局部收購"建議，對大部分小股東不利；（二）准許 Snowspark 在市場上吸納中巴股份，而明知此舉將打擊亞隆的收購和阻礙股東從兩項收購建議中自由取捨；（三）雖然委員會承認 Snowspark 收購建議內的按比例收購條款完全不可接受，但仍然批准實行；（四）問題發生後，無法採取適當行動以確保所有股東獲得平等待遇。當晚深夜，百利保副董事羅嘉瑞對記者表示，收購及合併委員會的決定令百利保的獲勝機會變得更微。

8 月 14 日，中巴股份經過九天的停牌後，終於恢復掛牌買賣，但其股份則從上個交易收市價每股 34.75 港元下跌至每股 28 港元才有成交。不過，當日香港會的第一宗中巴股份的交易則為每股 41 港元，其股數達 49.32 萬股。而四間交易所當日上午成交的中巴股數為 77.9 萬股，約佔中巴已發行股份的 2.1%。

上午股市收市後，證監處獲悉 Snowspark 曾以每股 41 港元價格購入中巴股份。因此，要求寶源投資調整收購價並將中巴股份在下午再次停牌。寶源投資則在下午宣佈，Snowspark、顏氏家族及其合夥人已依照收購及合併守則以每股 41 港元購入 160 萬股中巴股份。至此，顏氏家族已在這場收購戰中穩操勝券。

而在 8 月 14 日當天下午，百利保方面眼見大勢已去，亦當即在市場上共拋售了 54.52 萬股中巴股份。其中，23.9 萬股的售出價為每股 41 港元，另外 29.92 萬股的售出價為每股 40 港元，其餘 7000 股份以每股 30 港元售出，共套現資金 2197.7 萬港元。對此，百利保發言人表示，該公司在 8 月 14 日拋售中巴股份亦如 7 月 27 日的行動一樣，主要是試探市場上的反應。而經過前後兩次拋售，百利保持有中巴的股份權已下降至 18%。

8 月 22 日，寶源投資正式宣佈，截至 8 月 21 日止，Snowspark 的收購建議已收到 221.26 萬股接納。換言之，顏氏家族及其合夥人實際上已持有中巴已發行股份的 52.1%，成功保衛中巴的控制權。不過，由於顏氏家族及其合夥人的不少中巴股份是以每股 41 港元的高價收購的，所付出的代價相當高昂，尤其是後來遭遇到股市大跌，中巴股價曾一度跌至每股 5.5 港元水平，一向慳吝的顏氏家族見到賬面上的不菲損失，相信必定心痛不已。

8 月 24 日，獲多利亦代表百利保正式宣佈，由於接納亞隆建議的中巴數目不足，有關收購計劃失敗。不過，百利保的收購行動雖然功敗垂成，但其間不失時機地買賣中巴股票卻獲利 3000 萬。

中華巴士一役開創了香港 "局部收購" 的先例，其間處處挑戰當局的證券監管，是頗值得研究的一宗收購兼併。

06

以小控大 羅旭瑞建立商業王國

　　百利保收購中巴失敗後，鷹君一系即在隨後驟然而至的地產低潮中陷入嚴重的財務危機，被迫債務重組，將旗下的富豪酒店及百利保股權出售。

　　是役，羅鷹石之子羅旭瑞與韋理聯手，向鷹君旗下的富豪酒店及百利保策動敵意收購，一舉控制了兩家上市公司。羅、韋二人憑着高超的企業理財技巧，對兩家瀕臨破產的公司展開連串的資產、股權重組，不但迅速扭虧為盈，而且成功實現以小控大。

　　其後，羅旭瑞以世紀城市為商業旗艦，向百利保提出全面收購，並圍繞百利保部署頻繁的收購、重組活動，將財技運用得出神入化，逐步建立並壯大其商業王國。百利保亦因而被稱為香港"股壇的百變萬花筒"。

　　就這樣，羅旭瑞從無到有、從小到大，迅速躋身香港上市二十大財閥行列。然而，他的商業王國亦因而建立在頗高的風險之上，這就為他日後在亞洲金融危機之中泥足深陷埋下了伏筆。

中華巴士一役，羅旭瑞與韋理聯手，在收購戰中着着領先，迫使中巴大股東顏氏家族要在外援協助下，才得以解除被敵人苦苦緊逼的困境。自此，羅旭瑞在香港股壇嶄露頭角，被譽為"第一代狙擊手"。他那句"一擊不中，全身而退"的名言，更在香港商界廣為流傳。

羅旭瑞，是香港富商羅鷹石的次子，1944 年出生。幼時曾在香港聖約翰書院接受教育，1968 年畢業後在一家 Wang Tong & Chan-Lan 公司任職，是一名理財高手。1979 年，羅旭瑞加入父親經營的鷹君集團，協助父親展開連串擴展業務及收購活動，鷹君亦進入大發展時期。

1980 年 5 月，鷹君在香港註冊成立富豪酒店集團，將旗下的部分地產、酒店注入公司。同年 10 月，富豪酒店在香港上市，以每股 1.9 港元價格公開發售 1.6 億股新股，集資逾 3 億港元，用於興建位於尖東和機場的兩家富豪酒店。上市後，鷹君持有富豪酒店 33.4% 股權。

同年 11 月，羅旭瑞透過富豪酒店以 1.06 億港元價格收購小型地產上市公司永昌盛 61.68% 股權。永昌盛創辦於 1971 年 5 月，1973 年 2 月公開發行 1700 萬股新股在香港上市。1981 年 1 月，永昌盛以現金及發行新股方式向富豪酒店收購一批物業，包括沙田麗豪酒店地盤以及中巴、九巴各約 10% 股權，易名為百利保投資。

百利保在策動收購中巴一役中聲名大噪，然而卻遭受不菲的損失。收購結束後，百利保所持有中巴股權從 14.7% 下降為 11.8%，連同所出售的九巴股票，合共虧損 9800 萬港元，而未售出的中巴股票，由於股價大跌，亦要減值，撇賬 7000 萬港元。換言之，百利保所付出的代價接近 1.7 億港元。

◢ 鷹君被迫出售富豪酒店、百利保 ◣

1982 年 9 月，英國首相戴卓爾夫人訪問北京後，香港前途問題觸發危機，地產市道崩潰，鷹君一系由於前期擴張過急，陷入困境。1984 年 7 月出版的《南北極》雜誌，曾刊登一篇題為《鷹君一門三"傑"》的文章，詳細談及鷹君當時的困境：

"……羅鷹石的鷹君系公司，即鷹君、富豪及百利保，並非大公司，至少銀行的債務較置地的 130 億港元（另欠政府 19 億港元）低得多，但 1983 年虧損的數字，卻比置地不遑多讓。

"先看一下這三家上市公司所宣佈截至 1983 年 9 月止年度的業績吧：鷹君——經常性虧損 9560 萬港元，非經常性虧損 4.436 億港元，合共虧損接近 5.4 億港元。富豪——經常性虧損 3.555 億港元，非經常性虧損 8.502 億萬港元，合共約 12 億港元。百利保——經常性虧損 3.993 億港元，非經常性虧損 2.475 億港元，合共約 6.5 億港元。

"三家公司合共虧損之數，接近 24 億港元，幾乎是'債主'置地虧損的兩倍。……作為羅氏公司股東的投資者，所堪告慰的，是比佳寧、益大或其他正在清盤公司的股東幸運，雖然現時（三傑）股價，與最高時比較，已下跌了九成至九成半。"

這段文字，確切反映了鷹君集團當時所面對的極大困難。面對危機，羅旭瑞和父親羅鷹石在處理公司的問題上產生歧見，羅旭瑞認為富豪和百利保是長期投資，堅持無須作出有關撇賬準備，而羅鷹石則令其三子、心臟專家羅嘉瑞主持大局，為鷹君系各公司"把脈診治"。

當時，羅鷹石曾公開表示："一直抱着穩打穩紮的態度，最忌急功近利。生意的基礎不是一朝一夕可以建立，至於投機取巧，則只要一次失手便會全軍盡沒。我常告誡子女，做生意切記不要貪心，不要衝動，一定要衡量後果，計劃周詳而行事。辛苦賺的錢，若為投機性活動倒流出去，那就是經營上的失敗。"羅氏的這番話，似乎對其子羅旭瑞的一些冒進做法，不無埋怨之意。

1984 年初，鷹君系計劃重組，並委託專業人士對富豪酒店作出估值，得出每股資產淨值 3.7 角，而在此之前，富豪酒店已以此原值較低的售價，將尖東富豪酒店售予羅氏家族的私人公司，以獲得資金緩解危機，惟富豪酒店集團有權於 1984 年 6 月 23 日之前購回該酒店。

同年 3 月 22 日，正當鷹君集團接受"心臟醫生"治療的時候，前和記黃埔行政總裁、亞洲證券有限公司主席韋理向鷹君發動敵意收購，以 9041 萬港元向鷹君購入所持富豪酒店 33.4% 股權。由於富豪酒店持有百利保投資，鷹君實際上亦間接將百利保出售。鷹君所持有的 33.4% 富豪股份，賬面原值 4.66 億港元，是次交易以 9041 萬港元售予亞洲證券，虧損高達 3.756 億港元。

據說，是次交易遭到羅鷹石的極力反對，因為他認為富豪手上的物業項目絕對是價值很高的投資。雖然短期來看富豪是虧損很嚴重的公司，但該公司一旦在市場復甦後便會有利可圖。而且，羅鷹石並不想外人涉足家族生意，以低價出售富豪股份，無異於將家族資產拱手相讓。

但是，在債權銀行的強大壓力下，鷹君被迫售出富豪股權。據說，羅鷹石對大力促成這宗交易的羅旭瑞極為不滿。當時，曾有傳聞說新聞界在韋理宣佈收購富豪酒店後的一個晚上收到羅鷹石的緊急通知，他要與羅旭瑞劃清界限，以後各不相干。姑且勿論這個傳聞是真是假，有一點卻是肯定的，交易完成後，羅旭瑞即離開鷹君，成為韋理的"親密戰友"，出任由韋理任主席的富豪酒店及百利保兩家公司的董事總經理。外間亦傳出羅鷹石和羅旭瑞父子"不咬弦"的消息。多年後，羅旭瑞對這次離家創業有這樣的解釋，他說："孤身走我路是一個艱苦的決定，但富豪和百利保是由我一手創出來的，我希望為公司和他們的股東做到最好。"

▲ 羅旭瑞巧運財技控百利保 ◢◢◢

韋理收購富豪，其實正是羅旭瑞為自己安排重組公司的第一步。因為早在韋理收購之前，羅旭瑞已與韋理訂立協議，羅旭瑞有優先權向韋理購回富豪及百利保股份。當時，羅旭瑞僅持有富豪酒店少量股份及百利保 9.5% 股權，主要是在百利保收購中巴失利後股價急跌時購入的，成本很低。羅旭瑞正是藉此開始組建其日後的龐大商業王國。

1984 年 4 月，即富豪酒店集團控制權易手後不到一個月，富豪及百利保宣佈截止至 1983 年 9 月止財政年度業績，富豪經常性及非經常性虧損高達 6.47 億港元，資產淨值降為 3.92 億港元，形勢相當嚴峻。

其間，尖東富豪酒店因物業市道逐漸復甦而升值。富豪集團行使回購權利，以約現金 1.3 億港元，並承擔 3.15 億港元債務的價格向羅氏家族購回酒店。尖東富豪酒店賬面原值 8.12 億港元，於 1982 年春局部開業，同年 7 月全面投入服務，

1983 年 4 月以 3.7 億港元價格售予羅氏家族。到 1984 年 6 月 23 日前，該酒店市值已回升至約 1.6 億港元。富豪購回尖東富豪酒店後，公司的資產淨值從 9280 萬港元增加到 2.5 億港元，情況有所改善，但負債亦相應增加至 4 億多港元。

韋、羅購回尖東富豪酒店後即運用其高超的財技聯手展開富豪及百利保的資本重組計劃。他們的第一步，就是利用韋理與滙豐的關係，向滙豐銀行借貸 7.6 億港元，以獲取足夠的資金來進行債務重組，其中 1.3 億港元用來購回尖東富豪酒店的貸款，須於 1985 年清還，其餘款項則於 1992 年償還，這為富豪爭取到更多的時間進行救亡。韋、羅二人並為富豪撥除高達 12.05 億港元的虧損，以奠定其資本重組計劃的基礎，為未來變賣資產時的贏利鋪路。

1984 年 7 月 20 日，韋、羅二人公開宣佈富豪的資本重組計劃，其內容主要是：把富豪酒店集團的股東資本大幅撤減，普通股的面值從每股 10 港元撤減至 2 港元，即把發行股本從 6.9 億港元減至 1.39 億港元。同時註銷股份溢值賬 6.6 億港元，並重估兩家酒店帶來的溢值 2.3 億港元，以抵銷溢賬上 12.89 億港元的賬面虧損，使其股本能低於其有形資產值和市值，為將來發行新股集資作準備。與此同時，韋、羅又將撤值後的普通股合併為面值 1 港元的新普通股，令發行股數大幅削減 80%。

1984 年 11 月，繼資本重組後，韋、羅二人再展開富豪的內部結構重組，主要內容包括三點：（一）富豪酒店以每股 1.1 港元價格公開發售約 3 億股新股，集資 3.27 億港元。（二）富豪酒店將所持百利保其中的 25.5% 股權售予韋理的亞洲證券和羅旭瑞的瑞圖有限公司，售價是 6675 萬港元。這使亞洲證券和瑞圖持有百利保的股權從原來的 10.1% 和 9.5% 分別增加到 22.9% 和 22.3%。（三）百利保向韋理的亞洲證券購入富豪酒店 4650 萬股普通股及 4655 萬認股權證，相當於 32.5% 股權，百利保支付現金 50 萬港元及承擔 5.073 億港元債項，總收購代價為 1.078 億港元。百利保並承諾認購富豪發售的新股，即在富豪酒店的總投資達 2.15 億港元，但可收回富豪欠百利保的債項 1.33 億港元。

重組後，富豪酒店控制百利保的局面，轉化為百利保控制富豪酒店。其中，韋理套現資金約 7413 萬港元，而羅旭瑞則僅增加投資約 3338 萬港元，便持有百利保 22.3% 股權，再透過百利保持有富豪酒店 32.5% 股權（圖一）。

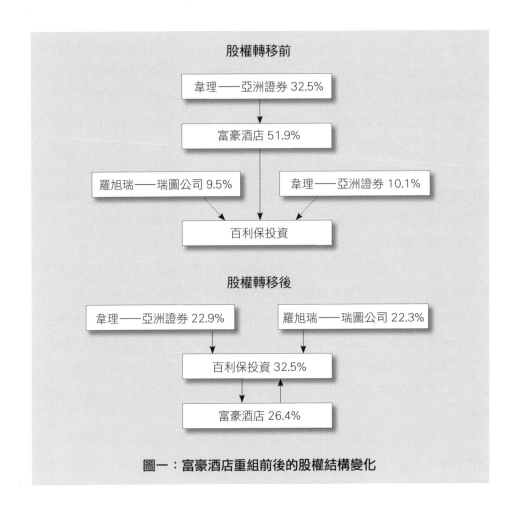

圖一：富豪酒店重組前後的股權結構變化

這次重組，被認為是利用百利保的資金去挽救富豪的財務危機，重組後富豪的負債從 8.8 億港元下降到 4.9 億港元。韋理的亞洲證券亦套現資金，減少風險，而小股東的利益則被懷疑受到損害。故有關重組計劃遭到百利保小股東的強烈反對，後者透過李葉律師行向董事局質問，雙方更展開多次 "廣告戰"。其間，更有一封署名 "一群小股東" 的匿名信發予各機構，力指韋理不當，將個人利益置於公司利益之上，並呼籲其他小股東團結，反對通過上述議案。10 月 21 日，百利保召開特別股東大會表示，結果贊成者以大比數壓倒少數反對股東，通過有關計劃。

是次重組，可以說是羅旭瑞建立商業王國的關鍵，經過重組及換股，羅旭瑞只需付出 3338 萬港元便控制了百利保 22.3% 的股權，並透過百利保控制富豪 32.5% 股權，大大減輕其維持控制權所需的資金。是役，顯示了羅旭瑞超人一等的財技。

◢ 羅旭瑞建立世紀城市系商業王國 ◣◣◣

從 1985 年起，正當百利保和富豪酒店的重整工作接近完成及財務狀況日趨改善之際，羅旭瑞再度發動連串收購行動，以鞏固和擴大其商業王國。他首先收購世紀城市，作為集團的控制旗艦。世紀城市創辦於 1981 年 3 月，同年 9 月在香港上市，是一家中小型地產公司。世紀城市初期在中環皇后大道中、租庇利街擁有一些寫字樓及商場，在淺水灣、六景道及北角等地擁有部分住宅物業，另擁有位於元朗、馬頭圍、下鄉道、屏山青道等多個發展地盤。不過，自 1983 年香港地產市道陷入低潮後，世紀城市亦陷入困境，持續出現大量虧損。

至 1985 年 5 月止，世紀城市累積虧損高達 2 億港元，股東資金減至 940 萬港元，債權人遂申請將其清盤。羅旭瑞看準時機，遂與世紀城市方面展開冗長的商討。同年 8 月，世紀城市宣佈資本重組，情形與富豪酒店大致相似，將原有股份由面值 1 港元減至 5 分，以抵銷虧損，並增發新股 4.8 億股給羅旭瑞所持有的 Master City Ltd.，發行價為每股 1 角，附認股權證 11.5 億股，認購價 1 角，收回現金用於還債。

重組後，以羅旭瑞為首的財團向世紀城市注資 4800 萬港元，取得近 70% 世紀城市股份，其中羅旭瑞實際付出約 1500 萬港元換取 1.5 億股，稍後再以地盤換取另外 1.5 億股，合共持有約 3 億股。自此，羅旭瑞以世紀城市為旗艦，開始組織和發展以該公司為首的集團。他的計劃是在市場氣氛良好的情況下，以相對合理的價格購入公司，建立一個由他控制的集團，然後借集資、重組等方式，吸納資金以擴張至不同公司的業務，擴大集團。

1986 年 3 月，世紀城市首先向百利保發動收購，宣佈將以現金及換股方式全面收購百利保投資。收購的條件是每股百利保可換取 50 股世紀城市新股或現金 5.38 港元；每股百利保認股權證可換世紀城市 18 股新股或現金 1.88 港元。換言之，百利保的收購價是每股 5.5 港元（選擇現金則為 5.38 港元），比市值溢價 25%。

根據 1984 年羅旭瑞與韋理達成的協議，即羅旭瑞有優先權購回富豪及百利保股份，百利保大股東韋理的亞洲證券接受世紀城市的收購建議，將所持全部百利保股權，包括普通股 10.6% 和認股權證 28%，售予世紀城市，套現 2.22 億港元。

百利保第二股東、羅旭瑞的瑞圖公司亦接受收購建議，將所持 29.5% 百利保股份和 27.5% 認股權證換取世紀城市股份。結果，世紀城市取得百利保 98% 股權。羅旭瑞不費一文便透過世紀城市控制了百利保，再透過百利保控制富豪酒店。稍後，世紀城市通過配售百利保股份，將持股量減低至 74.03%，仍保留其上市地位。羅旭瑞表示，這次收購安排，旨在將百利保及富豪的投資業務集中到世紀城市，簡化股權架構，加強集團的行政效率，便於發展業務。這時，百利保及富豪經過"公司醫生"韋理及理財高手羅旭瑞的精心管理，已恢復生機，成為經營狀況良好的贏利公司。其時，距韋理收購富豪僅短短的兩年時間。收購後的第一個財政年度，即 1987 年度，世紀城市贏利 5700 萬港元，比上年度大幅度增加 186%；百利保贏利 1.37 億港元，連同非經常性贏利 4400 萬港元，合計 1.81 億港元，僅營業純利就比上年度大幅度增加 129%；富豪贏利 1.72 億港元，增幅達 68%。

世紀城市收購百利保後，即與百利保、富豪酒店展開連串資產交易，其中，百利保以 2.9 億港元將沙田麗豪酒店售予富豪，代價包括一批物業、現金及新股，所持富豪股權增至 40.3%；而百利保則斥資 3.29 億港元購入世紀城市所持銅鑼灣豪華中心（後重建為百利保廣場）以及發展中地盤。經此交換，世紀城市成為集團控股公司，百利保成為集團發展地產業務的主力，而富豪則成為集團發展酒店業務的主力，集團內部結構漸次清晰、合理。

不過，羅旭瑞的收購大計並未就此止步。1987 年 3 月，羅旭瑞透過世紀城市策動對上市公司國泰置業的收購，以 1.16 億港元現金取得國泰置業 81.4% 股權，收購完成後將百利保所持上市證券組合以 9600 萬港元的價格售予國泰置業，國泰置業易名為國泰城市，業務側重於證券投資、企業收購，成為羅旭瑞旗下的第二號狙擊艦。

國泰城市為香港商界所矚目始於 1988 年。該年 10 月，羅旭瑞繼 "股壇狙擊手" 劉鑾雄之後，透過國泰城市向嘉道理家族控制的香港大酒店集團發動 "蛇吞象" 式的收購，轟動整個香港。該場收購雖然鎩羽而歸，但短短一個月間已獲利約 1200 萬港元。

1988 年 10 月，國泰城市再度出擊，以每股 4.3 港元價格向從事海外地產和美國酒店業務的上市公司富利國際收購 85.75% 股權，使世紀城市系的業務從香港擴展到海外。這一時期，羅旭瑞以約 5000 萬港元起家，透過控制世紀城市，控制着百利保、富豪酒店、國泰城市及富利國際等五家上市公司，在香港股市中自成一系。1987 年 8 月，羅旭瑞所控制的上市公司市值達 51.2 億港元，與其父羅鷹石家族同時躋身香港二十大上市財閥之列。1990 年 3 月，羅旭瑞更以 66.1 億港元市值躋身香港十大上市財閥。

◢ 連串重組財技出神入化 ◢◢◢

1989 年，香港股市受中國內地宏觀經濟調控及 "天安門事件" 的影響，低沉不起。這時期，羅旭瑞除透過百利保及富豪酒店銳意發展地產、酒店業務之外，開始了世紀系的集團內部重組活動，每次重組都涉及系內公司的資產轉移。

1989 年 11 月，世紀系首次進行結構重組，由百利保以每股 1.67 港元（比市價贏利 38%）向控股公司世紀城市購入國泰城市普通股 617 萬股，從而使世紀城市控國泰城市轉變為百利保控國泰城市。這次重組，世紀城市成為最大的得益者，它不但可藉售出國城股份套現 1.84 億港元，而且免除行使國城 1989 年認股權證的 2.57 億港元現金負擔，減少利息支出。

1990 年 12 月，世紀系第二次改組。由百利保購入國泰城市的大部分資產，包括九龍賈炳達道發展地盤和富利國際的股權，使富利國際的控股權從國泰城市轉移到百利保。這次重組中，百利保因購入國城重要資產而成為最大得益者，而世紀城市亦套現 3.17 億港元。是次重組，實際上是為出售國泰城市空殼鋪路，即國泰城市作為世紀系的第二號狙擊艦已完成其歷史任務，功成身退。稍後，百利保出售國城控股權，獲得 1.82 億港元的非經常性贏利。

1992 年 10 月，世紀系展開第三次重組。由百利保購入富利國際的核心資產，包括富利國際在美國羅省擁有面積達 277 萬平方呎的 Crownhill 60% 股權（根據交易協議，百利保有權在交易後的第 13-15 日購入餘下的 40% 股權），以及一個香港上市證券組合，分別作價 3.6 億港元及 5700 萬港元。這次富利國際在出售 Crownhill 發展計劃時，是以 1991 年底價格為根據，實際上是以較低的售價給百利保。交易完成後一個月，百利保對 Crownhill 發展計劃做出重估，所購入地盤的價格即從原來的 2400 萬美元上漲到 6000 萬美元。1993 年 2 月，百利保在吸取富利國際的全部精華後，亦將其空殼售予惠泰國際的曾氏家族。

1993 年 12 月，世紀系第四度重組。這次是將百利保國際（即百利保投資）分拆出百利保發展在香港上市，百利保國際藉此集資近 9 億港元。當時，證券界已有人質疑，但集團解釋分拆後百利保國際的業務將專注地產投資及其他投資活動，主要擁有百利保廣場及九龍城廣場兩大投資物業，而百利保發展則主要從事地產發展及內地投資。當時，百利保發展每股資產淨值僅 7.43 角，但卻以每股 1 港元招股，溢價達 35%，與一般地產股每股資產淨值高於股價完全不同。所以，百利保發展上市時雖然處於股市高潮，招股卻僅得三倍超額認購。

及至 1995 年 6 月，羅旭瑞又宣佈把百利保國際和百利保發展合併，把百利保國際私有化，恢復分拆前的情況。合併的方式是，每股百利保國際換十股百利保發展，然後將百利保國際私有化，而百利保發展則將十股合併為一股。在這種安排下，羅旭瑞透過大量發行百利保發展新股（逾 158 億股）來換取百利保股價股份，無須耗費龐大資金就將百利保國際私有化。由於大量發行新股，百利保發展小股東所佔的權益，便從重組前的 25.1% 減低至 4%，遭到大幅攤薄。

當時世紀系的解釋是，百利保分拆後適逢政府打擊樓價措施推出，百利保發展售樓業務無起色，假如不合併，百利保贏利的機會便會出現斷層而大幅倒退。這次合併是由資產值 30 多億的百利保發展，收購市值 140 多億的百利保國際，又是一次"蛇吞象"式的收購。

對於世紀城市系的頻繁重組，香港證券界業內人士的評論分歧頗大，有的認為通過重組，系內各公司的業務劃分更加清楚，對集團管理和業績都有良好的影響；但有的則認為，每次重組，系內主要資產便會轉向羅旭瑞那邊去。

然而，姑勿論實際情況如何，羅旭瑞憑藉其高超的財技，幾乎從白手起家建立起一個躋身香港上市二十大財閥的商業王國。誠然，羅氏的冒進作風，亦為他日後在亞洲金融風暴中泥足深陷埋下伏筆。

07

以靜制動　和記黃埔收購香港電燈

　　20 世紀 80 年代中期，李嘉誠重施故技，再次以兵不血刃的方式，透過和記黃埔收購香港電燈。不過，在這次收購中，他已穩佔主動權。

　　其實，李嘉誠早已看上香港電燈，旗下公司曾與港燈有過多次合作，他也曾對港燈作過深入的考察和研究，對其業績、潛質了然於胸。不過，其時置地正大舉擴張，捷足先登，李嘉誠遂按兵不動，靜候良機。

　　後來，香港地產市道崩潰，置地因盲目擴張陷入危機，被迫臨陣易帥，並頻頻出售旗下非核心資產。李嘉誠準確估計到置地的困境，不動聲色，以靜制動，讓形勢的發展迫使置地就範。果然，置地主動上門求售。不再抬價，李嘉誠短短 17 小時，就毅然動用 29 億港元巨資，拍板收購香港電燈股權。

　　《孫子兵法》曰：“知彼知己，百戰不殆。”是役可以說是這一戰術運用的最佳寫照。

香港電燈集團前身是香港電燈有限公司，創辦於 1889 年，是迄今世界上歷史最悠久的電力公司之一。

香港電燈創辦後，即在港島灣仔今日永豐街的山坡上興建第一間發電廠。該廠於 1890 年 12 月正式供電，給 50 個街燈照明及供山頂抽水。當時，明亮的街燈成為香港電燈公司的最佳廣告，中區的洋行、銀行以及華商的店舖紛紛裝設電燈，香港電燈公司的業務開始發展。

到 20 世紀初，港島市區已延伸到灣仔，灣仔發電廠亦告飽和，香港電燈遂向港府投得北角海旁地段興建新發電廠。該地段由填海而成，即現在的電氣道城市花園地段。北角發電廠於 1919 年建成投產，當時適逢第一次世界大戰結束。於是，香港電燈公司在中區皇后像廣場舉辦首屆"電燈節"作為紀念。

北角發電廠 1964 年總發電量已達到 225 兆瓦，這時北角已發展為稠密的住宅區，而且當時用煤為燃料已不及用石油經濟，因此進行遷廠計劃，在港島南部的鴨脷州興建大型燃油發電廠，設備全部從日本進口。1968 年鴨脷洲第一機組投產，到 1972 年共有 7 台發電機組發電。

1974 年世界石油危機爆發，當年香港亦要實施能源管制。1978 年，香港電燈公司便計劃在南丫島興建一座可靈活運用燃料的發電廠。南丫島菠蘿咀發電廠於 1982 年開始投產，待所有海底電纜全部完成，便將鴨脷洲的全部發電設備轉移到南丫島，而鴨脷洲發電廠則於 1989 年正式停產。

20 世紀 70 年代中期，香港電燈的業務開始多元化。1975 年 7 月，香港電燈曾建議以現金及部分股票方式收購當時另一家歷史悠久的公用事業上市公司——中華煤氣有限公司，但因中華煤氣的大力抗拒而未果。香港電燈於是在 1976 年實行對香港一些新居民點送電力熱水器，一方面"報復"中華煤氣，另一方面是爭取在供電區增加電力銷售。

這些即熱式電熱水器功率達 8000 瓦，每小時用電 18 度，幫助增加銷電不少。雖然是免費"奉送"，但用戶要交按金 500 港元，實際上是一次過取得大量現金作電熱水爐的投資。從這一點可見香港電燈公司在經營上的精明。

1976 年 4 月，香港電燈重組註冊，成立香港電燈集團有限公司，簡稱港燈集團，目的是統籌電燈公司及其附屬機構，包括地產發展與管理、技術服務、零售業、廣告及財務等經營，以加強賺錢能力。當時，港燈集團旗下的主要附屬公司包括香港電燈公司（根據法例專責供電給港島、鴨脷洲及南丫島）、協聯工程（工程設計及管理）、嘉雲發展集團及嘉雲發展（物業發展）、豐澤（電器用品銷售）、匯澤財務（財務）等。

港燈集團的贏利以售電為主，但地產發展的收益亦迅速增加。1976 年港燈開始從事地產業務，1980 年 11 月 20 日與李嘉誠的長江實業及英資洋行會德豐等合組國際城市集團有限公司，股本 30 億港元，公開發售 4.5 億股在香港上市，港燈和長江實業均為國際城市大股東，分別持有約 34% 股權，由李嘉誠出任公司主席，這是李嘉誠與港燈的最早聯繫及合作。

當時國際城市的主要目的，是將港燈旗下的主要地皮物業加以發展，包括北角電氣道發電廠舊址、渣甸山內地段 8200 號，以及荃灣的數幅地皮，其中，北角電氣道發電廠舊址和渣甸山內地段由港燈集團以 21.1 億港元價格售予國際城市。國際城市將北角電氣道發電廠舊址發展為後來著名的城市花園，包括 13 幢住宅及一幢寫字樓，總樓宇面積 317.8 萬平方呎。

港燈集團業務的多元化可從其年度業績反映出來。1982 年度，港燈售電量約為 35 億度，售電獲利為 4.341 億港元，而當年的綜合純利為 7.82 億港元，售電獲利僅佔總純利的 55.5%。由此可見，港燈集團售電獲利之外的業務亦贏利豐厚，是一家頗具發展潛質的公用事業公司。

◢ 置地出售香港電燈的背景 ◣

港燈集團作為一家公眾上市公司，一直沒有家族性大股東。首先窺視港燈的，是怡和旗下的置地公司。

置地長期以保守、穩健聞名，主要致力於中環核心商業區貴重物業的投資，其唯一一次大規模的策略性行動，就是 1972 年兼併牛奶公司。

然而，踏入 20 世紀 80 年代尤其九龍倉一役受損後，置地在執行董事兼總經理鮑富達的主持下，其投資策略發生了 180 度的大轉變，明顯放棄了一貫奉行的保守、穩健、持重的策略，而轉向冒進、急躁及投機。

當時，香港的地產市道經過六七年的迅速發展，正逐漸逼近巔峰。然而，置地管理層卻罔顧當時香港地產繁榮時期已出現的一系列不利因素，大肆擴張。它先後與遠東發展、佳寧集團、恒隆、油麻地小輪等約 30 家公司合作發展超過 70 個地產項目。

1980 年，置地因出售金門大廈給佳寧集團，以及售出九龍倉股票獲得大量非經常性利潤，資金充裕，因而更展開一系列極為引人矚目的大型發展或收購活動。

是年初，置地與信和集團合組財團（置地佔 40% 股權），以 13.08 億港元購入港島大潭道白筆山一幅面積達 145 萬平方呎地段，計劃興建約 400 個別墅式豪華住宅單位。

同年 8 月，置地再與佳寧集團合組財團（置地佔 35% 股權），以 28 億港元購入尖沙咀旅遊中心區美麗華酒店舊翼一幅約 6.8 萬平方呎地段，計劃發展置地廣場式的高級商廈。該宗交易成交價創下世界紀錄，一時令國際矚目。

1982 年 2 月，置地在香港的地產投資達到高潮，置地以 47.55 億港元的高價，投得港島中區海旁位於康樂大廈西側一幅面積達 14.4 萬平方呎 "地王"。該 "地王" 平均每平方呎底價高達 32964 港元，創香港官地拍賣歷史的最高紀錄，並成為全球最大宗地產交易，在香港轟動一時。這座被命名為 "交易廣場" 的地產發展計劃包括 3 幢高級商廈，建築面積達 200 萬平方呎，預計總投資超過 80 億港元。

這一時期，置地不但從一名保守、穩健的地產投資商迅速轉變成一名活躍、冒進的地產發展商、香港地產界的超級 "大好友"，更極力試圖發展成一家業務遍及地產、酒店、零售貿易，以及公用事業的多元化綜合性大型企業集團。

1981 年 12 月，置地聯同怡和特別投資發動 "破曉突擊" 行動，以每股不超過 32 港元的價格，在股市購入 3000 萬股香港電話公司股票，約佔香港電話已發行股票的 21.9%，涉及資金約 9 億港元。經過這次收購，置地及怡和特別投資連同已持有的股票，約佔香港電話已發行股票的 34.9%，成為該公司大股東。

1982 年 4 月，置地再次發動 "破曉突擊" 行動，這次的目標就是港燈集團。置地委託怡富以每股不超過 6.75 港元的價格，在市場大舉吸納港燈股票，約吸入 2.2 億股港燈，佔港燈已發行股票的 34.9%，涉及資金高達 26 億港元。當時，市場盛傳李嘉誠的長江實業和陳松青的佳寧集團均有意收購港燈。結果置地捷足先登，成為大股東。置地收購香港電話和港燈集團，兩次的股權都未超過35%，未抵觸當時剛修訂的收購及合併條例所規定的全面收購觸發點，都無須向股東提出全面收購。

連串重大的發展及收購計劃，明顯反映了置地管理層在九龍倉被包玉剛強行收購後，試圖將置地扶植成一家超級"大行"，與華資大亨一決雄雌的冒進、急躁及投機的心態。

可惜，當時置地決策層對香港的政治、經濟形勢的判斷已與客觀現實嚴重脫節，導致置地為此付出高昂代價。

當時，香港地產市場經過七八年的輾轉攀升，已達到巔峰狀態，所謂位高勢危，已相當危險。然而，怡和主席紐璧堅與置地執行董事兼總經理鮑富達對香港經濟前景仍盲目樂觀，對置地在香港地產業的影響力過於自信，迫切希望利用這段時間充分擴張，以彌補九龍倉一役的損失。這時，怡和系的經營不善導致內部權力部門鬥爭白熱化，結果又加速了兩人的輕率、冒進。

1982年9月，英國首相戴卓爾夫人訪問中國，提出了以主權換治權解決香港前途問題的建議，遭到中國領導人鄧小平的斷然拒絕。自此，香港前途問題表面化，早已疲憊不堪的香港股市、地產應聲下跌。在空前嚴重的地產低潮中，置地由於前段時間的過分擴張，損失慘重，其中，僅中區交易廣場、美麗華酒店舊翼、白筆山發展計劃三大項目，損失就超過30億港元。

1983年，置地首次出現高達15.83億港元的巨額虧損，總債務增至150億港元之巨，成為香港最大的負債公司，被稱為"債王"。財政危機加速了怡置系高層權力鬥爭。當年，怡和高層"大地震"，怡和主席紐璧堅和置地執行董事兼總經理鮑富達先後辭職，由大股東凱瑟克家族的西門·凱瑟克和戴維思分別接任。

新任怡和主席西門·凱瑟克，是前任主席亨利·凱瑟克的胞弟。1942年出生，早年畢業於英國伊頓公學和劍橋大學。1962年已加入怡和，曾先後在香港、北美、日本、新加坡、澳洲等地的分公司任職。1982年返回香港出任怡和執行董事，為人精明強悍，深於謀略。

西門·凱瑟克接任怡和時，怡置系正處於風雨飄搖之中，凱瑟克即開展連串救亡措施，包括停止及推延部分龐大發展計劃、大幅出售公司的非核心資產和業務，以及重組龐大債務。

置地出售港燈，以及李嘉誠覬覦港燈，正是在這種特定的歷史背景中展開的。

◢ 李嘉誠靜觀其變 ◣◣◣

李嘉誠收購和記黃埔後，集團的擴張步伐並未停止。1982 年，李嘉誠開始透過和黃研究收購港燈集團的可行性。當時，港燈集團是僅次於中華電力公司的優質公用股，收入穩定，市值高達 55 億港元，比其大股東置地的市值稍低，在香港十大市值公司中排名第五位，是一家大型的上市公司。

1982 年初，市場上已盛傳長江實業有意收購港燈，只是置地搶先發難，李嘉誠惟有按兵不動，靜觀其變。1983 年，李嘉誠洞悉置地在地產投資方面遭到財政困難，遂向怡和、置地收購他們手上的港燈、牛奶公司或惠康超級市場的股份，但雙方始終談不攏。當時，正是怡置系內部權力鬥爭最白熱化之際，即將辭職的怡和主席紐璧堅固然不想在其任內丟失港燈，而將上任的西門·凱瑟克亦忙於權力鞏固，對售賣港燈股權暫無迫切性。李嘉誠深知怡和、置地的困境，亦不急於行動，靜待最有利時機的出現。

這場商戰，再次以兵不血刃的形式展開。這符合李嘉誠的性格特點，他的策略就是"以和為貴""將烽火消弭於杯酒之間"。

其後，置地因為現金短缺，曾試圖透過港燈，動用港燈持有 34% 股權的國際城市的資金。不過，當年長江實業與港燈集團創辦國際城市時曾訂立協議，國際城市由長江實業出任主席，並全權負責發展和管理該公司的業務。因此，置地無法動用國際城市手上的大量現金。

置地一計不成，又轉而打港燈集團的主意，希望說服港燈將其手上逾 10 億港元現金儲備，用作償還置地的部分債款。不過，這個建議亦遭到港燈管理層的否決。

置地在無計可施的情況下，惟有出售旗下非核心資產和業務，包括 1983 年 3

月將所持香港電話公司 38.8% 股權售予英國大東電報局，套現 14 億港元；同年 6 月，怡和將南非雷里斯公司 51.7% 股權出售，套現 13 億港元；將怡和屬下金門建築公司 50% 股權售予英國的特法加集團，套現 2 億港元；同時將夏威夷戴維思公司所擁有的甘蔗園以 5.4 億港元價格售出。

1984 年，怡和主席西門‧凱瑟克被迫主動與和記黃埔接觸，洽商出售港燈股權事宜。置地的要價是每股港燈的收購價須在 6.5-6.6 港元之間，比當時股市價值高出約 30%。李嘉誠眼見形勢正向着他所預計的方向發展，遂擺出對港燈興趣不大的姿態，他以低於市價 10% 的價格還價。當時，置地手上的港燈股份平均成本約為每股 6.6 港元，如果以李嘉誠的還價出售，賬面損失將超過 4 億港元。因此，雙方的談判因條件談不攏再度擱置。

◢ 和記黃埔成功收購香港電燈 ◣◣◣

到 1984 年，置地的財務狀況進一步惡化，怡和兼置地主席西門‧凱瑟克在宣佈 1984 年上半年度業績時表示，目前置地的借貸總額為 142 億港元，最高債項需求估計約為 160 億港元。其間，置地將要繳交給港府交易廣場地段最後一期款項 19.02 億港元，而置地全年的借債利息就高達 10 億港元。

當時，市場分析，置地要減輕欠債，不外兩種途徑：一是供股集資，一是出售資產。對於前者，置地執行董事戴維思已予否定，理由是怕股東不供股，而且目前置地的股價只是其資產淨值的四成，如供股集資，則對原有的股東不公平。至於出售資產，由於地產市道仍陷低迷，難以售到合理價錢。這樣，被迫出售港燈股權的議題，再次擺在怡置系高層的面前。

所謂"十年人事輪番新"，1975 年面臨破產的和記國際（和記黃埔前身），在 1985 年則威風八面，而 1972 年因收購牛奶公司而如日中天的置地，卻為沉重債務傷透腦筋。這一起一跌，令人慨嘆時勢變化之巨大外，亦可見到公司董事局的決策，對一家公司盛衰的影響之深遠。

當時，行內人士估計，置地若不儘快出售港燈股份減債，到 1986 年，置地的負債總額可能上升到 200 億港元，屆時可能出現負債太重而資金周轉不靈的危機。李嘉誠準確地估計到置地面臨的財政困境，他更瞭解到除長江實業系外，在當時香港面臨前途問題困擾的情況下，無論是海外或是香港本地財團，能夠或願意動用數十億港元購買置地所持有港燈股份的，可說是絕無僅有。

因此，在此期間他一直採取以退為進的政策，以靜制動，一方面不動聲色，絲毫不流露出購買港燈的熱切意向，使對手不能漫天要價，化解了置地的攻勢；另一方面增加對置地的壓力，使它沒有喘息的機會，從而迫使對手就範。

1985 年初，中英正式簽署關於香港前途問題的聯合聲明後，投資者逐步恢復信心，香港股市開始飆升，港燈集團的股價亦從 1984 年 11 月底 6.3 港元上升到 1985 年中的每股 7.3 港元。雙方達成交易的時機逐步成熟。

在置地方面，出售港燈股權已不能再拖，且港燈股價已回升，有一定討價還價能力。然而，置地管理層仍在猶豫不決。

1985 年 1 月 21 日，怡和集團幕後主腦、前怡和主席亨利‧凱瑟克親自從倫敦飛抵香港，說服置地高層，促成是項交易。當日下午 7 時，怡和主席西門‧凱瑟克親自到中區華人行會見和黃主席李嘉誠，經過約兩小時的會談，雙方決定根據李氏半年前收購港燈時的原則達成協議。然而，由於港燈股價已經上升，李嘉誠遂提出以低於市價 13% 的價格成交，而且應包括港燈末期息。

翌日上午，李嘉誠就和黃收購港燈會否導致須全面收購國際城市一事諮詢了法律顧問的意見。隨後，李氏便在和黃行政總裁馬世民的陪同下，前往中區康樂大廈怡和總部，於上午 11 時前簽署了收購協議。

對於這次收購行動，《信報財經月刊》曾載文作過這樣的描述："1985 年 1 月 21 日（星期一）傍晚 7 時，中環很多辦公室已經烏燈黑火，街上的人潮及車龍亦早已散去；不過，'中區商廈大業主' 置地公司的首腦仍為高築的債台傷透腦筋，終派員前往長江實業兼和記黃埔公司主席李嘉誠先生的辦公室，商討轉讓港燈股權的問題。結果，在 16 小時之後（1 月 22 日上午 11 時），和黃決定斥資 29 億港元現金，收購置地持有的 34.6% 港燈股權。這是中英會談結束之後，香港股市的首宗大規模收購事件，同時也是李嘉誠 1979 年收購和黃後，另一轟動的商業決定。"

1月22日中午12時15分，和黃、置地、港燈三隻股票在四間交易所同時停牌買賣。傍晚，和黃主席李嘉誠以極其喜悅的心情召開了記者招待會，宣佈和黃向置地收購港燈股權的事宜。他表示，和黃將以每股6.4港元價格向置地收購約4.54億股港燈股份，約佔港燈已發行股份的34.6%，涉及的資金為29.5億港元。整個收購行動將於1985年2月23日完成。李嘉誠還強調，屆時和黃將以現金支付，現時和黃已準備了15億港元，貸款亦已得到滙豐銀行的口頭答允，絕不成問題。因此，和黃肯定不會在市場籌集資金，而這次收購也絕不會影響其他發展計劃，諸如黃埔花園、葵涌貨櫃碼頭等。

　　李嘉誠這次智取港燈，其內心喜悅之情不言而喻。香港《南北極》雜誌在一篇文章中曾對他當時的心情作這樣的形容：

　　"在招待會上，李氏喜悅之情，溢於言表，他雖曾多次試圖保持矜持，亦不能自已。這喜悅之情是前所未見的。當1979年9月，滙豐宣佈將手上9000萬股和黃售予長江實業時，李氏在公開場合沒有顯露出一份喜悅；去年底和黃在發展黃埔船塢計劃上，經過與政府漫長的談判後，最後只需補地價4億元，較兩年前政府要求的28億元，節省了20多億元，李氏在與政府簽訂協議時，對那次重大的勝利，也不曾表現出特別高興。"

　　李嘉誠的喜悅是有道理的。在這次長達數年的與最老牌的英資財團角力的商戰中，李嘉誠以獨到的眼光和超人的財技取得了勝利。這次收購除了給他帶來財富和權力之外，更重要的，是帶來成功感。

　　就在當晚的記者招待會上，李嘉誠說了這麼一句話："在過去兩年，我不停地研究港燈這家公司，老早便詳細考慮到投資港燈的各個優點。"一年後，他再向記者表示："我對那些資產值高的公司皆感興趣……在過去，我差不多用工作上一半的時間在策劃公司的未來發展方面，留意着香港或海外的投資機會，我腦海裏對很多本港公司的資產狀況都很清楚。因此，一有機會我便可以作出迅速的決定，例如港燈。由開始商談到正式簽署文件，時間共17個小時，但不要忘記除去睡眠的8小時，實際只有9小時。我為何能在這麼短的時間，決定一項如此重大的投資呢？原因是港燈是我心目中的公司，一早已掌握全部資料，機會來時我就知道怎樣做。"

這番話，實際上亦是李嘉誠經商的成功秘訣之一。90 年代初，和黃行政總裁馬世民談起當年協助老闆收購港燈，曾對李嘉誠的經商手法稱道不已。他說："李嘉誠綜合了中式和歐美經商方面的優點。一如歐美商人，李嘉誠全面分析收購目標，然後握一握手就落實了交易，這是東方式的經商方式，乾脆利落。"

是役，李嘉誠以低於市場價格購得一家潛質優厚的大型上市公司。李嘉誠表示："我今次出價是以港燈的贏利能力及派息作為衡量標準；以周二收市價計，港燈的市價贏利率約為八倍，目前香港利率有繼續下降的趨勢，和黃手上現金如不作收購港燈股份而放在銀行收息，與現在投資在港燈所收到的股息比較不會差太遠，但在港燈的投資，長遠來說十分有利，因此便有這次交易。"

當然，這次售股對置地亦有重要意義。怡和兼置地主席西門・凱瑟克在評論出售港燈權益時表示："出售港燈權益符合公司既定目標，不但可增加流動資金，減低借貸需要，還可改善公司的資產負債比率。"經過一連串的措施，怡置系亦終於順利渡過難關、重新走上正軌。

不過，置地所持有的港燈股份，在 1982 年購入時每股價格是 5.95 港元，到出售時賬面值為 6.87 港元。因此，是次售股導致置地特殊虧損達 2.19 億港元。

◢ 餘音⋯⋯ ◣◣◣

李嘉誠收購港燈時，曾聲言作長綫投資。然而，事隔半年，即 1985 年 8 月，即以每股 8.2 港元（比購入價每股 6.4 港元上升 30%）將港燈一成股權配售，集資 11 億港元，這次售股行動令和黃額外獲得 2.4 億港元利潤。

當時，市場懷疑港燈此舉是令和黃減債，亦有人懷疑李嘉誠在短短半年間便將港燈股權配售三分之一，似乎有違他當初的諾言。不過，事後證明，李氏是趁地產低潮集資。1986 年 10 月，港燈又發行新股一億多股，發售價是每股 10 港元，集資 10.03 億港元，主要用作收購長江實業擁有的中區希爾頓酒店，而新股則配售給海外基金，實行變相高價出售。這類資產轉移行動一直持續進行。

1987 年 3 月，李嘉誠決定重組港燈集團。重組後，港燈集團原有的非電力業務包括地產、酒店、零售貿易、財務投資，以至天然氣工業等由一家新成立的公司嘉宏國際集團持有。該集團於 1987 年 6 月獨立上市，由和記黃埔持有超過 50% 股權，而嘉宏國際則持有重組後的香港電燈公司，後者重新成為一家單純的電力生產及供應公司。

當時，有人懷疑港燈分拆，是受到港府的壓力，例如分拆前港燈宣佈與和黃合資 27 億港元投資加拿大赫斯石油公司，就會引起立法局議員的質疑，認為港燈作為公用事業公司，不應參與海外有巨大風險的投資機會，以免一旦投資失敗而打擊港燈專利發電業務。不過，李嘉誠對這些傳聞加以否認，他只強調整個重組建議由港燈主動提出，並取得港府的支持。

自此，李嘉誠旗下擁有四大公司，包括長江實業、和記黃埔、嘉宏國際和香港電燈，成為香港股市中控制上市公司市值最多的首席家族財閥。1987 年 9 月，李嘉誠趁香港股市高潮，首次四劍合璧，透過四大公司集資逾 100 億港元，為未來發展大計做部署，結果轟動香港，創下歷史上集資規模最大的紀錄。

收購港燈集團，無疑是李嘉誠個人繼收購和黃之後另一次輝煌勝利，李氏在香港商場的首席地位，由此最終確定。

08

後發制人 九龍倉收購會德豐

　　20 世紀 80 年代中期，繼和記黃埔收購香港電燈之後，香港商界再度爆發一宗震動全港的收購兼併事件——會德豐收購戰。

　　會德豐曾是香港赫赫有名的英資大行，然而，20 世紀 70 年代末以來，公司主席約翰·馬登錯誤估計形勢，大舉投資正面臨大蕭條的航運業，結果泥足深陷，並觸發與會系另一大股東張氏家族的矛盾，馬登失望之餘，加上年事已高，遂萌退意，將股權售予南洋財團邱德拔。

　　其實，包玉剛亦早已看上會德豐，雙方也曾有過密切合作，且業務互補，只是礙於兩家的淵源，不便發動敵意收購。馬登售股，為包氏提供了一個契機，他即以後發制人的姿態，透過旗下的九龍倉向張氏家族收購股權，並迅速介入收購戰，發動雷霆攻勢，結果成功兼併會德豐。

　　是役，包玉剛雖然"後發"，但他一出手即動如脫兔，再次以海派豪氣策動"銀彈"攻勢，令對手知難而退，一擊功成。

與怡和、和黃一樣，會德豐也是一家歷史悠久的老牌英資洋行，其歷史最早可追溯到 1857 年創辦於上海的會德豐洋行。

1925 年，英籍猶太商人佐治‧馬登接手會德豐洋行，當時的名稱是 G. E. Marden Ltd.，主要經營航運、貨倉等業務。1932 年，該公司與上海拖駁船有限公司合併，正式改組為會德豐有限公司，經營的業務亦擴展到鋼鐵、保險、地產及信託投資等領域。

1941 年，太平洋戰爭爆發後，會德豐一度將總部從上海遷到英國倫敦。戰後到 1949 年中華人民共和國成立期間，會德豐陸續將業務轉移到香港發展，開始以香港為主要經營基地。不過，20 世紀 50 年代，佐治‧馬登目睹中國的巨變，對香港的前景信心不足，遂將集團的經營重點放在機動性較高的遠洋航運。

1959 年，會德豐主席佐治‧馬登退休，其職位由其子約翰‧馬登接任。約翰‧馬登早年畢業於英國劍橋大學，1946 年加入會德豐倫敦分公司，隨後移居香港。約翰‧馬登上任後，逐步改變集團的經營方針，壓縮海外業務，加強在香港的投資。他透過發動連串的收購活動，加強集團在香港地產及零售百貨方面的業務。

1961 年，會德豐將旗下上市公司香港麻纜有限公司改組，易名為香港置業信託有限公司，作為集團發展地產業務的旗艦。1971 年，置業信託以發行新股及換股方式，收購了華商張玉良家族的聯邦地產有限公司，張氏家族因而成為會德豐的大股東之一。1973 年，置業信託再創辦夏利文發展有限公司，在港九各區發展地產業務。

在零售百貨方面，1968 年會德豐收購了歷史悠久的連卡佛有限公司，該公司創辦於 1848 年，是香港第一家百貨公司。稍後，會德豐又透過連卡佛收購華資四大百貨公司之一的中華百貨公司。

60 年代中後期，國際航運業務蓬勃發展，會德豐也加強了航運業務。1971 年，會德豐將旗下上市公司鋼業有限公司改組，易名為會德豐船務國際有限公司，作為發展航運業的旗艦。此外，會德豐的另一家私營上市公司聯合企業，原來主要業務是證券投資，但在約翰‧馬登的領導下，亦逐漸轉而投資航運業。1973 年，聯合企業將旗下船隊組成寶福發展有限公司，在香港上市。

到 70 年代中期，會德豐躋身香港四大英資洋行之列，旗下的直屬子公司達

49 家，其中包括上市公司置業信託、聯邦地產、夏利文發展、連卡佛、會德豐船務、聯合企業及寶福發展等，而這些子公司又擁有約 180 家附屬公司及 20 家私營公司，形成一龐大的多元化綜合性企業集團。

這一時期，會德豐的經營已遍及投資控股、商人銀行、財務、證券、期貨交易、航運、貿易、批發零售、地產、航空、旅遊、保險以及製造業等，投資的範圍亦已從遠東伸展到東南亞、澳洲以及南北美洲。不過，總體而言，當時該集團的核心業務仍是香港的地產及航運。

◢ 會德豐大股東一度意興闌珊 ◣◣◣

航運業一直是會德豐的老本行，20 世紀 60 年代中，中東戰爭爆發，埃及宣佈封鎖貫穿歐亞兩大洲的航運動脈蘇伊士運河，使歐亞兩大洲之間的航綫大幅拉長，對航運業的需求大大增加。會德豐遂大力加強對航運業的投資，到 70 年代中期，會德豐旗下的航運公司，包括會德豐船務、聯合企業及寶福發展等，總共擁有約 30 艘輪船，載重量超過 140 萬噸，成為當時香港一家重要的航運集團。

然而，1973 年爆發的中東石油危機，導致世界經濟普遍性衰退，嚴重打擊了國際航運業的發展。首當其衝的是油輪，漸漸影響到其他類型船隻，而蘇伊士運河的重開，無疑形成這領域的新一波衝擊。因此，自 70 年代中期起，航運業便在時好時壞的環境中發展。

受此打擊，會德豐的業務和贏利大受影響。1973 年，會德豐的經常性贏利曾達 1.8 億港元，但 1974 年度跌至 6900 萬港元，1975 年度進一步下降至 2900 萬港元。這時，中國為期十年的“文化大革命”尚未結束，政局的動盪影響了約翰·馬登對香港前景的信心。1976 年，約翰·馬登就曾一度意興闌珊，有意將家族所持會德豐股權出售。

1976 年 10 月，會德豐主席約翰·馬登與怡和、置地方面接觸，就怡置系收購會德豐事宜展開商討。10 月 21 日，置地和會德豐發表聯合聲明，該聲明表示：“會德豐有限公司與香港置地公司董事局宣佈，雙方已經同意展開討論，該等討論可能導致置地建議收購會德豐全部已發行股本。"

該聲明並沒有表示置地將以哪種方式收購會德豐，如果繼續用換股方式，實際上將是置地兼併牛奶公司版本的重演。聲明還表示置地和會德豐已分別委任怡富公司和獲多利公司為財務顧問，而怡和公司亦將予以合作。

翌日，會德豐A股在香港股市停牌買賣。當時會德豐已發行的股票，包括A股2.6億股及B股1.95億股。若以停牌前10月21日的收市價計算，整家公司市值達7.3億港元。換言之，置地要兼併會德豐，至少要付出7億多港元的代價。如果這次收購成功，不但是香港一家公司最大規模的一次收購或合併行動，而且是香港證券交易史上涉及價值最龐大的一次收購合併活動。

消息傳出，市場頗為震動。因為置地兼併會德豐後，怡和財團將超過滙豐銀行的實力成為香港財勢最強大的財團。市場人士分析，這顯然是有人所不願意看到的，因此估計是次收購將不會太順利。

果然，一星期後，即10月28日，當時已被滙豐控制33.65%股權的和記國際宣佈，已委任西德銀行的附屬機構亞洲國際資金有限公司，協助和記的財務顧問寶源投資，就和記國際收購兼併會德豐提出具體可行的意見。

和記國際收購會德豐亦有其合理的理由。事實上，早在50年代和60年代初期，和記與會德豐就有極為深厚的淵源和密切的關係。當時，會德豐持有和記的大量股權，而和記亦掌握會德豐若干股權，兩大集團互為聯號。會德豐集團首腦固然是和記的董事，而和記的首腦亦是會德豐的董事，其後和記在祈德尊領導下分道揚鑣自成集團，但兩集團董事局名單頗有類同。

就在怡和、置地、和記相繼有意收購會德豐的同時，市場亦盛傳香港太古、英之傑集團、南洋幫財團以及華資公司均有意問鼎，一時間沸沸揚揚。即使僅從商業買賣的角度看，這在當時亦是一宗龐大而複雜的交易。

會德豐左右為難，遂諮詢財務顧問獲多利的意見。獲多利表示，和記國際及怡和公司所經營的業務，與會德豐的相當近似，如果把具體詳盡的資料提供給他們，對會德豐業務將造成損害。結果，會德豐拒絕向和記及怡和提供資料。

有關兼併收購遂僵持不下。12月4日，怡和、置地與會德豐達成協議，如果10日內無法就有關收購合併達成協議，上述收購計劃便告吹。12月14日及15日，和記及置地相繼宣佈退出，一場預期激烈精彩的收購戰戛然而止。

不過，怡和、置地對於這次收購功敗垂成仍耿耿於懷，並有意伺機捲土重來。1980 年 9 月 5 日，怡和為保衛對置地的控制權，展開策略性行動，將手中所持有物業、股票交換置地的股份，其中就包括 330 萬股會德豐 A 股，大約相當於會德豐總資本的 11.8%，即 7.4% 的投票權。這時，會德豐董事局才大吃一驚，發現事隔五年，怡和系實際上仍沒有放棄有關收購會德豐的計劃。

事實上，如果會德豐董事局無意放棄，外人是很難奪取該公司的控制權的。早在 70 年代初，會德豐董事局鑒於 60 年代以來多次利用供股集資或發行新股收購其他公司，已逐漸喪失對會德豐的控制權，遂決定發行 B 股予以保衛。

1972 年 1 月，會德豐董事局宣佈將已發行的 3217.5 萬股普通股改為 A 股，另每兩股 A 股可供一股 B 股，每股 B 股面值為 A 股的十分之一，但與 A 股擁有相同投票權。1972 年 7 月和 1974 年 6 月，會德豐又先後兩次大量發行 B 股。當時，行內人士就估計，會德豐此舉主要目的是使董事局重獲控制權。B 股的發行雖然不是一件很光明磊落的事情，但在保衛控制權上，確實發揮了極大作用。這亦成為70 年代末至 80 年代初收購戰風起雲湧，但卻沒有人去打會德豐主意的主要原因。

然而，“B 股堡壘”亦非牢不可破。任何外界財團只要取得足夠股權，便可建議召開特別股東大會，通過取消 B 股的特權，控制權就會立即落入持有大量 A 股的人的手中。會德豐董事局亦自然明白此道理，因此，在發現怡和系仍持有大量會德豐 A 股之後，便採取措施進行自保。會德豐的主要做法是，將旗下上市公司聯合企業的地位從附屬公司轉變為聯營公司，具體措施就是減低對聯合企業的持股量，從原來的 50.7% 減少至不足 50%。因為根據香港公司法例，附屬公司是不允許持有母公司股票的，除非在成為附屬公司之前已持有。

聯合企業從會德豐的附屬公司轉為聯營公司後，便可持有會德豐股票。當年，聯合企業又將兩艘貨輪注入旗下的寶福發展，將所持連卡佛股票售予同系的置業信託，籌集資金繼續吸納會德豐股票。到 1981 年底，所持會德豐股票已增加到10.99%。當時，證券界人士就分析，會德豐董事局似乎有意將聯合企業培養成會德豐公司的大股東，以便協助會德豐董事局保衛控制權。

不過，怡和收購會德豐之戰始終沒有爆發。其時，怡和旗下的置地亦遭華資大亨覬覦，其後更因投資策略的嚴重失誤而陷入財政困難，在自顧不暇的情況下，自然無法展開收購。

▲ 會德豐兩大股東矛盾激化 ◄◄◄

值得指出的是，20 世紀 70-80 年代中後期以後，會德豐董事局的投資策略似乎再度轉趨積極。當時，香港經濟進入新一輪經濟循環周期的上升階段，地產市道再度蓬勃發展。會德豐旗下的置業信託、聯邦地產、夏利文發展以及寶福發展等地產公司相繼開展龐大地產發展業務，算是做得有聲有色。

不過，會德豐的投資策略，實際上是將集團所屬地皮物業，拆卸重建，趁地產高潮高價拋售，然後套取資金積極發展航運業，大量訂購散貨輪船，壯大船隊。這種策略的背後，仍然是會德豐主席約翰・馬登對香港的前途缺乏信心，擔心香港遲早會歸還中國，因而實施資產的戰略轉移，使其"浮在公海上"，以策萬全。據統計，到 1983 年，會德豐旗下，僅會德豐船務一家航運公司，其船隊已增至 29 艘，載重量 139 萬噸。

可惜，踏入 80 年代，世界航運業已逐漸陷入衰退，會德豐集團因而深受打擊。1981 年度，會德豐除稅前贏利是 14.31 億港元，到 1983 年度已急跌至 3.68 億港元。當年，約翰・馬登在公司年報上沉重地宣佈："本集團之主要航運附屬公司，會德豐船務國際有限公司經歷最困難的一年。"

1984，負債纍纍、面臨清盤威脅的會德豐船務被迫將所擁有的船隻賤價售賣。會德豐船務的困境觸發了會德豐集團兩大股東馬登家族和張玉良家族的矛盾。原來，1981 年會德豐船務曾向丹麥訂購兩艘貨輪，總值約 4 億多美元，惟船隻尚在建造期間，全球航運已開始不景氣，會德豐船務備受壓力。1983 年，會德豐船務想向同系的置業信託尋求約 1200 萬美元的財務支持，但被以張玉良家族為大股東的置業信託所拒絕，迫使會德豐船務只好向母公司借貸 400 萬美元以解燃眉之急。為此，會德豐兩大股東矛盾激化。

1984 年，張氏家族一要員主動辭退會德豐董事職位，理由是集中管理會德豐旗下的置業信託系公司。這樣形成兩大家族在會德豐集團內部的分工：馬登家族主管會德豐、會德豐船務、聯合企業、連卡佛等；而張氏家族則專責置業信託、聯邦地產、夏利文發展等地產公司。表面上雖如此，但內部則虎視眈眈，兩大家族逐漸勢成水火。

當時，張氏家族一要員雖已辭退會德豐董事職務，但在董事局中張氏家族的影響力仍相當大，以投票權計算，張氏家族比馬登家族還多10%。其時，約翰‧馬登已無法控制會德豐董事局。1984年底，市場更傳出兩大家族將正式分家，會德豐將改組。

約翰‧馬登因對香港前途信心不足，結果全力投資航運業，試圖以海外註冊、資產流動的船隊逃避政治風險。可惜，人算不如天算，世界航運業低潮襲來，令會德豐船務瀕臨破產，並觸發會系兩大股東矛盾。在失意之餘，加上年事已高，馬登遂再度意興闌珊，萌生退意。他將所持會德豐股權全部轉售予南洋財務邱德拔，退隱江湖。

◢◣ 包玉剛介入會德豐收購戰 ◤◥

會德豐的業務差強人意，因而其股票價格在當時怡和、和黃、太古等藍籌股中表現最差。資深的投資者都稱它為"藍燈籠"。

根據中國的傳統習俗，凡有喜事必張燈結綵、大紅燈籠高高掛；只有在辦喪事的時候才掛藍燈籠。原來，會德豐系的股票在股市的上升熱潮中往往是最遲起步的。當怡和、和黃、太古這些藍籌股節節飇升之際，會系股票往往紋絲不動或僅上升數個價位。資深的投資者一看見會系股價上升，便知道股市即將下跌，故稱之為"藍燈籠"。

然而，踏入1985年2月，會德豐的股價卻一反常態，突然出現裂口性飇升，從月初的每股4.1港元輾轉攀升至每股5.05港元。當時，市場眾說紛紜，有說和黃與會德豐重提合併一事，亦有說會德豐系即將大改組。2月14日，會德豐股價再度大幅飇升，從每股5.05港元升至每股5.8港元，升幅接近一成半。當日下午，會系股票宣佈停牌，市場預測將有重大變動發生。

果然，當天傍晚，羅富齊父子有限公司代表以東南亞富商邱德拔為首的財團，以一家在香港新註冊公司 Falwyn 名義宣佈將計劃動用 19 億港元，以每股 A 股 6 港元，每股 B 股 6 角的價格向會德豐提出全面收購建議，惟附帶條件是須收購到 50% 以上股份才算生效。

邱德拔財團在提出全面收購之前，已事先從會德豐主席約翰‧馬登家族購得會德豐 13.5% 的有效控制權，包括會德豐 A 股 2103.5 萬股（佔 6.7%）及會德豐 B 股 5354.9 萬股（佔 22.7%）。邱氏財團宣佈收購當日，會德豐系在股市停牌，然而該財團仍然委託新鴻基證券及惠嘉父子公司在市場大舉收集會德豐股票。其後，Falwyn 所持的會德豐有效控制權增加到 23.5%。

東南亞富商邱德拔，是馬來亞銀行創辦人及汶萊國家銀行大股東、著名的星馬酒店業大王。這次出面收購的公司 Falwyn，是邱德拔剛於數日前在香港註冊的公司，是邱氏財團進軍香港的橋頭堡。是次收購會德豐，可謂來勢兇猛，志在必得。

2 月 15 日，會德豐股票在股市恢復買賣。當日，該股票交投旺盛，以每股 6.4 港元收市，比 Falwyn 提出的收購價更高。當時，市場估計可能有第三者加入收購戰，而市場亦傳聞會德豐另一大股東張玉良家族將聯合包玉剛的九龍倉進行反收購。所以，不少持有會德豐股票的股民，欣喜萬分之餘，亦暫作壁上觀，不將這隻股票售出。

果然，這個第三者就是包玉剛旗下的九龍倉。其時，包玉剛自收購九龍倉之後已歷五載，早已養精蓄銳，雄心勃勃，準備繼續擴張。包玉剛其實早已看中會德豐。會德豐的業務與九龍倉相近，主要經營地產投資、航運、零售百貨以及貿易等。九龍倉收購會德豐，將可彌補九龍倉業務的若干不足，使九龍倉成為一家多元化綜合性大型企業集團。

包玉剛之所以沒有主動提出收購，是礙於與馬登家族的深厚淵源。早在 50 年代初，包玉剛已與馬登家族有業務往來。當時，包玉剛贈送給約翰‧馬登的父親佐治‧馬登一幅價值不菲的中堂壽軸，以慶祝他 60 歲大壽。60 年代期間，包氏的環球航業集團曾與會德豐合組環球巴哈馬航業有限公司及百慕達有限公司，共同發展航運業。

1985 年 2 月 14 日，邱德拔提出全面收購會德豐，對包玉剛來說無疑是天賜良機。包玉剛即與張玉良家族接洽。張玉良家族在香港發展素來低調，只是 1981 年捲入一宗爭家產官司才曝光，其時亦已意興闌珊，準備淡出香港，遂同意出售所持會德豐股權，包括會德豐 A 股 1385.5 萬股（佔 4.4%）和會德豐 B 股 1.15 億股（佔 48.9%）。

2 月 16 日，包玉剛介入收購戰，宣佈九龍倉將以每股 A 股 6.6 港元，B 股 6.6 角價格，即較邱德拔財團的出價高出 10%，全面收購會德豐。當時，九龍倉已持有會德豐有效控制權 34%，其中顯然包括從張玉良家族收購的 23.5% 有效控制權。包玉剛後發制人，然而一出手，已令對方處於下風。

2 月 19 日，即九龍倉提出反收購的第三天，正是農曆大除夕，然而有關收購戰況絲毫沒有鬆懈的跡象。當時，代表 Falwyn 的羅富齊父子再度提出更優厚的條件，以每股 A 股 7 港元、B 股 7 角的價格收購會德豐，而會德豐亦在當日中午第三度停牌。這時，Falwyn 所持會德豐的有效控制權已增加到 24.37%。其時，會德豐的股東都懷着極大興趣，要看九龍倉如何回應邱德拔的攻勢。

出乎意料的是，這次包玉剛將收購的矛頭直指會德豐的聯營公司聯合企業。2 月 25 日是大年初六，股市恢復交易之後，九龍倉宣佈將以每股 11 港元的價格收購聯合企業。當時，聯合企業的資產賬面淨值是每股 17 港元，但其中部分是船舶，九龍倉看中的是聯合企業持有會德豐 6.8% 的有效控制權。當時，包玉剛運用的是"迂迴戰術"，目的是阻止聯合企業將會德豐股票售予邱德拔財團。

包玉剛的計策雖然絕妙，但在實施時卻出現技術性困難。原來，根據證券法例，會德豐持聯合企業 49% 股權，後者應視為會德豐資產的組成部分。會德豐若要出售聯合企業股權，依例應召開股東大會，並且須提前 14 日發出通知，直至會德豐股東大會決定後，九龍倉才可正式提出收購。因此，當時香港證券監理處即發表聲明，指九龍倉此舉抵觸了證券法例。

這時，聯合企業董事局亦呼籲股東勿過早沽出股票，並表示邱德拔財團曾透過其財務顧問向其洽購會德豐股票。似乎邱德拔已捷足先登，而且更加直截了當。

包玉剛一計不成，遂再度提高收購價。九龍倉收購一役中，包氏就以出手豪爽而聞名全港，這次亦不例外。2 月 26 日傍晚，九龍倉宣佈提高反收購價格，每股 A 股 7.4 港元、B 股 7.4 角。不過，這次收購的附帶條件是：九龍倉須將接受收購建議的股份連同在此期間購得的股份加起來佔會德豐有效控制權超過 50% 才算生效。九龍倉並宣佈，已持有會德豐 38% 有效控制權。

會德豐在經過第四度停牌後恢復買賣，其股價低於九龍倉提出的新收購價。這顯示投資者的心理已恢復冷靜，不大相信邱德拔會提出更高的收購條件，及至 3 月 5 日，市場相信包玉剛已穩操勝券。

果然，3 月 15 日，九龍倉宣佈已取得會德豐逾 50% 有效控制權，根據證券法例將向會德豐提出無條件全面收購。當日，九龍倉主席包玉剛取代約翰·馬登任會德豐董事局主席，後者則獲委任為公司名譽行政總裁。邱德拔財團眼見大勢已去，遂宣佈退出收購，決定將所持 25% 的會德豐有效控制權售予九龍倉。是役，邱德拔財團雖鎩羽而歸，但亦在短短一個月內賺取了約 1.1 億港元利潤。

最後，包玉剛以其海派式的豪氣，透過九龍倉全面收購會德豐，涉及資金約 25 億港元。九龍倉收購會德豐後，憑藉兩家公司的實力互相配合，成為與怡和置地系、長實和黃系鼎足而立的大型綜合企業集團。至此，包玉剛在 70 年代末構想的"棄舟登陸"計劃順利完成。

◢ 老牌洋行會德豐重新煥發生機 ◣◣◣

1986 年，包玉剛發覺身體不適，遂宣佈退休，開始部署向家族第二代交班計劃，其中，陸上商業王國隆豐國際、九龍倉系交由其深為器重的二女婿吳光正繼承。

吳光正接掌隆豐國際、九龍倉系之後一段時間內，該集團展開了一連串的內部資產和架構重組。1986 年，隆豐國際向九龍倉購入連卡佛股權，1987 年再先後購入置業信託及會德豐，及至 1989 年再收購夏利文發展全部權益。至此，會德豐系的全部權益盡歸隆豐國際。

1992 年 9 月 25 日，隆豐國際在中環畢打街總部的所在地會德豐大廈亦易名為隆豐大廈。會德豐這個享負盛名的名稱似乎將逐漸淹沒在歷史的潮流之中，而當初由會德豐創辦於 1919 年的附屬公司隆豐國際則大放異彩。

不過，隆豐大廈的名字僅存在了 14 個月，又再度易名為會德豐大廈。1993 年 9 月，隆豐國際主席吳光正宣佈，隆豐國際擬將公司名稱更改，新名稱為會德豐有限公司，以配合集團投資策略的重新釐定，令該公司從過去的控股公司轉變為商行。

會德豐的名稱多年來在香港和中國已享有盛譽，堪稱家喻戶曉。吳光正表示："此商行名稱能令香港、中國以至海外人士正確地理解本公司的商行特色及業務性質。"

吳光正還表示："我們以前沒有一套計劃去使用會德豐的招牌，經過多年來集團的發展，的確見到會德豐這個名字是有用的。也由於近年來有很多跨國公司想與東南亞一些大行做生意，會德豐有此背景，可以扮演一個很重要的角色，但以前只是隆豐旗下一家小公司，資本很少，只有三四億港元，很難去談大生意。所以，我們想利用隆豐的資產來代表會德豐，以及善加利用會德豐的招牌。這正是物盡其用，也令集團發展事半功倍。"

會德豐經過歷史的滄桑，目前正在吳氏的領導下重新煥發勃勃生機。

09

鷸蚌相爭 華人置業爭奪戰

　　老牌華資地產公司華人置業，本由馮平山和李冠春兩大家族創辦、控制。但是，20 世紀 80 年代中期，兩家後人不和，展開一場激烈的爭奪戰。其中，涉及豪門三代的恩怨情仇，錯綜複雜的利益關係，可媲美電視上的肥皂劇。

　　其後，這段世家之爭，卻因"公司醫生"韋理和"股壇狙擊手"劉鑾雄的先後介入，演變成新進企業理財高手的對峙，而兩大家族則先後被摒棄出局，將所爭拱手相讓。

　　劉鑾雄為了要最終控制華人置業，曾多次供股逼走韋理，又兩度私有化而功敗垂成。最後，他運用"移形換影"的策略，反向收購控股公司愛美高，終於得償所願，成功控制一家市值逾百億港元的上市公司。

　　古語曰："鷸蚌相爭，漁翁得利。"這一寓言所闡述的簡明哲理，在現代企業收購兼併戰中，一樣通行無阻。時勢或許真能造就英雄，但強者始終抓緊每一個機會，為自己建功立業。強與弱，就這樣分辨出來。

華人置業有限公司，是一家歷史悠久的華資地產公司，成立於 1922 年，創辦人是香港赫赫有名的兩大家族主持人馮平山和李冠春。

　　馮平山早年是白手興家的精幹商人，19 世紀 50 年代末出生在廣東新會縣城一個家境並不富裕的家庭，15 歲那年便跟隨叔父漂洋過海，到暹羅經營絲綢和土特產生意。十年後他重返內地，購買了兩艘英國造的快速汽船，行駛長江進行貿易，將從四川重慶購得的藥材和乾貨，運銷到廣州，數年間積累了豐厚的家財。

　　20 世紀初，馮平山移居香港，並在香港創辦了兆豐行，從外地買入冬菇和各類海產，批發給其他公司。兆豐行生意興隆，成為南北行中響噹噹的字號。馮平山成為香港有名的大商家後，更熱衷慈善事業。他資助教育事業，開辦男女義塾、孔聖會中學，倡議漢文中學，並資助香港中文學院經費和獨資捐建香港大學中文圖書館。如今，該圖書館已改建為馮平山博物館，專門收藏珍貴古物及藝術品。

　　20 世紀 30 年代初馮平山逝世後，其 19 歲的公子馮秉芬繼承父業。馮秉芬憑藉父親的餘蔭在商場縱橫馳騁，將父業發揚光大，拓展為馮秉芬集團有限公司，旗下業務遍及地產、工業、貿易、運輸及傳播等多個行業。馮秉芬長袖善舞，八面玲瓏，很快成為香港政界名人。他除獲英女王頒授爵士勛銜外，更長期出任立法局和行政局非官守議員。不過，70-80 年代間，或許馮秉芬過於熱衷政務而無暇發揚祖業，又將生意逐步交給從美國學成歸來的兒子馮慶照和馮慶鏘等主理。到 80 年代中，馮氏集團實際上已出現嚴重財政危機。華人置業收購戰爆發時，馮氏集團王國已出現裂縫，搖搖欲墜。

　　華人置業另一創辦人李冠春，祖籍廣東鶴山。其父李石朋早年在廣州營商，販賣水果、絲綢，其後移居香港。初期他在一家船務公司當文員，七八年後，船東無意繼續經營，李石朋便向夥伴及銀行借錢，買下船務公司經營，取名和發成船務。第一次世界大戰爆發，給李石朋帶來發財的機會。當時英國政府曾一度徵用香港的所有洋船，但對和發成的生銹舊船卻沒有興趣。在運輸船隻缺乏的情況下，李石朋的和發成狠狠地賺了一筆，掘得第一桶金。

　　李石朋的事業奠定基礎後，便接了鄉間只有 7 歲的長子李冠春來港。李冠春在聖約翰書院讀了一年，便在和發成做信差及雜務等工作。16 歲時，李石朋的妻舅與李氏不咬弦，密謀與其他僱員"叛變"，李冠春協助父親重建江山，逐漸磨練成生意的能手。後來，李石朋希望兒子將來做銀行的買辦，便囑咐李冠春進入東方匯理銀行做見習。1918 年，李冠春與馮平山、簡東浦創辦了東亞銀行，開始了三大家族半個多世紀的合作關係。至 20 世紀 80 年代初，東亞銀行的控制權逐步落入李氏家族手中，李冠春的子孫李福樹及李國寶父子分別出任東亞銀行董事局主席及行政總裁。

目前，李氏家族不僅控有東亞銀行、維記牛奶等多家機構，而且是香港馬會的最大馬主之一，馬會董事局的 12 位成員中，李家便佔了三席。家族成員中多為銀行家、律師、醫生和會計師，李福樹弟弟李福兆更是赫赫有名的前香港聯合交易所主席，難怪李氏家族被稱為"香港最後的貴族"。

◢ 華人置業的"鷸蚌相爭" ◣◣◣

1922 年馮平山和李冠春創立華人置業後，該公司業務一直頗為簡單，只是持有優質物業和有價證券，其中最重要的資產是位於港島中區黃金地段的華人行。1975 年，華置以 1.3 億港元價格，將華人行售予李嘉誠，並將所得資金收購另一家上市公司中華娛樂逾五成股權，使之成為華置的附屬公司。中華娛樂最重要的資產屬於優質物業的娛樂行，位於皇后大道中與華人行相鄰。此外，華置屬下還全資擁有一家財務公司，主要投資香港股市的優質藍籌股及一些非上市的地產公司。

長期以來，華置的決策權都是由馮、李兩大家族共同擁有，兩家輪流擔任公司董事局主席，互不佔優勢，彼此相安無事。正因為是世家大族的公司，華置在香港上流社會一直享有很高的知名度，一般市民對之極少認識。華置於 1968 年上市後一直不活躍，股票交投疏落，據說連從事證券行業多年的業內人士，有的對其亦全不知道。1976-1979 年，及 1982 年，華人置業股份的成交紀錄是"一片空白"。長時期內，華人置業的買盤經常高懸，但往往長時間沒有成交。據說李氏家族的李福兆是買家之一，不論股市氣氛如何，買盤必掛。

不過，自 1985 年下半年起，華人置業這隻冷門股突然出現異動，許多時候雖然成交只兩三手，股價卻有 5%、10% 的跳升，至 1986 年 2 月底共半年內，股價升幅達一倍之多，這在當時香港地產股中絕無僅有。業內人士猜測有人部署取得華置控制權；其間，市場傳出馮、李兩家後人不和的消息。

其後，更出現連串不尋常事態。1986年3月17日，馮秉芬與韋理的亞洲證券合組的司馬高（Shimako）公司，宣佈擁有華人置業略低於35%權益。由於未超過35%的收購觸發點，無需提出全面收購。3月21日，華置召開每年例行的全體股東大會，會議氣氛緊張，開了三小時之久，選出新一屆董事局成員。出人意料的是，以李福樹為首，包括李福慶、李福兆、李國寶及孔憲紹（李福兆好友）的李氏家族成員全部被摒棄出局，取而代之的是馮秉芬引入的成員，包括馮慶詔、馮慶鏘、韓達成、韋理、付禮棟等。至此，華置董事局頓成馮氏家族的天下，而李氏家族在董事局的影響力可說已盡失。

在這次董事局的重大變動中，最受矚目的角色是韋理。這位前和記黃埔的行政總裁，被喻為企業奇才、“公司醫生”，深諳財務安排及企業組織策略，在香港商場戰績彪炳，先後挽救過和黃、百利保、富豪等多家公司。市場揣測，馮秉芬引進韋理，是想藉助韋理的才幹，將華置重組。不過，事後證明，韋理有其更大的“野心”，否則，他也不會離開他一手起死回生的百利保及富豪而加盟華置。

事件的導火綫，據說是李氏家族成員李福兆及其好友孔憲紹3月初猝然將所持華置股份轉售予韋理，並退出董事局，令李氏家族因投票權不足，無法連任而全綫敗北。

李福兆是香港財經界的權威人士，他應深知此舉的後果，然而他仍然決意售出，顯見內有不可向外人道的玄機。市場揣測，李福兆此舉，由東亞銀行而起。前面所述，到80年代，東亞銀行控制權實際已落李家之手。據資料顯示，該銀行主要股東前四名為委託人公司，個人持股量最多為李福兆。可是，李氏一直未被委入董事局。其後，李家另一成員李福深被委入董事局。而當時身為聯合交易所主席的李福兆，正處紅極一時之際，仍未被委入董事局。人們估計，李福兆失望之餘，一怒之下便離開華置。

李福樹、李福慶等李氏家族成員，眼見一時大意，令先人事業落入對方手中，心有不忿之下，即於華置全體股東大會後三天，即3月24日，聯同新鴻基公司及其主席馮永祥合組巴仙拿（Bassina）公司，提出以每股16港元現金，收購華置

1358.44 萬股，涉及資金 2.17 億港元，附帶條件是收購須超過 50% 或以上才生效。其時，巴仙拿已擁有華置 28.5% 股權，並獲其他持有 2.8% 的股東同意收購，即共持有 31.3% 股權。

至此，馮、李兩家可說正式決裂，為爭奪華置的控制權，雙方都不惜展開一場勢均力敵的爭奪戰。

◢ 世家之爭演成新進企業高手對峙 ◣

巴仙拿公司提出收購當日，華人置業及中華娛樂兩隻股票立即在股市暫停買賣。復牌之後，華置始終擺脫不了"交投疏落"的本色，並沒有受到收購的刺激而轉趨活躍。不過該股牌下卻出現了一個不知名的買家長期掛入。巴仙拿出價每股 16 港元收購，肯定不能成功。4 月 4 日，華置股價已上升至 19.8 港元，較收購價高出 24%。自巴仙拿提出收購建議後，華置的成交價一直高於 16 港元，是誰在市場買入？看來市場可能有人提出反收購，又或者是企圖阻止巴仙拿的收購行動，因為接受收購的股東自然會考慮較高價，在市場套現當然較接受巴仙拿收購建議為佳。

事態的進一步發展，是有關雙方就華置的資產淨值展開爭辯。4 月 8 日，巴仙拿寄出收購華置的文件，指出華置透過中華娛樂所持有的娛樂行，經估值後應為 2 億港元，故此包括華置所持的一批以滙豐為主的股票市值及現金計算在內，總資產為 3.12 億港元，即每股資產淨值為 15.76 港元。

不過，翌日，華置董事局立即作出回應，認為巴仙拿低估娛樂行的價值，華置淨值應不止此數，並表示已委託魏理仕測計師進行重估。巴仙拿的財務顧問新鴻基國際立即反駁，巴仙拿的估值由一間國際特許測計師進行。言下之意此乃權威人士之言，並非憑空杜撰，又指出所提出的收購價已充分反映華置的價值。

馮、李兩大家族，分別委託專業財務顧問提意見，馮家由韋理坐鎮，李家則由新鴻基第二代掌舵人馮永祥親自出馬，雙方不單持股量相若，背後"軍師"更是旗鼓相當。至此，華置收購戰陷入膠着狀態。

4月11日，股權爭奪戰突然峰迴路轉，奇峰再起。是日，華人置業和中華娛樂又申請在香港聯合交易所停牌，原因是愛美高集團以一股不持的姿態，介入兩大家族的收購戰，宣佈以每股16.5港元的價格收購華置全部股份，附帶條件是必須持有逾五成華置股權。愛美高神秘殺出，令馮、李兩家及市場人士大感錯愕。

當時，一般人對愛美高認識不深，尤其掌舵人劉鑾雄對自己的行事出身一向諱莫如深，作風低調，外間對他所知有限，只知愛美高是一家生產及製造吊扇的公司。

當時，愛美高所提出的新收購價格較巴仙拿的高出5角，並無太大吸引力，比華置停牌前的17.6港元的價格還低，加上愛美高手上並無一股華置，因此在三方形勢中處於弱勢。市場估計愛美高想渾水摸魚，從中賺取一筆。不過，代表愛美高提出收購建議的萬國寶通國際副總裁梁伯韜則表示，愛美高一直在研究華人置業，但因為並非股東，對該公司的狀況所知有限，所以等巴仙拿發出收購文件之後，瞭解到該公司並無負債、財政良好，才展開收購行動，他並聲稱收購華置是一項合理的投資。

對於愛美高的介入，巴仙拿立即作出反應。當晚，巴仙拿宣佈，將採用彈性方法處理接納收購股份，即巴仙拿仍以每股16港元的價格收購各股東股份，而股東暫時不必填寫收購文件中的接納和過戶表格，在未來半年內如有第三者無條件收購華置，而價格又高於16港元時，巴仙拿將會把高於16港元之上的差額補付給股東。換言之，股東可先收取16港元現金，但可不必擔心可能錯失更高價被收購的機會。

不過，這項對華置股東的"優惠"很快受到質疑，因為它只有在巴仙拿自己肯提出更高價的收購建議時，才能實現。華置董事局的財務顧問怡富證券則表示，巴仙拿的這項聲明可能有誤導成份，並可能違反香港公司收購及合併守則第三十一條的規定，因此將事件提交證監專員辦事處辦理。怡富證券並聲明：華置董事局已就愛美高的收購建議展開討論，認為出價過低，決定不接納該收購建議。

4月12日，收購戰再度奇峰突起。本來一直"以不變應萬變"的司馬高，宣佈介入戰團，以每股17.2港元的價格收購華置，並委託標準渣打（亞洲）為財務顧問。

以當時的形勢看，論出價，司馬高的出價最高，較愛美高的 16.5 港元收購價高出 4.24%，較巴仙拿的 16 港元高出 7.5%，故司馬高在這方面稍佔優勢；論控股量，司馬高其時約控有華置 26% 股權，而巴仙拿的控股量已上升至 35.8%，至於愛美高則一股也沒有，所以巴仙拿在這方面暫時領先。不過，無論從哪一方面看，當時愛美高是處於最下風的。

然而，令人意想不到的是，當初誓師要奪回先人產業控制權的李福樹、李福慶等李氏家族成員，於 4 月 18 日突然宣佈放棄爭奪華置，退出戰圈。李福樹、李福慶及馮永祥合組的巴仙拿將所持 35.8% 華置股權悉數拱手讓給愛美高，作價每股 18 港元，令愛美高突然變成主角。

其後，愛美高又宣佈，以同等價格向華置另一批股東購入 7% 的股份，使其持有華置股份達到 42.8%。至此，愛美高佔盡上風，尤其是購入其決定性的 7% 華置股權，形勢根本可說大局已定，應可穩坐釣魚船。愛美高遂提出以每股 18 港元價格，向華置其他股東提出全面收購。

馮、李兩家前人以交情共同創立華人置業，其後李家後人在不能齊心的情況下，讓馮家後人有機可乘，取得華置控制權，一改以往華置由馮、李兩家平分秋色的格局。李家後人眼見在一時大意之下，令先人祖業落入對方手中，在不甘心受制於人的情況下提出全面收購，以期手底下出真章，一決雌雄。

正當難分難解之際，新興勢力愛美高橫裏殺出。本來，兩虎相鬥，第三者插手以圖亂中漁利亦屬平常，但令人費解的是，為何李福樹願意將苦苦爭奪到手的股權拱手相讓？箇中原委着實令人納罕。較可接受的解釋是，李氏家族對愛美高的出價感到滿意，寧可出售股份圖利；又或是他們深感此仗難勝，倒不如獲利套現後，靜坐壁上觀虎鬥。

愛美高能冷手執個熱煎堆，相信其智囊團出力不少。其時，愛美高委任萬國寶通國際為財務顧問，負責提供收購華置的意見。當時，萬國寶通國際可說人才濟濟，前聯交所行政總裁袁天凡及後來的百富勤首腦梁伯韜，均為當時萬國寶通國際的副總裁，助劉鑾雄爭奪華置。

面對 180 度突變的形勢，馮秉芬及韋理合作的司馬高即密謀對策。4 月 21 日，司馬高宣佈將華置收購價再提高到每股 18.5 港元，並以此價格在市場上購入

10.89 萬股華置股份，令持股量進一步增加到 26.55% 水平。司馬高表示，對華置的資產作出最新估計是每股值 19.2 港元，故新收購價十分合理，對小股東有吸引力，估計愛美高也可能接納。

華人置業在司馬高反收購後復牌，這次該股不像以往復牌後躍升，只是以 18.9 港元輕微低升，隨後輾轉低移，以 18.6 港元收市，交投依然淡靜，反映出該股價已十分接近資產水平，又或是市場揣測收購價將不會再提高，因此不敢再度提高。4 月 29 日，司馬高再宣佈，華置股東可以每股 18.5 港元價格直接把股份售予司馬高，而無須接納雙方的收購。這種做法實際上是要令華置小股東不必擔心司馬高因收購不足五成股份而把收購建議作廢。其時，司馬高持股量進一步上升到 28%。

這回輪到愛美高按兵不動，不再把收購價提高。愛美高除考慮到華置的實際資產淨值之外，也估計到司馬高未必會收購到逾五成華置股份，同時也觀望司馬高會否繼續提高收購價，從而將之出售獲利。

5 月 2 日，萬國寶通副總裁梁伯韜證實，又有第三者對華置有興趣，主動洽購愛美高手上的華置股份，這第三者包括百利保的羅旭瑞。這時，愛美高亦表示，如果價錢理想，將會考慮出售。不過事隔三天，百利保方面公開闢謠，表示無意收購華置。

正當戰況膠着之際，司馬高股權忽然出現重大變化，馮秉芬家族將手上所持司馬高股份悉數售予韋理的亞洲證券。經此轉變，亞洲證券全資擁有司馬高，所持華置股份達 29.5%。收購條件方面司馬高維持不變。

至此，馮、李兩家爭奪華置一役，可說已告一段落，兩家最後決定全身引退，令華置之爭轉為韋理與劉鑾雄兩雄相鬥，戰爭之性質亦由世家之爭演變成新進企業高手的對峙。韋理與劉鑾雄之爭，其實只是愛美高與司馬高全面收購建議的延續，雙方已提出向華置少數股東收購其餘股份，勝敗只是看收購建議截止後，誰人持股量較多。

5 月 16 日，愛美高收購華置的最後期限屆滿，但其間沒有任何股東接納，因此宣佈收購失敗。愛美高仍持有 43.5% 華置股份。至於司馬高方面，則將收購最後期限延長 14 天，即從 6 月 5 日延至 6 月 19 日。最後，司馬高宣佈收購失敗，只保留 30.64% 的華置股份，餘下股份退回給接納收購建議的股東。

愛美高以一股未持的姿態介入收購戰，最終成為華置大股東，據其財務顧問梁伯韜的回憶，這是他參與策劃的大大小小收購戰中，最難忘（及過足癮）的一次。梁伯韜事後表示："華置收購戰變化萬端，峰迴路轉。最初馮、李兩個家族不和，李氏家族又內部分裂，馮氏家族聯合韋理，將李福樹摒出董事局。我們（愛美高）知道李氏會心生不忿，遲早會出售三成他持有的華置股權，於是決定出擊。當時愛美高異軍突起，手中一股華置股份也沒有便提出一個收購建議，令市場人士皆感驚訝。事實後來發展果如所料，李福樹將手上所持股份售予愛美高，為愛美高入主華置奠下基礎。更絕的是，劉鑾雄還在幕後活動成功，從馮秉芬的胞兄手上取得其持有的部分華置股權，終於成為華置的最大股東。"

梁伯韜還說："愛美高成功入主華置董事局，卻無須全面收購，可說乾手淨腳，還有這次收購華置是愛美高系發展的轉折點，使該系建立起一個架構，並由此而快速成長。"

當然，是役中，劉鑾雄仍未取得華人置業的絕對控制權，他還需面對持有三成華置股權的韋理。最後，劉鑾雄與韋理達成協議，共同管理華置。華置董事局改組，由韋理出任主席，劉鑾雄以大股東身份出任董事總經理，而馮秉芬家族成員全部出局。至此，擾攘三個多月的華人置業爭奪戰可算暫告一個段落。然而，一山能藏二虎嗎？

▲ 劉鑾雄——名震香江的"股壇狙擊手" ◢◢◢

劉鑾雄早年只是一名不見經傳的吊扇生產商，經此一役，聲名大噪，成為叱咤風雲的"股壇狙擊手"。

劉鑾雄祖籍廣東潮汕，生於 1950 年，年青時曾赴加拿大求學，學成返港後加入家族經營的友聯岳記吊扇廠，因對家族的保守作風不滿而日受排擠。其後，他以一萬元自立門戶，與弟弟劉鑾鴻在香港仔黃竹坑開設一家小廠。1978 年，劉鑾雄與梁英偉合作，創辦愛美高實業，創辦人還有他後來的妻子寶詠琴。

當時，愛美高的主要業務是生產吊扇。吊扇業本已是夕陽工業，多銷往落後國家，70 年代末期，適逢中東石油危機爆發，各國均須節省能源，發覺吊扇可促進冷暖氣對流循環作用，冬夏均可節省能源消耗，加上當時興起懷舊潮流，古典裝飾行銷一時。愛美高在一家美資銀行的支持下，吊扇生產業務蒸蒸日上，不出兩年黃竹坑廠房已不敷應用，便在葵涌購入三層近 10 萬平方呎廠房。後來，愛美高的業務，從吊扇擴展至燈飾、電子滅蟲器及火水暖爐。1983 年，愛美高實業在香港上市，資產值已從創辦時的數十萬元急增至 5 億元。

1983 年、1984 年，劉鑾雄開始涉足金融市場。他藉風扇生意之便，投資美國債務，尤其 "垃圾債務"，是回報高風險更高的鱷魚潭。劉鑾雄身在香港，透過通訊工具，經常 24 小時不合眼隔洋買賣。這段時期的經歷，不僅為劉氏積累了寶貴的實戰經驗，也積累了可觀的資財。其時，愛美高的日常業務，大部分落在其妻寶詠琴及其弟弟劉鑾鴻身上。

1985 年初，劉鑾雄與愛美高另一股東兼公司副主席梁英偉，在公司發展方針上出現嚴重分歧，兩人不咬弦到了無法彌補的邊緣。其中肇因，據說是對暗中吸納中華煤氣股票的做法有不同意見。劉鑾雄旋即將所持愛美高股份配售予基金投資者，宣佈辭去愛美高主席一職，離開他一手創立的愛美高。

劉氏退出後，愛美高進行改組，梁英偉繼任公司主席兼總經理。梁氏主持下的愛美高，由於港元匯價上升、公司產品滯銷，又受到一份署名為 "關心公司的現職職員" 的匿名信的困擾，股價大跌。劉鑾雄乘機吸納，同年 9 月在基金客戶的支持下重返愛美高執掌大權，梁英偉及四名執行董事全部辭職。從此，愛美高成為劉氏家族的天下。劉鑾雄一着 "獅子回頭"，將公司股份高賣低買，據說就掙了 2 億多港元。

這筆現金，連同之前在金融市場賺得的可觀資財，劉鑾雄開始搜索下一個 "狩獵" 目標。他首先看中能達科技。能達科技的大股東莊氏家族不肯讓控制權旁落，被逼以高價購回愛美高所持股份。結果，愛美高在這宗狙擊戰中，輕易賺取了超過 600 萬港元的厚利，這比愛美高 1980 年全年的贏利還多出百多萬。

能達一仗報捷，劉鑾雄膽色更豪，遂趁馮、李兩大家族火併之機，向華人置業出擊，結果一戰功成。1987 年，劉氏透過中華娛樂收購萊龍空殼公司，改名為

"中華策略"（後又改名為"瑞福"），負責證券投資，不久又成功取得保華建築的控制權。至此，劉鑾雄所控制的上市公司已增至五家，自成一系。其後，劉鑾雄更使出"連環供股"的殺手鐧，令其商業王國急速膨脹。從 1985 年至 1989 年的短短數年之間，愛美高系的市值總額從 4 億港元急增至 58 億港元，躋身香港股市二十大財閥之列。

華置收購可說是奠定劉鑾雄今日名聲和地位的關鍵。此後不久，他又先後向香港地產鉅子李兆基和香港電王嘉道理挑戰，狙擊中華煤氣和香港大酒店兩家大型上市公司，一時風頭無兩，令香港世家望族聞之不安。香港輿論對劉鑾雄曾有這樣的評論，認為"他在股市，在商場，⋯⋯動作極其靈巧，出招狠準穩勁，結合其過人財技，鷹隼般銳利目光，馳騁縱橫，在富豪第二代裏，鮮能匹敵，連打江山的前輩富豪，以當年才略膽色、智謀幹勁，大概也得承認：長江後浪推前浪"。

◢ 劉鑾雄逼走"公司醫生"韋理 ◤◤◤

華置收購戰結束後，兩大股東劉鑾雄和韋理對華置的爭權並未結束。當時，香港輿論就指出："劉鑾雄與韋理——兩雄能並立嗎？"

劉鑾雄成功收購華置後，即利用當時中華娛樂擁有少量的中華煤氣股份而部署收購李兆基旗下的中華煤氣。不過，中華娛樂的收購大計未能馬到功成。因為中華煤氣過於龐大，而該公司大股東又早有預防，在市場大量吸納中華煤氣股份，保衛控制權。由於無機可乘，中華娛樂惟有把所持中華煤氣股份配售予基金，情形一如愛美高收購能達科技。不過，這次的狙擊戰收穫不再是區區數百萬，而是數千萬元了。

1987 年 2 月，中華娛樂利用出售中煤股份所套現的資金，向香港大酒店大股東梁仲豪，以每股 53 港元價格，購入大酒店 20.7% 股權，其後在市場繼續吸納，持有量上升至 25.9%，成為大酒店的最大股東，威脅到嘉道理在大酒店的控制權。

劉鑾雄收購大酒店有一石二鳥之意，此舉除向嘉道理家族挑戰之外，也是向他的夥伴韋理挑戰。因為中華娛樂要全面收購大酒店，其控股公司華人置業必須向股東集資來支持此項行動。當時，華置提出的供股計劃，總集資額高達 11.69 億港元，按兩大股東持股比例計算，劉鑾雄的愛美高需負擔 5.6 億港元，而韋理則要負擔 3.56 億港元。

當時，愛美高剛完成供股集資 10.5 億港元，應付華置的供股可說綽綽有餘，反觀韋理則有些狼狽了。在此不久之前，韋理的亞洲證券剛收購了上市公司"伊人置業"72.5% 股權。韋理將亞洲證券所持華置股權注入伊人置業，並改名為亞洲證券。由於收購伊人置業，韋理的現金已不充裕，面對華置如此龐大的供股計劃勢必力不從心。

劉鑾雄此舉將韋理逼入進退兩難之境。韋理如果奉陪華置的供股計劃，需動用 3 億多港元，最後是協助劉鑾雄入主大酒店，而韋理仍然只是華置的第二大股東，佔不到什麼便宜；但如果他放棄供股，在華置的股份比重就會大大減少，可能導致第二大股東地位不保。

不過，韋理不愧為"股海怪傑"，他洞悉劉鑾雄的計謀，只略施小計，便將劉鑾雄的招數破解。原來韋理並沒有奉陪劉氏玩到底，他將部分華置供股權以每股 3 角的價格，出讓給怡富證券和標準渣打。完成供股後，亞洲證券持有的華置股權降至 27%。但這只是韋理的緩兵之計，喘息之後，他又立即計劃如何購回這些華置股份。

與此同時，在大酒店收購戰中，韋理不是與劉鑾雄站在一起，反而與嘉道理聯成一線。韋理的如意算盤是，借力打力，透過劉鑾雄與嘉道理之爭，趁勢攝取中華娛樂控制權。因為中華娛樂控有娛樂行，那是劉氏的禁臠，韋理的反擊正中要害。不過，劉鑾雄亦非等閑之輩，他在數月之內，將華置以"低價"配售予控股公司愛美高的中華娛樂股份，又由愛美高以"高價"售回予華置，旋風大迴環，愛美高白白賺了 1.6 億港元。作為華置第二大股東的亞洲證券，韋理再次領略了劉氏的過人手段。

同年 3 月，韋理透過亞洲證券供股集資，收購華地公司，6 月再透過華地供股集資，動用近 5000 萬港元向怡富證券和標準渣打購入華置 5% 股份，使其所持華置股份增加到 32%，仍穩坐華置第二大股東地位。這一回合，劉、韋可算是打成平手。

1987 年 9 月，劉鑾雄透過華置與英資怡和財團旗下的置地公司簽訂一項重大交易，華置以 23.78 億港元價格，購得置地位於銅鑼灣的皇室大廈和灣仔的夏愨大廈。為此，華置宣佈在股市集資 30 億港元。韋理明白此劫難逃，終於死心，將部分華置股份配售予基金，辭掉董事局主席一職，黯然離去。

其後不久，爆發十月全球性股災，華置的 30 億集資計劃因而胎死腹中。但劉鑾雄並未因此而罷休，他接受了銀行的苛刻條件，成功安排了香港有史以來最大筆數額的銀團貸款，結果令皇室大廈和灣仔的夏愨大廈兩棟優質商廈如期交易。

◢ 劉鑾雄私有化華置一波三折 ◢◢◢

劉鑾雄逼走韋理後，旋即將矛頭指向小股東，企圖將華人置業私有化，成為其囊中之物。早在 1987 年，劉鑾雄曾公開表示，他的更長遠目標，是擁有一家資產達百億規模的、有代表性的集團上市公司。因此，自 1987 年底起，劉氏發動的 "連環收購" 及 "連環供股" 行動便告停止，轉而進入集團的鞏固、整合階段，並推出一系列私有化計劃。

1989 年 10 月，劉鑾雄宣佈將中華娛樂屬下的兩家上市公司保華建築和瑞福合併成保華國際，開始了他私有化計劃的第一步。接着，他立即將私有化的主要目標對準華人置業。

不過，華置私有化的進程卻一波三折，相當棘手。1989 年 12 月 14 日，劉鑾雄透過愛美高提出以每股 2.5 港元的價格將華置私有化，後來又兩度將作價提高到 2.65 港元及 2.8 港元，但仍然遠遠低於當時華置每股資產淨值 5 港元水平，故均遭小股東否決，尤其是未取得最大小股東韋理的認可。韋理當時透過亞洲證券仍持有 7.5% 的華置股權。1990 年 2 月 15 日華置特別大會上，小股東投反對票的佔有 51.9%，其中七成半屬亞洲證券持有。劉鑾雄眼見一時間難以奪取華置，只好轉移目標，透過中華娛樂提出收購保華國際，結果又因出價太低而遭滑鐵盧。

愛美高三度出價擬將華人置業私有化，但最終因第二大股東亞洲證券的拒絕而未能成事。誰也意料不到愛美高因此而種下受狙擊的潛因。

這次與劉鑾雄爭奪華置的是台商黃周旋。黃氏在 80 年代初前來香港，藉發展優質物業陽明山莊而聞名。1989 年 3 月，他因其建築公司職員被控賄賂，遂變賣台灣的大部分資產來香港發展。黃周旋早已覬覦華人置業的優質物業，不過，他明白擒賊先擒王的道理，所以先將目標瞄準愛美高。1990 年 3 月，市場已流傳收購愛美高之說。事隔五個月，黃周旋終於在 7 月 31 日正式向劉鑾雄發出挑戰書，提出全面收購愛美高及華置所有股份及認股證。黃氏的出價是：愛美高每股 4.8 港元，華置每股 3.35 港元，整個收購行動需動用資金約 61 億港元。

劉鑾雄不得不像他以往的對手一樣，進行自衛。不過，劉氏起初對黃周旋的收購表現得 "漫不經心" ，甚至以每股 2.1 港元大手出讓 1100 萬股華置。但當 10 月 1 日黃周旋宣佈延長收購期限兩周，並宣稱已擁有近 14% 愛美高及 32.5% 華置時，劉鑾雄才開始緊張，即在兩周內以 2.27-2.5 港元間的價格收購了 2700 萬股華置，令愛美高對華置的持股量上升至 55%。劉氏在黃周旋收購失敗後的半個月內，一直大手吸納華置，令持股量達至 61.6%。經此一役，劉鑾雄對愛美高及華置的控制權更加鞏固。

1991 年 9 月，劉鑾雄再次舊調重彈，這次開出的條件更差。他建議以每兩股華置換一股愛美高，將華置私有化，部分小股東即委託律師刊登廣告呼籲反對。香港證券監察委員會亦介入，直指愛美高遊說小股東接納建議違反收購及合併守則，並勒令華置半年內不得再行供股。12 月，愛美高修改私有化華置條款，提出以每 200 股華置股份換取 115 股愛美高股份，部分小股東立場開始軟化。

1992 年 2 月 10 日，華人置業召開特別股東大會，經過長達七小時的激烈辯論，大會通過私有化建議。不過，當時華置的每股資產淨值高於愛美高，華置小股東竟接納這項對他們不利的建議，令外界頗覺意外。會後，部分小股東即往證監會投訴，並前往港督府請願。2 月 24 日，證監會公開譴責劉鑾雄等人違反收購及合併守則。其後，證監會鑒於華置股東大會投票的公平性受到質疑，向百慕達最高法院要求押後聆訊華置私有化建議，或反對私有化建議。在證監會的強大壓力下，愛美高及華置董事局被迫在最後的一刻撤回私有化建議。劉鑾雄的華置私有化大計可謂功敗垂成。

儘管華置私有化阻滯頗多，但劉鑾雄的其他私有化計劃卻順利展開。1991 年

12 月，中華娛樂成功兼併保華國際；翌年 7 月，華人置業又成功私有化中華娛樂。市場預期，劉鑾雄私有化華置的願望將變得更加迫切，他將第三度提出私有化華置建議。

◢ 劉鑾雄 "移形換影" 成功控制華置 ◣◣◣

然而，出乎市場意料之外，1993 年 8 月，劉鑾雄一改慣常做法，不是由控投公司愛美高去私有化華置，而改由華置透過換股將愛美高私有化。他建議，由華置發行新股，按 4000 股愛美高換取 4224 股華置股份的比率，向愛美高股東收購股份，而每 6000 份愛美高認股證則可換取 1505 股華置股份。這實際是一項 "子吞母" 的招數，可說是劉鑾雄在香港股市的創舉。

根據愛美高及華置兩家公司的聲明，私有化的主要原因是愛美高近年來的發展策略出現轉移，由過往的證券及物業雙綫投資，轉變為偏重於物業發展。最近只是集中增持華置的股權，並把該公司發展成一家主要的地產控股公司。雖然愛美高目前仍是一家投資控股公司，但所持有的資產實際有大約七成的華置股權。換言之，愛美高的主要贏利來自華置。愛美高董事局因此認為，為避免愛美高與華人置業在物業投資活動上出現直接競爭，遂決定把愛美高私有化。

不過，市場人士認為，華人置業反向收購愛美高的直接原因，是劉鑾雄垂涎華置擁有的優質物業，企圖直接持有華置。劉氏吸取以往多次失敗的教訓，為減輕華置小股東的強大反對勢力的阻撓，使出了這一招 "移形換影" 的妙計。由華置收購愛美高，由於列為收購項目，只需出席股東大會（合法人數為獨立股東的五成以上）的華置股東四分之三批准便可（大股東除外），較諸華置處於被動私有化對象的情況下，需要出席股東會的股東九成投票同意來得寬鬆。另一方面，愛美高是次轉為私有化的對象，雖然亦需由股東會九成投票通過，然而，不可忽視的是，建議的安排對愛美高股東顯然較為有利，因此可望說服大多數愛美高小股東舉手贊同。

根據愛美高及華置獨立財務顧問渣打亞洲及英高財務的推薦文件，兩家公司合併後對二者的資產值無損，合併後愛美高股東應佔贏利增加，而華置每股贏利只攤薄 4%。11 月 10 日，愛美高及華置股東大會均以 98.8% 的絕對比數通過收購建議。

華置鯨吞愛美高後，劉鑾雄及其相關人士直接持有 47.35% 華置股權，成為華置大股東。經多年奮戰，劉鑾雄終於憑着自己的卓越財技、敏銳的目光及好運氣，從一名小小實業家躍升為香港地產鉅子，躋身億萬富豪行列，並成功持有一家逾百億元市值的大型上市公司，其內心之興奮可想而知。難怪他罕有地在特別股東大會露面，並打破以往低調的作風，向傳媒大談華人置業的未來發展大計。

經多年精心培育和發展，劉氏旗下的華置已從香港股市上的一隻冷門股躍升為香港大型收租之一、二綫地產股行列。華置所擁有的樓面總面積達 285 萬平方呎，其中，包括位於銅鑼灣的皇室大廈、灣仔的夏愨大廈和海軍大廈（已易名為愛美高大廈），以及中區的娛樂行四大皇牌。追溯歷史，娛樂行是華置於 1987 年以 4 億港元代價從中華娛樂手上購入的，並於 1993 年重建為一棟樓高 32 層、古典式的塔形建築平面佈局呈菱形的優質商廈；皇室大廈和夏愨大廈則是華置於 1987 年以 23.78 億港元從置地手上購入。至於海軍大廈，與夏愨大廈毗鄰，亦是華置於 1989 年購入的。上述四大名廈經重新估值後市值達 117 億港元，相當於華置公司資產淨值的 80%。

不過，部分市場人士認為，華置的重估價值似乎尚未充分反映本身所擁有優質物業的價值。其中，銅鑼灣的皇室大廈改建後，10-19 樓將與 1-9 樓一樣，闢為商場。因此，該物業連繫於商場的寫字樓樓價，不應只達每平方呎 6000 港元，至少可達每平方呎 8000 港元。位於灣仔與金鐘接壤的夏愨大廈和海軍大廈，雖然沒有大面積商場以扯高整棟物業的平均樓價，但從地區看，兩棟物業每平方呎樓價亦至少可達 8000 港元。至於位於中區黃金地段的娛樂行，重建後每平方呎估價為 1.1 萬港元，與附近物業相比，估值亦嫌保守。因此，華置四大名廈市值的保守估計，應達 150 億港元，比原先估計高出 30 億元。換言之，華置具有頗大的升值潛力。

時勢造英雄，新一代的商界梟雄便這樣應運而生。面對劉鑾雄今日的業績，不知當初因鷸蚌相爭而失掉祖業的馮、李兩大家族，應作何感想？

10

真假收購 香港大酒店保衛戰

　　嘉道理家族與香港大酒店的歷史淵源，可追溯到 20 世紀初。大酒店旗下的半島酒店名聞世界，歷久常新，穩執香港酒店業的牛耳，堪稱名店中的名店。半島酒店對於嘉道理家族而言，是無與倫比的財富及成就的象徵，是家族的光輝，不容有失。

　　然而，時移世易，20 世紀 80 年代中後期，富及三甲的名門望族遭到新興財團的強力挑戰。嘉道理家族對香港大酒店的控制權，因另一大股東梁氏家族的退出而出現缺口，接連遭到著名股壇狙擊手劉鑾雄、羅旭瑞的狙擊。劇情高潮迭起，耐人尋味。

　　不少人說，劉鑾雄、羅旭瑞等人其實是師承華爾街的"真假收購"伎倆，購入著名公司少量股權，然後展開收購行動，迫使那些公司的大股東或管理層買下他們手中的股權，從而從中賺取巨額利潤，實行"綠色敲詐"（即合法敲詐）。

　　無論如何，嘉道理家族畢竟付出重大代價，成功保衛控制權；擇肥而噬的狙擊手亦知難而退，孰勝孰負，且留待讀者自行評價。

這場大酒店保衛戰的主角嘉道理家族，扎根香港已逾百年，至今已歷三代。嘉道理家族所經營的業務，遍及電力、酒店、地產、建築工程、地氈產銷、山頂纜車、金融業務等，對碼頭、倉庫、海底隧道、電腦服務、水泥製造、紡織製衣等也有大量投資。其核心業務是持有中華電力、香港大酒店及太平地氈三家上市公司。此外，嘉道理家族還持有大量的非上市資產，包括旺角整個嘉多利山、嘉道理農場、商人銀行寶源投資以及中區聖佐治大廈等，堪稱香港的名門望族。

◢ 香港大酒店是嘉道理家族的光輝 ◣◣◣

嘉道理家族為猶太商人，在巴格達居住數代。1880 年，艾利斯‧嘉道理和伊里‧嘉道理兄弟從巴格達經孟買來香港，投靠親戚沙遜家族，在他們的公司當文員。當時的沙遜家族，地位非常顯赫，在英國東印度公司喪失貿易專利權後，成為最大的鴉片商之一，並在香港廣置物業，與英國王室亦有聯繫。

來香港不久，伊里被公司派往中國北方，往來於上海、天津、武漢、寧波等地。想不到寧波的一場瘟疫，改變了嘉道理家族數代人的命運。伊里因為經理不在，自作主張，從沙遜公司儲物庫取出消毒藥品救人，被上級調職，伊里不服判決，為自己的行為辯護，最後竟被解僱。

回港後，伊里轉行當股票經紀。其後，更與幾位生意夥伴合夥開辦香港首家股票經紀行，生意漸漸打開局面。當時，兄長艾利斯亦早已離開沙遜洋行，從事金融、地產及股票經紀業務，事業發展迅速，投資遍及上海及沿海商埠。

1906 年，香港發生了一場超級大風災，造成 1.1 萬人喪生，41 艘輪船沉沒。香港大酒店頓時門庭冷落，股票價位急瀉，艾利斯乘低位一口氣吸納了 2 萬股大酒店股票，儼然成為舉足輕重的大股東。1914 年艾利斯應邀加入董事局，嘉道理家族開始在香港上流社會佔一席位。

香港大酒店全名香港上海大酒店有限公司，創辦於 1866 年，當時的名稱為香港大酒店有限公司。香港大酒店成立之際，恰遇當時聞名遠東的顛地洋行（又稱寶順洋行）倒閉，將中區總部出售以償還債務。大酒店遂購入該地皮，若干年後改建為香港大酒店，於 1892 年 12 月 1 日揭幕，這家酒店樓高六層，是當年香港唯一的國際級觀光酒店，從建築形式到內部設備，均借鑒倫敦一流酒店，聘請英國專家當總經理，酒店內設有餐廳、舞池及會議室，很快成為香港上流社會紳士淑女的主要社交場所。

嘉道理家族進入大酒店董事局後，公司的業務有可觀的發展。1910 年，香港大酒店有限公司繼市區酒店成功後，籌辦郊區的淺水灣酒店，於 1920 年元旦開幕。當時香港僅使用了汽車兩年，富家子弟以駕車郊遊為時尚。淺水灣酒店開業，剛好成為彼輩郊遊集中地，生意暢旺不遜於中區的香港大酒店。

香港大酒店董事局於是放眼九龍，特別是尖沙咀旅遊區，該處有火車站、渡海輪船碼頭及九龍倉外洋輪船碼頭，興建觀光酒店條件更優越。1921 年公司董事局決定在尖沙咀海旁地段興建一座新型酒店，新型酒店將命名為半島酒店。為興建半島酒店，大酒店有限公司決定擴大資本額，發行股數從 25 萬股增至 50 萬股，每股 10 港元，即資本額從 250 萬港元增加到 500 萬港元，嘉道理兄弟大量認購新股，持股量繼續增加。

1922 年，艾利斯‧嘉道理因心臟病發逝世，終年 57 歲，未婚，遺產全部由弟弟伊里及其兩子羅蘭士、賀理士繼承。1928 年，伊里加入大酒店董事局。

這一期間，半島酒店的興建一波三折，先是因工人罷工而被迫延期揭幕，酒店接近落成時又被駐港英軍徵用長達 14 個月。從興建到完工足足拖延了七個年頭。

1928 年，半島酒店終於落成。新酒店不僅面積大，還相當長時期成為香港最高樓宇。酒店所用的一切金屬品，皆用黃銅或不銹鋼製成，大堂、廳、房及走廊均鋪滿地氈。燈飾華麗為新酒店的另一特色，整間酒店設有各式電燈 4000 盞。半島酒店的豪華氣派，令香港市民耳目一新。酒店開幕第二日，香港《南華早報》有專文報道，該報引用一名美國女顧客的話說：“置身其間，我好像成為百萬富豪，其實我袋中銀兩不多。”

1928 年 12 月 11 日下午 4 時 30 分，半島酒店正式揭幕，紳商名流紛紛出席觀禮，代港督索瑟思爵士在席上發言謂：“自九廣鐵路及粵漢鐵路通車之後，旅客可從倫敦乘搭火車直達九龍半島酒店門前，他們可以發現半島酒店的設備不比歐美任何酒店遜色。”

1931 年 12 月，何東爵士假半島酒店玫瑰廳舉行金婚酒會，政府高官名流紛紛到賀，盛況空前。自此，半島酒店取代了香港大酒店的地位，而香港大酒店亦於 1926 年被一場大火燒毀了北座，剩下南座繼續營業，氣派已不及前，其後更於 1954 年停業。

伊里·嘉道理於 1928 年加入大酒店董事局後，持股量繼續增加，約達總數的 20%，漸漸成為首席大股東。1937 年伊里將董事職位讓予長子羅蘭士·嘉道理，年紀輕輕的羅蘭士即當選為香港大酒店董事局主席。

二次大戰後，羅蘭士·嘉道理重整家族生意，大酒店集團的業務逐步走上軌道。其後，羅蘭士因出掌中華電力公司主席，專注電力發展業務，大酒店主席一職改由其弟賀理士繼任。賀理士退休後，再由米高·嘉道理出掌。到 20 世紀 80 年代，大酒店集團業務已多元化，旗下全資企業，包括五星級的半島酒店和四星級的九龍酒店、港島淺水灣影灣園、中區聖約翰大廈、山頂大樓及山頂纜車公司，並在美國紐約、菲律賓馬尼拉以及中國的北京、上海、廣州等地經營酒店業務。旗下的半島酒店，是香港酒店業的驕傲，歷年都被評為世界十佳酒店之一。

對嘉道理家族而言，香港大酒店，尤其是旗下的半島酒店，是無與倫比的財富及成就的象徵，是家族的光輝。

▲ 劉鑾雄覬覦香港大酒店 ◢◢◢

香港大酒店雖是嘉道理家族經營管理的上市公司，但到 20 世紀 80 年代中後期，大酒店的最大股東並非嘉道理家族，而是梁氏家族梁昌之子梁仲豪。到 1987 年初，梁仲豪約擁有 3100 多萬股大酒店股份，約佔總數的 34%，而嘉道理家族共擁有 1023 萬股，約佔 12%。根據嘉道理與梁仲豪的默契，兩者在董事局中一直相安無事，前者專掌酒店及有關業務，後者專管地產；除董事局外，另設執行委員會，雙方輪流擔任兩會主席。由於董事局已持控制性股權，理論上第三者難以介入。

不過，1987 年初，情況發生變化。梁仲豪自稱"心淡"，有意脫離大酒店，準備將其所持有的 3100 多萬股大酒店股份出售。因為數目太大，不便在市場出售，梁遂委託兩名好友余錦基和簡崇知代覓適合買家。余錦基為香港足球界名人，他與劉鑾雄稔熟，結果介紹劉透過旗下的中華娛樂以每股 53 港元價格購入 2000萬股大酒店股份，動用資金共 10.6 億港元，付款方法為首期訂金一成，餘額透過內部儲備及商業信貸在一個月內付清。簡崇知則介紹林百欣家族透過旗下的麗新國際以同樣的價格和付款方式購入 1000 萬股大酒店股份，斥資 5.3 億港元。

3 月 3 日，中華娛樂和麗新國際兩家公司同時發表聲明，宣佈同時委託萬國寶通銀行為財務顧問分別向梁仲豪家族購入 2000 萬股和 1000 萬股大酒店股份。此舉立即引起市場轟動。當時，劉鑾雄已成功入主華人置業，並剛向地產鉅子李兆基旗下的中華煤汽發動狙擊，"股壇狙擊手"名震天下。人們預計，大酒店已成為劉氏的下一個狙擊目標。

中娛和麗新宣佈買入大酒店當天，大酒店的收市價為每股 50 港元。消息公佈後，該股價格立即飆升，最高曾被搶高至 80.5 港元，顯示有人正在市場大手吸納大酒店股份。4 月 11 日，中娛宣佈，該公司對大酒店的持股量已增加到 25.9%，共持有 2550 萬股。換言之，在短短一個月內，中娛已在市場上增購了逾 500 萬股大酒店股份。

市場人士估計，劉鑾雄透過中娛購入大酒店股份，目的不外乎兩個：進則以最大股東身份加入大酒店董事局，控制決策權，日後將嘉道理家族視為寶貝明珠的半島酒店拆卸重建，又或賣掉半島酒店的商譽將地皮改建為商廈，從中獲取厚利；退則實行"綠色敲詐"，迫使嘉道理家族以高價購回大酒店股份，亦可從中獲得厚利。所謂"綠色敲詐"，即 80 年代美國企業狙擊手慣用的手法。此方法是利用本身的資產加上貸款來收購一家公司的股份，當股份收購到一定數量時，便威脅被收購公司的管理階層，而被收購公司管理階層為避免新人入主，只有出高價購回由狙擊手所持有的公司股份。

不過，在公司場合，劉鑾雄則表示，買入大酒店股份是看好該公司的長遠前景，是長綫投資不會在短期內出售。他表示，將派兩人進入大酒店董事局，而麗新國際方面，亦表示將派人進入董事局。有消息說，劉鑾雄及麗新董事曹廣玉曾會見米高‧嘉道理，要求委派代表進入董事局。米高瞭解劉氏的意向，知道他的作風和梁仲豪的保守相去甚遠，因而以未清楚兩集團的真正意圖為由，拒絕其要求。這引起了劉鑾雄和麗新方面的極度不滿，一場爭奪戰一觸即發。

5月4日，大酒店召開年度股東大會，米高‧嘉道理循例告退，必須重選董事。劉鑾雄御駕親征，與麗新董事林建名雙雙出席是次大會。會上，劉鑾雄發動突襲，投票反對米高連任大酒店董事，並得到麗新方面的支持，會場氣氛相當緊張。結果，支持米高連任選票達4266萬股，相當於已發行股份的43.2%；反對票為4053萬股，相當於41%，劉鑾雄以兩個百分點之差，無法推翻米高‧嘉道理連任董事的決議。最後，米高再次順利當選主席，而劉鑾雄及麗新方面則被拒諸董事局之外。

事情並非就此告一段落。股東大會後數天，大酒店董事局宣佈點票出現錯誤，把其中支持嘉道理的130萬股票重複多點了一次。不過，經改正後支持嘉道理的票仍有4130萬股，即以77萬股的微弱優勢險勝。

第一個回合交鋒之後，嘉道理雖然勝出一仗，但形勢極不樂觀。因為投票顯示麗新和劉鑾雄站在同一陣綫，兩者共控制逾三成五的股權，而嘉道理家族僅持有一成股權。嘉道理家族要保住大酒店控制權，必須獲得外界股東60%投票支持才行。反之，劉鑾雄方面只需要11%的票數便足夠。其時，市場還廣泛流傳劉鑾雄正透過愛美高及中娛不斷吸入大酒店股份。

當然，嘉道理家族亦有其有利條件。嘉道理以僅持約一成股權仍能順利當選主席，說明嘉道理家族在大酒店大多數股東心目中的聲望和分量。米高‧嘉道理對劉氏要挑戰他在大酒店的董事地位有這樣的評論：“我認為說他們低估我們的實力並不過分，我的家族和大酒店已有80年的關係。”

劉鑾雄亦不會就此善罷甘休，他趁嘉道理一方點票出錯再度展開攻勢。劉以中娛主席身份向大酒店股東發出一份函件，直指嘉道理控制的董事局在5月9日向股東發出的文件有誤導性，表示中娛已控有25.92%股權，要求派代表加入大酒店董事局十分合理，而且不會影響現存董事局的控制權，函件還指大酒店在周一點票出錯，遲至周六才公佈，又缺乏具體解釋理由，有欠公正。

其後，負責點票的畢馬域會計師發表聲明，表示點票出錯乃筆誤所致。由於股東大會後大酒店顧問要求分析選票，其間發現監察過程有筆誤，令其中130萬股支持票重複多點一次，於是在周四和周五兩日內作出改正，周五晚送予大酒店董事局，有關方面已於周六第一時間把情況公佈。

其間，據聞劉鑾雄曾八次與嘉道理方面磋商，要求進入大酒店董事局。面對劉氏咄咄進逼，老嘉道理沉着應戰。其時，羅蘭士‧嘉道理已年近九旬，以其數十年的商場經驗，加上猶太人天生的奮鬥精神，自然不會輕言屈服。他與財務顧問寶源投資商討後，便制定出一套迎戰策略。他首先向收購及合併委員會投訴劉鑾雄和麗新是"一致行動"者，根據收購及合併守則，兩集團擁有的股權已超過35%的全面收購點，因此有責任以近六個月的最高價，即每股80.5港元向其他股東作出全面收購。

嘉道理這一着可謂是殺手鐧，無論指控成功與否，都可以困擾甚至擊退兩個"入侵者"。因為如果收購及合併委員會裁定中娛和麗新是"一致行動"，他們便要全面收購大酒店。大酒店因為受到搶購，股價最高飆升至每股80.5港元，已遠遠高於每股資產淨值，而周息只有1.25厘，市盈率高達38倍。全面收購所涉及的資金高達50億港元。全面收購並不合算，估計兩集團亦無此實力。結果，很可能是知難而退，嘉道理家族便可安然渡過危機。

即使收購及合併委員會裁定中娛、麗新並非"一致行動"，嘉道理家族仍可利用聆訊、必要時向高等法院上訴等手法來拖延時間，均加重對手的財務壓力，迫其退卻。嘉道理估計，劉鑾雄透過愛美高和中娛在市場吸納大酒店股份，大部分資金來自銀行貸款，每月的利息負擔相當沉重，爭持一旦曠日持久，利息負擔和銀行壓力很可能迫其讓步。同時，拖延時間有利於嘉道理家族部署行動，爭取小股東支持或在市場上吸納股份。

6月9日，收購及合併委員會就嘉道理的投訴召開聆訊會。會上，嘉道理方面直指兩集團在同一日、以同樣價格和相同的付款條件購買該批股票，並聘請同一家財務公司為其顧問；在股東大會上，兩集團代表同坐在一起和其財務顧問商討，並同時投票反對米高‧嘉道理連任。嘉道理方面並出示麗新和中娛樂同日刊登對大酒店立場的廣告，以及兩集團代表在股東大會上相連而坐的照片，作為指控證據。

中娛和麗新方面的代表則辯稱並無"一致行動"，理由是雙方沒有合作協議和共同董事，在股東大會上一齊投票反對只是巧合，並無一致行動的企圖。

6 月 10 日，經過兩天聆訊，收購及合併委員會裁定，並無明顯證據證明中娛和麗新在購入大酒店股權中是一致行動，兩者無須提出全面收購建議。換言之，嘉道理的投訴失敗。至此，大酒店爭奪的戰況膠着，陷入僵局。中娛及麗新雖然無須提出全面收購，但亦無法進入大酒店董事局，而嘉道理家族亦未能確保大酒店控制權。而大酒店股價亦因收購形勢不明朗而逐步回落至 67 港元水平。

◢ 嘉道理家族成功擊退劉鑾雄 ◤◤◤

不過，幕後的角逐卻更激烈地展開。6 月 29 日，戰況再起高潮。劉鑾雄控制的愛美高、華人置業和中華娛樂三家上市公司同時在香港股市停牌，並宣稱 "正進行一項商議，如能達成協議，將對三家公司的股價或產生影響"。由於沒有進一步公佈詳情，市場一時議論紛紛，當時傳出的消息焦點有兩項：一是作為華人置業兩大股東的劉鑾雄和韋理分家，二是由嘉道理控制的大酒店向主要持有大酒店股份的中華娛樂提出收購。

翌日，香港《大公報》有一則消息透露如下："嘉道理在月內已經與華人置業的另一大股東亞洲證券負責人韋理聯成一綫，在市場大舉吸納華人置業的股份，藉以取得中娛的控制權，使到大酒店的控制權重落其手上。" 消息顯示，嘉道理家族已展開反擊，將收購目標指向劉鑾雄的華置或中娛，殺向劉鑾雄的大本營。

7 月 3 日，愛美高等三家公司發出聯合通告，指出 6 月 29 日所指商議，涉及一項由大酒店提出的建議，結果會導致愛美高集團持有的大酒店股份出售，售價和市價無重大分別，惟是項建議未能達成商議便告結束。隨後又接獲通知，謂另一項建議正籌劃中，如能接納，同樣可導致愛美高集團將大酒店股份出售，但建議相信需要數周時間達成。因建議之詳情未能提供，正式之建議亦未即時作出，故三公司股份於 7 月 6 日先恢復買賣。

愛美高系通告中所提及未能達成協議的商議，據瞭解，是大酒店集團原計劃向中華娛樂提出全面收購。本來，根據香港公司法例，子公司不能持有母公司股份，如大酒店收購中娛，便成了母子關係。該法例本來容許一家公司被收購前持有日後母公司股份，只要完成收購後一段時期內不再持有，便無抵觸。而大酒店的本意，也是於收購中娛後將大酒店股份配售出去，此辦法本屬可行，且嘉道理家族不必負擔財務而取回大酒店管理權，實屬妙着。

可惜，此建議被香港證監會否決。證監會認為，大酒店收購中娛的建議，並不是一宗普通收購，任何人也明瞭目標在於大酒店股份，因此抵觸法例。假如大酒店是在百慕達註冊，便可順理成章不抵觸法例。根據百慕達公司法，子公司可以持有母公司股份，甚至公司本身亦可持有公司股份。如怡和控股與怡和策略互相持股，便是一例。但大酒店在香港註冊，必須依照香港法例，除非大酒店遷冊，又當別論。然而，以嘉道理在香港的地位及與中國的關係，不會為此而搞遷冊。於是，大酒店收購中華娛樂的妙計便無法實現。

愛美高系通告中表示接獲通知另一項建議正在策劃中。據消息透露，是一家澳洲資本公司已同意購入中娛，但目的只是買"殼"上市，並非在於大酒店股份，而嘉道理家族已私下與此澳洲公司協議，包銷中娛持有的大酒店股份。有消息指出，經數月在市場吸納，愛美高已持有近9%大酒店，中娛則持有近26%，合共少於35%。如上述協議達成，愛美高將持有的大酒店先行售予中娛，然後接受澳洲資本收購。由於嘉道理原已擁有一成以上大酒店股份，不能完全購入該批股份，必須在市場配售若干，方能避免抵觸收購及合併條例。因配售龐大股份需尋找買家，相信最少數周，始能達成協議。

7月24日，劉鑾雄和嘉道理爭奪大酒店股權一役終於塵埃落定。代表嘉道理家族的寶源投資與愛美高系達成協議，愛美高系擁有的34.99%大酒店股權，將以每股65港元的價格，出售給由寶源投資安排組成的銀團Kincross和滙豐集團旗下一間全資附屬公司TKM（Far East）Ltd., 交易於7月30日完成。該集團Kincross主要包括法國里昂信貸銀行、恒生銀行、英國米特蘭財務公司、萬達基（香港）有限、東亞銀行以及寶源投資。以這陣容接下劉氏的大酒店股份，可說是一時無兩，而這宗交易亦成為香港有史以來最大的股份轉讓。銀團接下大酒店之後，並非長期持有，該協議還附帶由嘉道理控制的一家公司透過一項安排，可在10月30日前隨時行使選擇權，以上述相同的價格買入Kincross和TKM所持有的大酒店股份，嘉道理會在未來三個月內將其中的相當部分配售予長綫投資者。整項協議的實質，是嘉道理為避免觸發全面收購，假手第三者，迂迴接下劉鑾雄所持大酒店股份，解除劉氏對大酒店控制權的威脅。這一役，嘉道理家族雖說勝出了，但亦付出了不少代價，難怪輿論稱為"慘勝"。

至於劉鑾雄，他在此役中共獲利 1.3 億港元，但扣除 7000 多萬利息支出和各項交易費用，純利只得 4000 萬港元左右。動員 20 多億港元，苦戰近半載，始賺得區區 2% 的利潤，未免給人有殺雞焉用牛刀之感；但回心一想，能在嘉道理家族手中佔到便宜，成績亦算不俗了。

到底劉鑾雄在最後關頭打退堂鼓，是對還是錯，實難一言蔽之。據說，劉鑾雄決定退出爭奪大酒店火綫時，其妻寶詠琴主張力戰到底，其時愛美高系已成大股東，實力未償不可一拚；最後被迫放棄，寶詠琴也曾流下熱淚。其時，在劉鑾雄看來，嘉道理家族會全力以赴，保衛家族企業兼門楣的象徵香港大酒店，要是不顧後果向愛美高發動反攻，以雙方實力和後盾，劉鑾雄能否力保江山，也成疑問。不硬戰到底也許不合劉氏作風，但在重要關頭勒馬而退，其實亦需過人的決斷和勇氣。

香港大酒店爭奪戰終止的那一天，劉鑾雄在九龍酒店咖啡室裏凝望着窗外對面街半島酒店的雄姿，他可能對未能把大酒店旗下的明珠——半島酒店拿到手而深感失望。半島酒店是無與倫比的財富及成就的象徵，在香港這個社會裏，拿到半島酒店是事業成功的證據，將受到極大的重視。同情劉鑾雄的人會辯稱，劉氏不無傷感的是他對香港僅存的少數歷史性建築物竟從他手裏溜掉；非議他的人則認為他當時只是思量把半島低效老地盤重新改建會賺多少錢。

◢ 大酒店再遭"股壇狙擊手"覷覦 ◣◣◣

嘉道理家族雖然擊退了劉鑾雄的侵襲，但為了避免要向其他小股東提出全面收購，並沒有直接從劉氏處購回其所持有的大酒店三成半股權，而是通過國際性配售，將這批股份的相當部分售給機構投資者。換言之，該家族對大酒店的控制權，仍在 35% 以下，這種脆弱的控制權，一年後再受到另一"股壇狙擊手"羅旭瑞的挑戰。

羅旭瑞是透過旗下的國泰城市向大酒店展開挑戰的。1988 年 10 月 18 日，香港大酒店、國泰城市及富豪酒店三家公司一齊停牌。當時市場傳言國泰城市計劃全面收購大酒店，又或國泰城市擬收購旗下的九龍酒店及大酒店在紐約購入的一家富華酒店等。

及至當日傍晚，謎底終告揭盅。大酒店發出通告，表示國泰城市正在考慮購入大酒店全部股份及認股證，每股出價 6 港元（當時大酒店股份已分拆），包括現金 4.5 港元及一股國泰城市股份，認股證按相等價值計算。大酒店董事局認為，必須保持獨立，推廣其擴展業務之企業策略而不受干擾，方符合全體股東最佳利益。因此，已通知國泰城市，表示不歡迎該公司的任何收購建議，但對國泰城市自稱無意作出敵意收購的聲明表示感謝，同時向聯交所申請立即恢復股票買賣。

當日，國泰城市並無發任何通告獲得信息。大酒店既謝絕收購，而國泰城市又無做出敵意收購，以為這一次的收購事件就此平息，直至第二日股市仍未見三隻股票恢復買賣，始知事態非比尋常。

原來，國泰城市是先禮而後兵，首先知會大酒店有關收購意圖，試探嘉道理家族的反應，才作下一步打算。10 月 20 日，國泰城市終於發出通告，由獲多利公司代表羅旭瑞所控制的國泰城市，向大酒店提出全面收購，每股大酒店股份的收購價為 6.3 港元，其中現金 4.8 港元及價值 1.5 港元的國泰城市股份一股；每份認股證收購價為現金 1.8 港元，總收購價為 63.93 億港元。扣除發行國泰城市股份支付的部分，實際涉及資金 49 億港元。收購建議的附帶條件是，以截止收購時獲得大酒店股份和認股證的 50% 以上為準。國泰城市並宣佈，已持有大酒店股份 1130 萬股，相當於大酒店全部已發行股份的 1.1%，顯然是有備而來的。

這次收購，羅旭瑞是利用國泰城市作為收購工具。國泰城市原為國泰置業，後被羅旭瑞控制的世紀城市收購，業務轉向證券投資。1987 年底，其賬面淨值為 1.41 億港元，後配售新股集資，淨值增至 2.43 億港元，及至向大酒店提出收購時，資產淨值不過 3 億元，而大酒店的資產淨值卻高達 90 億港元，是前者的 30 倍。這次收購，堪稱一次典型的"蛇吞象"式的收購。若能成功，將在香港商戰史上寫下新的一頁。

羅旭瑞在安排這項收購時，可說已有一套周詳的計劃，將收購與趁勢進行集團結構改組、避免直接風險及鞏固控制權有機結合起來，其精明與穩健，令人嘆為觀止。

羅旭瑞直接控制的旗艦，是世紀城市，而世紀城市則直接持有國泰城市75.2% 股權，並透過百利保持有富豪酒店 34.4% 股權。10 月 24 日，國泰城市配售 6800 萬股，其中富豪酒店認購 5100 多萬股，令世紀城市持有國泰城市股權減至 46.6%，而富豪則持有國泰城市 28.7%。如果國泰城市成功收購大酒店，將發行 10 億股予富豪認購，集資 15 億作為部分收購資金，同時又發行 9 億多股予大酒店股東，則富豪所佔股權增至 48.5%，成為國泰城市的大股東，而世紀城市所佔股權將減至 3.8%。這一安排，實際上是將國泰城市的控制權巧妙地從世紀城市轉移到富豪酒店，從而令世紀城市避免直接承擔國泰城市的風險。

而透過富豪認購國泰城市股份，更可將股權鞏固。若不配售 10 億股予富豪，若估計嘉道理系控制下的大酒店股份接受收購，已佔國泰城市股權 33.8%，而世紀城市連同富豪只佔 31.5%，完全失去收購的意義。當然，若不以部分新股作為收購代價，在國泰的立場，自然不划算，同時亦難以負擔太大的債項。因此，將控股權轉移至富豪，可說一舉三得。

在國泰城市正式提出全面收購後，大酒店董事局立即發表一項聲明，再次重申不歡迎國泰城市的收購建議，認為帶有破壞性及低估了大酒店的資產，呼籲股東不可接受收購。大酒店董事總經理韋伯樂更批評國泰城市的收購動機是將大酒店 "拆骨"。他指出，國泰城市要收購成功，必須籌備四五十億港元現金，每年要繳付 4-4.5 億港元利息，而大酒店 1988 年度除稅後贏利，至少比這個數少 1 億元。因此，國泰城市收購大酒店後，所增加的收入根本不足以抵銷利息支出。在這種情況下，國泰城市必然要將大酒店的資產 "斬件" 出售以減債務。

◢ 嘉道理成功保衛香港大酒店 ◣◣◣

對於嘉道理家族來說，大酒店可以說是該家族立足香港的根基，且好不容易才擊退劉巒雄的入侵，豈容羅旭瑞染指，更何況任其"拆骨"？10月25日，嘉道理家族終於作出反擊。當日，嘉道理家族宣佈以每股5.8港元價格，向獨立第三者購入2333萬股大酒店，使其所持大酒店股份，由34.9%增至37.2%。由於持股量已超逾收購及合併守則規定的35%的收購觸發點，嘉道理家族依例向其他股東提出全面收購。

當時，大酒店董事局委派獨立委員會，就嘉道理家族和國泰城市的收購建議擔任股東的顧問。該獨立委員會認為，國泰城市及嘉道理家族所提出的收購建議均為出價不足，低估大酒店的資產值，因而建議各股東不接納收購。

很明顯，嘉道理家族的反擊行動，目的並不是要全資擁有大酒店，而是減低國泰城市收購成功的機會。由於嘉道理已擁有37.2%大酒店股份，國泰城市要取得大酒店逾一半權益，必須要有79%的其他股東接受。事實上，如果嘉道理家族不放棄其所持大酒店股權，國泰城市成功收購大酒店的機會不大。

正因為瞭解到這一點，10月26日，國泰城市再次接觸嘉道理家族，將收購價提高到每股6.8港元，即現金5.3港元另加一股國泰城市新股，並以每份現金2.3港元收購大酒店認股證。不過，國泰城市提高收購價是有條件的，是以嘉道理家族持有的37.2%大酒店股份同意接納為基準。國泰城市的修訂收購條件建議，立即被嘉道理家族拒絕。因此，國泰城市的收購價仍維持6.3港元。

11月17日，大酒店就嘉道理家族及國泰城市的收購，發出一份回應文件。文件指出，大酒店的最新估值，每股的有形資產淨值為8.95港元，而嘉道理家族及國泰城市的出價均遠低於資產淨值，收購建議根本不能反映大酒店現時所值及未來發展前景，因此呼籲股東拒絕兩者的收購。

11月19日，國泰城市發出收購文件，該文件指出，嘉道理家族在宣佈本身的收購建議後，繼續在市場增持股份，明顯表示不會接納國泰城市的收購建議。因此，國泰城市的收購建議成為無附帶條件（逾五成股權）的機會極低，國泰城市擬將所持大酒店股份，接納嘉道理家族的收購建議，或於市場出售。面對嘉道理家族保衛家業的堅定決心，羅旭瑞終於知難而退。

發展至此，這場收購戰已至尾聲。11月28日，香港證監處證實富豪酒店及國泰城市已將所持大酒店股份售予嘉道理家族。這批股份是富豪和國泰城市於

1988 年 5-10 月期間在市場吸納的，為數達 1122 萬股，購入價大約在每股 4.5-4.7 港元之間，出售後估計獲利僅約 1200 萬港元。

狙擊大酒店一役，羅旭瑞雖然無功而還，但其眼光與膽色，則備受推崇。因為當時大酒店剛逃過劉鑾雄狙擊，羅旭瑞趁其控股權未穩施以突襲，足顯捕捉戰機的機靈與敏銳，經是役，羅氏亦名噪一時。

而嘉道理家族則再次成功保衛江山，收購建議截止後，所持大酒店股份已增至 68.8%。這次付出的代價，涉及資金達 19 億港元。兩度被狙擊後，嘉道理家族已認識到控制股權的重要性。大酒店主席米高‧嘉道理表示，嘉道理家族未來在大酒店所持有的股權，肯定會超過 50%，以確保控制權。

不過，大酒店兩度受狙擊最重要的教訓，主要還不在控制權問題上。一家長期經營保守的上市公司，其股價必然遠遠落後於資產淨值，這種"高資產、低市值"的上市公司正好是"擇肥而噬"的企業理財高手最好的狙擊對象，尤其是在大股東控制權未穩之際。

11

眾志成城 永安集團保衛戰

20 世紀 80 年代後期，新興華商鄭裕彤領導的新世界發展，向老牌世家大族郭氏永安發起挑戰，企圖收購這家歷史悠久的企業集團。當時，挑戰者和被挑戰者，一個雄心勃勃，南征北討，一個暮氣沉沉，經營保守。強與弱，已壁壘分明。

然而，郭氏家族面對強敵的銀彈攻勢，仍不為所動，眾志成城，力保祖輩創下的江山，危機時期家族各人團結一致，同仇敵愾，未嘗不是老字號、傳統生意人的優點。

新世界發展因部署倉促，估計不足，出招不夠果斷、狠辣，猶豫之中錯失各個擊破的良機，給對手以時日鞏固反擊。

戰事膠着之際，風雲變幻，一場突如其來的全球性股災，平服了雙方的攻防戰。鄭裕彤不必付出大代價換取永安集團股權，而郭氏家族總算穩守祖業。雙方和氣收場，皆大歡喜。

20世紀70年代崛起的華資大亨中，除了李嘉誠、包玉剛外，另一個傳奇人物，就是被譽為"珠寶大王"的鄭裕彤。

　　鄭裕彤的冒升，可以說是香港商界的另一個神話。他以珠寶製造出身，進而經營地產、酒店，躋身香港十大財閥之列，其發跡故事一直為香港人所耳熟能詳。

　　鄭裕彤原籍廣東順德，1922年出生。早年只接受過私塾教育，15歲時因為日寇侵華，在父親安排下，由故鄉順德到澳門投靠經營周大福金舖的摯友周至元。由雜工做起，初時的工作只是掃垃圾、倒痰盂等，空餘的時間才在舖面打點些小生意。由於鄭裕彤虛心學習，不恥下問，三年後便晉升為主管，並娶了老闆17歲的女兒周翠英為妻。自此，鄭裕彤開始平步青雲。

　　1945年，鄭裕彤奉岳父之命到香港開設周大福金舖分行，逐漸接掌周大福生意，由打工仔擢升為老闆。1960年，鄭裕彤將周大福金舖改組為周大福珠寶行有限公司 。當時該公司已持有由南非發出的批購鑽石牌照約十多個，每年進口的鑽石數量約佔香港鑽石進口量的三成左右，鄭裕彤遂成為香港有名的"珠寶大王"。

　　黃金珠寶生意無疑令鄭裕彤掘得第一桶金。不過，令他成為超級巨富的，則是地產業。20世紀60年代初，鄭裕彤開始看好香港地產業前景，涉足地產，初期規模尚小。1970年，鄭裕彤正式創辦新世界發展，全面向地產業進軍。新世界發展第一個最重要的地產發展項目，就是雄踞尖東海旁的新世界中心。1971年底，新世界發展以1.31億港元的高價，向英資太古洋行購入尖東海旁的"藍煙囪"貨倉舊址。這塊地皮面積約19.9萬平方呎，連同其後購入的毗鄰土地，面積約43萬平方呎。新世界發展前後共投入14億港元，用了近十年時間建成新世界中心、新世界酒店和麗晶酒店，後者於1980年起開業後一直躋身世界十大酒店之列。這項重大地產發展一舉奠定了新世界發展在香港地產界的江湖地位，可說是鄭裕彤的得意之作。

　　1984年底，新世界發展再接再厲，與香港貿易發展局簽訂協議，投資27億港元在港島灣仔海旁興建規模宏大的香港會議展覽中心。該中心包括一座七層高具國際先進水平的會議展覽中心、兩幢高級酒店、一幢辦公大樓，以及一幢酒店式豪華住宅，總樓宇面積達440萬平方呎，規模比三座交易廣場加起來還大一倍，或相當於六座滙豐銀行大廈，堪稱全港最巨大的建築物。

這座綜合式建築物於 1988 年 11 月如期完成，歷時三年零九個月。香港會議展覽中心是 80 年代香港最具代表性的五大建築物之一（其餘分別是滙豐銀行大廈、中國銀行大廈、交易廣場及奔達中心），與尖東的新世界中心，隔維多利亞海港遙相對望，成為新世界集團的標誌和象徵。

香港會議展覽中心的建成，使新世界發展在香港商界聲名鵲起。由於酒店，辦公室物業租金在 1989 年初急升，香港及海外的證券界都譽此為新世界歷來最成功的發展物業。在一片叫好聲中，作為新世界掌舵人的鄭裕彤，其躊躇滿志的心情，是不難理解的。

除了這兩項大型發展計劃外，70 年代以來，新世界發展還單獨投資或與其他財團合作發展了一系列大型地產項目，包括在港島薄扶林興建碧瑤灣高級住宅，與恒隆集團合作發展港島地鐵沿綫八個地鐵站上蓋物業，以及與查濟民的香港興業合作發展大嶼山愉景灣高級住宅區等。到 80 年代，新世界已躋身香港華資五大地產發展集團之列，被稱為“地產五虎將”之一。

1989 年 1 月，鄭裕彤有感於好友馮景禧病逝，從一綫退下，僅擔任董事局主席一職，而董事總經理則由其長子鄭家純出任。鄭家純上台後，旋即採取急進式的投資策略，連環出擊，全速擴展，包括參與市區重建計劃、收購亞洲電視逾四成股權、與香港興業換股、收購基立實業、購入美國華美達酒店集團，以及與羅康瑞聯手將瑞安集團私有化等。

這時，新世界發展這家炙手可熱、意氣風發的華資地產公司已發展成一綜合性巨型企業，業務範圍除原先的地產、酒店外，還包括船務、貨櫃碼頭、建築工程、影視業娛樂等等。新世界在地產發展、酒店及其他多元化發展方面，似乎無往而不利。正是在這種背景下，它選中了永安集團作為下一個吞噬的目標。

◢ 新世界發展覬覦永安集團 ◣

永安集團由郭氏家族創辦，在香港商界已有悠久歷史。當時，永安集團擁有經營百貨大樓的上市公司永安公司逾六成股權、永安銀行四成半股權以及人壽保險、證券期貨、酒店等業務。其中，永安公司在香港已有逾 80 年歷史，永安銀行亦已逾 60 年。大股東郭氏家族則是香港赫赫有名的世家大族。

永安在香港的歷史，最早可追溯到 20 世紀初。1907 年，來自廣東香山縣的澳洲華僑郭樂、郭泉兄弟在香港創辦永安公司，在中環皇后大道中 167 號開設百貨商店，經營百貨業，當時員工僅十餘人，規模細小。

所謂"兄弟同心，其利斷金"，永安公司很快便在香港站穩陣腳，規模迅速擴大。至 1931 年，永安的註冊資本已增加到 630 萬港元，約為原始資本的 40 倍。這期間永安的業務亦從百貨業擴展到地產投資、貨倉、水火保險、人壽保險及銀行業。

1915 年，郭氏兄弟創辦永安水火保險有限公司，十年後再創辦永安人壽保險有限公司，業務遍及內地各大城市及東南亞各埠。1931 年，郭氏兄弟又創辦永安銀行。永安銀行的業務亦蒸蒸日上，由於經營保守穩重，故能順利渡過多次銀行危機的衝擊。

郭氏兄弟深知香港地價將隨香港經濟的繁榮而大幅上漲，因此屬意旗下各附屬企業在香港各區廣置地產物業。數十年間購入物業達二百餘間，遍佈港島德輔道西、高士打道、柯布連道、跑馬地山村道、九龍彌敦道、油麻地吳松街、何文田、花園街等。這批地產物業日後均大幅升值，為永安集團的發展奠定雄厚的資產基楚。1960 年，郭泉在其自述《四十一年來經商之經過》中說："余觀察東西通商之勢，深厚感受香港回歸在國際貿易上地位之重要，商業區之興，地價與日俱漲，勢所必然，因於永安各聯號獲利豐厚之餘，廣置地產……余早年之部署，不惟數十年來獲租金收益，其更大利處，乃今日見之。"這番話，反映出郭泉在其晚年之際，對早年高瞻遠矚的部署，不無得意之情。

20 世紀 30 年代中，郭氏永安集團進入鼎盛時期，旗下的聯營及附屬公司多達 15 家，遍佈香港、澳洲及中國內地。其中，設於上海的永安公司已成為內地最具規模的百貨公司，而上海永安紡織有限公司更發展成一家紡、織、印、染全能的大型紡織企業集團，規模僅次於榮氏家族的申新紡織，在內地居第二位。

當時郭氏永安集團的權勢和影響力，有一件小事可作佐證。40 年代抗戰期間，榮氏家族的申新集團遇到財務困難，上海債權人紛紛起訴申新系公司，榮元鴻因而來香港求助杜月笙和永安郭家。杜月笙和郭順（郭樂、郭泉幼弟）去函上海各債權人，建議待戰後才清理債務，並說：「對申新作經濟制裁無語可談，朋友即斷⋯⋯永安同此。」結果，上海各債權人紛紛撤回控狀。永安郭氏家族的說話，可與黑社會「大哥」杜月笙有同等分量，五湖四海、黑白二道各路人馬都要給幾分面子，永安郭氏的聲望由此可見一斑。

不過，郭氏永安集團在日本侵華戰爭中亦遭到重大損失。1949 年中華人民共和國成立後，永安將業務撤退到香港。60 年代中，創辦人郭泉逝世後，永安的投資策略逐漸轉趨保守，在相當一段時間內，除繼續經營百貨、保險及銀行業務外，似乎傾向於把香港的地產物業拋售套現。這種經營方針，在 70 年代香港地產業急速崛起的時期，自然大為吃虧。自此，該集團的發展表現平平，已無郭氏兄弟創業時期所綻放的異彩。

1973 年和 1981 年，永安集團曾在地產業有過兩次大發展，可惜都因時機不甚適合，致令發展有限。1973 年，永安透過拆股、送紅股及供股集資，將位於中、上環之間的永安百貨公司大樓改建為現代化的商業大廈——永安中心。但因碰上股市大跌及利率上升，永安中心的發展費用比預期高，而落成後的租金收入則比預期低。1981 年，永安集團收購富都酒店，並斥資 2.3 億港元先後購入尖東永安廣場商場及南洋中心部分樓面，結果又遇上股市、地產崩潰。兩次大發展都差強人意。

踏入 20 世紀 80 年代，郭氏第二代琳字輩，包括郭琳褒、郭琳珊等都相繼去世，永安集團進入郭氏第三代掌舵時期。可惜，這時永安集團已有點暮氣沉沉、苟且偷安。永安的業務，除了名下的永安百貨稍有作為外，其餘銀行、人壽保險均有走下坡路之勢。作為香港昔日的四大公司（先施、永安、大新、中華百貨）的永安，其社會地位已迅速下降。在這種情況下，永安集團無可避免地遭到了新興勢力的狙擊。

◢ 永安集團之被狙擊早已有跡可循 ◢◢◢

其實，早在 20 世紀 80 年代初中期，永安銀行出現問題以及控制權最終易手，永安集團之被狙擊已有跡可循。

永安集團的前身是永安人壽集團有限公司，成立於 1973 年 1 月，旨在統籌永安旗下各自為政的聯號公司，成為整個家族企業的控股機構。同年 8 月，永安人壽集團在香港上市。當時，永安人壽主要全資擁有永安人壽保險有限公司及永安地產證券投資有限公司，其後向各主要聯號公司收購，先後擁有永安水火保險 72.89% 股權、永安銀行 30% 股權、永安公司（經營百貨，戰前已在香港上市）20.19% 股權，及永安置業 30% 股權。

1974 年 6 月，永安人壽為加強團結與海外聯繫，與新加坡華僑銀行換股，後者取得永安人壽 25% 股權，成為第二大股東。這時，永安人壽亦逐漸成為一家多元化的控股公司。1981 年，永安人壽正式易名為永安集團有限公司，初步完成舊式家族企業的重組工作。

1983 年，郭琳珊逝世，郭琳褒的長子、美國哈佛大學物理學博士、曾任 IBM 研究中心研究員的郭志權出任永安集團董事局主席，永安正式進入郭氏家族第三代掌舵時期。這時期，永安集團的業務，主要是人壽水火保險、證券投資、金融期貨、銀行及旗下永安公司經營的百貨業。然而，在這些業務中，除了百貨業尚算可以之外，其餘的金融期貨、保險、銀行等，糊裏糊塗地虧去不少。後來就有評論指出："看永安集團的經營，可以用'不做更好'來形容。因為做少蝕少；不做，將資金存放銀行生息，或買入滙豐、置地的股票生息，比嘗試這樣嘗試那樣，頭頭碰着黑要好得多。"

永安集團的各項業務中，要算永安銀行經營的銀行業表現最差。永安銀行雖然歷史悠久，但在 50 年代以來香港經濟蓬勃發展之時，並未能積極配合，壯大自己，故一直沒有很大的發展。不僅如此，踏入 80 年代，永安銀行在郭志權的胞弟、出任銀行副主席兼總經理的郭志匡的經營下，虧損日益嚴重，問題叢生。

1982 年 9 月，英國首相戴卓爾夫人訪問北京，中英之間關於香港前途問題的談判拉開序幕，投資者信心動搖觸發地產市道崩潰，曾經大量向地產業提供信貸的銀行和財務公司因壞賬問題而損失慘重，導致了一場骨牌效應的金融危機。最早出現問題的是大來財務，連帶影響恒隆銀行、海外信託銀行相繼被港府接管。受此衝擊，永安銀行的財務危機亦日漸表面化。

1985 年 7 月，永安銀行要求股東供股，集資了 1.2 億港元。由於小股東拒絕供股，永安集團持有永安銀行的股權從 51% 增加到 76%。但不到兩個月，即 1985 年 8 月底，核數師發覺永安銀行出現龐大的虧損。年底，港府遂邀請恒生銀行注資接管該銀行，才發覺永安銀行的全部資產及供股所得的 1.2 億港元已全部虧清，放出的貸款中有九成是壞賬，其中包括銀行副主席郭志匡以 500 萬港元抵押借去的 7200 萬港元。而郭志匡已在永安銀行出事前數月因患癌症在美國去世，有關貸款已無法追回。

其後，在恒生銀行的主持下，永安銀行展開 "資本重組計劃" ，該計劃的內容主要有三點：

一、將永安銀行原有的普通股面值 100 港元，撇賬 90%，即減至面值 10 港元。將減去的股本加上過去累積的贏利、股份溢價賬，沖銷龐大的累積虧損。

二、原有股東增加資本，每持有 20 股的股東可用撇減股本之後的面值，即每股 10 港元的代價，認購 154 股，從而向銀行注資 1.54 億港元。

三、恒生銀行以每股 10 港元價格，購入永安銀行新普通股 760 萬股，以及可換普通股的優先股 1000 萬股，優先股的股息為 12 厘，於 1989 年 1 月 1 日前可換成普通股。

經過資本重組後，恒生銀行取得永安銀行 50.28% 股權，成為大股東。注資完成後，恒生委派三名董事加入永安銀行，且屬執行委員會五名成員之三，控制大局，而永安集團對永安銀行的持股量則降至 45%，淪為小股東。當時，身為永安集團主席的郭志權，曾公開指責曾任永銀副主席兼總經理的郭志匡管理不當。不過，郭家成員對兄弟鬩牆表示不滿，郭志權不得不在股東大會上潸然淚下。其後，郭志權更引咎辭職，將永安集團董事局一職讓予堂弟郭志樑。

不過，永安銀行營私舞弊的風波仍未平息。1988 年 9 月，香港警方商業罪案調查科拘捕郭志權及其弟妹郭志璧、郭志彬等，控告其在 1984 年間偽造永安股票罪。後來，有關成員全部無罪釋放。經此變故，永安郭氏家族的聲譽一落千丈，旗下的永安集團遭到狙擊，亦已不奇怪。

◣ 新世界向郭氏永安展開"敵意收購" ◢

1989 年 2-3 月間，永安集團的股價節節上升，市場間歇性傳出有財團收購永安集團的消息，而永安集團則一再澄清，指稱不知股價上升的原因，並無重要事項需要公佈。

然而，3 月 20 日，永安集團第二大股東新加坡華僑銀行公開宣佈，已將所持約 4537 萬股永安集團股份，全部以每股 11.52 港元價格售予香港一家華資財團，並已正式知會大股東郭氏家族。受此消息刺激，當日永安集團股價逆市飆升，升幅達 15%，以每股 14.1 港元收市。

3 月 21 日，永安集團股價再逆市飆升超過 15%，精於此道者，已料事態不尋常，將有重要事件發生。果然，當日傍晚，新世界發展從幕後走到台前，正式宣佈已聘請新鴻基國際為財務顧問，準備以每股 17 港元價格向永安集團提出全面收購，惟收購需取得 51% 或以上的控制權才會生效。新世界並表示，提出收購建議前，已取得 27% 左右的永集股權。由於是項收購事前未徵得永安集團管理層的同意，故屬敵意收購。

當日，香港數家報紙都刊登了這條轟動全港的消息："真正的買家已大白於天下，為新世界發展有限公司，該公司的當權者為公司主席鄭裕彤的兒子鄭家純，身份是公司董事總經理。該公司已透過一家名為 Prime Harbour 的公司宣佈出價 17 港元收購永安集團股份，涉及資金 31 億港元。"

原來，永安集團的表現，早已令身為第二大股東的新加坡華僑銀行深為不滿，有意將所持 25% 股權售出。1989 年 3 月初，新鴻基公司主席馮永祥向其好友鄭家純透露信息謂，華僑銀行想將所持的永安集團股票放盤。這給正在計劃大肆擴張的鄭家純一個意外驚喜，鄭家純即與華僑銀行洽商有關股權轉讓事宜，結果雙方一拍即合，華僑銀行以低於市價 18% 的折讓價，即每股 11.52 港元的價格將所持 25% 永集股權售予新世界發展，套現資金約 5 億港元。

新世界發展購入永安集團 25% 股權後，藉此契機，一方面繼續在市場吸納永集股份，另一方面數度致電郭氏家族，希望以友善的方式進行收購。由於未獲任何反應，為免夜長夢多，遂決定先發制人，展開敵意收購。

新世界發展提出的每股 17 港元的收購價，是永安集團上市以來的最高價。永安集團 1981 年的贏利達 1.04 億港元，是其業績的高峰，其後因地產市道及永安銀行風潮影響，贏利反覆下降，至 1987 年贏利僅 5100 萬港元，1988 年扣除非經常性贏利亦僅得 8000 萬港元，以每股 17 港元的收購價計算，市盈率高達 35 倍以上。

不過，新世界發展的目標其實並不是永安集團，而是永集所持有 61% 股權的永安公司，因為敵意收購永安公司絕無可能，新世界遂將目標轉移到永安集團，希望透過控制永安集團而控制永安公司。

新世界發展垂涎的，是永安公司名下龐大的貴重物業。據外界所知，當時永安公司至少擁有上環永安中心、中區永安大廈、油麻地永安百貨現址及毗鄰的富都酒店，另持有尖東永安廣場 7.7 萬平方呎商場及南洋中心 3.8 萬平方呎商場。其中，僅上環永安中心樓宇面積就達 60 萬平方呎。

對此，香港資深股評家思聰先生的分析是：“1987 年 12 月，永安（公司）手上物業賬面值 11.9 億港元，其中 8 億港元是 1981 年價格入賬，1 億港元是 1981 年以後，3 億港元是 1972 年價格入賬並經減折舊。以商場市值計，1972 年至今升值十倍，1981 年至今升幅是一倍，如以上述比率計，永安（公司）手上物業估計 47 億港元，較賬面值高出 35 億港元，換言之，永安（公司）如把手上物業重估後股東資金是 47 億港元或每股永安（公司）值 16 港元。”思聰感慨地表示：“如此巨大的資產在現任董事局管理下，1987 年只能產生 9000 萬純利，自然引起別人垂涎。”

據市場傳聞，新世界打算在收購永安集團後，安排（中區）永安大廈、永安人壽大廈、萬邦行及德輔道中兩座永安大廈中間的廖創興大廈一併拆卸改建。這個面積達 3.73 萬平方呎的地盤如果重建，以地積比率 15 倍計算，可興建 56 萬平方呎樓面的商業大廈。屆時加上永安中心、新世界大廈及其擴展部分，新世界發展在中環就有 160 多萬平方呎的商廈作收租用途，規模僅次於置地。至於永安集團旗下的銀行投資、人壽保險公司及其他只有虧蝕或贏利低的公司，新世界發展則準備賣回給永安郭氏，讓他們"繼承祖業"。

郭氏家族眾志成城保江山

3月22日，即新世界宣佈全面收購永安集團的第二天，永安集團董事局發表聲明，拒絕新世界的收購建議，認為嚴重低估該集團的資產，不受歡迎；並聲稱已接獲擁有超過50%股份的股東通知，無意接受新世界的收購。

永安集團董事總經理郭志仁更公開譴責鄭家純的敵意收購，他表示："中國人做事應該講交情，收購應友善進行。新世界發展若希望與永安集團合作，大可大家討論、商量，透過商人銀行猝然收購，是有傷感情的。"

對此，身為新世界主席的鄭裕彤隨即作出回應："在提出收購永安集團前，我們曾多次致電郭氏家族，不過一直不獲答覆，在發覺郭氏家族不斷在市場吸納永安集團時，我們才毅然提出收購。我們原意並非敵意，而是希望友善進行的。"

郭氏家族在公開拒絕的同時，又積極透過永安控股公司永安商業管理有限公司大手在市場吸納股份，計有3月22日購入106.1萬股，23日購入62.5萬股，28日購入39.5萬股，30日購入6.3萬股及31日購入1294股，動用資金約3400萬港元，共購入214.6萬股，相當於永安集團全部股權的1.18%。

永安集團董事局既聲稱已獲超過50%股份通知不接受收購，為何仍在股市購入股份？對此，副主席郭志桁喻為將圍牆加高，再裝上一圈鐵絲網，並透露郭氏家族將繼續在市場吸納，但不再透露數量。根據證券條例，若非董事或控股公司購入，無須呈報證券處及向公眾公佈。

永安集團大股東如果真的已控制超過50%股份，以公開收購的形式肯定不能成事，何以新世界如此草率行事？根據鄭裕彤的說法，是新世界從永安集團年報中看到郭氏家族的持股量僅四成三（其中，代表家族利益的永安商業管理公司持有41.2%股權，董事局郭家成員持有2.57%股權）。因此，估計至少有三成股權的持有人立場未定，公開收購尚有成功的機會。

當時，市場認為，郭氏家族能保住祖業，關鍵在於郭氏家族的眾多子孫在鄭家的銀彈攻勢下能否"堅守立場"。從過往的歷史看，家族內兄弟不和甚至傾軋、"寧予友邦，不予家奴"的事件屢屢發生。1986年華人置業本來是馮秉芬、李福樹之間的事，發展到後來竟殺出一個劉巒雄，且漁翁得利。因此，永安集團難保不是華人置業的翻版。顯然，鄭裕彤對此亦寄予厚望，希望對郭氏家族成員逐一擊破，從中漁利。

可惜，這回鄭裕彤的希望落空。當時，市場一度傳出郭文藻所持6%永集股權已售予新世界發展，但事後證實僅屬流言。郭氏家族後人雖然經營永安作風保守，但對保衛祖業卻眾志成城。市場預見郭家既決心捍衛永集，又持續在市場吸納股份，估計新世界的收購已經渺茫。永安集團的股價也就在3月底逐步回落到每股13.7港元水平。

然而，鄭裕彤並未因郭家決心保衛控制權而放棄。4月4日，新世界發展表示，若是次收購變成無條件（即超過半數股東支持），將一併收購永安集團佔六成股權、專門經營百貨業的永安公司，整項收購計劃將因此而多付出十多億港元，令總金額高達40億港元。新世界所提的建議，明顯表示新世界對今次收購仍抱極大的決心，並認為事件仍有轉圜的餘地。

在此之前，新世界還強調，該公司收購永安集團，是希望作長綫投資。若接獲九成股權，會行使強制性收購，向其他小數股東提出全面收購建議；若收購逾75%股權，新世界亦無意將股權降低。新世界並表示，希望將永安的業務合併到新世界，準備放棄永安的上市地位。

4月12日，新世界發展向永集股東發出收購文件，不過隨即遭到永安集團的譏諷，永安集團財務顧問表示，新世界的建議，純屬"象徵式行動"，不可能達到目的。

4月27日，永安集團發表回應文件終於給新世界致命的一擊。文件表示，永安集團經過資產重估，有形資產淨值為每股21.81港元，比新世界的收購價高出27%。此外，永安集團董事局還收到51.7%股份的不可撤銷承諾書，表示不會接納新世界每股17港元的收購建議。至此，新世界的收購已接近失敗。

在這場收購戰中，新世界在進行收購時的決心並不足夠，策略上亦猶豫不決，失誤頗多：首先，在部署收購初期，就與郭氏家族接觸，希望以友善方式進行收購，結果打草驚蛇，被迫提早發難，匆忙上陣；其次，宣佈敵意收購的附帶條件，要控制 50% 以上股權才能生效，已顯示出決心不足，其間，股價一度回落至每股 13.2 港元的水平，新世界卻按兵不動，任由郭氏家族從容在市場吸納股份；最後，收購剛開始，郭氏家族表現出同仇敵愾的姿態時，新世界未能及時掌握機會提高收購價，以便逐一擊破，以至給郭氏家族以時間加強團結、鞏固控制權。

關於這一點，亦可以從策動這場收購戰的鄭家純在事後的一番話得以引證。鄭家純表示："新世界的原定計劃，並非想全面收購、進駐管理層，而是希望購入這批股份，尋找機會與郭氏家族合作，只不過後來發現市場上有人大手吸納永安集團的股票，以致股價不斷攀升，令有意與永安集團商議的新世界處於下風，才迫不得已提出全面收購。"

◢ 餘音…… ◢◢◢

果然，5 月 3 日收購截止時，新世界只收到永安集團 0.69% 的股份接受收購，總共只有 125 萬股。然而，新世界並未就此鳴金收兵，宣佈決定將收購再延長三星期，理由是郭氏家族的回應文件資料不全，要求證監處查察小股東的利益是否得到照顧。

這時，新世界要繼續收購，只有提高收購價這一辦法。但永安集團的資產淨值每股至少值 21.81 港元，這個價格尚未將永安的商譽包括在內，與新世界可以接受的價格相去甚遠。而郭氏家族已經眾志成城，又在市場吸納了足夠的股份，新世界實在已無良策可施。

正當市場猜測新世界下一步的部署、事件一再拖延的時候，香港股市受北京"天安門事件"的影響暴跌，一日之間下跌逾 500 點，永安集團的股價更跌至每股 8 港元，較當日新世界提出的 17 港元收購價一半也及不上，收購建議自然告吹。

新世界收購不成，反而因禍得福，免卻高價購入永安集團股份之外，亦不需耗用逾 40 億港元巨資。否則，當股價大跌時，財富貶值兼資金短缺，新世界將面對極大困難；而郭氏家族眾志成城，亦終於成功保衛祖業，可說是圓滿收場了。

12

槓桿收購 百富勤巧控廣生行

　　香港的上市公司中，歷史悠久、能屹立百年而不倒者，廣生行算是其中一家。提起廣生行，香港市民自然不期然地想起"雙妹嘜"花露水。廣生行從化妝品起家，到 20 世紀 60-70 年代轉向地產發展。

　　然而，到 80 年代末，大股東馮氏家族有意隱退，遂邀請好友李嘉誠提出全面收購。可惜，私有化功敗垂成，這倒為百富勤的入主提供了契機。在李嘉誠的協助下，百富勤首腦梁伯韜等，巧妙運用"槓桿式收購"原理，成功控制了一家資本額比本身大三四倍的上市公司。

　　隨後，百富勤再透過廣生行收購泰盛發展，通過資本重組，並借泰盛空殼上市，在短短數年間崛起為香港商人銀行及證券界的小巨人。其中，高超的財技在收購兼併中再度發揮舉足輕重的作用。

廣生行創辦於 1898 年，1910 年在香港正式註冊，並於 1941 年在香港上市，可說是一家與香港經濟同步成長的老牌華資公司。

廣生行的創辦人馮福田，祖籍廣東南海，早年曾在廣州大新街開設店舖，專門銷售化妝品，後因資金周轉不靈，遂結束廣州生意，轉往香港發展。馮福田抵港後，先在一家專營西藥的德建洋行當買辦，得到洋行的英籍藥劑師的賞識，學懂英文及配藥知識，又結識了不少外國商人，為其日後的事業發展打下基礎。

當時，外國輸入的化妝品售價極高，只是外商家眷和富家小姐的專用品，普羅大眾無緣問津。馮福田看到香港一般女性缺乏銷價相宜的優質化妝品，油然萌生自創業務的念頭，遂於 1898 年與友人梁澤周等合資，創辦香港首家化妝品公司廣生行，1910 年正式註冊為有限公司，股本為 20 萬港元。1912 年，廣生行在港島灣仔及銅鑼灣等區購入地皮，設置廠房，其時分行數目已擴展至二十多間，遍及香港和中國內地。

廣生行的產品，均以"雙妹嘜"為註冊商標。據說，"雙妹嘜"的來由，有段美麗的傳說，傳聞馮福田有一天在中區閑逛，突然看到兩位美麗的少女，身穿白衣，面貌俏麗，宛如天仙下凡，遂靈機一動，為產品取名"雙妹嘜"。另一種傳說是，在廣生行開業前一天的晚上，天使報夢馮福田，說他與雙妹有緣，其產品如果以雙妹為名，必能為他帶來財富。馮氏醒來後照辦無誤，"雙妹嘜"產品一推出後，果然反應不俗，成為香港家喻戶曉的化妝品名牌。

到 20 世紀 20-30 年代，廣生行的化妝品業務如日中天，所生產銷售的化妝品中，除例如著名的花露水外，尚有雪花膏、茉莉霜、爽身粉、如意膏、美髮霜、生髮油、牙膏、粉底霜、熱痱粉、除臭狐膏等等，產品種類多達 350 餘種。產品暢銷香港、中國內地及東南亞各埠。

廣生行在第二次世界大戰前達到全盛時期。如果作個比喻，當年的廣生行，比起現今和記黃埔旗下的屈臣氏藥房，可說有過之而無不及。全盛時期，廣生行在香港及中國內地開設了 38 間分行，並在上海、廣州、漢口等內地四個主要城市設有廠房自行生產。當時，廣生行不僅從事生產化妝品，更生產盛載化妝品的玻璃器皿、報紙印刷等，每年贏利超過 100 萬港元。

由於產品暢銷，規模迅速擴大，廣生行的贏利大幅增長，相繼在香港各區購置大量廠房地皮，這亦為其日後向地產業發展奠定基礎。1941 年 10 月 13 日，廣生行在香港證券交易所上市，旋即成為股票市場上的藍籌股。

可惜，好景不常，中日戰爭爆發後，廣生行與其他大企業的命運一樣，被迫向南遷移，業務亦由極盛走向衰落。香港淪陷期間，廣生行的業務更受到重大的打擊，其座落於灣仔的倉庫被日軍焚毀，德輔道中的總店亦被日軍佔用。

戰後，香港經濟元氣尚未恢復，化妝品的生意額自然大減。到 1949 年，廣生行又喪失龐大的中國內地市場，其間，更面對歐洲及日本化妝品的大規模輸入，市場競爭激烈，廣生行的化妝品收益亦無可避免的銳減。

20 世紀 50-60 年代，香港出現移民潮，不少內地移民紛紛湧入香港，房屋成為社會迫切需要解決的問題。這時期，香港經濟亦開始起飛，各業繁榮，香港的房地產市道遂被看好。有鑒於此，廣生行憑藉所擁有的大量地產物業，開始發展房地產業務，並將業務延伸到貸款按揭等服務。1975 年，廣生行更成立地產發展部，全力發展地產，將手上原有物業重建，供銷售或出租用途。

及至 1988 年，廣生行已大致將手上物業發展完成，成為一家以租金收入為主的地產投資公司。當年，公司純利高達 1.5 億港元。當時，廣生行擁有約 70 萬平方呎的收租物業，主要包括位於銅鑼灣的萬國寶通中心部分面積約 22 萬平方呎樓面，及位於南灣、淺水灣、赤柱等區多項高級住宅。其時，廣生行傳統的化妝品營業額約 600 萬港元，提供贏利僅佔集團純利潤的 1%，實微不足道。此外，公司亦持有大量現金，除部分用作股票投資外，大部分均存放在銀行收息。

至此，廣生行的發展幾乎已達到極限。廣生行的首次被收購，就是在這種背景下展開的。

◢ 李嘉誠應邀私有化廣生行 ◣◣◣

1989 年 2 月，李嘉誠的長江實業集團應廣生行大股東、董事局主席馮萬舉的邀請，向廣生行提出全面收購建議。

李嘉誠與廣生行的關係，早在 20 世紀 70 年代末已建立。1979 年，廣生行開始與李嘉誠的長江實業合作，共同發展其手上的物業。首個項目是與長實合作興建位於灣仔告士打道、謝菲道和杜老誌道的一座 25 層高商業大廈。該項目於 1982 年完成，為廣生行帶來 3700 萬港元的贏利。同年，長實主席李嘉誠正式加入廣生行董事局。

1983 年，廣生行再與長實合作，攜手興建位於銅鑼灣威菲路道一座高 38 層的商業大廈——萬國寶通中心。1984 年，廣生行斥資 1400 萬港元購入油麻地庇利金街一發展地盤；1986 年又決定將港島堅道 20-22A 號物業，重建為 22 層高級住宅大廈，並於 1987 年完成。廣生行還將德輔道中及永樂街物業，與毗鄰業主合作，興建一座 28 層商業大廈。這些地產發展項目，絕大部分是與長實集團合作完成的。因此，長實主席與廣生行主席馮萬舉建立了緊密的合作關係。

1989 年 2 月，長實集團應廣生行董事局的要求，向廣生行提出全面收購建議，以每股 800 港元收購廣生行全部 180 萬股股份，涉及資金達 14.4 億港元。長實集團原持有廣生行 3.07% 股權，宣佈收購之前，向廣生行董事（包括李嘉誠本人）購入 44.73 萬股股份，令所持股權增加到 27.92%。

當時，廣生行的賬面資產淨值，以 1987 年底計算，是 6.87 億港元，發行股份 180 萬股，相當於每股 382 港元。不過，經過資產重估，廣生行股份每股資產淨值實際已達到 845.51 港元。1988 年度，廣生行獲利 1.51 億港元。因此，以每股 800 港元的收購價計算，市盈率僅為 9.5 倍，股息率為 4 厘，長實提出的每股 800 港元的收購價可說是相當划算。

為什麼董事局成員願意以較大折讓將廣生行股份售予長實？原來，董事局主席馮萬舉因年事已高，而年青一代則熱衷仕途，無意經商，惟有將所持股份出售，以便套現資金。2 月 28 日，李嘉誠接替馮萬舉出任廣生行董事局主席。

長實提出收購時，只持有廣生行 27.92% 股權，便提出全面收購建議；其後，由於廣生行股價未能高於收購價，長實遂持續在市場上大手吸納廣生行股份，至 3 月 16 日止，所持有股份已增加到 43.9%。長實的行動，顯示了它對收購的誠意。

長實收購廣生行的最終目標，是將廣生行私有化。因此，它在收購聲明中指出，有關收購以取得 50% 以上的控制權方生效，而一旦收購 90% 以上股權，將行使公司條例所賦予的權力，強制收購其餘股份。

證券界人士分析，如果長實私有化廣生行，將可能有兩種選擇：其一，是將廣生行"拆骨"，將其所持物業出售套現，而"雙妹嚜"化妝品的業務，可撥歸旗下和記黃埔的全資附屬公司屈臣氏，以將化妝品業務發揚光大，令"雙妹嚜"商標變成為復古的名牌。其二，是將廣生行的主要收租物業繼續保留，以加強長實的收租物業陣容。事實上，長實並無主要收租物業。當時摩根士丹利就曾發表報告指出，長實並無理想的租金收入，若地產市道逆轉，長實在同類地產股中所承受的風險將較大。

可惜，長實的收購建議最終只獲得 82.2% 股東的接納，未符合須達到 90% 的上市條例要求。5 月份，長實以每股 850 港元的價格配售 12.3 萬股廣生行股份，使持股量下降至 74.9%。在這種情況下，廣生行對長實的用途已不大。長實本身有多家上市公司，且廣生行的業務與長實重疊，如利用廣生行經營地產將和長實本身的業務及利益出現衝突。因此，如何處理廣生行已成為長實一個較頭疼的問題，長實出售廣生行的控股權已成為遲早的事情。

◢ 百富勤"槓桿收購"廣生行 ◣◣◣

廣生行的控制權不久終由創辦不久的百富勤國際以"槓桿收購"的原理巧妙取得，而百富勤國際能在短短數年間在香港商界迅速崛起，收購廣生行可說是其中關鍵一役。

百富勤的中文名顧名思義，即"百富惟勤"，切合中國傳統的勤奮致富思想，而其英文名 Peregriene 則屬獵鷹一類，名為遊隼，特性鬥志高昂，在空中盤旋、急轉、突襲，有如戰鬥機出擊，有如滑翔機翱行，追求獵物，永不休止，可說名如其物。

百富勤國際的創辦人是杜輝廉（Philip Leigh Tose）和梁伯韜，以及前萬國寶通國際及其屬下惟高達證券的高層人員。杜輝廉，60 年代加入英國證券公司惟高達，1984 年出任惟高達（香港）主席，負責北亞洲投資銀行業務。同年，美資萬國寶通銀行收購惟高達，並以此為基礎籌組萬國寶通國際，杜出任行政總裁。

梁伯韜，1980 年獲加拿大多倫多大學工商管理碩士，回港後進入滙豐銀行屬下獲多利公司。1985 年與袁天凡、祈立德、侯傑仕及黃廣志等人轉往萬國寶通國際，梁出任副行政總裁。杜梁時代的萬國寶通國際，曾參與多宗大型收購，聲譽日隆。其中，梁伯韜代表萬國寶通國際協助劉鑾雄的收購及狙擊，被視為顧問業的經典。當時，杜輝廉、梁伯韜、袁天凡等皆為證券業的赫赫有名的人物。

1987 年 10 月全球股災後，萬國寶通銀行調整策略，收縮在歐、美等各地業務。杜輝廉、梁伯韜等遂萌去意，決定自立門戶。杜、梁等人邀請與杜輝廉有十多年交情的長實主席李嘉誠及他們以往熟悉客戶注資，結果獲得熱烈反應。

1988 年 9 月，百富勤國際創立，註冊資本 3 億港元。其中，杜輝廉和梁伯韜合佔 35% 股權，其餘股權由十多名股東合佔，包括和記黃埔、中信國際、合和實業、冠亞商業、其士香港、中華娛樂、越秀企業、大同機械、美麗華酒店、品質企業、鷹君、瑞安投資、惠泰置業等等。不過，其中沒有一個單一股東所佔股權超過 9%。

百富勤國際由杜輝廉出任董事局主席，梁伯韜出任董事總經理。當時，梁伯韜曾雄心勃勃地表示："我希望我們在十年內成為中國的高盛（Gold Sachs）、摩根士丹利（Margan Stanley）或美林（Merrill Lynch）。"有了李嘉誠、榮智健一班香港富豪的鼎力支持，百富勤這隻"遊隼"將展翅高飛了。

百富勤國際瞄準的首個目標就是李嘉誠準備出售的廣生行。百富勤其時並不具備收購廣生行的能力，原因是百富勤的資本額僅 3 億港元，而廣生行的市值卻高達 14.4 億港元，百富勤如果要收購長實所持 75% 廣生行股權，最少也要動用逾 10 億資金。觸動梁伯韜收購廣生行的，是他瞭解到長實有意將廣生行的重要資產——位於銅鑼灣的萬國寶通中心出售。萬國寶通中心原址，是廣生行一間生產玻璃器皿的廠房，於 1983 年由廣生行與長實合作興建成商業大廈。這幢物業的上半部分由萬國寶通銀行擁有，下半部分則由廣生行持有。梁伯韜得悉兩者都有意將業權出售，於是構想出收購廣生行的妙計。

梁伯韜在徵得李嘉誠的同意後，即運用"槓桿式收購"（Leveraged But-Out），以百富勤的小資本來取得資本額較大的廣生行的控制權。他的具體辦法是：由廣生行向銀行借貸 6 億港元，連同本身的 3 億港元儲備合共 9 億港元，以特別股息的方式，向廣生行股東派發，此舉的目的是減低廣生行的市值，使其由原來的 14.5 億港元減至 8-10 億港元水平。

然後，由大股東長江實業將所持廣生行 55% 權轉售予百富勤國際及其他投資者，每股作價 860 港元。交易完成後，長實套現 10.3 億港元以收回較早前全面收購廣生行的資金，並仍持有廣生行 20% 股權，成為第二大股東。

百富勤國際則動用 2 億多港元購入廣生行 30% 股權，成為該公司的大股東，並負責將其餘 25% 的股權配售，其中，惠泰置業佔 10%，其他小股東佔 15%。由於僅需動用 2 億多港元，這項安排相對於本身的 3 億港元資本，自然應付得綽綽有餘。百富勤國際入主廣生行後，旋即出售公司所持萬國寶通中心的權益，套現 6.25 億港元資金，抵銷銀行的債項，廣生行成為無負債公司。經此項安排後，百富勤國際成功控制了一家資本額比本身大三四倍的上市公司。

梁伯韜表示，是次持有廣生行三成股權，並非代表百富勤借殼上市，而是作為一項長綫投資，其好處是：第一，可以發揮廣生行的借貸功能，將負債率提高，更能充分利用資源；第二，可以發揮廣生行百分之百的資產，特別是旗下的收租物業，為百富勤帶來經常性收入。以如此低的代價獲得這樣多的利益，難怪這項交易被廣泛視作李嘉誠與杜、梁等人的 "人情交易"（Sweetheart Deal）。當然，梁伯韜構思的 "槓桿收購" 更是功不可沒。

根據收購協議，廣生行的股份將大幅拆細，由一拆一百，令公司發行股數由 180 萬股增加到 1.8 億股。原來，在香港股票市場，廣生行素有 "股霸" 之稱。所謂 "股霸" 即股價特大，普羅股民不喜歡購買，一來買賣困難，二來即使勉強買入十股八股，亦以持股量有限而全無自豪感。因此，"股霸" 股票的持有者多為社會名流，以有能力擁有 "名牌貨" 而自豪。

據記載，廣生行的股數，在 60 年代至 80 年代中，一直是 2.4 萬股，其間最高股價在 1981 年中出現，每股達 3.1 萬港元，即總市值為 7.44 億港元。當時恒生指數沖上 1700 點高位，廣生行每手為 20 股，一手股票價值就達數十萬港元。部分小股東在公司年會建議將股份拆細，以加強流通量，但董事局一直不同意，大概不想失去 "股霸" 地位。

及至 1986 年 4 月，香港聯合交易所正式開業，該所顯示股價的 "大利市"

終端最多只能儲存四位數字的股價，不能超過 1 萬港元，廣生行才不得不拆細。當時，廣生行股價為 2 萬港元，第一次分拆由一股拆為五股。1987 年 10 月股災前，廣生行股價直撲 1 萬港元，被迫作第二次拆細，一股拆為十五股。

這次百富勤國際入主廣生行後，廣生行第三度拆細，一拆一百並派發總值高達 9 億港元的特別股息。其後，廣生行遷冊，第四度分拆一股拆五股。經過四次分拆後，一股廣生行變成 3.75 萬股，股數的增幅，沒有任何一家上市公司能追及，而廣生行的"股霸"地位亦不復存在。

百富勤收購廣生行，其中還有一段小插曲。1989 年 9 月 5 日，即正當百富勤與長實達成收購重組協議時，香港證券監理會屬下的收購及合併委員會確認為有關計劃涉及"一致行動"，需向廣生行小股東提出全面收購。

依照香港收購及合併守則定義，"一致行動"是指"按照一項協定（正式或非正式）積極合作之人士"，"通過其中任何一名人士收購一家公司之證券，而或鞏固對該公司之控制權"。根據定義，百富勤與長實似有一致行動的嫌疑：其一，是雙方關係密切，李嘉誠更是百富勤在證券買賣方面的主顧；其二，李嘉誠的和記黃埔又是百富勤的股東。

不過，百富勤對收購及合併委員會的指責提出申辯並直接向證監會上訴。百富勤認為該公司與部分客戶熟稔，並不能因此構成"一致行動"。百富勤又警告，如果證監會維持原決定將不惜上訴最高法院，要求司法復核。結果證監會和收購及合併委員會態度軟化，最後不了了之。

◢ 百富勤透過"槓桿收購"借殼上市 ◢◢◢

百富勤收購廣生行後，即發揮廣生行的功能，向香大俠的泰盛發展提出收購，並借殼上市。泰盛發展原是一家地產發展公司，創辦於 1972 年。大股東香植球就是香港證券界赫赫有名的人物，綽號"香帥""香大俠"。同年 10 月，泰盛發展在香港上市，發行 3000 多萬股新股換取物業，70 年代中地產低潮，泰盛的業務逐漸從地產轉向證券投資，成為一家典型的華資證券公司。

香植球素以對股市預測準確聞名，他對香港股市的評論往往被股民奉為圭臬。當時，香港就有股評家如是說：「每一個地區都有極顯赫的華人投資高手，例如美國股市的蔡志勇，日本股市的邱永漢，至於香港股市中最富盛名的，就要推香植球了。」

香植球在分析股市方面，有自己獨特的一套方法。推出了沿用一般人說採取的市盈率來分析股市的水平高低之外，還有一個特別的分析方法，就是以股市市值和香港存款總額做比較，然後決定買賣時機。他認為，如果香港股市的總市值低於香港的存款總額時，就要考慮入市；反之，如果總市值超過存款總額 40%，就應該沽售股票。

香植球對於選擇投資股票也有很生動的比喻，他說：「我選擇投資股票與無綫電視台每年選舉香港小姐一樣，無綫選美以美貌與智慧並重，我選擇股票則是贏利與資產並重，只有具備這些條件，我才會投它一票。」

1987 年 8 月，香植球根據香港經濟的走勢，預測恒生指數可望在年底接近4000 點，事實上，他的預測在 10 月初已經實現。可惜，華爾街股市急跌引發全球性股災，為香氏始料未及。他任主席的泰盛發展亦遭受到重大損失，該公司上半年贏利達 1.2 億港元，股災後贏利大跌，全年只取得 6200 萬港元利潤。

1989 年香港股市又受到「天安門事件」的衝擊，股市大幅波動，泰盛發展再次受到影響。1988 年底泰盛賬面本已有 1.5 億港元未實現利潤，結果到 1989 年 6月底變成損失 1.7 億港元。香植球在灰心之餘，決定金盆洗手，退出江湖。這實際上為百富勤提供了絕佳的良機。

1990 年 2 月，杜、梁充分發揮廣生行的收購功能，透過廣生行與香植球家族達成協議，以每股 2.5 港元價格收購泰盛發展 34.9% 股權，涉及資金 4.78 億港元。收購完成後，香植球辭去泰盛董事局主席兼總經理，由杜輝廉出任該公司主席，梁伯韜任董事總經理。

同年 5 月，泰盛發展易名為百富勤投資，並斥資 2.6 億港元向百富勤國際購入兩家全資附屬公司——百富勤融資和百富勤證券，實際上是百富勤借殼上市。

1991 年 4 月，百富勤為理順集團內部架構，宣佈重組建議。根據建議，百富勤投資以每股 0.98 港元價格向百富勤國際購入廣生行 34.9% 股權，總代價

3.42 億港元，百富勤投資將以內部資源支付代價。而廣生行則以每股 2.66 港元價格將所持百富勤投資 34.9% 股權售予百富勤國際，總代價 5.09 億港元。重組後，廣生行與百富勤投資的地位互調，從原來廣生行持有百富勤投資，改為百富勤投資持有廣生行，前者以商人銀行及證券業務為主，後者則以地產業務為主，職責分明（圖二）。

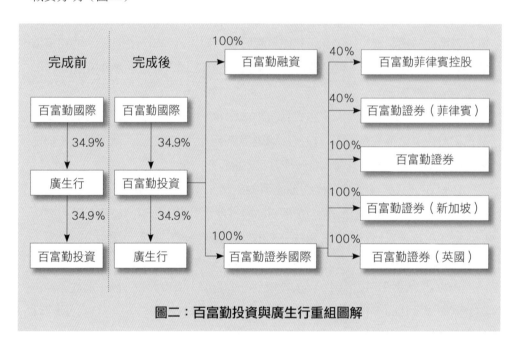

圖二：百富勤投資與廣生行重組圖解

百富勤重組後，即透過百富勤投資和廣生行在香港商人銀行、證券業以及地產業大展拳腳。在商人銀行業務方面，百富勤投資的全資附屬公司百富勤融資經短短數年已在香港市場佔有相當大的比率，尤其是在安排紅籌股和 H 股上市方面處於領導地位，它先後策動上市的紅籌股就有中信泰富、粵海投資、海虹招商局、中國海外、越秀企業等等。在證券業務方面，百富勤投資的另一家全資附屬公司自 1991 年收購了長實與加拿大帝國商業銀行合資的怡證公司後，已一舉躋身香港十大證券公司之列，並成為深圳證券交易所上市股份發行 B 股的首席國際包銷商。

至於廣生行，除繼續加強地產發展及投資業務之外，亦斥資重整"雙妹嘜"形象，從包裝、宣傳以至產品種類都進行革新，並設立廣生堂專門店售賣"雙妹嘜"產品，以圖令"雙妹嘜"化妝品再放光彩。

　　到 1995 年底，百富勤國際所控制的兩家上市公司百富勤投資和廣生行，市值已達到 72.94 億港元，已遠遠超過資歷比它深的新鴻基公司（市值 21.44 億港元），成為香港投資銀行界的小巨人。百富勤能有這樣的成就，當初槓桿收購廣生行實在是關鍵的一役。可惜的是，百富勤這隻雄心勃勃的獵鷹在兩年後不幸折翅，成為亞洲金融風暴下香港界的首個犧牲品，其大起大落的際遇令人唏噓。

13

敵友難辨　玉郎國際收購戰

　　玉郎國際收購戰可說是 1987 年全球性大股災的餘波。

　　有"漫畫神童"之稱的黃玉郎，幾經艱辛才創下頗具規模的玉郎王國。然而，由於貪念作祟，過度投入股市，1987 年股災襲來，黃玉郎損失慘重，結果導致玉郎國際遭遇接二連三的收購戰。其間，敵友角色難辨，戰事峰迴路轉。

　　可惜，一子錯，滿盤皆落索。黃玉郎不僅自己招惹官非，銀鐺入獄，玉郎國際的控制權也被迫拱手讓予覬覦已久的星島集團主席胡仙。

　　1993 年，黃玉郎出冊，揚言要東山再起，而玉郎國際亦即時改名，新名為"文化傳信"，以擺脫黃玉郎的陰影。這次，黃玉郎創辦玉皇朝，他的勝算究竟有多少，人們將拭目以待。

　　玉郎國際收購戰顯示，商場鏖戰，順勢者可以飛黃騰達，逆勢者則可以一夜傾家蕩產，成王敗寇往往在一綫之間。

玉郎集團全名玉郎國際有限公司，創辦人黃玉郎，原名黃振隆，生於 1950 年，家境不佳。黃玉郎雖學業平平，但自小喜愛畫漫畫，11 歲已有報刊刊登其第一幅作品，13 歲讀完中二便輟學，開始其畫漫畫的生涯。

　　他的第一份工作，是加入《時代漫畫日報》。應徵的職位是"畫家"，實際工作卻是"後生"，薪金微薄不在話下，每日清晨更要到那些真正畫家的寓所取稿。一年後這家漫畫報宣佈倒閉，黃玉郎也告失業。1964 年，黃玉郎獨資出版《笑話世界》周刊，邁出創立漫畫王國的第一步。黃玉郎自己畫畫、編輯及印刷，沒有報社肯發行，他便與兄長踏着單車走遍大街小巷，將《笑話世界》送到各報刊檔。不過，這次辦雜誌沒維持多久便告失敗。其後，黃玉郎又與人合夥，先後出版了《娛樂漫畫日報》《新奇漫畫日報》及《樂聲漫畫日報》等多種刊物，但均以失敗告終。

　　踏入 20 世紀 70 年代，香港經濟步入繁榮時期，黃玉郎也碰上了他一生事業的轉折點。1971 年底，一位上了年紀、做書店的朋友看中黃玉郎對漫畫出版事業的專注及真誠，以及工作多年所積累的經驗，特邀他出來闖天下。於是，黃玉郎"五度出山"，成立了玉郎圖書公司，再度出版各種漫畫刊物。這一次，他吸取了過去的經驗教訓，步步為營，財務管理亦力求小心。玉郎圖書公司出版的刊物，市場反應良好，銷量很快突破了 2 萬冊，利潤頗為不俗。

　　這期間，香港的漫畫人才正處於青黃不接之際，黃玉郎除了自己畫畫，還招聘並訓練了一批青年，又吸收了日本漫畫質素高、印刷好的優點，致力改進。如是經過三年，玉郎刊物的銷量已穩佔香港市場的第一位，壓倒日本圖書。玉郎又就刊物的開本進行改革，先前出版的《小流氓》等，是小開本，售價 2 角，銷售量已超過 2 萬冊。但小開本限制了畫面，也限制了人物的形象。黃玉郎遂作出了一項在當時而言十分大膽的決定，將刊物改為現時的 16 開本，售價亦相應提高到每本 6 角。這項改革開始時令銷量一下子降到 1.8 萬冊，但由於售價提高，利潤仍然增加。刊物的改革吸引了十七八歲的青年讀者，擴闊了讀者群。不久，刊物銷量更超過原來的 2 萬冊並繼續上升。這項改革可說奠定了日後玉郎集團成功的基礎。

　　1975 年底，《小流氓》改名為《龍虎門》，內容繼續集中在功夫、打抱不平，正邪力量的對抗上。1980 年，《龍虎門》成為香港最暢銷的漫畫刊物，銷售量突破 10 萬冊大關，遠超以往同類刊物的銷售紀錄。玉郎集團乘勝追擊，繼續推出多種刊物，計有 1981 年出版的《醉拳》、1982 年出版的《如來神拳》及《中華英雄》，這些周刊的銷量也相當不俗。

及至 1986 年上市前，玉郎集團已主理 21 份刊物的出版，包括 6 份周刊或雙周刊的連載武俠漫畫、4 份鬼怪故事刊物、3 份漫畫單行本、2 份漫畫日報、2 份電視周刊以及娛樂周刊、流行音樂雙周刊、英文漫畫月刊、愛情故事周刊各 1 份。

至此，玉郎集團出版的刊物已雄霸香港漫畫及連環畫市場。讀者層面亦從過去 15 歲以下的少年及兒童擴展到二三十歲的中青年甚至年輕的女性讀者。據說，玉郎集團上市後，震雄集團董事長蔣震出於好奇，也買了幾種玉郎刊物來看。

◤◤ "八七股災" 黃玉郎損失慘重 ◣◣

1986 年 8 月 12 日，已發展至相當規模的玉郎圖書公司，在法國東方匯理亞洲有限公司的遊說下，改名為玉郎國際集團有限公司，以每股 1.18 港元的價格公開發售 5900 萬股，在香港聯合交易所上市。這在當時曾轟動一時，連美國的《華爾街日報》亦對黃玉郎這個 "畫出彩虹" 的傳奇人物，詳加報道。黃玉郎在公司籌借上市及上市初期，曾意氣風發，大搞酒會，每位到場嘉賓均獲贈一套共十多本的各類玉郎集團出版及發行的連環畫及漫畫。

玉郎國際上市的時機其實非常之好，該公司發售招股文件是在 1986 年 7 月，當時的恒生指數仍在 1700 點以下，而港股則在 7 月底開始大幅上升，到 1987 年 10 月上升至 3949.73 點的歷史性高水平。玉郎集團上市適逢黃金機會，上市後股價跟隨大市上升。該公司有鑒於此，當然不會放過集資擴展的機會。

在上市後的短短 14 個月內，玉郎集團通過發行新股上市、供股、配售的股份達 3.594 億股，相當於上市前該公司股數的兩倍，集資金額達 6.1896 億港元。

憑着雄厚的財政實力，玉郎集團除購買先進印刷設備外，更於 1987 年先後向星島集團購入位於北角的工業大廈新聞中心（後改名為玉郎中心，作為集團總部所在地）、收購《天天日報》七成股權，又籌辦出版《金融日報》，儼然成為一家新興的報業集團。

鑒於香港的漫畫市場已日漸飽和，玉郎集團遂將目光轉向海外，積極打入東南亞、美國、日本以至澳洲市場。從 1987 年 1 月起，玉郎先後以泰文、馬來西亞文、越南文以及印尼文出版多種漫畫銷售到東南亞各國，又先後與美國、日本的漫畫出版商、分銷商簽訂協議，進軍美日市場。

隨着業務的迅速拓展，玉郎集團的股價不斷上升，到 1987 年 10 月股災前，玉郎集團的股價最高升至 4 港元，市值達 22.8 億港元，與 1986 年 3 月的 2020 萬港元相比，短短兩年半內膨脹了 120 倍，可以說是童話式的奇跡。至此，黃玉郎本人也走到了他事業的頂峰。

1987 年 10 月股災是黃玉郎一生的重要轉折點。在此之前，黃玉郎過於意氣風發，開始涉足他並不熟悉的股票投資。他將名下及公司的大筆資金投入股市及期指。據說黃玉郎當時辦《金融日報》，就是希望報紙能起到影響股市、牽動股價的作用。據他透露，其時他炒期指，每天能賺幾百萬，可見他投入程度之深。十月股災，香港的恒生指數從 3949.73 點暴跌至 1800 點左右，跌幅達 45%，令黃玉郎及玉郎集團損失慘重。一般分析，玉郎集團投資於有價證券在股災中的虧損，總額達到 2.09 億港元，而玉郎集團的股價亦一度跌至 5 角。至於黃玉郎本人據說損失更巨，他在股災前持有 3000 張期指"好倉"，股災一役期指急挫 2000 點，若以每點 50 港元計，即每張虧損 10 萬港元，3000 張"好倉"即損失 3 億港元。

黃玉郎私人損失慘重，除了將過去賺得的"嘔番出來"之外，亦不得不將手上持有的玉郎股票作按揭，以取得貸款填倉。但玉郎集團因為股災中虧蝕巨大而股價一瀉千里，導致銀行"迫倉"。黃玉郎所持玉郎集團的股份便不斷下降，至 1988 年 7 月，已降至 36.42%。他創辦的《金融時報》僅開辦 72 天便告關閉，開創了香港報紙最短壽命的紀錄。

◢ 鄭經翰覬覦玉郎國際無功而返 ◣◣◣

正當黃玉郎在玉郎集團的控股權岌岌可危之際，早已覬覦玉郎集團手中賺錢的《天天日報》的星島集團老闆胡仙，開始部署收購行動。不過，先出手的是《資本》雜誌出版人鄭經翰。

過去，市場上亦曾多次傳出有財團收購玉郎集團控股權，涉及傳聞的包括怡和集團、澳洲報業大王梅鐸，可能是買家見黃玉郎無意放棄玉郎集團而作罷，並沒有如鄭經翰進行敵意收購。

事實上，在 1988 年 3 月 31 日前，敵意收購玉郎集團亦無成功的可能。因為當時黃玉郎擁有超過五成的玉郎集團股權，控制權穩如泰山。不過，1987 年股災後，黃玉郎在市場上大量拋售股份，引致控制權不穩，遂成為"群雄"環伺的"鼎中之鹿"。

鄭經翰是香港出版界的名人，1983 年從海外回香港後曾在星島集團任職，其後與三位外籍商人聯合出版《花花公子》（*Playboy*）雜誌。《花花公子》雜誌以成人刊物面貌出現，在銀彈政策下找到多個"名媛"大拍寫真，因而風行一時。鄭乘勝出擊，再出版《資本》雜誌，亦獲得成功。

當時，鄭經翰正積極拓展其出版事業，他發現玉郎集團是一家很有潛質的公司，只是由於經營管理不善，未能有效運用資源。

鄭的分析是有根據的，根據 ABC 所進行的一項調查顯示，1988 年上半年，玉郎集團旗下的《天天日報》，高踞香港中文報紙銷量的第二位（被公認全港銷售量最高的中文報紙《東方日報》並未加入調查），日銷量達 16.9 萬份，但《天天日報》的廣告收益只得 3380 萬港元，僅及銷量排第三位的《明報》收益的四分之一。另外，玉郎集團出版的《玉郎電視》在同類刊物銷量中亦排第二位，但其廣告收益亦只及第一位《電視周刊》的四分之一。

1989 年 2 月 1 日，玉郎集團公佈中期業績，不僅贏利大幅倒退，其董事局主席黃玉郎的持股量更從過去的 50% 以上下降到 36.4%。同時，玉郎集團又建議批售新股，由黃玉郎包銷，而配售價僅為每股 4 角 8 分。這個資訊令鄭經翰覺得：黃玉郎在整個 1988 年是在"派發"玉郎國際的股票，而目前趁業績不佳及不派息，股價大幅下挫之際，又想吸納及增加持股量，還使出批股這一招。

於是，鄭經翰遂覺得有機可乘，在和其財務顧問百富勤國際的董事總經理梁伯韜商議後，2月12日，鄭經翰遂透過屬下公司「太空人」（Spaceman）以一股不持的姿態向玉郎國際提出全面收購建議，收購價為每股8角正，八九認股證每份1角6分，涉及資金共達6.5億港元。如果單從賬面數字看，這次收購作價令人咋舌，因為市盈率高達60多倍。

這個突如其來的消息，令黃玉郎星夜從日本返回香港主持大局，並與財務顧問公司摩根建富聯手，作出捍衛安排。黃玉郎的反擊亦相當迅速：他首先向法院申請禁制令，禁止百富勤國際及其董事總經理梁伯韜就收購玉郎國際向太空人公司提供任何意見或協助。原因是1987年10月至1988年6月梁伯韜在任職萬國寶通期間，曾獲得玉郎國際的資料。不過，後來鄭經翰表示，他瞭解到玉郎國際的資料，並非由梁伯韜處獲得，而是來自傳媒及市場上的一份刊物，遂又向高等法院提出上訴，並獲得法院解除是項禁令。

這時，玉郎國際透過配售新股予黃玉郎的計劃亦受到香港聯合交易所上市委員會的質疑，不予批准。黃玉郎惟有千方百計籌集資金從市場吸納股份，令其持股量逐漸回升到40%以上。

不過，即使黃玉郎不努力鞏固控制權，鄭經翰的收購計劃也很難成功。因為鄭經翰手頭連一股玉郎國際的股份都沒有，而市場上持有玉郎國際股份者的成本甚高，絕大部分是在1987年股災前以每股1港元、1.5港元以至3港元以上購入，有誰願意大幅虧損去接受鄭經翰每股8角的收購價呢？若然願意，虧蝕的股東亦不會計較一兩角的差距，在五六角水平早已在市場沽出了。因此，做了「大閘蟹」的股東是不會輕易接受收購的。鄭經翰的收購戰，到了1989年3月便以失敗結束。

不過，鄭經翰並非白忙一場。在此之前，香港對鄭氏幾無認識。他的最大「曝光」，就是星期六上午在商業電台一個談天說地、嬉笑怒罵的節目中作「四分之一」主持。經此一役，鄭氏的知名度直線上升，成為公眾人物、出版界的名人。

◢ 前門拒虎，後門引狼 ◣◣◣

鄭經翰的出場，其實只是整場收購戰拉開的序幕，真正的好戲還在後頭。1989 年 2 月，這場收購戰的主要狙擊手、星島報業集團董事長胡仙開始進入角色。黃玉郎面對一個更加強勁的對手。

胡仙是富甲一方的胡文虎的女兒，1954 年起繼承父業接手主持香港《星島日報》《星島晚報》和英文《虎報》的經營管理工作。在她的統領下，星島報業集團經過三十多年的發展，已成為一個在全世界各主要大城市擁有 31 份報紙，讀者以千萬人計的跨國中文報業集團，胡仙本人更一度出任世界中文報業協會主席、世界新聞協會主席，被喻為"中文報業大王""亞洲最富有的女人"。

胡仙早已覬覦玉郎國際，尤其是其旗下銷量僅次於《東方日報》《成報》的《天天日報》。當時，胡仙採用購入玉郎集團認股證，換成正股，攤薄黃玉郎控股權的策略，透過美國信孚亞洲公司不動聲色地在市場上大手吸納玉郎集團的普通股及八九認股證。此舉令胡仙取得了三成玉郎集團普通股、五成玉郎集團八九認股證，成為僅次於黃玉郎的第二大股東。

"屋漏更添連夜雨"，為了保住一手畫出來的江山，黃玉郎在走投無路的情況下，不惜以身試法造假賬，將玉郎集團的資金，轉入他個人名下，在市場上和胡仙爭奪股份，以鞏固其控股權。

1989 年 4 月，香港警方商業罪案調查科開始調查黃玉郎及有關人士，玉郎集團股票停牌。6 月 1 日，財政司翟克誠委任畢馬域會計師行合夥人張建東調查玉郎集團事務。6 月 15 日，黃玉郎及胞妹黃妙齡、秘書梁婉媚被控告涉嫌在 1989 年 2-4 月期間，串謀填報虛假賬項紀錄，詐稱玉郎集團曾借出 1800 萬港元給三名男職員作免息貸款，但有關貸款其實最後轉入黃玉郎及其控制的公司，以及給另外兩名女子使用。

其實，在造假賬前，黃玉郎亦曾經努力嘗試令玉郎集團重新振作。他先後出售了玉郎集團擁有的八項物業（其中包括玉郎中心）以及《天天日報》七成股權，來償還債務，甚至連他本人自住多年、位於淺水灣的豪華住宅，也一併出售，改為入住一個較小的單位。

可惜一切努力都已太遲。他一手創建的漫畫王國已進入風雨飄搖的日子。正當胡仙在市場上大手吸納玉郎集團股份之時，黃玉郎除了盜用公司的公款之外，還千方百計向朋友、前新報集團董事錢國忠以及麗新集團董事林建名等人借錢，以便贖回他抵押在銀行及證券公司的玉郎股票。據錢國忠在接受記者採訪時透露，當時他們以每股 4 角 5 分的價格，替黃玉郎向抵押玉郎股票的銀行和證券公司，贖回合共 39.65% 的玉郎股權。他們並答應黃玉郎，在玉郎集團復牌前，可以按原價每股 4 角 5 分購回玉郎集團 16% 的股權。這樣錢、林兩人便透過 Tabor International Inc. 與黃玉郎訂明合約，貸款給他。黃玉郎取得 1.1 億港元資金，而錢、林等人則取得一批近四成玉郎股份的按揭權。

其後，黃玉郎因被控涉嫌串謀做假賬，被迫辭去玉郎主席一職。7 月 6 日，錢國忠以債權人身份出任玉郎主席，林建名亦晉身董事局。錢上任後即改組玉郎董事局，原董事局成員祁文傑、陳樣楠相繼離去，而王敏剛、廖綺雲等人則應邀加入。不久，錢國忠與黃玉郎關係惡化，錢一方面通過玉郎集團向黃玉郎採取法律行動追討欠款，向法庭申請收回黃玉郎的淺水灣豪華住宅、私家車、3 個俱樂部會員資格、14 部 "大哥大" 及 1 部傳呼機，另一方面解除與黃玉郎的工作合約。此時，黃玉郎可謂 "前門拒虎，後門引狼"，欲哭無淚。

至於錢、黃二人關係惡化的原因，錢國忠曾作過這樣的追述："當初黃玉郎邀請我進入董事局，親口應承與我好好合作將公司搞好，他表示玉郎集團當時已近完蛋，問我看看可否把它救回。我見他亦算是一個有道義的人，而且覺得玉郎是間有潛質的公司，只是過去的管理手法過於家族式，加上玉郎上市後黃玉郎沒有專心管理業務，沉迷於炒股炒樓，結果在股災中招致損失；為了安排債務，愈發沒有時間管理公司業務，才導致玉郎集團出現虧損。當時我還跟他約好，由他專攻漫畫創作，增加生產，我負責開拓市場。開始的時候，我每天工作 18 小時，將公司業務結構重組，又將部分失去了的錢尋回，為的是要把公司搞好。黃玉郎初時倒顯得非常合作，誰知財政司的調查員一走，他竟完全不合作，還企圖再動用公司的資金。"

錢國忠還說，當時他曾就黃玉郎私人公司虧欠玉郎集團的一筆為數約 2000 萬港元的欠款，建議黃玉郎分期攤還，但被黃氏所拒。錢國忠引述黃玉郎的回答是：

"這些向玉郎國際貸款的是二元公司，你要的話大可將它清盤。" 錢氏氣憤地表示："容許私人公司欠自己上市公司的錢，兩年來不用償還分文或利息，在法律上相信可能會出現問題。" 自此，"黃玉郎便顯得非常不合作。當財政司派來的調查員走後，他認為公司已獲救，上市復牌與否已非重要。再者，我已不下數十次跟黃玉郎表示過，雖然我對出版業的每個環節都非常熟悉，但獨畫畫不行，叫他多創作，他都完全不合作。那時，我和林建名投資在玉郎國際身上已逾1.1億港元，還邀請一班知名人士加入董事局，試問我如何交代"。

1989年11月，錢、黃二人關係進一步惡化，已發展到對簿公堂。據錢國忠稱，由於黃玉郎企圖動用公司款項，他們透過 Tabor 迫令黃氏還款，並警告他將會把有關抵押股票轉名。據說，在一次稟告狀中，錢氏等人容許黃玉郎在48小時內購回16% 玉郎股權，但黃玉郎沒有行使，反而向法庭申請禁制 Tabor 將有關股份出售或轉讓。11月底，在玉郎集團股東周年大會上，代表黃玉郎利益的黃惠敬，遭否決連任董事，而黃玉郎所擔任的玉郎漫畫主筆一職亦在聖誕節前被解除。至此，錢、黃二人反目。

◢ 敵友難辨黃玉郎拱手讓江山 ◣◣◣

到了這一地步，黃玉郎決心反撲。但今時不同往日，靠一己之力已無可能恢復江山，黃玉郎只好投靠其前度敵人胡仙。

其實星島集團及胡仙本人企圖收購玉郎國際的意向，早在1988年10月間已顯露。所以，當鄭經翰向玉郎提出收購時，市場一度誤會幕後支持者是星島及胡仙。據出版界人士分析，胡仙之所覬覦玉郎，是基於合併兩個出版集團，將成為全港、甚至全東南亞最龐大的出版及印刷集團。胡仙在1989年三四月間的玉郎收購戰中頗低調，一直只是在市場上默默吸納，沒有採取公開收購行動，這與黃玉郎當時獲得好友錢國忠、林建名等人支持有關，當時他們合共擁有五成的控股權，因此，胡仙不會貿然提出收購。

黃玉郎求助胡仙，令胡仙大喜過望。因為若黃玉郎所持有的玉郎四成股份，為錢國忠奪得，錢、林二人將持有玉郎一半股份，取得控股權，胡仙只能成為第二大股東，功虧一簣。胡仙即答應以她及星島的名義擁有一家合資公司，無條件借予黃玉郎 1.4 億港元，向錢國忠及林建名贖回股份。當然，所謂"無條件"，其實已取得黃玉郎的承諾，尋求適當機會，使所贖回股份按予胡仙的 Arbus。這就是商場上的純利益關係。胡仙本已吸納三成玉郎股份，控制玉郎一直是她的心願，只要看清當日形勢，都會知道胡仙出手助黃玉郎是必然之舉。

胡、黃的合作一度受到錢、林的阻撓。但經過一輪聆訊後，法庭最後裁決准許胡仙貸款予黃玉郎，贖回所抵押股份。1990 年 9 月 29 日，胡黃聯手，在玉郎集團股東大會上投票贊成撤換以錢國忠為首的五人董事局。星島集團成功取得玉郎國際董事會的控制權，委任鄧立人為主席及董事總經理。黃玉郎因有官司在身，仍不適宜加入玉郎董事局。錢國忠等人被轟走當天，黃玉郎露出燦爛笑容。然而最高興的卻是胡仙，她終於得償夙願，而損失最大的則是股民，原因是錢國忠等事前曾在董事局會議上通過一項決議，即董事合約若遭終止，將獲巨額離職花紅及賠償金，總額竟達 1662 萬港元。

商場其實是一個非常現實的地方，沒有利益，任何人都不會賣人情賬。由錢國忠換上胡仙，其實每一個人都只是利用黃玉郎的股份，打擊對手。黃玉郎在股市蝕了大半，傷了元氣，在缺乏財力、實力之下，卻仍有保住玉郎集團的情意結，於是惟有心不甘情不願的被錢、胡二人利用。可以說，在股市大瀉後，黃玉郎對玉郎集團、以至自己的前途，已失"話事權"。

由於胡仙及星島集團協助黃玉郎贖回股份，前董事局成員錢國忠等向香港收購合併委員會提出胡仙、星島集團及黃玉郎是"一致行動人士"，應向玉郎集團小股東提出全面收購。收購及合併委員會經過詳細研究後，於 1990 年 9 月 19 日發出聲明，認為胡仙及星島集團需提出全面收購。其後，胡仙及星島集團透過一家各佔五成、在英屬處女島註冊的公司 Sateson，提出以每股 7.2 角的價格收購黃玉郎以外的三成玉郎股份，至 10 月 19 日收購結束，胡仙及星島所持玉郎股份已增至 35% 以上，甚至四成，已與黃玉郎旗鼓相當。不過至此胡仙對玉郎的控股權仍未完全穩定，難保黃玉郎再求助另一個胡仙。

果然，黃玉郎與胡仙的"良好"關係僅維持了半年。1991 年 4 月，黃玉郎入裏高等法院，指控胡仙違背雙方於 1990 年 8 月到 10 月間所達成的一連口頭協議，包括玉郎集團未有再度僱用他、胡仙的私人公司 Arbus 亦沒有代他償還貸款。此後兩人的官司此起彼落，到 1992 年 4 月，胡仙向黃玉郎追債，追討他欠下 Arbus 一筆連本帶利約 1.63 億港元的貸款。這筆貸款就是當年胡仙用來協助黃玉郎贖回他在錢、林二人合資公司 Tabor 手上持有的玉郎股份。原來這筆錢需在 1991 年底前償還，胡仙雖然多次催促，卻遭到黃玉郎拒絕。此事直到 1992 年 12 月底才解決。胡仙和黃玉郎庭外和解，連同黃玉郎盜用公司的資產、破壞合約，黃玉郎承諾償還 3500 萬港元給玉郎集團。黃玉郎以自己所持有的玉郎股份，代替承諾的賠償。至此，黃玉郎與胡仙之間數年糾葛，終於告一段落，而黃玉郎一手創下的玉郎集團江山，亦最終雙手拱讓予胡仙。玉郎集團在胡仙經營下頗有起色。1991 年玉郎集團純利達 5500 萬港元，1992 更上升到 7500 萬港元。

值得一提的是，黃玉郎本人因串謀做假賬，於 1991 年 1 月被判入獄。曾一度在事業上與他一起奮鬥的妻子，在此之前已攜同兩個兒子移民澳洲，在他入獄當日亦沒有回來和他會面。又有誰能料到這個以一支畫筆畫出一個漫畫王國的"漫畫教父"，會落得妻離子散、聲名狼藉的下場呢！

黃玉郎的確標誌着香港漫畫的一個傳奇神話。他以不到初中的學歷，憑着童年醉心於漫畫創作，以其驚人的毅力，創造出漫畫界的企業王國。從創業維艱的商業角度看，黃玉郎是罕見的開拓人物，曾為香港漫畫事業開出一代風氣。其時，無論在哪個行業，能成功帶起風氣，是需要幾分天才、膽色和驚人的努力的，幾乎缺一不可。黃玉郎便是憑此風雲際會，成為漫畫界的一代"教父"。

不過，黃玉郎在事業上的大起大落，說明此君也有着失敗者常見的缺點。當人在行運階段，身上缺點會被優點蓋過而變成瑕不掩瑜；但當運隨風過，那些弱點就會大而化之，甚至成為事業上的致命傷。黃玉郎就是這極佳寫照，可以成為生意人的絕活材料。

◢ 餘音…… ◣◣◣

玉郎集團收購戰雖已完結，但仍未畫上一個句號。1993 年 4 月 20 日，黃玉郎刑滿出獄。這個蓄了鬍子、兩鬢斑白的漫畫奇才仍滿懷自信地表示："我現在仍然很勇，很多人都與我聯絡，這個世界沒有一件事是不會發生的。"

不過，黃玉郎出山後，並沒有如部分人所預料的那樣，重返玉郎集團，奪回失去的江山。他將抵押在胡仙手裏的三成半玉郎國際股票全數售出。除償還所欠胡仙債項外，尚餘約兩億多港元，就成為他東山再起的資本。

事實上，早在黃玉郎出獄前數月，漫畫界已醞釀巨變。首先，黃玉郎的大弟子祁文傑在此之前已辭退玉郎集團漫畫部總監一職，到加拿大蟄伏了一段日子。黃玉郎出獄當天，他便立刻接載師傅密斟，大明旗幟與師傅另創江山。行內人士相信祁文傑已另組班底，伺機待發。至於玉郎集團三名監製的另外兩位，即黃玉郎兩名弟子溫紹倫和廖瑞賢，以及銷量高居漫畫暢銷榜第四位的《街頭霸王》主筆許景琛等人，亦相繼辭職。黃玉郎在漫畫界影響之深遠，可見一斑。

不久，黃玉郎即以此班底成立漫畫界的新軍——玉皇朝集團。行內人士認為，以他的實力、拚搏精神和"狠辣"作風以及"唔衰得"的性格，黃玉郎重出江湖後在市場內佔一重要席位並不困難；但若要另創一個比以往玉郎集團更龐大的漫畫帝國、重新壟斷市場則是不可能的。

不過，商業社會永遠有奇跡出現，人們都期望黃玉郎能再創另一個奇跡。

14

挑戰建制 百利大的收購與反收購

20 世紀 80 年代末，香港證監當局的權威，受到一宗團繞百利大收購合併事件的挑戰，一時間令傳媒高度注目。

事件中，新西蘭資本控制的百利大，突然向負債纍纍、資不抵債的母公司新西蘭證券提出全面收購，觸發了小股東們的強烈不滿，小股東之一的麗斯集團中途殺出，提出反收購，形成兩軍對峙。然而，大股東竟一意孤行，公然對抗香港證監當局，漠視法律的尊嚴，不惜遭受停牌的懲罰，強行通過合併建議。事件由於涉及百慕達、新西蘭及香港多處的法律裁決，更增加了其中的複雜性。

可惜，機關算盡，不久新西蘭證券的被接管，導致百利大董事局大改組，麗斯成功入主百利大。經此一役，百利大元氣大傷。

百利大事件暴露了香港證監機關的漏洞和問題，頗值得人們深思，從中吸取教訓。

百利大的前身是怡富特別集團有限公司（JF Special Holdings Ltd.），創辦於
1981 年 9 月，同年 10 月在香港上市，主要業務是從事有價證券投資，在香港、
亞洲太平洋及其他地區發展，原為香港股市中一隻極不顯眼的三四流股。

1986 年 11 月，怡富特別被新西蘭百利大集團購入 37% 股份，隨後，新西蘭
百利大透過財務顧問寶源亞洲向其他小股東提出全面收購建議，結果取得怡富特
別 54% 股權，成為公司大股東，怡富特別亦隨即易名為百利大國際有限公司，除
繼續從事香港及海外證券投資之外，1987 年初以每股 6.85 港元價格購入永安集
團展開收購，不過後來又以每股 8.05 港元售出其中約 900 萬股永集股份，有關收
購無疾而終。1987 年 8 月，百利大以 1.1 億港元購入香港山頂道寶雲山大廈物業，
開始投資香港地產。

1988 年 5 月，百利大國際宣佈與母公司新西蘭百利大合併為百利大有限公司，
在英屬百慕達註冊，並取代原公司在香港的上市地位。合併後，新西蘭證券（New
Zealand Equuities Ltd.）持有百利大 36% 股權，成為百利大最大股東，而百利大董
事局亦因此被新西蘭證券控制。

20 世紀 80 年代中期，澳洲資本大舉進軍香港，不少澳洲和新西蘭的企業紛
紛來港借殼上市，形成一股空前的聲勢。其中，最早的是李明治，在香港成立輝
煌太平洋，後來逐步發展成頗具聲勢的聯合集團系。其後，龐雅倫的奔達集團、
新西蘭的百利大以及 Captialcorp 等也紛至沓來。然而，不出數年，除了李明治的
聯合集團仍有聲有色之外，其餘包括著名的奔達集團，多已聲沉影寂，而百利大
亦因此而爆發收購戰，事件令該公司在香港證券界一時高度矚目。

◢ 百利大反向收購母公司 ◢◢◢

1989 年 6 月 21 日，百利大突然宣佈，將以換股的方式全面收購其控股公司
新西蘭證券，條件是每五股百利大新股換取新西蘭證券二股普通股，即每股作價
2.24 港元，收購總價值為 8630 萬港元。當時百利大執行董事范廉登表示，是項
收購行動將可增加百利大在太平洋沿岸地區拓展的機會，並為百利大提供一個香

港以外的多元化發展基地。百利大董事局指出，收購行動雖然會增加百利大的資產負債比率，但以雙方在 1988 年底止的業績計算，兩家公司合併後的中期贏利將會大幅提高。

不過，百利大建議公佈後，證券界不少人士都認為此舉對百利大未必有利。曾經對該公司作過深入研究的詹金寶遠東董事潘鑒韜就這樣認為。當時，百利大曾就是項收購成立董事局獨立委員會，並委任財務顧問研究，以便向獨立董事及少數股東提意見。據說，百利大曾接觸過一家商人銀行，但被其拒絕，最後才委託了寶源投資出任財務顧問。

該事件引起了香港證監處的關注，7 月 14 日，證監處表示有關合併計劃需要得到獨立董事的表決，而大股東新西蘭證券則無投票權。

7 月 19 日，百利大向股東發出收購新西蘭證券的文件，董事局獨立委員會及寶源投資均推薦股東接納收購建議，該文件表示："百利大董事會之獨立委員會及本公司財務顧問寶源投資，均堅信建議中的合併具有商業合理性，並估計百利大股東收購建議之條件為百利大股東贏利所帶來的增長，及由兩集團合併後擴闊營業基礎所應得的利益，確信閣下應投票贊成決議案以使收購建議得以實行。"

不過，百利大發出的收購文件卻顯示，其控股公司新西蘭證券的負債竟高達 12.3 億港元，其中包括貸款 8.2 億港元，透支約 6560 萬港元，負債 5920 萬港元，以及價值近 3 億港元的優先股股本，而股東資金僅 1.19 億港元。換言之，該公司的負債與股東資金比率高達 1030%。

實事上，新西蘭證券資不抵債、經營問題叢生，從其股價走勢已可看出。1987 年，該公司股價尚值每股 4.01 新西蘭元，但到 1989 年 8 月收購建議時，已跌至每股 0.83 新西蘭元，跌幅高達八成。

百利大其時已建立穩固的贏利基礎。根據截至 1989 年 6 月底年度業績，百利大除稅後綜合純利為 1500 萬港元，主要資產包括山頂寶雲山大廈共 27 個住宅單位，年租金收入 2100 萬港元，Benetton 連鎖服飾店 26 家，以及證券投資組合，總資產淨值達 3.13 億港元。

很明顯，是項收購建議包藏了大股東新西蘭證券背後不可告人的目的，就是要犧牲百利大小股東的權益，去拯救陷入財政危機的控股公司新西蘭證券。如果百利大成功收購新西蘭證券，將要大幅分攤該公司的龐大負債，令本身的資產負債比率大幅上升。

奇怪的是，一項如此不合理的收購建議，竟獲得大多數股東的贊成。8 月 16日，百利大董事局表示已收到 74% 的股東接受有關收購建議，收購隨即成為無條件。百利大決定於 8 月 21 日召開特別股東大會就擴大股本建議進行表決。

在這關鍵時候，香港的兩個證券監管機構卻出現了嚴重的意見分歧。8 月 17日，香港聯合交易所發表聲明，同意大股東新西蘭證券可在股東特別大會上投票。由於當時新西蘭證券已持有百利大 38.7% 股權，即只要其餘股東反對收購建議的數目不超過 10%，收購建議將得到半數以上股東同意而獲得通過，小股東的權益將受到嚴重損害。更奇怪的是，當時香港聯交所的聲明明顯違反新上市條例保障投資者的原則。

8 月 18 日，即香港聯交所發表聲明的翌日，香港證監處去信百利大，重申有關收購計劃需要獨立董事的表決方可推行。然而，在當時的上市條例下，證監會實際上無法阻止新西蘭證券參與投票。新西蘭證券亦看到他們參加投票對整個收購計劃成功的重要性，決定一意孤行。關鍵時刻，小股東麗斯集團突然半途殺出，向百利大提出反收購建議，一場收購戰瞬即爆發。

◢ 麗斯向百利大提出反收購 ◣◣◣

百利大董事局的行徑，引起小股東的強烈不滿。8 月 18 日，持有百利大15.5% 股權的小股東麗斯（Laisee Company Limited）知會香港聯交所，表示反對百利大收購新西蘭證券，並準備向百利大提出反收購建議。翌日，麗斯正式宣佈，已委託財務顧問英高財務以每股 1.2 港元價格全面收購百利大，附帶條件是百利大不收購新西蘭證券。根據是項收購建議，收購百利大涉及的資金約 2.52 億港元。

麗斯在收購建議中指出，百利大收購新西蘭證券將立即對百利大的股價產生不利影響，百利大將因為收購新西蘭證券而導致本身嚴重借貸，百利大因此可能需要重組資本或出售資產。麗斯為保障自身的利益，故決定提出反收購建議。麗斯並要求百利大董事局押後舉行特別股東大會，以便讓百利大股東有足夠的時間去考慮麗斯的收購建議。

麗斯的身份在當時頗為神秘，外界只知道它是一家台灣資本公司，其控制人是台灣股壇大名鼎鼎的翁大銘的妹妹翁美蓮。翁大銘原是台灣華隆集團的首腦，從華隆幕前退出後與其妹轉到香港發展，不料遇到如此棘手的事情。麗斯在百利大特別股東大會前夕提出反收購，目的顯然是要拖延百利大與新西蘭證券的合併，再徐圖良機。

對於麗斯的現金收購建議，百利大董事局及公司財務顧問立即作出反應，表示拒絕，理由是麗斯的收購價較百利大每股的資產淨值折讓 10%，缺乏吸引力，呼籲股東不要接受麗斯的反收購。當時，香港一名資深的商人銀行家就表示："對於有財團提出一個現金收購價，獨立董事委員會及財務顧問理應重新好好考慮，將收購新西蘭證券與接納這現金收購對股東的利益作一比較，才作出建議。怎能好像不假思索般便拒絕，指責欠吸引力？"

事件發展到如此糾纏不清的時候，香港的兩大證監機構——聯交所和證監處才取得共識，雙方要求百利大特別股東大會在延至 8 月 24 日後，須再動議壓後兩周，以便讓小股東有充足的時間考慮有關收購建議，否則，將不批准百利大新發行股份在香港掛牌上市買賣。

然而，8 月 24 日的百利大特別股東大會上，大股東新西蘭證券不僅投票否決了將特別股東大會壓後兩周的動議，而且投票通過合併建議。從決議案的投票結果顯示，只有約 80% 的百利大股東出席了會議，其中，61% 的股東投票贊成收購新西蘭證券，如果扣除大股東新西蘭證券所持的 36% 股權，實際只有 13% 的小股東贊成，而反對合併的小股東卻有 31%，證明大多數小股東的意見，是反對收購計劃的。

當時，圍繞百利大事件的爭議主要集中兩點：其一，新西蘭證券作為被收購對象，但它又是百利大的大股東，在是項決議中應否參加投票；其二，當小股東利益被犧牲時，證監處和聯交所是否應該干涉？

純粹從法例看，無論是公司法、上市條例等，當時均未有規定上市公司的股東，不能在與其本身利益有關的決議案中進行投票。新西蘭證券正是鑽了香港證監法例的這個漏洞，因此不少證券界人士都認為，香港證券業的監管系統在如何保護小股東利益方面依然存在不少問題，尤其是當人們聯想到遷冊海外公司購回本身發行股權問題以及香港上市的海外註冊公司應否受到香港法例限制的問題，都批評香港的公司法已遠遠落後於香港金融業的急劇變化，予人一種不合時宜的感覺。

當時的情形是，百利大的大股東新西蘭證券對證監處和聯交所的警告不予理會，寧願放棄百利大新股甚至全部股份在香港的上市地位，強行通過合併決案。結果，百利大股份被聯交所勒令即時停牌。對此，香港證監會副主席白嘉度表示："監管當局的運作是為維護少數股東權益，故此百利大的決定是向保障少數股東權益挑戰。"

◢ 對峙僵局終被打破 ◤◤◤

百利大特別股東大會決議通過合併後，以麗斯為首的少數股東隨即入稟法院，控告百利大、百利大董事局及其財務顧問寶源投資，指控百利大增加股本的決議無效，並向百利大董事局索取賠償，至於對寶源投資的指控，則由於其協助決議通過而引致股東的利益受到損害。

9月6日，麗斯呼籲少數股東支持麗斯在9月18日召開的百利大股東大會上，提名三名董事加入董事局，並將四名與新西蘭證券有關聯的董事踢出董事局。

於是，圍繞着即將召開的百利大股東大會，雙方再次展開白熱化角力。當時聯交所已表態，在百利大股東大會上，百利大已成功收購的新西蘭證券並無投票權，否則，百利大可能會被無限期停牌。因此，支持百利大董事局的票數，與麗斯所持的約一成半相若，彼此成勢均力敵之局。

當時，百利大董事局與麗斯對是次全體股東大會的成敗均十分緊張，雙方展開投票權的爭奪戰，各施其法，爭奪少數股東授權書的支持。

1989年10月，百利大的一名小股東、以新西蘭為基地的 Brook 投資公司，突然入稟新西蘭法院，申請禁制令，禁止五家代理人公司就其持有的百利大股份投票，原因是這五家代理人公司沒有透露其最終受益人。結果，新西蘭法院裁決，禁止這五家代理人公司所持有的百利大股票投票，包括新鴻基代理人、香港上海滙豐銀行代理人、恒生銀行代理人、Horsford 代理人及友聯銀行代理人，他們所持百利大股份約佔 4.7% 股權。

據市場人士透露，這五家代理人公司所持股份，很可能投票支持麗斯集團，因此，百利大董事局全力將這批股份凍結，以消弱麗斯方面的支持票數。

麗斯自然亦不甘示弱，隨即向百利大註冊所在地百慕達最高法院申請禁制令，制止百利大全體股東大會如期召開，並要求法院裁決五家代理人公司所持股份的投票權問題。結果，百慕達法院裁決，禁止舉行百利大全體股東大會，並認定五家代理人公司持有股份有權投票。

至此，百利大的爭奪戰已形成僵局。百利大是一家在百慕達註冊，在香港作第一掛牌，在新西蘭作第二掛牌的上市公司。其間，雙方的爭奪鬧到百慕達法庭和新西蘭法庭，然而，兩地的法律大不相同，裁決結果亦迥然相異，從而令整個事件更加複雜，無法解決。對此，麗斯的財務顧問英高財務的一位人士就有這樣的感慨："一間公司涉及兩地法律，十分之複雜，不時要奔走兩地，並且法律成本重，最重要的是損失了時間，令很多事情有時更難改善。"

不過，就在這時，事件突然露出曙光。早在百利大特別股東大會後的一個月，來自新西蘭方面的消息證實，新西蘭 UEB 退休金組織正要求新西蘭證券賠償 2400 萬港元，如果該組織勝訴，新西蘭證券的資產將等於零，但百利大在收購文件中，對此並未提及。結果，百利大股東大會一再延期。

到了 1988 年 11-12 月，百利大的兩名董事賈培德和范廉登突然先後宣佈辭職，在事件中一直出任百利大財務顧問的寶源投資亦宣佈辭職。及至 1990 年 2 月 23 日，百利大收購了只有半年的新西蘭證券，被新西蘭法院委派國衛保險代理人公司接管。稍後，香港政府財政司亦決定委任調查員調查百利大。至此，新西蘭證券在百利大收購戰一役中潰不成軍。

1990 年 3 月 2 日，即在財政司翟克誠決定派員調查百利大事件的數日後，百利大董事局在港府的壓力下宣佈改組，百利大原董事局所餘三名董事，包括主席范彼得及賈彼得均被擯棄出局，獲增補董事均為麗斯成員，包括翁美蓮、陳崇偉及羅晃等。

麗斯成功控制百利大之後，隨即展開重組工作，關鍵是與正在清盤中的新西蘭證券脫離關係。早在 1989 年 12 月，百利大在收購新西蘭證券後，原董事局曾向新西蘭證券提供 9.39 億港元的擔保。經過數月的磋商，1990 年 8 月，百利大終於與新西蘭證券的清盤人達成協議，解決雙方的債務關係，麗斯並以每股 0.6 港元價格向新西蘭證券購回其所持 34.2% 的百利大股權，成為百利大股東。

百利大新董事局並向寶源投資提出訴訟。寶源投資建議並協助百利大收購新西蘭證券，而後者在被收購大半年後即遭清盤命運，百利大法律顧問認為寶源投資犯錯，是一個明顯的 "疏忽"，要求予以賠償。對此，翁美蓮認為這不是 "報復" 行動，而是要求一個 "公道"。

1990 年 3 月 29 日，香港收購及合併委員會經過半年的調查和聆訊，裁定百利大前董事局主席范彼得、前董事范廉登、賈培德以及恒澤物業主席潘繼澤為一致行動人士，要求他們以每股 1.1 港元價格向百利大股東提出全面收購建議。原來，百利大原董事局曾於 1989 年 8 月發行 1900 萬股新股予香港地產商潘繼澤，收購其持有的 Serge Pun & Associates 16.72% 股權。收購完成後，新西蘭證券仍持有 44.2% 百利大股權，已超過 35% 的全收購點，故需提出全面收購。

收購及合併委員會原是應麗斯的財務顧問英高財務的要求而進行調查裁決的。結果，范彼得、潘繼澤等人均沒有提出全面收購，於是收購及合併委員會先後對范彼得、范廉登、賈培德三人提出公開譴責，並表示將反對三人出任香港任何一家上市公司的董事。

1991 年 1 月 22 日，停牌一年半的百利大經多方奔走，終於獲香港聯交所批准復牌，當日收市百利大股價報每股 0.96 港元，比停牌前的每股 0.82 港元還上升了 0.14 港元。難怪翁美蓮笑逐顏開地表示："我們投資這間公司仍有利可圖，仍有賬面贏利。"

就在百利大復牌當天，公司召開股東大會，宣佈百利大董事局主席由翁美蓮的兄長翁大銘出任。翁大銘表示："未來百利大主要有兩項事情要做，其一是繼續向前財務顧問寶源投資索取賠償，其二是整頓現有業務，釐定公司未來的發展計劃。"

不過，經此一役，百利大已元氣大傷，沉浮於香港股海之中，再度沉寂下來。

15

黃雀在後 中信泰富兼併恒昌企業

非上市公司的收購兼併，恒昌企業收購戰無疑是著名的一役。

恒昌號稱"本地老牌洋行"，規模宏大，旗下大昌貿易行在香港可說家喻戶曉。然而，踏入 20 世紀 90 年代，恒昌的創辦人何善衡等，因年事已高，後輩無意繼承，有意售盤。

最初接盤的，是何氏的誼子和好友組成的備怡，可惜備怡觸犯大忌，聲言將恒昌"拆骨"，鎩羽而歸。趁虛殺入的，是榮智健的中信泰富，它與李嘉誠、郭鶴年等頂級富豪組成的財團，因陣容鼎盛，誠意拳拳，順利接盤。不過，螳螂捕蟬，黃雀在後，原來榮公子還有後着，結果中信泰富成功兼併恒昌，從一家策略性投資公司蛻變成多元化"大行"。

時勢造英雄，英雄亦可以造就時勢。一家中資大行就此崛起，躋身怡和、太古、和黃之列，傲視同儕，吸引了多少後繼者效仿。

香港本土缺乏天然資源，所以長期以來，香港經濟發展都依賴對外貿易。因此，市場上出現大量從事進出口、轉口貿易的貿易公司（俗稱"商行"）。不過，自香港開埠以來，能夠在市場上分得大杯羹的貿易公司，幾乎全都是英資企業，因此一般習慣稱之為"洋行"，如怡和、和記、太古、會德豐等，均是香港貿易界的巨擘。若論本地華資貿易公司，能夠跟上述英資洋行齊名的，莫如有"本地老牌洋行"之稱的"恒昌企業"。說到恒昌，香港一般市民未必會熟悉，但若談到恒昌的全資附屬公司大昌貿易行，相信無人不知曉了。

◢ 本地老牌洋行──恒昌企業 ◢◢◢

恒昌企業的歷史，最早可追溯到 20 世紀 30 年代。1933 年 3 月 3 日，生大銀號的老闆林炳炎聯同他的幾位好友何善衡、梁植偉和盛春霖，在香港永樂街創辦恒生銀號，即恒生銀行的前身。1945 年 9 月，即香港光復後一個月，恒生銀號在香港重整旗鼓，從事黃金買賣、找換及匯兌業務。

翌年，恒生銀號的幾位股東與梁銶琚聯手籌組大昌貿易行，從事糧油雜貨的轉口貿易及批發零售。不過，當時大昌貿易行並沒有自己的辦公地方，只在恒生銀號佔用若干位置，而僱員亦需兩面兼顧。18 年後即 1964 年，恒昌企業在香港註冊成立，作為恒生銀行和大昌貿易行的控股公司，恒昌即取自恒生銀行的"恒"和大昌貿易行的"昌"。

20 世紀 60 年代中期，香港爆發空前的銀行擠提風潮，受此衝擊，恒昌被迫將恒生銀行 51% 股權售予滙豐銀行，以取得滙豐銀行的注資和支持，渡過危機。自此，恒昌企業的主要資產便剩下大昌貿易行的全部權益。

大昌貿易行創辦於 1946 年，創辦後即積極在中國內地及海外拓展商業網絡。1954 年，大昌被港府指定為首批進口米商，遂積極發展香港本銷市場，從泰國、美國及中國內地選購精米供應香港市場，又從加拿大、澳洲、新西蘭、丹麥、瑞典、挪威、英國及日本等地採購各類山珍海味，包括鮮凍鮑魚、各式海鮮、鮮凍豬牛羊鹿等肉類及雞鴨鵝鴿等禽類，以及各種油類、罐頭、糖品、飲料等，供應香港的批發商、超級市場、加工製造商、各式酒樓餐廳等，成為香港最具規模的食品供應商之一，而大昌開設的大昌食品市場連鎖店更發展至遍及港九各個角落。

踏入 20 世紀 60 年代，大昌開始經營汽車銷售代理業務，先後收購或創辦合眾、合群、合誠、合安、合德、合豐、合信、合泰等八家汽車行；又在新蒲崗、長沙灣、鰂魚涌及九龍灣開設汽車服務中心，其中，九龍灣汽車服務中心總樓面面積達 100 萬平方呎，成為全東南亞規模最大、設備最先進的汽車維修保養中心。到 90 年代初，大昌所代理的三種牌子的日本車——本田、日產和五十鈴，已佔香港客用汽車市場的 20%，佔商業及工業汽車市場的 55%，成為香港最大的汽車銷售集團之一。

大昌貿易行的營業部門，除設有米部、糧油雜貨部、食品部、化妝品部、建材部、機械工程部，以及八家汽車公司、四處維修服務中心之外，還設有電器部，代理意大利、德國、美國及日本製造的家庭電器和音響器材；出口部為全球買家介紹及代理銷售香港製品，包括時裝、運動鞋類、電子電器、石英鐘錶及新奇產品。到 90 年代初，大昌貿易行已成為一家規模龐大的貿易公司，員工數目達 5 千餘人，購銷網絡遍及全球各地。

全資持有大昌貿易行的恒昌企業可說是中國式家族管理的成功典範，數十年來業務發展速度驚人。被收購前，恒昌除擁有大昌百分之百股權外，還擁有位於香港及海外的物業超過 52 億港元，其中包括位於港島中環、市值超過 10 億港元的恒昌大廈，以及 18.6 億港元的有價證券和現金。1990 年，恒昌的營業額為 103 億港元，純利為 10.44 億港元，以贏利計，假若恒昌為上市公司，在 33 隻恒生指數成份股中，排名高達第十九位，名次雖在和黃、長實、怡和等之下，但高於恒隆、隆豐國際、中華煤氣、合和等大公司。

被收購前，恒昌企業的主要股權是由恒生銀行代理人有限公司持有，佔全部已發行股份的 31.8%。據與恒生銀行關係密切的人推斷，這些股權的實際受益人是何善衡、梁銶琚及林炳炎家族等。此外，何善衡、梁銶琚及林炳炎之子林秀棠又以個人名義分別持有 3.84%、2.80% 及 1.22% 股權（表一）。若無他們的首肯，收購恒昌是不可能成事的。

表一：恒昌企業董事局截至 21/3/1990 持股量

恒生銀行代理人有限公司　6678162　31.8%							
永遠董事					董事		
何善衡	806835	3.48%	文國鎏	1250	—	李文照	143763	0.68%
梁銶琚	588515	2.80%	林秀棠*	255908	1.22%	何德徵	—	—
何添	349151	1.66%	梁炳修	4375	—	梁泳煊	136678	0.65%
劉國偉	17377	0.08%	梁智斌	165315	0.78%			
何子焯	30000	0.14%	利錦桓	14000	0.06%			
老洪鈞	119156	0.56%						

＊林秀棠已倒戈，支持備怡。

◢ 備怡覷覦恒昌鎩羽而歸 ◢◢◢

　　最早覷覦恒昌企業的財團，是由鄭裕彤與林秀棠、林秀峰昆仲以及徐展堂所組成的備怡有限公司。1990 年 8 月 10 日，代表鄭裕彤家族利益的私人公司周大福企業，與代表林氏昆仲的百寧順，以及徐展堂的北海實業，合組備怡有限公司，準備全面收購恒昌企業，各佔的比例分別是 65%、25% 和 10%。

　　鄭、林等人之所以動恒昌企業的主意，是因為得悉恒昌主要股東何善衡、梁銶琚等人有意將恒昌售予友人。何善衡是恒生銀行的主要創始人之一，當時已屆92 歲，何雖有 13 名子女，但他們都無意繼承父業，長子何子焯其時已年逾六旬，早已移民加拿大。何家唯一直接參與管理大昌貿易行業務的，是何善衡長女何慶華的夫婿老洪鈞。梁銶琚其時亦已 89 歲，況且他因妻子病逝，已經意興闌珊，女兒梁潔華亦無意繼承父業。特別是經過 1990 年中東海灣戰爭的衝擊，這兩位老人家於是萌生出售恒昌的意念。

　　這個重要信息首先被何善衡的誼子林秀峰得悉。林秀峰的父親林炳炎，是恒生銀行及大昌貿易行的主要創辦人之一，何善衡初出道時，曾得林炳炎的幫助。林炳炎身故後，何善衡對故人之子很是愛惜，甚至把林秀峰收為誼子。林秀棠、林秀峰兄弟早年經營佳藝電視失敗，1981 年又捲入陳松青的佳寧集團買賣金門大廈一案，被港府起訴，在香港的老牌世家之中，已經風光不再。但何善衡毫不見棄，而且說過 "只要有我一日，我都不會讓炳哥的後人陷入困境"。

何善衡有意將恒昌售予友人使其能繼續經營下去的意思，首先由林秀峰傳遞給新世界發展主席鄭裕彤。鄭裕彤和何善衡是老朋友，這從鄭一直出任恒生銀行董事，而何善衡則出任新世界發展主席多年這多重關係中可見一斑。鄭、林即邀請近年頗為積極進取的徐展堂加盟，第一時間組成備怡，準備接盤。經林秀峰的奔走，到 1990 年底，買賣雙方基本達成協議，備怡以 54.1 億港元收購恒昌企業全部股權。

不過，到了 1991 年初，情況突然發生變化，一方面固然是中東海灣戰爭的膠着局勢發生變化，到美國軍隊發動空戰後，形勢已趨明朗化。據接近何、梁的人士說，當時老人家們已開始有點回心轉意，但他們這一輩的生意人，一諾千金，是絕對講信用的。導致形勢突變的原因是收購財團觸犯了老人家的大忌。

原來在收購期間，周大福企業、百寧順及北海實業等均公開發表聲明，表示收購成功後會將恒昌企業 "拆骨"。據說鄭裕彤的家族私人公司周大福企業將獲得恒昌名下的地產物業，林氏家族將繼承其汽車代理銷售業務，而徐展堂則分得大昌名下的糧油代理權等。

"拆骨" 之議成為整件事情的轉折點。何善衡、梁銶琚等人都是重感情的人，恒昌企業有今天的成就，毫無疑問灌注了他們四十多年的心血。當日銀行危機爆發，兵臨城下，他們不得不將恒生銀行控制權出售予滙豐銀行，但那是形勢所使然，沒有辦法。恒昌企業則不同，他們穩握控制權，這盤生意更是他們家族親情的核心。

恒昌企業的 430 多個股東中，不是他們的親戚，就是好友，或者是忠心的下屬。就算出售恒昌，他們的心願始終是希望這近半個世紀的功業，可以繼承維繫下去。況且，在恒昌的員工中，不少是從創業起就與他們一起打江山的，老人家又怎忍心令這些舊部惶然無着？故此，"拆骨" 之議是收購財團最大的失策。到了 1991 年 2 月 1 日，何善衡突然辭去新世界發展的董事，事態的突變，已露端倪。

其實，一家公司因主要股東年事已高，萌生退意，邀請老朋友進行收購，恒昌企業並非第一家。其他老牌企業亦曾有過這類安排，最廣為人知的就是經營"雙妹嘜"花露水的廣生行。1988 年底，廣生行董事局主席馮萬舉有意退休，曾邀請老朋友、廣生行董事李嘉誠提出全面收購。

李嘉誠在提出全面收購廣生行時，曾說過他收購廣生行，純粹是應朋友之邀，而在收購成功後，會竭力將廣生行的傳統生意"雙妹嘜"化妝產品業務搞好，這可能是老企業創辦人的情意結。老企業創辦人因年事已高，要退隱江湖，出售企業股權，但並不希望其一手創辦的企業從此銷聲匿跡，總希望它會繼續興旺下去。

以周大福企業為首的備怡，眼看何善衡、梁銶琚等人已有意打退堂鼓，遂一不做、二不休，於 5 月初提出公開收購恒昌企業的建議，以每股 254 港元價格收購恒昌全部已發行股份 2103 萬股，作價 53.4 億港元。

6 月 7 日，何善衡夫人李怡顏逝世。老年喪偶，何善衡心情自然不好過，這期間他還要竭力捍衛他生命中的另一主要事業恒昌。覬覦這盤百億港元大生意，並居中策劃其事的，是他的誼子林秀峰。就算是局外人，相信亦不難體會這位老人家的心頭滋味。

6 月 11 日，備怡發出正式收購建議書，此時林秀峰亦正式表態，把名下及百寧順所持的恒昌股權，投向備怡一方。三日後，以何善衡為首的恒昌董事局作出反擊，透過寶源投資發出的長達 62 頁的反收購文件，詳細列出恒昌企業在香港、日本、美國、加拿大以及新加坡所持有的 77 項物業資產，並公佈恒昌過去五年的詳細業績及賬目。反收購文件指出，恒昌的資產估值達 77.8 億港元。反收購文件還承諾，一旦擊退備怡的收購行動，就會派發每股 40 港元的現金股息。

恒昌董事局的這一招，發揮了連消帶打的效應。恒昌擁有 18.6 億港元有價證券及現金，肯定是備怡的主要目標之一，因為這大筆現金可以大大減低收購行動所需要的資金，收購的借貸額便可大幅下降。派發大額現金股息，既可安撫小股東，更減低被收購的吸引力，是高明的一着。在恒昌董事局的反擊下，到了 7 月初，備怡的收購行動終因出價過低，遭到大股東的反擊而告失敗。

以鄭裕彤為首的備怡集團為什麼會如此失策呢？自 1989 年初鄭裕彤從第一綫退下來，讓長子鄭家純負起新世界的實際工作後，新世界發展便表現得相當進取，先後採取連串收購行動，包括敵意狙擊郭氏永安集團、收購美國華美達酒店集團等。當時，新世界收購美國華美達酒店集團，所採取的便是類似的"拆骨"方式。

1989年底，新世界發展與美國的Prime Motors集團達成協議，在收購成功後將華美達酒店集團"拆骨"，新世界發展取得華美達酒店在美國及全球的酒店網絡，以及美國酒店部分物業，而Prime Motors集團則可擁有在美國的特許經營酒店網。作為美國機構的華美達酒店，對此拆骨不太介意，而且當時該公司在財政上亦必須重組，這與恒昌企業絕對不同。

因此，有人揣測，從整件事情的發展來看，狙擊恒昌無論從手法到作風，更似是鄭家純之作。況且，新世界發展過去得到恒生銀行的幫助不少，1972年新世界發展上市，鄭裕彤便邀得何善衡出任董事局主席，可見鄭裕彤對何善衡的敬重。有人認為，鄭裕彤親自部署狙擊恒昌，幾近天方夜譚，問題可能出在一班"後生"身上。

▲ 榮智健乘時介入恒昌收購戰 ◄◄◄

備怡收購行動失敗之後，收購恒昌企業的真命天子──香港中信集團登場，而"紅色資本家"榮毅仁之子榮智健，則是該集團的靈魂和主要決策人。

榮智健可說出身於中國近代史上最顯赫的企業家族──榮氏家族。據史家稱："言中國實業者，必在南通、無錫……而無錫者必以榮氏兄弟。"榮智健的祖父榮德生及其兄長榮宗敬，是清末"實業救國"熱潮中，第一批崛起的民族資本家。到30年代，榮氏兄弟旗下的申新紡織集團擁有的資本額已逾2000萬元，成為當時全國最大的紡織企業集團。

抗日戰爭爆發後，榮宗敬與家人避居香港，翌年病逝。在這段期間，榮氏集團的部分資金與設備因一些家族成員及主要股東的外遷而外流至香港、巴西、菲律賓、泰國等地。但榮德生與兒子榮毅仁決定留下，並阻止其他股東把工廠設備外遷。

1949年中華人民共和國成立後，榮德生曾出任全國政協委員。1952年，榮德生病逝，家族事業遂由榮毅仁接掌。1956年，榮家的企業全部公私合營化，榮毅仁得到當時國務院副總理陳毅推薦，出任了上海市副市長。1956 年更赴北京出任紡織工業部副部長。十年"文化大革命"期間，榮家亦無可避免地受到衝擊。

1979 年，中國推行改革開放方針，榮毅仁在鄧小平的鼓勵下，重新步入商界，成立了直屬國務院的中國國際信託投資公司，即香港中信集團的母公司，並出任該公司董事長。1993 年，榮毅仁出任國家副主席。因此，榮智健可以說有很深厚的背景。

榮智健於 1942 年在上海出生，後來考入天津大學電機工程系，文革期間被下放到四川涼山彝族自治區鍛煉。1978 年移居香港。來港後，曾利用父親在香港的一些剩餘資產創辦愛卡電子廠。榮智健曾對記者表示："作為一個生意人，我當年最大的成功不是愛卡，而是 1982 年從愛卡賺到的錢在美國投的一項創業投資。"據估計，榮氏在這項投資中至少賺到 3 億港元。前後不到十年時間，榮智健的個人財產已從數十萬元急增到 4 億港元。可見，加入香港中信前，榮智健已是一名相當精明的商人。

1979 年中國國際信託投資公司在北京成立後，即在香港設立分公司，不過並沒有經營任何項目，僅屬代表機構性質。1985 年 5 月，中信國際投資（香港）有限公司在香港註冊成立，先後在香港、深圳、山東等地投資了幾家工廠，做了幾筆鋼材進口生意，均為中小型規模。1987 年香港中信集團重組，榮智健應邀出任副董事長兼總經理。自此，香港中信開始活躍起來。

香港中信集團在香港的投資，首先集中在航空、電訊等公用事業領域。1987 年 2 月，香港中信以 23 億港元價格收購了國泰航空 12.5% 股權。1989 年底，香港中信以逾 100 億港元價格，收購香港電訊 20% 股權。經過這兩次收購行動，香港中信聲名大噪，令商界同行為之矚目。

20 世紀 80 年代末，香港中信已發展至相當龐大的規模，除持有國泰航空 12.5%、香港電訊 20% 股權外，還擁有港龍航空 38.3%、東區海底隧道 23.5%、澳門電訊 20% 的股權，以及價值約 10 億港元的地產物業、一個約 30 萬噸的船隊，還在內地江蘇、內蒙古等地投資建設發電廠，集團總資產接近 200 億港元。

踏入 90 年代，香港中信開始借殼上市。1990 年 2 月，以 3.69 億港元價格向曹光彪家族收購小型地產上市公司泰富發展 51% 股權。當時，香港中信副董事長兼總經理榮智健已表示：“這只是第一步，我們希望在香港這個資本主義社會學習做生意。”

隨即，香港中信開始向泰富發展注入公司資產，以壯大其規模。收購完成後，泰富發行 3.11 億新股，每股 1.2 港元，集資 3.73 億港元，向香港中信購入港龍航空 38.3% 股權及兩幢工業大廈。1991 年 6 月，泰富發展再發行 14.92 億新股，每股作價 1.35 港元，另發行 5 億港元可換股債券，集資 25.1 億港元，向香港中信購入國泰航空 12.5% 股權，及澳門電訊 20% 股權。交易完成後，泰富發展易名為中信泰富，成為資產值逾 40 億港元的大型上市公司。

這時，備怡收購恒昌的行動已接近失敗，榮智健遂把握機會，透過中信泰富將收購的目標指向恒昌企業。

◢ 榮智健聯同華資大亨收購恒昌 ◣◣◣

1991 年 8 月初，中信泰富組成收購恒昌企業的旗艦——Great Style。Great Style 共有 9 名股東，其中，中信泰富佔 36%、李嘉誠佔 19%、鄭裕彤的周大福企業佔 18%、百富勤佔 8%、郭鶴年的嘉里集團佔 7%、榮智健個人佔 6%、何厚鏘兄弟佔 4%、冼為堅及馮景禧遺孀馮梁寶森各佔 1%。百富勤既是這次收購的股東，又是財務顧問。

中信泰富邀請李嘉誠、郭鶴年等大亨組團，一方面固然是財務安排的需要，另方面亦是明顯地想藉助該等知名人士的聲望，以減低恒昌董事局的抗拒。其中，榮智健與李嘉誠已是多年的老朋友。1988 年雙方曾聯手試圖收購置地，頗令外界矚目。1991 年 6 月中信泰富配股集資，李嘉誠、郭鶴年均應邀入股，成為股東，分別持有中信泰富 5.4% 及 20% 股權。李、郭等加盟收購財團遂順理成章。

據說，當初中信泰富、李嘉誠、郭鶴年等合組財團收購恒昌時，有意加入的財團甚多，為免傷和氣，搶高收購價格，他們更邀請一度有意收購恒昌的鄭裕彤加盟，組成陣容鼎盛的財團。至於收購落敗的林秀峰兄弟以及徐展堂，自然亦不會善罷甘休，分別組織財團展開收購，但實力和聲勢已相去甚遠。

8月7日，中信泰富宣佈已與李嘉誠、鄭裕彤、郭鶴年等組成收購財團 Great Style，準備以每股 330 港元價格全面收購恒昌。這個價格雖然比備怡的每股 254 港元高出 30%，但比恒昌董事局重估資產後的每股 393 港元低，亦比林秀峰兄弟和徐展堂分別提出的每股 345 港元及 380 港元為低。何善衡、梁銶琚等恒昌大股東雖嫌 Great Style 出價仍然偏低，但覺得對方陣容強大，且不失誠意，雙方遂展開接觸。

　　恒昌董事局開出的談判條件共四條：第一，聘請會計師及法律顧問，核定有關資料；第二，價格必須合理且現金交易；第三，保證全體職工繼續留任，保持平穩過渡；第四，業務政策儘量保持不變，令職工安心工作。收購財團表示接受有關條件，保證收購後不會將恒昌"拆骨"，不會辭退老員工，恒昌的事業在他們的手中將會發揚光大。

　　經過近一個月的談判，雙方於 9 月 3 日達成協議，恒昌企業的財務顧問寶源投資建議股東接受收購建議。9 月 5 日，Great Style 的財務顧問百富勤宣佈，已有 52.24% 的恒昌股東接受以每股 330 港元的收購，收購行動已取得成功。為此，中信泰富宣佈發行 13.9 億股新股，每股作價 1.55 港元，集資 20 億港元以支付收購費用。

　　及至 10 月 22 日收購期屆滿，Great Style 已取得恒昌 97% 股權，收購行動完滿結束。榮智健代表持有最大股權的中信泰富，取代何善衡出任恒昌董事局主席，而剛宣佈辭退香港聯合交易所行政總裁的袁天凡，則應李嘉誠的邀請出掌恒昌行政總裁一職。當時，一般相信，袁天凡出任行政總裁，因為他是一個能夠協調香港中信和李嘉誠等大股東之間權益的理想人選，同時也意味着將藉助他的才幹，在適當的時候將恒昌在香港上市。

　　收購財團成功入主恒昌後，即採取連串措施減低收購成本，包括將中環恒昌大廈以 9.07 億港元價格售回給何善衡家族，又出售長綫投資套現 2.24 億港元，令恒昌僅剩餘大昌貿易行作主要資產。至於出售資產所套現的資金，則連同恒昌 1990 年度的純利 10.33 億港元用作派發股息，每股共派 160 港元。此舉令收購成本從每股 330 港元降至 170 港元，而恒昌的資產規模亦相應縮小了。從事後看，這連串措施極可能是榮智健為全面收購恒昌的前期準備。這樣一來，中信泰富要付出的代價將大幅削減。

站在恒昌創辦人的角度來看，這次轉讓每股 330 港的收購價雖然不太理想，商譽更是白白贈予買家。然而，由於何善衡、梁銶琚等人年事已高，後人又不願繼承經營，能夠把這家香港華資最大商行在全盛時期出售，並對舊有員工作出妥善的安排，也總算有了一個交代。

◢ 黃雀在後——中信泰富全資收購恒昌 ◣◣◣

一般都認為，由中信泰富及多位華資大亨組成的財團，成功收購恒昌後，一切已塵埃落定。然而，恒昌的收購戰，峰迴路轉，並未就此結束。

原來，榮智健在收購恒昌後不久，曾率團到歐美、日本作巡迴推廣，向機構投資者推介中信泰富的股票。其間，中信泰富的投資策略，遭到部分基金經理的批評，他們認為中信泰富儘管擁有國泰航空、香港電訊以及恒昌企業等藍籌公司的股權，但本身沒有自己的生意，基本上只是一家多元化的策略投資公司，與怡和策略、新鴻基工業等公司分別不大，不可以作為長綫投資的對象。其實，像榮智健這樣聰明的商人，亦不可能看不到中信泰富的弱點，於是他決定打鐵趁熱，全資收購恒昌企業。

1991 年 12 月底，一個寒冷的冬日，榮智健與李嘉誠、郭鶴年等在深水灣高爾夫球場打球。其間，他不經意地透露，表示想全面收購恒昌股權。榮的意向隨即得到李嘉誠、郭鶴年的理解和支持，一個 30 億港元的交易就此敲定。

事後，李嘉誠曾在一個公開場合表示，從主要角度而言，中信泰富全面收購恒昌是對的。因為中信以前儘管旗下擁有港龍、香港電訊、國泰、恒昌等公司的股權，卻未能全面控制，局限了投資的靈活性；而恒昌的汽車、貿易、食品等市場，全部都與中國有關，今後中國的開放政策繼續，市場的佔有率就很大。因此，在這個時期去全面收購恒昌，建立一個拓展中國市場的根據地，符合"天時、地利、人和"的原則。

幾位大亨在高爾夫球場的決定，兩個星期後被正式確認。1992 年 2 月 13 日，中信泰富宣佈，已經與李嘉誠、郭鶴年等恒昌股東達成協議，將以每股 230 港元的價格收購他們所持的 1300 萬股恒昌股份，涉及資金 30 億港元。交易完成後，中信泰富持有的恒昌股權將增加到 97.12%，並會向其他小股東提出收購建議。與此同時，袁天凡宣佈辭去恒昌行政總裁一職，由榮智健的私人顧問、曾任嘉里貿易公司董事總經理的柳扶風接任。

為籌集收購恒昌的資金，中信泰富向大股東香港中信、嘉里集團及其他投資者配售 11.68 億新股，配售價每股 2.2 港元，集資 25.7 億港元。中信泰富同時建議將四股合一，以擺脫 "細價股" 的形象。配股後，大股東香港中信仍持有中信泰富擴大股本後的 44% 股權，而郭鶴年的嘉里集團則持有 17% 股權。

這次中信泰富全面收購恒昌，收購價為 230 港元，再加上已派發的 160 港元股息，合共每股 390 港元，比 1991 年 9 月每股 330 港元的收購價高約 18%，但 1991 年 9 月中信泰富發行新股每股 1.55 港元，現時是每股 2.2 港元，中信泰富的股價升值 42%。換言之，站在 "以股換股" 的角度看，這次中信泰富收購恒昌其餘 62% 股權，比較 1991 年 9 月的第一次收購更便宜，主要是收購完成後股價大幅升值。

當然，當初配合中信泰富收購恒昌的李嘉誠、郭鶴年等人亦不吃虧，他們在短短的四個月內，以每股 330 港元購入恒昌股份，再以每股 390 港元轉售，獲利 18%，以各人所持股份計算，其中，李嘉誠獲利 2.33 億港元，鄭裕彤的周大福企業獲利 2.21 億港元，百富勤獲利 9800 萬港元，郭鶴年的嘉里集團獲利 8579 萬港元，而榮智健本人則獲利 7350 萬港元。

這次收購，在香港商界及傳媒界引起頗大的爭議，作為中信泰富主席的榮智健更成為批評的焦點。有人認為，中信泰富因其中資背景，若初時進行獨立收購，不會得到原有股東接受，所以要藉李嘉誠等華資大亨出面 "過橋"，結果中信泰富要多付出 8 億港元給這些大亨，而持有 6% 股份的榮智健本人，亦因此而賺了 7300 多萬港元。

對於這些批評，榮智健反駁說："許多有關報道都是出於臆測，毫無事實根據的。何善衡跟我說，他非常高興把恒昌賣給中信集團，這幾年來看着我們，覺得我們是一家規規矩矩做生意的公司。而且，他最不想見到自己有份建立的事業被分拆成四分五裂。我們收購恒昌之後，也覺得把它分拆上市，倒不如把它完整地通過中信泰富間接上市，這健康得多，管理方面也容易得多。

"至於說要多付（每股）60元這一點批評，其實我們首次收購時，恒昌的股價已是390多元，我們以330元買去，是打了6%的折扣；至我們進行現在的收購的時候，它又增加了6-7億元的資產，去年一年的贏利也放進去了，還要加上資產的增值。所以，我們在資本上其實每股只多付9塊錢，非常合理。

"我向李嘉誠先生講了我的意見，他也覺得從恒昌的未來發展來看，我的看法是對的，結果事情五分鐘就解決了。郭鶴年先生是中信泰富的股東，自然更支持了。鄭裕彤先生同意跟大夥走。Frencis（袁天凡）也認為是條正確的路。"

講到他私人持有恒昌6%股份時，榮智健表示："你不能要我不投資罷！到了今天，我已協助香港中信把資產從2.5億增加到差不多250億港元，我為什麼不可以也把自己的資產翻一番、翻幾番？但我有一條界綫：應該是國家的錢，就屬於國家，我不賺。"

◢ 高超的收購策略 ◣◣◣

中信泰富分兩步收購恒昌，在策略上可說相當聰明。姑且不說獨立進行會否為恒昌董事局所接受，財務安排上亦有頗大困難。

如果當初中信泰富單獨收購恒昌，需即時支付總值69.5億港元現金，而其時中信泰富的市值僅40億港元，無法在股市籌集大筆資金；向銀行借貸則僅支付利息已相當沉重。

中信泰富聯同李嘉誠、郭鶴年等華資大亨合作收購，只佔恒昌36%股權，需交付25億港元現金，中信泰富發行新股集資20億港元，借貸5億港元。站在大股東香港中信的立場看，只需動用9.8億港元認購新股，即可透過中信泰富控制恒昌企業逾70億港元的資產。

為部署全面收購，中信泰富取得恒昌36%股權後，即將恒昌所持最貴重的物業恒昌大廈售回何善衡家族，套現9.07億港元，又派發每股160港元巨額股息，令恒昌的資產值大幅減低，有利減低全面收購的成本。

及到 1992 年 1 月，中信泰富向其餘股東提出全面收購，耗資約 30 億港元，其中發行新股集資 25.7 億港元，其餘由本身資源支付，連同第一次收購 36% 恒昌股權，總代價是 56 億港元，但收回恒昌股息 11.7 億港元，成本淨額只是 44.2 億港元，基本上都由發行新股所集資金支付。

換言之，中信泰富全面收購恒昌，不必動用現金，只是發行新股予大股東及配售集資，相當划算。至於大股東香港中信，為收購恒昌而認購中信泰富新股，約付出 19 億港元現金。雖然發行新股攤薄所佔股權，但仍持有中信泰富 44% 股權，保持大股東地位。

中信泰富全面收購恒昌後，資產淨值即從原來的 64 億港元急增到 95.4 億港元，成為香港股市中一家實力雄厚的藍籌公司，旗下經營的業務範圍遍及地產、投資、汽車、銷售、糧油代理等，已初具"洋行"綜合式企業集團的規模。

對此，香港輿論給予極高評價，認為："對中信泰富來說，其意義有如七九年九月長江實業取得和記黃埔那樣重大！自此之後，中信泰富已由一間控股為主、地產為次的小型多元化公司，邁向一家'洋行'式的多元化跨國企業。"

1996 年底，中信泰富市值達 957.8 億港元，躋身香港十大上市公司之列，成為與和記黃埔、太古洋行鼎足而立的大型綜合性企業集團，而中信泰富有今日的成就，全面收購恒昌一役，是其重要的轉折點。

16

暗度陳倉 李兆基收購美麗華酒店

美麗華酒店在創辦人楊志雲時代可以說是一隻傳奇性的股份，它曾有過大放異彩的時期。

可惜的是，楊志雲病逝後，楊氏家族內部產生分歧，部分成員無心繼續經營酒店，有意售盤。有股東從中穿針引綫，導致中信泰富與李嘉誠再度聯手，向美麗華提出全面收購。事件發展的初期，可說是收購恒昌企業的翻版，贏面相當之大。

然而，這邊廂，另一頂級巨富李兆基透過旗下的恒基發展，暗度陳倉，向大股東楊氏家族購入策略性股權，由於未觸發收購點，無須提出全面收購，瞬即處於進可攻、退可守的有利位置。結果，中信泰富初嘗敗績，恒基發展一舉取得逾百億市值上市公司的控制權。是役最矚目之處，是兩大巨富的正面交鋒。

而楊氏家族則將父輩一手創下的基業，拱手相讓，殊為可惜，應驗了一句古語："創業難，守業更難。"

美麗華，全名美麗華酒店企業有限公司，創辦於 1957 年。創辦人楊志雲，原籍廣東中山，1945 年移居香港，初期任職大有金號，後收購該金號，改組為景福金號，專營金銀、珠寶及鐘錶生意，與"珠寶大王"鄭裕彤是老朋友。1957 年，楊志雲得知西班牙教會準備出售所經營的一家旅店，遂聯同何善衡、何添等購入，由何善衡出任董事長，楊志雲任永遠總經理。1983 年，何善衡因年事已高而退位，楊志雲便兼任董事局主席，直至逝世後才由何添接任。

楊志雲接掌美麗華酒店後，多次將位於尖沙咀的酒店大肆擴充，先後在毗鄰地段興建數幢新樓，1966 年又與素負盛名的美國西方酒店集團簽訂聯合推廣合約，將美麗華酒店經營得風生水起，在香港酒店業頗具知名度。

1970 年，楊志雲將美麗華酒店重組，易名為美麗華酒店企業有限公司，以每股 10 港元價格公開發售 535 萬股新股，集資 5350 萬港元，在香港上市。到 80 年代初，美麗華已發展成擁有 1300 間客房的大型酒店集團。

美麗華酒店在楊志雲時代，可說是一隻傳奇性的股份。1981 年 8 月，正值香港地產的高峰時期，美麗華酒店將佔地 8.6 萬平方呎的酒店舊翼，以 28 億港元的高價售予佳寧、置地為首的財團。這項交易在香港轟動一時，國際間亦為之矚目。當時，美國的《時代》雜誌曾指為"創下健力士紀錄的單一物業轉讓的最高成交價"。

以佳寧、置地為首的財團原計劃將該幅土地發展為"置地廣場"式的高級商業大廈，可惜因地產市場崩潰，佳寧集團被清盤而半途夭折。美麗華酒店因此與置地訴之法庭，後來雙方庭外和解，美麗華除獲得 9.24 億港元的預付款項外，還得到置地賠償 3.75 億港元，而酒店舊翼業權仍歸美麗華所有。這種變故，令美麗華平白獲得額外收益近 13 億港元，股東亦一再分紅，這是美麗華最幸運的時代。

1985 年楊志雲病逝，美麗華董事總經理一職遂由其長子楊秉正出任。楊秉正早年曾在加拿大攻讀醫科，1961 年返港即協助父親管理家族生意，先後在美麗華酒店旅遊部、訂房部任職，後出任董事總經理。

楊秉正執掌美麗華以後，美麗華酒店亦獲得一定程度的發展，先後將酒店舊翼拆卸自行重建，建成氣派豪華的柏麗廣場和基溫大廈，總樓宇面積達 103 萬平方呎。美麗華還積極推動業務多元化，除了早期在港九各區設立方便食家，包括中環翠寧村茶寮、海洋公園翠亨村茶寮、銅鑼灣中華遊樂會翠亨村茶寮，以及香港仔深灣遊艇會濤苑海洋酒店等，還於 1986 年創辦美麗華旅運，經營美加、歐洲、澳紐、遠東及中國綫旅遊業務。

不過，總體而言，自楊志雲病逝後，美麗華酒店已不復當年的光彩，經營作風日趨保守、業務漸走下坡路。1988-1989 年度，美麗華稅後贏利尚達 1 億港元，及至 1991-1992 年度，已跌至 4000 多萬港元。這就導致了董事局對管理層的嚴重不滿。董事局主席何添在售出恒昌股份之後，亦有意將所持美麗華股份出售。

對於業務不進反退，楊秉正的解釋是，已故董事長兼總經理為美麗華創辦人，只要他提議，馬上得到支持，但我雖然跟隨已故董事長兼總經理 24 年，但始終不是創辦人，而是從前台服務員開始擢升到總經理職位，威望相差太遠，所以經常受到掣肘，要作出讓步妥協。楊秉正又表示，自從佳寧事件後，管理層便不斷受到壓力，不但不能供股集資，還需多次派發巨額紅利，甚至在物業擴建期間，還要保持 80% 以上的派息率，由於資金來源受掣肘，故此不得不保守。

經營保守、業績平庸，使得年事已高的董事有意出售股權套現，而作為大股東的楊氏家族內部亦出現意見分歧。1985 年楊志雲病逝後，遺下股權由家族信託基金及家族投資公司持有，遺產繼承人為楊志雲妻子以及兒子楊秉正、楊秉賢、楊秉堅、楊秉剛、楊秉樑和兩名女兒。惟楊志雲眾子女中，多人已分別移民美國、加拿大，對香港的前景看法不一致，部分成員傾向將所持美麗華股權出售套現，而主理美麗華的長兄楊秉正則力拒將家產出售。美麗華酒店的爭奪戰，正是這種特定的背景下展開的。

◢ 榮智健與李嘉誠再度聯手收購美麗華酒店 ◣◣◣

1993 年 5 月，市場已傳聞楊氏家族有意放盤，首先向美麗華酒店提出全面收購的，是榮智健的中信泰富與李嘉誠的長江實業所組成的財團。

6 月 9 日，中信泰富和長江實業宣佈，雙方各佔 50% 股權的 Hall Rich Investmests Ltd.，將向美麗華酒店提出一項有條件的全面收購，收購價是普通股每股 15.5 港元，比市值高出 4.7%，認股權證是每份 8.5 港元，比市值有 1.2% 折讓。代表收購財團的百富勤表示，收購者有足夠財政資源應付這項涉及資金達 87.8 億港元的全面收購。

不過，是項收購需符合多項條件才能完成，包括收購人及一致行動人士須獲逾八成投票權支持，以及美麗華與其附屬公司在 1993 年 3 月底以後未有發行任何股份、出售或收購任何資產，和派發任何特別股息。

李嘉誠表示，之所以向美麗華酒店提出全面收購建議，是因為該公司一名大股東主動前來接觸，故屬善意收購。不過，頗令人意外的是，中信泰富和長江實業為這次收購行動而特別成立的 Hall Rich Investmests Ltd. 卻早在年初的 2 月 26 日已成立。

消息公佈後，市場為之轟動。證券人士認為，這次收購美麗華，基本上就是 1991 年收購恒昌的翻版，兩者的分別只在於：美麗華屬於上市公司，主要經營酒店、地產及旅行社團組織，而恒昌則屬私人公司，業務以貿易、汽車代理為主。

這兩次收購，確實有許多相同的地方：首先，兩家公司都屬香港有影響力的大商家，業務範圍較廣闊，有不少貴重物業資產，收購恒昌涉及資金 72 億港元，美麗華則為 87 億港元。兩家公司都由創業第一代打下雄厚根基，然後，隨着上一代逝世或年事已高，欲退出戰綫，而下一代接班人除了面對股權分散的困擾外，亦無心接掌繼承業務。故公司發展沒有積極擴充，而是以穩步發展為主。

其次，這兩家公司的董事局成員，幾乎屬同一班人，他們包括何善衡、何添、利國偉等，而上次恒昌企業所以能夠成功完成股權轉移，便是持股量最多的何善衡、梁銶琚首先同意將股權出售，何添更透過其子何厚鏘兄弟主動加入收購財團。因此，這兩次收購都涉及香港商界這幾個具領導地位的元老級人物，並傳聞從中擔當了穿針引綫的重要角色。

再次，兩次收購，無論在收購者、以至代表收購一方的財務顧問，亦差不多是原班人馬。當時，就有輿論認為，是次收購美麗華，雖然是中信泰富和李嘉誠的長實出任主角，但亦不能忽視鄭裕彤的動向，市場並傳聞鄭氏於 4 月間曾以每股 10 港元價格大手吸納美麗華股權。

鑒於兩次收購情形過於相同，市場認為中信泰富和長實的收購，贏面應該相當大。

不過，事態很快便急轉直下。6月14日，美麗華酒店董事總經理楊秉正以個人名義發表了一封公開信，反駁中信泰富和長實"友善收購"和"應美麗華大股東邀請才提出收購"的說法，並指出美麗華每股起碼值 20 港元，間接表示收購財團每股 15.5 港元的收購價偏低。雖然楊氏事後就聲明致歉，但其心態早已表露無遺。

楊秉正在公開信中說："李嘉誠先生和榮智健先生先後表達這是一個友善收購，亦是應美麗華大股東邀請才作出此行動，我身為公司當事人之一，只是於 6 月 8 日晚上 10 時（亦即在收意向書之前 11 小時）接到對方財務顧問的電話，向我表達收購意向。

"由於事出突然，我當時回答要明天向董事長請示才能回答，但 6 月 9 日上午 9 時，意向書已到達董事局秘書處，而同時聯交所亦已知悉。這樣龐大的收購行動而未給予當事人適當時間去瞭解及請示，而突然採取行動，那當然不能算作友好或善意收購行動。

"使我更不明白的就是李先生及榮先生都先後公開表示有美麗華大股東事前邀請他們，他們才聯合行動，財務顧問曾問董事是否在會前與對方達成某種程度的共識，全部董事均一致表示沒有。李先生及榮先生是否曾被某種消息誤導而作出行動呢？"

楊秉正還指出，美麗華僅物業資產每股已值 20 港元，加上該集團自 1979 年起開始拓展內地市場穩固了美麗華在中國的信譽和基礎，這是無形資產之一，而現時集團的多項投資陸續踏入收成期，各方面業務將轉佳。他並表示，代表美麗華的財務顧問不久便會向股東提出建議，希望各股東能參考有關意見後才作出決定。

奇怪的是，楊秉正發出公開信的六天後，即 6 月 21 日，楊再以個人名義發表聲明，不過這次並非解釋個人立場，而是公開向李嘉誠、榮智健道歉。聲明表示："本人於 6 月 15 日發表之《致新聞界的公開信》，部分內容可能引致公眾人士對李嘉誠先生和榮智健先生產生誤解，謹此主動向兩位致歉。"

分析家表示，楊秉正的道歉聲明有點耐人尋味，究竟楊秉正當日所說是否事實真相？如果是真相，為什麼要道歉？如果有誤差，他當日為什麼要寫這樣的信？

不過，無論如何，楊秉正的公開聲明，立即使長實和中信泰富的收購行動蒙上濃厚的陰影。誰都知道，楊氏家族是美麗華酒店的大股東，楊氏家族僅透過楊志誠置業和 Goldberg Corp. SA 就持有美麗華 32.7% 股權，楊氏家族的意向成為收購成敗的關鍵。

然而，行內人士亦分析，楊秉正在財務顧問未作出正式建議前，率先發表個人意見，顯示出以何添任主席的美麗華董事局對這次收購有內部分歧。6月10日，何添透過發言人向報界表示，董事局目前仍在研究長實及中信所提出的收購建議，未有結論是否接納收購。至於他本人會否接受收購，他則表示現時言之過早。

稍後，美麗華董事局正式發表聲明，指集團董事總經理楊秉正以個人名義發給新聞界的公開信，只代表其個人的觀點，董事局在獨立物業估值師未有估值結論前，並未就百富勤代表中信與長實的收購建議條款達成意見。市場猜測美麗華董事局成員是否出現內訌。

受到收購消息的刺激，美麗華酒店股份在復牌後股價明顯飆升，一度升至每股 16.5 港元水平，已超過中信及長實的收購價，顯示有人可能介入收購戰，正在市場大手吸納美麗華股份。證券界人士又指出，長實及中信泰富收購美麗華失敗，有可能將收購目標轉移到同樣在尖沙咀有酒店物業的凱聯國際，甚至一些高資產、低市值的股份。結果帶動凱聯國際、永安集團、萬邦投資等股價紛紛上揚。

6月16日，市場再度傳出鄭裕彤有意加入美麗華收購戰，並且出價每股 17.5 港元，比長實及中信的收購價高出 2 港元。不過，有關傳聞隨即被鄭氏家族否認。鄭裕彤表示："我同楊志雲是好友，楊志雲在生時我們時常打麻雀，我不會這樣做的。"鄭並一再申明他沒有持任何美麗華酒店的股份。

6月17日，中信泰富和長實合組的 Hall Rich Investmests Ltd. 宣佈將美麗華的收購價提高到每股 16.5 港元，以增加收購的吸引力。調整收購價後，收購財團需多動用 5 億多港元，令涉及資金增加到 93.6 億港元。長實集團主席李嘉誠再次強調，當初是有人提出想出售美麗華股份予長實，所以長實才提出收購建議。他並表示，若成功收購美麗華，長實無需就此集資。

◤ 李兆基介入美麗華收購戰 ◢◢◢

正當長實和中信泰富提高收購價之際，事件卻出現石破天驚的突變。

6 月 18 日，香港地產鉅子李兆基旗下的恒基發展突然介入收購戰，宣佈已購入 34.78% 的美麗華股份及 34.39% 的美麗華認股權證，作價分別為每股 17 港元及每份 10 港元，主要由大股東楊氏家族售出，涉及資金達 33.57 億港元。由於未觸發 35% 的全面收購點，恒基發展無須提出全面收購建議。

在當時的香港，能夠與李嘉誠一爭高下的人已十分少，而李兆基則肯定是這極少數中的一個。李兆基，1928 年生於廣東順德，1948 年移居香港，其後與郭得勝、馮景禧等創辦永業及新鴻基企業，被稱為香港商界的"三劍客"之一。1972年李兆基自立門戶，創辦恒基兆業。1981 年透過恒基地產上市。至美麗華收購戰爆發時，李兆基旗下的上市公司已增加到四家，包括恒基地產、恒基發展、中華煤氣及香港小輪，所控制的市值高達 684 億港元，在香港上市財閥中名列第五位。

原來，李兆基與李嘉誠的關係頗為不錯，20 世紀 80 年代香港商界就曾出現"新三劍俠"之說，指兩李一鄭，即李嘉誠、李兆基和鄭裕彤三巨頭。80 年代後期，"新三劍俠"曾聯手採取一系列矚目行動，包括 1987 年 10 月股災後聯手購入 9000 張恒生期指好倉合約，以支持股市穩定人心；1988 年密議收購怡和旗下的置地，雖無功而返，但卻迫使怡和斥巨資購回他們手中 8% 置地股權；同年又聯手成立太平協和，以 30 多億港元巨資投得加拿大溫哥華世界博覽會舊址，計劃發展一個龐大商業中心——萬博豪園，有人稱之為"李鄭屋邨"，可見彼此關係甚好。美麗華收購戰爆發時，李嘉誠還與李兆基聯手推出大型住宅屋邨"嘉兆台"，嘉兆台即李嘉誠的"嘉"與李兆基的"兆"之合組。

是役，李兆基介入，兩位超級巨富正面交鋒，在香港商界引起相當大的震撼。當時，就有評論指出："恒基兆業地產與長實合作發展的嘉兆台，將於短期內推出第三期，每平方呎售價 7000 港元以上，將會是全港最貴的豪宅。雖然兩個財團在這個項目上合作愉快，但另一廂，雙方在上周為爭奪美麗華的控制權，卻爭持不下，隨時會傷了和氣，這與李嘉誠及李兆基過往以和為貴、'有錢大家賺'的作風完全相反，令市場人士瞠目結舌。"

兩大巨富交鋒，其中的內幕究竟如何？原來，李兆基動美麗華的念頭，亦是楊氏家族主動接觸而起。1993 年 5 月 21 日，李兆基與楊秉正在置地廣場一間日本餐廳用午膳時，楊秉正向他透露，兄弟們都有意放棄美麗華，惟獨他捨不得父親遺下的事業。十數天後，市場即傳出楊氏家族有意出售美麗華的消息。

　　李兆基估計，美麗華名下的地產，價值約為 150 億港元，如果以每股 17 港元收購，收購金額約 90 多億港元，僅相當於實際價值的六成，可說相當便宜。李兆基即請楊秉正前來磋商，楊秉正坦言家族有意出售美麗華股權，以便套現資金，讓各兄弟的發展更加自由。

　　李兆基即表示樂意承購，並請楊秉正回家商議。稍後，楊秉正向李兆基傳遞一個重要口訊：其母親楊志雲夫人希望李兆基能承購美麗華股份，並請李答應在成功收購後不要將美麗華“拆骨”，仍由其子楊秉正主理業務。對此，李兆基慨然答允。

　　這期間，長實和中信泰富亦在部署收購美麗華酒店，香港華商的兩大巨頭就這樣不期然地正面交鋒。這大概只能說是“人在江湖，身不由己”罷。

　　6 月 17 日下午，李兆基透過旗下的恒基發展與楊氏家族達成協議，李的助手林高演、黃永麟及雙方的代表律師到達中環德輔道中景福大廈楊秉正的辦公室舉行會議，準備簽訂協議。在場的楊氏家族成員包括楊志雲夫人、楊秉正、楊秉堅、楊秉剛及楊秉樑。

　　楊夫人表示：“楊氏家族要出售的股份應該是價高者得，但是我們的情況比較特殊，因四哥（李兆基）和先夫是好朋友，楊志雲在世之時一直是恒基兆業的董事，有了這層淵源，就算是收購價一樣，我也會毫無考慮地賣給四哥。”

　　及至晚上 9 時，正當雙方律師在詳細檢閱文件之際，代表長實、中信泰富財團的百富勤向楊氏家族提出了收購的最新條件。最後，楊夫人表示：“長江和中信出價 16.5 港元，比你們的價錢要低，不過，我說過了，就算價錢一樣，都寧願讓給四哥。故此，這件事就決定下來。”結果，恒基發展成功購入美麗華 34.78% 股權。

　　當時，市場頗奇怪，楊秉正為何不找鄭裕彤而找李兆基？一些資深證券分析家認為“鄭裕彤與楊秉正父親楊志雲是親密拍檔，70 年代發展尖東新世界中心時，楊也有參與，但後事因意見不合，楊退出，結果鄭裕彤繼續扶搖直上，楊的生意反而停滯不前。因為這歷史淵源相信楊秉正不會找鄭裕彤，而鄭也不想去奪楊志雲的家族事業"。

至於為何找李兆基，除了雙方的淵源外，一個最主要的原因是，李兆基過往從無將收購得來的公司私有化或"拆骨"的紀錄。如收購中華煤氣和香港小輪後，仍保持原有管理層不變，直到有關人員病逝或退休為止。因此，由李兆基收購美麗華，美麗華董事總經理楊秉正亦可繼續留任，故他雖然在公開信中指美麗華每股資產值 20 港元，但卻肯以較低價出售祖業予李兆基。

李兆基收購美麗華近三成半股權的消息傳出後，香港轟動一時，以兩大巨頭的正面交鋒最為關注。香港傳媒紛紛發表評論。《星島晚報》的標題是："長實中信如何應付？"《壹週刊》的標題是："巨頭對陣，蓄勢待戰。"至此，收購戰已趨於白熱化，進一步升級。

當時，報刊雜誌的評論普遍指出，恒基發展收購美麗華 34.78% 股權，卻又按兵不動未提出全面收購，實際上已處於進可攻、退可守的有利位置，而長實和中信泰富財團則已從主動變為被動，並已漸處下風。

假如長實、中信財團咬着不放，並提高收購價，恒基發展若要獨得美麗華，需提出更高的收購價。孰勝孰負，則視何者有財力出價更高。當然，這樣一來，恒基發展增持美麗華股權將超過三成半，從而會提出全面收購建議。

恒基發展亦可採取合作態度，僅持有已收購 34.78% 股權，而長實、中信財團繼續收購，若取得其餘 65% 股權，按該財團的計劃，是將美麗華私有化。屆時，恒基發展可與長實、中信財團組成一個新財團，作為一致行動者，同時控有私有化後的美麗華。這是善意的合作方法。

當然也有迫不得已的合作：恒基發展持有 34.78% 股權，而長實、中信財團向恒發收購該批股份未果，雙方爭持不下，惟有同時進駐美麗華。屆時，美麗華維持上市地位，兩大股東按比例減持股份，以符合公眾持股量需達二成半的規定。這種情況，在當年劉鑾雄和韋理爭奪華人置業時就已出現過。

▲ 李兆基成功控制美麗華酒店 ◢◢◢

李兆基透過恒基發展介入美麗華收購戰後，長實和中信泰富馬上作出反應，宣佈第二度提高收購價，普通股每股 17 港元，認股權證每份 10 港元，與恒基發展看齊，收購涉及資金增至 96.5 億港元。

面對僵局，李嘉誠仍然表現得氣定神閑，他在一個公開場合表示："收購成功固然好，不成功也是平常事。"中信泰富則似乎要志在必得。證券界人士分析，中信泰富目前的市值達 300 億港元，在香港四大洋行中排名最末，距離第三位的怡和還有 100 億港元的距離，榮智健要在短時間內壯大中信泰富，收購美麗華便是少有的絕佳機會。因此，儘管一開始榮智健已表示不會提高每股 15.5 港元的收購價，但面對形勢的突變仍然二度提價。

應該說，長實和中信的加價對小股東而言，在價格上有一定的吸引力。原因是恒基發展已表示不會再增購美麗華的股份。因此，小股東若要出售手上的股份，就只有賣給長實及中信。

而長實及中信加價後，恒基發展的處境也顯得比較尷尬，若恒基發展再增購，便觸發全面收購點，最保守估計要動用超過 90 億港元。雖然恒基發展有這樣的實力，但看來犯不着這樣做。

7 月上旬，美麗華酒店獨立估值公司魏理仕物業顧問就 6 月 16 日所作的估值，以重建發展為基準，美麗華所擁有的物業總權益市值應達 112 億港元，相當於賬面值的 1.7 倍。於最後可行日期，美麗華的經調整綜合資產淨值為 106.59 億港元，未經攤薄的每股資產淨值為 19.23 港元，假設現有認股權證全面行使後的全面攤薄淨值為 18.74 港元，分別比每股 17 港元的收購價折讓 11.6% 及 9.3%。

該文件並披露，持有美麗華 34.78% 股權的恒基發展已向獨立顧問確認會嘗試要求進入美麗華董事局，並表示會鼓勵董事局考慮重建美麗華酒店及柏麗廣場第一期，以發揮該等物業的潛在價值。恒基的這一招可說相當高明，目的是要牽制小股東接受長實、中信的收購，加強對恒發入主董事局後公司前景的憧憬。

結果，美麗華董事局對是否接納收購出現了嚴重的分歧，以美麗華董事總經理楊秉正為首的六位董事表示拒絕接納收購，他們共持有美麗華已發行股份的

7.61%，而以美麗華董事局主席何添為首的5位董事，包括何添、冼為堅、梁銶琚、利國偉等，則表示接受收購，他們共佔美麗華股份5.38%。這樣一來，恒基發展與長實、中信財團聯手收購美麗華的可能性已十分渺茫。

楊秉正又向美麗華股東致函表示，獨立財務顧問渣打亞洲所作的每股資產淨值的估計，未有計及美麗華的商譽及取得控制權的溢值。他並指出，隨着柏麗廣場第二期完成，租金收入將會十分可觀，所以，預期美麗華的贏利及股價短期內將有顯著改善，以反映其真正價值。

很明顯，自恒基發展介入收購戰後，長實及中信泰富一直未能扭轉局勢，及至7月15日收購建議截止期，長實、中信僅接獲7590餘萬股普通股及213萬份認股權證接受收購，分別佔已發行正股的13.7%及認股權證的9.2%，由於未符合收購條件，故收購建議失效。

是役，恒基發展僅動用33.57億港元，就成功控制了資產逾100億港元的大型上市公司，策略上可說相當成功。恒基發展表示，收購美麗華股權的原因，是看中是次為一極具吸引力的投資機會，而該項投資符合恒基發展的多元化策略。

不過，證券界則指出，恒基發展收購美麗華股權，明顯是看中該集團所擁有物業的重建價值。據分析，美麗華在尖沙咀的三項重要物業中，美麗華酒店和基溫大廈均具有重建價值。這兩項物業興建時，由於處在啟德機場航道附近而受政府高度限制，致使地積比率未能用盡。

高度限制已於1989年放寬，故此兩項物業重建後，美麗華酒店的資產值可以從16.26億港元增加到38.85億港元，基溫大廈的資產值亦可從12.26億港元增至21億港元，扣除9.5億港元重建費用，實際增值可達22億港元。

事實上，自李兆基入主美麗華之後，該公司的物業重建已按部就班地進行。第一步是將基溫大廈拆卸，興建一座數層高商場，與柏麗廣場第二期連接，然後將柏麗廣場第二期商廈從18層加建至24層。很明顯，在恒基集團的管理工作下，美麗華的發展潛力逐步發揮。

收購美麗華，對李兆基旗下的恒基發展還有另一層意義。在此之前，恒基發展已持有中華煤氣、香港小輪兩家上市公司股權，收購美麗華之後，所控制的公司增加到三家，業務從地產投資、煤氣、交通運輸，擴展到酒店及旅遊業，已初

具 "大行" 的雛形。

　　值得一提的是，李兆基成功收購美麗華之後，遵守諾言，仍讓楊秉正出任董事總經理一職，主管公司業務。可惜，1995 年，楊秉正心臟病發逝世，享年僅 59 歲。李兆基惟有由獵頭公司聘請專業人士余達綱繼任董事總經理。經此變故，楊氏家族徹底將祖業拱手讓予恒基集團的李兆基。

17

搶灘登陸 首鋼的旋風式收購

踏入 20 世紀 90 年代，繼中信集團之後，掀起紅籌股 "借殼上市" 熱潮的，當數首鋼總公司。

首鋼是中國改革開放後實行責任承包制的試點企業，是經國務院批准的首家 "特大型" 國有企業，證書編號為 001。1992 年，首鋼藉中國擴大改革開放新形勢，獲得國務院批准的三項特權，即把握時機、重拳出擊，在香港股市搶灘登陸，以作為集團進軍國際市場的橋頭堡。

是役，首鋼與香港首席財閥李嘉誠聯袂出擊，以極強勢展開連串旋風式的收購，所到之處，望風披靡，"點殼成金"。結果在短短的兩年間，建立了以首長國際為旗艦、兩翼拓展的上市架構，成為香港股市中一枝令人矚目的 "奇葩"。

首鋼的成功搶灘登陸，再次顯示 "時勢造英雄，英雄造時勢" 的聯動關係。

首鋼在香港展開連串旋風式的收購活動，可以說是有其特定歷史背景的。

首鋼全名首鋼總公司，創辦於 1918 年。它的前身是位於北京石景山的龍煙鐵礦股份有限公司，初期主要是煉鐵，而且產量微不足道，到 1947 年止約 30 年間，這家公司的總產鐵量僅 28 萬噸。1949 年中華人民共和國成立後，該公司雖然得到前蘇聯在技術方面的援助，有了較大的發展，成為鋼鐵聯合企業，但是直到 1978 年中國推行改革開放前夕，年產鋼鐵量仍不到 200 萬噸，居全國八大鋼鐵廠末位。

首鋼的脫胎換骨始於 20 世紀 70 年代末。當時，中國實施改革開放政策，首鋼即被列為國有企業改革試點之一，稍後，又成為承包制的試點。根據承包協議，首鋼以 1978 年為基礎，當年向國家繳付 2.8 億元人民幣，其後每年遞增 7.2%。首鋼所經營的利潤，除上繳國家的部分外，其餘按六成用於發展生產，二成用於集體福利，二成用於工資獎勵。承包期從 1978 年至 1995 年。

在承包制的機制下，首鋼獲得了迅速的發展，到 1992 年，首鋼的固定資產已從 1978 年約 10 億元人民幣增加到 300 億元人民幣，而外國對首鋼的資產估計亦最少達 1000 億元人民幣。雖然首鋼在中國鋼產量方面只排名第三，但首鋼的淨利潤，每年持續增長 20%。從 1987 年開始，首鋼連續五年的淨利潤包括上繳國家利潤，都高踞全國第一、二位。

1992 年，首鋼向國家上繳 20 億元人民幣，而承包 13 年上繳國家的總金額則達 160 億元人民幣。這年，首鋼在內地的幾個最大鋼鐵企業中，利稅上交排名第一、產值收入排名第四，已成為超級大型鋼鐵企業之一，有"鋼鐵王國"之稱。

這個雄踞北京西郊石景山下的"鋼鐵王國"，所經營的業務，已從單純的鋼鐵生產發展到包括礦業、機械、電子、建築、化工、經工、建材、造船、航運、服務、汽車配件、農機以及金融等 18 個領域，旗下擁有員工 27 萬人，大中型工廠 158 家，聯營企業 57 家、中外合營企業 34 家。此外，在秘魯擁有礦山，並同時在美國加州、德國和法國等地購入煉鋼工廠，拆卸運回中國，亦向印度、印尼等地出售煉鋼裝置，向美國鋼鐵公司輸出電腦軟件程序等，已發展成一個跨國企業集團。

鑒於首鋼的業務，1992 年 5 月，中國改革開放總設計師鄧小平視察首鋼，高度讚揚首鋼實施承包制的成功和對中國經濟發展的貢獻。不到兩個月，國務院副總理朱鎔基和 11 位部長親自到首鋼召開"現場辦公會議"，准許首鋼享有中央部門的三項特權，即投資立項權、外經外貿權以及資金融通權。7 月 23 日，國務院正式發文予以確認。

投資立項權，是首鋼可根據需要在境外投資設立 1000 萬美元的項目而無須經地方和國家批准；外經外貿權，即國務院同意首鋼組建中國首鋼國際貿易工程公司（簡稱首鋼國際），該公司經營進出品、貿易、採購二手設備、在國外開礦、進口並經營礦石、經營對外承包工程及勞務合作等業務；資金融通權，即同意首鋼成立華夏銀行，可經營境內外銀行的一切業務。

首鋼獲得這三項特權，可說如虎添翼，雄心頓起，遂制訂跨世紀宏偉發展計劃，目標是在 20 世紀末提升首鋼的粗鋼產量從 1992 年的 500 萬噸增加到 2000 萬噸水平，躋身全球三大鋼鐵企業行列；同時，擬於 2000 年前，形成跨國經營的企業集團。當時，首鋼副董事長趙長自便指出，希望通過參股、收購、兼併等投資手段，讓首鋼走向國際化，以躋身世界大型企業行列。

在這期間，李嘉誠的投資策略亦發展相當大的變化。自 1992 年初鄧小平南巡之後，李嘉誠已決定加強對中國內地的投資，他首先在房地產業方面發起攻勢，簽下了北京、上海等中心城市的多個"黃金地段"工程，繼而又向基礎工程、貨櫃碼頭等領域進軍，工業領域也成為他的新投資目標。

李嘉誠過去也較少投資工業，而他也很清楚，要進軍內地的工業領域，必須找到一個很有分量的大型國企作為盟友，去實施他的計劃。1992 年七八月間，李嘉誠通過北京駐港機構京泰實業公司，向首鋼發出尋求合作的信息。這時，首鋼亦正在部署進軍香港和國際市場的計劃，以首鋼國際為控股公司，在香港成立首鋼控股（香港）。結果雙方一拍即合，決定結成聯盟。

首鋼在香港股市展開連串的旋風式收購，正是在這一特定背景下展開的，其規模之浩大，聲勢之顯赫，相信內地企業無出其右。

◢ 首鋼在香港成功搶灘登陸 ◣◣◣

　　首鋼在香港展開收購行動的第一個目標，就是李明治聯合集團旗下的上市公司東榮鋼鐵。1992 年 10 月 23 日，首鋼控股（香港）與李嘉誠的長江實業以及加拿大怡東公司在北京簽署一項協議，三家公司組成財團（其中，首鋼佔 68%，長實佔 28%，怡東佔 4%）收購東榮。

　　根據協議，首鋼斥資 1.56 億港元購入東榮鋼鐵 51% 控制權，長實及怡東斥資 0.78 億港元，三家公司共斥資 2.34 億港元，以每股 0.928 港元價格購入東榮鋼鐵 2.57 億股份，以每份認股證 0.01 港元購入 4200 萬份東榮認股證。完成收購後，以首鋼為首的財團共持有東榮 76.76% 股權。

　　這次收購行動在香港引起了相當大的轟動。當時正值鄧小平南巡講話之後，中國的政治經濟力量經過一番整合，10 月份先後舉行中共十四大和七屆人大，正式宣告中國進入一個經濟發展的新階段，改革開放的目標亦明確為發展 "中國特色的社會主義市場經濟"。因此，首鋼的收購被視為國有大型企業進軍香港的先聲，而李嘉誠的長實集團的積極配合，亦反映了他對投資中國策略的重要轉變。

　　東榮鋼鐵的前身是達利公司，成立於 1968 年，主要從事鋼鐵材料和有色金屬貿易。80 年代，由於香港建築業高速發展，東榮鋼鐵成為香港主要的鋼筋供應商之一，市場佔有率達到三分之一。1989 年，東榮鋼鐵被來自澳洲的李明治收購，組成聯合東榮，業務開始向多元化發展，但鋼筋銷售仍佔集團總業務的八成，金屬貿易佔 8%，而精密電腦零件生產及銷售則佔 5%。

　　1991 年 4 月，李明治將東榮鋼鐵分拆上市，聯合東榮則易名為聯合國際工業，均成為聯合集團的子公司。這時，東榮鋼鐵仍以儲存及供應鋼筋為主要業務，它的大客戶包括恒基地產、合和實業、信和集團以及瑞安集團等。1992 年，李明治受到港府的調查，遂採取 "金蟬脫殼" 的策略，將旗下非核心上市公司的股權出售。由於東榮鋼鐵與首鋼的業務有很大的共通性，所以成為首鋼的第一個 "獵物"。

　　首鋼購入東榮鋼鐵後，實現 "借殼上市" 的目的，實際上建立了進軍香港及國際市場的 "灘頭陣地"。它可以利用東榮鋼鐵現成的分銷渠道、客戶關係，以及倉儲運輸設施，順利進入香港鋼材市場，並以此為跳板進軍國際市場；另一方面，東榮鋼鐵的海外供應商，亦為首鋼的進口提供了現成的渠道。

首鋼控股（香港）收購東榮鋼鐵後，隨即改組該公司董事局和管理層，並隨即籌劃供股集資計劃。1993 年 5 月，東榮鋼鐵的供股計劃正式推出，委任加拿大怡東及獲多利出任聯繫財務顧問。

5 月 9 日，東榮正式透過新聞稿公佈供股詳情，供股形式為每二股供五股新股，每股作價 2.22 港元，供股 8.47 億股，集資約 18.8 億港元。新聞稿在提及中國國有企業在股市集資時，表示：「馬克思有句名言：歐洲如果沒有股票市場，就根本不可能建成鐵路。現在中國在新歷史階段中，實際上採取了西方國家幾百年來行之有效的金融方法，實事求是地朝着加速經濟的方面邁進。」

新聞稿又強調，首鋼作為中國企業的第一名，「既得到鄧小平大力支持其邁向國際，又能聯同李嘉誠的長江實業集團合作經營，實在是開了先河」。新聞稿並表示：「值此九七臨近的時候，見到中資企業充分利用日趨成熟的香港股市，對香港來說，無疑是十分可喜的事。……對香港九七年的金融中心地位很有幫助。」

東榮鋼鐵的供股集資，由於有首鋼和李嘉誠的長江實業這樣雄厚的背景，再加上供股價比東榮停牌前的收市價每股 4.975 港元，大幅折讓 55%，因而反應熱烈，出現超額認購的局面。供股期間，股價不跌反升，由 5 月初的每股 5 港元升至 6 月初的 7.6 港元，改變了凡供股股價必跌的定律，結果順利完成供股計劃。

東榮鋼鐵宣佈，供股集資所得資金，主要用於將首鋼控股（香港）的兩項資產注入公司，第一項是首鋼控股在百慕達註冊成立的全資附屬公司 First Level，該公司控有內地二家公司 65% 股權（其餘 35% 由總公司首鋼控制），這三家公司分別是北京首鋼寶生帶鋼有限公司、北京首鋼利和棒材有限公司以及北京首鋼吉泰安合金材料有限公司，這三家公司主要產品是用於生產機器、汽車零件、工業熔爐、電器用具、電視及建築材料等。

東榮鋼鐵是以市盈率 6.8 倍向 First Level 提出全面收購，代價是 9.6 億港元，截至 1991 年底，First Level 的稅後溢利為 1.14 億港元，注入東榮後，將大大提高東榮的贏利能力，預計在 1993 年下半年即有 7400 萬元人民幣贏利貢獻。東榮董事局表示，收購 First Level 後，公司將可獲得穩定的鋼材供應，並可從中國鋼材市場獲益。

第二項資產是上市公司三泰實業 51% 股權，代價是 2.42 億港元，相等於每股 2.74 港元，東榮鋼鐵已申請豁免全面收購三泰實業。三泰實業的股份是 1993 年 4 月 2 日，由首鋼控股（香港）與長實、加拿大怡東第二度聯手，再向李明治的聯合國際工業收購的，當時的收購價為每股 1.699 港元，較收市價折讓 5%，共購得三泰實業 67.8% 股權，涉及資金 3.14 億港元。

三泰實業創辦於 1983 年，1988 年在香港上市，主要業務是銷售電話綫及其附件、電源綫、轉接器、印刷綫路板等，並持有約 1.14 億港元的廠房物業，屬於一家製造業上市公司，擁有廣泛的用戶市場、銷售有訊息網絡，預計 1992 年底贏利 2200 萬港元。首鋼控股（香港）收購三泰實業後，又讓東榮斥資 2.42 億港元，購入三泰 51% 股權，一方面套回收購三泰實業的部分現金，另一方面則讓出東榮成為首鋼在香港的上市旗艦，控制首鋼在香港的其他公司，一舉兩得。

東榮鋼鐵收購三泰實業後，即改組公司管理層及內部架構，首先關閉了贏利欠佳的電子部，並按產品分類，將公司分為電話配件及電源綫、轉換器、印刷電路板、精密金屬分工、空運和貨倉服務，以及電子等六個部門，致力推行"全面質量管理"，令業績逐步改善。而三泰的電話綫、電源綫、轉換器等金屬材料，則直接向控股觀眾台司東榮鋼鐵購入，相得益彰。

同年 9 月，東榮鋼鐵（當時已易名為首長國際）再次展開收購行動，斥資 6.25 億港元，向陳進強家族收購上市公司寶佳集團 50.6% 股權。早在 2 月份，首鋼控股（香港）已斥資 1.64 億港元，收購寶佳 22.82% 股權，成為僅次於陳進強家族的第二大股東。寶佳於 1992 年 3 月在香港上市，初期主要業務是礦沙、黑色及有色金屬貿易，包括錳鐵、錳系鐵合金及煉鋼用原料、電解銅、銅極及銅片等。其後，寶佳又先後與內地的三家最大的鐵合金廠，包括上海鐵合金廠、江西新余鋼鐵總廠、吉林寶鐵合金有限公司等成立合資公司，從一家純貿易商發展為一家具備生產能力的工貿集團。

1993 年 9 月，首長國際與寶佳主席陳進強成立合資公司，首長佔 84.5% 股權，陳進強佔 15.5%，合資公司向陳氏家族等購入寶佳 37.16% 股權，而首長亦向首鋼控股（香港）購入寶佳 22.83% 股權。完成收購後，首長實際持有寶佳 50.6% 股權，而寶佳作為首長的附屬公司將出任首鋼在秘魯鐵礦的礦沙代理商，並向首鋼提供煉鋼原材料。

首鋼控股收購東榮鋼鐵，隨即展開供股集資，再注入資產，收購三泰、寶佳，整個行動一氣呵成，事前的部署可說相當周密，加上得到李嘉誠財團的聯手出擊，聲勢上先聲奪人，形成強勢。而東榮經供股集資，再注入資產，亦脫胎換骨，前景頓然改觀。因此，在收購後市場即掀起一股"東榮旋風"，東榮的股份亦從收購前的每股 8 角大幅飆升，最高達每股 9.35 港元，升幅高達十倍，成為整個股市中的一枝"奇葩"，異軍突起，令人矚目。

1993 年 7 月，東榮鋼鐵正式易名首長國際，名稱上分別取自首鋼和李嘉誠長江實業的第一個字相拼，成為首鋼在香港的上市旗艦，並持有三泰實業、寶佳兩家上市公司，在香港股市自成一系。至此，首鋼在香港的搶灘登陸取得成功。

首鋼控股與長實首戰報捷之後，還有一個後着，就是大股東趁高配股套現。

8 月 17 日，首鋼控股、長實、加拿大怡東宣佈，將所持首長國際 2.2 億股配售予獨立第三者，約佔首長國際已發行股本的 17%，由首鋼和長實系各佔一半，配售價是每股 4.8 港元，較收市價 5.35 港元折讓 9%，首鋼和長實系共套現 10.67億港元。完成配套後，兩大股東仍持有首長國際 51% 股權。

經過這次配股，李嘉誠在不到一年的時間內就收回了投資在首長的全部成本，並淨賺了 8000 萬港元，而且還持有首長的 11.7% 股份，已經完全是無成本、無風險可言；而首鋼亦收回了近一半成本，並繼續牢固控制首長國際一系。

是次首長國際主要股東的配股行動，曾一度令期待該公司會將優質資產注入的投資者感到錯愕。不過，證券界則預期，首鋼及長實的套現應有後着，可能把套現的資金再認購首長國際的新股，使首長國際透過先舊後新的方式批股集資。

◢ 首鋼展開另一翼的收購攻勢 ◣◣◣

首鋼收購首長國際一系，基本上屬其集團主業的延伸。然而，首鋼實際上已發展成一家多元化、綜合性企業集團。自然不會滿足於鋼鐵工業這單一領域，而希望在房地產、建築等多個領域大展身手。因此，就在收購首長國際一翼的同時，它又與李嘉誠等聯手展開另一翼的收購——首長四方的收購。

這次的收購比東榮鋼鐵的收購要複雜得多，參加收購的財團，除由李嘉誠的長江實業和加拿大怡東通過一家各佔 87.5%、12.5% 股權的 Botany 公司進行之外，首鋼控股（香港）則是和一家高迪投資合租 Essential Assets，各佔 50% 股權。高迪投資由四方房地產實業和武漢深江實業組成，分別佔 60% 和 40% 股權。此外，參加收購的還有香港商人李東海以及台灣商人郭應泉，組成一個陣容強大的收購財團。

1993 年 5 月 18 日，收購財團與丁氏家族達成協議，以每股 7.02 港元價格，收購開達投資 74% 股權，涉及資金 5.82 億港元。收購完成後，首鋼與高迪組成的 Essential Assets 佔其 68% 股權，長實和加拿大怡東組成的 Botany 佔 14% 股權，郭應泉佔 13%，李東海佔 5%，而開達投資亦即時易名為首長四方，以反映各方的合作關係。

開達投資是 1991 年 8 月從開達實業分拆出來獨立上市的一家小型地產公司。開達實業則是香港玩具業中規模最大、歷史最悠久的玩具製造商，創辦於 1948 年。創辦人是上海著名的實業家丁熊照。

丁熊照於 1968 年病逝，開達實業遂由其子丁鶴壽、丁午壽兄弟繼承。80 年代，開達實業生產的"椰菜娃娃"曾風靡全球，開達實業亦藉此熱潮於 1985 年在香港上市。開達除生產玩具外，亦有大量的物業投資，為更充分反映集團的資產價值，丁氏兄弟遂將所屬物業另組公司，以開達投資的名義，於 1991 年 8 月以介紹方式在香港上市。

首鋼、長實、四方等收購開達投資後，隨即將開達投資所持三項物業，以 3.37 億港元代價售回給丁氏家族，而開達投資則持有三項工業樓宇及兩項豪華住宅，面積約 30 萬平方呎，並佔有西區永發大廈小型重建計劃的 15% 權益，資產淨值約達 6.88 億港元。

在首鋼的背景資料中，其主要業務並未包括物業投資及發展在內。因此，首鋼對物業並非專業，相信是高迪投資成為主要合夥人的原因。高迪投資由四個城市及特區的地產公司組成，四家公司均為中國建設部屬下的國有企業。因此，高迪投資成為主要股東，將令首長四方在內地的發展，處於有利地位。很明顯，首鋼收購首長四方,是希望將其作為集團發展地產、建築的旗艦。

首鋼控股(香港)收購首長四方之後不到三個月,即透過首長四方展開收購行動。同年 8 月 12 日。首長四方宣佈以每股 1.34 港元價格,向大股東湛海生家族收購海成集團,收購的方式是首長四方與湛海生家族成立一家名為 Dragon Light 的公司,分別持有該公司 74.05% 和 25.95% 股權,而 Dragon Light 的公司則向湛海生家族收購海成 51.99% 股權。收購完成後,首長四方實際持有海成 38.5% 股權,成為大股東。

海成集團是一家於 1992 年 2 月在香港上市的建築公司,主要從事土木工程、海事工程及樓宇工程,對房地產、建築及承建,具有專業認可資格,所持牌照可以承接包括道路及渠務、水務工程、港口工程、樓宇工程、地盤平整及房委會的新樓宇工程及維修等業務。首長四方收購海成,意圖顯然是要發揮其優勢,藉助各大股東的實力背景,相輔相成地在香港及內地進行房地產發展及各類建築工程承建業務。

因此,首長四方的收購策略,是先與海成大股東組成一家公司,再由這家公司控制海成的股權,這使海成的建築牌照不會流失,保證購入公司的實權價值。稍後,首長四方再購入另一家即將上市的建築公司保華國際德祥 9.9% 股權,而該公司的背景正是與首鋼聯手的長江實業,持有 20% 股權。至此,首長四方亦自成一系,持有兩家上市公司控制性股權。

1994 年 1 月,首長四方宣佈發行 1 億元瑞士法郎可換股票據,集資約 5.3 億港元,其中,3 億港元將主要在武漢、深圳、珠海、廣州、南京、天津、瀋陽等地,發展連鎖購物中心,約 1.38 億港元投資海成集團和保華德祥兩家上市公司,其餘約 9200 萬港元將拓展旗下的金融業務。

◢◢◢ "首長國際——多面性的紅籌股" ◣◣◣

1994 年 8 月 22 日,首長國際宣佈,以 3.06 億港元價格,向母公司首鋼控股(香港)收購其持有首長四方 40.81% 股權的 Essential Assets 五成權益。收購完成後,首鋼系分成首長國際及首長四方兩駕馬車的局面將告結束，首長國際將成為所有系內上市公司的最終控股公司，並將間接持有首長四方 20.4% 股權。

至此，首鋼在香港所展開的旋風式收購暫告一段落，並形成了以首長國際為其在香港上市旗艦的架構，旗艦之下，以首長國際、三泰實業、寶佳以及首鋼在內地的三家贏利企業為一翼。這一翼所經營的業務包括鋼鐵、礦場品和電子產品，其資產規模在香港工業界已屬一流。據首鋼控股（香港）的高層人士表示，這一翼將主要結合首鋼的雄厚基礎、資源，去開拓國際市場，並帶動首鋼內地行業發展，佔領內外兩個市場，發展策略是："鞏固國內，發展國外"。

而以首長四方為首的另一翼，包括首長四方、海成、保華國際德祥，則主要經營地產開發、建築工程、公用設施，以至金融財務諮詢等業務，以推動集團向多元化、綜合性方向發展。

經過短短的兩年時間，首鋼在李嘉誠的協助下，從無到有，在香港股市建立了一個完整的架構，以首長國際為控股公司，共持有六家上市公司，包括首長國際、三泰實業、寶佳、首長四方、海成、保華國際德祥等，所控制的市值已超過 100 億港元，其規模之浩大，聲勢之顯赫，內地企業，無出其右。

首長國際的迅速崛起，受到了香港證券界的高度重視。1994 年，著名的所羅門兄弟就以《首長國際——多面性的紅籌股》為題，大力推薦首長國際。該報告並認為，首長國際是中港兩地具有影響力企業互相合作的典範，憑着大股東首鋼及長江實業的實力及進取心，該公司前景樂觀。

18

金蟬脫殼 川河集團攻防戰

踏入 20 世紀 90 年代，香港另一宗引人注目的收購兼併事件，是海嘉、亞細安先後對川河展開的敵意收購。

川河在香港股市並不活躍，論規模亦只是三四流角色，但是，自從台灣商人湯君年入主之後，先是收購湯臣太平洋，繼而透過湯臣收購奔達國際，又邀得著名"賭王"何鴻燊加盟，一時成為各方焦點。

正值湯君年大展鴻圖之際，川河一系涉嫌觸犯證監條例，遭到港府的調查。其間，亞細安乘虛殺入，以咄咄逼人之勢展開敵意收購。面對強敵，身處內憂外患困境的川河，惟有兵行險着，實行一招"金蟬脫殼"，將旗下最貴重資產出售，試圖置諸死地而後生。

川河之壯士斷臂，雖然成功保衛江山，然而，經此一役，已元氣大傷，難成氣候。

川河的前身是偉華企業有限公司，於 1964 年註冊成立，1973 年 1 月股市狂潮中在香港掛牌上市，原本是一家小型地產公司，寂寂無聞。然而，80 年代後期，台灣資本進軍香江，台灣商人湯君年入主川河後，川河開始活躍，先後取得了湯臣太平洋及奔達國際兩家上市公司的控制性股權，在香港股市中自成一系，又邀得聞名港澳的"賭王"何鴻燊加盟，頗為矚目。

　　1987 年 6 月，由台商湯君年和有中資背景的澳門中國建築合組的和茵有限公司，以 9200 萬港元收購了偉華企業 83% 股權。稍後，偉華企業易名川河集團有限公司，成為和茵及湯君年在香港及澳門地區的投資旗艦。

　　當時，和茵的董事及實際擁有人包括湯君年、胡曉光、張仁強、卓華明及徐楓（徐楓是湯君年的配偶）。上述五位同為川河集團董事局董事，由胡曉光出任主席。和茵取得川河控制權後，曾以每股 1.3 港元配股給獨立第三者，以減低持股量，又多次透過拆股、送股及供股籌集發展資金，到 1988 年收購湯臣太平洋時，公司的股數已從原來的 4040 萬股急增到 3.3 億股。

　　和茵入主川河後，川河的業務主要是在港澳兩地從事物業發展和建築工程，在九龍、新界擁有數幢物業及相當數量的土地，在澳門黑沙灣工業區與中國建築工程（澳門）有限公司合作興建住宅，公司亦將投資擴展到北美洲的紙漿工業，計劃發展成為一家綜合性的跨國公司。

　　1988 年 7 月，川河與湯君年合組的 Shine Trip 公司（分別持有 55% 和 45% 股權），收購上市空殼永盛財務 62.89% 股權。永盛財務於 1973 年 8 月註冊成立，1982 年在香港上市，是一家註冊放債人公司，並從事證券買賣投資及期貸經紀交易。永盛財務上市後，曾與中國有關方面達成協議，提供貸款給珠海，興建珠海度假村計劃，條件為公司與珠海經濟特區發展公司共同經營該度假村。川河購入永盛後，遂將其投資業務及珠海度假村分拆售還原大股東，實際上購入上市空殼，永盛財務即易名為湯臣太平洋，成為川河系一家主要的策略性投資公司。

　　川河收購湯臣太平洋後，即透過湯臣太平洋向聯合集團購入富豪酒店 20.1% 股權，其中 4.67 億港元以現金繳付，餘數則以每股作價 1.6 港元，發行 6500 萬新股繳付。湯臣亦分別向 Shine Trip 及其他投資者發行 1.35 億新股，每股作價 1.6 港元，集資所得繳付收購所需現金。

1989 年 1 月，湯臣再以現金 3.036 億港元，購入聯合地產 19% 股權，湯臣以一供一，每股認購價 1.7 港元，集資 4.25 億港元。除用作繳付所購入聯合地產外，餘款 1.2 億港元用以減低債項。

不過，湯臣的兩次投資均先後失利，湯臣在不到兩年的時間，先後將兩項股權脫手求售，並招致不少虧損。其中，富豪酒店以每股 2.5 港元購入，以每股 2.2 港元售出，約虧損四五千萬港元，而聯合地產股權售出後，僅套現 2.52 億港元。以湯臣太平洋的體積而言，出現這樣的虧損也可以說相當驚心動魄了。

踏入 20 世紀 90 年代，湯臣太平洋力邀澳門著名商人、號稱 "賭王" 的何鴻燊加盟，以壯大集團聲勢。1990 年 2 月，湯臣向何鴻燊旗下的澳門旅遊娛樂公司收購一幅地皮的五成權益，該地皮面積約 15.21 萬平方呎，計劃發展一家五星級酒店、一個超級豪華賭場以及一個商場，其餘五成權益仍由澳門旅遊娛樂公司持有。

這項交易的總價值，約 2.7 億港元，其中 9100 萬港元以現金支付，餘額則以每股作價 0.71 港元的 2.5 億湯臣新股支付，約佔湯臣已擴大股數的 16.3%。這樣，澳門旅遊娛樂公司成為湯臣的主要股東之一，何鴻燊亦應邀出任湯臣董事局主席，湯君年則任執行主席。

何鴻燊入股湯臣後，不斷將本人或透過澳門旅遊娛樂公司持有的物業注入湯臣，短短數月間，注入的物業已達三項，雙方形成結盟之勢。何鴻燊的深厚背景，為湯臣其後鯨吞奔達國際壓陣，可謂居功不小。

川河系的另一次重要發展，就是 1990 年 5 月透過湯臣太平洋收購奔達國際的控制性股權。奔達國際原是澳洲大亨龐雅倫的奔達集團在香港的投資旗艦，在 80 年代中後期曾相當活躍，曾先後購入香港電視約三成權益、中環的奔達中心、一塊羅馬地皮、智利電話 85% 股權，1989 年曾遭到查濟民家族的香港興業狙擊，其後的私有化建議亦不獲股東通過。到 80 年代末，澳洲經濟不景，龐雅倫的奔達集團陷入財務危機，遂有意將其所持香港奔達國際 66% 股權出售。

當時，奔達國際的總發行股數約 12.14 億股，每股面值 1 港元，售出奔達中心及智利電話股權之後，約擁有 27 億港元的現金，另外持有一幢位於意大利羅馬郊區，面積 284 公頃的土地，佔五成權益，還有廣東惠州的啤酒廠，資產淨值為每股 2.7 港元。

1990 年 5 月，湯臣與奔達集團達成協議，湯臣以每股 2.2 港元價格收購奔達國際 34.5% 股權，涉及資金約 10 億港元，湯臣並負責將奔達集團所持其餘 31.5% 股權配售給獨立第三者。是項收購，湯臣的部署是要先行避過全面收購，再企圖透過槓桿收購，僅以 10 億港元就控制達 36 億港元的資產，且其中有約 27 億港元的現金。因此，當時從表面看，這次收購可說相當成功。

湯臣收購奔達後，首先動用 5.46 億港元購入羅馬地皮尚未擁有的另外五成權益，然後再以 12.5 億港元價格將其出售，並將這筆資金連同奔達國際原來持有的大筆資金用於一系列的物業投資，包括以 17.21 億港元向置地公司購入位於銅鑼灣的世界貿易中心（其中 8 億港元是銀團貸款），9600 萬港元購入中區第一城市商業大廈，以 1.29 億港元購入九龍旺角出租物業（部分以發行新股支付），另向川河集團購入一幢 21 層高的商用大廈，以擴大資金收入。

湯臣透過奔達國際收購世界貿易中心後，隨即將其易名為世貿集團。至此，川河一系已持有三家上市公司，包括川河、湯臣太平洋和世貿集團。

◢ 海嘉收購川河鎩羽而歸 ◢◢◢

川河系之被狙擊、收購，始於 1991 年。首先覬覦川河的，是來自東南亞的海嘉國際，其控股公司是海裕國際，主席是蔡世亮。當時，袁天凡尚未入股海裕，蔡世亮希望透過收購川河，一舉取得川河系三家上市公司的控制權。

1991 年 8 月 6 日，海嘉國際委任百富勤為財務顧問，向川河集團提出全面收購建議。由於事前未徵得川河董事局及主要股東的同意，因此屬於敵意收購。海嘉國際的收購，並不涉及現金，只是採取發行新股的方式進行，條件是每四股川河股份換取一股海嘉新股，而每二百份川河認股權證，換取一股海嘉新股，附帶條件是以獲得川河 50% 以上投票權為準。

收購建議發表前，海嘉國際的股價是 2.6 港元，川河的股價是 0.38 港元，認股權證是 0.2 港元。以海嘉的收購條件計算，川河的收購價為 0.65 港元，比市價大幅高出 68.8%，可以說頗為吸引人。但認股權證方面，市價 0.2 港元則高得不合理。該項認股權證於 1992 年底到期，認股價為 0.77 港元，以市價 0.2 港元計算，即認股成本為 0.97 港元，較市價高出 1.5 倍，是過分炒高的結果。不過，凡涉及收購的股份，若其認股證市價過高，必然處於不利地位。

收購建議發表後，海嘉國際的股價最高升到 2.75 港港元，而川河的股價則升至 0.48 港元，兩者的股價並不相稱。理論上，四股川河股份可換一股海嘉國際，既然海嘉國際的股價是 2.75 港元，川河的股價應為 0.68 港元，而實際市價僅得 0.48 港元，比合理價低了近 30%。兩家公司股價的走勢，顯示市場實際上並不看好是次收購能取得成功。

根據海嘉國際的公佈，當時海嘉並無持有川河的股份，僅獲得一印尼財團的同意，將其所擁有的 6300 萬股川河股份接受海嘉的收購，約佔川河已發行股份的 5%。

當時，川河的控制性股權是由和茵及湯君年擁有，和茵持有川河 28.5% 股權，湯君年另持有川河 7.6% 股權。理論上，和茵及湯君年只持有川河 36.1% 股權，其餘股權還有 63.9%，海嘉依然有機會取得其中 50% 以上，但是，海嘉的收購是以換股的方式進行，附帶條件是以獲得川河股東 50% 以上接受收購為準，在此條件未達成之前，海嘉是不會在市場購入川河股份的。

而在和茵及湯君年方面，根據證券條例，持有 35% 以上股權者，每年可增購 5% 而不必提出全面收購。因此，湯君年為保衛控制權，至少可購入川河 5% 股權，使其控制權增至 41.1%，儘管未能絕對穩守控制權，但勝算的把握已相當大。

當時，川河一系，包括川河、湯臣太平洋以及世貿集團，均出現相當的虧損，海嘉之所以垂涎川河，顯然是看中其名下持有的兩家上市公司。海嘉系的公司包括海裕國際、海嘉國際及海暉國際，市值約 15.3 億港元，若能以換股方式，不費一文便取得川河、湯臣及世貿的控制權，市值將增加到約 60 億港元，影響力將大增。

面對這場敵意收購，證券界人士並不看好，當時就有評論指出：海嘉收購川河，只是一廂情願，僅獲川河 5% 股權支持，即提出全面收購，實在過於輕率，看來除非湯君年有心放棄，否則，海嘉的收購，將是白費心機。果然，海嘉最終並未能獲川河 50% 以上股東接受收購，有關收購無疾而終。

◢ 川河 "金蟬脫殼" 再挫亞細安敵意收購 ◣◣◣

然而，海嘉之收購川河，僅是川河系厄運的開始。1992 年 9 月初，香港證監會突然宣佈，港府財政司將繼調查聯合集團系之後，再度引用公司條例第 143 條，委任 Ferrier Hodgson & Marfan 會計師行合夥人李約翰為調查員，調查有關世貿集團及湯臣太平洋的事務，重點是 1990 年 5 月湯臣太平洋收購奔達國際是否有觸犯條例。

副金融司譚榮邦對於是次調查，以 "冰封三尺，非一日之寒" 來形容。他並表示，監管局接獲對湯臣及世貿的投訴已有一段時間，經過研究後才提出調查，港府的立場是不會貿然提出調查，必定是掌握到足夠的表面證據，及認為值得懷疑，才會展開調查。受到港府調查的衝擊，川河一系的股價大幅滑落。

然而，一波未平，一波又起。在此期間，另一家並不顯眼的上市公司亞細安資源，宣佈委任百富勤及里昂財務聯合擔任財務顧問，向川河提出全面收購建議。據說，繼 1991 年百富勤未能代表海嘉以換股方式收購川河之後，里昂財務亦已留意到川河的潛在價值。川河一系受到港府調查後，市場已在觀察湯君年及和茵的動向。

1992 年 9 月 15 日，代表亞細安的百富勤和里昂財務宣佈，將以現金及換股的方式，向川河提出全面收購，條件是以現金 2.16 港元，加上一股亞細安，收購每十二股川河，而所有川河認股權證則以 44 萬港元收購。

里昂財務表示，川河的控制權較為分散，加上港府於 9 月初對川河旗下兩家上市公司展開調查，提供了收購的良機，而川河的業務與亞細安相近，有助其拓展。當時，證券界人士分析，亞細安的收購，是企圖趁川河一系受調查影響股價滑落之際，動用約 2 億港元現金及發行新股，收購擁有近 30 億港元資產的湯臣及世貿，尤其是世貿集團所擁有的貴重物業——位於銅鑼灣的世界貿易中心。

在向川河股東發出的收購文件中，亞細安以激烈的措辭猛烈抨擊川河現任管理層。文件表示，川河現任管理層在回應 1991 年 9 月海嘉的收購中，曾懇請小股東拒絕接納海嘉的收購，原因是海嘉企圖趁川河一系業績不振及潛力並未完全發揮的時候，以低價收購川河的控制權。

該文件指出：川河現任管理層在這次收購中，可能亦會提出同樣的理由，懇請小股東拒絕亞細安的收購。然而，事隔一年，川河管理層仍然未發揮川河一系的潛力，川河的股東更從 1991 年 8 月 6 日的 0.385 港元跌至現時的 0.275 港元。因此，川河小股東不應再將川河交由現管理層管理。

該文件並強調，川河在現管理層的領導下，注入的資金幾乎付諸流水，主要投資已徹底失敗，損失慘重，贏利紀錄令人不忍卒睹，導致股價有如江河日下，認股權證已無實際商業價值。因此，建議川河小股東接受亞細安的收購，認為是趁高套現的良機。

此際，川河董事局可謂內外交困，面對敵意收購，川河隨即委任渣打亞洲為財務顧問，並以川河系內的湯臣和世貿集團兩家公司現正接受調查，導致川河系股價下跌為理由，向香港證監會收購及合併委員會提出要求，終止亞細安的敵意收購。

可惜，川河的申請被證監會否決。當時，證監會發言人表示，調查行動導致上市公司股價大跌，並可能觸發敵意收購，這是無法解決的問題，也是市場運作的一部分。按照一貫的政策，收購及合併委員會並不理會收購行動的作價是否合理，該委員會的職責只是確保有關程序均獲得遵守，包括所有必須公佈的資料都得到適當的披露，獨立股東財務顧問就收購行動向股東提供意見等。

面對內憂外患的困難，川河董事局在提出終止收購無效的情況下，決定來一招"金蟬脫殼"，將集團內最重大的資產、位於銅鑼灣的世界貿易中心以 25 億港元價格出售，買家是有中資背景的江豪集團。

當時，川河約持有湯臣太平洋 26.4% 股權，此項投資約佔川河集團資產淨值的九成，而湯臣太平洋則持有世貿集團 34.5% 股權，此項投資約佔湯臣資產淨值的 58%。換言之，川河間接持有世貿集團的權益，相當於川河超過五成的資產。而世貿集團的最大收益就是世界貿易中心每年的租金收入，約佔該集團稅前贏利的 86% 以上。瞭解上述關係，就可知世貿中心在整系中的地位。

毋庸置疑，海嘉、亞細安相繼向川河提出敵意收購，目標是要控制世貿中心，將其出售，無疑將大大減低敵意收購的吸引力。當時，亞細安主席表示，出售世界貿易中心後，川河一系各家公司的將受到嚴重影響。

川河的金蟬脫殼，對亞細安的敵意收購顯然發揮了影響力。然而，事態的發展亦峰迴路轉。到了 11 月，世貿中心的買家江豪集團為支付訂金而連續開出的三張支票均不能兌現，屬空頭支票，川河的"金蟬脫殼"亦功敗垂成。幸而，亞細安的收購亦再次無疾而終。

◢ 川河一系在股市中沉寂 ◢◢◢

湯君年等川河董事局層雖然再次成功保衛控制權，但終於明白到：現有的集團架構不改變，川河仍會遭到第三者的狙擊。因此，他們決定加快出售銅鑼灣世界貿易中心的步伐。

1993 年 2 月，世貿集團終於覓得理想買家——大地產發展商新鴻基地產。2 月 20 日，世貿集團宣佈，新鴻基地產同意以 22.15 億港元的底價，加上一條件性售樓收益分賬安排，購入世界貿易中心全棟。新地並將在兩個月內付清 22.15 億港元予世貿集團。

是次交易，雙方以較特別的安排達成協議：首先，新地將在兩個月內向世貿集團支付 22.15 億港元完成交易；其次，新地將在完成交易後的一年內將世貿中心寫字樓部分分拆出售，雙方同意，如果賣出價在每平方呎 4500 港元以上，高出的部分將由雙方攤分，其中，新地佔 55%，世貿集團佔 45%。如果一年後未能將寫字樓部分售清，雙方同意聘請兩家測計師行對餘下寫字樓估價，而以兩項的股價平均值為準，若每平方呎股價高於 4500 港元，雙方仍以上述比例攤分。

世貿集團表示，是次交易的成交價比理想中低，但他們仍接受這一價格，原因有多方面：首先是完成交易的時間短，將兩個月與六至九個月的交易期比較，前者可省下淨折現值五六千萬港元。此外，較早套現的機會成本不可忽視，因套現的資金可作其他投資。世貿並表示，集團並無自行將世貿中心出售，原因是世貿集團須承受時間風險，若市道轉壞或未能在短時間內售清物業，則這些風險皆須由集團自己承受。

世貿集團以 22.15 億港元將世貿中心售出後，扣除 6.64 億港元的債項後，套現 15.51 億港元，獲利 3.55 億港元，加上出售羅馬土地計劃可得餘款約 7 億港元，實際上已成為一家擁有龐大資金的公司，情形就像當年龐雅倫將奔達中心售出後的奔達國際一樣。這種安排，實際上亦是出售世貿集團的上市空殼作準備。

川河一系在成功出售世貿中心之後，隨即將世貿集團的控股權在市場放盤求售，到 4 月底終於找到合適的買家——中資背景的鵬源集團。雙方經過初步接觸，認為條件適合，結果在 6 月 2 日簽署收購及售出協議，湯臣太平洋以每股 1.88 港元（其後調整至每股 1.96 港元）出售所持世貿集團 34.98% 股權予鵬源集團，而鵬源集團則以相同的價格向其他股東提出收購建議。事件初期，有關交易似乎頗為順利。然而，從後來的發展看，有關收購兩方均低估了港府調查的負面影響，令到收購出現一波三折。

第一次波折來自香港聯交所，6 月 10 日，世貿集團正式公佈有關收購的詳情，並與聯交所進行磋商。結果，聯交所要求鵬源集團將對世貿的收購，視作重新申請上市，鵬源集團須將注入的資產，進行評估及預測。

第二次波折出現於 7 月 9 日，當時港府公佈根據調查李約翰的建議，要將一批為數達 1.79 億股世貿集團股權凍結。該批股份佔世貿集團已發行股份的 9.8%，竟然出現無人肯出面承認是其持有者的怪事。事出突然，鵬源的收購計劃被再次拖延。是次波折的源頭，亦由湯臣當初購買奔達股權時引起。當時，湯臣向奔達集團購入奔達國際 34.5% 股權，而將其餘奔達集團所持 31.5% 股權由振通證券公司分三批配售予三位人士。然而，政府調查員李約翰一直無法找到該三批股份的真正持有者，只好凍結股份。

第三次波折是聯交所要求世貿集團給予原股東湯君年等人購股權，須得到股東大會通過，其後該等購股權遭遇股東大會否決，結果令鵬源無須收購上述認購權而多付 1.6 億港元。這一波折，倒是對鵬源有利。到了 1993 年 11 月，鵬源集團終於完成收購世貿集團的所有程序，斥資約 19 億港元取得世貿集團 53.4% 股權。世貿集團將易名鵬利集團，成為中國糧油食品總出口公司在香港的上市旗艦，從事地產、食品、百貨以至啤酒釀製等綜合性業務。

鵬源集團在這次收購中，賬面上雖然動用了約 19 億港元，但注入七項物業後又收回逾 11 億港元，另外還有世貿手頭現金、世貿中心寫字樓出售收益以及物業收入。所以，鵬源雖然賬面上動用了 19 億港元，實質上不費分文，便控制了一家上市公司。

　　川河、湯臣在是次交易中，出售世貿集團空殼，獲得 12 億港元，但又動用其中約 8 億港元購回部分資產，實際僅套現約 4 億港元。湯臣將所得資金轉向中國內地發展地產，至此，亦可說成功實現"金蟬脫殼"，功德圓滿，避免日後再次遭遇到敵意收購。

　　不過，川河一系的厄運並未完結，1993 年 12 月中，港府商業罪案調查科突然搜查川河、湯臣、世貿及與之相關連的其他四家上市公司，重點仍然是調查川河一系自 1990 年以來的多宗交易是否違法。經過是次打擊，川河一系逐漸在股市中沉寂，難成氣候。

19

以退為進　海裕國際爭奪戰

　　海裕國際一系，在香港股市中，並不顯眼。然而，一場反目成仇的爭奪戰，卻將其推到萬眾矚目的幕前。

　　挾東南亞資金而來的海裕國際主席蔡世亮，為了壯大集團的聲勢和實力，決定讓股讓權，力邀其多年的老朋友、與本地富豪關係密切的袁天凡加盟。而剛從恒昌辭職的"打工皇帝"袁天凡，亦聽從玄學大師的占算，決定自行創業。雙方結盟海裕。

　　不過，蔡世亮之讓股讓權，其實是以退為進的策略，暗中已部署多個後着，隨時可以伺機反擊，重奪控制權。事態的演變，導致蔡、袁攤牌、決裂，其間，袁天凡曾佔上風，本可穩操勝券，但他一時心軟，沒有乘勝追擊，給蔡世亮以喘息之機，形成兩軍對峙的僵局。

　　海裕爭奪一役證明，商場一切以利為本，沒有永遠的朋友，也沒有永遠的敵人。

海裕國際的前身是金佑地產，1973 年 2 月在香港註冊成立，同月在香港掛牌上市，初期主要從事證券投資及物業發展，上市不久即遇上股災，直到 1978 年才能首次派息。

1983 年 9 月，海裕集團的聯營機構世旺公司，以現金收購金佑地產 51% 股權，世旺主席蔡世亮亦購入 34% 股權，導致世旺向金佑地產提出全面收購。海裕集團乃一家由東南亞財團組成的公司，專營貨倉、貿易、電子製造、紡織漂染處理、船務以及汽車租賃等。世旺收購金佑地產後，即於同年 11 月改組董事局，由蔡世亮出任主席，金佑並易名為海裕實業有限公司，繼續保持上市地位，以作為世旺的投資旗艦。

1987 年 10 月，海裕實業進行私人配售，主席蔡世亮及兩名董事將名下 29% 的股權配售，同時購入公司持有耀豐冷藏倉庫餘下股權。翌年 8 月，海裕實業宣佈重組，將公司屬下經營倉庫業務的公司注入全資附屬公司海嘉實業，同年 9 月在香港分拆上市。海裕實業仍持有海嘉實業 68% 股權。

1989 年 1 月，海嘉實業有意向大寶地產收購該公司最重要的資產耀輝冷藏庫。大寶地產原是胡忠家族旗下的地產發展公司，於 1973 年註冊成立並在香港上市，1975 年因投資地產嚴重虧損而被迫重組，1980 年將業務擴展到水產業培殖及天然資源開採，業務發展一直不佳。1988 年 11 月，大寶地產宣佈再次資本重組，但海嘉的收購令公司重組計劃需作修訂。

1989 年 5 月，海嘉實業宣佈向大寶地產提出全面收購，每股 0.98 港元，認股證每股 0.18 港元。同年 8 月，海嘉修訂收購大寶地產建議，每 1000 股大寶地產可換 750 股海嘉股份，大寶認股證每 1000 份可換海嘉股份 138 股。收購後，海嘉實業持有大寶地產 75% 股權，大寶地產則易名海暉國際。

1990 年 1 月，海暉國際向海嘉購入耀豐冷藏庫公司，包括耀豐、裕豐以及耀輝冷藏庫，成為香港最大規模的冷藏庫公司，約佔香港整個冷藏市場的六成份額。

◢ 蔡世亮 "以退為進" 邀袁天凡加盟 ◣◣

　　蔡世亮挾東南亞資金而來，在香港大展拳腳，在短短數年間控制了三家上市公司，在香港股市中自成一系，可說成績斐然。儘管如此，海裕一系的股價卻長期萎靡不振，原因是 80 年代初，同屬東南亞資本的佳寧、益大國際、海外信託銀行等相繼倒閉或被清盤，聲譽不佳，使本地投資者對東南亞商人懷有戒心，故此海裕一系股份亦受此拖累，一直徘徊不前。

　　為挽頹勢，蔡世亮決定擴大公司股東層面，邀請香港有影響力的富豪入股，改組公司管理層。他看中了多年來的老朋友袁天凡，企圖透過袁天凡與本地富豪加強聯繫，以突顯公司的形象和聲譽。袁天凡可說是當時香港商界崛起的紅星，正當得令，雖然並非出身豪門，也沒有十分優越的背景，然而，他憑着個人的真才實學，在香港商界戰績彪炳，因而在短短數年間迅速冒起，成為香港有名的"打工皇帝"。

　　袁天凡早年畢業於美國芝加哥大學經濟系，1976 年回港，初期於香港中文大學執教，1977 年加入滙豐銀行旗下的獲多利有限公司債券部，從事港元及美元債券包銷工作，後調任財務部，1983 年擢升為該部的主管。

　　1985 年，袁天凡和多位獲多利要員梁伯韜、祈立德、侯傑仕、黃廣志跳槽萬國寶通國際，袁天凡出任財務部副總裁，負責集團在香港的證券業務。1986 年袁天凡更出任萬國寶通國際屬下惟高達證券公司董事總經理，在香港證券業嶄露頭角。

　　1987 年 10 月股災後，香港聯合交易所大改組，主席李福兆被廉政公署檢控，恒生銀行董事長利國偉被港府委任為聯交所主席，時年 36 歲的袁天凡，以其在證券界多年的豐富經驗，被委任為聯交所行政總裁，一時間成為光芒四射的紅星。

　　袁天凡在香港聯交所出任行政總裁三年期間，正值聯交所內部架構在港府的壓力下被迫進行大刀闊斧的改組，華洋經紀展開空前激烈的權力之爭。袁天凡夾在各大勢力之間充當協調人，箇中滋味顯然並不好受，意興闌珊之餘遂決定於1991 年 10 月合約屆滿之後轉職恒昌企業。

　　當時，榮智健的中信泰富聯同李嘉誠、郭鶴年等已全面收購恒昌，袁天凡應李嘉誠之邀出任公司行政總裁，原意是利用袁天凡的經驗，將恒昌在適當時機上市。豈料袁氏出任不足三個月，風雲突變，中信泰富全面收購恒昌，袁氏再無用武之地，於是離開恒昌。

袁天凡離開恒昌後，當時長江實業主席李嘉誠曾邀請他加入旗下任何一家公司工作，滙豐銀行主席蒲偉士對他亦十分欣賞，問他是否願意出任倫敦獲多利主管。袁天凡對他們的盛情厚意都一一拒絕，反而與老朋友蔡世亮商討入股海裕，準備一償當老闆的多年心願。

原來袁天凡平生篤信風水玄學，他的摯友堪輿大師曾替他命盤占算，明言他40 歲即應自行創業當老闆。袁天凡對此深信不疑，他離開恒昌時，正值 40 歲，因此他決定不再為他人作嫁衣裳，自行創業。

袁天凡之所以選擇海裕，原因可能是多方面的：首先，他與海裕主席蔡世亮是多年的老朋友，兩人年紀相若，他在獲多利任職時已認識蔡氏，1983 年曾協助蔡氏收購金佑地產空殼上市，1989 年又協助收購大寶地產，令公司規模壯大，兩人成為最佳拍擋。況且，蔡世亮表示已有意淡出江湖，讓袁氏接掌帥印。因此，雙方一拍即合。

其次，海裕規模不大，袁天凡有可能總攬大權，控制公司業務。海裕擁有證券業務，有利於袁氏發揮所長，而海裕持有的大量冷藏庫，每年約有 2 億港元的租金收入，令公司在財政上無後顧之憂，頗合袁氏胃口。

◢ 袁、蔡矛盾表面化 ◢◢◢

1992 年 2 月 21 日，袁天凡與百富勤合組天豐公司（袁天凡佔 51% 股權），收購海裕國際（其時海裕實業已易名為海裕國際）兩成股權，袁天凡並邀得長江實業主席李嘉誠、中信泰富主席榮智健入股，合共持有海裕國際 30.82% 股權。

當日，蔡世亮和袁天凡齊齊亮相記者招待會，開會地點就在海裕總部舊址，中環干諾道中歐陸貿易中心 15 樓。會上，身為海裕國際主席的蔡世亮宣佈，袁天凡將於 4 月份出任海裕董事總經理，他並表示：把部分股份讓給老朋友，自己可以減輕工作負擔，多陪陪家人。袁天凡則一臉笑容，強調與蔡先生已是十多年好友，多謝他給機會。

當時，適逢新春佳節期間，會議結束後兩位老闆大派紅包，剛結束鑽石王老五生涯的袁天凡，更是婚後第一個春節，未習慣攜帶紅包，順口便說：蔡先生替我先派。引來哄堂大笑。蔡、袁兩人惺惺相惜之情盡顯。

4月份，袁天凡正式出任海裕國際董事總經理，原董事總經理，蔡世亮的女婿陸經宇則轉任執行董事。袁天凡入主海裕後，海裕的業務日見理想，公司取得了較多的信貸，業務漸趨多元化，除了本業如地產、凍倉外，亦開展更廣泛的金融、保險等業務。袁天凡加入海裕後，雄心勃勃。據熟悉他的人表示，袁氏要面子勝於金錢，他不想辜負眾多好友的期望，希望公司迅速壯大。他連自己的收益也撥入公司。例如黃玉郎出獄後，想將一批按押給胡仙的玉郎股票售給胡仙，套現創辦玉皇朝。黃玉郎與胡仙商討，胡仙最初出價每股 8-9 角，袁天凡出面與胡仙討價還價，結果以每股 1.38 港元成交。袁賺取了 2000 多萬花紅，他本可以作為自己私人收益，然而卻全數撥入海裕。

袁天凡的雄心，是要在數年間將海裕發展為一家中小型洋行。事實上，在袁氏的主理下，海裕確實搞得有聲有色。1992 年 6 月，海裕購入上市公司百樂門印刷 55.3% 股權；1993 年 4 月，又邀得中資的中國糧油食品總出口公司加盟，將海裕所持海嘉實業 55.5% 股權售予該公司旗下的鵬源集團，變相令中國糧油食品總出口公司駐港機構借殼上市。交易完成後，海嘉易名為中國食品，海裕仍持有中國食品 9% 股權，而中國食品亦將所持海暉 34.5% 股權售回給海裕。同年 10月，海裕透過旗下海暉與中國食品合作，購入新加坡海裕亞洲（前稱森馬投資）32.8% 股權。短短兩三年間，海裕的規模和關係迅速擴大。

不過，與此同時，袁天凡與蔡世亮的分歧亦逐漸開始顯露。原來兩人對公司的經營管理方式不大相同。蔡氏的管理相當家族化，例如海裕旗下的海裕金融，一貫以來的制度是任何人介紹客戶，都可以分得傭金；而袁天凡則很着重現代化企業管理，認為這種做法不妥，要求馬上改變有關制度。此外，他又要求像外資經紀行一樣，令屬下員工每天寫報告，使得跟隨蔡氏多年的員工十分不習慣，怨聲四起。

在經營方針上，袁天凡與蔡世亮亦開始發生分歧。在海裕投資內地江蘇省崑山一項發展計劃上，蔡世亮的作風是喜歡以小博大，先下少量訂金，佔住這個地盤，看一段時間是否有利可圖才增加資金；而袁天凡則認為最重要是決定是否上馬，如果決定，就立即推動計劃展開。很明顯，袁、蔡二人的經營作風，反映了西方企業管理與東方家族式管理的明顯差異。

然而，這些仍不算是致命的分歧，袁天凡仍然覺得什麼事都好商量。不過，他預料不到，蔡世亮將股權出售給他，其實早已留有後着，可以隨時發難，穩固地控制海裕的控制權。這是海裕之爭的導火綫。

1993 年下半年，袁天凡發現海裕國際屬下的證券公司——海裕證券，有六個戶口由公司最高層人士親自管理，利用公司的"孖展"進行投資活動，其中持有大量海裕國際的股份，為數約佔已發行股票的三成，比海裕國際任何一個主要股東都多。

袁天凡在證券界打滾了十幾年，深知其中必有奧秘，他遂不動聲色，於同年11 月間利用這六個戶口按金不足而客戶又沒有及時補按金的機會，將該批股票的大部分"斬倉"，以 1.8 億港元價格將海裕國際 19.52% 股份，售予他多年好朋友梁樹榮出任主席的奇盛集團。梁樹榮以 1.8 億港元巨資購入海裕股票，既非控制性股權，與奇盛的業務又關係不大。故市場均認為，梁氏是要助袁天凡一臂之力以鞏固對海裕的控制權。

經過這件事後，袁天凡深知必須加強對董事局的控制。原來，袁氏加入海裕後，覺得彼此是老朋友，並沒有改組原有的董事局，只有他本人及早年同學繆希加入，雙方勢力懸殊。11 月 11 日，袁天凡委任好友王於漸、方書林以及他妻子李慧敏（未有即時接納）進入董事局；同月 19 日，袁天凡出任海裕國際執行主席，而蔡世亮則轉為名譽主席。

當時，袁天凡處於優勢，按照海裕的股權分佈，袁天凡和百富勤、李嘉誠、榮智健等持有三成股權，若連同梁樹榮的奇盛集團所持有的 19.25% 股權，實際上已取得控制權，而蔡世亮夫婦僅持有兩成三股權。袁天凡向蔡世亮攤牌，蔡世亮惟有讓步。

其實，袁天凡大可召開特別股東大會，重組董事局，將梁樹榮父子引進董事局，並踢走蔡系的一兩名親信，以打破平衡，取得絕對控制權。可惜，袁天凡念着多年老朋友的情分，一時心軟，沒有做絕，結果讓蔡世亮假以時日部署反擊。

◢ 袁天凡錯失海裕控制權 ◣◣◣

蔡世亮在危急關頭以退為進，贏得了伺機反撲的寶貴時間。原來，他當初引入袁天凡的時候，暗中已作出多種部署。當時他雖然讓出部分股權，但實際上手中仍掌握着大量的海裕國際認股權證。因此，蔡世亮一方面在市場上吸納海裕股份，一方面則籌措資金，準備隨時行使認股權，換取普通股。

1994 年 2 月初，海裕證券六個戶口剩餘接近一成海裕股份，亦突然被海裕證券主要行政人員梁景源指示交予蔡世亮的秘書，被悉數贖回。

2 月 7 日，蔡世亮眼看時機成熟，遂通過其女婿陸經宇通知海裕各董事召開董事局會議，議程是委任海裕金融行政總裁許照中和蘇錦榮加入董事局。當天會議蔡世亮估計有必勝的把握，豈料獨立董事文世昌突然缺席，形成蔡、袁兩系票數對等的局面，結果由袁天凡以主席身份投下決定性的一票，不但推翻蔡世亮委任許、蘇入局的動議，而且成功委任梁樹榮父子加入董事局，並暫停陸經宇職務。至此，袁天凡才警覺，一時心軟，險失江山。

蔡世亮見反目成仇局面已經形成，遂一不做二不休，於 2 月 14 日入稟高等法院，要求裁決海裕執行主席袁天凡於 2 月 7 日董事局會議上擔任會議主席的合法性，又指袁天凡妻子李慧敏，一直未有正式接納出任海裕董事，懷疑其合法性。袁天凡亦表示不甘示弱，一方面向高等法院申請禁制令，禁制蔡世亮行使海裕認股權；另一方面下令委任獨立會計師，進行海裕證券的內部調查，調查期從 1991年 1 月至 1994 年 2 月期間以印尼人士名義開設的六個證券買賣戶口。

至此，蔡、袁雙方已勢成水火，昔日惺惺相惜之情已成歷史。蔡系人士表示："蔡世亮這回真是引狼入室捉雞仔。"而袁系人士則表示："袁天凡這樣力挽狂瀾，力保江山，想不到卻被人反咬一口。"當時，海裕一系的氣氛相當緊張，袁天凡在中區歷山大廈寫字樓上班，門口亦要加添守衛，以防有人搞事。

形勢的發展令袁天凡進退兩難，從持股量看，蔡世亮雖持有兩成三海裕股份，然而亦持有大量認股權，若全部行使，持股量可增加到四成二，而袁氏自己一方亦會被攤薄至相若水平，並無必勝的把握。

然而要他退卻，亦心有不甘，他的一班好朋友，包括梁伯韜、李嘉誠、榮智健、梁樹榮等，都大力支持他入主海裕，而他過去兩年間確實花了不少苦心去經營海裕，如加強海裕金融業務，引進中國糧油食品總出口公司，發展食品業和保險業。如果就此放棄，再難東山再起。

進退兩難之際，袁氏惟有再度求教於鐵板神算的堪輿大師董慕節，董大師占卜後建議他以和為貴，大事化小。另外，他的另一位好朋友、中國糧油食品總經理周碧泉亦勸他和解。

於是，袁天凡決定與蔡世亮和解，互相撤回訴訟。雙方同意重組海裕旗下各公司的董事局，旗艦海裕國際由袁天凡出任主席，而經營凍倉和金融業務的海暉則由蔡世亮出任主席，各董事局雙方旗鼓相當，為期半年。

與此同時，袁天凡與蔡世亮達成一項協議，袁天凡以及其他主要海裕股東李嘉誠、榮智健、奇盛集團等，有權於 1994 年 8 月 19 日起計 30 日內，一起要求蔡世亮購回他們手上的海裕股份及認股證，海裕股份每股作價 3.3 港元，以保障袁天凡及與其同一陣營的股東利益。不過，沽售海裕股票的主動權則在袁天凡手上。換言之，袁天凡有權決定是否將海裕江山交還蔡世亮，在保障自己一方利益的前提下，全身引退。

2 月 25 日，即袁、蔡和解的當天，適逢海裕國際在尖沙咀海洋皇宮舉行筵開數十席的春茗宴會，出席的除海裕董事和員工外，還有各方客人以及傳媒。當晚，袁天凡和蔡世亮先後到場，在眾目睽睽之下，袁、蔡兩人經海裕董事鄭經翰撮合，雙方握手，袁天凡主動對蔡說："喂，兄弟！" 然後二人大笑，在眾人面前演出了一劇 "一笑泯恩仇" 的活劇。這一幕，成為翌日各大傳媒爭相報道的話題。

袁、蔡兩人的和解，實際上並沒有解決問題，兩大陣營在海裕系內對峙，公司的運作勢將受到重重掣肘。當時，香港傳媒就有評論說，這其實是埋下另一顆威力更大的計時炸彈，半年後才引爆。

果然，雙方的矛盾隨着形勢的變化再度激化。1994 年 3 月下旬，香港證監會去信海裕國際董事局，表示有理由相信蔡世亮、陸經宇及海裕證券三者之間，在證券買賣和投資管理方面，曾有損公眾利益的行為，所以要進行調查，並要求提供資料。

在調查過程中，證監會從海裕處獲得一份由海裕執行主席袁天凡下令委任獨立會計師進行的海裕證券內部調查報告。據瞭解，這份內部調查報告集中調查六個以印尼人士名義開設的證券買賣戶口,調查發現該六個戶口都有過量信貸的現象,海證給予六個戶口的貸款,遠遠超出作為抵押的股票(主要是海裕股份及認證股證)的總值,達 300% 的比例,而海證提供給該六個戶口的"孖展借貸額"在 1993 年 8 月曾高達 4.5 億港元,其中兩個戶口是由蔡世亮直接介紹給海證的。

證監會在研究了該份調查報告後,對事件相當關注,認為假如該批戶口證實為海裕主要股東之一的蔡世亮所持有或幕後控制,又或與其構成一致行動人士,則可能觸犯了證券(權益披露)條例內公開真實持股量的法定要求,以及抵觸了收購及合併守則中有關持股量達到 35% 以上必須提出全面收購的規定。

正當證監會對蔡世亮、陸經宇等人展開調查之際,1994 年 8 月上旬,證監會、聯交所及政府商業罪案調查科收到一份署名函件。該份署名 Charles Chan 所寄發的文件,內容包括一些開戶及借貸文件的影印本,指一家由袁天凡父母名義持有的公司在海裕證券開設戶口,並由袁天凡提供個人信貸擔保,而該戶口買賣的股份中,包括袁天凡任主席的百樂門印刷。

該份署名文件向袁天凡提出三項質疑:第一,袁天凡身為百樂門印刷主席,難以令人相信他並無利用內幕消息買賣百樂門股票;第二,袁天凡有不依公開權益法規定披露所控制權益之嫌;第三,袁天凡有違公司法有關向股東貸款的條文。該份署名函件亦同時寄往各大報章。

8 月 14 日,袁天凡發表書面公司聲明予以還擊。袁天凡在聲明中指出,他留意到近日報章廣泛報道有關他透過一家被指由其父母持有的公司在海裕證券買賣百樂門股票,以及向海裕財務進行借貸一事。他表示,他從未在這家公司擔任過董事或授權簽署人的職位,亦無持有該公司的任何權益或涉及該公司所買賣的股票活動;該份署名函件的指控並不正確,而所提供的亦全屬歪曲及誤導的資料。他更表示,文件含有惡意及對人謾罵攻擊的成份,保留採取法律行動的權利。

與此同時,蔡、袁徹底決裂,分手的部署亦在密鑼緊鼓中進行。袁天凡與蔡世亮分手,意味着袁天凡也將帶走過往他戮力與中資建立的良好關係。因此,蔡世亮亦將他持有的中國食品股份大幅削減,從 10.03% 減至 0.9%。同樣道理,中國食品與海裕系的海暉再合作的機會不大,將雙方共同投資的項目出售,也是分家的步驟之一。5 月 4 日,海暉與中國食品宣佈,將它們共同持有 32.8% 股權的海裕亞洲出售，套現約 5.67 億港元。

到了 8 月中旬，袁、蔡雙方正式攤牌。袁天凡致函蔡世亮，表示他與海裕國際其他股東包括李嘉誠、榮智健、以及奇盛集團，將行使年初與蔡世亮協議的沽售權，惟需附帶四項條件，包括要求蔡世亮同時向海裕系小股東提出全面收購，讓一些當時因袁天凡入股海裕而投資的小股東，在袁天凡退股後也有機會撤出。其他條件還包括海裕集團的派息率，以及當日隨袁天凡加入海裕系工作人士，亦可自由離去，無須受僱傭合約條款限制等。

從當時的情形看，蔡世亮如果同意袁天凡等提出的附帶條件，所需的資金相當龐大，按他與袁氏年初訂下的認沽期權協議，收購袁天凡一方約五成海裕股份，已需動用 5.16 億港元，若再承諾向其他股東提出全面收購，需再動用 6.04 億港元。而更重要的問題是，一旦蔡世亮購入袁天凡等五成海裕股權，是否能夠獲得證監會豁免，無須向海裕系旗下的海暉及百樂門印刷的小股東提出全面收購，尚不得知。若無法取得豁免，涉及的資金將相當龐大。

8 月 18 日，海裕董事陸經宇公開表示：蔡世亮無意向海裕提出全面收購，並已與投資銀行新中港融資洽商，由其配售袁天凡等人股份，以免須按收購及合併守則提出全面收購。及至 9 月中，袁天凡提出的四項條件相繼一一實現，包括海裕集團公佈業績，支持袁天凡的海裕董事方書林、繆布、鄭經翰等辭職，蔡世亮與海裕達成協議，購回總值 8900 萬港元的一批海外資產等。

9 月 16 日，海裕國際控制權的爭奪塵埃落定。海裕國際宣佈，袁天凡等一方已行使認沽選擇權，將所持 1.6 億股股權（佔海裕已發行股本的 49.07%），以每股 3.3 港元價格悉數售予蔡世亮，並亦將 49.6 萬股海裕認股證以每份 2.8 港元價格售予蔡世亮。蔡世亮則購入認股證部分，其餘全部海裕普通股則透過新中港融資配售予獨立機構和其他投資者，以避免需向海裕提出全面收購。事後證明，認購該批股份的，主要是一位印尼籍商人，約佔 19.7% 股權，另外是中國農村企業融資發展信託投資（香港控股）有限公司，佔 29.4%。

是役，袁天凡一方套現 5.15 億港元，得以全身而退。袁天凡本人並獲得 4970 萬港元的利潤，亦算有個交代。然而，兩年創業的心血，就此付諸東流，袁天凡心頭的滋味，相信並不好受。

20

三級跳升　國浩收購道亨、恒隆、海託

　　郭令燦家族旗下的國浩集團，可說是來自東南亞的一彪精兵，透過三次不動聲色的銀行收購，完成三級跳升，令集團躋身香港第十二大上市財閥之列。

　　第一級跳升，是收購香港有悠久歷史的道亨銀行，國浩在香港成功搶灘登陸。

　　第二級跳升，是收購被港府接管的恒隆銀行，這次收購為日後成功擊敗眾多財團，一舉奪得海外信託銀行，奠定基礎。

　　第三級跳升，國浩集團藉收購海外信託銀行，一躍而成為香港僅次於滙豐、中銀的第三大銀行集團，成為香港銀行業一股舉足輕重的勢力。

　　國浩的三次收購兼併，充分展現了收購兼併本身的優勢。

國浩集團的前身豐隆投資，由郭令燦家族的豐隆集團於 1983 年 3 月收購香港上市公司新馬製衣空殼，易名而成，是郭氏家族在香港投資的旗艦。

郭令燦，祖籍福建同安，是新加坡豐隆集團創始人郭芳楓的侄兒。郭芳楓 16 歲到新加坡謀生，十年後與其兄郭芳來、弟郭芳政、郭芳良合作，創辦豐隆公司，經營五金、船具、漆料等貿易。

二次大戰後，豐隆公司廉價大量收購戰時剩餘物資，取得豐厚利潤，業務迅速擴展到馬來西亞、香港。1948 年，豐隆公司改組並註冊為有限公司，當時旗下已有六家分公司，郭芳楓把公司 65% 股權分給他的三位兄弟，馬來西亞業務則交由郭芳來及其子郭令燦主理。

郭令燦擅長企業收購兼併，他透過豐隆（馬來西亞）有限公司展開一連串收購行動，先後收購豐隆工業 52.8%、馬來西亞太平洋工業 50.45%、謙工業 33.2%、邁康 24.93%、豐隆信貸 60.08%、百福 48.56% 股權，成為控制最多上市公司的馬來西亞財團，旗下經營的業務遍及金融、銀行、保險、房地產、製造業等。

◢ 第一級跳升 —— 收購道亨銀行 ◣◣◣

20 世紀 80 年代初，郭令燦的豐隆集團開始進軍香港。1982 月 3 月，郭令燦透過豐隆集團向英國 Crindlays 集團購入道亨銀行 100% 股權，收購價是 6 億港元。原來，郭氏家族極想開設一家銀行，但在新加坡未能獲准開辦，在馬來西亞申請發牌又遭到阻延，故決定在香港收購一家銀行，這是豐隆集團在香港的第一次大發展。

道亨銀行是香港一家歷史悠久的銀行，其前身是董仲偉家族於 1921 年創辦的道亨銀號。最初主要是經營匯兌及代換業務，1935 年以後陸續在廣州、上海、天津、漢口等內地大城市設立分行。1948 年關閉在內地開設的所有分行，將業務撤回香港。1962 年，道亨註冊為有限公司，1970 年被英國 Crindlays 銀行收購 50% 股權，至 70 年代末成為該集團全資附屬公司。

豐隆集團收購道亨銀行後，在香港建立了牢固的據點。1983 年 3 月，豐隆集團收購空殼上市公司馬斯活（Masworth）。馬斯活的前身的新馬製衣，原來的業務是製衣，1982 年中被美國的 Kellwood 公司以每股 38 港元收購，其後於年底，Kellwood 公司再收購新馬製衣其餘股份，收購價為每股現金 38.8 港元，或每股現金 18.8 港元加上一股馬斯活股份。由於部分股東選擇收取馬斯活股份，馬斯活繼續在香港掛牌上市。

1983 年 3 月，豐隆集團以每股 24.5 港元價格收格馬斯活約 70% 股權。當時，馬斯活資產淨值約 2470 萬港元。收購完成後，豐隆集團將所持道亨銀行 100% 股權以及經營證券投資的豐隆企業注入公司，並將其改名為豐隆投資，以作為豐隆集團在香港的上市旗艦。注資後，豐隆投資的資產淨值增加到 10.02 億港元，成為一家銀行及投資上市公司。

1985 年，豐隆投資透過旗下全資附屬的道亨銀行積極擴展業務，曾計劃收購海外信託銀行屬下的工商銀行，後來海外信託銀行出現龐大虧損，被港府接管，有關收購計劃告吹，而道亨亦因此受到謠言的打擊。1984-1985 年度，道亨銀行受到大量壞賬影響，稅後贏利僅 1500 萬港元，比上年度大幅下降。道亨決定停止派發末期息以加強基本基礎。

1986 年，豐隆投資發行新股集資 2.41 億港元，全數由科威特投資局認購，使科威特投資局持有豐隆投資股權增加到 44%，而郭令燦家族控制的股權則減至44%。豐隆投資將發行新股所籌集資金，其中 1.5 億港元注入道亨銀行作為資本，其餘 9100 萬港元分別注入其他業務，包括證券經紀、保險、貿易及基金管理等。經過注資，豐隆投資的贏利狀況大為改善。

1987 年，豐隆投資易名為道亨集團，以反映集團的主要資產和業務。當時，道亨集團除全資持有道亨銀行外，還持有兩家財務公司，並經營證券、貴金屬、期貨、基金及保險等業務。

◢◣ 第二級跳升——收購恒隆銀行 ◢◢◢

豐隆集團的第二次大發展，是於 1989 年收購了被港府接管的恒隆銀行。這次收購為日後收購海外信託，奠定了良好的基礎。

　　恒隆銀行亦是一家歷史悠久的本地銀行，創辦於 1935 年，當時稱為恒隆銀號，1965 年正式註冊為恒隆銀行有限公司。1976 年，以福建籍僑商范榮坤、莊清泉為首的菲律賓統一機構，以 5000 萬港元代購收購了恒隆銀行 80% 股權，成為大股東。

　　恒隆銀行在 70 年代後期發展頗快，到 80 年代初已擁有 28 家分行，成為一家中等規模的本地銀行。不過，恒隆在 80 年代初的地產高潮中過度投入，結果在地產崩潰中，泥足深陷而不能自拔。

　　1982 年 9 月，香港一家有近百年歷史的謝利源金舖倒閉。當時市場盛傳謝利源金舖與恒隆銀行關係密切，觸發了恒隆銀行的擠提風潮。恒隆銀行在一日之內被提走的款項高達 7000 萬港元。幸而恒隆銀行反應敏捷，除了從總行急調數以萬計的港元現金往各受擠提影響的分行外，又在總行舉行記者招待會，由其法律顧問證明恒隆銀行與謝利源金舖並無財務關係，事態才暫時平息。

　　同年 11 月，香港一家較具規模的大來信貸財務公司被停牌、清盤。由於恒隆銀行的兩名董事，包括常務董事莊榮坤同時也是大來信貸的董事，恒隆銀行的清償能力再次受到質疑。

　　1983 年 9 月，香港爆發空前的貨幣危機，恒隆銀行的票據結算銀行渣打銀行拒絕恒隆銀行一張支票的透支，結果導致恒隆銀行被港府接管，成為 80 年代香港危機中第一家被接管的本地銀行。

　　港府接管恒隆銀行後，隨即組成以金融事務司為首的新董事局，並委任滙豐銀行信貸部經理為總經理，又向銀行注入 3 億港元資本。經過近六年的經營，恒隆銀行逐步恢復贏利，業務重上軌道。到 1989 年 3 月止，恒隆銀行的存、貸款分別達到 51 億港元及 21 億港元，銀行總資產達 59.84 億港元，該年度贏利 2840 萬港元，比上年度大幅增加 97%。因此，香港政府決定將恒隆銀行出售。

　　1989 年下半年，道亨銀行擊敗眾多競爭對手，以約 6 億港元價格向港府收購恒隆銀行 100% 股權。翌年，道亨集團將恒隆銀行併入道亨銀行，合併工作於年底全部完成。

　　合併後，道亨銀行的規模迅速擴大，一躍而成為香港第五大分行網絡的本地註冊銀行，分行數目從原來的 24 家急增至 48 家，員工數目亦從約 700 人增加至 1400 人。到 1990 年 6 月底止，道亨銀行的存、放款額分別為 154.9 億港元及 71.99 億港元，分別比上年度大幅增加 74.6% 及 64.9%；銀行資產總值則增加到 162.95 億港元，增幅為 71.5%。該年度，道亨集團贏利達 1.51 億港元，比上年度大幅增加逾 50%。

1990 年 11 月，道亨集團宣佈改名為國浩集團，並遷冊到百慕達。該集團表示，改名的目的是希望反映集團多元化的業務和目標。當時，國浩集團的業務中，約有七成來自銀行，其餘三成主要來自 1988 年收購的第一資本公司。該公司在新加坡上市，主要業務是投資控股、地產及貿易。國浩集團表示，該集團的目標，是在 3-5 年間將非銀行業務比重提高到約一半。

◢◣ 第三級跳升──收購海託 ◣◣◣

豐隆集團的第三次發展，是 1993 年收購被港府接管的另一家本地註冊銀行海外信託，是次收購促使國浩一躍而成為香港僅次於滙豐、中銀的第三大銀行集團。

海外信託銀行創辦於 1955 年，創辦人張明添，祖籍福建廈門，1917 年出生於南洋檳榔山，是馬來西亞的巨富，在新加坡、馬來西亞、泰國、香港、澳洲及美加均有龐大投資，業務遍及金融、地產、酒店及製造業。50 年代中，張明添覺得當時的銀行不能有效地為廣東省籍以外的人士提供服務，遂在香港創辦海外信託銀行，張明添亦藉此在香港嶄露頭角。

海外信託銀行於 1972 年在香港上市後，當時股東主要是東南亞華僑，大股東除張明添外，還有實際控制恒隆銀行的莊清泉。上市後，海外信託銀行曾積極向海外發展，先後在印尼、泰國、美加及英國等地開設分行，拓展華僑業務。

踏入 20 世紀 80 年代，海外信託銀行開始加強在香港的發展，先後以發行新股方式收購大捷財務及周錫年家族的華人銀行，而早在 1968 年，海外信託已從周錫年家族購得工商銀行。因此，到 80 年代初，海外信託銀行已自成一系，包括三家持牌銀行、兩家財務公司，在香港開設 62 家分行，全盛時期資產超過 120 億港元，存款總額超過 300 億港元，成為香港僅次於滙豐、恒生的第三大本地註冊銀行。

可惜的是，1982 年 2 月，張明添在他的事業如日中天之際突然逝世。張氏的逝世，令海外信託銀行的形勢急轉直下。首先是董事局副主席莊清泉與張氏妻子吳輝蕊及其子張承叫發生傾軋，導致雙方徹底決裂，莊氏退出海外信託；接着，與海外信託關係密切的連串公司，包括大來財務、恒隆銀行、嘉年地產等相繼破產或被接管，令海外信託的困難迅速表面化。

1984 年 11 月，海外信託將剛收購兩年的華人銀行出售予力寶集團，又計劃將工商銀行售予道亨。1985 年 6 月，海外信託宣佈無力償還債項，結果成為繼恒隆之後第二家被港府接管的銀行。當時，港府財政司彭勵治表示，海外信託的負債已遠遠超過其資產，需要政府運用 20 億港元的外匯基金拯救。

港府接管海外信託銀行之後，曾先後運用了超過 40 億港元的外匯基金使其運作。經過多年的艱苦經營，海外信託的業績逐步改善，從 1988 年起恢復贏利，當年贏利為 3300 萬港元；到 1992 年，贏利達到 3.53 億港元，比上年度大幅增加七成以上；而到 1993 年，海外信託的贏利達 4.25 億港元，而其累積虧損 28.53 億港元亦減至 14.06 億港元。至此，海外信託銀行業務已重上軌道，成為銀行界爭奪的瑰寶。

1992 年 9 月，港府宣佈着手進行出售海外信託銀行的安排之後，"奪寶奇兵" 蜂擁而至，參加競逐的財團，包括南洋商業銀行、華潤及力寶集團旗下的華人銀行、國浩集團、東亞銀行、廣東發展銀行以及廈門國際銀行等十多家金融機構。其中，又以南洋商業銀行、華人銀行、東亞銀行的呼聲最高。

當時，中銀集團中規模最大的南洋商業銀行以高姿態參加競投，並聘請寶源投資任財務顧問，進行策劃和有關準備工作。南洋商業銀行董事長兼總經理舒慈煌表示，南洋商業銀行是受中銀集團委託參與收購的，南商的資產總值比海外信託高出三倍，而兩者同屬零售銀行，組織架構相近，且分行地點重複不多，故收購海託對南商發展甚為有利。舒慈煌並表示，南商已進行在香港上市的財務安排，準備為收購海託籌備現金。當時，社會輿論亦頗為看好南商，認為有條件擊敗其他財團成功收購海託。

然而，到了 1993 年 7 月 23 日，港府突然出人意表地對外宣佈，已就出售海外信託銀行一事，與國浩集團達成原則性協議，將以海託截至 1993 年 6 月 30 日修訂資產淨值加 4.2 億港元的價格，出售海託給國浩集團，條件是國浩集團在兩年內不可將海託合併或裁員。

據港府財經事務司簡德倫表示，港府決定把海託售予國浩是基於連串的理由，包括洽購價、未來發展計劃、海託職員日後的保障，以及銀監的規定。他表示，國浩集團的收購建議是所有收購建議中，無論各方面均是最吸引的，以收購價而言，亦是所有收購建議中溢價最高的一個。簡德倫又否認，把海託售予國浩，是希望平衡香港銀行界兩大銀行集團（滙豐和中銀）的勢力，只是純粹以每一個買家的收購建議為基礎，考慮個別計劃的優點，然後篩選出最適合的買家，至於最終由於港府手中接管恒隆銀行的國浩集團成功奪得海託，只是純屬偶然。

據國浩高層透露，該集團為部署收購海託的準備工作，實際已超過兩年時間，並曾在 1991 年底至 1992 年初通過配股和發行票據等集資約 5.7 億港元。國浩在與港府達成的收購協議中，向港府作出了兩項承諾：其一，在最少兩年時間內，海外信託銀行將以獨立的方式經營；其二，海託員工將在這段期間將不會被解僱。

國浩集團董事總經理麥高祺表示，根據收購恒隆銀行的經驗，在收購接管銀行的過程中，往往令職員產生疑慮，再加上道亨銀行與海外信託銀行均各自擁有不同的運作政策和企業文化，故國浩希望利用兩年時間，把它們的各自優點取出，然後才研究如何把道亨和海託和諧地結合。

當時，一般分析家認為，國浩集團出價最高固然是重要的取勝因素，但非價格性競爭標準亦為重要考慮因素，包括如在香港經營經驗、市場佔有率和業內競爭、銀行未來發展計劃、收購經驗，與海託企業文化融合性、海託員工前景與監管因素等。

不過，分析家認為，在種種因素中，有兩個因素最為關鍵：第一，道亨在 1989 年成功收購恒隆銀行，且合併效益顯著，穩固了道亨的業務基礎，對國浩集團的勝出，增加了不少籌碼。第二，財經事務司簡德倫雖然表示，出售海託予國浩，純粹考慮商業因素，非刻意營造第三股力量抗衡現有兩大銀行財團。但一般相信，市場佔有率這個問題，對南洋商業銀行不利，反而對屬於中型銀行的國浩有利。

結果，國浩集團最終以 44.57 億港元價格收購海外信託銀行，其中，包括海託資產淨值約 40.37 億港元，溢價 4.2 億港元。海託的資產淨值，包括名下的物業、內部儲蓄以及海託歷年累積虧損而帶來的稅務豁免。而國浩集團則通過發行可換股優先股集資約 29.64 億港元，另安排一項三年期的銀團貸款集資約 12.09 億港元，合共約 41.73 億港元，再加上內部調撥作為收購款項。

香港政府在 1985 年由外匯基金向海託共注入 40 億港元，是次出售海託雖然可收回投資成本，賬面贏利為 4.57 億港元，但扣除八年前的資本支出，實際上並無利潤可圖。

國浩集團收購海託後，即於 1993 年 12 月將道亨銀行集團分拆，在香港獨立上市，持有道亨銀行、海外信託銀行兩家持牌銀行，分拆時，道亨銀行集團增發新股集資 5.21 億港元，作為償還收購海託的部分貸款。分拆後，國浩集團持有道亨銀行集團 71% 股權，而國浩集團的大股東郭令燦家族的豐隆集團則持有國浩 27% 股權，科威特投資局持有 17% 股權，其餘主要少數股東為意大利的 Agnelli（Fait），持有 4%，長江實業持有 8.7%。

收購海託後，道亨銀行集團實力大增，分行數目由原來的 46 家增加到 88 家，超過東亞銀行而成為擁有第三大分行網絡的銀行集團。到 1994 年底 6 月底止，道亨集團的存款總額達到 600.39 億港元，貸款總額為 362.95 億港元，分別比 1993 年同期增長 1.1 倍和 1.31 倍；集團總資產達 670.46 億港元，股東資金 60.17 億港元，稅後贏利 10 億港元，增幅分別達 1.1 倍、2.09 倍及 1.5 倍。以總資產計，道亨集團已成為本地註冊的第四大銀行集團，僅次於滙豐、恒生及東亞銀行。

經過這次收購，香港的銀行業財團背景格局發生了變化，國浩集團在香港銀行業的地位上升，在一定程度上打破了原來由滙豐、中銀兩大巨頭並存的局面，形成了滙豐、中銀、國浩三足鼎立之勢。

經過收購、分拆，郭令燦家族在香港的影響力亦大增，到 1996 年底，郭氏家族透過持有國浩集團、道亨集團兩家上市公司，控制的市值高達 444.59 億港元，在香港上市財閥中名列第十二位，成為影響力僅次於郭鶴年、黃廷芳的東南亞財閥。

21

帝國還鄉 滙豐兼併米特蘭銀行

　　滙豐兼併米特蘭銀行一役，曾震動香港及國際金融界，堪稱現代公司收購兼併的典範。

　　踏入 20 世紀 80 年代，滙豐銀行集團為應付香港政治、經濟環境的轉變，加速部署集團國際化戰略，以實現其帝國還鄉的宏願。然而，滙豐的征戰可說一波三折，荊棘滿途，1981 年收購蘇格蘭皇家銀行，功虧一簣，鎩羽而歸。

　　幸而，20 世紀 90 年代初，英國四大結算銀行之一的米特蘭勢弱，給滙豐提供了一個極其難得的機會，滙豐遂以驚人的耐心、深藏的謀略部署是役。其間，同為英國四大結算銀行之一的萊斯中途殺入，企圖橫刀奪愛。滙豐面對強敵，沉着應戰，步步逼迫。所謂精誠所至，金石為開，重重波折之後，滙豐終於過關斬將，成功兼併米特蘭，一舉躋身世界十大銀行之列，取得戰略性的優勢。

　　世紀之戰，始終需要天時、地利、人和三方面的因素配合，缺一不可。

滙豐收購米特蘭銀行一役，其實最早可追溯到 20 世紀 70 年代末。其時，香港新界九七租約屆滿的問題已開始困擾英國及香港政府，滙豐作為香港政府的首席銀行家，自然深知內情。因此，1977 年沈弼出任滙豐銀行董事局主席之後，遂開始着手部署集團的國際化戰略，以作應變之策。

滙豐全名香港上海滙豐銀行，創辦於 1865 年，由當時香港幾乎所有主要的外資洋行聯手創辦，是香港開埠以後第一家在香港註冊、以香港為銀行總部所在地的本地銀行。滙豐的股東最初包括英國人、美國人、德國人、丹麥人、猶太人以及印度帕西族人，不過，在其後的歲月裏，除英商外的其他股東陸續退出，滙豐遂演變成英國人管理的銀行。

滙豐創辦後業務發展迅速，很快成為香港最大的銀行，並一度成為中國金融業的主宰、赫赫有名的壟斷寡頭。滙豐的業務雖然在很長一段時間裏主要集中在香港及中國內地，但其在海外的業務一直相當活躍。1865 年滙豐創辦後，即在英國倫敦開設分行，翌年又在日本開設分行，成為日本歷史上第一家外資銀行。1880 年滙豐在美國紐約建立分行。因此。早在 19 世紀，滙豐銀行的分行網絡已橫跨亞、歐、美三大洲。

1949 年中華人民共和國成立，滙豐將業務從中國內地撤回香港，並開始向海外拓展。滙豐向海外拓展、邁向國際化的最初步伐，是 1959 年先後收購有利銀行和中東英格蘭銀行，將業務擴展到南亞次大陸、西亞和中東地區。

1965 年，滙豐在香港銀行危機中一舉收購最大的華資銀行恒生銀行 50% 股權，從而奠定了滙豐在香港的壟斷地位。到 70 年代後期，滙豐及恒生銀行在香港銀行業存款市場已佔有約六成份額，發展餘地有限。其時，香港的九七問題亦已開始浮現。新上任的滙豐主席沈弼於是籌劃及部署集團國際化戰略，計劃在亞洲以外的美洲及歐洲建立戰略據點，形成所謂 "三腳凳" 的戰略佈局。

◢ 滙豐收購米特蘭銀行的前哨戰和序曲 ◢◢◢

滙豐向美洲的拓展可說頗為順利。1978 年，滙豐與美國海洋密蘭銀行達成協議，稍後以 3.14 億美元價格購入該行 51% 的股權，海洋密蘭銀行亦改名為海豐銀行。1987 年底，滙豐再斥資 7.7 億美元收購海豐銀行剩餘的 49% 股權，使之成為滙豐在北美的全資附屬公司。

海豐銀行是美國第十三大銀行，1979 年總資產達 172 億美元，1987 年完成收購時總資產增至 255 億美元。海豐銀行總部設在紐約北部的布法羅，擁有逾 300 家分行，在紐約州有廣泛的商業網絡，在商業銀行業務方面佔領先地位。滙豐收購海豐銀行後，無疑在北美洲建立了一個進一步擴張的橋頭堡。然而，其時海豐銀行在連年虧損之下，滙豐不得不多次向海豐銀行注資。

就在滙豐成功收購海豐銀行 50% 股權之後，沈弼即將視綫轉向歐洲，尤其是英國，1981 年 3 月 16 日，英國標準渣打提出全面收購蘇格蘭皇家銀行的建議，滙豐即時介入，與標準渣打展開激烈的爭奪，此役可說是滙豐收購米特蘭銀行的前哨戰和序曲。

4 月 7 日，沈弼從香港飛抵英國，翌日在倫敦宣佈震動銀行界的消息：滙豐建議全面收購蘇格蘭皇家銀行，以每八股繳足滙豐股份換取蘇格蘭皇家銀行普通股五股。根據當時的股價，滙豐的建議是以每股 203 便士的價格進行收購，比標準渣打較早時提出的收購價高出 45%。

當時，滙豐副主席包約翰在香港明確表示，收購蘇格蘭皇家銀行是滙豐整個發展計劃的一個重要環節，滙豐將蘇格蘭銀行視為其拓展歐洲的“旗艦”。據分析，滙豐若成功收購蘇格蘭皇家銀行，滙豐的股份將有四成由海外人士持有，滙豐將成功把一半資產移到海外，以存款計可躋身世界十大銀行之列。

然而，滙豐的收購計劃遭到巨大阻力。首先是英國當局的反對。據倫敦財經界人士反映，英倫銀行不願看到一家大銀行的控制權落在殖民地機構手中。其次是蘇格蘭人的抗拒情緒。早在標準渣打提出收購計劃時，民族意識強烈的蘇格蘭已表示不滿，及至滙豐加入收購戰，反對聲音更加響亮。蘇格蘭的各個黨派團體均先後公開表示反對，一些地方議會甚至威脅將取消存款戶口。

蘇格蘭皇家銀行是蘇格蘭結算銀行之首、全英第五大結算銀行。民族意識濃厚的蘇格蘭人顯然不願他們最大銀行的控制權轉移到倫敦，更遑論其殖民地的香港。為平息蘇格蘭人的不滿，滙豐一方面強調其蘇格蘭血統（滙豐銀行的創辦宗旨，就是"以蘇格蘭人的傳統，在亞洲經營一家銀行"，滙豐的管理權就長期掌握在英國的蘇格蘭人手中），同時表示願意讓蘇格蘭機構控制部分股權。

4月23日，標準渣打向滙豐展開反擊，提出新的反收購建議，以標準渣打普通股一股加一股面值225便士浮動息率債券再加現金220便士換蘇格蘭皇家銀行五股普通股，即將收購價提高到每股213便士。翌日，標準渣打銀行董事局和蘇格蘭皇家銀行董事局發表聯合聲明，表示蘇格蘭皇家銀行董事局同意標準渣打的新收購條件，並建議股東接納。不過，標準渣打的收購建議最後遭到英國壟斷及合併委員會的否決，而滙豐的收購建議亦遭到相同的命運。據說，英國壟斷及合併委員會否決滙豐建議的主要原因，是當時香港的銀行監管未符合英國標準，以及滙豐在香港所享有的特殊地位。是役，滙豐銀行可說是功虧一簣，鎩羽而歸。

◢ 滙豐收購米特蘭銀行一波三折 ◣

滙豐進軍歐洲之途儘管荊棘滿佈，然而並沒有就此止步。1984年，滙豐收購了以倫敦為基地的證券公司詹金寶39.9%股權，1986年再全面收購詹金寶，終於在英國建立了一個據點。其間，滙豐曾仔細研究了約30家歐洲銀行的收購可行性，不過，這些銀行不是收購價格過於高昂，就是業務基礎過於狹窄，均不合滙豐之意。1987年，滙豐終於將進軍歐洲的目標，指向英國四大結算銀行之一的米特蘭銀行。

米特蘭銀行創辦於1836年，比滙豐還要早29年，當時的名稱是伯明翰和米特蘭銀行，總部設在英國工業重鎮伯明翰，是一家在英格蘭中部工業區起家的銀行。19世紀後期，米特蘭銀行業務迅速發展，總部亦遷至倫敦。

1891年，米特蘭收購了倫敦的Central Bank而成為英國首屈一指的銀行。第一次世界大戰後，米特蘭一度被譽為世界最大的銀行，曾長期執英國銀行業的牛耳。

不過，二次大戰以後，隨着大英帝國的分崩離析，英國國勢的日漸衰落，米特蘭銀行每況愈下。20世紀60年代末，國民西敏寺及柏克萊銀行相繼興起，米特蘭銀行遂降為英國四大結算銀行之末，連萊斯銀行都不如。造成這種情況的原因之一，是銀行僵硬的管理體制。

20 世紀 70-80 年代，米特蘭亦和其他西方大銀行一樣，致力於擴展國際業務，特別是熱衷於墨西哥、巴西等發展中國家的大量貸款，造成大筆壞賬，損失高達24 億美元。80 年代中期，米特蘭銀行又進軍美國，收購加州 Crocker 銀行，結果又受地產崩潰離析拖累，虧損達 36 億美元，被迫撤離美國。當時，米特蘭銀行正陷入重重困難之中。

然而，米特蘭銀行畢竟是四大結算銀行之一，以資產值計排名第三，以分行數目計排名第四。米特蘭銀行的總部設在倫敦，在英國擁有2100家分行，在德國、法國、瑞士等歐洲國家亦擁有龐大的業務網絡。收購米特蘭，無疑將大大加強滙豐在歐洲的基礎，以完成其夢寐以求的"三腳凳"戰略部署。

米特蘭銀行在 80 年代中期的困境為滙豐進軍歐洲提供了一個千載難逢的機會，當時，英國政府對外資收購英國銀行的態度正出現鬆動現象，滙豐及時抓住了這個歷史性良機。

1987 年 12 月，滙豐斥資 3.83 億英鎊（約 56 億港元），以每股 475 便士的高價（比當時米特蘭的股價每股 250 便士溢價90%）購入米特蘭銀行 14.9% 股權，並委派兩名董事加入米特蘭銀行董事局，在收購米特蘭銀行的征途中邁出了最重要的一步。兩家銀行並達成協議，滙豐在未來三年內不能改變其持有米特蘭銀行的股權，而其收購的最後完成價則以米特蘭銀行當年的資產淨值為準。

在其後的三年間，兩家銀行開始了密切接觸，瞭解雙方的運作程序及業績，並探討雙方合作產生的積極後果。其間，兩家銀行私下交換彼此的部分資產，米特蘭銀行將其在遠東的一些營運機構移交給滙豐，滙豐則將其在歐洲的業務交由米特蘭控制。滙豐又將其在香港設置的 700 多部自動櫃員機與米特蘭銀行在英國的約 2000 多部自動櫃員機，以及美國海豐的約 270 部自動櫃員機聯網，建立起遍及亞、歐、美三大洲的龐大自動櫃員機網絡。

然而，滙豐收購米特蘭之役仍然是一波三折、好事多磨。1990 年 12 月，雙方協議的三年期限即將屆滿，正當外界紛紛預測滙豐和米特蘭可能合併之際，滙豐銀行突然出乎意料地宣佈有關合併計劃已經擱置。當時，滙豐主席蒲偉士在接受記者訪問時表示：當我們考慮進一步合併時，即遇上困難。不過，他並沒有言明困難之所在。

一般分析，這與當時兩家銀行所處的環境有關。1990 年，滙豐在美國和歐洲的業務均觸礁，虧損達數億美元之巨。而米特蘭面對的困難更大，其時英國已開始步入經濟衰退期，銀行不可避免在國內借貸方面的業務蒙受巨額的虧損。到 1991 年，這個陰影終於化成較預期更惡劣的事實，米特蘭被迫宣佈自 30 年代以來第一次削減股息。因此，合併的時機遠未成熟。

不過，進一步的分析顯示，當時滙豐銀行的內部結構對兩行的合併亦可能是一個重大障礙。長期以來，滙豐一直是作為一家註冊地及總部均在香港的公司發展，其主要營運機構又同時兼有控股公司的職能，這種狀況顯然對滙豐收購米特蘭不利。因此，就在宣佈暫時擱置合併的當天，滙豐即宣佈集團重組，將滙豐屬下一家設在倫敦的公司升格為集團的控股公司，即滙豐控股有限公司。這樣，滙豐低調而巧妙地實現了變相遷冊，即至少從名義上來說，滙豐已是一家總部和註冊地均在英國倫敦的公司，這一結構性轉變無疑為滙豐日後的收購創造了有利條件，至少可在某種程度上減少了英國方面的阻力。

◢ 滙豐與萊斯的幕後較量 ◢◢◢

從 1990 年 12 月至 1992 年 3 月期間，有跡象顯示，滙豐收購米特蘭的計劃一度瀕臨告吹。1991 年 4 月，米特蘭銀行候任主席韋特在接受路透社記者訪問時曾明確地表示，米特蘭與滙豐銀行的聯繫已經完結，他工作的主要目標，是要令米特蘭銀行成為一家獨立及有贏利的銀行。當時，他亦排除了其他銀行收購米特蘭的可能性。

不過，事實上在 1991 年滙豐與米特蘭合併之議暫時擱置期間，大約有 15 間國際銀行與米特蘭銀行接觸，有意進行收購。其中最積極者，當數英國四大結算銀行之一的萊斯銀行。

萊斯銀行其實與米特蘭銀行有着頗為濃厚的歷史淵源，兩者皆植根於傳統的工業重鎮伯明翰，並對米特蘭斯區的工業發展扮演重要角色。與米特蘭相比，萊斯在伯明翰市有着更深厚的歷史背景，它的前身是 Tay Lors and Loyds Bank，創辦於 1765 年。米特蘭銀行的檔案保管人格林說："全國兩間最大的結算銀行皆源自伯明翰，實在了不起；彼此間更存在着密切的關係，我們的客戶往往是我們銀行的股東，那是 1830 年以來長久忠誠的象徵。"不過，萊斯銀行與米特蘭銀行最大的差別是，前者多年以來皆屬家族式合夥生意，而後者成立至今皆由股東擁有。

萊斯銀行早已有意收購米特蘭銀行，有關資料顯示，它早於 1991 年初已着手研究收購米特蘭事宜，只不過一直秘密行事，未向外界洩露，亦沒有知會米特蘭。直到 1991 年 11 月底，萊斯才開始與米特蘭接觸，洽談收購事宜。談判由萊斯銀行行政總裁兼收購策劃人皮特曼及米特蘭銀行總裁皮爾斯親自接觸，兩位都是身經百戰、意志堅定及擅於談判的銀行家，但皮爾斯其實並不歡迎萊斯主動接觸該行，原因是他自 1991 年 3 月接掌米特蘭行政總裁一職後實施的刺激措施才剛剛見效，他認為假以時日，米特蘭將有機會保持其獨立地位。

有鑒於此，皮爾斯在與萊斯接觸後翌日，即主動約見英倫銀行副行長喬治。喬治給他的答覆是，英倫銀行無法干預此事，但壟斷及合併委員會等監管機構可能會質疑兩大銀行合併會否危及公眾利益。

當時，萊斯銀行表示希望能閱覽米特蘭銀行的詳細賬目，以評定是否正式提出收購建議。但米特蘭認為時機尚未成熟，拒絕把銀行內部機密資料貿然交給其主要競爭對手。皮爾斯要求萊斯銀行靜心等候，待該行於 1992 年 2 月 27 日公佈業績，才決定是否提出收購。到了 1991 年底，雙方達成初步協議，萊斯同意於米特蘭董事局定於 1992 年 3 月 13 日召開的會議提出正式收購協議。

1992 年 1 月，皮爾斯小心將此事知會滙豐銀行，因為滙豐是米特蘭的主要股東，自 1987 年起持有該行 14.9% 股權，滙豐並委派兩名代表加入米特蘭董事局，其中之一便是滙豐主席蒲偉士。皮爾斯告知蒲偉士，有銀行接觸米特蘭，洽商收購該行，但他沒有披露該銀行的身份。他向蒲偉士表示，滙豐可考慮出售所持米特蘭股份或重新考慮提出收購。

其實，滙豐一直沒有放棄收購米特蘭的計劃，只是條件尚未成熟暫時擱置。及至 1992 年初收購條件已漸趨成熟，當時，滙豐在香港和亞太地區獲得創紀錄的利潤，在美國和澳洲的虧損則已減少，而米特蘭業績亦已到了谷底，開始回升。1992 年 2 月，滙豐銀行回覆米特蘭，無意放棄所持股份。滙豐主席蒲偉士表示有意提出收購，惟必須等待滙豐於 3 月 10 日公佈業績後才可洽談細節。米特蘭亦向滙豐開出時間表，一如萊斯般要求滙豐於 3 月 13 日向米特蘭董事局提交正式建議。

米特蘭亦轉告萊斯，該行多了名競爭對手，雖然沒有指明是誰，但其實滙豐和萊斯均已心中有數，加快收購部署。米特蘭要求兩家銀行承諾，無論米特蘭選擇哪一家銀行的收購建議，敗方不會提出敵意收購。不過，事後證明，萊斯並無遵守承諾。到了 3 月初，萊斯銀行首先發動突然襲擊。3 月 1 日，皮特曼向皮爾斯暗示，萊斯可能會公佈該行正與米特蘭洽商收購事宜。翌日傍晚，萊斯正式通知米特蘭，該已決定公佈有關消息，理由是收購談判涉及太多銀行家及顧問，該行恐防消息外洩。

對此，米特蘭方面大表不滿，擔心此舉可能引起米特蘭客戶和員工的不安。皮爾斯遂急電英倫銀行副行長喬治。不過，喬治比他更快一步，並轉告皮爾斯萊斯銀行已改變主意。一場危機算是結束。

到了關鍵的時刻——3 月 13 日上午，米特蘭董事局按原定的時間開會。不過，為了防止萊斯主席摩斯及行政總裁皮特曼的出現引起傳言，會議改在華寶證券公司辦公室舉行。會上，萊斯提出了以一股萊斯股份換一股米特蘭股份的收購建議，按當時市價，每股米特蘭的收購價為 400 便士。萊斯並指出，兩行合併後可關閉1100 家分行，削減經營成本。

會後，米特蘭董事們即回總部，聆聽滙豐銀行所提的收購建議。滙豐主席蒲偉士在詹金寶主席的陪同下出席了會議，並作了長達 30 分鐘的演講。蒲偉士展開一幅世界地圖，向米特蘭董事局的董事們說明兩行合併後在各區業務上的互相配合及其在國際銀行界的地位。最後，他建議滙豐控股一股加 80 便士債券換一股米特蘭，以當時市價，滙豐的收購價為每股米特蘭 410 便士，略高於萊斯的收購價。

接着，米特蘭董事局又討論了第三份建議，即由該行財務總監所提出的保持銀行獨立的意見。惟董事局對該意見興趣不大，原因是米特蘭股東所得的回報，無論是股價或派息，都不能與滙豐及萊斯所提出的收購價相比。

最後，米特蘭董事局決定選擇滙豐，主要原因有兩點：一是他們較欣賞滙豐所提出的注資和擴展業務的建議；二是擔心選擇萊斯，可能遭到英國壟斷及合併委員會的否決。當日下午，米特蘭董事局向萊斯宣佈了壞消息。至此，滙豐和萊斯的幕後較量已告結束，滙豐先勝一回合。

◢ 滙豐向米特蘭銀行提出全面合併建議 ◢◢◢

3月17日，滙豐控股和米特蘭銀行同時分別發表合併聲明。滙豐控股聲稱，滙豐及米特蘭兩銀行董事局認為現時將兩集團合併將符合兩家公司及其股東的最佳利益，滙豐將向米特蘭銀行提出推薦建議以進行合併。

4月14日，滙豐宣佈合併的具體建議，即以一股滙豐股份及一英鎊滙豐十年期債券換取一股米特蘭股份。按當時價格計算，滙豐實際上以每股米特蘭作價387便士提出全面收購。與此同時，滙豐公佈其高達166億港元的內部儲備，此舉除了顯示實力外，用意在於推高滙豐股價，以增強收購米特蘭的吸引力。

滙豐合併的消息公佈後，全球矚目，香港為之轟動。翌日，香港股市恒生股市一路下挫逾100點，滙豐股價下跌10%，而倫敦米特蘭股價則爆升三成以上。市場的即時反應是：這次合併是滙豐進一步淡出香港的重大步驟，有利於米特蘭而不利滙豐。1992年3月18日，香港《明報》就以《一股換一股，魚翅撈粉絲》為題發表評論，直指是次換股對滙豐股東不公平。

不過，英國倫敦金融市場人士則認為，滙豐控股提出收購米特蘭銀行的價錢未如理想，由於出價低於400便士，在心理上令市場感到是以最低價格收購這家英國四大結算銀行之一的米特蘭，因此不足以阻止萊斯銀行加入收購戰。英國《金融時報》發表社評指出：這次合併實際上是一種不平等的婚姻——財雄勢大的滙豐銀行提出吞併米特蘭銀行，從此滙豐主席蒲偉士控制了米特蘭。

稍後，滙豐銀行主席蒲偉士接受香港記者訪問，詳細解釋了這次收購行動的動機，以平息有關各方的猜測。他表示，滙豐收購米特蘭主要是基於三點考慮：

第一，九七政治轉變的考慮。蒲偉士說：“這項建議對滙豐⋯⋯是非常重要的，因為未來幾年會存在一些不明朗的因素，我們作為國際性銀行，在各大重要外匯市場進行交易，當我們進入帶有不明朗因素的過渡時期，尤其是1995年，屆時立法局會進行直接選舉，若本港最大的銀行被冠以問號，對香港將會造成嚴重的損害。我就希望藉此消除這個可能的大問題。”如果說蒲偉士還講得比較含蓄，那就滙豐副主席葛賚則說得更坦率。他表示：“滙豐成功收購米特蘭，則可以消除因香港回歸大陸所引起的恐慌。”

第二，商業利益的驅動。蒲偉士說：“我們過去十年一直嘗試打入歐洲市場，而且更是米特蘭的最大股東，透過既有的投資打入歐洲市場，對我們是難得的機會。”他強調：“打入歐洲市場非常重要，因為歐洲是非常龐大的貿易地區，可惜滙豐在當地的業務據點卻不足，合併對一向在亞太地區有強勁業務的滙豐肯定有好處。”對此，《香港經濟日報》的政經短評講得更明確，它指出：“從商業角度，合併了米特蘭之後的滙豐，等於取代了米特蘭在全歐洲的經營地位，原來滙豐在歐洲只有如外來銀行的角色，合併之後成為歐共體通行無阻的歐洲銀行。”合併米特蘭，滙豐即可完成幾十年精心部署“三腳凳”戰略，躋身國際性最大銀行之列。

第三，保證滙豐的控制權牢固掌握在滙豐董事局手中。蒲偉士表示：“在80年代，銀行之間互相收購成風，我可以絕對肯定，那時若然我們不向外發展，滙豐必然被一間美國或日本銀行收購了。那時滙豐的經營權可能落入一些對香港沒有興趣的人手裏。這次我們提出與米特蘭銀行合併，用意就是要掌握自己的命運。⋯⋯由我們來控制滙豐的命運是較佳的選擇。”長期以來，滙豐一直透過滙豐銀行的條例，限制投資者在未經滙豐董事局批准下不得持有超過1%滙豐股權，藉此保衛董事局對滙豐的控制權，即使在1989年修訂公司章程時亦未敢輕言取消這一規定。而這次滙豐合併，滙豐即宣佈取消有關限制。顯然經此一役，董事局對滙豐的控制已無後顧之憂。

▲ 萊斯銀行中途殺出橫刀奪愛 ◢◢◢

　　然而，滙豐銀行與米特蘭的合併之途，並非一帆風順。1992 年 4 月 28 日，英國四大結算銀行之一的萊斯銀行終於從幕後殺出，宣佈介入收購戰，從而正式揭開一場震撼英國銀行界的收購戰序幕。萊斯銀行表示，考慮以一股萊斯銀行股份加 30 便士現金，即每股作價 457 便士收購米特蘭銀行股份。萊斯銀行的收購價涉及金額高達 37 億英鎊，比滙豐銀行的收購價高出 20.9%。

　　萊斯銀行主席摩斯在記者招待會上表示，萊斯的收購行動符合英國銀行界及米特蘭存戶的利益。兩行合併後，米特蘭銀行將接受萊斯銀行的內部改組，由於兩行業務頗多重疊，有關改組將包括裁員兩萬人及可能關閉全國多達 1000 家分行。摩斯指出，因改組裁員而節省的成本，預料在四年後可達 7 億英鎊，這些資金將轉而分配給兩行合併後的員工、顧客及股東，從而大大增加集團今後在銀行市場中的競爭力。

　　一般分析，萊斯銀行之所以不惜付出高昂代價，高姿態地加入收購戰，原因主要有兩點：一是透過收購米特蘭擴大市場佔有率，增加集團的競爭力；二是要從收購戰中渾水來抵擋滙豐的"入侵"，特別是滙豐的"入侵"更突出第一點的重要性。因為如果任由滙豐衣錦還鄉，萊斯銀行將跌至四大結算銀行末位，以後在市場上強敵環伺，經營條件將更加不利。

　　不過，萊斯銀行的收購計劃實際上存在不少政治問題。萊斯和米特蘭均為英國主要銀行，合併後市場佔有率將達三分之一，勢將引起英國政府及國會關注會否出現壟斷情況。因此，該收購計劃估計難以被英國壟斷及合併委員會通過。此外，兩大銀行合併，涉及裁退上萬員工，所面臨的政治壓力也不少。

　　正因為如此，萊斯銀行宣佈，其收購建議有兩項附帶條件：一是萊斯的收購建議無須提交壟斷及合併委員會審議，如果萊斯須提交建議，滙豐的收購建議亦須提交該委員會考慮；二是萊斯可取得自本年初滙豐所獲取的米特蘭資料。萊斯銀行表示，若此兩項條件不能實現，萊斯銀行放棄收購計劃。

　　對於萊斯的介入，滙豐即發表聲明予以還擊。滙豐在聲明中強調兩項收購建議的重大差別：第一，滙豐的建議與萊斯的"可能建議"存在關鍵區別，後者須接受若干條件限制，而該等條件預料難獲解決。第二，滙豐與米特蘭的合併可帶來明顯優勢，合併的主要理由是藉建立一家雄厚的國際銀行而令業務增長；而萊斯建議的目的之一，是將兩行業務縮減，包括結束大量分行、大量裁員以及令米特蘭的名字從零售行業中消失。第三，滙豐與米特蘭的合併可加強競爭及提高英國銀行界的客戶服務水平，故無須提交壟斷及合併委員會審議，而萊斯建議的構思將會減低市場上的選擇、競爭及為公眾提供的服務。

滙豐主席蒲偉士更公開表示，萊斯只是在採取破壞戰術，萊斯的建議假如實現，無疑將摧毀米特蘭。作為米特蘭的最大股東，滙豐對這個可能性感到震驚。

為了迎擊萊斯的挑戰，滙豐也在行動上隨即做出了一系列部署。5月3日，滙豐以重金聘請英國前財政部次官麥浩德為顧問。麥浩德早年在劍橋大學主修法律，隨後考獲大律師資格，他在執業期間曾專攻競爭法律和歐洲大陸法。麥浩德又先後任職於英國貿工部、財政部及外交部，熟悉英國銀行業務和收購合併事宜。滙豐聘請麥浩德，主要是藉助他的專業知識，集中解決收購米特蘭所涉及的法律問題，並利用其在英國政壇上的聯繫，從中進行斡旋。事後證明，滙豐此舉在英國政壇發揮了重要作用，麥浩德除遊說達百名議員支持滙豐的收購計劃外，還使160名國會議員聯合反對萊米合併。

與此同時，滙豐主席蒲偉士亦親率一代表團遠赴英國倫敦，積極推介滙豐的收購方案，蒲偉士又約晤英國貿工大臣赫塞爾廷和公平交易辦公室總裁哥頓，商討收購計劃。蒲偉士在接受《倫敦時報》的訪問時承認，在收購米特蘭戰役的第一回合，萊斯因提高收購價，以及向傳媒洩露有條件的收購計劃而佔了上風，滙豐將在第二回合予以反擊。

5月8日，滙豐正式向米特蘭銀行股東發出收購文件，由於滙豐的股價實際上已提高到每股米特蘭420便士，與萊斯的差距正在縮小，而在此之前兩天，米特蘭主席韋特在股東大會上亦呼籲股東支持滙豐方案。

就在滙豐發出收購文件的數小時後，萊斯銀行於深夜發表十點聲明，逐條駁斥滙米合併的優點。萊斯銀行的聲明要點是：

一、滙豐雖說合併後有利於發展環球銀行業務，然而不少國際銀行作出有關的嘗試均告失敗，而滙豐的計劃並無就如何成功擴展環球業務作出詳細的解釋；

相反，萊斯銀行能與米特蘭分享其優良的產品和核心市場。

二、在客戶方面，滙豐的計劃並沒有特別說明如何照顧大量的在英米特蘭顧客，他們並不需要滙豐在遠東、中東以致美國的銀行服務；相反，萊斯的計劃則可以為他們在英國本土提供多樣化的產品和高質量的服務。

三、在分行方面，滙豐並無表示會否改變米特蘭的關閉分行計劃，相反，萊斯的建議卻可保證合併後在英國的市場上得到更大的和更佳的分佈網絡。

四、失業問題方面，滙豐的計劃並無提及合併所帶來的裁員數目。

五、在節省成本和增加收益方面，滙豐估計可在 1996 年節省 1.5 億英鎊的開支，似乎較原初估計為高，而 1.5 億英鎊的預期新增收益亦未必是可實現的。相反，萊斯則肯定可以在四年內，每年節省 7 億英鎊。

六、在稅務安排方面，雖然滙豐已預撥 2 億英鎊作為收購後的額外稅務開支，但日後可能需要過度利用米特蘭的溢利，提供資金派息，以避免海外附屬公司也納入英國稅網，這樣將可能削弱米特蘭的資本基礎；若不這樣，則會增加稅務上的負擔。

七、在資訊科技方面滙豐並沒有提到美國和香港的零售銀行電腦系統未必適用英國市場，相反，萊斯的建議則可以集中兩家銀行電腦系統的優點，為客戶提供更佳服務。

八、在管理方面，滙豐並沒有為合併後的米特蘭提供更多的人力資源，反而讓米特蘭自己獨立管理。

九、在香港業務方面，滙豐 1991 年的稅前贏利有 86% 是來自香港。但在其收購計劃內，卻沒有對如此重要的香港業務，提供前景上的保證，尤其是 1997 年的香港銀行業競爭尤為激烈，加上政治不明朗的陰影漸濃。

十、在攤薄效應方面，米特蘭股東只佔滙豐擴大後股本的 32%，他們日後將無法全面享有米特蘭業務復甦的利益；然而，按萊斯的建議，米特蘭股東可獲佔萊斯擴大後股本的 39%。

萊斯銀行以“重磅炸彈”的形式全面抨擊滙豐的收購計劃，在第九點，它特別打出“回歸牌”，質疑滙豐在九七後香港的政治地位。萊斯亦就此點向歐共體及英國銀行監管當局呈遞了一份報告，內容主要對香港日後的政治地位提出質疑，以表明滙豐收購米特蘭的不適當之處。該報告指出：若滙豐成功收購米特蘭，將導致“一家英國大銀行受到一個外國政府的影響，尤其是這個外國政府的價值觀與英國不同，是一件值得極力關注的事，現應予以最深入的研究”。

鑒於滙豐屬意由歐共體委員會監管當局審議收購計劃，萊斯銀行又抨擊滙豐此舉是意圖走捷徑，“瞞天過海”。據分析，萊斯的策略是，儘量不讓歐共體委員會的競爭處，引用歐洲的銀行競爭法審核滙豐的收購併達成最後裁決。相反，它爭取將兩項收購計劃均交由英國貿工部的公平交易辦公室審理，最後驚動英國貿工大臣赫塞爾廷，由赫塞爾廷出面仲裁。

這種策略的背後，是因為赫塞爾廷和萊斯銀行屬下的商人銀行曾有過密切的合作關係。1986 年，赫氏曾支持一個歐洲企業集團收購英國的韋斯蘭直升機製造公司。該集團當時的財務顧問就是萊斯商人銀行主席及是次收購戰的策劃人之一。據瞭解，該主席和赫塞爾廷在韋斯蘭事件中，建立了非常良好的關係。

萊斯銀行深知赫塞爾廷在收購行動中所起的關鍵作用，因為萊斯的收購計劃是否需交由獨立的壟斷及合併委員會審議，全看赫塞爾廷的決定。為了加強對赫塞爾廷的遊說工作，萊斯亦聘請了保守黨資深議員咸遜擔當政界說客，後者曾力捧赫塞爾廷競選保守黨魁，與赫氏交情不淺。

5 月 15 日，萊斯銀行向米特蘭股東致函，遊說後者接受萊斯的收購建議。翌日，英國收購小組駁回米特蘭銀行的上訴，着令其供給滙豐控股的商業資料，須同樣提供給萊斯銀行。與此同時，英國前保守黨大臣威格斯向英國貿工大臣赫塞爾廷要求，把滙豐的收購計劃從歐共體委員會處移交由英國壟斷及合併委員會處理。在連串強大攻勢下，萊斯銀行的收購建議似乎已漸露曙光，而滙豐的收購計劃則蒙上陰影。

◢◢ 滙豐成功兼併米特蘭銀行 ◢◢◢

不過，從 5 月下旬起，滙豐的收購計劃出乎意外地進展順利，先是英倫銀行和歐共體委員會相繼批准滙豐的收購及建議，繼而英國貿工部發表聲明，表示不反對滙豐的收購計劃，無須交由英國壟斷及合併委員會審議，並裁定萊斯銀行的收購計劃須轉呈英國壟斷及合併委員會裁定。這實際上意味着滙豐已獲得歐洲及英國的所有監理當局的批准，僅剩下最後一關：獲得米特蘭多數股東的同意。

是次滙豐收購米特蘭，情形與於 1981 年收購蘇格蘭皇家銀行迥然不同，其背後無疑有着深刻的政治考慮。《香港經濟日報》對此曾作出了精闢的分析，它指出："英國政府早有準備部署迎接滙豐衣錦還鄉。以當前滙豐姿態，如果說它僅止於本身商業考慮，並不包含有英國的長遠經濟利益計算在內，那是不會有人相信的。因此我們可以看到，英倫銀行已把滙豐買米特蘭，同時當作英國部署九七之後撤出香港管治的長遠打算，即是說滙豐管理重心安全靠岸，又更好藉着滙豐地位，以維繫在香港中國的商業利益。在這之下，英倫銀行屬意滙米合併，已言不盡意。"

6 月 2 日，為保證最後擊敗萊斯銀行，避免其十年進軍歐洲的大計功敗垂成，滙豐宣佈提高收購米特蘭的價格，以每 120 股滙豐控股加面值 65 英鎊新滙豐債券或 65 英鎊現金換取 100 股米特蘭，滙豐將收購價提高到每股米特蘭 471 便士，收購總值亦從原來的 31 億英鎊提高到 39 億英鎊，增幅達 25.8%。

據接近滙豐高層人士透露，滙豐最初提出的收購條件是故意偏低，以保留實力。因此，是次提出較優厚的條件，是整個收購策略的一部分。滙豐認為，米特蘭確實物有所值，對滙豐進軍歐洲甚具策略作用，而競爭對手萊斯銀行在英國甚具影響力，其收購建議雖然要由英國壟斷及合併委員會調查，但仍有威脅滙豐的餘地，故滙豐決定加強"注碼"，以確保萬無一失。

6 月 5 日，萊斯銀行宣佈放棄收購計劃，滙豐的最後障礙已經消除。萊斯銀行在聲明中表示，萊斯仍然深信能說服壟斷及合併委員會，其收購建議是符合公眾利益，並獲批准進行，但該委員會要到 8 月 25 日才能就其決定提交報告。相反，滙豐的建議獲歐共體委員會批准，並於 7 月 7 日截止，在這種情況不明朗的因素下，雖然萊斯與滙豐的收購建議，在價格上大致相同，但要說服米特蘭的股東，承擔不明朗的因素，放棄接受滙豐的建議，必須付出可觀的溢價。要達到這個目的，並不符合萊斯股東的利益，故萊斯決定放棄收購米特蘭計劃。

6 月 26 日，滙豐宣佈，截至 6 月 25 日，滙豐就其最後收購建議共收到 4.3

億股米特蘭股份的有效接納，約佔米特蘭已發行股份的 54.8%，加上滙豐控股於 1992 年 3 月 7 日時所持有的 1.15 億股米特蘭以及 3 月 17 日以後陸續從市場購入的 3500 萬餘股米特蘭股份，約佔米特蘭已發行股份的 19.8%。滙豐控股實際上已控制 5.83 億股米特蘭股份，約佔米特蘭已發行股份的 73.88%，滙豐的收購已成為無條件。

7 月 10 日，滙豐控股已收到逾九成米特蘭股份的有效接納，可行使強制性收購法例，將米特蘭私有化，使之成為滙豐控股的全資附屬公司。至此，滙豐部署的收購計劃可說大功告成。

◢ 滙豐躋身世界十大銀行之列 ◢◢◢

就在成功收購米特蘭的同時，滙豐控股與香港聯合交易所及倫敦證券交易所達成協議，獲准在香港和倫敦兩地同時作第一上市，並同時接受兩家交易所監管。根據協議，若兩地交易所的規則有任何歧義，在一般原則下，除非另獲有關交易所同意，滙豐將遵從披露標準較高或要求較嚴的規則。而滙豐控股亦取代米特蘭的上市地位，成為英國金融時報指數成份股。稍後，滙豐控股董事局重組，並與滙豐銀行董事局分離，遷往倫敦。

滙豐收購米特蘭後，成功晉身世界十大銀行之列，其資產總值高達 1450 億英鎊（約折合 21100 億港元），其中，53% 分佈在歐洲，30% 在亞太區，15% 在美洲，2% 在中東地區，合計共有 3300 家分行及辦事處分佈在全球 68 個國家和地區。

香港傳媒將滙豐收購米特蘭一役稱為滙豐的"帝國還鄉戰"。自此，滙豐從一家香港公司蛻變為一家以英國為基地的跨國銀行集團，註冊地、控股公司及其董事局均在倫敦，第一上市地位實際上亦主要在倫敦，股東主要來自香港以外地區，資產和業務橫跨歐、亞、美三大陸，來自香港的資產僅佔三成。因此，滙米合併，實際上標誌着滙豐十餘年來精心部署的集團國際化戰略已大致完成。

對於滙豐收購米特蘭的背後動機，《香港經濟日報》的政經短評曾以《滙豐帝國還鄉戰》為題作過這樣的分析："對資本遊戲一直玩得出神入化的老牌英資如滙豐，說他們將淡出香港的經營地位，這真是低估他們的智慧……如果說滙豐買米特蘭，並不意味有資產轉移英國，是難以令人相信，其進可攻而退可守的巧妙就在此。因為滙豐此例一開，等於說在九七之後中方必須公平對待滙豐在港的經營地位，否則它只有採取諸多的走資招數，這令香港首當大量失血的衝擊。也就是說，滙豐身在香港可以心在歐，中方對滙豐將來的地位，便要權衡到投鼠忌器的利害損失，不能不按理出牌。總之，滙豐今次舉動，說明背後錯綜複雜的利益與政經關係。"

　　無論如何，滙豐收購米特蘭可說是其發展史上最成功的一役商戰。自此，滙豐即以國際超級銀行的姿態在世界金融業縱橫捭闔。

22

兩敗俱傷 亞洲證券爭奪戰

亞洲證券在韋理時代，是一隻傳奇性的股份。韋理以亞證為投資旗艦，東征西伐，戰績彪炳。踏入 20 世紀 90 年代，韋理新婚，決定金盆洗手，退出股壇，遂將亞證股權分批出售，為亞證爭奪戰的燃點，埋下伏筆。

亞證控股權幾經易手，轉售到準備在香港大展拳腳的"過江龍"力寶集團手中，力寶覺察有人覬覦亞證，遂透過旗下華地先發制人，向亞證提出全面收購。而這邊廂，沉睡後剛出柙的猛虎華懋，正有意藉亞證變相上市，雙方遂展開一場"龍爭虎鬥"。

結果，華地幕後購得幾家大戶出售的股權而取得亞證控股權，不過，華懋亦取得亞證超過 25% 股份，牽制着亞證的任何資產重組，形成兩雄對峙的僵局。由於公眾持股量未符合上市規定，亞證被聯交所勒令停牌，最後落得兩敗俱傷的收場。

可見，在華人社會的商場中，"以和為貴"，仍是金玉良言。

亞洲證券全名亞洲證券國際有限公司，其前身是伊人置業，創辦於 1973 年 2 月 2 日，2 月 9 日在香港上市，當時是一家小型地產公司。該公司於 1986 年 11 月被韋理的私人公司亞洲證券有限公司收購，稍後易名為亞洲證券國際，以反映其與亞洲證券的關係。亞洲證券在韋理時代是香港股壇中一隻相當活躍的股份，具有頗高的知名度。

韋理是香港極負盛名的"公司醫生"，原籍英國蘇格蘭，1932 年在澳洲出生，早年曾做過伐木工人和學徒，1951 年離開澳洲到馬來西亞最大的汽車經銷公司華納兄弟有限公司工作，從工程師晉身為經理，並成為業餘賽車手。

1964 年，韋理應邀前來香港，主持夏巴汽車公司，三年後成功將該公司發展成龐大企業集團；1973 年再應邀接管瀕臨破產的信昌企業，使該公司轉虧為盈。自此，韋理在香港商界嶄露頭角，成為"企業奇才"。

1975 年，著名的和記國際陷入財政危機，該年度和記國際虧損 1.29 億港元，負債 15 億港元，無法清償債務，被數家美國銀行向高等法院申請清盤令，最後由最大債權人滙豐銀行注資 1.5 億港元，收購和記 33.65% 股權。滙豐聘請韋理出任和記國際行政總裁，條件除支付驚人薪金外，還包括分紅，訂明韋理可享有和記國際 2.5% 純利。

韋理掌政後，大刀闊斧地將和記屬下虧損的公司鏟除，並透過收購及合併、改善管理層等措施，令公司在 1976 年度即開始轉虧為盈，該年度和記的贏利即達 1.07 億港元。韋理的表現立刻轟動國際社會，美國的《時代》雜誌即以他為封面，稱讚他是"東南亞最能幹的公司醫生"。

到了 1977 年底，和記的贏利進一步上升到 2.2 億港元。韋理推動和記與黃埔船塢合併，成立和記黃埔。1979 年 9 月，滙豐銀行將和黃股份售予李嘉誠的長江實業，曾引起韋理的強烈不滿。1981 年 1 月，韋理離開和黃自闖天下，在香港、澳洲及美國等地發展投資業務。

同年，韋理應羅旭瑞邀請加入百利保董事局，協助羅旭瑞透過百利保收購中巴，可惜鎩羽而歸。1984 年 3 月，韋理在羅旭瑞的協助下，透過所持私人公司亞洲證券收購鷹君集團旗下的富豪酒店和百利保兩家公司的控股權，同年 11 月將兩家公司重組，逐步令其走上業務軌道。

1986 年，韋理透過亞洲證券購入李福兆等人所持華人置業股權，並與馮秉芬家族合組司馬高公司，與李氏家族的巴仙拿展開華置收購戰。結果，亞證持有華置約三成股權，與另一位乘虛殺入的“股壇狙擊手”劉鑾雄共同入主華置。當時，韋理雖出任華置董事局主席，惟股權僅得 30.3%，屈居於劉鑾雄的愛美高之下，後者取得華置 48.5% 股權，亞證只成為小股東。

這時，韋理決定將亞洲證券借殼上市，他看中了伊人置業。伊人置業當時的主要股東之一是香港股壇上另一位赫赫有名的人物詹培忠。其時，伊人置業的資產只有兩項收租物業、部分有價證券及銀行存款，年度除稅後贏利不足 50 萬港元，實際上是一間空殼公司。韋理透過亞洲證券以 600 萬港元價格收購了伊人置業 72.5% 股權，並隨即向小股東提出全面收購。

韋理控制伊人置業後，立刻將亞洲證券的資產，包括華人置業 30.3% 股權和一家證券公司注入，並發行 1.8 億新股集資。交易完成後，亞證持有伊人置業 95% 股份，為保持其上市地位，遂將所持股權降低至 75%，並易名為亞洲證券國際有限公司。

◢ 韋理培育亞洲證券 ◢◢◢

韋理取得亞洲證券的上市地位後，即以其為投資旗艦展開收購行動。他首先將目標瞄準趙氏家族的華光地產。當時，趙氏家族旗下的華光航業因過度膨脹，在航業大蕭條中泥足深陷，被迫債務重組。趙氏家族為取得銀行的支持，不惜變賣珍藏的古董名瓷，並準備將所持另一家上市地產公司華光地產的股權出售。

韋理看準時機，透過上市公司亞洲證券展開收購，以每股 1.45 港元購華光地產 1.2 億股股份，佔已發行股份的 30.7%，涉及資金 1.74 億港元。交易條件包括亞洲證券有優先權在兩年內再購入華光地產 30.7% 股權，每股作價 1.65 港元。

為籌集收購華光地產股權資金，亞洲證券宣佈供股集資，每四股供一股，供股價為 2.5 港元，配售 5625 萬股，集資 1.4 億港元。亞證配售每股附送兩股認股權證，認購價為每股 3.5 港元，規定在 1991 年 6 月底前行使認股權利。此舉將為公司帶來約 4.38 億港元現金收入，可作日後收購華光地產股份之用。

　　韋理入駐華光地產後，即重組董事局，除趙氏家族的趙世曾外，其餘董事全部被摒棄出局。他並邀請前置地行政總裁戴維思、前和黃行政總裁李察信加盟，組成華光地產的三駕馬車。香港輿論認為，此舉反映了韋理強悍的作風。

　　1987 年 9 月，韋理根據與趙氏家族達成的協議行使優先權，再購入華光地產 9550 萬股股份，其中 8000 萬股每股作價 1.65 港元，其餘每股 1.8 港元，使亞洲證券所持華光地產股權增加到 50.11%。根據香港收購及合併守則，亞證需向小股東提出全面收購，以每股 1.8 港元收購其餘 49.89% 華光地產股份。

　　韋理的如意算盤可說打得相當響，因為當時香港股市正處於上升大浪，牛氣沖天，華光地產的股價已飆升至每股 2.27 港元水平。韋理根據與趙氏家族早先達成的協議，透過亞洲證券以每股 1.65 港元購入大量股份，相當有利。亞洲證券持有華光地產的股權超過 35%，需要向全體股東提出全面收購建議，亦僅屬形式上的需要。因為當時華光的股價已高出收購價每股 1.8 港元，自然無人願意接受收購。在這種形勢下，亞洲證券根本不必作任何財務安排，只是靜候收購文件發出和收購期的渡過而已。

　　然而，人算不如天算，誰料收購文件尚未發出，十月全球股災驟然降臨，華光地產股價已銳挫到每股 1.28 港元的低價。根據收購及合併守則，亞洲證券必須以過去六個月的最高價即每股 1.8 港元收購。形勢如此，亞洲只有急忙安排財務，應付收購所需。結果，亞洲證券購入華光地產 90% 以上股權，根據公司法進行強制性收購，上市 14 年之久的華光地產，終因易主而私有化，成為亞洲證券的全資附屬公司。

　　亞洲證券收購伊人置業時，資產淨值只有 2430 萬港元，其後的擴展，主要依賴發行新股、供股、配股集資，先後注入或收購華人置業股權、富輝企業股權，以及歐洲 BHH 礦物公司股權等，及至私有化華光地產後，公司已初具規模。因為據華光地產 1985 年的資產重估，僅物業市值已達 11.8 億港元，包括皇后大道中華光勵精中心、尖沙咀港晶中心商場、旺角金都商場以及華光大廈、文化中心等部分權益。

　　這時，亞洲證券以從一家純證券投資公司轉變為一家以地產業務為主、證券投資公司為輔的集團。根據 1988 年度的業績，亞洲證券的純利為 1.43 億港元，其中，來自出售 "非核心業務" 的收益就達 1.04 億港元。

◢ 韋理金盆洗手售亞證股權 ◣◣◣

然而，1991 年 2 月，韋理卻出人意表地將所持亞洲證券股權售出，套回現金近 8 億港元，其中 34.5% 股權售予李明治旗下的聯合集團，其餘 23% 股權則分批售出。這種安排，為後來爆發亞洲證券收購戰，埋下了伏筆。

據當時證券界人士的估計，亞洲證券每股的資產淨值為 3.2-3.5 港元左右，韋理以每股 2.8 港元價格出售，較資產淨值折讓 12%-20% 左右。韋理素以將公司拆骨重組享有盛名，為何突然甘願以折讓價將亞洲證券控制權售予聯合集團呢？箇中原因，估計韋理和李明治均來自澳洲，彼此之間份屬老友之外，最主要的原因是當時韋理新婚燕爾，經過二十多年的辛苦勞碌之後，的確想放下工作鬆弛一下精神，與新婚妻子回澳洲享受人生。故此，亞洲證券的控制權首次易手。

李明治並非等閑之輩，在香港股壇號稱 "公司炒手"。他祖籍福建，1941 年生於馬來西亞，1959 年赴澳洲攻讀機械工程學，畢業後返回馬來西亞，在英國無比石油公司任職。1978 年他曾以分期付款方式購入馬來西亞國家發展及財務集團，其後又將它出售，獲利 7000 萬馬幣。1984 年，李明治移居澳洲，並在當地創辦輝煌澳洲集團。不過，同年 12 月，他經韋理推薦，前來香港，出任當時韋理仟主席的富豪酒店集團董事，開始在香港大展拳腳。

1985 年，李明治開始在香港進行投資，他透過輝煌澳洲集團的附屬公司收購香港上市公司偉東地產九成股權，並向韋理的百利保購入紅山半島豪華住宅物業。1986 年，澳洲國家公司安全委員會曾暫停輝煌澳洲集團股份買賣並進行聆訊，調查是否有人以不當手法用聯營公司買入自己的股票。自此，李明治全力向香港發展。他透過輝煌集團轄下的聯合太平洋，收購兆安地產空殼而取得上市地位，易名聯合海外，即後來的聯合集團，作為在香港的投資旗艦。

1987 年 10 月全球股災，李明治將澳洲業務作價 4 億澳元悉數售出，避過了

80 年代後期澳洲經濟衰退的打擊。其後，他又透過在香港的上市旗艦聯合集團不斷展開收購行動，先後收購了聯合地產、聯合工業、東榮鋼鐵、三泰實業、百樂門印刷等多家上市公司，亞洲證券亦是其中一家。90 年代初期最高峰時，李明治控制的上市公司就多達七家，市值高達 90 億港元，在香港股市中自成一系。

成大事者不拘小節，據說李明治深得此中道理，曾跟他有過交往的人，對他的豪爽性格及明快決斷都十分欣賞。韋理當初決定將亞洲證券策略性控制權售予李明治，其中原因亦是李明治的爽快。據說，1991 年 2 月 1 日韋理邀請李明治吃飯，開始商討亞證股權轉售事宜，2 月 3 日雙方即展開談判，當天李明治就答覆、提出建議。

結果，聯合集團以每股 2.8 港元收購亞洲證券 23% 股權，並訂明將於 5 月份前再購入 11.6% 亞證股權，作價 5.04 億港元。韋理另外尚餘的 23% 股權則注入一個以韋理命名的基金之內，以便在機會合適之時轉售予其他投資者。這種安排，使聯合集團購入亞證股權沒有超過 35%，避免向亞證股東提出全面收購。

事後，李明治表示："我作重大決定，最重要的是決定買或是不買，若然決定買，則不會計較數目的距離。……以購買亞證股權為例，我決定買或不買，當我決定買，便即成交，沒有講價。若然講價，可能可以將收購價降至 2.75 元或 2.7 元，但我覺得無必要為 1 角、5 分多談數天，不如好好利用數天時間構想另外一些東西。" 這就是李明治豪爽決斷的個性。

李明治收購亞洲證券，目的是要使聯合集團獲得一家進行策略性投資的公司，以進行重大交易。他表示，五年以來，聯合集團已建立起一個好的架構，分為四項核心業務，即透過聯合地產經營地產業務，聯合東榮集中於工業投資以及非常具潛力的食品加工和進行策略性投資的亞洲證券。前三者都已上軌道，可以獨立經營，他不用花太多時間，他會集中精力經營亞證，親身操刀，出任行政總裁，尋覓收購對象。他並坦言："亞證將是未來系內較具刺激性和較活躍的公司。"

當時，亞證擁有一組中等級數的物業組合，資產值達 18 億港元以上，證券界人士表示，李明治可能會將亞證投資物業組合出售予同系專責地產經營的聯合地產，屆時亞證將成為一家坐擁十多億港元現金的公司，再加上借貸可以籌得資金，亞證將可以策動 20 億港元以上的收購投資活動。

不過，李明治並未善待亞洲證券，1991 年聯合集團宣佈以低賤的價格換取亞證進行合併，令亞證股價急速下滑，從每股 2 港元多下跌到接近 1 港元。據說，當亞證下跌到低位時，退出江湖的韋理曾在市場上吸納亞證的股份，後來徇證監會的要求，公佈所吸收入亞證的股數。

及至 1992 年 8 月，聯合集團系各公司被香港證監會調查，並下令聯合系相關聯的十家上市公司停牌。結果，聯合系各公司股價均告急挫，其中，亞洲證券在停牌前報每股 1.039 港元，復牌後曾一度低挫到每股 0.98 港元。但未幾市場已傳出力寶集團旗下的華地（當時名為高日發展）有意高價收購亞證。果然，李明治來個“金蟬脫殼”，相繼將旗下公司出售，包括將亞洲售予華地，將東榮鋼鐵集團及三泰實業售予首鋼，將百樂門售予海裕實業。就這樣，亞洲證券第二度轉手。

◢ 李文正透過華地全面收購亞證 ◣◣◣

收購亞洲證券的李文正，與李明治一樣，都是來自東南亞的過江猛龍。李文正祖籍福建，1929 年出生於印尼東爪哇，1971 年創辦印尼銀行，1975 年應印尼首富林紹良邀請，執掌中央亞洲銀行，使該行成為印尼最大私營銀行。70 年代以後，李文正創辦力寶集團，業務發展迅速，成為印尼十大財團之一。力寶持有印尼七家上市公司，超過100家附屬公司，經營業務遍及銀行、保險、租賃、房地產、工業及資訊等各個領域。

踏入 20 世紀 80 年代，李文正開始向香港發展，1984 年 10 月，李文正透過林紹良及美國 Stephen Inc. 共同控制的力寶策略收購華人銀行 99.73% 股權，其後李氏家族逐步取得該銀行 99.73% 股權。力寶收購華人銀行這家奄奄一息的小型銀行後，便全力催谷，令業務大有增長，1991 年又曾透過華人銀行嘗試收購瀕臨清盤的國際商業信貸銀行，可惜最後功虧一簣，國商忽然湧現大量無紀錄負債，沒有人敢承擔，華人銀行惟有取消收購念頭。

進入 90 年代，李文正加快進入香港步伐。1991 年 5 月，他透過旗下的力寶

國際收購香港上市公司萬眾財務 50.1% 股權，將其易名為力寶有限公司，作為集團在香港拓展業務的旗艦。李文正雖然財雄勢大，但亦深知要在香港打天下，必須與香港頂級富豪建立關係，故於 1992 年由力寶向李嘉誠的長實發行 1 億港元可換股債券，令長實持有力寶 12.4% 股權，成為力寶股東，其後又向中資華潤集團配股，邀華潤加盟。

有了這些關係，力寶便在短短一年時間內大展拳腳，展開旋風式收購活動，先後收購香港華人銀行集團 59.8% 股權、透過華銀收購香港建屋貸款 57.6% 股權、收購高日發展（後易名華地）66.4% 股權以及星辰集團 35.4% 股權，加上透過華地收購的亞洲證券，令集團在香港的上市公司增加到六家，總市值超過 76 億港元，自成一幟。

李文正與李明治的關係也頗為微妙，據說李明治的聯合集團就持有在印尼上市的力寶置業公司 20% 股權，雙方在香港也有一定的業務往來。1992 年 8 月，聯合集團系內公司被香港證監會調查，李明治遂決定將旗下非核心上市公司股權出售，其時正碰上李文正在香港大舉收購，雙方一拍即合。同年 9 月 17 日，亞洲證券停牌，結果，李文正透過華地，以每股 2.6 港元的高價（當時亞證的市價是每股 1.66 港元）收購聯合集團所持有 34.5% 亞洲證券股權，溢價高達 55.7%。李明治全身引退，由李文正接盤。由於華地購入亞證股權未超過 35%，不需要全面收購，亞證股價遂急促下滑，到年底已跌至每股 1.1 港元左右。

李文正收購亞證後，初時似乎對控制頗有信心，遂將星辰集團 35.4% 股權注入亞證。然而，踏入 1993 年，事態發展似乎頗不尋常，亞洲證券的股價冉冉上升，似乎有人在市場暗中吸納亞證股權。同年 5 月 19 日，華地為加強對亞證控制權，決定先發制人，向亞證股東提出全面收購建議，每股作價 1.54 港元，涉及資金達 5.85 億港元，收購的附帶條件，是購得的股權超過 50% 為準。

當時，華地在公報裏顯示，亞洲證券於 1992 年 12 月底資產淨值達 9.86 億港元，相當於每股 1.6 港元，但並沒有計算投資物業重估贏利及發展物業出售贏利。而在過去一年，亞證單單出售證券投資已套現最少 3.5 億港元，它尚有不少發展物業，例如紅山半島一、二期等陸續出售有待入賬。故證券界認為，亞證的資產淨值遠不止於此。

亞洲證券的資產，主要包括亞洲貨櫃中心、紅山半島第四期、大角咀麗華中心、港晶中心、鴨脷洲港灣工貿中心等，持有從 16.7%-74% 不等的權益。此外，還持有星晨集團 34.5% 股權，以及廣聯企業 16.6% 股權等。根據當時新鴻基證券的一份分析報告指出，亞證的資產淨值估計高達 21.41 億港元，相等於每股 3.69 港元。換言之，華地提出的收購價明顯偏低。

5 月 20 日亞洲證券復牌買賣後，股價迅速超過華地收購價每股 1.54 港元的水平。這種情況顯示，或者華地的收購僅屬純技術性的，本身根本無意提出全面收購，或者正有重大消息醞釀中，有財團已介入收購戰。

◢ 華懋集團介入亞證收購戰 ◢◢◢

果然，5 月 21 日傍晚，由龔如心掌舵的華懋集團透過寶源投資宣佈，對亞洲證券展開反收購，建議以每股現金 1.98 港元價格全面收購亞證，附帶條件為以收購 75% 股權為準，但如果華地所持股權不接受收購，可考慮將比例降低至 51%。當時，華懋集團已持有亞證 15.2% 股權，主要是早前向韋理基金購得的，並無參與亞證管理。

華懋集團是香港尚未上市的最大地產發展公司，創辦於 60 年代，創辦人是浙江籍富商王德輝及其夫人龔如心。1967 年，香港地產市道崩潰，王德輝夫婦憑獨到眼光，抓住良機在荃灣一帶購入大量地皮，發展每單位三四百平方呎的小型住宅樓宇，深受市場買家歡迎，從而奠定華懋日後在地產界的地位。

華懋的名字首次在香港引起注意，是 70 年代初。1972 年置地以換股方式企圖兼併牛奶公司，華懋曾應牛奶公司主席周錫年之請，與牛奶合組牛奶地產，向置地展開反擊。後來雖然反擊失敗，但王德輝及華懋的名字開始在業內打響。

20 世紀 70 年代以後，華懋繼續在荃灣、葵涌、新蒲崗、觀塘等市區邊緣地區大量購入住宅用地，又在沙田新市鎮進行龐大投資，並大量購入乙類換地權益證書，其規模已不亞於長實、新地等華資 "地產五虎將"。

不過，對華懋集團打擊最大的就是董事局主席王德輝在短短七年間兩度被匪

徒綁架，至今仍下落不明。1983 年 4 月，王德輝夫婦從山頂豪宅駕車回中環寫字樓途中，被綁匪在金鐘截停。綁匪將王德輝擄走後，釋放龔如心，指示其於五日內支付 1100 萬美元作贖金，龔如心按綁匪指示辦，幸而丈夫得以安然獲釋，虛驚一場，破財擋災。

事隔七年後，1990 年 4 月，王德輝第二次遭匪徒綁架，是次綁匪均為江湖中有名的黑道人物，贖金數字高達 6000 萬美元，幾近天文數字。龔如心救夫心切，短期內再籌足鉅款交付綁匪。王德輝兩次被綁架中，王氏家人共支付贖金 7100 萬美金，即 5.538 億港元，破了香港開埠以來的紀錄，在香港社會轟動一時。其後，綁匪行跡敗露，被警方捕獲，但王德輝本人則至今不知所蹤，有人估計或許已在綁架期間葬身公海。經此事件，王德輝夫人龔如心所受打擊之沉重可想而知，華懋集團在香港商界亦因而沉寂了一段日子。

1993 年，經過三年深居簡出之後，龔如心終於收拾悲痛心情，重出江湖，再展拳腳，她首先看中的就是亞洲證券，希望藉亞證將華懋集團的部分資產上市。

香港的地產大集團中，華懋可以說幾乎是唯一一家沒有上市的大型地產發展商。其實，早在 1988 年，華懋曾籌備在香港上市，當時曾委託渣打亞洲研究上市事宜。不過，其時香港股市經過 1987 年 10 月全球股災後元氣未復，王德輝夫婦不滿意集團資產折讓過大及市盈率釐定過低的上市安排，有關計劃遂被擱置，其後王德輝再度遭綁架，此事就拖了下來。不過，將華懋上市或部分上市，始終是龔如心的心願。

龔如心重出江湖後，看中亞洲證券，原因是亞證與華懋頗有淵源。亞證在 1987 年全面收購了趙氏家族的華光地產，而華光地產當年就曾與華懋有過多項合作發展，包括大潭道紅山半島和香港仔一些工業大廈。亞證除了可以作為一隻"殼"令華懋部分上市外，還是一隻"靚殼"，擁有不少有潛質的資產。故此，1992 年，華懋亦從韋理基金會購得 15.2% 亞證股權。據傳聞，照龔如心的估計，華懋要取得亞證的控制權應該困難不大。

不過，5 月 19 日華地全面收購亞證，此舉打亂了華懋的部署，且華地的收購價遠低於亞證資產淨值，並不合理。因此，5 月 21 日華懋即宣佈展開反收購，每股收購價 1.98 港元，比華地的高出 28.6%。華懋集團董事梁榮光表示，華懋反收

購的原因，主要是集團過往與華光地產有過多次合作發展，包括大潭道紅山半島等，而亞證則於 1987 年全面收購華光地產，其主要資產來自華光地產，故華懋相信較易掌握亞證的業務。他表示，華懋若成功收購亞證，將保留其上市地位，同時會將華懋現有的資產注入。

當時，龔如心的如意算盤是，華懋已持有一成半亞證，且已在不斷吸納股份，與華懋有多年合作關係的趙世曾亦持有數個百分點，他有很大機會支持華懋。只要在韋理基金購入剩餘一成多股份的買家願意向錢看，她絕對有機會取得三四成股權，與李文正一較高下，故隨即提出反收購。

◢ 華地成功取得亞證控制權 ◣◣◣

5 月 24 日，華地正式表態拒絕華懋的全面收購，力寶集團執行董事李聯煒表示，集團及屬下華地歡迎華懋提出反收購建議，證明亞洲證券被市場看好，但是華地計劃收購亞證作為集團直接投資一個重要的發展工具，故決定拒絕華懋的反收購。

李聯煒並指出，現階段華地並無意提高收購價，他相信作為持有亞證三四成股權的第一大股東，華地在是項收購中機會相當大，原因是投資者在考慮建議時，除價錢之外，更會包括收購者對公司業務及員工的態度。他認為在華地這方面較為優勝。李聯煒並表示，華地在成功收購亞證後，會在約兩年時間內將現有的紅山半島、鴨脷洲工業大廈及港晶中心陸續出售，以套現資金作為直接投資中國內地之用。

當日（星期一），亞洲證券股價急升至每股 2.1 港元，並以每股 1.98 港元收市。華懋集團透過寶源亞洲，以每股 1.98 港元價格購入 495.5 萬股亞證股份，動用資金逾 900 萬港元。其後三日，華懋陸續在市場大手吸納亞證股份，使所持亞證股權增加到 19.8%。華懋董事梁榮光表示，觸發華懋收購亞證的原因，是華地出價太低，華懋的出價則較華地高出接近三成，即使華地不接受收購建議，也會有很多股東支持。但他表示，華懋暫未決定會否減低全面收購七成半的條件。

當時形勢的發展似乎令華地相當被動，因為亞證股價已接近 2 港元，遠高於 1.54 港元的收購價，持有亞證者當然不會接受收購，而華地又不能以高於收購價的價錢在市場增購，因而收購行動似乎已無法獲得成功。至於華懋方面，勝算也不高，原因是華地所持 34.47% 亞證股權，其成本絕大部分是每股 2.6 港元，當然也不會接受收購。戰況的發展，似乎將陷入僵局。

然而，商場的動向向來無法捉摸。6 月 1 日，形勢突然急轉直下，亞證爭奪戰出現突破性的發展。華地宣佈，該公司已於 5 月 31 日以每股 1.91 港元價格向獨立投資者購入 9198 萬股亞證股份，佔亞證已發行股本的 15.8%，從而令華地所持亞證股權增加到 50.32%。換言之，華地已成功取得亞證的控制權。華地同時宣佈，將收購價格提高到每股 1.91 港元。

李聯煒表示，是次決定是對華懋反收購行動作出的反應，經過一星期的觀察，為避免市場及兩家受影響公司職員作無謂揣測及憂慮，更考慮到亞證公司資產淨值可觀，董事局遂決定提高收購價格。

面對如此突變，華懋除了鍥而不捨繼續在市場吸納亞證股份外，並向香港證監會投訴，要求該委員會調查華地大手買入亞證股份事件，以確保有關交易符合收購及合併守則。華地的收購較華懋的為低，華懋質疑，該 9198 萬股亞證股份持有者為何會平價賣予華地，而不賣給華懋，平白少收了 600 多萬港元？

當時，證券界人士分析，之所以會出現這種奇怪情形，有三種可能：其一，是該賣家可能是與華地有關聯之人士，原已安排協助收購；其二，該賣家可能是獨立第三者，但真正賣價可能高於每股 1.91 港元；其三，賣家擔心華懋的收購未能達到附帶條件而撤銷，故寧願以稍低價格趁早出貨。這三種可能性，除了第三種可能合乎常理之外，第一種可能已抵觸收購及合併守則，第二種可能則屬虛假交易。

儘管華地已取得控制權，然而華懋卻出人意表地繼續在市場吸納亞證股份，到 6 月 4 日，所持有亞證股權已增加到 25%。當時，就有商人銀行家指出，華懋的行動，顯示其認為仍然有機會反擊。如果證監會調查結果真的發現交易有問題，華地的持股量將恢復到 34%。這樣，華懋的持股量便接近華地，尚有勝出的可能。而如果沒有發現問題，華懋亦可有效保障自己的利益，因為如果亞證出現重大事項而需要 75% 股東通過時，華懋的股權將發揮決定性作用。

　　事後，香港政府發表的調查報告顯示，5 月 31 日，華地旋風式透過三宗交易以每股 1.91 港元價格購入亞證 9198 萬股股份，其中，第一宗交易涉及 1470 萬股，第二宗交易涉及 2195 萬股，分別由一位美籍商人和長江實業持有。當華地提出以每股 1.54 港元全面收購時，他們均不滿收購價，並表示不會接受收購，直至 5 月 31 日華地召開董事局會議，決定若能取得該兩批股份，願意提高收購價至每股 1.91 港元，結果兩者均在當天接受收購。

　　第三宗交易共計 5490 萬股，亦是調查的重點，該批股份以 "受王肇材託管的 Burham" 的名義在 5 月 31 日售出，每股作價 1.91 港元。據資料顯示，該批股份是於 1991 年 6 月 28 日由剛卸任亞證主席的袁理以私人配售方式售予王肇材的，每股作價 2.5 港元。由於當日剛好為亞證除淨日，連同十送一紅股，實際股數為 6600 萬股，每股成交價 2.2 港元，較除淨前收市溢價 20.9%。

　　王肇材是新加坡商人，其兄弟 Pena Sy 在接受證監會調查時曾出現前後矛盾的說法。調查報告指出，Pena Sy 第一次接受證監會查閱 Burham 時，曾表示這是王肇材的離岸公司，並且曾用來購入亞證 6600 萬股。但他後來第二次接受查問時，又否認在與證監會會晤前對 Burham 有任何認識，並透露王肇材曾告訴他，聯合集團前董事陳進安曾承諾安排購入該批亞證股份所需的貸款。

　　調查報告還顯示，華懋集團亦曾有意透過 Chrisphor Cheung（簡稱張氏）向他的一位在新加坡客戶洽購一批為數 5000 萬股的亞證股份。華懋董事梁榮光作證時表示，他經人介紹，在 1993 年 5 月 27 日認識張氏，據稱張氏是前聯合集團主席李明治的主要經紀之一。梁榮光說，張氏也曾告訴他，李明治可能還持有部分亞證股份，而張氏的一位新加坡客戶更擁有一大批為數逾 5000 萬亞證股份。後來，5 月 31 日，張氏控制的公司代將為數 5490 萬股亞證股份售予華地後，梁榮光曾追問張氏，該批股份與張氏較早前提及該新加坡客戶所持逾 5000 萬股是否相同，張氏則說兩批股份並不相同。但張氏作供時卻一一否認曾與梁榮光有以上談話。

　　值得一提的是，1993 年 6 月 7 日，證監會曾根據證監條例凍結該筆出售 5490 萬股亞證股份所得資金。然而，直到 1994 年 5 月港府的調查報告發表時，仍一直無人要求證監會撤銷該筆資金的限制。

從調查報告看，整個亞證股爭奪戰的幕後，顯然牽涉到極為複雜的人際社會關係。無論如何，華懋未能奪取此筆亞證股份，終於敗北。1993 年 6 月 8 日，華懋宣佈，鑒於華地已持有亞證逾五成股權，華懋無可能取得亞證五成以上控制權，故決定放棄收購亞證。

◢ 兩敗俱傷 ◣◣◣

龔如心原本看中亞證，希望藉亞證將華懋資產部分上市，豈料被華地搶先一步，提出全面收購。在收購戰中，龔如心雖然出價每股 1.98 港元，比李文正的每股 1.91 港元要高，但市場內仍有幾個大戶賣家不領情，把股份賣給李文正，令她 "陰溝裏翻船"。其時，華懋猶如沉睡猛虎，一出枰就吃了一記悶棍，借殼上市大計終成泡影，滋味當然不好受。

這邊廂，力寶集團這一 "過江龍"，雖然以 "代價" 擊敗華懋，最終奪取了亞證的控制權，但高層首腦並沒有開香檳慶祝，因為亞證一戰，他們與華懋傷了和氣，日後並不容易 "收科"。華懋持有亞證 25.27%，其影響力絕不可小覷，力寶系內的資產重組，因而將遇到重重阻力，甚至無法展開。因為根據公司條例，任何重大資產重組計劃均須 75% 以上的股東同意。

亞證收購戰後，公司兩大股東僵持，華地持有亞證 50.96% 股權，而華懋則持有亞證 25.27% 股權，結果導致公眾持股量不足 25%，未能符合聯交所的要求。

到 1994 年 6 月，華地在聯交所的壓力下以每股 1.85 港元配售 4000 萬股予獨立第三者，但亞證的公眾持股量仍少於 25% 的上市規定，而華懋則明確表示不會減持亞證股權。聯交所遂表示，亞證主要股東須 8 月 24 日前，將公眾持股量增至 25% 或以上，否則將考慮採取進一步行動，包括要求亞證停牌。

面對這一僵局，華地有意將所持亞證股權售出。6 月 23 日，亞證發表公開聲明，表示正有獨立第三者向最大股東華地洽購亞證股權。到 7 月初，亞證宣佈，華地以 1100 萬港元代價，出售一項認股權予 BAL，容許對方在 8 月 1 日或之前，以每股 3.4 港元收購華地全部亞證股權。

BAL 由中翹電訊主席麥紹棠控制，不過到了 8 月初，BAL 以並無足夠時間完成對亞證的仔細審核為理由，放棄行使認股權。據市場人士透露，麥紹棠初時計劃以每股 3.4 港元收購亞證 50.96% 股權，是考慮到該公司屬下有不少物業可套現，但事實上，若未能得到華懋的合作，在出售這些物業時可能會發生困難。而聯交所又要求 BAL 完成收購亞證後，須於兩星期內將公眾持有股量增至 25%，麥紹棠認為時間緊逼。種種因素，終令 BAL 放棄該項認股權。

不過，亦有傳聞表示，力寶集團要透過麥氏出高價，以試探華懋會否出讓股份，從而結束這種兩雄並立的局面。故此麥氏的作價是高於資產值，但是由於華懋無意出售，所以試探失敗，收購惟有以棄權告終。

一個月後，華地最終以每股作價 2.9 港元，將所持亞證 50.96% 股權悉數售予有中資背景的丹楓國際。力寶執行董事李聯煒表示：收購亞證是考慮到力寶系內業務出現重疊，出售亞證可使集團更加精簡。換言之，力寶最終亦未能得到亞證。

事實上，這是一個兩敗俱傷的結局。

23

雙贏之局 電視企業收購戰

　　與亞洲證券的爭奪不同，電視企業收購戰以雙贏作結局。

　　電視企業兩大股東邵逸夫和郭鶴年，份屬多年老朋友，可說知己知彼。當年郭鶴年入股電企，就是應邵逸夫之邀。到了 20 世紀 90 年代中期，郭鶴年大舉投資香港的影視傳播業，先是向澳洲傳媒鉅子梅鐸收購《南華早報》，繼而透過《南華早報》敵意收購電視企業。兩位老朋友正面交鋒，一時震動香港商界。

　　長期主持電視企業的邵逸夫，因年事已高，正部署淡出江湖，於是且戰且退。《南華早報》的敵意收購為其趁高套現提供良機，邵氏遂以反收購討價還價，迫對方提高收購價格和條件。結果，邵氏成功趁高套現，郭氏亦一舉兩得，形成雙贏之局。

　　是次收購兼併，在兩位老朋友之間展開，難度極高，相信其中蘊藏着高度的智慧、正確的判斷和巧妙的策略，值得後來者仔細琢磨借鑒。

電視企業的前身是香港電視廣播有限公司，於 1965 年在香港註冊成立，創辦人和主要股東是利孝和、邵逸夫、余經緯等香港知名人士及部分英資公司。1966 年，香港電視獲港府頒發經營牌照。當時，公司董事局主席由利孝和出任，邵逸夫任常務董事，余經緯任董事總經理，其他董事尚包括唐炳源、利榮森、祈德尊、布力架及魏德利。

1966 年 11 月 9 日，香港電視正式開台，分別透過翡翠台和明珠台播放中英文電視節目，初期為黑白無綫電視，1971 年開辦彩色電視。無綫電視啟播翌日，即開始播放綜合性娛樂節目《歡樂今宵》，深受香港普通大眾的歡迎。無綫電視中文台強調通俗性、娛樂性，每天有三分之一以上為自製節目，內容包括新聞、體育、知識性和綜合性節目，以及港、台、美的電影電視片。英文台則重視知識性、娛樂性。

1971 年，無綫電視以彩色系統播映，令當時香港數百萬市民為之矚目，收視率直綫上升，很快成為香港市民的主要娛樂節目。無綫電視的啟播使電視在香港迅速普及，充分發揮了電視傳媒的功能，令香港的影視娛樂業發生巨大變化，對社會經濟也產生重大影響。

香港電視原由利氏家族的利孝和主持，1980 年 6 月 26 日，利孝和因心臟病發逝世，其董事局主席的遺缺遂由邵逸夫接任。邵逸夫原籍浙江寧波，1907 年在上海出生，早年與兄長邵仁枚在新加坡拓展電影業務，1958 年移居香港，創辦邵氏兄弟（香港）有限公司，到 70 年代初雄霸香港電影業，成為著名的電影大亨。

20 世紀 70 年代中期以後，香港影視娛樂業的重心開始從電影向電視轉移，邵逸夫看到這種轉變，逐漸將邵氏兄弟的經營重點轉向電視業。1980 年邵逸夫出任香港電視董事局主席以後，邵氏家族及邵氏兄弟對香港電視的持股量逐步上升，從 6% 增加到逾 40%，成為公司的最大股東。

70 年代中後期到 80 年代初，香港電視的業務迅速發展，利潤從 1978 年度的 2110 萬港元增加到 1983 年度的 1.73 億港元。1984 年 1 月 26 日，香港電視正式在香港上市，以每股 2.65 港元的價格公開配售 1.05 億股舊股，集資 2.78 億港元。配售的舊股由原來的股東和記國際、新鴻基證券、英之傑香港、Anglia Television Group Plc. 以及民樂等公司撥出，佔已發行股本的 25%。配股完成後，邵逸夫及邵氏兄弟、利氏家族以及新鴻基證券共持有公司 64% 股權。

　　邵逸夫從電影發跡，從新加坡發展到香港，深知只靠香港市場發展，利潤始終有限。如果將香港製作的電視片集透過海外財團賣出，肯定可以擴闊收入網。因此，1987 年 1 月，邵逸夫將其所持香港電視股權中的 23%，作價 14 億港元售予當時前來香港發展、風光一時的澳洲大亨龐雅倫，希望藉龐雅倫控制的奔達國際在澳洲電視網絡發展國際業務，使香港電視在發行上有擴展的機會。交易完成後，邵逸夫及邵氏兄弟所持的香港電視股權只剩下 18%。

　　那時，龐雅倫正當時得令，他透過奔達國際在香港買賣物業，購入中環的財經廣場（後易名為奔達中心），向置地買入半山區豪華住宅，又向香港電視的另一大股東利氏家族收購香港電視股權，使所持股量增加到 30.4%，企圖奪取香港電視的控制權。

　　然而，1988 年港府公佈限制海外人士及機構的持股量不得超過 10%，龐雅倫被迫將手上香港電視股權出售，邵逸夫有見及此，遂邀請 "亞洲糖王" 郭鶴年以 20 億港元接盤。

　　郭鶴年是邵逸夫的好朋友，早在 1971 年郭鶴年的第一家香格里拉酒店在新加坡落成時，邵逸夫便是主要股東，兩人關係可說非比尋常。邵逸夫請郭鶴年接盤，亦是希望郭鶴年協助他鞏固香港電視的控制權。交易完成後，邵逸夫繼續出任主席，郭鶴年任副主席。不過，郭鶴年基本沒有參與管理，亦很少在無綫電視的活動中露面，頗為低調。

　　同年，香港政府對電視條例作出修訂，收緊對電視台持牌機構的限制，並規定不可將電視廣播牌照授予一家公司的附屬公司。邵逸夫對此十分不滿，公開抨擊這些規定，指責將迫使香港電視放棄多元化，可惜無法扭轉港府的立場。

　　當時，香港電視是透過旗下的全資附屬電視廣播有限公司去經營電視廣播，因此，香港電視必須重組。1988 年 10 月，香港電視將電視廣播分拆上市，而本身則易名為電視企業（控股）有限公司。

　　經過分拆後，電視廣播持有電視經營牌照，專營電視廣播，而電視企業則主要經營與電視廣播相關的業務，如電視節目代理、電視廣告製作、出版印刷、娛樂表演、零售及旅遊業務等。當時，電視企業持有 12 家附屬公司，包括見聞會社、華星娛樂、博益出版集團、星藝文娛、電視科技、香港電視製作等。此外，還持有九龍清水灣電視城、廣播道 77 號物業以及廣播道嘉柏園部分住宅單位等。

重組後，邵逸夫和郭鶴年分別出任兩家上市公司董事局正、副主席。1989 年 2 月，邵逸夫透過邵氏兄弟向郭鶴年購入 1900 萬股電視廣播及電視企業，作價分別為每股 14.6 港元及 1.55 港元。交易完成後，邵逸夫及邵氏兄弟持有 34.7% 電視廣播股權，34.19% 電視企業股權，而郭鶴年則持有電視廣播及電視企業各 32.99% 股權，成為電視廣播及電視企業的兩大股東。

這種局面維持了數年，彼此相安無事。直至 1996 年 2 月。風雲突變。郭鶴年透過旗下的《南華早報》向電視企業展開敵意收購，一時成為全城矚目的話題。

▲ 郭鶴年進軍香港影視傳播業 ◢◢◢

郭鶴年，素有"神秘富豪"之稱，一向頗為低調，實際上卻是來自東南亞的過江猛龍。他祖籍是福建福州，1923 年在馬來西亞出生，1949 年創辦郭氏兄弟有限公司，繼承父親的傳統業務，經營米、糖、麵粉等進出口業務。20 世紀 50 年代中，郭鶴年投資創辦第一家製糖公司，從泰國等地購入粗糖，在馬來西亞加工提煉後銷往各地，又從古巴購入蔗糖銷往東南亞各埠，很快成為著名的"亞洲糖王"，控制了馬來西亞糖市場的 80%，佔國際糖市場約一成。

從 20 世紀 60 年代開始，郭鶴年開始向多元化業務發展。1971 年在新加坡創建首家香格里拉酒店，從此香格里拉酒店遍佈亞太區各主要城市，成為區內最大的酒店集團之一。其間，郭氏家族經營的業務，已從貿易、糖業發展到種植、礦業、工業、航運、酒店、地產、建築、證券及保險等各個領域，成為馬來西亞著名的跨國財團。

70 年代中期，郭鶴年開始進軍香港。1974 年，他在香港創辦嘉里貿易有限公司，作為在香港及海外投資的旗艦。當時，港府決定拓展尖東填海地段，陸續拍賣該區地皮，郭鶴年除投得九龍香格里拉酒店的地皮外，還與來自新加坡的黃廷芳家族合作發展南洋中心、尖沙咀中心及幸福中心等。郭鶴年的名字亦逐漸在香港商界頻頻出現。

　　1981 年，九龍香格里拉酒店落成開業，由著名的西方酒店集團管理，不久即被行政人員旅遊雜誌評為全球最佳酒店第三名，僅次於曼谷文華酒店和香港文華酒店。郭鶴年在港島興建的香格里拉酒店亦於 1991 年落成開業，翌年即被評為全球最佳酒店第四名。1993 年 5 月，郭鶴年將香港兩家香格里拉酒店及位於中國內地五家酒店的部分權益，組成香格里拉（亞洲）有限公司，在香港上市，後來又多次將家族持有的酒店股權注入，使之成為亞太區最大的酒店集團之一。

　　郭鶴年進軍香港的影視傳播業，可說是應邵逸夫之邀。1988 年 5 月，郭鶴年斥資 20 億港元向龐雅倫的奔達國際購入香港電視 31% 股權，與邵逸夫一道成為該公司的大股東。不過，該宗交易的消息傳出後，港府曾一度"大為緊張"，認為郭鶴年是新加坡籍人，該項收購抵觸剛修訂的香港電視條例，因此準備對此事進行干預。

　　為此，郭鶴年曾就自己的身份問題，專門致函港府。他在信中指出，自己在香港居住已達十年之久，並且已取得了香港的居民身份證，已是香港的永久居民；他在居留期間遵守法紀，繳納稅務，已經盡了香港公民的義務，應該享受香港公民的權利。結果，郭鶴年的收購獲得了港府的批准。

　　不過，到了 1993 年，郭鶴年一度與邵逸夫聯手，有意減持分拆後的電視廣播股權。該年 6 月，郭鶴年、邵逸夫曾與澳洲傳媒鉅子梅鐸的新聞集團達成協議，將所持電視廣播其中 22.24% 股權售予新聞集團，作價 18.7 億港元。交易完成後，郭鶴年及嘉里集團所持電視廣播股權將減至 21.68%，邵氏兄弟減至 22.9%。此舉被視為郭鶴年有意配合邵逸夫，逐步淡出香港的影視傳播業，因為其時邵逸夫年事已高，正陸續將旗下的資產減持套現。

　　然而，該宗交易最後半途夭折。原因是根據 1988 年修訂的香港電視條例，非香港居民或其控制的公司若要擁有持牌電視台 10% 以上的股權，必須事先獲得廣播事務管理局的書面批准；若擁有持牌電視台 15% 以上股權，即被視為擁有控制權，為法例所禁止，除非獲得港督同行政局批准豁免。結果，新聞集團在最後一刻要求港府押後審議其收購申請，該項收購遂無疾而終。

　　郭鶴年向梅鐸售股不成，稍後反而向梅鐸購股。同年 9 月 13 日，郭鶴年的嘉里集團宣佈,旗下全資擁有的嘉里媒介,將以 3.49 億美元(折合約 27.2 億港元)收購新聞集團所持的《南華早報》34.9% 股份,協議列明交易完成後,嘉里董事長郭鶴年將出任《南華早報》集團主席。

《南華早報》是香港歷史最悠久的英文報紙,創辦於 1903 年,其控制權自 1948 年起便掌握在滙豐銀行手中,多年來一直被視為港府的"御用"喉舌,在香港輿論中具有重大的影響力。《南華早報》於 1971 年 11 月在香港上市,並先後購入《亞洲華爾街日報》和《遠東經濟評論》。1987 年梅鐸將《南華早報》私有化,並將《亞洲華爾街日報》及《遠東經濟評論》股權售出。1990 年 4 月,《南華早報》再次在香港上市,1992 年並收購歷史悠久的《華僑日報》。到郭鶴年收購時,已是一家市值達 80 億港元的上市公司。

這次梅鐸出售《南華早報》股權,箇中原因頗為曲折。原來梅鐸收購電視廣播股權失敗後,隨即將目標轉向衛星電視,並以 5.25 億美元(折合約 41 億港元)向李嘉誠家族及和記黃埔收購和記衛星電視 64% 股權,梅鐸為籌集收購巨資,才不得不將《南華早報》售出。

郭鶴年收購《南華早報》,在香港引起空前的震動。因為郭氏已是電視廣播及電視企業的大股東,透過這次收購行動,這位華裔財閥一舉控制了英文《南華早報》、《星期日南華早報》以及中文《華僑日報》三份報紙,創下了單一財團兼有香港本地的無綫電視台與報章的先例。此外,梅鐸的新聞集團仍持有《南華早報》15.1% 股權,與轄下的衛星電視等組成了一股複雜的跨傳媒所有權關係網,對香港的傳播業將發揮重大的影響力。

不過,郭鶴年對投資香港影視傳播業的濃厚興趣遠不止於此。1996 年,他透過《南華早報》向電視企業發動敵意收購,與其老朋友邵逸夫正面交鋒,令傳媒界高度矚目。

◢ 郭鶴年透過《南華早報》全面收購電視企業 ◣◣◣

1996 年 2 月 12 日下午二時半,《南華早報》和電視企業突然在股市停牌。

當時，電視企業發言人表示，這兩家公司將進行資產轉移活動，會於短期內公佈詳情。據說，當天本來並不準備停牌，但電視企業的股價在上午突然飆升，聯交所詢問該公司管理層後，決定停止該股份買賣。這日，電視企業以每股 2.45 港元收市，比上日急升 6.2%。市場即預測將有不尋常事件發生。

果然，翌日，《南華早報》提出全面收購電視企業股權，條件是每兩股電視企業換取一股《南華早報》，並以購入不少於 50% 股權為準。當日，《南華早報》股價為每股 5.55 港元，相當於每股收購價 2.77 港元。據說，這項收購若導致嘉里集團對《南華早報》的持股量超過 35% 的全面收購觸發點，嘉里集團可能將部分《南華早報》股份配售予獨立第三者，以避免向《南華早報》股東提出全面收購。

當時，市場的一般分析認為，電視企業大股東邵氏兄弟近年頻頻出售資產套現，1995 年 8 月已將電視企業在廣播道 77 號無綫電視舊廠，以 5.6 億港元價格售予長江實業，而《南華早報》近年又積極推行多元化業務，因此是項交易最合適不過，且各取所需。

不過，稍後即有消息傳出，指是項交易事前並未知會公司主席兼大股東邵逸夫，實際上是一次敵意收購。3 月 7 日，邵逸夫出席上海實業的春茗酒會，席間被問及郭鶴年收購電視企業一事。據報道，當時的情形是 "氣功護身的六叔（邵逸夫）突然喉嚨不舒服，難以啟齒"。業內人士擔心，郭、邵之間數十年友情會否因此而破裂。

對於一向以和為貴的郭鶴年，為何兵行險着，不惜冒與邵逸夫決裂而全面收購電視企業，坊間有多種猜測。普遍的說法是郭鶴年看中電視企業所擁有的物業價值，尤其是佔地 26.6 萬平方呎的清水灣電視城。不過，另一種分析似乎更切合實際：站在郭鶴年的立場，他所持電視企業股份是源自電視廣播，成本甚低，已收取多年股息，最近又獲派特別股息 1.3 港元，若憧憬其主要物業舊無綫總部大廈，因已出售，吸引力已減。事實上，郭氏的目標主要也是投資於電視業，電視企業的股份只是衍生。

原來，郭氏所持電視廣播股權與邵氏相若，但由於沒有參與管理，故已持續減持電視廣播的股權，至 1996 年底只剩下 16.6% 股權，已有逐漸淡出電視廣播之意，何況是電視企業。

電視廣播的股份在市場上交投活躍，可以慢慢減持，但電視企業的股份則交投淡靜，甚至沒有成交，持有三成多股權，根本無法在市場出售。如果將這三成多股權售予《南華早報》，則無私顯見私，不易為股東接受。因此，以《南華早報》名義收購電視企業，是一着高招，郭鶴年本人也可將所持股權順利出售，如果邵氏兄弟決意反收購而提高收購價，郭氏有可能接受收購。或許正是基於這種考慮，郭鶴年公開表示，電視企業的收購戰，不會影響他與邵逸夫的關係。

3月13日，電視企業獨立財務顧問摩根建富發表聲明，建議股東拒絕《南華早報》的收購，並對收購建議的不合理及不公平地方逐點還擊。摩根建富指出，《南華早報》的收購建議是以一換二方式全面收購電視企業，建議提出前《南華早報》股價為 5.55 港元，電視企業則為 2.74 港元。換言之，收購價僅較電視企業股價輕微高出 1%。

摩根建富質疑，《南華早報》股價能否繼續維持在這一水平，原因是接受收購建議並收取《南華早報》股份作為代價的電視企業股東，可能會出售《南華早報》的股份套現，而《南華早報》主席郭鶴年亦可能為避免受到收購及合併守則規定強制向《南華早報》提出全面收購，而將部分《南華早報》股份配套或拋售，從而令《南華早報》股價下跌。事實上，自提出收購建議後，《南華早報》的股價已跌至每股 4.98 港元，即收購價跌至每股 2.49 港元，較電視企業股價折讓 6%。

摩根建富並指出，截至 1996 年 2 月 29 日，電視企業的每股資產淨值為 3.31 港元，而《南華早報》提出的收購價較上述每股資產淨值折讓 20%。如果股東接受收購建議，估計只可攤佔電視企業資產淨值的 90%，而並非《南華早報》通知所指的 167.6%。

摩根建富更指出，電視企業以中文出版業務為主，而《南華早報》則以英文報章為主，兩者業務並沒有協同關係。相反，電視企業與電視廣播及邵氏兄弟卻有很強的協同作用，如果《南華早報》收購成功，將因為這些協同關係的消失而對電視企業產生負面影響。事實上，電視企業與電視廣播、邵氏兄弟在娛樂傳播方面有着千絲萬縷的關係。若電視企業分裂出來，其業務所受影響難以估計。

摩根建富的報告發表後，邵氏兄弟隨即宣佈不接納是項收購建議。此外，電視企業的一些主要股東，包括利孝和夫人、利榮森、方逸華、Louis Pace 等亦相繼表示不會接受收購建議。至此，電視企業的收購陷於膠着狀態，《南華早報》要成功收購電視企業，必須提高收購價。然而，《南華早報》公司秘書表示，目前暫無意調高收購代價。

▲ 邵逸夫反擊，旨在討價還價 ◢◢◢

3 月 14 日，邵逸夫部署反擊行動，透過邵氏兄弟宣佈電視企業作反收購，每股的收購價是現金 2.55 港元，涉及資金 6.97 億港元。當時，邵氏兄弟持有電視企業 34.64% 股權，與郭鶴年可說旗鼓相當。

表面看來，邵氏提出的反收購價低於《南華早報》的收購價，但其時《南華早報》的股價已跌至每股 5 港元，如果按一換二計算，《南華早報》對電視企業的收購價已降低至每股 2.5 港元，數目上已不如邵氏，而且邵氏是以現金收購，方便小股東出售套現，優勝於《南華早報》的以股換股方式。

有人認為，邵氏的反收購，主要是面子攸關。站在邵逸夫的立場，管理了十多年的公司，在未獲知會的情況下遭到敵意收購，自然吞不下這口氣，而郭氏以換股方式收購，無法套現資金，不為市場所喜，邵氏的反收購，主要是擔心郭氏的收購 "打亂了整系的一連串部署"。當時，就有證券界認為，邵逸夫年事已高，今年頻頻出售旗下公司資產，退隱江湖是遲早的事，從過往的部署看，邵逸夫原本有意將郭氏兄弟所持電視廣播股權減至最低，但電視廣播市值龐大，買家難找。邵逸夫於是在控股公司邵氏兄弟上動主意，試圖減持邵氏兄弟股權，變相減持電視廣播股權。但郭鶴年向電視廣播的關聯公司出手，多少令這個如意算盤出了枝節，亦迫得邵氏不得不應招。

不過，從邵氏兄弟提出的收購價看，實際上並不吸引，出價相當保守，顯然邵氏反收購的誠意存在疑問。證券界就有人認為，邵氏此舉，旨在討價還價，出招逼《南華早報》提高收購價或以現金收購，如果收購價合理，不排除邵氏出售電視企業股權的可能。

事實上，近年來邵氏已持續減持旗下公司資產，例如將邵氏投資物業及戲院售予邵逸夫，然後分派紅利，將電視企業所持廣播道 77 號物業售予長江實業等，均屬套現行動。因此，反收購實際是討價還價行動，一旦價格適合，有可能售股套現。

3 月 15 日，郭鶴年出席香格里拉（亞洲）的銀團貸款簽約儀式，記者對邵氏的反收購向郭窮追猛打不放，郭鶴年則三緘其口，拒絕表態。他僅表示，近期沒有與邵逸夫接觸，但並沒有影響兩人的關係。同日，《南華早報》召開特別股東大會，投票通過接納收購電視企業的建議。

郭、邵兩人就爭奪電視企業正面交鋒，會否反目成仇，當時就有評論認為："雖然郭鶴年和邵逸夫均表示電視企業收購戰，不會影響雙方的關係，但二龍奪珠的敵意收購攻防戰，很難有雙贏的局面，既然有勝負兼涉及重大利益，收購告一段落之後，郭、邵二人能做到面和心不和，功力已是很高境界，因為敵意收購總是傷害感情的遊戲。"

◢ 雙贏之局 ◢◢◢

然而，這次收購戰事的發展，事實上卻向着雙贏的局面演進。3 月 20 日，《南華早報》發表聲明，表示原來以每兩股電企換一股《南華早報》的收購建議，由於只有郭鶴年家族持有的 34.95% 電視企業股權接納，未能成為無條件，因此作廢。《南華早報》並表示，已根據財政顧問實源投資的建議，提出新的收購建議，將收購價提高到每 20 股電企股份換 11 股《南華早報》股份，或選擇電企股份每股可得現金 2.75 港元。

《南華早報》指出，以《南華早報》3 月 20 日停牌收市價 5.2 港元計算，《南華早報》新提出的股份收購建議等於每股電企值 2.96 港元，比邵氏的高出 12.21%，而《南華早報》的每股 2.75 港元現金收購價，也比邵氏的高出 7.8%。《南華早報》還指出，雖然寄給電視企業股東回應文件，計算電視企業的商業價值為每股 3.19 港元，而經調整綜合資產淨值為每股 3.31 港元，但邵氏提出每股 2.55 港元的反收購價，均較兩種資產值計算明顯偏低。它並相信《南華早報》收購電企將產生協同效益。

《南華早報》提高收購價後，當時有輿論認為，郭鶴年已扭轉邵氏提出反收購後的被動地位，並認為邵氏極有可能進一步提高收購價反擊，則郭鶴年可以從容趁高套現。一份報刊以《郭鶴年——最大的得益者》為題發表評論指出，邵氏極有可能提高收購價，這樣郭鶴年可將股權出售套現約 4.11 億港元。若邵氏不反擊，郭鶴年亦可將股權售予《南華早報》，也同樣可套現約 4.1 億港元。該文最後認為："今次電視企業收購戰，最終受益人是郭鶴年及小股東，而輸家，則是……"

然而，形勢的發展，邵逸夫亦並非輸家。3 月 29 日，邵氏兄弟突然出人意料地表示，不會發出收購電視企業建議，而所持電視企業股份 30.3% 以及相關人士的 4.68%，已接受《南華早報》提高條件的收購，並選擇現金收購。

由於邵氏接受收購，加上郭鶴年所持股份，是次收購實際上大局已定。4 月 12 日，《南華早報》宣佈，已收到接納收購的電視企業股份共達 98.47%。一場全港矚目的收購戰，就此戛然落幕。

這次收購戰，實際上出現了雙贏的局面，尤其是對電視企業的兩大股東來說。就邵逸夫方面，因年事已高，後輩亦似乎無心繼承，早已在部署淡出江湖。是次收購戰，無非是加速了這種部署的步伐。邵氏提出反收購，實際目的在於討價還價，價格一旦合理，就接受收購套現。郭鶴年相信亦深明邵逸夫之意，故增加現金收購一種選擇。是役，邵逸夫及邵氏兄弟共套現約 4.5 億港元。

至於郭鶴年，他及其家族在是次收購中，亦將所持電視企業約 34.9% 股權售予《南華早報》，套現約 4.5 億港元。邵氏的收購，實際上為他提高收購價提供了理由，使他能在更高位套現。難怪《南華早報》小股東對此頗有微言，認為《南華早報》收購電視，只是大股東的發展策略，而《南華早報》成功收購電企後，其股價隨即急跌近一成，徒令小股東受損。

《南華早報》收購電企後，最大的得益是獲得清水灣電視城這塊極具發展潛力的地皮。該地皮佔地 26.5 萬平方呎，現時以月租 500 多萬港元租予電視廣播製片廠及辦公室之用，租約將於 2000 年屆滿，而電視廣播有權續租三年，即至 2003 年。到時，《南華早報》可能收回改建其他用途物業，將會給集團帶來不菲的利潤。

郭鶴年收購電視企業後，同年安排旗下經營地產物業的嘉里建設在香港上市，令集團在香港的上市公司增加到三家，包括香格里拉（亞洲）、《南華早報》及嘉里建設。1996 年底，郭鶴年控制的三家上市公司市值高達 530.8 億港元，一舉躋身香港十大上市財閥之列，成為香港商界舉足輕重兼有影響力的地產、酒店、影視傳播業三料大亨。

這場收購戰，涉及兩位巨富兼多年老朋友的利益和關係，其中相信蘊含着相當高的智慧和技巧，相信兩人的關係並不會因此而決裂。

24

時移勢易 港龍航空爭奪戰

從 20 世紀 80 年代中到 90 年代中，圍繞着港龍航空的控制權，一場並無刀光劍影的爭奪戰持續了整整十年之久。

港龍航空創辦之初，即以其中資背景向長期壟斷香港航權的國泰航空提出挑戰，但在港府有關資本結構的規定以及 "一條航綫、一家航空公司" 政策的掣肘下，港龍舉步維艱、困難重重，被迫一再資本重組，就連船王包玉剛入主仍無濟於事，終於將管理權拱手讓予國泰，成為後者的子公司。

90 年代中以後，時移勢易，國泰航空的地位再次受到挑戰，這次是背景更深厚的香港中航。國泰在內外交困之下，幾經權衡，以退為進，將港龍航空控制權售予中航。

任何收購兼併，都需特定政治、經濟條件的配合才能成功，港龍航空爭奪戰，透徹說明箇中道理。

港龍航空有限公司創辦於 1985 年 5 月 24 日，當時註冊資本 1 億港元，屬港澳國際投資有限公司的全資附屬公司。

港澳國際則成立於 1985 年 3 月，股東包括曹光彪、包玉剛、李嘉誠、霍英東、安子介、馮秉芬、馬萬祺等 31 位港澳著名商人以及中國銀行、華潤公司、招商局等中資機構，其中，據說中國銀行持有 22% 股權，而華潤和招商局則共持有另外 30% 股權。很明顯，港澳國際具有極濃厚的中資色彩。

港澳國際成立後，即召開董事局會議，決定創辦港龍航空公司，由牽頭創辦的毛紡商人曹光彪出任董事長。當時，曹光彪曾公開表示，創辦港龍航空的意念，來自中英關於香港問題的《聯合聲明》中有關香港民航事業的條文。

聯合聲明附件一第九條規定：＂香港特別行政區將保持香港作為國際和區域航空中心的地位。在香港註冊並以香港為主要經營產地的航空公司和與民用航空有關的行業可繼續經營。香港特別行政區繼續沿用原在香港實行的民用航空管理制度，……香港特別行政區自行負責民用航空的日常業務和技術管理……＂

根據條文精神，在未來香港特別行政區的管理下，航空公司的本地色彩極為重要，曹光彪等人顯然看準這一點，希望創辦一家有中資背景的華資本地公司，與長期壟斷香港民航業的英資公司國泰航空展開競爭。

而當時，由於中國已實行對外開放政策，香港與內地的航空交通出現繁忙擠迫的現象，尤其是香港—北京、香港—上海的航綫相當緊張，旅客往往無法如願地買到機票，有時須繞道其他城市。因此，成立一家航空公司，以加強香港與內地各大城市的航空運輸，亦實屬必要。

不過，港龍航空的創辦及其背景，立即引起了國泰航空公司及港英政府的高度重視。同年 7 月，市場即有傳聞說港英政府將指定國泰航空為唯一代表香港的航空公司，後經港龍航空向港府交涉，提出強烈抗議，港英政府否認有關傳聞。當時，敏感的香港輿論已指出：港龍航空由於中資色彩濃厚，所以其創辦將被視為 1997 年後香港特別行政區爭取航空權的先聲，以使英國政府逐步讓香港獲得更多對外訂定航空協議的自主權。

港龍航空創辦後，隨即組成一隊機組人員，租賃了一架波音 737 客機，向香港空運牌照局申請營業證書，以及開辦來往香港和北京、上海等八個內地城市的定期包機服務；與此同時，又與中國民航局展開有關包機服務的磋商。

　　然而，7月9日，香港政府民航處突然頒佈新條例，規定凡以香港為基地的航空公司，在與外國民航機構商討空運服務前，須事先取得民航處的同意。該條例於7月26日生效。而在此之前，港龍航空的代表已與中國民航商妥包機事宜。新條例生效當日，民航處即向港龍航空發出一封措詞強硬的信函，警告港龍必須服從新例，不得擅自與中國民航接觸，否則將不獲民航處批准經營包機。該信函還勸喻港龍放棄爭取北京、上海兩地的包機服務，以換取民航處對港龍經營中國內地其他大城市包機服務的支持。

　　8月17日，香港民航處拒絕港龍關於開辦港京、港滬航綫包機服務的申請。據港龍航空透露，民航處的理由主要有三點：其一，經營港京及港滬兩條航綫的執照，已發給國泰航空；其二，在中英航空協定談判前，批准港龍開辦往中國的包機服務，將會使談判複雜化；其三，民航處事前未原則批准港龍航空與中國民航展開有關包機的磋商。

　　當時，港龍航空隨即召開記者招待會，指港英政府偏幫國泰航空，並去信港督抗議。港龍航空行政總裁表示，港府一向強調會以不偏不倚的態度對待各家航空公司，但今次卻因國泰航空已有該等航綫的牌照為理由，拒絕其他公司的包機申請。

　　這時，國泰航空亦發表聲明，駁斥港龍航空的論點，反對港龍航空關於航行內地定期班機的申請，並聲稱自己是一家港府指定的航空公司。其後，民航處以港龍航空的飛機類型問題，撤銷港龍7月份八條香港與內地定期班機的申請。中國民航局亦通知國泰航空，取消該公司兩班新增的港京包機服務，事件的政治意味加深。自此，國泰航空再沒有公開發表言論。

　　這時，港龍航空又面對新的難題。9月9日，香港民航處致函港龍，認為中國不單在中英航空協定中享用中方的利益，同時透過港龍股本的中資成份，企圖攝取英方的利益。而在此之前，民航處亦要求港龍航空提供大多數由英籍人士所擁有和控制的證明，以便取得中英航空協定下代表英方的指定航空公司的資格。

　　在民航處步步進逼下，港龍航空被迫資本重組，將公司資本從1億港元增至2億港元，分別由已取得英籍的包玉剛和曹光彪之子曹其鏞注資，包玉剛取得港龍航空 30.2% 股權，成為大股東，並出任該公司董事長；曹氏家族則持有港龍 24.7% 股權，成為第二大股東，而港澳國際所持股權則減至 24.99%，其餘 20.11% 股權由其他少數股東擁有。同年 11 月，港龍並邀請當時的行政局首席非官方議員鍾士元加入董事局。此舉反映了港龍加強實力和聲望的決心。

經過這次重組，港龍航空已成為由大多數英籍人士持有和控制的 "以香港為基地" 的航空公司，取得了與國泰航空同等經營定期航班的資格。

◢ 港龍航空遭掣肘起步維艱 ◢◢◢

港龍航空的成功改組，使國泰航空的壟斷局面受到威脅。11 月 20 日，香港政府財政司彭勵治匆匆在立法局宣佈新的航空政策，規定一條航綫只可指定一家航空公司經營，而先獲得空運牌照局發牌的一家，將擁有指定經營的資格。

港英政府這一新航空政策，暴露了其偏袒國泰航空的明顯傾向。由於利潤高、容量大的航綫早已由國泰航空經營，這一政策實際上使到港龍航空無法與國泰航空在同一航綫上競爭，被迫去經營一些利潤低甚至虧損的航綫。彭勵治本人在出任港府財政司之前，曾任國泰航空及其控股公司太古洋行董事局主席多年，1986年退休後返回英國，再出任英國太古集團的董事。

然而，儘管困難重重，港龍航空經重組後開始起步發展。1985 年 12 月，空運牌照局公開聆訊港龍的申請。經過努力爭取後，港龍獲頒經營香港至西安、廈門、杭州、海口、湛江、南京、桂林、廣州等航綫的牌照，但關於港京、港滬航綫的申請則被拒絕。

1986 年 5 月，港龍航空為了拓展新航綫，減少虧損程度，申請經營香港至泰國清邁等四個城市的定期航班牌照，獲得批准。同月，港龍再成功申請香港至內地 14 個大城市的定期航班，包括成都、重慶、大連、福州、哈爾濱、濟南、昆明、拉薩、南寧、寧波、天津、武漢、鄭州、汕頭等。國泰航空的廣體波音客機機隊只適合較長程飛行，對於這些靠近香港的城市，不大適用，亦是港龍順利取得這些航綫的原因之一。

不過，港龍航空在拓展業務時仍然遭遇到極大的困難。旅客數目最多的港京、港滬定期航班，因已由國泰航空經營，港龍無法染指。1987 年 8 月，港龍雖成功獲空運牌照局批出京滬定期航班牌照，但在向港英政府申請批准及由中英政府民航談判有關事宜時卻沒有結果。

及至 1988 年 9 月，港龍航空才獲准開辦港京、港滬航綫的不定期班機服務。因為屬包機服務，既不准作廣告宣傳，也不得直接向乘客售票，更不能在京、滬兩地設立辦事處，每個月還須向港府申請一次才能繼續經營。最要命的是，根據香港民航條例，包機不准在繁忙時間升降。因此，港龍的實際獲益不大。

港龍在國際航綫的開拓方面亦困難重重。1986 年，港龍申請開辦香港至倫敦的航班，又遭到國泰航空的強烈反對。國泰表示，香港至倫敦的航綫已有英國航空、英國金獅及國泰航空三家航空公司提供服務，該航綫近年乘客增長接近於零，故無須一家新航空公司加入，否則徒使市場混亂，票價下降，令現有航空公司收入減少，而且也不會刺激市場，增加乘客量。結果，港英政府以港龍航空未有足夠提供長程及新服務設施為理由，拒絕了港龍的申請。

為此，作為港龍航空創辦人的曹光彪多次公開抨擊港英政府，他表示："香港政府竭力反對國際保護主義，並派人到歐美遊說，要歐美開放市場，但在香港航空政策上卻構築保護主義堡壘，這豈不是莫大的諷刺？國泰既不是香港的公司，也沒有向港府交納專項壟斷稅，如此保護國泰利益，實際上是保護英國利益不遺餘力，而不惜用港府政策的名義。"

港龍航空董事長包玉剛表示："不要以為我現在只為港龍爭利益，這也不僅是航空公司之間的衝突。一條航綫只准一家公司經營的政策，造成壟斷而不公平，有違本港工商業以至香港長期遵循的自由經濟哲學。實在極不光彩，後患無窮！"

然而，抨擊歸抨擊，港英政府的航空政策並未因此而改變，港龍航空的困境亦未因此得到改善。每年 1 月份，各股東都要向港龍注資以維持局面。至 1987 年，港龍的資本已增至 4 億港元，到 1988 年 4 月更增至 6 億港元。當時，港龍副董事長曹光彪曾公開表示，港龍每月的虧損額高達 500 萬港元。

到 1989 年底，港龍航空的虧損累積達到 23 億港元，大股東漸感無力支撐，遂萌退意。這種形勢，為國泰航空入主港龍，提供了契機。

◢ 國泰航空接管港龍航空管理權 ◣◣◣

二次大戰以後的數十年來，香港的航空業務主要由英資航空公司提供，最早是英國航空公司，繼而是國泰航空，英國金獅亦於 1979 年進軍香港。然而，三家航空公司中，只有國泰航空是以香港為基地並在香港註冊，該公司亦以"政府指定之航空公司"自居。事實上，國泰航空壟斷了由香港飛往世界各地的大部分航綫。

國泰航空創辦於 1946 年 9 月，1948 年 7 月被英資太古集團取得控制權。及至國泰航空在香港上市前，它的兩大股東分別是太古洋行和滙豐銀行，各持有國泰 70% 和 30% 股權。由於英資的背景，國泰航空得到港英政府的全力支持，儼然成為代表香港的航空公司，享有航空的專利權，自然鴻圖大展，業務發展一日千里。

到 80 年代中期，國泰航空已建立起以香港為基地的全球性航空網絡，其航綫已伸延至亞洲、中東、英國、歐洲以及北美的 28 個主要城市。國泰航空旗下的機隊包括波音 747 客機、洛歇 L1011 客機、洛歇三星客機，共擁有逾 20 架廣體客機，每星期有 400 多班航機飛往世界各地，已躋身主要國際航空公司之列。國泰航空在香港航空業的壟斷地位為太古集團帶來相當可觀的利潤。根據 1984 年度太古洋行的年報，該年度國泰航空的機隊服務收益就高達 68.2 億港元，當年共計運載 360 萬名乘客，運載貨物達 4.58 億貨運噸里數。

港龍航空的創辦，明顯是要挑戰國泰在香港的壟斷地位。尤其是聯合聲明附件一第九條的規定，對港龍航空極為有利，而國泰航空則因其英資背景而處於被動局面。根據聯合聲明的規定，港龍有可能在 1997 年香港回歸中國後取代國泰的地位。

為此，太古集團隨即展開連串部署。1986 年 4 月，即港龍航空成立將近一周年之際，太古宣佈將國泰航空在香港上市，以加強其香港公司的形象。國泰航空在招股書中申明，此舉將令國泰與香港更密切，並使國泰在處理香港的國際航空事務上更加生動，獲得更直接的裨益。

1987 年 2 月，太古更邀得香港中信集團加盟，以 23 億港元價格向香港中信出售國泰航空 12.5% 股權。交易完成後，太古洋行的持股量減至 51.8%，滙豐銀行減至 16.6%，香港中信成為國泰第三大股東。香港中信的榮智健及另一高層人員加入國泰董事局。經此交易，國泰與港龍的形勢出現微妙變化。

到 1989 年，港龍航空的處境日漸困難，國泰航空眼看時機已到，遂展開收購部署。首先找到港龍董事長包玉剛，提出換股建議，使港龍航空成為國泰的全資附屬公司，作為交換條件，包玉剛加入國泰董事局，並出任副董事長。

如果從純商業角度考慮，國泰航空的這項建議對包玉剛來說極具吸引力，但包氏並未立即答允。他曾徵求有關方面的意見，得到的答覆是建議他考慮中國民航的反應。包玉剛立即表示放棄與國泰的換股。很明顯，包玉剛這麼乾脆地作出了這個 "非商業性的選擇"，是囿於政治方面的考慮。

1989 年 9 月，港龍航空宣佈，包玉剛因年齡關係辭退董事局主席職位，由其女婿、原任常務董事兼行政總裁蘇海文接替。這實際上是包氏家族淡出港龍的先聲。果然，同年 11 月，包氏宣佈出售所持港龍航空 37.8% 股權予曹其鏞，蘇海文亦同時辭退董事局主席兼行政總裁職務。蘇海文並表示，包氏家族出售所持港龍股份，純屬商業決定，與政治因素無關。無論如何，投資港龍航空成為包玉剛一次不愉快的經歷。他曾表示："我平生只做了兩件失敗的事，一是投資渣打，二是港龍。"

包氏家族的淡出，實際上為國泰航空及香港中信入股港龍鋪平道路。稍後，香港中信從港澳國際購入全部所持 26.6% 港龍航空股權。而港澳國際亦早已於 1988 年 4 月成為完全的中資公司。至此，港龍航空的三大股東已去其二。

1990 年 1 月 17 日，港龍航空再次實行資本重組，註冊資本增加到 8 億港元。經過重組，太古洋行和國泰航空分別持有港龍航空 5% 和 30% 股權，香港中信的持股量亦增加到 38.3%，而曹氏家族的持股量則降至 21.6%。

重組後，國泰航空以第二大股東身份接管港龍航空的管理權，國泰兩名要員加入港龍董事局並分別負責財務及營運職責。國泰並將其經營的港京、港滬兩條航綫轉撥港龍，將港龍定位為專營內地航綫的香港航空公司。這樣，港龍航空實際上成為國泰航空的子公司，國泰航空成功鞏固了它在香港航空業的霸主地位。

當時，港英政府對港龍的股權重組表示歡迎，認為將令港龍獲得更佳的管理，兩家公司合作，開拓新市場，對香港有利，並使中英的民航談判較前簡單。

國泰接管港龍後，即成立一個執行委員會去監管港龍航空，並把它納入自己的工程、會計和預定系統。在國泰的管理及香港中信集團的協助下，港龍航空的業務逐步走入軌道，並開始極速發展。港龍除經營內地 14 條航綫外，還開辦了亞洲 7 條航綫，平均每日有 15 班客機離境。1992 年，港龍航空首次轉虧為盈。

1993 年，港龍航空的載客量達到 126 萬人次，比 1992 年大幅增長 34%，其中八九成是內地業務。香港中信對港龍的振興也發揮了作用，僅 1993 年，港龍的內地港空運載量就增加了 50%，這主要歸功於該集團的內地網絡。

1994 年 3 月，港龍航空向怡和及國泰航空收購了國際港空服務有限公司其餘 70% 股權，該公司是香港啟德機場內三家提供地勤服務公司之一，其業務一半以上來自港龍。港龍表示，收購該公司最重要的原因並不是要增加贏利來源，而是希望能對該公司的服務質素有更大的控制權，並改善顧客對港龍的整體印象。

到 90 年代初中期，港龍的發展勢頭超過了國泰航空。當時就有分析家認為：事實上，未來港龍航空肯定趕得上國泰，無須在其他市場開闢新航綫，這是不容置疑的。摩根士丹利的一位分析員更稱："中國屬於港龍" "香港是通向中國的門戶"。

不過，就在港龍航空業務發展漸入佳境之際，港龍航空的爭奪戰再次爆發。這次國泰航空面對的對手，是背景更加深厚的香港中航。

◤ 香港中航覬覦港龍航空 ◢◢◢

香港中航全名中國航空（香港）有限公司，是中國航空公司的附屬公司。其實，1995 年初，香港中航決意染指香港航空市場的意圖已露端倪，當時，香港中航已擁有數架波音 747 客機及數名機師和工程人員，並成功向國泰航空挖角，聘得國泰及港龍高層管理人員 Lew Roberts 出任中航航綫經理。同年 4 月，香港中航突然向港英政府申請航空營運牌照。

面對這一突變的形勢，太古洋行及國泰航空主席薩秉達隨即展開反擊，他公開表示，香港中航的母公司是中國內地的航空公司，不符合中英聯合聲明的要求；

聯合聲明指明本地航空公司牌照只發給以香港為主要營運地的公司。如果中航有權申辦本地航空權，則其他外國航空公司一樣有權照做。

薩秉達這番話除了是向港府抗議之外，也明顯是對國泰航空的投資者派發定心丸。當時香港中航申請開辦航空牌的消息曝光後，國泰航空及太古洋行的股價雙雙下跌。不過，當時市場人士分析，香港中航與國泰航空競爭香港現有航綫在商業上並不合理，其舉動可能是想進一步逼迫太古減持國泰股權，或者取得港龍航空的股權。

對於太古的抗議，香港中航的回應是：香港中航早已是香港的航空公司，目前的做法只是恢復原有的業務。中航創辦於 1929 年 5 月 1 日，翌年 7 月 8 日正式定名為中國航空公司。抗日戰爭爆發後，中航幾經遷徙，逐步將機務和航空轉移到香港。1947 年底，中航已開設以上海和香港為中心的國內外航綫 39 條，在香港註冊的飛機數十架。1949 年 11 月 9 日，中國航空公司和中央航空公司的數千名員工在香港舉行了震驚中外的“兩航起義”，將 12 架飛機駛返內地，奠定了中國民航事業的基礎。1949 年 6 月 7 日，中航曾以中航香港辦事處的名義在香港註冊，可見中航在香港確已有悠久的歷史。

當時，中航公關部發言人馬東方公開表示，中航向來以發展和建設香港為己任，遠的不說，就說自 1978 年恢復內地至香港的銷售業務和飛機維修業務以來，對香港的航空業發展保持着極大的熱情，每年為數百萬計的港內外旅客提供運輸服務，最近又參與了赤鱲角新機場的倉儲、貨運、供油、配餐、飛機維修、航空保安，機坪和地面代理等七個項目的競標。1992 年，中航還斥資 16.9 億港元購入國泰航空 5% 股權。

馬東方表示，中航在香港曾有過相當大的規模，早在 1947 年，中航就有 71 架飛機在香港註冊飛行，並有 39 條港內外航綫、4700 多名員工，後來因歷史原因暫停。現在中航重返藍天，會更加有利於香港的繁榮與穩定。正是出於這種原因，決定恢復中航的實體，這也是歷史發展的必然，勢在必行。

1995 年 10 月，香港民航處處長表示，香港中航將可於 1996 年取得航空營運牌照。這實際上使香港中航參與香港航空業的努力邁進了重要的一步。香港評論認為，市場早已覺察到中航對國泰存在的威脅，只不過沒有意想到挑戰會如此早來臨。

很明顯，如果香港中航能符合聯合聲明的規定，成為一家"以香港為主要營業地"的航空公司，1997年後可能將成為國泰強而有力的競爭對手。屆時，失去港英政府庇護的香港"一條航綫、一家航空公司"的政策將可能發生動搖，國泰航空能否繼續維持其原有的專營權將成為疑問。

國泰航空雖然公開表示強烈反對中航在香港成立基地，可惜其時英國勢力在香港已近落日黃昏，影響力漸失，國泰在微弱援助的情勢下，惟有透過其股東之一的香港中信與中方斡旋。然而，這時國泰與香港中信的關係亦出現麻煩。

1995年9月，中信泰富宣佈配售國泰航空股份，套現8.14億港元，將持股量從12.5%減至10%。其後，兩集團高層更罕有地在報刊上正面交鋒。2月，國泰航空董事總經理艾廷俊在出席"宇航論壇"時表示，基於航空業正處於調整期的壓力，相信香港只能容納一家國際性的航空公司。翌日，中信泰富董事總經理范鴻齡立即反駁艾廷俊的說法不切實際。范表示：國泰航空應接受壟斷局面已經結束的現實，如果香港中航符合有關規定，應有權在香港成立航空公司，與國泰及港龍競爭。稍後，中信泰富主席榮智健亦公開表示：任何行業都需引入競爭，航空和電訊業都不例外，香港應可容納兩至三家航空公司。

作為國泰航空的第二大股東，中信泰富高層人員的聲明即時引起軒然大波。市場揣測國泰兩大股東是否出現"內訌"。1996年3月，中信泰富主席榮智健和董事總經理范鴻齡突然雙雙辭去國泰航空非執行董事，代之以級別稍低的管理人員。事態的發展令國泰航空一時孤掌難鳴。

正是在這種形勢比人強的背景下，國泰開始考慮以出售港龍股權來保護自己的航權，繼續維持原有的既得利益。

◢ 國泰"棄車保帥"售港龍股權 ◣◣◣

1995年底，國泰航空開始考慮出售港龍航空股權予香港中航的問題，希望藉此阻止香港中航成為本地第三家航空公司。

初期，太古和國泰表示願意出售 6% 的港龍航空，港龍航空的其餘兩位股東中信泰富和曹光彪家族則均表示無意減持港龍股權；而中航則有意向太古購入一成港龍航空股權，事件一度處於膠着狀態。

這時，港龍航空的困難開始出現了。自 1995 年上半年獲准開辦寧波航綫之後，港龍再沒有增加新航綫，申請開辦香港至青島及武漢的航綫，則遲遲未獲批准。當時，港龍航空正籌備在香港上市，不過，中國民航總局港澳台辦公室主任馬曉文就表示，港龍目前是國泰系內公司，且由國泰管理，在港府一條航綫由一家公司經營的政策下，港龍往往只能經營一些國泰選擇不經營的航綫，這在航權分配上有衝突；港龍若要成為上市公司，便需成為獨立法人。

1996 年初，市場一度傳出香港中航擬放棄收購港龍航空股權的計劃，準備另起爐灶，全面參與香港航空業。中航副總經理就表示，香港是中國的一部分，因此自然地中國希望在香港成立中國擁有的航空公司。他還表示，中航期望獲得營運牌照，可以開設一些現時由國泰航空獨家經營的國際航綫，包括贏利能力較強的中國大陸及台灣航綫。

對於港台航綫，中國民航總局港澳台辦公室主任馬曉文說得更清楚：1997 年以後，港台航空屬於一箇中國、兩個地區的特殊航綫，所有領空、航權都屬於中國，中國航空公司理應加入營運，而不應由外國人全部壟斷。他又表示，這不意味中方要把國泰航空從港台航綫中擠出去。他並讚許澳門航空公司兼顧三方利益的模式：澳門航空由葡萄牙、澳門商人和中方共同參與，各方利益都整合好了，再談航約，既有權威性，利益也易一致。馬曉文表示，香港沒有這種整合，利益完全操在國泰手中，因此希望能向澳門航空看齊。這實際是向國泰航空傳達了一個明確的信息。

在形勢比人強的情況下，太古集團終於下定決心作出讓步。1996 年 4 月 29 日，太古及國泰宣佈，將與中信泰富攜手以低於市場預期的價格，將 35.8% 的港龍航空股權出售予中航，總作價 19.72 億港元，其中，太古、國泰一方和中信泰富一方各售出 17.66% 股權，雙方分別套現 9.71 億港元。出售完成後，中航將成為港龍航空的最大單一股東，若計算第二大股東中信泰富所持有 28.5% 股權，中資背景財團持有港龍股權將超過六成，而太古及國泰所持港龍股權將減至 25.5%。

根據交易協議，中航將按股權比例，委任代表進入港龍的董事局及執行委員會，國泰航空和港龍航空將訂立新的合約協議，以取代現有的合作協議，使港龍航空能儘快順利過渡為獨立的班子管理。中航將透過港龍航空在香港發展其航空業務，中航現有的航機、支援人員將轉移到港龍。換言之，中航以七倍多市盈率的低價取得港龍的控制權，但暫時放棄了與國泰航空全面競爭的機會。

　　與此同時，國泰亦與中信泰富達成一項協議，中信泰富將認購 5.72 億股國泰新股，每股作價 11 港元，使所持國泰股權從 10% 增加到 25%，中信泰富雖然喪失港龍航空的大股東地位，但將委派四名董事加入國泰董事局，其中兩名加入國泰執行委員會。這種安排無疑大大加強了中信對國泰的影響力。

　　香港輿論指出，表面上，太古是輸家，因為它在國泰及港龍的股權都下降了，但 "懷璧其罪"，太古作為一家英資公司，在香港航綫上擁有特權，九七後中國主權下的香港特區政府不會再維護它的利益；太古若要繼續享有航權壟斷地位的利益，最為有效的方法莫如將有力的競爭對手納入同一陣營，這等於付保險費購得政治保險。因此，太古的策略明顯是 "棄車保帥"。

　　無論如何，太古及國泰航空在這一回合確實失去了港龍航空的控制權。1996年 6 月 10 日，香港中航董事長王貴祥、總經理姚紹先及副總經理曾慶光加入港龍董事局，姚紹先及曾慶光並加入港龍執行委員會。一場長達十年的港龍爭奪戰，至此算是基本結束。

25

峰迴路轉 置地二十年攻防戰

置地號稱香港地產"皇冠上的明珠",誰擁有置地,誰才能稱為地產界的"王中之王"。

20 世紀 80 年代初,華資大亨在先後鯨吞和黃、九龍倉之後,即將覬覦目標指向置地。為保護控制權,置地與怡和組成股權互控的"連環船",令對手難越雷池一步。然而,在其後的地產崩潰中,怡置互控變成相互拖累,陷入危城苦守困局,並觸發權力鬥爭。

80 年代中,怡置架構重組,相互脫鈎,再次觸發空前的收購戰。華資大亨不惜與洋行大班公開攤牌。正當萬眾拭目以待之際,收購戰竟意外戛然而止,雙方並簽下"七年之約"。怡置獲得喘息的時間,作出連串部署,甚而不惜全面撤離香港股市,遠避海外。不過,戰事並未就此結束⋯⋯

是役,攻防雙方鬥耐力、鬥智謀、鬥膽色、鬥財勢。構成一場持續近 20 年的置地攻防戰。戰事的峰迴路轉、戰情的撲朔迷離,堪稱香港收購兼併經典中的經典。

20 世紀 70 年代末 80 年代初，香港的英資、華資勢力平衡正發生微妙變化，天平開始向新興華商傾斜。其間，李嘉誠成功向滙豐銀行購入和記黃埔股權並入主和黃董事局，包玉剛亦從怡和集團手中奪得九龍倉控制權。這些令 "人心振奮" 的事件，激起了華資大亨收購資產龐大的英資公司的野心，其中，以怡和旗下的置地公司所受的威脅最大。

置地對華資大亨的誘惑無疑是巨大的，它是香港歷史最悠久的地產公司，在香港經濟的心臟中環商業區的黃金地段，擁有一個龐大的高級商業大廈的投資組合，被譽為香港地產 "皇冠上的明珠"。正如置地在其宣傳廣告中所說："沒有置地，香港維多利亞的海景將迥然不同。" 誰控制了置地，誰才可稱為香港地產界的 "王中之王"。

◢ 置地首遭華資大亨的覬覦 ◢◢◢

就在九龍倉被包玉剛強行收購之後的一段時間內，市場上有關華資大亨收購置地的傳言甚囂塵上，一種說法是李嘉誠正在市場上大手吸納置地股票，另一種說法是李嘉誠正與包玉剛聯手挑戰置地，甚至宣稱華資大戶將直接收購市值僅四十多億港元的怡和，透過怡和控制置地。種種傳聞，不一而足。

當時，怡和及置地確實形勢不妙。20 世紀 70 年代初中期，怡和由於對香港這一 "借來的時空" 深存戒心，看淡香港經濟前景，遂大肆向海外投資，先後收購了美國夏威夷的戴維思公司、英國的怡仁置業、南非的雷里斯以及利比里亞的中東運輸及貿易公司等，結果泥足深陷。及至 80 年代初，怡和仍在海外的經營中苦苦掙扎，贏利裹足不前。其時，怡和及置地的控制權均十分脆弱，大股東凱瑟克家族僅持有怡和約 10% 股權，而怡和及其附屬的怡和證券公司亦僅持有置地 20% 左右股權，形勢危急。

正是在這種情形下，1980 年 6 月置地與包玉剛爆發的九龍倉增購戰中，置地被迫 "含笑斷腕"，第一時間拋售九龍倉約 1010 萬股股票，套現約 10 億港元，部署保護置地控制權的計劃。

正如事後怡和主席紐璧堅為其任內丟失九龍倉辯護時所說："整個形勢都變了……華商從 70 年代起就愈來愈強大。這就像當年美國扶植日本，突然一天發現，原來抱在懷裏的嬰兒是一隻老虎。人們總是揪住九龍倉不放，而不睜眼看看對手是嬰兒還是老虎。如果一個人胳膊被老虎咬住，不管這隻手是在顫抖，還是在掙扎，都會被咬斷或咬傷。聰明的人是不必再計較已經失掉的手，而是考慮如何保全另一隻手。"

因此，早在九龍倉增購戰期間，怡和主席紐璧堅實際上已在考慮如何保護他的另一隻手——置地。這時，置地由於長期經營保守，其股價與資產淨值距離甚遠，成為最誘人的收購目標。

紐璧堅的保護措施其實早在 1979 年底已經開始，該年 12 月，怡和將所持銅鑼灣怡東酒店以及怡和證券所持有的九龍倉股票注入置地，以換取置地股票，增加持股量。1980 年 9 月，怡和又以所持銅鑼灣世界貿易中心 50% 的權益以及一批會德豐 A 股股票，交換置地新發行的約 6400 萬股新股。交易完成後，怡和持有置地的股權已增加到 27.8%。至此，一般認為，外界財團要覬覦置地已不太容易。

但形勢卻峰迴路轉。同年 10 月 31 日，市場傳聞李嘉誠將透過長江實業以每股 36 港元價格收購怡和的股票。這次的收購目標卻是指向置地的控股公司。當日，香港股市大幅上升，恒生指數急升 62.36 點，而怡和及置地兩隻股票亦"比翼齊飛"，其中，怡和上升 6 港元，從每股 30 港元上升到 36 港元。

當晚，香港總商會組團訪問英國，隨團成員包括怡和主席紐璧堅、九龍倉主席包玉剛以及長實主席李嘉誠。李嘉誠抵達倫敦機場時，受到英國財經記者的包圍，詢問李有關收購怡和事件。不過，李嘉誠即鄭重否認。儘管如此，資深的投資者都隱約察覺，定有不尋常事件發生，空穴來風，並非無因。

果然，11 月 3 日，星期一開市前夕，怡和透過旗下的怡富公司宣佈："怡和集團有意購入置地股份，包括與股份相等之權益共 1.1 億股，價格最高為每股 30 港元。"當時，有消息說，怡和將優先向"一些華資財團"高價購回置地股票（前一天置地的收市價僅為每股 22.2 港元），但附帶條件，就是怡和的控制權必須繼續保留在凱瑟克家族手上，華資財團不得染指。

當天，置地股票在股市中以每股 27-29.5 港元之間的價格大量成交，以每股

28.2 港元收市，比上一個交易日大幅上升 27%，成交量為 1130 萬餘股。這一天，怡和約購入 7830 萬股置地股票，顯然其中絕大部分都不是從股市中購入，這亦反證了怡和與 "一些華資財團" 的交易確非空穴來風。據有關消息透露，怡和從 "一些華資財團" 約購入 5000-7000 萬股置地。是次交易，令覬覦怡置系的華資財團賺取了一筆相當可觀的利潤，而怡和費盡九牛二虎之力，將對置地的持股量增加到約 40%。

怡和實際上並不放心與華資財團達成的私下協議。為了保護怡和，置地亦開始從市場大手吸納怡和股票。1980 年 10 月，置地再以每股 30 港元現金購入怡和約 2500 萬股股票。到 1981 年 4 月，置地宣佈，已持有怡和約 40% 已發行股份。

如此一來，怡和的最大股東是置地（持有 40% 股權），而置地的最大股東是怡和（亦持有 40% 股權）。雙方相互持有對方約四成股權，形成所謂 "連環船" 的結構，使得雙方的控制權穩如泰山。

所謂 "無巧不成書"，這時，香港政府在大部分人反對的情況下，提出修改控制權定義，從過去的 51% 改為 35%。第二大股東持股量一旦超過 35%，便必須向全部股東提出全面收購的建議。這一措施有意無意地配合了怡置互控的 "連環船" 策略，從法律上鞏固了其大股東地位。

這是華資大亨與怡和之間就置地攻防戰的第一個回合，以怡置系實施 "連環船" 策略而結束，使擇肥而噬的華資大亨難越雷池一步。

▲ 怡置互控演變成怡置拖累 ◢◢◢

然而，"連環船" 結構亦為怡置系日後的發展種下禍根。

鑒於丟失九龍倉及置地遭受狙擊，怡和集團痛定思痛，決心轉而全力在香港發展。這時，在 "連環船" 的策略下，置地從怡和的聯營公司轉而成為怡和的大股東，怡和對置地的投資逐漸失控。在執行董事兼總經理鮑富達的主持下，置地的投資作了 180 度的大轉變，罔顧當時香港地產繁榮時期已出現的一系列不利因素，從一名保守、穩健的地產投資商迅速轉變為活躍、冒進、急躁的地產發展商、香港地產界的超級大好友。

　　這一時期，置地先後與約 30 家公司合作發展超過 70 個地產項目，並大肆展開投資、收購活動，舉舉大者包括與信和合組財團投資發展港島大潭道白筆山豪華住宅區，與佳寧合組財團以 28 億港元購入美麗華酒店舊翼，以 47.55 億港元高價競投中區交易廣場地段，其間又先後發動"破曉突擊"行動收購香港電話公司及香港電燈集團各 34.9% 的股權，涉及投資約 35 億港元。1982 年 9 月，英國首相戴卓爾夫人訪華，香港前途問題談判正式展開，早已疲憊不堪的地產、股市藉勢急跌，置地陷入空前困境，長短期債務一度高達 160 億港元。

　　1983 年，怡和主席紐璧堅黯然下台，西門‧凱瑟克接任。新管理層上場後，即大舉出售資產，以圖減債力挽狂瀾。除了停止白筆山豪宅發展計劃及美麗華酒店舊翼重建計劃之外，又先後將香港電話公司及港燈集團股權售予英國大東電報局及李嘉誠的和記黃埔，海外業務更是"一刀切"。

　　這時，"連環船"結構中的怡置互控演變成互相拖累的局面。背負四成置地股權的怡和集團苦不堪言，單是每年應佔置地物業撇賬所產生的非經營虧損，已令怡和透不過氣來。而且，怡置互控的"連環船"並非無懈可擊。怡置互控涉及利益關係，當收購戰爆發時，提出收購的財團，可以向法庭申請禁制令，禁止置地行使所持怡和股票的投票權，這就輕易破解怡置互控的連環結構防綫，凱瑟克家族可能因而喪失了經營逾百年的怡和控制權。

　　面對怡和置地困守危城，有關收購怡置系的傳言再度甚囂塵上。市場盛傳，華資財團火燒"連環船"的大計，是向市值較小的怡和入手。原來，當時多個財團雄厚的華資財團，經財務顧問的精心策劃後，都認為收購怡和以控制置地，是最便宜和最划算的途徑。當時怡和的市值不過 30 億港元左右，以約 10 億港元（購買三成半怡和股權的價格）來控制置地百多億港元的資產，算盤打得相當響。

　　怡和主席西門‧凱瑟克亦看出怡置連環結構的弱點，遂於 1986 年邀請美國投資銀行家包偉士加盟怡和，急謀對策保衛江山。包偉士明白股權互控關係一日不除，可能會連累怡和這家有逾 150 年歷史的英資大行受到外強入侵。

　　在包偉士的主持下，1986 年底怡和展開連串大改組行動。該年 10 月，置地宣佈將全資附屬公司牛奶國際分拆上市（牛奶國際的前身即 1972 年被置地兼併的牛奶冰廠公司），其後又宣佈將另一家全資附屬公司文華東方分拆上市，將置地化整為零，以減低華資財團覬覦的誘因。這之後，置地重新成為一家純地產投資公司。

1986 年 12 月，怡和、怡和證券及置地（置地將所持怡和股份注入）共同注資成立一家"香港投資者有限公司"，再將其與怡和證券合併成立"怡和策略控股有限公司"，將怡和與置地的互控關係轉變為怡和與怡和策略的互控關係，並由怡和策略直接控制置地、牛奶國際、文華東方三家上市公司（圖三）。至此，維持長達七年的怡置互控局面結束，改為怡和及怡策互控。

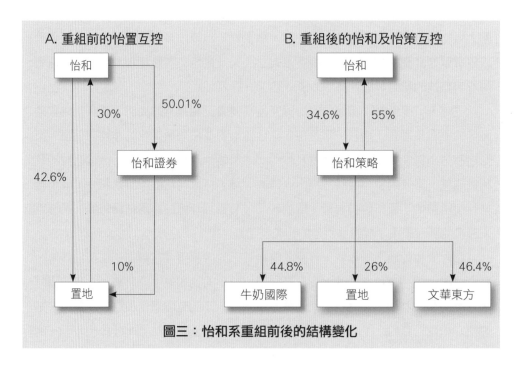

圖三：怡和系重組前後的結構變化

就在怡置系大改組的同時，怡和為加強防範，以確保大股東凱瑟克家族的控制權，還計劃發行 B 股。1987 年 3 月，怡和宣佈一股送四股 B 股，B 股面值為 2 角，僅相當於怡和 A 股（及普通股）的十分之一，但擁有與 A 股相同的投票權。

怡和的 B 股發行計劃，立即在香港引起軒然大波，尤其是引起以李嘉誠為首的華資大戶的強烈不滿。怡和一旦效法當年的會德豐建立"B 股堡壘"，李嘉誠等覬覦置地的雄心勢將永成夢幻。

四日後，李嘉誠旗下的長江實業及和記黃埔"照辦煮碗"，亦宣佈發行B股。長實明確表示："發行B股是為確保本公司的控制權延續性長遠策略之一部分，亦為本公司管理層發展及規劃業務增長提供一個穩定的環境；同時，發行B股，使本公司於未來之擴展及收購行動中擁有更大之靈活性，在控制權結構方面亦無後顧之憂。"

長實將發行B股的目的講得如此清楚明白，不少人認為它實際上是針對怡和的一種策略。結果，香港一些中小型公司也計劃跟風，觸發了股民拋售股票的浪潮。在強烈的反對聲中，長實及和黃舉行記者招待會，宣佈自動取消B股計劃。稍後，香港聯合交易所和證監處發表聯合聲明，不准新B股掛牌。怡和的B股計劃因此胎死腹中。

有評論認為，李嘉誠此舉相當聰明，它不便公開反對怡和的舉動，遂跟隨怡和發行B股以激起社會輿論的強烈不滿，從而迫使怡和取消有關計劃。萬一反對失敗，本身集團即可成功建立"B股堡壘"，進退自如。

◢ 華資大亨二度覬覦置地 ◣◣◣

怡和系大改組後，凱瑟克家族的大本營怡和已無後顧之憂，堵塞了華資大戶藉收購怡和來控制置地的漏洞。有意覬覦置地控制權者，惟有直接打置地的主意。

是次重組後，怡和集團的結構，從原來怡和持有置地逾40%股權改為怡和策略持有置地26%股權，控制權明顯減弱。因此，怡和與置地的"脫鈎"行動被市場理解為凱瑟克家族有意將置地善價而沽。而身兼置地主席的西門‧凱瑟克亦在不同場合說過："The door is always open."（大門總是打開的）、"Everything has a price."（問題在於價格）。當時香港正步入九七回歸的敏感過渡時期，怡和率先宣佈遷冊顯示了其對香港前景缺乏信心，有可能出手無法搬離香港的置地股權。

這種情形，再次激發了華資大亨們覬覦置地的雄心。1987年10月股災前數個月，隨着股市的大幅上揚，有關收購置地的傳聞不絕如縷，繼而甚囂塵上。在有關傳言的推波助瀾下，1987 年 7 月 1 日，置地股價突破每股 7 港元大關，此後輾轉攀升。

收購置地的傳言在 1987 年 10 月股災前達到高潮。10 月 1 日，香港股市經數月大幅飆升，恒生指數在到達 3949.73 點的歷史最高位後開始回落，似乎有較大的調整。然而，收購置地的傳聞仍甚囂塵上，置地股價逆市飆升。10 月 9 日，恒生指數跌破 3900 點，報 3881 點收市，但置地股價仍逆市上升 1.5 角，報 9.6 港元收市。當日倫敦股市，置地股價一度被搶高至每股 11.2 港元。10 月 16 日，恒生指數失守 3800 點，但置地股價再創新高，報每股 11.7 港元收市。

當時，被傳言有意染指置地的財團，包括李嘉誠的長江實業、李兆基的恒基地產、鄭裕彤的新世界發展、郭得勝的新鴻基地產。不過，十月股災前流傳最廣的，倒是東南亞 "過江龍" 黃廷芳及藉收購崛起於股壇的劉鑾雄。

十月股災前，在香港股災活躍的人士都聽見有關黃廷芳家族持大量期指好倉及吸納置地股票的內幕傳聞。黃氏家族買賣股票的堅固證券 3800 號不時出現在置地牌下，與傳言相互印證，教人難以不信。及至 10 月 16 日，市場更言之鑿鑿，傳黃廷芳親赴倫敦約見怡和幕後主腦亨利·凱瑟克，提出以每股 16 港元收購置地股份。不過，稍後美國華爾街股市大瀉 500 點，引發全球性股災，黃氏才急忙打退堂鼓，放棄收購置地計劃。

另一個被指有意收購置地的是商場新貴劉鑾雄。劉鑾雄透過愛美高，於 1986 年策動能達科技收購戰，初試啼聲即旗開得勝，其後更相繼發動華人置業收購戰、中華煤氣股權爭奪戰，並狙擊香港大酒店，成為香港商界令人望而生畏的 "股壇狙擊手"。

1987 年 9 月，劉鑾雄控制的華人置業以近 24 億港元價格向置地收購銅鑼灣皇室大廈及灣仔夏慤大廈兩幢物業。稍後，華人置業以減債為理由宣佈大量供股 30 億港元。當時，市場人士認為華置供股絕非減債這麼簡單，必然有後着跟進。

當時，市場盛傳劉鑾雄已將下一個狙擊目標直指置地。劉鑾雄親自與怡和主席西門·凱瑟克談判，提出以每股 16 港元（一說是每股 12 港元）向怡和收購其所持置地 26% 股權，不過，被西門·凱瑟克斷言拒絕。

對於華資大戶李嘉誠、李兆基和鄭裕彤等有意收購置地，在十月股災前亦已出現，但與股災後相比，則只是小巫見大巫。據傳言，李嘉誠等人並未曾正式向怡和提出收購置地的建議。不過，在 10 月 19 日香港股災前一個星期，港督衛奕信設宴招待官商名流。宴席間，李嘉誠試探西門‧凱瑟克是否願意以每股 17 港元接受收購置地的股份，凱瑟克當時僅報以微微一笑，似乎盡在不言中。據說，當時包偉士在計算了置地 1988-1989 年租金調整等收益後，認為每股 17 港元已可接受，但西門‧凱瑟克則表示對置地有感情，且管理了不少時間，要求給予一個溢價，即每股 18 港元。

正當雙方展開一場緊張艱苦的角力之際，一場全球性股災已悄然掩至。1987 年 10 月 19 日，美國股市杜瓊斯工業平均指數急跌 108 點，當天亞太區股市一開，沽售壓力有如排山倒海，香港恒生指數暴跌 420 點，一時間市場風聲鶴唳。翌日，美國杜瓊斯指數更大瀉 508 點，觸發全球性股災。香港聯合交易所宣佈停市四天。10 月 26 日，香港股市復市，恒生指數暴跌 1120 點。在突如其來的巨大衝擊下，各華資大戶自顧不暇，有關收購計劃被迫暫停擱置。

◢ 華資大亨與怡和大班公開攤牌 ◣◣◣

收購置地傳聞在沉寂了一段時間之後，於 1988 年 3 月再度冒起。當時，市場每隔一個多星期便傳出李嘉誠曾會晤西門‧凱瑟克及包偉士的消息。4 月初，李嘉誠在廣生行周年股東大會後（李氏是廣生行的董事），首次向記者透露長實持有置地股份，但表示無意出任置地董事。

此後，有關收購置地傳聞再度甚囂塵上。4 月底，市場傳出華資大戶擬致函置地，要求在 6 月 6 日置地的股東周年大會上，委任鄭裕彤、李兆基為置地董事。在有關消息刺激下，置地股價從 2 月初每股 6.6 港元輾轉上升至每股 8.9 港元。

1988 年 5 月初，股災發生後半年過去了，即香港收購及合併守則限制的六個月時間過去了（根據守則，全面收購需要以六個月內最高購入價進行。股災前置地股價較當時市值高出一大截），李嘉誠等華資大戶決定不再糾纏下去，與西門‧

凱瑟克正式攤牌。

5月4日傍晚，在曾任職怡和集團的和記黃埔董事總經理馬世民的安排下，怡和的主席西門·凱瑟克、怡和常務董事包偉士、怡富常務董事史密夫等怡和高層首腦，應李嘉誠之邀前往中區和記大廈和黃會議室，與長江事業主席李嘉誠、恒基地產主席李兆基、新世界發展主席鄭裕彤以及中信泰富主席榮智健等召開會議，會議有接近30人出席，場面鼎盛。

會上，李嘉誠向西門·凱瑟克表示。他名下的長江實業與其他三名合夥人，希望以友好方式購入怡和策略所持有的25.3%置地股票，出價是每股12港元，以便能儘快解決有關置地控制權屬誰的問題。

不過，李嘉誠的建議被西門·凱瑟克拒絕。凱瑟克表示，收購的價錢應是股災前李嘉誠願意付的每股17港元，理由是置地的資產值和租金均沒有下跌。李嘉誠等予以拒絕，還價每股12.5港元，凱瑟克表示無法談攏。

在這種情況下，李嘉誠轉而提出第二個方案，要求怡和策略收購他們手上所持有的股票。據說，最初怡和方面的反應並不熱烈。這時，李嘉誠等展露事前準備好的一份全面收購置地的文件，表示如果沒有結果，四大財團次日將宣佈以每股12港元價格全面收購置地，這種惡性收購對雙方均無好處，倘若怡和不願意這種情況發生，最好是購入四大財團所持置地股份。

至此，怡和方面亦不得不起顧慮，並開始就交易的條件進行洽商。在談判過程中，包偉士堅持要三個華資財團七年內不得購入怡和屬下任何上市公司的股份，爭取一段緩衝時間，以免華資財團利用解凍的資金，再次威脅怡和的控制權。這令談判再次拖延。經過反覆思量和爭議後，三大華資財團表示同意。其後，談判進展順利，不到15分鐘就確定每股8.9港元的轉讓價。據說，李嘉誠、李兆基及鄭裕彤唯恐再有變化，三人留下玩撲克，直至律師和財務顧問於翌日10時10分完成所有文件為止。

結果，置地攻防戰的第二個回合以和氣收場。怡和策略斥資18.34億港元購回四大財團所持8%置地股權。事後，怡和主席西門·凱瑟克表示：怡和是不會出售置地的，因為置地等於是一個"不可替代的藝術品"。怡和以18.34億港元購入置地8%股權，是希望一次過地將各種揣測掃除，展示怡和長期投資的旗幟。

是役，華資財團無功而返，且簽下城下之盟，給市場留下連串不解之謎。華資財團收購置地可以說是處心積慮，付出不少精神、時間和財力，何以突然改變主意，且以低於購入成本價（據悉，四大財團購入置地的平均成本價是每股 9.2 港元）出售所持置地股權呢？四大財團財雄勢大，說他們急於套現也說不過去。況且，若四大財團只持有 8% 置地股權，如何能挑戰怡和策略的控制地位呢？

據一種流傳的版本表示，四大財團本無意將手上的置地股份售出，是次股份易手，主要是估計錯誤所致。據說 5 月 4 日攤牌當日，四大財團準備了三個方案，先禮而後兵。第一個方案是要求怡策出售置地股票，第二個方案是要求怡策購回置地股票，第三個方案是全面收購置地。他們估計怡策會拒絕第一、二方案，並準備計劃全面收購置地。然而，事情卻出乎意料之外，怡策竟接納第二個方案，結果四財團惟有遵守諾言，將置地股份出售。

另一種版本則認為，四大財團之所以願意拱手將置地股份相讓，重要原因是文華東方較早前宣佈，發行 10% 新股予怡策，如果置地亦"照辦煮碗"，他們所持的置地股份的價值便會被攤薄而受損。當然，如果真的作全面收購，置地會即時受制，要發行新股必須獲特別股東大會通過，但到時候要出動數票，已非李嘉誠一貫的友善作風了。

當然，流傳的版本還有不少，但實際情形如何，恐怕只有當事人才知曉。

◢ 怡和利用"七年之約"加緊部署防範措施 ◣

踏入 90 年代，隨着香港九七回歸的日漸逼近，華資財團的財勢更形雄厚，英資財團的影響力逐步削弱，形勢的急劇變化更加深了怡和的恐懼。怡和既視置地為"不可替代的藝術品"，自然深知華資財團不會善罷甘休，必定會捲土重來，於是利用"七年之約"這段時間加緊部署防範措施。

在怡和集團的整個內部控股架構中，儘管 1988 年怡和策略已動用 18.34 億港元巨資將置地的持股量增加到 33%，但置地仍然是唯一的漏洞。

怡策持有置地 33% 股權，低於全面收購的"觸發點"。為防止他人對置地敵意收購的可能，怡策必須增持置地股票。但如果怡策增持超過了"觸發點"，就必須提出全面收購，這意味着怡策不僅要動用數百億港元巨資，而怡和本身亦失去置地的上市地位。

在這種情況下，如果怡和要保住置地的上市地位並有效防範對手的敵意收購，最經濟的辦法是向港府要求特權，豁免其受到香港收購及合併守則的限制。這樣，即使怡和增持置地超過 35% 的"觸發點"，亦可不遵守法律的要求而對置地進行全面收購。

為此，怡和開始大造輿論，1990 年公開炮轟香港證監會監管過嚴，並提出"上市豁免"的概念。1991 年 3 月，怡和執行董事李舒公開表示，怡和準備將第一上市地位從香港遷往倫敦，並申請在香港"上市豁免"。怡和在"上市豁免"的申請中，建議港府設立一種名為"純買賣公司"的上市公司類別，受海外的上市規則監管，但不受香港的上市規則、收購及合併守則的約束。怡和並表示，怡和若獲港府批准"上市豁免"，將承諾遵守香港收購及合併守則三年；否則，怡和將不惜取消在香港的上市地位。

怡和的威脅及公然向港府要求特權，在香港社會引起強烈的不滿。立法局議員張鑒泉就指出："怡和集團承諾願意遵守本港的收購及合併守則至 1994 年，作為過渡期，以使投資者可選擇其意向。"他接着反問："1994 年之後到 1997 年為止本港仍是英國管治，為何該集團對本港監管當局缺乏信心？"

張鑒泉的發問，實際上亦是香港證券界很多人士的疑問。怡和的建議背後是否隱藏着什麼玄機？當時就有評論指出，如果怡和獲准"上市豁免"，願意遵守香港的收購及合併守則至 1994 年，因為"七年之約"仍然有效，因此在此段時間內無懼華資大戶的收購威脅。到 1994 年後，怡和便可不再受約束地增加系內公司的控股權，例如將置地的股權增至 45% 而無須作全面收購，那時華資大戶要收購其系內公司，則比登天更難。因此，怡和的建議，是充滿"商業智慧"的安排。

可惜，怡和的如意算盤並未打響。香港聯合交易所在諮詢公眾意見後，拒絕了怡和的"上市豁免"，但同意怡和可以以第二上市的形式繼續在香港掛牌，仍受香港上市規則等約束。1992 年 9 月，怡和將第一上市地位從香港轉移到倫敦，香港成為其第二上市地區。

1993 年 4 月，怡和大股東凱瑟克家族向港府重提舊事，要求豁免香港收購及合併守則的約束。這次，怡和繞過證監會，直接向港府高層施壓，提出豁免要求。不過，港府鑒於公眾的強大壓力，再次予以拒絕。

同年 5 月，怡和宣佈已主動建議該公司的註冊地百慕達的監管當局，以英國倫敦收購合併守則為藍本，修訂五條分別涉及怡和旗下五家上市公司，包括怡和控股、怡和策略、置地、牛奶國際及文華東方的收購守則。怡和表示，這套守則將於 1994 年 7 月 1 日起生效，其法律地位，由百慕達金融管理局執行，英國樞密院為最終上訴庭。

1994 年 3 月 24 日，怡和一再向港府要求豁免監管未遂後，宣佈將於 1994 年 12 月 31 日起，終止怡和股票在香港第二上市地位，撤離香港。稍後，旗下各主要上市公司均採取類似行動，結束怡和在香港股市的歷史篇章。

怡和不惜全面撤離香港股市，表面上看似乎與九七政治轉變有關，但背後還有一個更重要且難言的原因：這就是試圖保持以小控大的局面，避免"七年之約"期滿後再被華資大戶狙擊。

怡和集團透過怡和控股與怡和策略的互控，再以怡和策略控制置地、牛奶國際及文華東方，以少量資金控制了市值高達 1600 億港元的上市王國，早已引起其他財團的覬覦，其中尤以坐擁中區貴重物業、市值近 600 億港元的置地最易成為收購目標。因為怡和策略僅持有置地 33% 股權，低於全面收購"觸發點"，而怡和與華資大戶於 1988 年簽訂的"七年之約"眼見即將期滿，若不能豁免，惟有除牌及託庇於百慕達守則，否則置地有可能被華資大戶再度狙擊。

百慕達守則與香港的收購及合併守則的最重要區別是，前者對持有上市公司三成多但少於五成股份的大股東，在面對收購行動時有較大的保障，根據百慕達守則，全面收購的"觸發點"是 30%，比香港的 35% 指標為低，即怡策持有置地的控股量已超過這一觸發點，每年可增持不超過 1% 股權，縱使超過 35% 也無須提出全面收購；而任何人士若增持公司股權超過 30% 便要提出全面收購。這套守則幾乎可以說是為怡和集團度身訂造的。

◢ 餘音…… ◢◢◢

儘管怡和為避免華資大亨的再度狙擊，不惜全面撤離香港股市，但是這場持續近 20 年的置地攻防戰並未就此結束。

置地對於華資地產大亨的誘惑實在太大了，儘管它坐擁中區龐大貴重物業，但由於經營保守，股價長期低於資產淨值，離開香港到倫敦、新加坡上市後情形更甚。有人估計，在 90 年代初期，誰能全面收購置地，再將它的物業分拆賣掉，在不到一個月內就可淨賺超過 60 億港元。

1992 年，置地以 38 億港元價格將中區重建的皇后大道中九號物業出售，創下了香港地產市場上有史以來的最高價格，轟動整個香港。具有中資背景的港澳控股買下該幢物業後，在一個月左右又將其轉手出售，獲利約 30%。僅此宗交易已可見置地公司的誘人之處。

1997 年 8 月，置地攻防戰風雲再起。該月 5 日，李嘉誠旗下的長江實業及和記黃埔聯袂宣佈，經過一年多在市場的吸納，至 8 月 1 日止，長實、和黃已持有 2273 萬股怡和控股股份及 8241 萬股置地股份，分別佔兩家公司已發行股份的 3.03% 和 3.06%。由於百慕達收購守則規定，怡和系股份實質擁有人必須在持股量達到 3% 時呈報，長實、和黃遂於日前知會怡和並公開披露持股量。

長實主席李嘉誠表示，是次長實、和黃入股怡控及置地，並非傳聞中的敵意收購行動，和九年前華資聯合收購置地亦有所不同，他並形容是一項"善意收購"。長實副主席李澤鉅則表示，由於已過了"七年之約"的協定時間，集團可以吸納怡和系公司的股份，但他卻不願評論是否再增持怡控及置地股份，亦不願評價將來是否會變成敵意收購。長實、和黃的行動再次引起各有關方面的高度注目。消息傳聞，在新加坡證券交易所掛牌的怡和系股份急升，其中，怡和控股上升 11.3%，置地急升 22.3%。

市場對長和系的這次購股行動的動機莫衷一是。有證券界人士認為，長和系購入怡控及置地各逾 3% 股份後，將與怡和商討進一步增持置地股權，不排除長和系以"中間人"角色，引入或夥同其他華資及中資財團入股置地。著名的美林證券則認為長和系與怡置系將可能出現三種關係，包括合作、敵意收購及短綫投資，但以財資式投資及將來更緊密合作的機會最大。

不過，一般分析亦認為長和系敵意收購置地的可能性不大。主要原因有兩點：其一，是百慕達收購合併守則使怡和系大股東的控股地位穩如泰山，而且怡置系第一上市地倫敦交易所的監管要求，對敵意收購也不利。其二，凱瑟克家族除了透過與怡策持有 33% 置地外，怡和系擁有一半股權的商人銀行怡富集團以及一些友好的退休基金與機構投資者，亦持有不少置地股份。

在上述情況下，儘管長和系已持有 3% 股份，但每次增持，皆萬眾矚目，且增持須分階段進行並持續公佈（根據百慕達收購守則，以後每增持 1% 股權均須公開宣佈），累積至三成便須提出全面收購，這將使收購價遠高於資產淨值。因此，敵意收購風險頗大，稍有不慎將累及長和系。

面對長和系的購股行動，除怡和控股執行董事文禮信說過一句"歡迎"之外，大股東凱瑟克家族成員始終保持沉默。更引人矚目的是，李嘉誠公佈長和系持有怡和置地股份不到兩周，怡和系三家公司包括怡和控股、怡和策略及置地即向懷疑持有公司股份的各有關人士，包括證券公司及信託人等，發出知會，限期在 8 月 14 日前披露股東真實身份，拒絕合作的股東可能面對嚴厲懲罰。根據百慕達收購守則，拒絕披露所要求資料的股東，公司將奪去該等股份的股票權、抵押股息，甚而限制股份的轉讓。據一家收到通知函的證券公司主管指出，怡置系此舉明顯是為防止李嘉誠及有關人士狙擊公司，故不停監察股東真正身份。

不過，李嘉誠的購股行動並未就此止步。1997 年 9 月 29 日，長和系再披露各增持怡和控股及置地 1% 股權，使所持股權分別增加到 4.01% 及 4.02%。對此，怡和控股執行董事文禮信表示，怡和集團的架構堅固，可擊退任何狙擊，並不憂慮被收購。顯然，這場持續近 20 年的置地攻防戰，仍在華資巨頭李嘉誠與怡和大股東凱瑟克家族之間的激烈角力下穩步推進，孰勝孰負，且拭目以待。

26

填補空間 利豐兼併天祥、太古貿易

20 世紀 90 年代中期以來，國際商業社會風雲突變，企業收購兼併的第五次浪潮洶湧澎湃，從美國逐漸擴展到歐洲及亞洲國家。這次全球購併浪潮，以大企業的橫向購併為基調，其特點是"強強合作，強強聯手"，"Big is powerful"正成為市場的主流概念。

在這次購併浪潮中，香港發生了兩宗並不十分起眼的購併活動，但對展開購併的企業本身卻意義深遠，這就是利豐對英之傑旗下的天祥洋行（英之傑採購）及太古旗下的太古貿易的收購。自此，英商主導香港貿易業的時代宣告結束。

利豐憑藉着集團主席馮國經和總經理馮國綸兄弟的高瞻遠矚，通過購併天祥、太貿，實施"填補空間"的戰略，從一家地區性的貿易公司迅速發展成為全球性的跨國貿易集團。

在歷史悠久的香港英資洋行中，英之傑屬後起之秀，進入香港的時間較晚。然而，英之傑的歷史最早可追溯到 17 世紀。1958 年，第三代英之傑爵士在倫敦成立英之傑有限公司（Inchape & Co., Ltd.），作為集團控股公司，並在倫敦上市。自此，英之傑集團進入一個快速發展時期。

20 世紀 60 年代後期，英之傑進入香港並展開連串收購活動，先後收購了仁記洋行（Gibb Livingston & Co., Ltd.）、太平洋行（Gilman & Co., Ltd.）及天祥洋行（Dodwell & Co., Ltd.）等香港數家老牌洋行。其中，天祥洋行的歷史可追溯到 1858 年英國絲織生產商亞當遜（W. R. Adamson）在中國上海創辦的 W. R. Adamson & Co.。當時，正值五口開放通商不久，該商行發展迅速，先後在香港、福州、漢口及日本等地建立分支機構，經營絲綢、茶葉等進出口貿易，並代理船務、保險等業務。1949 年，天祥撤出中國內地。70 年代初，英之傑收購天祥洋行時，天祥洋行旗下擁有眾多的企業，包括天祥貿易、天祥精品、天祥國際採購以及天祥香港採購等公司。

不過，20 世紀 80 年代以後，英之傑集團開始走下坡路，原因是亞洲各國本地化政策壓力日漸增加。英之傑與其他英資洋行一樣，自 19 世紀起便在英國的亞洲殖民地從事貿易、海運以至採礦生意，但到了 20 世紀，這個歷史優勢開始褪色。另一方面，像許多歷史悠久而龐大的集團公司一樣，由於業務範圍過分膨脹，英之傑失去戰略重心，對旗下成員公司日漸失去控制能力，成員公司被形容為"迷你行"（Mini Hongs）。每家公司各自有主席、董事局、管理層，由於業務過度分散，有時甚至出現重疊、相互競爭等問題，陷入缺乏總體部署的局面。

1983 年，Sir David Orr 出任英之傑集團董事長。他針對英之傑集團"無戰略目標"的經營弱點，制定一系列發展策略，將目標瞄準"太平洋世紀"，以"向西歐市場供應亞洲商品""擴大中國、中南美的事業"為市場策略，並確定了兩項重點發展的核心業務——專業銷售和專業服務。前者主要採取現代銷售方法打入傳統貿易、零售市場，並標榜技術轉移和知識傳授，後者則從已有的保險、海運、港灣服務等拓展到綜合運輸服務及諮詢服務。

1987 年，為配合集團的策略轉變，英之傑在香港進行業務及結構重組，成立"英之傑太平洋有限公司"（Inchcape Pacific Limited）作為集團在香港的地區總部及控股公司，以加強管理，在經營業務上也進行了調整，如出售天祥百貨等一些虧損或利潤低的公司，並將資源集中發展汽車經銷、市場拓展及商業服務等三大核心業務。作為英之傑集團的附屬機構，英之傑太平洋主要負責該集團在香港、中國內地、台灣、澳門、菲律賓、越南、老撾及柬埔寨等地區的業務。其中，香港是公司的業務重心，各項核心業務在香港均十分活躍。

英之傑太平洋的業務中，從事商業服務的附屬公司包括英之傑保險、英之傑採購服務、英之傑檢驗服務、英之傑航運服務。其中，英之傑採購服務的前身就是天祥洋行。天祥洋行於 1976 年被分拆，在香港及日本的業務被併入英之傑採購服務，在加拿大、肯尼亞、巴拿馬等地業務則被併入英之傑航運服務（Inchcape Shipping Services）。英之傑採購服務集團（Inchcape Buying Services，簡稱 IBS）成立於 1970 年初，總部設在香港，主要從事商品採購出口業務，從玩具、電子產品、紡織品到成衣等，90 年代初在全球 17 個國家或地區，包括南亞的印度、巴基斯坦、孟加拉、斯里蘭卡等，總共設有 20 個採購辦事處，公司員工超過 1000 人。當時，香港從事採購出口的貿易公司中，排名前三位的分別是英之傑採購服務、利豐及太古貿易，1992 年度的營業額分別約 7 億美元、5 億美元及 4 億美元。英之傑採購服務是當時香港最大的貿易公司，利豐次之，太古貿易排第三位。

◢ 利豐收購天祥洋行（英之傑採購）◢◢◢

利豐（Li & Fung Co.）在 1906 年創辦於廣州，是中國第一家由華商創辦的進出口貿易公司，創辦人是廣東鶴山籍的馮柏燎，公司至今已有超過 100 年的悠久歷史。創辦初期，利豐只不過是"廣州洋人地頭"——沙面——附近諸多舊式商行中並不起眼的一家"舖位"。20 世紀 30 年代中，日本侵略中國，利豐實施戰略轉移，馮柏燎派其二子馮漢柱在香港創辦利豐（1937）有限公司。1973 年，馮漢柱在其兩位從美國學成返港的兒子馮國經、馮國綸兄弟的協助下，將利豐上市。利豐也開始從舊式家族經營轉向專業化管理。

20 世紀 70 年代末到 80 年代，香港前途問題浮現。在經濟動盪的背景下，

1988 年初，馮氏家族召開內部會議，就利豐未來的發展，特別是股權問題進行討論。結果，由利豐管理層馮國經、馮國綸兄弟向公司展開收購，利豐於 1989 年實現私有化。利豐私有化後，馮氏兄弟對公司業務展開大刀闊斧的重組，使利豐成為一家專業化的貿易公司。1992 年，中國全面擴大對外開放，給香港經濟帶來新動力。面對新的經濟發展形勢，馮氏兄弟決定把握機會，將利豐再度上市。1992年 7 月 1 日，馮氏兄弟通過控股公司經綸控股屬下全資附屬公司——利豐（1937）有限公司，將旗下出口貿易業務重組為利豐有限公司，在香港掛牌上市。

再上市時，利豐在其招股章程中談到公司的未來計劃及發展前景：

"董事相信亞洲將繼續為全球大量生產消費品之主要生產中心，而香港將繼續扮演地區內之主要貿易中心角色。董事預計泰國、印尼及尤其是中國之低廉勞工供應充裕及政府鼓勵出口，將逐漸成為此等消費品之主要生產中心。……由於原料供應、勞工技術水平及政府規例不一，遠東區內不同國家專注不同工業。此發展有利於具備向不同國家採購零件及產品專業知識之出口公司。……

"由於遠東區之採購日趨繁複，董事相信主要海外買家已認識到利用具有地區基礎的出口代理較自行在地區內建立採購網絡更有利。董事相信本集團統籌協調之地區網絡可提高本集團爭取新客戶及加強與現有客戶關係之能力。"

1992 年利豐重新上市後，制定第一個三年計劃（1993-1995 年），將發展目標鎖定為超越其長期競爭對手——英之傑採購服務（IBS），成為香港出口貿易行業的龍頭企業。為此，利豐積極拓展其地區性採購網絡，以加強它在國際競爭中的優勢。利豐先後在印尼雅加達、馬來西亞新山、斯里蘭卡、菲律賓馬尼拉、越南河內，以及中國的深圳、湛江、長沙、廣州、汕頭和青島等地設立地區辦事處。再加上之前在台北、新加坡、漢城、曼谷及上海等地設立的地區性辦事處，利豐在遠東地區建立起一個完整的採購網絡。

這幾年，利豐取得了良好業績。新鴻基研究有限公司一份研究報告指出，1991-1994 年間，利豐以平均每年 30% 的速度增長，利潤率達到 3.5%，比一般同行業的標準高出 2%-3%。到 1994 年度，利豐的營業額達 61.25 億港元，除稅前溢利及除稅後溢利分別為 5.72 億港元及 5.53 億港元。相比之下，該年度英之傑採購營業額為 51.2 億港元，除稅前溢利及除稅後溢利分別為 5200 萬港元及 4000

萬港元。第一個三年計劃尚未完成，利豐已超越英之傑採購。在1994年度報告中，利豐董事總經理馮國綸自豪地宣稱："至1994年，本集團已創辦88年，成為香港及亞太區聲譽卓越、首屈一指的出口貿易公司。"

　　不過，利豐作為香港最大貿易公司，存在一個明顯弱點，就是其出口業務不平衡，極端依賴對美國市場出口。當時，利豐從事的業務中，出口貿易業務佔公司營業總額的99%，佔經營溢利的92%。在出口貿易業務中，成衣約佔營業總額的七成半，時裝配件佔一成二，玩具佔一成，工藝品及運動用品佔3%。按出口市場劃分，美國是利豐最重要的出口市場，佔營業總額的84%，其他市場僅佔16%，其中，歐洲市場佔13%。90年代初期，受"天安門事件"的影響，中美關係差強人意，當時美國經濟的表現也不盡理想，貿易保護主義抬頭，美國經常以人權等政治理由威脅要取消對中國的"最惠國待遇"。利豐的核心業務頗受中美政治及經濟形勢的影響，難有大的突破。為推動公司出口市場的多元化，利豐決定展開其發展歷史上的第一次收購，目標是多年來的競爭對手——英之傑採購（IBS）。

　　20世紀70年代以來，IBS一直是香港最大的採購貿易公司。1994年，IBS的邊際利潤為0.8%，而利豐的邊際利潤為3.2%。當時，利豐管理層分析，IBS擁有超過1000名員工，都是採購專業人才，只要將IBS的經營策略改變，根本不需要再加任何培訓，就可發揮該公司潛力，提高其邊際利潤與利豐水平看齊，使利豐可在三年內增加一倍贏利。若利豐股份市盈率不變，利豐市值會因利潤倍增而由現時的30億港元增加到60億港元。更重要的是，IBS儘管其業務與利豐相似，但出口市場的重點不同。IBS的出口市場以歐洲為主，其中，美國市場佔29%，歐洲市場及其他市場佔71%，在18個國家共設有20個辦事處。利豐收購IBS後，可使集團的出口市場趨向平衡，大致可使美國及歐洲業務分別佔公司營業總額的59%及41%。

　　馮國綸認為："利豐與英之傑採購分別是香港第一及第二大出口貿易公司，兩者合併後，利豐將擁有一個龐大而強勁的全球採購網絡，遍及全球20個國家，辦事處達28個，員工超過2000人，利豐原有的客戶及IBS的顧客均能受惠，而集團營業額更可倍增至180億港元。"他還表示，利豐收購IBS後，還可利用

IBS 在南亞地區，包括印度、巴基斯坦、孟加拉及斯里蘭卡等國家的採購業務，擴展利豐業務的地域範圍。南亞地區擁有 14 億人口，市場潛力相當龐大，該地區對公司業務有正面的影響。

著名美國投資銀行高盛（Goldman Sachs）在其公開發表的研究報告中指出，收購 IBS 後的 "新利豐將成為區域內在出口貿易領域的一個佔支配地位的競爭者，它在規模上是其他同類公司無法比擬的。出口貿易或者說 '採購貨源'（Sourcing）行業，其通常的特徵是大量的本地小型企業佔據着各個出口市場，雖然少數公司亦擁有地區性的採購網絡，但是沒有一家公司具有利豐合併 IBS 後的規模。利豐將發展成為一家在 18 個國家設有 27 間採購辦事處，與超過 2000 家工廠建立供貨聯繫的集團。這個採購網絡的優勢包括：貨物採購將在更大的範圍進行，因此消費者將物有所值；並且由於顧客只需與一個地區採購代理打交道，效率將提高。" 高盛表示："除了提高區域性採購能力之外，擴大了的利豐將更好地平衡顧客的地區分佈和產品分佈，從而降低集團對美國市場以及以紡織品作為主要產品綫的依賴。" 根據高盛的分析，合併後的利豐，美國市場的份額將從 80% 降低到 56%，歐洲市場的份額則從 20% 上升到 44%；而對成衣等軟產品的依賴將從 79% 下降到 72%，硬產品的比重則從 21% 增加到 28%，投資者將看好利豐。

當然，利豐收購 IBS 也有相當的風險。利豐從未展開過大型收購，缺乏實際經驗；更重要的是，IBS 是一家典型的英資公司，管理層以外國人為主，它與具有華資家族企業色彩的利豐在企業文化上有着相當大的差異，能否以及如何融合兩家公司的企業文化將是一個嚴峻的挑戰。IBS 與利豐因為經營方式和管理風格的差異，邊際利潤也有較大差距。利豐收購 IBS 勢必拖低整個集團的邊際利潤。此外，由於 IBS 本身是貿易公司，實質資產只有 3000 多萬港元，收購價與資產的差額全屬商譽，利豐在完成收購後必須將 IBS 商譽涉及的金額，在股東權益賬中撤除，從而令公司股東的權益減少。

當時，英之傑作為一家英資公司，與怡和集團、滙豐銀行等英資公司一樣，亦面臨着如何應對香港 "九七" 回歸的前途問題。當然，更主要的是，英之傑集團作為一家跨國企業集團，其核心業務是汽車經銷，採購服務只佔集團營業額的一個極小部分。英之傑希望通過業務重整，鞏固及壯大其核心業務，而將非核心業務出售。當利豐經中介人與英之傑接觸，表示有意收購該公司旗下的 IBS 時，英之傑即表示同意，雙方一拍即合，剩下的主要就是一個價錢問題。

經過數月商談，1995 年 7 月 1 日，利豐與英之傑達成收購協定。利豐將以不超過 4.5 億港元的現金收購英之傑採購，市盈率約為 8-9 倍，比 5 月初達成的初步協定 4.75 億港元為低，主要原因是利豐將不會收購 IBS 旗下若干小型業務。根據收購協定，利豐必須在收購完成時先支付 2.75 億港元，但 IBS 的股東資金必須少於 6000 萬港元，並完成若干業務重組，否則該數額可予以相應調整。收購價的餘額 1.75 億港元在收購完成後分兩期支付，即分別在英之傑採購公佈 1995 年度和 1996 年度業績之後支付，但該兩期付款將視公司是否達到 1995 年度和 1996 年度總收入指標而予以調整。利豐收購 IBS 的資金，其中 2.25 億港元由公司內部資金撥出，其餘部分向銀行借貸。

完成收購後，利豐接管英之傑採購，包括擁有該公司的若干商標及標誌，主要是 "Dodwell"（天祥）名稱和標誌的權利。利豐並將英之傑採購服務集團改名為 "天祥有限公司"，恢復其歷史傳統。1996 年 5 月，利豐公佈收購天祥後的首次業績。1995 年度，利豐的營業額大幅躍升至 92.13 億港元，比 1994 年度的 61.25 億港元急升 50%，其中，利豐佔 65.35 億港元，天祥佔 26.78 億港元；經營溢利約 2.58 億港元，其中 15% 來自天祥，約 4000 萬港元。若按利豐 1995 年 7 月收購起計算，天祥本身的贏利比 1994 年度已增加了一倍多。

馮國綸表示："在 1995 年，本集團的業務益形穩固，再加上成功收購天祥有限公司的業務，因此我們深信在未來三年將有更可觀之利潤。利豐集團在行內穩居先驅地位，實在毋容置疑。" 1995 年度是利豐上市後第一個三年計劃的最後一年，馮國綸表示，利豐完成這個三年計劃之後，將成為一家贏利能力極高、真正扎根香港、管理能力達致世界水平的跨國企業機構。在談到與天祥合併時，他表示："天祥給了我們三樣東西：通向歐洲市場之陸；使我們的貨源網絡延伸到印度次大陸；我們的職業從業人員差不多增加了一倍。"

利豐在公佈業績同時，宣佈透過發展證券以先舊後新方式配售 5600 萬股（約佔利豐一成股權）新股予機構投資者，每股配售價是 6.55 港元，較前一日收市價折讓 5%，扣除成本後約淨集資 3.6 億港元。其中，2.5 億港元用作償還收購天祥的銀行借貸，其餘資金留作公司營運資金。配股還債完成後，馮氏兄弟的經綸控股持有利豐的股權，從 66.9% 降至 60.8%，利豐的長期負債與股東資金比率則從 120% 減至 68%-69% 的正常水平，每年可因此減少利息支出約兩三千萬港元。

馮國綸表示："當初收購天祥時，由於管理層要在短時間內作出決定，加上公司剛因出售美國 Cyrk Inc. 股份而獲巨額特殊溢利，所以毋須急於集資；但由於公司董事局希望維持一貫派息比率（佔贏利七成），與股東分享出售 Cyrk Inc. 股權所得利潤，結果令公司負債比率高企，公司取配股而捨減少派息是對股東最有利的做法。"他表示，配股的目的是要減低負債準備再進行收購，同時增加公司股份的流通量。他並強調："配售一成股權所得資金差不多相等於收購天祥（扣除資產後）的代價，即以一成股權購得營業額與利豐相若的競爭對手，十分值得。"

◢ 利豐的 "填補空間" 策略 ◤◤◤

從 1996 年起，利豐開始推行第二個三年計劃（1996-1998 年）。新三年計劃的主要策略是 "填補空間"（Filling in the Mosaic）。所謂 "空間"，主要有兩個方面，其一是利用吸收天祥洋行的客戶和海外採購辦事處，以擴充市場和增加採購網點，令利豐的商貿供應鏈管理網絡覆蓋範圍迅速擴大，增強核心競爭能力；其二是通過更有效的管理後勤，可以提升被收購業務（即天祥洋行）的利潤空間。按照馮氏兄弟的戰略意圖，就是要充分挖掘天祥洋行的潛力，提高天祥洋行當時少於 1% 的利潤水平，令它達至利豐 3% 利潤水平，從而增加公司整體贏利，實現 1998 年公司贏利比 1995 年雙倍增加的目標。

為實現這一目標，從 1996 年起，利豐積極推行將天祥融入利豐的合併計劃，主要包括以下步驟：

首先，重整合併後的兩家公司的組織架構，將天祥洋行併入利豐有限公司。

收購天祥洋行後，馮國經、馮國綸兄弟即在利豐高層成立了一個過渡工作小組，專責研究公司的組織流程及實行漸進式合併的過渡工序，以實現兩家公司真正的合併。1995 年底，馮國經以集團主席名義向香港天祥全體員工發佈通告：經過利豐及天祥洋行最高管理層仔細考慮，決定實施一些經擬訂的組織改革，以支持集團持續增長的策略，保證兩家公司合併後能順利地發展。重整公司組織架構的具體措施是：

一、將天祥洋行以地域為基礎的組織架構轉變為利豐以客戶為中心的組織架構。通告宣佈："第一項轉變是我們會將焦點放在產品及顧客上。你們每一位十分明白顧客服務的重要性，以及其與贏利的關係。因此，經過小心的策略分析，我們決定將之前天祥洋行以地域為基礎的架構改為以產品／顧客為基礎的架構。這架構亦已在利豐證明是成功的，⋯⋯能增加我們全綫貨品及網絡的贏利及顧客服務水平。"改組後，天祥洋行內部分為七個組別，包括三個產品／顧客組別，兩個採購組及一個營運支援組。不過，為了更有效管理公司龐大的採購網絡，加強地區內不同產品／顧客的協調，每個國家將仍然設有一位國家總監及分行經理，該職位同時將是產品組別經理及公司董事，扮演的角色是在其國家內協調產品綫及顧客組的營運。

二、將天祥和利豐兩家公司在同一國家或地區的辦事處合併。通告宣佈："合併的第二步為將兩家公司在同一國家的辦事處地點合併。這樣能使我們的營運更有效率，亦可顯示企業的團隊精神和企業內的合作無間，從而加強公司的市場形象和提供品質一致的顧客服務。搬遷並合併辦事處將會根據個別辦公室對租約、可用空間及搬遷時間等因素逐步分期實行。而香港預計於 1996 年上半年實施。"

三、將兩家公司的財務、會計、人事、行政及資訊科技各部門合併，為前綫組織提供更有效率、反應快速的支援架構。在合併的過渡時期，這些支援服務將在利豐及 IBS 的辦事處同步進行。

合併最初的障礙，來自天祥洋行的各個國家（或地區）的總經理。這些經理最初對改變原有的以地域為基礎的組織模式抱有抵觸心態，每一個國家的總經理都想把整個產品採購及生產過程安排在自己所在國家進行。馮國綸曾這樣說："基本上，高層職員心理上對合併上已作好準備，但每個國家的總經理對地區性合作則感到較難適應。這收購對他們來說是一個衝擊。合併後，我們將天祥洋行的經理調配到各個客戶組別，而非根據地區考慮。同時告訴他們將焦點放在產品那裏，並利用利豐的網絡跨地區採購，而非局限於一個國家。"

重整公司組織架構的工作從 1996 年 1 月起展開，其實質就是按利豐的模式改造天祥，將天祥融入利豐。天祥洋行採用利豐的管理模式後，原有業務模式中各個地方之間的競爭減少，採購經理能夠得到更多不同地方的採購資訊，使採購時能從整個產品供應鏈的優化配置出發，為客戶節省更多的成本。"在前綫業務之外，兩家公司的後勤部門合併也帶來巨大的效益，由於公司集中財務、人事、行政工作，更大比例的職員被分配到前綫為客戶服務。由於為客戶提供更佳服務有賴於企業資訊系統的開發，而公司規模增大，資訊系統的經濟規模效益亦會增強。"

合併前在英之傑採購任財務總監的梁國儀先生，後來在接受記者訪問時表示："這次兼併對利豐十分重要，因為它收購了一家規模與它一樣大的公司。從某種意義上講，這次收購在一些國家更像是一次反向收購，例如在（泰國）曼谷，在那段時間，來自利豐的員工僅有 10-15 人，但天祥的員工卻有約 40 人。" 1995年，梁國儀受馮國經的邀請，接任利豐公司財務總監一職。他表示，擔任這一角色並不輕鬆，因為在這次急速的併購中，利豐的規模擴大了接近一倍，營業額達到 100 億港元。當時，他發現自己需要面對的不僅是擴大了的會計師隊伍，而且必須管理 IT 部門和人力資源部門。在他擔任利豐財務總監的前三年，雖然整體上公司的員工人數增加了一倍，但財務、會計人員卻削減了 20 人。改組後，所有的財務、行政以及 IT 服務人員都集中在香港公司總部。

其次，是按照利豐的模式調整天祥洋行所有員工的職級、薪酬、獎勵機制及福利待遇。

作為一家大型貿易公司，利豐十分重視人力資源的積累和調配。貿易專業人才所需要的企業家精神、與客戶溝通及發現客戶需要的能力、熟悉生產和品質細節以及對生產商的瞭解等等，這些並不能通過學校訓練出來，而是通過長時間的工作經驗積累下來的。馮國綸表示："我們不可能在市場上招聘員工，因為利豐就是當中的市場。有些時候，我們要收購一間小規模貿易公司來為公司增加有經驗的員工。"因此，吸收更多人才成為公司發展的基礎。

收購英之傑採購後，為防止該公司員工，尤其是高級管理人員的流失，利豐決定自 1996 年 1 月 1 日起實施新的僱員聘任條款。不過，這些調整只針對香港的天祥洋行，以反映每一個國家或地區的本地特色及慣例。新的聘任條款主要有：

一、職級和薪酬。天祥洋行的職級架構將跟隨利豐，並作出調整，所有天祥洋行僱員的職級將跟利豐看齊。由於公司推行於業務架構及聘任條款上的改變可能影響到個別僱員的薪酬水平，利豐將對所有員工的表現及薪酬進行檢討評估，檢討結果將在 1996 年 1 月生效。

二、利潤分享／激勵計劃。利豐在過去幾年已成功發展出一套分享公司利潤的激勵計劃，該計劃是根據員工的表現及其對公司贏利的貢獻而計算的。天祥洋行的員工將參與利豐的獎勵計劃。

三、退休福利。在考慮了各種可比較的運作模式、僱員儲蓄的增值機會及國際趨勢後，決定將天祥洋行現行的退休福利轉為定額供款制度，所有天祥員工將成為利豐公積金的成員。不過，天祥員工直至 1995 年 12 月底於天祥洋行退休福利計劃下應得的福利將全部獲得認可。

四、工作時間及其他福利安排。利豐將跟隨天祥洋行不須於周末上班的工作安排，但為了滿足客戶期望利豐的一貫服務水平，將推行一套讓有需要的員工能在周末與客戶保持聯繫或執行工作的系統。

利豐管理層關注到每一個員工在合併後的個人利益，並作好適當的安排，讓員工放心工作。由於利豐的一套關於員工薪酬與部門贏利掛鈎的激勵機制甚為吸引，天祥的員工對合併普遍均持正面評價，事前疑慮一掃而空，對利豐的經營哲學及業務策略亦普遍認同，具豐富經驗的天祥洋行經理人員在兩家公司合併後全部都留下來，這批經理本身對新產品的經驗（那些利豐沒有的產品），增加了利豐的產品種類，尤其是硬產品，為公司的發展帶來了新的動力。因此，兩家公司合併後，利豐旗下員工大幅增加了一倍以上，特別是一批來自世界各地的非華裔經理人員加盟，使利豐獲得了豐富的人力資源，也增加了作為一家跨國公司的國際性。

再次，利用收購 IBS 後所吸收的客戶和海外採購辦公室，擴充利豐集團的全球採購網絡，令利豐的商貿供應鏈管理網絡覆蓋範圍迅速擴大，增強利豐的核心競爭力。

對於從事貿易的跨國公司來說，利豐的銷售基礎就是其客戶，包括客戶的數量、客戶的類型、客戶的產品種類以及客戶的銷售市場。以往，利豐的客戶基礎主要在美國，歐洲市場則較少。收購天祥拓寬了利豐的顧客網絡。天祥洋行除了為利豐帶來強大的歐洲客戶網絡外，它本身在南亞、歐洲、地中海以及拉丁美洲的採購公司也擴大了利豐的供應網絡。據利豐估計，收購天祥洋行後，公司顧客的區域及產品分佈將趨向均衡。從地區分佈看，美國客戶的份額將從原來的 84% 下降至 64%，歐洲客戶的份額從 13% 上升至 31%，其他地區的客戶亦從 3% 上升至 5%；從產品分佈看，美國紡織品客戶的份額將從合併前的 68% 下降到 48%，其他國家或地區紡織品客戶的份額將從 10% 上升到 30%，而硬產品的份額則保持不變，為 22%。

除了開拓市場外，特別值得一提的是那些緊鄰銷售市場的辦事處，如天祥洋行在土耳其伊斯坦堡和葡萄牙波爾圖的辦事處，由於這些辦公室就在歐洲主要市場的周邊，從這些地方生產採購，到達市場的運輸時間更少，能加快產品周轉率，滿足客戶縮短購物周期或緊急補貨的需要。這些採購地點便成為歐洲客戶快速採購的選擇。以往客戶若要在中國生產，必須提前 6-8 個月訂貨，如今客戶都願意多付 20%-30% 的費用，讓利豐將生產地點轉移到土耳其，以加快貨物的周轉率。

馮國綸曾這樣解釋："客戶逐漸明白到產品的成本並不單單是廠商費用和付給利豐的生產管理費用，還包括其他額外費用，如買下錯誤產品、收到不正確的產品類別、積存過時貨品以及出現缺貨等問題。客戶最想我們提供的是補貨式的訂貨服務——若他們賣出五件產品，我們便從生產商買回五件產品，這種快速補貨式的訂貨服務只能在生產地與客戶市場的距離相近的情況下才能做到。例如，利豐一直為 The Limited 集團提供這種快速補貨式服務。我們與 The Limited 集團各部門合作，有效減低客戶的生產時間，這種能力使我們成為東方國家中的先驅者。通過與利豐合作，The Limited 公司的貨物周轉期從 5 個月縮短至 45 天。這是我加入利豐以來公司獲得的最好成績。" 這些快速採購基地所佔採購份額由 1995 年的 5% 上升至 1998 年的 11%，可見市場對快速供應的需求。因此，收購天祥以拓展客戶空間，令利豐銷售額在三年內倍增，成為利豐實現新三年計劃的重要因素。

1996 年中，利豐兼併天祥業務的合併計劃經過一年的努力終於完成，收購效果逐漸顯現。這一期間，利豐的全球採購網絡進一步拓展到南亞、歐洲、地中海、拉丁美洲，以及埃及、突尼斯、墨西哥、阿拉伯聯合酋長、尼泊爾等。到 1998 年底，利豐的採購網絡已遍及全球 29 個國家或地區，共擁有 45 家辦事處，其供應商多達 7000 多家。

收購天祥洋行前，利豐估計約有 20%-30% 的客戶可能因此流失，但實際上沒有任何客戶在合併期間流失。1998 年，利豐在歐美國家的客戶中，有 420 家主要客戶，它們都是大型的連鎖零售店集團，包括 The Limited、華納兄弟（Warner Brothers）、 John Lewis Partnership 和 Spain's El Corte Ingles 等。1996 年度，即利豐收購天祥後將該公司全年收益悉數撥入利豐的首個財政年度，利豐的營業額大幅躍升至 125.14 億港元，其中有 41% 來自天祥，整體比上年度增長 35.8%；計算特殊項目前經營溢利 3.26 億元，增長 26.2%；股東應佔溢利 3.0 億元，增長 33.3%。不過，利豐的邊際利潤因為受到 IBS 的拖累，從 3.3% 降為 2.4%。

1997 年度，受亞洲金融風暴的影響，利豐的增長放慢，營業額僅增長 6.6%，達 133.45 億港元，除稅後贏利 3.75 億港元，仍增長 25.0%，邊際利潤則回升至 2.81%。利豐的出口市場也趨向均衡，其中，美國市場所佔比重已從原來的 84.4% 下降到 67.5%，歐洲市場則從 12.6% 上升到 28.6%，亞太地區的比重也從 2.1% 上升至 3.3%-4%，利豐的市場多元化的策略初顯成效。1998 年底，天祥完全融入利豐的部門架構，其邊際利潤也成功從 0.8% 提升到 3% 以上，集團邊際利潤回升至 3.18%，已接近合併前水平。至此，利豐以"填補空間"為口號的三年計劃（1996-1998 年）基本實現預定目標。馮國綸表示："集團的業績增長與三年發展計劃所訂的目標相符，本人對此感到雀躍。面對亞洲金融風暴為區內經濟所帶來的困擾，本集團在年內仍能進一步茁壯成長，並憑藉所擁有的優越條件，迅速回應及滿足美國與西歐兩大市場的殷切需求。"

◢ 利豐收購太古貿易、金巴莉 ◣◣◣

　　1998 年，利豐制定上市後第三個"三年計劃"（1999-2001 年），將目標訂為三年內集團贏利翻一番，同時提升 50% 營業額及 1% 邊際利潤。計劃期間，利豐再次策動連串橫向收購活動，其中，最重要的就是收購太古集團旗下的太古貿易及金巴莉，以拓展其全球採購網絡，力求在激烈的國際競爭中佔據領先優勢。

　　太古集團是香港著名的英資四大洋行之一，與怡和公司、和記黃埔、會德豐齊名，都是香港歷史悠久、實力雄厚的大型企業集團。英資四大行中，太古的經營作風素以沉着穩健著稱，雖然其政治影響力不如怡和洋行，發展勢頭不如和記黃埔，但是步伐穩健，後勁凌厲。太古集團的前身是太古洋行（Butterfield & Swire Co.），於 1866 年在上海創辦，創辦人是英國約克郡布商約翰‧塞繆爾‧施懷雅（John Samuel Swire）。太古洋行創辦後，一度發展為中國沿海及長江航運的壟斷寡頭。太古洋行於 1870 年進入香港。初期，香港太古洋行主要業務為代理藍煙囪輪船公司的客貨運業務，並經營一些雜貨生意。1881 年及 1900 年，太古先後在香港設立太古糖廠和太古船塢公司，其業務發展至航運、船舶修建、製糖、製漆及保險等多個領域，成為與怡和洋行並駕齊驅的英資大行。

　　20 世紀 50 年代初，太古撤離中國，以香港為基地重建其在遠東的事業。它迅速將所經營的業務，從航運拓展至航空、地產以及其他領域，包括收購國泰航空（Cathay Pacific Airways Ltd.），組建港機工程（Hong Kong Aircraft Engineering Co., Ltd.），成立太古地產（Swire Properties Ltd.）等，成為橫跨海陸空的多元化大型企業集團。太古又投資香港工業，包括包裝食糖、汽水、建築材料、玻璃纖維、油漆及化工原料等。1969 年，太古成立太古實業有限公司，以統籌集團在實業方面業務。

　　20 世紀 70 年代中，太古集團以上市公司──太古有限公司（Swire Pacific Ltd.）為旗艦進行業務重組。重組後的太古，業務分為四部分，包括地產、航空及酒店、實業和海洋開發等。地產部以太古地產為主，航空及酒店部轄有國泰航空、港機工程、香港空運貨站等公司，實業部包括太古糖廠、太古汽水、太古國光、太古貿易、以及後來成立的金巴莉等全資附屬公司，海洋開發部的主要聯營公司是聯合船塢、現代貨箱公司。

太古貿易有限公司（Swire & Maclaine Limited）創辦於1946年，總部設於香港，是一家大量採購勞動密集消費品的貿易公司，主要從事產品採購出口及提供品質保證服務。太古貿易的業務與利豐大致相同，其採購產品大部分為成衣，佔採購業務營業額的65%，其次為一系列耐用消費品，如玩具、傢具、禮品、烹飪用具及食具等，約佔35%。按出口市場劃分，美國市場約佔太古貿易營業額的80%，其餘20%來自英國等歐洲國家、加拿大及日本市場，主要客戶是一些連鎖專門店集團。太古貿易在亞洲區設有11家辦事處，在美國設有1家服務中心，並另設11家品質控制中心，監控31個採購地區，員工逾400人。太古貿易是香港僅次於利豐、天祥的第三大出口貿易公司。不過，90年代以來，太古貿易的經營不理想，營業額及贏利不斷下跌。1998年度，太古貿易營業總額僅23.56億港元，除稅後溢利1270萬港元。

金巴莉企業有限公司（Camberley Enterprises Limited）創辦於1979年，創辦人是太古董事、香港行政及立法兩局首席議員鄧蓮如。金巴莉是一家成衣公司，它擁有員工165名，主要從事設計、生產及採購高檔成衣、女士運動裝、最新流行時裝及家居用品，客戶包括英國、美國及日本的零售商、時裝品牌及設計師名下品牌。其中，英國市場佔公司營業額的70%，美國市場佔27%，其餘3%為日本及其他市場。金巴莉的客戶基礎比太古貿易狹窄，其中一個重要客戶是英國的時裝和家居裝飾品牌Laura Ashley。金巴莉最大的特色，就是所謂的"虛擬生產商"，它利用自置的設施為成衣客戶提供設計、自行製造紙樣及樣品、購買布料，然後將生產工序授予深圳的工廠以合約形式進行，內部管理比利豐的供應鏈管理還要繁複。在鄧蓮如時代，該公司做得有聲有色。不過，1996年鄧蓮如在香港回歸前夕退休返英國定居後，繼任者對這盤生意缺乏興趣。1998年度，金巴莉的營業額約為4.95億港元，除稅後溢利為3500萬港元。

1999年，利豐在充分消化天祥洋行後，再次展開收購，這次的目標鎖定太古貿易及金巴莉。當時，馮氏兄弟覺得太古在採購貿易領域無心戀戰，有機可乘，決定主動出擊。其時，太古集團亦部署鞏固其航空、地產等核心業務，有意"瘦身"，放棄採購貿易，雙方一拍即合。1999年12月29日，利豐與太古達成收購協定，以 4.5 億港元現金收購太古貿易有限公司及金巴莉有限公司，市盈率約9.4 倍。根據收購協定，太古保證 1999 年度，太古貿易及金巴莉的合併資產淨值不少於 7100 萬港元，而合併營運資金（即流動資產減流動負債）不少於 1750 萬港元。有關收購計劃於 2000 年 4 月或之前完成，所涉金額全數由利豐的內部儲備支付。

馮國綸表示：“這項收購行動將有助集團有效地擴展其歐美主要市場的客戶基礎。太古貿易及金巴莉的加盟能進一步鞏固集團在出口採購及連鎖供應管理方面的國際性領導地位。”“太古貿易和金巴莉兩家公司所擁有的豐富資源及其500 多名員工的深厚經驗，正好配合利豐現時業務發展的需要。同時，我深信這兩家公司將能藉着與利豐現有的管理系統和技術支援方面的配合而受惠，而結合後的利豐集團亦將可獲得更大的經驗效益。”

據估計，單以 1999 年度業績計算，利豐合併兩家公司後的營業額將增加至172 億港元。馮國綸表示，收購太古兩家公司後，利豐有相當把握達到在 2001 年將營業額增加 50% 並令利潤翻一番的目標。由於太古貿易的採購網絡與利豐重疊，有人質疑為何收購不能擴大經營網絡的太古貿易？對此，馮國綸認為：收購是“可遇不可求”。利豐不缺資金，但需要增加人才，太古貿易有逾 400 名員工，公司管理架構良好，員工素質高，有利於推動業務發展。他指出：太古是香港其中一家管理最好的公司，但太古貿易近年的採購服務方針不及利豐先進，因而業績有所下降。利豐收購太古貿易後，將改變其經營模式，改善經營效率及贏利，使其目前僅達 0.7% 的邊際利潤在三年內提升至超過 3% 水平。

對於這次收購行動，香港里昂證券發表的研究報告這樣評論：太古公司這項交易絕對是割價發售太古貿易及金巴莉，因為太古貿易為現時本港第二大產品採購貿易公司，一直是利豐的主要競爭對手，而收購價更是以兩公司經歷金融風暴後的 1998 年度贏利作計算。該研究報告認為，此項收購交易不但能壯大利豐貿易業務，亦令利豐穩坐本港環球消費品貿易業務第一把交椅。當然，收購金巴莉，還有一個好處就是能充分吸收金巴莉在“虛擬生產”專長，開拓利豐的虛擬生產業務模式，使利豐能更深入地進入服裝產品的設計領域。金巴莉的虛擬生產業務與利豐大部分的採購服務很不相同。在虛擬生產經營模式下，金巴莉擔當了女士潮流服裝及裝飾配件設計師和直接供應商的角色，而非客戶的供應代理商，它的客戶主要是來自歐美的高檔服裝品牌，主要銷往美國與英國市場。

金巴莉的員工中，約有二成從事產品銷售工作，其餘大部分從事產品設計、樣板製造、採購生產、質量保證和控制等支援性工作。這些員工主要為公司客戶提供度身訂造的各項服務，主要包括兩方面，一是每年春秋兩季為客戶提供一份服裝潮流報告，對來年的紡織潮流作出預測；二是為客戶指定的專案提供度身訂造的產品設計，協助客戶設計和改進服裝產品，並負責所有服裝原材料採購的管理工作，從而控制成本，增加銷售，提高客戶的邊際利潤。金巴莉並不擁有自己的工廠，但它卻與工廠保持着極其密切的業務聯繫，並在實際上管理着工廠的生產運作。金巴莉在廣東深圳擁有四個生產基地，在江蘇、浙江及四川亦分別擁有一個生產基地，它只與為數不多的幾家工廠合作，這些工廠大多與金巴莉維持了10年以上的合作關係，彼此非常瞭解。在生產過程中，金巴莉的技術人員和質量監管人員一直駐守在工廠，管理及監督每一個生產環節，並重視風險管理。

利豐指出："金巴莉的案例體現了利豐從代理業務向產品供應業務的延伸。金巴莉對整條成衣供應鏈進行管理和優化，是成衣供應鏈的管理者。與傳統的企業生產規模相比，虛擬生產模式更加注重生產必須符合市場需求的經營理念，更加體現以顧客為核心的市場觀念的確立。金巴莉的成衣製造模式深刻地體現了這個轉變。"利豐藉收購行動吸收金巴莉的專長，令供應鏈向上游伸延，為客戶提供更多樣的服務。

第三個三年計劃實施期間，利豐通過兼併太古貿易、金巴莉等，其全球採購網絡已擴展到全球 40 個國家或地區共 68 個辦事處，此外還在中國內地開設17 個辦事處，集團旗下員工人數增加到 5000 人，成為全球最龐大的採購貿易集團之一。1999 年度及 2000 年度，利豐的業績表現理想，其營業額分別達 162.98億港元及 249.92 億港元，比上年度增長 13.9% 及 53.3%，除稅後贏利則分別達5.77 億港元及 8.60 億港元，增幅分別為 26.8% 及 49.0%。更重要的是，利豐的貿易模式出現一項重大變化，其耐用消費品的銷售迅速飆升，耐用消費品方面的營業毛利亦遠較成衣為佳，這一趨向有助集團實現三年計劃的另一個目標——提高邊際利潤。

◢ 利豐的挑戰——企業文化的差異 ◢◢◢

在兼併天祥、太貿兩家公司過程中，利豐面對的最大挑戰，就是彼此之間公司企業文化的差異，以及由此所形成的經營風格的差別的彌合。

利豐經過馮氏家族三代經營，基本上仍然是一家華人家族公司，擁有深厚的中國傳統觀念，並形成一套獨特的管理模式。利豐董事局主席馮國經說："利豐是一家擁有深厚中國觀念的公司，我們不會輕易裁員，反而會挽留一些已經退休的員工作為公司的顧問。除此之外，我們亦不相信虛有其表的職銜和等級制度。我們視員工如家人般看待。" 利豐一位外地經理這樣形容："每當我的妻子到訪香港，馮國經與馮國綸的母親都會邀請她去喝茶和購物。"

在利豐工作了 53 年的會計鍾美學女士在這方面亦有深切的體會，她說："老闆（馮國經、馮國綸兄弟）很重視與員工的感情聯繫，每年年三十晚一定在灣仔會議展覽中心宴會廳與利豐全體職員一起吃團年飯，每年開年後即預訂明年的酒席，年年都訂 100 席，連斟茶倒水的阿嬸都請。" 鍾美學回憶說，每次加夜班，馮國綸都叫司機開車送工人回家，有時完成一件重要任務後，公司還請職員"遊船河"。鍾美學表示，她一直工作到七十多歲，老闆仍然聘請她，1995 年她主動要求辭職時，馮國綸仍然挽留她，並問她辭職的原因。

馮國綸表示："利豐經過馮氏家族三代經營，積累了深厚的中國傳統觀念。我們要求員工有忠誠的工作態度，而公司亦會對員工的勤奮表現作出相應的獎勵。經理級員工的獎勵是基於一個高成份比例的贏利分配機制，即根據他們所管理的辦事處的表現來計算分紅。由於市場不穩定，某些行業，如成衣，會有較大的迴圈性，所以那些追求穩定收入的部門經理對這種與部門掛鈎的獎勵制度感到憂慮。因此，若果這些經理所在的部門贏利下降，公司不會裁掉他們。我們明白市場上的波動與低潮會令部門贏利出現短暫下調，我的父親教導我們要忠誠，所以如果員工的工作表現受到某種外在因素影響，公司會儘量挽留或對他們的工作作出適當的調配。"

馮氏兄弟十分看重利豐內部的"中國文化"，但同時亦瞭解到公司必須配合每個國家的不同文化而作出相應的調節。馮國綸說："我們雖然是一家以香港為基地的傳統華人公司，但我們不會向泰國人盲目灌輸香港的一套工作方式。我們不會像美國公司般提倡對所有外國分公司採取單一的管理方式；相反，我們會讓各地的分公司找尋一套合適當地的管理模式。當然，利豐的核心運作，如員工薪酬激勵計劃，仍會被劃一管理。”當然，自 1973 年首次上市以來，經過逾 20 年的改革發展，利豐雖然仍然保持着傳統華人家族企業的基本特徵，但已引入一套美國的先進管理制度。

相比之下，天祥洋行則是一家傳統的英資公司，由一批從英國移居香港的非華裔人士管理，這批高層管理人員並不熟悉華資家族企業的營運方式，他們擁有自己的一套生活方式與薪金期望，跟利豐的人力資源運作標準及支出結構完全不同。此外，兩家公司的溝通與管理方式亦有所不同，在會議中，外國經理比較勇於發表意見，而利豐的經理則比較少跟職員正面交鋒，他們傾向和議大眾的決定。因此，如何融合兩家公司的文化對雙方員工能否在同一屋簷下愉快合作至關重要。

為了加強企業文化的整合，利豐合併天祥後，開始了每月的營運例會，讓世界各地的管理人員聚首一堂，商議公司的策略，並藉此使來自不同地方的高級經理人員有機會面對面地溝通，發表意見，建立一個跨國公司的企業文化。為了顧及非華裔員工，馮國經與馮國綸在每月的例會中都以英語為主，藉此加強他們與高層管理人員、產品和國家經理的溝通。除此之外，公司每年亦舉行兩次會議，討論全球性策略，以應付未來的挑戰。主席馮國經表示：“我們確保每一個總經理都能發表他的意見。雖然最終的決策權落在我和馮國綸那裏，但我們亦需要確保這些決定是正確的，這種方法有別於傳統由上至下的華資家族管理方式。”收購天祥洋行對利豐的企業文化亦產生了正面的長遠影響。舉例而言，天祥洋行的經理都習慣駐外地工作，亦樂於配合公司的需要而調往其他國家工作，而香港的經理則不太願意長駐外地。隨着天祥洋行經理層的加入，員工的溝通方式也開始發生改變，一些天祥洋行的經理發現華籍經理逐漸學習他們，在會議上發表意見的次數增加了。

◢ 英商主導香港貿易業時代結束 ◢◢◢

　　從 1970 至 1990 年代整整 30 年間，英資的天祥洋行、太古貿易公司和華商利豐集團一直位居香港出口貿易公司前三位。1995 年以來，利豐先後收購天祥及太古貿易，三大貿易公司歸於一統。自此，英商主導香港貿易業的時代宣告結束。

　　1995 年 12 月，即在利豐成功收購英之傑採購商行的五個月後，利豐董事局主席馮國經博士奪得 1995 年香港 "商業成就獎"。該獎於 1990 年由敦豪國際（香港）（DHL）及《南華早報》聯合舉辦，以表彰香港商界的傑出成就。1994 年度該獎得主是香港資深銀行家、恒生銀行主席利國偉。在頒獎典禮上，馮國經談及他本人最引以為傲的成就時表示：利豐收購英之傑屬下的採購業務並將其重組為天祥，令公司發展成為一家跨國貿易集團，給他帶來了很大的滿足感。收購IBS，可以說是利豐在 1990 年代發展歷程中的一個重要里程碑，這一役，利豐一舉消弭了其在香港的最主要的競爭對手，並奠定了公司作為香港最大貿易集團的地位。

　　1996 年，利豐為慶祝公司成立 90 周年紀念，出資 1000 萬港元贊助賀歲煙花匯演，匯演的主題則讚揚香港的國際貿易地位。1996 年 2 月 20 日大年初二晚，利豐假座尖沙咀海運大廈頂層露天停車場舉行可容納 5000 人的 "員工觀賞煙花晚會"，讓利豐員工及其家屬能以較佳的位置欣賞精彩璀燦的煙化匯演。香港一年一度的煙花匯演自 1982 年開始，首兩年由英資洋行怡和贊助，紀念該公司成立 150 周年。當時，香港的殖民色彩仍較濃厚，怡和順理成章先拔頭籌。每年的煙花匯演，贊助商的贊助理由都不同，其中以 1994 年中國銀行的贊助理由最特別，當年中銀成功躋身香港第三家發鈔銀行，奪得該年煙花贊助權。1996 年，利豐在成功收購 IBS 之後，奪得該年度煙花匯演贊助權，標誌着利豐作為香港最大的貿易機構已經建立其穩固地位。

　　2001 年，即在成功收購太古貿易及金巴莉後不久，利豐迎來公司創辦 95 周年紀念。該年 11 月 30 日，利豐在香港會議展覽中心舉行慶祝酒會。在隆重的慶祝酒會上，冠蓋如雲，到會嘉賓包括香港特區行政長官董建華、政務司司長曾蔭權、財政司司長梁錦松等政府高官，以及社會各界名流，濟濟一堂，極一時之盛。

集團主席馮國經在酒席上致詞說：“利豐業務的發展歷程，是以創業精神成功推動經濟繁榮的證明，為此我感到非常榮幸。全球經濟邁向一體化及中國入世，預期可為環球貿易帶來新的挑戰和商機。以香港傳統貿易的實力，加上中國開始對外開放貿易市場，香港當可從中受惠，特別是促進與中國內地經濟整合發展，以及為國內的出口業務增值，尤以珠江三角洲為主。”

27

債台高築 胡仙痛失星島報業

1997 年亞洲金融風暴的驟起，揭開了星島收購戰的序幕。

星島集團由東南亞巨富胡文虎創辦，其女胡仙繼而發揚光大，成為全球中文報業跨國集團，而胡仙亦因而被譽為 "香港最有財勢的女人" "亞洲最富有的女人"。然而，踏入過渡時期以後，胡仙投資策略接連失誤，為家族事業王國的崩潰種下禍根，可謂 "一子錯，滿盤皆落索"。

亞洲金融風暴後，香港地產、股市大幅下跌，債台高築的胡仙失去最後的翻身機會，被迫出售星島，觸發了一場矚目的收購戰。是役，中企基金與 Lazard 比財技、比財勢，連番惡鬥，一方是後來居上，可惜功敗垂成；另一方則失而復得，最後反敗為勝。星島鹿死誰手，主沉浮的竟是大債主何英傑家族……

一代女強人胡仙，就此斷送了家族王國，再次印證了 "富不過三代" 的道理。

星島報業集團的創辦人是胡仙的父親胡文虎。胡文虎祖籍福建永定，1882年在緬甸仰光出生。其父胡子昂早年赴南洋謀生，在仰光創辦永安堂中藥店，售賣中藥材並行醫。1908年胡子昂逝世，永安堂遂由其子胡文虎、胡文豹兄弟經營。其時，永安堂僅是仰光一間極普通的中藥店。

　　胡文虎兄弟為了將永安堂發揚光大，針對東南亞地區氣候濕熱的特點，在祖傳秘方“玉樹神散”的基礎上，利用薄荷、樟腦、山基子等中藥原料，並採用西藥的科學研製方法，先後研發出多種良藥，包括萬金油、八卦丹、頭痛散、清快水、止痛散等，又設計了以老虎為圖案的商標，統稱虎標良藥，永安堂中藥店亦改名為永安堂虎豹行。永安堂的虎標良藥推出後，由於功效顯著、攜帶方便、價格便宜，很快受到普通大眾的歡迎。其中又以虎標萬金油最馳名，暢銷緬甸及東南亞各埠。

　　1932年，胡文虎為了拓展中國內地市場，將永安堂總行遷至香港，在香港開設虎標永安堂，其後便在香港島的大坑道興建著名的虎豹別墅，以作為在香港的居身之所。當時，胡文虎的事業如日中天，永安堂在中國內地各大城市和東南亞各埠遍設分銷機構，估計全世界半數以上人口都使用過虎標萬金油。胡文虎成為家喻戶曉的“萬金油大王”，一蹴而就成為東南亞巨富。

　　胡文虎主推銷虎標良藥，每年均在報刊大事刊登廣告，花費巨大，他由此產生自辦報紙的意念。1929年，胡文虎在新加坡創辦《星洲日報》，其後又相繼創辦《星檳日報》《星華日報》《星光日報》《星閩日報》《星滬日報》《星暹日報》《星暹晚報》等，在無意中創辦了另一個商業王國——星系報業。

　　1937年，胡文虎命三子胡好在廣州創辦《星粵日報》，試刊時適逢“七七事變”，抗日戰爭全面爆發。這時，香港已成為永安堂的主要基地，胡文虎因應形勢的發展，決定叫胡好到香港創辦《星島日報》。這是星島報業的起源。

　　1938年8月1日，星系報業的第六份報紙——《星島日報》在香港正式創刊出版。當時，國民黨政要林森，為《星島日報》題寫了報名，而中共元老朱德、葉劍英等，亦為該報題辭。葉劍英的題辭是《民眾喉舌》。

　　當時，星島報社已擁有最新型的高斯捲筒印刷機，配有彩色套印，每小時可印5萬份，其規模在當時香港報業堪稱一流。《星島日報》後來成為香港的大報之一，是香港政府刊登法律性廣告的有效刊物，日常銷量上升到 7 萬份。

《星島日報》出版不到半個月，《星島晚報》亦於 1938 年 8 月 13 日創刊。1948 年 1 月 16 日，廣州發生"廣州市民焚燒沙面英國領事館事件"，《星島晚報》即僱用直升飛機採訪，發回大量新聞圖片報道，當天即在該報頭版刊出。自此銷量急升，成為香港最有影響力的一份晚報。

1948 年，胡文虎再在香港創辦一份英文報紙，即《香港英文虎報》，英文名叫"Hong Kong Standard"。自此，香港星系報業自成系列。胡文虎一生前後共創辦了 16 份報紙，到其晚年，其報業方面的業務已大大超過了成藥方面的生意，而胡氏作為報業總裁的名氣，也超過了他作為永安堂東主的銜頭。

1954 年，胡文虎病逝，遺下家族生意分別由其子女侄兒繼承。可惜，當時被認為最有可能繼承發揚其事業的三子胡好，已先其父一年，於 1953 年因飛機失事身亡。後來，胡氏後人未能同心協力守住祖業，甚至為遺產所有權對簿公堂，弄致整個商業王國四分五裂，後來大部分產業更落入外人之手，包括著名的永安堂虎豹行。對此，胡文虎的女兒胡仙曾發出這樣的慨嘆："我們本來擁有全部，一個令別人羨慕、妒忌的龐大的帝國，可惜胡文虎死後，沒有人去統率它，每個家族成員都想，卻沒有一個有能力那樣做。"

◢ 星島——全球中文報業集團 ◣

幸而，根據遺囑，胡文虎在香港創辦的三份報紙，包括《星島日報》《星島晚報》和英文《虎報》，為其女胡仙所繼承。由此，胡文虎的事業得以藉此"半壁江山"發揚光大。

胡仙出生於 1932 年，是胡文虎的養女。胡文虎病逝時，胡仙年僅 22 歲，剛從聖士提反女子中學畢業。命運將胡仙從幕後迅速推到前台。當時，胡仙接掌星島報業時，該報系尚處於艱難經營之中，虧損嚴重。

胡仙上任後，首先從改革管理體制入手，她在報系實行現代最流行的"事業部制"的管理方法，即由總公司制定一個方針和基本的業務範圍，具體事情由各事業部門承包負責。她執掌的第六年，星島報系已渡過難關，開始闖出名堂。1957 年，胡仙正式出任星島報業集團的董事長。同年，她遠赴美國西北大學研究新聞學，以進一步掌握新聞事業的理論知識。

胡仙深諳廣告是香港報紙最重要的收入命脈，1960 年以 1 港元售價賣分類廣告版位，爭奪客戶，開創了香港報章開展分類廣告業務的先河。後來，胡仙再購入一個專門處理分類廣告的電腦軟件，使星島報系在該業務方面長期處於領先地位。一位資深的報業人士回憶說："那時期的中文報章以《星島日報》的商業行情、航行消息和社團新聞最多，當時資訊不流通，人人都想得知當日最新消息，《星島日報》幾乎人人手執一份。"

20 世紀 60 年代可以說是星島報系最風光的日子，胡仙亦開始在國際報業嶄露頭角。1966 年，東南亞中文報紙研討會在香港舉行，議決成立世界中文報業協會，宗旨是提倡新聞自由，促進全球報業合作。結果，胡仙被推選為籌委會主席。1968 年，世界中文報業協會成立，會員包括全球 89 家報社，胡仙當選為報協首任主席。1970 年，國際新聞協會在香港舉行第十七屆年會，胡仙再被推選為該協會首位華人主席。

1972 年，胡仙將星島報業重組，以"星島報業有限公司"的名義在香港掛牌上市，市值上漲逾倍。1980 年，星島報業集團在九龍星島工業大廈裝設 Gross Urbanite 及 Cosmo 柯式印刷機，以配合日益繁重的印刷需求。1987 年，星島更斥資逾千萬美元在九龍灣自建廠房，再增購兩部柯式印刷機及裝置全電腦控制運輸系統，生產更趨現代化。

60 年代後期，胡仙在香港報業奠定基礎後，在一次靈機觸動之下將報業業務拓展到海外。胡仙回憶創辦星島日報海外版的經過時這樣說："《星島日報》辦海外版，始於二十多年前（註：1968 年）到美加旅行的某一天。那時，香港人到外地旅行尚未普遍，旅居外地的港人都很關注香港的情況，但苦於當地沒有中文報章可以看，所以一看見香港人，都會趨前詢問香港的情況，我靈機一觸，認為在海外辦中文報章應有市場。"

胡仙立即將計劃付諸實行，她很快聯絡當地一位相熟的連鎖店東主，在店內擺賣《星島日報》，一位印刷商則承接了印務。1969 年，《星島日報》在美國三藩市出版了第一份海外版，初時報紙在香港排版，然後把電版空運到三藩市印刷。據胡仙透露，海外版創辦數年後已開始有贏利，業務發展理想。

自此，胡仙相繼在歐美各大城市創辦《星島日報》海外版，包括北美的紐約、三藩市、溫哥華、多倫多等六個城市，以及倫敦、悉尼和威靈頓。早期海外的中文報章，要不由左派控制，要不由右派擁有，《星島日報》走中間偏右路綫，搶走了不少讀者。而在一些熱門銷售地區如多倫多，星島有時每份出紙竟厚 70 張。為迎合當地市場環境和讀者口味，胡仙不惜在內容方面別出心裁，刊登當地新聞和廣告，此外還加上由香港總部提供的中國內地和香港新聞，盡量充實內容。這些措施為《星島日報》海外版贏得了大量讀者。據說，海外版銷量最高峰時曾達到 16 萬份。

1978 年，胡仙率先採用人造衛星技術把《星島日報》電版傳輸到海外印刷，鞏固了她的海外業務。《星島日報》在全盛時期，被譽為"凡是有華僑的地方，就有《星島日報》"。星島報業由此逐步發展成一個全球性龐大報業集團。後來，胡仙在談到經營成功的秘訣時說："我們辦報的座右銘是不斷革新，並隨着時代的需要而改變，才不會被電子傳媒所取代！我接手星島的 35 年間，星島已有了很大的改變，但我覺得現在還有很大的發展餘地，我們的目標是希望有華人聚居的地方，便有《星島》出版。"到 80 年代後期，星島報業集團年利潤開始突破 1 億港元大關。這時，胡仙已被譽為"香港有財勢的女人""亞洲最富有的女人"。

1988 年，適逢《星島日報》創刊 50 周年，美國的多個大城市，包括紐約、波士頓、芝加哥等，相繼宣佈將 8 月 1 日定為"星島日報日"。其間，英國首相戴卓爾夫人、美國總統列根、加拿大總理莫朗克、澳洲總理霍克等多國元首均向星島報業集團發來賀電。同年，胡仙榮獲美國俄亥俄大學史克普斯新聞學院頒授的長爾・范・安達大獎。該院院長伊沙特在頒獎時確認，《星島日報》是全球第一份國際性報章，而胡仙是第一名適合接受美國"長爾・范・安達獎"的外國人，因為她是唯一"思想與行為國際化"的出版家，她的可敬之處正是：面向世界。至此，胡仙及星島報業集團的聲譽達到了巔峰。

◢ 一子錯，滿盤皆落索 ◣

可惜，就在胡仙個人聲望達到巔峰的同時，她亦為星島集團的崩潰種下禍根。

1984 年 12 月，中英兩國簽署關於香港前途問題的《聯合聲明》，香港進入回歸中國的過渡時期。這時，胡仙的投資策略開始發生重大變化。1985 年 8 月，胡仙對集團進行重大重組計劃，她透過在澳洲的仙人掌有限公司將星島報業私有化，而星島在香港的上市地位則轉給星島一家名為 Cinclus 的附屬公司，然後售予新西蘭背景的怡勝太平洋。1986 年，星島報業雖然重新在香港上市，但實際上只是為了配合胡仙的海外投資計劃。當時，胡仙曾表示："我再無興趣從事報業來沽名釣譽了……現在能令我提興趣來的，不再是長綫投資，而是一些可能在短時間內帶來利潤的交易。"

這時期的胡仙，最熱衷的就是投資地產。1985 年，胡仙夥拍怡勝太平洋，以 6.36 億港元的價格擊敗志在必得的九龍倉，在官地拍賣會上奪得現今廣東道太陽廣場地皮。這是胡仙在地產業上最漂亮的一擊，一出手即石破天驚，在市場上引起震盪。半年後，胡仙將該幅地皮以 8.3 億港元轉售，賬面獲利近 2 億元，與怡勝太平洋各分得近億元贏利。其後，胡仙又多次在地產市場嘗到甜頭。然而，由於胡仙對香港前途始終留有陰影，她在香港地產的投資，都是以閃電式出擊，從不作長綫投資。這使她 80 年代後期至 90 年代中的香港地產大升浪中錯失良機。

胡仙在香港地產作短綫出擊的同時，卻在澳洲、新西蘭、加拿大、美國、英國等地部署長綫投資，先後參與近 20 項物業投資。在這些投資計劃中，她在香港上市的旗艦星島集團也參加了部分項目，並佔一半股權。然而，人算不如天算，80 年代後期，歐美經濟不景，地產市道一落千丈，胡仙在海外的地產投資既不能變賣套現，又欠現金收益支付利息開支，結果被壓得喘不過氣來。

20 世紀 80 年代後期，胡仙除大舉投資海外物業之外，又接受其助手的建議，於 1989 年 2-4 月間在市場上大舉吸納玉郎集團股份及八九認股證，共動用了 2 億港元購入 29.6% 玉郎國際普通股及 50.28% 玉郎國際認股證，挑戰當時正陷入困境的黃振隆在玉郎國際的控制權。其後，胡仙還要再安排 1.38 億港元予黃振隆，使他向錢國忠及林建名贖回其玉郎股票。結果，胡仙收購玉郎國際一役，賬面虧損達 6000 多萬港元。

　　上述各種因素，導致胡仙及星島集團債台高築。截至 1991 年 3 月份財政年度，星島集團的銀行負債便達 15.7 億港元，而據估計胡仙個人的負債更高達 20 億港元。1991 年 5 月，負債纍纍的星島集團被迫宣佈資產重組，其中的關鍵是分拆星島集團與胡仙共同持有的投資，將業務重心集中在出版方面。當時發表的重組廣告又透露，將委任 Martyn Smith 及鄭立人為集團執行董事，以加強集團的管理階層。言下之意，是要胡仙與星島集團 "保持距離" ，並奪去胡仙在星島的管理權。星島的三個債主——滙豐銀行、渣打銀行及澳洲的新南威爾斯州立銀行對重組計劃表示支持。至於胡仙個人，亦被迫四出求助，她向不太稔熟的香港煙草創辦人何英傑借得 5 億港元，成功脫困。然而，這也埋下她日後被迫出售星島給國際投資銀行 Lazard Freres & Co. 的伏筆。

　　星島集團重組後，自 1992 年度開始扭虧為盈，1994 年度純利一度高達 4.27 億港元。該年，星島的負債總額亦減低到 7.1 億港元水平，負債狀況恢復正常。這時期，胡仙的投資策略又發生明顯變化。1992 年，胡仙在新華社香港分社副社長張浚生的陪同下訪問北京，受到隆重的禮遇，其間更獲得國家主席江澤民和國務院總理李鵬的接見。從這時起，星島集團開始積極投資內地，1992 年與《人民日報》合作出版《星光月刊》，1993 年創辦《華南經濟新聞》，1994 年出版英文《虎報》北京版，1995 年創辦《深星時報》。可惜，這些投資均沒有為集團帶來贏利，其結局不是停刊就是出售。

　　1994 年，香港樓價從高峰回落，經濟步入調整期。1995 年，《蘋果日報》創刊，香港報業爆發空前激烈的減價戰，而報紙的成本則不斷上升，報業經營日趨困難，星島集團再次轉盈為虧，1996 年度錄得 1.46 億港元的虧損。1996 年底，受報業減價戰的影響，創辦 58 年的《星島晚報》被迫停刊。

　　面對經營困境，星島集團旗下的另一份報紙——英文《虎報》的高層管理人員更鋌而走險，部署 "篤數" ，即透過集團的附屬公司贖買《虎報》作廢紙處理，以誇大報紙銷量，藉此吸引廣告收益繼續支持報紙營運。事件在 1997 年被揭發，6 月 4 日香港廉政公署拘捕《虎報》六名高層，包括胡仙及《虎報》總經理蘇淑華、前發行總監黃偉成、財務經理鄭昌成等，指他們涉嫌串謀 "篤數" 。1998 年 3 月，蘇淑華、黃偉成、鄭昌成等被正式起訴串謀詐騙及造假賬罪，廉政公署在串謀詐騙控罪中曾點名胡仙為串謀者，但胡仙未被起訴。事後，香港特區政府律政司司長梁愛詩在解釋不檢控胡仙的原因時指出有兩點，一是證據不足，沒有證人指證胡仙牽涉在內；二是基於公眾利益，因為胡仙是上市公司星島集團主席，當時該集團正面臨重組，如果胡仙被檢控，可能令公司倒閉，屬下 1400 名香港僱員和500 名海外僱員有可能面對被辭退的命運。

結果，《虎報》三名高層被法官裁定罪名成立，即時入獄 4-6 個月。事件令胡仙及星島集團的困境暴露無遺。

◢ 中企收購星島功敗垂成 ◢◢◢

1997 年 10 月以後，亞洲金融風暴多次襲擊香港，令股市、地產均大幅急挫五成以上，經濟在短期內陷入衰退。時局的轉變，令胡仙失去最後的翻身機會。正如有評論指出：一場金融風暴，吹走了不少富豪一生積累的財富。星島集團主席胡仙早已債台高築，好像一個病入膏肓的巨人，即使用一根小指頭碰一碰，也會應聲倒地，更何況要面對一場史無前例的大風暴。

其實，金融風暴到來前，胡仙仍有機會翻身，可惜她未能及時把握。過去幾年間，香港地產市場曾兩次轉旺，胡仙亦逐步套現減債。到 1997 年底，胡仙的個人負債已從 90 年代初期的 20 億港元巨額減至約 7 億，包括拖欠 ING 銀行、東方匯理銀行等六家銀行的 4 億，拖欠何英傑家族的 2.9 億港元。因此，胡仙已暗中放盤出售星島集團股份，希望套現大筆資金，一舉償還債務。據說，金融風暴到來前，胡仙有一次差不多可以每股 5 港元價格出售星島股權，可惜她未能速戰速決，錯失了最後的黃金機會。

金融風暴後，港元資產大幅貶值，隨之而來的是銀行收緊信貸。胡仙的兩項主要資產——持有五成的星島股權和祖業虎豹別墅自然也大幅貶值，星島的股價也跌至不足 1 港元。胡仙的財政狀況自然惹起債權人的關注，1997 年底銀行及何英傑家族開始向胡仙追債。

這時的胡仙,甚至已無力向債權人償還利息。據瞭解,截至 1998 年 3 月底財政年度,胡仙在星島的股息收入加上董事酬金僅 2400 萬港元,但欠債的利息支出估計就高達 6700 萬港元。胡仙惟有不斷出售私人資產實現還債。1998 年,胡仙透過家族持有的胡文虎基金會將祖業虎豹別墅放盤出售,初期叫價 3 億港元,最後因樓價暴瀉,被迫於年底以約 1 億港元的價格售予李嘉誠旗下的長江實業。

然而,胡仙仍拖欠何英傑家族 2.9 億港元及多家銀行約 1 億港元的債務,除出售所持五成星島股權之外,已別無選擇。當時,有意收購星島的財團,包括國際投資銀行 Lazard Freres & Co. 和商人葉肇夫旗下的中企基金,前者願意以每股 1.25 港元價格收購胡仙所持有的 50.04% 星島股權,後者願意以每股 1.2 港元價格收購胡仙持有的 23% 星島股權,並有權在兩年前再購入 10%,每股作價 1.38 港元。

1998 年 12 月 8 日,胡仙當時的財務顧問怡富代表胡仙,與 Lazard 談妥,並擬就收購建議的草稿,約定胡仙早上 11 時簽約。不過,胡仙臨時爽約,兩日後再次爽約,隨即在同日簽約售股予中企基金。

根據胡仙與中企基金的協議,中企基金將以每股 1.2 港價格向胡仙購入 9600 萬股星島股份,佔星島已發行股份的 23%,涉及資金 1.15 億港元。中企基金是商人葉肇夫創辦的太陽集團旗下的一隻閉端式基金,資產值為 4040 萬美元(約 3.13 億港元)。

表二:Lazard 與中企基金收購星島方案比較

Lazard 建議	中企基金建議
收購價:每股 1.25 港元	收購價:每股 1.2 港元
收購股份: 所有胡仙持有的 50.04%。	收購股份: 收購胡仙持有的 23%,中企等有購股權,在兩年內再購入 10%,每股作價 1.38 港元。
全面收購:將會提出	全面收購:不會提出
胡仙權益: 1. Lazard 提供 6300 萬港元貸款。 2. 胡仙退任主席,但轉為星島董事會顧問 6 年,每年收取顧問費 900 萬港元。 3. 如果 Lazard 在 6 年內出售星島股權,出售價高於一個雙方議定的 "觸發價",Lazard 的利潤要與胡仙分享。	胡仙權益: 胡仙留任星島主席,但星島董事會控制權讓予中企。

根據中企基金的內部章程，管理層只可自行審批 800 萬美元（約 6200 萬港元）的投資，即最多只可購入 12.26% 星島股權。因此，中企基金需夥拍第三者才可完成與胡仙的交易。當時，中企基金表示，考慮中的第三者，包括四類財團：一是中企基金的全部股東，二是私人投資者，三是儲蓄壽險及退休基金，四是由資產管理公司管理的基金。為實現對星島的收購中取得主導權，中企基金透露曾與一、二、四類財團進行過初步磋商，但未有結果。最後，中企基金選擇了中國投資基金為合作夥伴，商定雙方購入星島股權的比例是 16：15，但新股東向星島集團委派的四名董事，則全部由中企基金決定。根據協議，胡仙在出售星島股份的同時，還會授出一項為期兩年的購股權，給予一家由中企基金四名管理層成員（包括葉肇夫本人）組成的管理公司，管理公司有權以每股 1.38 港元作價，向胡仙再購入 10% 星島股份。

中企基金的收購方案，可以說是充滿高超的收購財技，頗有四兩撥千斤的味道。其中的關鍵，就是星島集團本身坐擁 2 億港元現金。據悉，中企基金的如意算盤，是在收購星島後，將星島這 2 億元現金在 1999 年全部作為特別股息派發，中企基金按比例可收取 2740 萬港元。換言之，中企基金夥拍中國投資基金收購星島 23% 股權，其中，中企基金只出資 5970 萬港元購入星島 11.87% 股權，若再收取 2740 萬特別股息，中企基金實際只出資 3230 萬港元，便可控制一家市值高達 5.25 億港元的上市公司，十分划算。

中企基金的收購方案可以說是為胡仙度身訂造的，避免了胡仙要即時還款予沒有抵押的債權人何英傑家族而變得一無所有。這也是胡仙之所以選擇出價較低的中企基金以捨棄 Lazard 的原因，按照中企的方案，胡仙出售 23% 星島股權所得 1.15 億港元，剛好夠償還有抵押的銀行債權，而無抵押的何氏家族的欠款則只好拖延了。胡仙出售股權後，可繼續擔任星島主席，即使日後再售出一成股權，還持有 17% 星島股權，進可為日後捲土重來埋下伏筆，至於退路，胡仙亦早作安排。根據胡仙財務顧問怡富的透露，一年後胡仙家族的胡文虎基金會，將會動用出售虎豹別墅所得 1 億港元現金購入胡仙剩餘的星島股份，胡仙將透過出售股權取得原本不屬於胡仙的 1 億港元現金。

收購戰從來就是財技與實力之戰，中企基金的收購方案財技高超，如果胡仙財政穩健，可以自行決定如何售股，則中企基金早已穩坐釣魚船。可惜，胡仙債台高築，中企基金的方案，恰恰忽略了胡仙最大債權人何英傑家族的利益，並迫使何氏家族亮出申請胡仙破產的殺手鐧，使中企基金的收購功敗垂成。

◢ Lazard 比拼財技反敗為勝 ◣

由於不滿胡仙將星島股售予以中企基金為首的財團，1998 年 12 月 15 日，胡仙債權人何英傑家族向胡仙發出法定要求償債書，要求胡仙立即償還已逾期的兩筆合共 2.9 億港元欠款，從而啟動了申請胡仙破產程序的第一步。當時，有評論認為，何氏的行動，其實是 "項莊舞劍，意在沛公"，並非真要迫胡仙破產，而是要力阻胡仙售股予中企，以保障自身的利益。

1999 年 1 月 7 日，由於胡仙未能按期償還債務項，何英傑家族正式入稟法院，要求法院頒令星島集團主席胡仙破產。翌日，何氏家族再成功申請法院批准委任臨時接管人，接管胡仙名下資產，包括 50.04% 星島股權。至此，中企入股星島的交易，增添不明朗因素。

面對這一變局，胡仙亦展開一系列抗辯行動，先是於 1998 年 12 月 31 日向法庭申請駁回法定要求償還書，其後更直指何氏家族對她破產的申請，並無法律依據，並表明有意繼續按協議將星島股份售予中企基金。

由於何氏家族已成功申請法院委出接管胡仙資產，中企基金和胡仙要完成售股交易，惟有向法院申請確認令，批准交易。2 月 2 日，香港高等法院經 3 日聆訊，作出裁決不批准是項交易，主審法官在判詞中透露胡仙持有的星島股權，九成六已經抵押給銀行，她拖欠銀行 1.1 億港元，而何英傑借予她的 2.9 億港元，卻是無抵押債權人何氏家族的利益。

儘管售股協議未獲法庭確認，但中企基金堅持與胡仙的售股協議仍然生效，並研究是否自行豁免交易的條件，趕在胡仙破產案聆訊前，按原定計劃完成購股交易。2 月 5 日，中企基金與中國投資基金訂立補充協議，同意更改早前協議的條款，主要是豁免法庭須批准胡仙售股權的條文，並將達成交易的期限至 2 月

25 日，即胡仙破產案聆訊日期。

　　其間，中企基金陣營發生了微妙的變化，中企基金的夥伴中國投資基金增持了 410 萬股星島股權，其持股量超越了中企，而一直發揮主導作用的中企基金在與胡仙交易中的角色開始變化。據悉，與中國投資基金關係密切的 BNP 百富勤常務副董事長梁伯韜介入，充當說客，企圖說服胡仙與其主要債權人何氏家族和解。然而，梁伯韜的調解，最終還是無功而返。

　　何氏家族堅持，只要胡仙將所持的星島股權全部授予國際投資銀行 Lazard，就考慮撤銷對胡仙的破產申請。3 月 23 日凌晨，就在法院開庭審訊胡仙破產申請的前夕，胡仙在債權人的強大壓力下，為避免面對破產聆訊，被迫在最後一刻與何氏家族尋求和解，同意將所持 50.04% 星島股權售予 Lazard。

　　當日，國際投資銀行 Lazard 的亞洲分公司 Lazard Asia Limited 宣佈，已就收購星島股權事宜和胡仙及債權銀行達成協議，Lazard 以每股 1.25 港元的價格（較前一日星島在股市的收市價溢價兩成半）分別向債權銀行及胡仙共購入星島已發行股本的 50.04%，在完成交易後將以同樣價格向星島其他股東提出全面收購，涉及資金達 5.25 億港元。根據協議，胡仙售股後雖然不能繼續擔任星島主席，卻仍可出任董事會的特別顧問 6 年，每年獲得 900 萬港元利潤分成，另外還可獲 Lazard 貸款 6300 萬港元。

　　這邊廂，中企基金陣營已發生重大變化，中企基金悄然退出，僅餘中國投資基金還在獨力頑抗，至此它已在市場上收購了約一成星島股權，中國投資基金自知收購星島無望，立即改變策略，轉而向何氏家族接觸，包括要求派員進入星島董事局及獲配售星島股份，但均被何氏家族拒絕。4 月 30 日，星島集團召開股東大會，結果絕大多數股東同意將星島以每股 1.25 港元的價格售予 Lazard Asia Limited。至此，Lazard Asia Limited 成功入主星島。同日，胡仙遭債權人何氏家族申請破產的官司被取消。

　　在收購星島的一役中，Lazard 與中企基金均在比拚財技，同時亦各自捕捉星島賣盤中舉足輕重的決策者的心理。中企基金的方案顯然是為胡仙度身訂造的，故取得胡仙的支持，然而它卻忽略了胡仙最大債權人何英傑家族的利益。相反，Lazard 的方案則同時兼顧了胡仙和何氏家族的利益。胡仙售股後套現 2.62 億港元，除償還債權銀行 1 億港元之外，尚餘 1.62 億港元，加上 Lazard 向胡貸款的 6300 萬港元以及 6 年內可獲得的 5400 萬港元的顧問費，合共 2.79 億港元，基本夠償還何氏家族的無抵押欠款，這就是何氏家族為何全力支持 Lazard 收購星島的原因。Lazard 的收購方案技高一籌，取得何氏家族的支持，故能最終失而復得，反敗為勝。

Lazard 成功收購星島後，透過新聞稿指出，星島集團業務廣泛，擁有穩健的財政實力，具備很多重組和發展的機會，相信收購和星島是一項優質的投資。Lazard 將強化星島的管理層，並受益於胡仙的經驗，將星島的主要業務集中在報紙出版業務，令集團更加發揚光大。

不過，胡仙售股予 Lazard 後，雖然避免了破產聆訊，但最後仍然是變得一無所有，並失去日後捲土重來的翻身機會，家族的事業就此斷送在她手裏，實在是百般滋味在心頭。其教訓惟有留給後人研究、借鑒。

28

蛇吞大象 盈動兼併香港電訊

1997 年驟起的亞洲金融風暴，催化香港從舊經濟向新經濟的轉型。在這場資訊科技旋風中，香港公司收購兼併再次風起雲湧，其中，最矚目的是盈動兼併香港電訊。這是香港開埠以來最大規模的收購戰，堪稱經典中的經典。

戰事的起緣是英國大東電報局萌生退意，決定棄守經營百年的香港電訊。新加坡電信隨即部署越洋併購……在這關鍵時刻，香港首席財閥李嘉誠幼子李澤楷，透過旗下的盈科數碼動力中途殺入，後發制人。

爭購的雙方運籌帷幄，鬥膽色、鬥謀略，比財勢、比財技，背後牽動的是倫敦、新加坡、香港三地政府，乃至多個顯赫的財團、家族，可謂錯綜複雜。孰勝孰負，似乎只在一念之間……

結果，借殼上市不足一年的盈動，一舉擊退新加坡勁敵，成功兼併百年老店，將虛擬經濟的無限商機，結合到實體經濟中。"神奇小子"李澤楷由此締造了千禧"盈動神話"，再次印證了"天時、地利、人和"的至理名言。

盈科數碼動力在香港商界神話般的崛起，最早可追溯到 1990 年香港首富李嘉誠的兒子李澤楷返港。

　　李澤楷生於 1966 年 11 月 8 日，小時候就讀於香港頂級名校聖保羅男女小學，未滿 14 歲即被父親送到美國讀書。1987 年，李澤楷在美國史丹福大學畢業，取得電腦工程學士學位。1990 年李澤楷返港，加入父親李嘉誠旗下的和記黃埔，專責籌辦衛星電視，三年多後成功將衛視售予澳洲傳媒大亨梅鐸旗下的新聞集團，獲利 30 億港元。交易完成後，李澤楷一時聲名大噪，成為香港及國際傳媒的焦點。1994 年，李澤楷入選美國《時代》雜誌 "時代一百" 最具影響力人士。

　　1993 年 8 月，李澤楷決定自立門戶，他用出售衛星電視所賺取的 30 億港元，創立盈科拓展集團，發展科技基建事業。1997 年亞洲金融風暴襲擊香港，香港的股市、樓市連番暴跌，經濟進入衰退，產業結構的不合理性充分暴露。當時，香港特區行政長官董建華在其首份施政報告明確提出香港經濟向高增值、高科技發展的方向。在這種特定歷史背景下，李澤楷開始構思 "數碼港"（Cyberport）計劃。事緣 1998 年 3 月，盈科與全球最大的矽電生產商英特爾合作組建 Pacific Convergence Corporation（簡稱 PCC），在美國加州投資研製資訊科技。李澤楷想將 PCC 擴展到香港，然而，佔合資公司四成股權的英特爾卻質疑：香港哪有環境給英特爾或 PCC 存在？因此，李澤楷萌發了建立 "香港矽谷" 的設想。

　　"數碼港" 計劃一波三折。初期，李澤楷向特區政府高層提出建設 "數碼港" 的構想，但當時有關官員正忙於應付金融風暴，拒絕了他的建議。1998 年 6 月，李澤楷向政府正式提交建議書，政府為此聘請顧問公司研究。可惜的是，政府向五十多家香港及國際資訊科技公司查詢，竟沒有一家公司對該計劃有濃厚興趣，"數碼港" 計劃被迫暫時擱置。

　　1998 年 10 月，事情出現轉機。當時，面對亞洲金融風暴的襲擊，行政長官董建華發表他的第二份施政報告，在報告中，董建華明確提出香港要發展資訊科技和高增值產業的目標和一系列具體政策。他表示，政府的目標是致力將香港建成發展及運用資訊科技的首要城市。李澤楷建立 "數碼港" 的意念符合董建華的總體思路，於是獲得肯定。

　　1999 年 3 月，香港特區政府公佈與盈科集團合作發展 "數碼港" 的計劃。根據計劃，"數碼港"位於香港薄扶林鋼綫灣，佔地26公頃，將分三期發展，成為香港發展資訊科技的主要基地。合作的模式是政府提供土地，盈科出資並負責興建。整個計劃完成後盈科預計可獲利37億港元。消息傳出後，全港轟動，國際上亦相當矚目。當時正在香港訪問的美國微軟集團首腦蓋茨就高度評價該計劃，認為可以推動香港走上資訊科技高速公路，提升形象。

不過，"數碼港"計劃在香港引起了頗大的爭議，尤其是"數碼港"的批地方式和其中的地產發展項目，受到了香港主要大地產發展商的猛烈批評，認為"數碼港"實際上僅是一個"地產項目"，指責政府"私相授受"。對此，政府資訊科技及廣播局局長鄺其志解釋說，政府曾接觸五十多家外國及本地資訊科技公司，瞭解他們是否有興趣發展數碼港，但所得答案均為否定，在這種情況下政府才選擇盈科。鄺其志強調，數碼港是一個策略性基建計劃，而非地產發展項目，其中附屬的住宅發展只是籌資的一個途徑，如果其他地產發展商有興趣，可購買政府在住宅發展的部分權益。是役，盈科脫穎而出，被視為香港資訊科技界具領導地位的公司。

由於數碼港需要在市場融資，最理想的方式是擁有一家上市公司，到時無論是以股東融資或透過銀行借貸都較方便。不過，如果直接將盈科的業務上市，所需時間較長，因此李澤楷選擇借殼上市。

1999年5月1日，李澤楷把握微軟首腦蓋茨訪港所掀起的科技概念熱潮這一良機，宣佈透過盈科控股收購"殼股"公司得信佳75%的股權，方法是以盈科在香港及內地的一批投資及地產發展項目，以及數碼港發展權益注入得信佳。收購完成後，得信佳改名為盈科數碼動力（Pacific Century Cyber Works Limited）。李澤楷表示："我們的目標是利用我們在數碼科技及新媒體方面的專長和知識，在互聯網內容及服務方面，發展成為出色的領導者。"

5月4日，得信佳復牌，由於市場上的流通量極低，尤其是受到投資者的熱烈追捧，其股價在開市後即大幅上升，每股價格從停牌前的0.136港元最高升至3.225港元，收市報1.83港元，升幅高達12.5倍。該股全日成交額達18.7億港元，比當日滙豐控股的成交額高出1.5倍，成為最大成交額股份，幾乎佔大市全日成交總額的一成六。僅此一日，得信佳市值從原來停牌前的3億港元急升至591.1

億港元。

其後，盈動高層以巧妙的財技展開連串集資及收購活動，包括把 PCC 注入盈動，與美國 CMGI 互換股份，成功引入英特爾、CIGM 等作為策略聯盟；又斥資數十億港元收購十多家從事互聯網或有關聯公司，成為亞洲除日本外最大的互聯網企業。在連串集資及收購活動的刺激下，盈動股價作三級跳，到該年底收市時，每股價格已升至 18.1 港元，公司市值高達 1641 億元，躋身香港十大上市公司之列，排名第七位，創造了香港經濟史上最大的神話。

不過，李澤楷似乎並不滿足於此，他表示："今天盈科是全亞洲第三大互聯公司，但不及日本的 Softbank 和光通信，我們的目標是成為全亞洲最大的互聯網公司。"當然，李澤楷也明白，盈動的神話，公眾對盈動的信心，主要是建築在對李氏家族的財勢，對李澤楷個人及他的人脈網絡的信任，以及他對未來的承諾，因而盈動的龐大市值的基礎是極為脆弱的，是建基於"虛擬經濟"之上。一旦公眾在期待回報的漫長等待中預期逆轉，市值就會迅速收縮。

因此，盈動這一"虛擬經濟"極需與真實經濟相結合，才能不斷鞏固壯大。正是在這種特定的背景下，李澤楷將收購的目標，指向歷史悠久的百年老店——香港電訊，企圖藉收購香港電訊完成其虛實結合的大業。

◢ 英大東電訊——從"本地化"到棄守香港業務 ◢◢◢

香港電訊的歷史，最早可追溯到 1873 年英國大東電報局的創辦。1936 年，英大東電報集團接管了在香港的全部國際電訊業務，正式進入香港電訊市場。戰後，英大東在香港的業務發展迅速，到 20 世紀 70 年代已經成為香港最重要的英資公司之一。

1981 年，英大東電報局重組，易名為大東電報局公共有限公司，並在倫敦上市，大股東是英國政府，持有大東普通股 50% 股權加一股。同年 10 月，大東電報集團與香港政府合組香港大東電報局有限公司，大東持有該公司 80% 股權，香港政府持有其餘 20% 股權。香港大東接管了英大東在香港的全部資產和業務包括經營的國際電訊、安裝雷達及航海儀器、啟德機場通訊服務、港府控制的電台及電視台節目製作等。而港府則重新向香港大東頒發國際電訊經營專利牌照，年期從 1981 年 10 月 1 日起，至 2006 年 6 月 30 日止，為期 25 年。

當時，香港大東在英大東電報集團中佔有重要地位。據大東上市時所透露的資料，截至 1981 年 3 月底，香港大東的營業額和利潤，在英大東集團中所佔的比重，分別是 29% 和 60%，被譽為英大東"下金蛋的鵝"。

踏入 20 世紀 80 年代，隨着香港的九七回歸，英大東開始部署其在香港的長遠發展策略——重塑其"本地化"形象，以固守香港業務並伺機進軍內地龐大電訊市場。1983 年 3 月，將目標指向香港另一家重要的電訊集團——香港電話公司。當時，該公司的市值達 38.15 億港元，在香港上市公司中市值排名第九位，大股東是另一家英資集團怡和旗下的置地公司，擁有港府發出的經營本地電訊專利牌照，年期從 1976 年 1 月 1 日起，至 1995 年 6 月 30 日止，為期 19 年半。

大東趁香港股市低迷、怡和集團陷入財政困難之際，透過發行新股，集資 14 億港元，以每股 36.36 港元的價格，從置地購入香港電話公司 34.8% 股權。一年後，大東再度出擊，向華商李國寶家族以每股 46 港元價格購入 3.6% 香港電話股權，由於觸發收購點，大東向香港電話公司提出全面收購。結果，大東在兩次收購中，共斥資 37.2 億港元取得香港電話 79.2% 股權，從而一舉壟斷了香港電訊市場。

收購香港電話公司後，大東電報集團即着手本地化的另一重要部署，將香港大東與電話公司合併。1987 年 6 月，大東在香港註冊成立香港電訊有限公司（Hong Kong Telecommunications Ltd.），以作為該集團在香港的控股公司和旗艦。10 月 19 日，香港大東與電話公司宣佈合併，由香港電訊以發行新股方式收購香港大東及電話公司兩機構的全部股權，並取代電話公司在香港的上市地位。

1988 年 2 月 1 日，香港電訊正式在香港聯合交易所掛牌上市，當日收市價位每股 7.5 港元，市值達 721 億港元，成為香港市值最大的上市公司。合併後的香港電訊，由英大東持有 80% 股權，香港政府持有 11% 股權，電話公司原少數股東持有 9% 股權。香港評論認為，這次合併充滿政治性，目的是使香港大東變相在香港上市，確立它在本地的形象，為 1997 年後大東在香港繼續享有專利及保持業務優勢鋪路。

踏入 20 世紀 90 年代，隨着資訊科技革命及全球電訊業務的發展，香港電訊業步入大躍進時代。電訊業不但在香港經濟中的重要性迅速提高，而且成為高增長、高利潤的行業。隨着電訊服務從專利經營的國際電訊、電話等領域向外迅速擴散，香港電訊業的激烈競爭首先在非專利業務展開。首先向香港電訊發起挑戰的，是和記黃埔旗下的和記傳訊。1993 年 6 月，九龍倉經過重重波折後，終於獲得政府頒發收費電視牌照。同年 10 月，九龍倉有綫電視啟播，成為香港電訊業中又一崛起的新興電訊集團。

1992 年 7 月，香港政府宣佈開放本地電訊市場，採用開放式發牌制度引進超過一個固定電訊網絡，與香港電話公司展開競爭。11 月 30 日，政府宣佈將發出三個新固定電訊網絡牌照予和記電訊、九龍倉的香港新電訊及新世界發展的新世界電訊，從 1995 年 7 月 1 日起生效。

面對即將開放的電訊市場，以及電訊業競爭日趨激烈的形勢，香港電訊從 90 年代初已着手部署應變對策，包括精簡架構、裁減人員、減低營運成本、擴展新業務等，並先後邀請中信集團旗下的香港中信、中國郵電部直屬的中國電信香港等公司加盟。到 1997 年 6 月，英大東所持有香港電訊股權已降至 54%，而中國電信香港持有香港電訊的股權則增加到 13.24%，成為香港電訊的第二大股東。

1996 年 5 月 1 日，世界貿易組織（WTO）就開放全球電訊市場達成一項廣泛的初步協議，內容包括香港在內的 39 個國家和地區承諾將於 1998 年 1 月 1 日起全面開放本土及國際電訊市場。同年 6 月 1 日，香港政府與香港電訊就國際電訊專營權問題展開談判。1998 年 1 月 20 日，香港特區政府與香港電訊達成協議，香港電訊提早結束原定於 2006 年屆滿的國際電訊專營權，而該集團將獲得政府補償除稅後現金 67 億港元，並可豁免繳交 1998 年度國際長途上（IDD）專利稅。該協議公佈後受到香港社會的普遍歡迎，但證券分析員則認為消息對香港電訊有長遠的負面影響。

1999 年，香港電訊市場開放，這種負面影響開始浮現。香港電訊宣佈，截止 2000 年 3 月底年度，香港電訊經營溢利連續第二年下跌，並且由於要為互動電視過時設備作巨額撇賬，實際純利僅 11.4 億港元，比上年度大幅下跌九成，成為自 1988 年上市以來最差的財政年度。在這種背景下，英大東決定棄守香港電訊，以便套現巨資發展歐洲業務。

◤ 比拚財技，大李小李爭奪 "百年老店" ◢◢◢

　　踏入新千禧年，有關英大東想要出售香港電訊的傳聞甚囂塵上。2000 年 1 月
21 日，《亞洲華爾街日報》就以顯著的篇幅報道，英大東可望於下個月將其所持
的香港電訊股權出售，而潛在買家之一就是日本電報電話（NTT）和美國貝爾大
西洋電話（Bell Atlantic）。當時，市場流傳的潛在買家還有德意志電訊、新加坡
電信，以及和記黃埔這家以香港為基地的電訊公司。

　　很快，香港電訊的潛在買家浮出水面。出乎香港人意料的是：有意收購香港
電訊控制權的，竟是新加坡電信。新加坡電信是新加坡規模最大的電訊公司，由
新加坡政府持有 79% 股權。當時，新加坡電信與香港電訊一樣，正面對電訊市場
開放的嚴峻形勢。而策劃這場收購的統軍人物則是新加坡電信董事局主席兼行政
總裁的李顯揚。他屬新加坡最顯赫的家族，父親李光耀長期出任新加坡政府總理
和人民行動黨主席，堪稱新加坡政壇的重量級元老，現時仍任政府內閣資政，其
兄李顯龍出任新加坡政府副總理。

　　李顯揚策劃收購香港電訊的目標很明確，就是要使新加坡電信成為亞洲區內
規模最大的電訊公司。2000 年 1 月 28 日，市場廣泛流傳新加坡電信與香港電訊
的合併已接近完成階段，合併的模式已經商定，新加坡電信將成為新控股公司，
同時在多個地方，包括新加坡和香港上市；而香港電訊將成為其全資附屬公司，
其上市地位將被取消，股東可換取新控股公司的股份。根據合併計劃，新加坡政
府將持有新公司少於五成股權，新公司將採取新港雙總部制度，設立雙總裁，分
別由來自新加坡電信和香港電訊的人士出任，新加坡方面亦僅佔一半董事局席
位。這些措施無疑都是要平息來自香港方面的疑慮。

　　據消息人士透露，在是次合併談判中，新加坡電信與英大東電訊的磋商方向
是：新加坡電信避免向香港電訊其他小股東提出全面收購，而英大東則可收取現
金以發展未來的重點業務——數碼及互聯網業務。因此，合併建議包括現金及股

權，而非純粹的一對一換股。合併後新加坡政府持有新公司股權將低於三成五，以避免觸發全面收購香港電訊。

新加坡電信與香港電訊合併的消息公佈後，市場的反應甚為審慎，並不雀躍。除英大東因傳聞可能被德國電訊收購而股價急升外，新加坡電信和香港電訊的股價均無拋離大市。當時，市場對兩公司合併的普遍評論是，合併有利於新、港兩地電訊市場的結合，並可產生科技、市場開拓、資金及業務分工等方面的"協同效應"。不過，香港輿論最關注的，卻是合併後是否意味着新加坡政府控制了香港的電訊業。香港社會不少人擔心香港電訊業競爭力可能因此而落後於新加坡。

實際上，新加坡的收購計劃很快便遇到阻力。最初的反對聲音來自香港電訊董事局內三位非執行董事——香港政壇元老鍾士元、香港利豐集團主席馮國經、香港東亞銀行主席李國寶。鍾、馮、李三人在香港和中國內地都有廣泛的影響力，他們都反對合併，不願看到香港電訊的控制權落入非香港人手中。至此，新加坡的收購計劃急轉直下。2月15日，新加坡《海峽時報》發表評論說："沒有多少人會對股票加現金的收購建議無動於衷，但事實上的確有些人在優厚的條件前仍猶豫不決，令計劃陷入進退兩難之間。"據說，事件引起了中國政府和香港特區政府的高度關注。

在這關鍵時刻，盈動介入對香港電訊的收購戰。其實，就在新加坡電信與英大東秘密磋商期間，盈動主席李澤楷已開始盯上了香港電訊。他認為機會千載難逢，遂不動聲色地部署收購合併方案。不過，李澤楷這回看中的目標，是"體積"比盈動大得多的香港電訊，收購行動是如假包換的"小魚吃大魚""蛇吞大象"，而且還要和"塊頭"也比盈動大得多的新加坡電信交手過招，可以說是高難度、高風險的動作。但是，李澤楷信心十足，他深知他佔有"天時、地利、人和"的優勢。

2月10日下午，盈動有意收購香港電訊的消息外洩，市場傳言和黃正計劃夥拍盈動以及美國Vodfone合組財團，向英大東提出收購香港電訊。受到消息刺激，和黃、盈動以及香港電訊的股價都大幅上升。

2月11日，李澤楷正式宣佈盈動有意收購香港電訊，並委任華寶德威和中銀國際為財務顧問。當日，香港股市掀起軒然大波，恒生指數即日急升535點，香港電訊股價更大升 4 港元，停牌前報 21.65 港元，升幅達 22.7%。當時，替香港電訊發行了大筆股權證的證券行，因香港電訊股價急升間停牌，無法在市場吸納香港電訊股份對沖，惟有被迫大手購買恒生指數期指合約作為間接對沖工具，結果令恒指期貨急升 1000 點，比現貨市場高水 450 點。市場並傳出有證券公司願意以每股 30 港元的高價，搶購香港電訊股份。當時，香港一家網絡傳媒形容盈動的收購，"儼如一條快高長大的巨蛇，鯨吞超級巨象，情況令市場為之震撼，亦對本港以致國際造成深遠影響"。

李澤楷有意先禮後兵，他主動接觸新加坡電信，商討合作收購香港電訊事宜，但表示希望盈動能取得較大股權。2 月 15 日，以行政總裁李顯揚為首的新加坡電信高層舉行了整日閉門會議，研究盈動提出的合作收購方案。據消息人士透露，新加坡電信認為盈動缺乏足夠的現金，其所提出的收購方案也只會令收購過程變得更複雜，而且英大東亦未必會接受盈動的方案，加上新加坡電信要求佔有控股權，在這方面無法與盈動達成協議。因此，經過近一星期的討價還價，新加坡電信最後決定放棄與盈動的合作，獨力進行收購，按照原來的收購建議向英大東收購香港電訊 32%-42% 的股權。至此，一場涉及 2600 億港元的超級世紀收購戰一觸即發。

◢ 投其所好，盈動兩方案打動英國大東 ◢◢◢

據市場傳聞，最初盈動向英大東提出的收購建議，是以換股方式購併香港電訊，英大東對有關建議反應冷淡，李澤楷兩次拍門都不獲接納，只派譴非執行董事敷衍。當時，盈動高層深知，英大東出售電訊股權，着眼點在於"錢"，而盈動收購成敗的關鍵，在於有無足夠的銀彈，去打動英大東的"芳心"。

2 月 14 日，盈動透過 BNP 百富勤、中銀國際、華寶德威，以先舊後新的方式配售 2.5 億股盈動股份，每股作價 23.5 港元，比 2 月 11 日停牌前折讓 5%，集資 58.75 億港元。盈動同時允許包銷商 BNP 百富勤、中銀國際等可以行使超額配售權，另額外配售 8500 萬股股份，使集資額達到 78.7 億港元。結果，是次配售反應熱烈，不消半小時全部股份已經配售完畢，對象全部是國際基金經理。盈動所持現金已增加到 30 億美元，與對手新加坡電信的現金持有量 40 億美元已相當接近。

其後，盈動又成功向中國銀行、滙豐銀行等籌組數額高達 130 億美元的龐大銀團貸款，盈動的兩個戰略性夥伴 CMGI 和日本光通信也分別向盈動注資 5 億美元。受到連串利好消息的刺激，2 月 15 日，盈動的股價沖上每股 28.5 港元的歷史高位，收市報 26.5 港元。至此，盈動的市值與香港電訊一樣，都超過了 2000 億港元。由於股價發生了變動，盈動與英大東的談判基礎不同了。

2 月 27 日，就在盈動成功簽署 130 億美元銀團貸款的當天，李澤楷就盈動收購香港電訊的建議正式拍板，向英大東提出了兩個可供選擇的收購方案。根據方案一，盈動將以 1.1 股新盈動股份換取 1 股香港電訊股份，以盈動停牌前每股 22.15 港元計算，香港電訊每股作價 24.36 港元，比 2 月 10 日盈動有意入股消息外洩後的收市價 17.65 港元溢價 38%，比 2 月 25 日香港電訊停牌前的每股 25.90 港元折讓 5.95%。以每股 24.36 港元計，香港電訊總值達 2963 億港元。

根據方案二，盈動將以 0.7116 股新盈動股份加上 7.23 港元現金換取香港電訊 1 股股份，即香港電訊每股作價 22.99 港元，比 2 月 10 日收市價溢價 30.2%，比 2 月 25 日的收市價折讓 11.2%。以每股 22.99 港元計，香港電訊總值達 2796 億港元。方案二的優點，是可即時套現大量資金，切合英大東 "現金至上" 的需求。

根據盈動的收購建議，英大東如果選擇方案二，以所持香港電訊 54% 股權計算，可收取 473 億港元現金，另加上收取香港電訊末期息 30 億港元，即時套現逾 500 億港元。英大東並將持有 46.6 億股新盈動股份。如果英大東選擇方案二，而其他香港電訊小股東悉數選擇方案一，則大東將持有新盈動已擴大股本的 11.2%；而如果其他小股東均由於大東一樣選擇方案二，則大東持有新盈動的股權可高達 20.9%。

根據盈動的收購建議，英大東還可透過向香港電訊其他股東沽出其所持有的部分新盈動股份，沽出的股數最多可達 21.63 億股，每股作價 18.62 港元。換言之，大東透過出售新盈動股份可望再收取額外的 402 億港元現金，從而使其套現的資金超過 900 億港元。英大東收取的新盈動股份，除可即時沽出已擴大發行股份的

4%之外，其餘股份不能在半年內出售，此後六個月亦只可出售其中最多五成股份。

　　盈動提出收購香港電訊的建議可以說相當複雜，既針對了大股東英國大東電報集團的急切需要，又兼顧了其他小股東的利益，反映了盈動高層及其財務顧問的高超財技。香港電訊的小股東，如果看好盈動與香港電訊的合併前景，可以選擇方案一，即把香港電訊股票全部換取新盈動股票，等待股價上揚升值。倘若他並不十分看好合併前景，則可選擇方案二，他們還可像大東一樣，要求新盈動以每股 18.62 港元的價格，購回其換取的新盈動股票。當然，小股東能出售多少新盈動股份，首先要視有多少香港電訊股東選擇方案二，以及有多少股東選擇增持現金權，因為盈動的收購建議中規定總現金支出不超過 879 億港元。

　　盈動部署收購香港電訊，從最初的構思到籌組龐大銀團、提出收購建議，在短短一個月內表現了高度的靈活性。正如盈動副主席袁天凡所說，從研究到決定購併香港電訊，盈動只用了兩天時間，而籌組達百億美元的巨額銀團貸款，亦只用了短短兩周時間。在高度機動的背後，李澤楷與盈動三名高層的合拍，更令人叫絕。在李澤楷的統領下，精通財技的副主席袁天凡負責財務事宜，而曾任香港政府電訊管理局局長的艾維朗，則負責合併的技術問題，至於曾任職香港電訊的伍清華，就遠赴英國倫敦，直接與英大東方面進行磋商。

　　盈動的收購建議提出後，英大東的天平開始向盈動傾斜，這場世紀收購戰一下子峰迴路轉，戰情更顯得撲朔迷離。香港電訊鹿死誰手，更成為未知之數。

◤ 越洋爭購——驚心動魄的 48 小時 ◢◢

　　踏入新千禧年，盈科數碼動力與新加坡電信爭奪香港電訊這場越洋世紀併購戰，表面上是兩家公司的角力，實際上是新港兩大顯赫家族——李嘉誠家族與李光耀家族的比試，其中甚至蘊含着新港兩地政府的暗鬥。難怪有評論認為，這場涉及數千億資產的爭購戰，將來肯定會被載入 MBA 的教科書。

　　2 月 27 日（星期日）下午，大東電報局董事局在其總部——倫敦大英博物館以東不遠的西奧波斯街 124 號，舉行特別會議，以決定香港電訊 "花落誰家"。

這是大東董事局自公司創辦 130 年來將要作出的最重要決策。會議討論了盈動和新加坡電信各自提出的收購方案，多數人傾向接納盈動的收購建議。不過，經過數小時的討論，會議並沒有作出正式決定，計劃翌日進行開會研究。會後，英大東一位核心董事親自致電李澤楷，表示董事局傾向盈動的方案，只需要解決一些細節問題，而這些問題已不包括收購價格等原則性事宜。

這一信息令盈動信心大增，盈動高層立即籌備與證券分析員會面，更相約香港證券及期貨監察委員會高層，為發表通告作準備。2 月 28 日早上，香港電訊在開市不到一分鐘就宣佈停牌，並發表聲明表示，母公司大東可能與盈動在未來 48 小時簽訂出售協議。稍後，市場更傳出盈動在某酒店訂了會議室準備召開證券分析員簡報會和記者招待會。

正當盈動以為勝利在望之際，收購戰突然峰迴路轉。新加坡電信在最後關頭為挽狂瀾於既倒，力邀澳洲傳媒大亨梅鐸加盟，並宣佈提高收購價中的現金比例。2 月 28 日黃昏，新加坡電信突然宣佈，梅鐸旗下的新聞集團將以 10 億美元購入新加坡電信 4% 股權。與此同時，李顯揚親自飛往倫敦，向英大東董事局解釋與新聞集團合作的潛力及前景。事態的發展，令英大東暫時擱置作出最後決定的安排。

面對新加坡電信突襲，盈動被迫宣佈臨時取消記者招待會，原定在香港主要報章刊登的 4 版通告也臨時取消。事後盈動副主席袁天凡承認，面對新加坡電信的洶洶來勢，盈動管理層也曾有過提高收購價格的想法，但最後仍決定維持原價。他表示：＂智者不惑，勇者不懼。＂對於當日的感受，袁天凡說：＂星期日我們對收購抱有全面信心，但最後 48 小時即可以峰迴路轉來形容，自己更是徹夜難眠。＂不過，盈動儘管決定不提價，在一些細節上還是作出了讓步，包括縮短大東出售新公司股份的凍結期，並允許大東在交易完成後立即在市場配售 4% 的新公司股份。

2 月 28 日晚上 11 時（倫敦時間下午 3 時），英大東董事局在倫敦總部繼續舉行會議，然而，經過 20 分鐘的討論，會議仍然全無結論。接近盈動的財務顧問人士表示：＂只有兩個可能，一是新加坡電信的收購價很高，大東想等，或者是利用新加坡電信的方案逼盈動加價。＂

當時，身在香港的李澤楷從電話中得知消息後，極為憤怒。2 月 29 日凌晨 2

時，他親自致電大東高層，向他們發出最後通牒。李澤楷回憶當時情形時說："以最合理的價格收購才有價值，當時沒有想過要加價，我同他們（大東）說，你們一是接納，一是拒絕。"據說，在此關鍵時刻，持有香港電訊逾 10% 股權的第二大股東中國電信表態支持盈動，成為大東最終選擇盈動的關鍵之一。

2月29日凌晨4時，大東的法律顧問再次接觸盈動在倫敦的工作小組，作出回覆，表示大東接受盈動的收購。直接負責倫敦工作小組的伍清華旋即電告香港電訊總部，消息傳來，盈動總部各人喜悅不已！盈動主席李澤楷表示："最困難的是星期日，我要決定用10港元或是11港元（形容收購香港電訊時對收購價的決定），少1港元我會輸，多1港元我亦未必會贏。昨晚我反而睡得安心。"

2月29日上午（星期二）上午9時，盈動在香港文華酒店展開證券分析員簡報會，宣佈英大東已對盈動收購作出不可撤回的承諾，盈動已成功擊退新加坡電信，取得香港電訊控制權。會議上，剛經歷了72小時緊張繁忙時刻的盈動主席李澤楷，會見記者時已經疲態畢露，臉上皮膚暗啞，但興奮喜悅之情仍溢於言表。據報道，在過去短短十多天中，李澤楷為求速戰速決，更租用了美國最先進的超長程飛機 Gulfstream VN502GV 型私人飛機，頻繁穿梭於京港英美新之間。

根據盈動與大東達成的協議，大東選擇現金加股票的"混合方案"，以出售所持香港電訊 54% 的股權，大東並將建議香港電訊的其他股東接受"混合方案"。根據該方案，大東將收取 473 億港元現金，以及 46.6 億股新盈動股票。大東並承諾在完成收購事項後首六個月內，將不會出售手上的新盈動股份，而在第七至十一個月內，將不會出售手上超過五成的新盈動股份。不過，該承諾的條件是，盈動在完成收購香港電訊股權後，同意大東在市場上配售盈動已擴大發行股本的約 4% 股權，確實的配售時間將視市況而定。

與此同時，大東與持有盈動 3.25% 股權的美國 CMGI 達成互換股權協議，一旦全面收購協議如期進行，大東將轉售相等於 5 億美元的新盈動股份予 CMGI，而 CMGI 則發行相等於 5 億美元的 CMGI 新股予大東，作為支付收購代價。而一家第三者公司——LLC，在上述互換股權協議生效後，承諾認購新盈動發行總數 5 億美元的可換股債券，為期十年，年利 7 厘半。

英大東行政總裁華禮士在接受英國《金融時報》訪問時表示，盈動願意提出現金比例更高的收購價，是大東選擇盈動的主要因素。不過，中國銀行向盈動提供巨額貸款，亦是大東"作出決定的其中一個考慮因素"。大東將視所持新盈動的 11.1%-20.9% 股份為一項通往中國內地市場的重要"戰略性投資"。

所謂"幾家歡樂幾家愁"，就在大東電報局的董事們作出最後決定的前一刻，新加坡電信宣佈退出併購談判。其行政總裁李顯揚坦言對大東的決定感到失望。新加坡《海峽時報》刊登了一幅漫畫，題為《中國長城是否阻擋電信的收購？》，畫中的萬里長城擋着一位商人的去路，暗示新電遭遇到的困難不是商業性的因素。

3 月 28 日下午 5 時，香港電訊董事局在總部電訊大樓舉行閉門會議，討論盈動提出的收購建議。部分董事表示關注三個問題，包括盈動的股價會否進一步下跌，合併後新公司的債務負擔會否影響香港電訊的發展，以及兩家公司合併是否真的產生協同效應。不過，經過兩個小時的討論，董事局最終決議接受盈動的要求，將盈動合併香港電訊的收購建議，以"協議計劃"（Scheme of Arrangement）的形式向香港電訊股東提出。

當晚 8 時，香港電訊行政總裁張永霖會見早在電訊大樓全日守候的記者，陪同他的有專程趕來的盈動主席李澤楷，這是兩個人首次雙雙公開亮相。張永霖表示，香港電訊董事局對跟盈動磋商的進展感到滿意，因此同意盈動的要求。不過，李澤楷等盈動高層亦深知，盈動在收購香港電訊一役中，最大的弱點就是盈動股價會否大幅下跌，這是香港電訊股東及英大東股東最關注的問題，也是新加坡電信等潛在競爭對手會否捲土重來、趁虛而入的要害。為此，李澤楷不敢鬆懈，四出邀盟，以求增強盈動股價的基礎。

經過激烈的競爭，盈動的收購建議終於被英大東接納。2000 年 8 月 9 日，香港電訊除牌，8 月 17 日，合併後的新公司以電訊盈科掛牌上市，市值高達 2900 億港元，成為香港股市中僅次於中國移動、滙豐控股及和記黃埔的第四大上市公司。

◢ 天時、地利、人和——李澤楷締造"盈動神話" ◣

借殼上市不到一年的盈動成功鯨吞香港電訊，確實在香港以至國際金融市場產生強烈的轟動效應。難怪大東宣佈接納盈動收購建議之後，香港傳媒隨即以"李澤楷締造盈動神話"的大字標題詳盡報道事件的全過程。

香港證券業資深人士、南華集團副主席張賽娥表示："這個併購我以為有三點不可思議：首先，一家完全未有市盈率的公司（一直未有贏利），嘗試收購舉足輕重的大藍籌；其次，一家近乎火箭速度發展的資訊科技公司，意圖手起刀落地收購一家已有近一個世紀傳統優勢的電訊龍頭；其三，盈動的市值是靠股票資產迅速膨脹支持的，收購計劃會有部分用換股進行，對盈動真是有利到無以尚之。歸根到底，都是資訊科技帶來的神話，以前不可想像的事情，現在都有可能發生了。"盈動的成功，可以說關鍵是佔有天時、地利、人和，以及運用了高超的財技。

所謂"天時"，準確地說是盈動順應了世界資訊科技發展的大趨勢。《明報》社評就指出：

"李澤楷的成功，固然與他的眼光、財技和家族背景有關，但更根本的原因，是順應了世界資訊科技發展的大趨勢。……

"盈動這次成功收購香港電訊，表面看來，是本地資本打敗新加坡資本，華資取代英資，但實際上，這反映了當今國際企業發展的新趨勢。在世界高速進入資訊科技的年代，如果一個企業的科技概念受到市場廣泛認同，即使它只有很少的實質資產，甚至沒有業績，仍可在金融市場籌得巨資，通過收購合併，購入有實質業務的資產，化虛為實，以小吞大，創造企業高速壯大的奇跡。

"李澤楷的盈動能在成立不足一年的時間裏，大量集資、借貸、收購，創造市值近 6000 億元的跨國企業，就是他能認準這個大趨勢，巧施財技，藉助市場力量的結果。在歐美等國家，類似的高速發展企業比比皆是，例如美國的微軟、雅虎，其崛起故事早已膾炙人口，……。資訊科技發展的潮流，可以造成像楊致遠的雅虎或李澤楷的盈動那樣高速發展的企業奇跡。這個大趨勢方興未艾，這樣的企業奇跡陸續有來。"

香港《信報》的社評也指出："香港電訊爭奪戰反映新經濟與舊經濟之爭。儘管盈動並未有太多的實質，然而，挾新經濟體之威勢，推動數碼網絡概念在短短十個月內所向披靡，迅速膨脹，加上盈動主席李澤楷無可否認具有的種種優勢，使其取得比美國在綫收購時代華納更為輝煌的勝利。

"盈動的對手新電信是實力雄厚的一家公司，並非等閑之輩，新電信與香港電訊一樣同屬舊經濟體系。為了取得香港電訊，新電信誘之以雙總部和雙總裁之議。此議雖為香港電訊管理層所受落，對其母公司大東電報局而言並無吸引力。香港電訊和新電信兩家公司業務範圍大致相同，不具互補性，實行雙總部雙總裁實際運作時很可能困難重重，無法持久。很明顯，兩家電訊公司合併，仍屬舊經濟的範疇。"

　　所謂"地利"，主要指盈動以香港公司的身份來購併香港電訊，肯定比新加坡電信更容易取得香港社會的認可，以及香港特區政府和中國政府的支持。

　　南華集團副主席張賽娥就指出："從政治因素考慮，盈動的爭購位置，肯定比新加坡電信有利得多。其實香港與新加坡兩地最大電訊企業的合併計劃曝光以來，一直由新加坡電信和香港電訊的母公司英國大東自說自話，香港政府的態度耐人尋味，也未見有什麼表態，中央政府也一直注視，可能礙於避免介入香港的經濟事務，也未見表態。

　　"但如此重大的事件可能導致電訊資產轉移，任何國家或地區的政府都不可能袖手旁觀，最大的電訊企業若變相落於外資之手，會牽涉敏感而複雜的政治問題，很多不明確的後遺症因素難以逆料。中央政府甚至會把電訊業的控制權看成涉及國家安全考慮，更不可能輕易讓香港電訊落入新加坡手上，何況中央政府一直對英國人（大東）的部署手法有着戒心。"

　　正因為在政治上佔有優勢，盈動在籌集巨資時獲得銀行的全力支持，這成為盈動成功籌集逾百億美元龐大銀團貸款的關鍵。即使在盈動股價節節下挫、市場傳聞新加坡電信將捲土重來的嚴峻時刻，當時瞭解內情的消息人士仍表示："新加坡電信再圖爭奪香港電訊，完全無可能。"

　　反觀新加坡電信，儘管在提出收購香港電訊前，新加坡總理吳作棟曾親自致電香港特首董建華作過溝通，仍然不得要領。及至後來夥拍澳洲傳媒大亨梅鐸聯手收購，更被傳媒形容為"挾洋自重"，犯了中國的大忌。新加坡電信的落敗實際上從一開始已被注定。

　　所謂"人和"更加顯而易見。正如有評論所指出：盈動上市至今，一直是投資者的明星股，市場信心所在，加上本地公眾並不希望香港電訊資產變相流向新加坡，市民都極力支持盈動對香港電訊的收購。

　　當然，盈動"人和"的背後，是李澤楷的人際關係，尤其是他深厚的家族背景。李澤楷的父親李嘉誠，本身就是香港社會的一個經典成功故事。李嘉誠白手起家，經數十年奮鬥一躍而成為香港首席上市家族財閥，被譽為"李超人"。1999年底，李嘉誠控制的四家上市公司，包括長江實業、和記黃埔、長江基建和香港電燈，總市值高達7493億港元，佔香港股市總值的一成半，所經營的業務遍佈香港各個角落和全球各地。

　　誠然，盈動能夠成功，除了佔據天時、地利、人和等種種優勢之外，其高層充分利用香港成熟的資本市場，將高超的財技運用得出神入化，也是其中的關鍵因素之一。是役，李澤楷在袁天凡等多位香港財經界高手的輔助下，對收購部署周密，出價切中要害，關鍵時刻以不變應萬變，甚至以退為進，都成為經典之作。

　　當然，需要指出的是，急劇成長中的盈動，以"蛇吞大象"的方式兼併香港電訊後，其股價節節下滑，令大批看好的投資者遭遇"滑鐵盧"，此是後話。

29

債務重組 粵海蛻變廣東控股

　　1998 年 12 月，正當亞洲金融危機迎頭衝擊香港時，廣東省政府駐香港"窗口公司"——粵海集團宣佈債務重組，並暫停向債權人支付債務本金。消息傳出，立即震驚整個香港金融界，也轟動了中國內地和世界的資本市場。

　　粵海重組過程中，從 "5‧25 債務重組方案" 的激烈對峙，到 "9‧10 債務重組方案" 的討價還價，以及 "12‧15 基本框架協定" 的簽署，直至 2000 年 12 月 22 日最終協定的簽署，參與談判的各方在龐大顧問團、律師團等專業中介機構的協助下，鬥智、鬥勇、嘔心瀝血，前後歷時整整兩年。

　　粵海債務重組是歷來中國國營企業的最大型重組，參與重組的債務近 60 億美元，涉及 500 多家企業，遍佈中國內地、香港、澳門、美國、英國等十多個國家和地區；重組涉及債權銀行 200 多家，債券持有者 300 多家，貿易債權人超過 1000 家，債務人和債權人雙方聘請的中介機構超過 100 家。是次重組，參與重組的陣容之強大，重組涉及面之廣泛、涉及的財務和法律問題之複雜，在全球企業重組史上也是少見的。

　　粵海債務重組最重大的歷史意義和深遠影響在於，粵海的全資股東——廣東省政府藉此明確發出信號：向"窗口公司信用"告別，以改變國際金融界與海外中資企業之間形成的、不正常的"遊戲規則"。粵海重組不僅為廣東省全面化解地方金融風險贏得了寶貴時間，而且也為廣東及中國其他同類企業的重組創造了條件，積累了經驗。

粵海全稱粵海企業集團有限公司，是廣東省政府在香港的“窗口公司”。20世紀80年代，正值中國改革開放初期，各省地方政府財政吃緊，為融資方便，紛紛在香港、澳門等地開設“窗口公司”，向海外集資。粵海便是在這樣的背景下成立的。

1980年6月，廣東省政府出資500萬元人民幣，在香港註冊成立粵海企業集團，1981年1月正式開業，成為內地地方省市在香港開辦較早的經貿機構。粵海成立之初，主要任務是做好廣東各對外經濟、貿易機構的總代理，以香港為橋樑，推動廣東省的出口產品開拓國際市場。1982年，該集團明確提出以“兩個服務”（為廣東現代化建設和香港經濟繁榮穩定服務）為宗旨，以“五個引進”（引進資金、設備、技術、人才和管理經驗）為重點，促進廣東與香港的經貿合作和交流，拓展海外市場。

作為廣東省政府的“窗口公司”，粵海一直肩負着向海外“借錢”的重任。由於有政府信譽作保證，荷蘭銀行、瑞銀等國際銀行都是粵海的大客戶。最初幾年，無論資金使用率如何，從來都是有借有還，海外債權人逐漸認為，借錢給粵海，實際上是借錢給政府，有政府在背後撐腰，對粵海可以放心，甚至不需要進行調查。

20世紀80年代中期以後，粵海集團發展很快，經營的業務從對外貿易迅速擴展到製造業、基礎設施、房地產、百貨零售及超級市場、旅遊及酒店、客運及貨運、金融及保險等各個領域，到1996年底，粵海集團的資產總額已超過300億港元，當年營業額達150多億港元，發展成一家以貿易為主導、以實業為基礎的多元化綜合性企業集團。1997年5月，粵海還獲香港管理專業協會頒發“1997年全面優質管理獎優異獎”，成為香港第一家獲此獎項的中資機構。

20世紀90年代以後，粵海與其他中資企業一樣，積極推進“資產經營”。早在1987年1月，粵海已收購香港一家市值僅4000萬港元的上市“空殼公司”，易名為“粵海投資有限公司”，作為集團在香港的上市旗艦。從1991年起，粵海先後將集團屬下的廣東旅遊、廣州麥牙廠、金威啤酒廠、麗江花園、南海皮革廠及多間酒店注入粵海投資，並透過發行新股收購廣東省屬公路、電廠和一批國有企業，使粵海投資在紅籌股中脫穎而出。1994年11月，粵海投資被納入33隻恒生指數成份股。1996 年底，粵海投資市值已超過 150 億港元。

1994 年 12 月，粵海集團還從粵海投資中將 "廣南集團" 分拆在香港上市。廣南集團的前身是廣南行有限公司，由粵海企業控股，於 1981 年在香港註冊成立。當時，該公司被中國外經貿部授權為廣東省向香港提供鮮活商品的總代理和總經銷，向香港提供塘魚、生豬、活家禽、蔬菜、水果等副食品，成為香港鮮活商品市場的主要供應商之一。進入 90 年代，廣南行發展很快，除成功收購香港第四大的 KK 超級市場集團 70% 的股權外，還在廣州、上海等地開設超市，在法國巴黎設有公司和商場，並創出廣南牌食品的系列產品。

1994 年 12 月，粵海投資將廣南集團分拆上市。當時，正值紅籌股熱潮，雖然受到美國六度加息的影響，香港股市逐日下跌，但廣南集團仍獲 50 倍以上的認購。上市當日，恒生指數大跌 277 點，但廣南集團逆市飆升，升幅及成交額均名列十大。1997 年 2 月 27 日，廣南集團股價達 10.40 港元，比上市當日收市價 1.09 港元上升 8.5 倍，與香港另五家上市公司一起入選 "全球最佳股票"，並名列榜首。

20 世紀 90 年代中期，粵海集團又先後將粵海製革、粵海啤酒、粵海建業等分拆上市，並在香港股市收購上市公司股權，到 1998 年 10 月廣信事件爆發時，粵海集團已成為擁有持有五家上市公司的大型企業集團，粵海持有 20% 以上股權的上市公司更多達八家，包括粵海投資、廣南集團、粵海製革、粵海啤酒、粵海建業、南方國際、廣益國際以及環球飲食等，成為全國眾多 "窗口" 公司中最矚目的企業集團。粵海在國際資本市場也頗為活躍，曾多次在海外發行債券。

◢ 亞洲金融危機衝擊下粵海集團的債務危機 ◤◤◤

20 世紀 90 年代中期開始，隨着業務無限擴張，"窗口公司" 的業績無一例外開始下滑，並暴露出管理上的種種弊端——主業不清、管理混亂、負債過高等問題成為難以解脫的枷鎖，嚴重困擾企業發展。粵海也不例外。這一時期，粵海的資產雖然迅速膨脹，但營業額卻無甚增長，反映出公司資產的質素極低，業務回報遠不足以償還公司的貸款利息，整個企業集團一直處於淨現金流出的狀態。1997 年淨現金流出額就達約 38 億港元。粵海惟有依靠更多的借貸和集資來支付利息。更嚴重的是，粵海的借貸中，短期債務在這幾年中一直維持在 100-120 億港元，約佔其總負債的五成。

粵海的財務狀況雖然差強人意，但在當時紅籌注資概念的推動下，粵海集團透過不斷向旗下的上市公司，諸如粵海投資、廣南集團等注入公司資產，令名下股票升值，集團的借貸能力和贏利也水漲船高，銀行更對這家大紅籌公司趨之若鶩。然而，1997 年的金融風暴令股市、地產大幅下跌，粵海集團的財務狀況立即陷入困境，1998 年中期業績出現了 6.35 億港元的虧損，成為 1995 年以來的首次轉盈為虧。

1998 年 11 月，廣信在香港的兩家子公司因資不抵債分別按香港法律宣告清盤；1999 年 1 月，廣東省高等法院和廣州、深圳中等法院分別裁定，廣信本部及其在境內的三家子公司共四家企業進入破產程序。"廣信事件"的爆發，在香港金融市場上掀起軒然大波，香港銀行頓成驚弓之鳥，紛紛收緊對中資企業的信貸，甚至迫令中資借債人在合約到期前還債，從而觸發了一場紅籌信貸危機。事態嚴重的程度，從當時央行行長戴相龍不得不出面呼籲香港銀行界不要向業務良好的中資企業追債就可見一斑。香港金管局更罕有地發出函件，勸喻香港金融機構避免急進的追債行動對整個銀行體系造成傷害。

廣信集團，全稱"廣東國際信託投資公司"（GITIC），成立於 1980 年 12 月。廣信集團的主要職能是在海外及本地市場集資，以支持廣東的經濟發展，業務包括融資、直接投資、基建、酒店、證券買賣及投資、進出口貿易和海外業務。20 世紀 90 年代中期，廣信集團以極快的速度擴張。廣信在大量發行債券的同時，積極從事房地產和證券投資，投資香港的活動相當活躍，主要涉及股市、地產（以豪華住宅市場為主）等巨額投資。到 1997 年底，廣信先後從海外融資共計 50 多億美元，其自身也發展成擁有總資產 327 億元人民幣的特大型綜合金融投資實業集團，在中國信託業規模僅次於北京的中國信託投資公司。

廣信在迅速擴張的進程中，暴露出眾多問題，包括內部管理混亂、項目審批不嚴謹、盲目或不負責任地執行政府官員下達的"計劃"、防範風險的意識差等等。廣信的問題，引起中央有關部門的重視，有關方面為挽救廣信，曾透過多次融資支持，但廣信一直沒有起色。1997 年亞洲金融風暴期間，廣信未能償還到期債務的問題終於暴露。據廣信清算小組的評估，廣信集團清產核資後的總資產是 214.71 億元人民幣，總負債是 361.65 億元人民幣，資不抵債差額為 146.94 億元人民幣，資產負債率達 168.23%。當時，有消息指出，廣信集團直接對外負債就高達 16 億美元，如果加上或有負債，對外總負債高達 40 億美元。

紅籌信貸危機中，首當其衝的便是廣東的窗口公司——南粵、粵海集團。1998 年 8 月 3 日，澳門南粵公司向廣東省政府緊急報告："由於我們多年來對代理進口的風險認識不足，管理和監控不到位，加之亞洲金融風暴的影響，客戶經濟狀況轉壞，且部分有長期掩蓋、套現挪用我公司資金的情況，拖欠貸款嚴重，使我公司資金運作十分緊張。……我公司已處於到期債務不能償還和資不抵債的境地。"

26 天後，香港粵海公司也向廣東省政府告急：粵海集團的運作尤其是現金流通出現了困難，將面臨交叉違約的風險。其時，粵海在 1995 年發行的 7200 萬美元的商業票據即將到期，粵海還想"以債養債"，但沒有哪一家銀行肯再借給它。在走投無路的情況下，粵海向香港中銀集團求助。香港中銀集團要求粵海出具廣東省政府的擔保函。當時中國的擔保法已經出台一年多了。按規定，地方政府無權為企業舉債擔保。粵海一旦失去了政府擔保這塊擋箭牌，債權人就將兵臨城下了。如果在 9 月 4 日前不能歸還 7200 萬美元的商業票據本息，只要債權人提出，粵海就必須立即償還幾十億美元的銀行債務。

為了保護"窗口公司"的商業信譽，避免出現交叉違約，廣東省政府只得動用歷年財政節餘為粵海還債。粵海暫時渡過了這一難關。但問題是，當時粵海已到了還債高峰期，到期債務一個接着一個，據粵海財務部門的分析：至 1997 年底，在粵海 357 億港元總資產中，呆滯、呆賬資產約為 128 億港元，佔 35.9%，賬面淨資產僅 75 億港元，實際資不抵債 45 億港元。

粵海的問題，與廣信有許多相似之處，諸如內部管理混亂，多至數百家的子公司層層疊疊，相互之間存在嚴重的三角債，集團無法控制分屬各市、縣的子公司的借貸、投資，卻有義務為其擔保貸款，加上盲目投資，替客戶墊支的應收賬不斷上升，致使集團入不敷出，負債纍纍，問題的暴露只是遲早的事情。及至廣信集團破產，銀行迅速收緊對中資企業的信貸，粵海無法借錢還債，其債務危機亦即時暴露。

廣東省政府得出結論：如果不儘快實施救助，粵海和南粵兩家"窗口公司"的破產只是遲早的事了。為了摸清情況，廣東省政府聘請了國際著名的畢馬威會計師事務所，對粵海和南粵的資產、負債狀況進行審計。畢馬威對粵海的重點審計報告更讓廣東省政府相關領導大吃一驚：粵海資不抵債已達91.2億港元，竟是這家公司自己報的45億港元的兩倍。

粵海並不是唯一一家陷入困境的企業，實際上它只是金融危機中"窗口公司"遭遇的一個典型代表。就在粵海陷入困境之際，廣東省各級政府的四十多家國投和眾多的"窗口公司"也爆發信任危機。一時間，廣東金融告急。面對大面積的追債狂潮，政府感到前所未有的壓力。此時至關重要，稍有不慎，就可能引發燎原大火，推倒中國金融體系的多米諾骨牌。

"窗口公司信用"是特殊歷史時期的產物。20世紀80年代，隨着中國的改革開放，廣東、福建及內地各省、市在香港、澳門設立的"窗口公司"日漸增多。這些公司一般為政府全資擁有或實際控制的企業，公司負責人由各地黨委和政府任命，早期的對外借貸也有政府擔保，貸款一般投向內地經濟建設項目。因此，在境外債權銀行看來，中國各類"窗口公司"代表的是中國各級政府，所謂的"窗口公司信用"就是由政府信用延伸出來的一種特殊信用。

在泡沫經濟時期，這些"窗口公司"盲目擴大規模，到處舉債。境外投資者和銀行把"窗口公司信用"視作政府信用，對公司財務狀況不嚴格審查。根據香港廉政公署的指控，粵海持多數股的一間香港上市公司存在嚴重的虛開信用證問題，共計幾十單，涉及幾十家銀行，時間長達數年。其間，竟沒有一家銀行對其中任何一單虛假的交易憑證提出質疑。一位銀行人士間接說出了銀行內部存在的管理漏洞："我們正是相信中資國有企業或中資國有企業控制的上市公司有能力償付貸款本息，才放鬆了對其申請信用證資料的審查。"大量資金流進這些"窗口公司"，然後又通過各種方式流失了，從而埋下了支付危機的隱患。

▲ 債務重組的第一回合——"5·25債務重組方案"的對峙 ◢◢◢

根據畢馬威的重點審計報告預測，從 1998 年 11 月起到 1999 年 9 月底止，粵海的現金流出為 93.6 億港元，其中經營業務現金流出 7.6 億港元，償還債務流出 66 億港元，利息支付現金流出 20 億港元；現金流入僅 7 億港元，即現金淨流出 86.6 億港元。換言之，廣東省政府需要拿出 86.6 億港元，並且也只能使粵海維持到 1999 年 9 月底。

經過慎重考慮，廣東省政府決定對粵海、南粵等幾家公司的債務儘快實施重組，並委託畢馬威立即着手對參與重組的粵海、南粵及兩間香港上市公司——粵海投資和廣南集團進行了全面審計。根據畢馬威的審計報告，截至 1998 年底，參與重組的四家公司總資產 287.56 億港元，總負債 489.86 億港元，資不抵債 202.3 億港元，比重點審計報告的 91.2 億港元再增加一倍。畢馬威審計報告認為，粵海危機形成的原因歸結為："投資不善、貸款無方""主次不明、重複投資""缺乏制約、監控無力""弄虛作假、賬實不符""參與投機、損失慘重""融資方便、債台高築"。

1998 年 12 月 16 日，廣東省政府在香港召開新聞發佈會，宣佈："粵海和南粵因為資產質量嚴重低下，不能支付巨額到期債務，決定重組。從即日起暫時停止支付一切到期本金。" 廣東省政府並當場宣佈聘請高盛為粵海重組顧問，畢馬威為粵海重組財務審計師，謝爾曼和齊伯禮為粵海重組法律顧問。

粵海宣佈債務重組，並暫停向債權人支付債務本金。消息傳出彷彿在香港資本市場投下一顆重型炸彈。不少債權人怒不可遏，有人甚至揚言：今後絕不再給中資企業貸款。香港及海外傳媒不斷跟蹤報道粵海事態的發展，從金融界巨頭到金融市場上的股民、債民們也對事件評頭論足，甚至一些國家首腦也在關注粵海將如何進行重組。"粵海重組"之所以引起如此大的反響，是因為粵海的全資股東——廣東省政府要向"窗口公司信用"告別，依照國際慣例和香港的法律重組粵海，以此來改變國際金融界與海外中資企業之間業已形成的不正常的"遊戲規則"。

高盛對粵海重組極為重視，CEO 保爾森親赴香港。其間，面對粵海四面楚歌的局面，他對記者說："高盛對廣東具有信心，認為粵海重組是件很有意義的事情。高盛確信重組能夠成功。”在高盛指導下，廣東省政府拉開談判帷幕。結合廣東實情，高盛制定的重組目標是：將粵海從政府體制下剝離出來，改造為一家透明度非常高、完全與國際接軌的股份制企業。這意味着粵海將不再是政府企業，而是具有多元化股權結構的獨立企業。

1999年1月12日，高盛亞洲以廣東省政府財政顧問名義，與粵海債權人舉行首次工作會議，商討債務重組的方案，共有80多家銀行派出300多名代表參加了會議。廣東省政府通過重組顧問向債權人指出：“窗口公司信用”是一種拋棄了監督與制約的特殊信用形式，本身就存在道德風險。銀行作出向粵海公司發放貸款的高風險決策，但責任卻要由廣東省政府來承擔——銀行既要按利率收回貸款本息，又想享受類似政府信用一樣的資金安全性。銀行規避了全部風險，卻讓廣東省政府承擔了道德風險，這完全不符合國際市場的“遊戲規則”。由於參與會議的雙方存在嚴重分歧，第一次會議除了推選債權銀行委員會的成員行及聯絡銀行外沒有達成任何文字協議，但債權銀行還是默許了廣東省政府提出的財務安排，即粵海和南粵暫停償還債務本金。

1999年3月1日，高盛亞洲在與超過250位債權人代表舉行第二次會議，宣佈截至1998年9月底止的九個月，粵海集團錄得資產虧損（即資不抵債）132億港元，期內特殊虧損更高達188億港元，絕大部分為呆壞帳、投資減值等，總負債為318億元，但於1999年1月21日，總負債已降至225億元。高盛亞洲代表表示，廣東省已提出一系列可能注資項目，大部分屬基建及公用事業有關的資產，其中包括東江輸水項目等。其間，廣東省副省長王岐山向在座的銀行家宣佈重組設想，並表示“銀行們也必須接受某些形式的利益損失”。王岐山講話完畢，會議室寂靜無聲，也沒有任何掌聲回應。

廣東省政府強調：“‘粵海重組’是一個商業行為而不是政治行為，債權人應同廣東省政府的專業顧問進行談判，以達致雙方滿意的商業性重組計劃。”為了顯示誠意，同時不使重組後的新粵海只成為一個簡單的“還債機器”，廣東省政府決定，將價值22億美元以上的東深供水工程這一優質項目資產注入粵海，為重組談判的成功奠定了堅實的物質基礎。

就在粵海集團債務重組期間，粵海屬下上市公司廣南集團爆發所謂“廣南財務疑案"。1999 年 1 月 28 日，廣南集團發出通告，指關注有人挪用公司資金進行股票炒賣導致虧損的傳言，並將對有關事件進行調查。2 月 8 日，廣南集團管理層大換班，公司董事長孫觀、董事總經理黃曉江被撤換。其後，黃曉江在香港被廉政公署拘捕，孫觀在內地被拘留。

1999 年 5 月 25 日，廣東省政府在香港召開第一次債權人會議，在會上提出了首個債務重組方案，即"5·25 債務重組方案"。該方案的主要內容是：廣東省政府在香港註冊新粵企，並把東深供水項目注入新粵企，再由新粵企把東深供水項目注入粵海投資，同時將南粵變為粵企的全資附屬公司，使南粵債權人與粵海債權人一起參與重組，為用一個東深供水項目同時解決粵海、廣南、粵投和南粵的債務提供基礎，並用重組企業發行的股票和債券換取債權人的債權，在延長債務期限和將部分債券股本化的同時，降低債務利息的負擔。

根據該重組方案，粵企和南粵債權人用 39 億美元的債權換取面值 18 億美元的粵海投資債券、面值 18 億美元的粵企優先股和 3 億美元的現金。廣南債權人用 4.9 億美元的債權換取面值 1.5 億美元廣南債券、面值 2.4 億美元的廣南資產管理公司的股票和 1 億美元的現金。新粵企用評估值為 22 億美元以上東深供水項目的股權換取面值 18 億美元的粵企 50% 的優先股，粵企 100% 的普通股、15 億股粵投普通股以及廣南面值 0.75 億美元的普通股。粵投債權人用 12.524 億美元的舊債權換取 12.524 億美元的新債權，而貸款期限和利率則有待進一步談判。在"5·25 債務重組方案"中，根據廣東省政府對重組資源的價值判斷，全體債權人 43.9 億美元的債權中，可回收的各種金融資產的實際經濟價值約為 24.22 億美元，回收率為 55.16%；經濟損失為 19.69 億美元，削債率為 44.84%。其中，粵企和南粵的削債率為 43.68%，廣南的削債率為 54.08%。

"5·25 債務重組方案"一出台，談判雙方便立刻形成對峙局面。談判桌上，債權人反應激烈，不肯削債，拒不接受重組方案，債權人尤其是債權銀行態度強硬，聲稱粵海是廣東省開辦的"窗口公司"，政府要負責清償全部債務本息。香港報章甚至出現了"要告到北京去"的字樣。廣東省政府則明確表示："粵海公司資不抵債並非政府干預所致，歸因於企業的自主經濟行為，應由企業自身負責。而且放貸銀行在審核與監督方面也須負一定責任，雙方應共同承擔經濟損失。"

1999 年 6 月 30 日，債權人對 "5·25 債務重組方案" 的回應通過高盛電傳給廣東省政府，粵企和南粵債權銀行的回應其主要是：第一，導致粵企和南粵嚴重資不抵債的責任全部在廣東省政府；第二，任何重組建議都必須使 "財務債權人最終有實質機會獲全數清償"；第三，債權人的債權必須連本帶息由廣東省政府負責償還。粵企和南粵債權銀行並提出自己的重組建議：整個重組需要 47 億美元，其中，廣東省政府要注入現金或優質資產 40 億美元，用粵企持有的粵投 9.8 億股股權償還債權人的債務，並將粵企剩餘的資產清盤還債。

面對粵企和南粵債權銀行的回應，廣東省政府面臨兩種選擇：清盤或者如數還債。1999 年 6 月，廣東省政府以破釜沉舟的姿態向債權人攤牌：將於 7 月份起停止為粵海向境外債權人墊付利息，如果債權人仍固執己見，賭注將是粵海的最終清盤。這意味着，粵海旗下五家上市公司立即面臨着停牌與否的抉擇。至此，雙方的談判陷入僵局。

◢◢ "9·10 債務重組方案" 的討價還價到 "12·15 協定" 的簽署 ◣◣

1999 年 7 月 8 日，廣東省政府表示，在重組期間將每月支付約 1000 萬到 2000 萬美元的利息，以此將債權銀行拉回談判桌。7 月 16 日，時任廣東省長助理的武捷思一行到達香港，重新啟動雙方陷入僵局後的第一次面對面談判。會談中，廣東省政府代表提出了關於粵海和南粵重組的六項原則立場：第一，廣東省政府與債權人共同承擔經濟損失；第二，除了東深供水項目外，廣東省政府不會再注入任何其他資產；第三，廣東省政府不希望粵企、南粵和廣南清盤；第四，東深供水項目一定要注入粵海投資；第五，按照商業原則進行談判；第六，廣東省政府只與有代表性的債權人秘密進行談判。武捷思強調，廣東不會再注入東深供水公司以外的資產，也不會在原計劃之外支付利息。在廣東省政府的壓力下，銀行態度趨向軟化，表示不再堅持不削債。

在廣東省政府與債權銀行委員會就談判的前提條件達成一致意見後，廣東省政府顧問團與債權銀行委員會和債券持有人代表及其顧問們進行了經常性的接觸和商討。在此基礎上，1999 年 9 月 10 日，廣東省政府向債權銀行和債券持有人委員會提交了修改後的粵海債務重組方案——"9·10 債務重組方案"。該方案主要涉及三個方面的修訂：

第一，為了避免在東深供水項目價值問題上與粵海投資的債權人和粵海投資經營班子爭論不休，新方案建議成立一家特殊功能公司以持有供水項目，並發行債券，然後再將已經發行了債券的供水公司股權注入粵投，以換取粵投的股份。這樣一來，簡化了供水公司的結構，對於債權人來說，供水公司的債券和粵投的債券在同樣的發行條件下相比較，前者顯然要優於後者。

第二，按照債權銀行的偏好，將"5·25 債務重組方案"中"廣南債權人用4.9 億美元的債權換取面值 1.5 億美元廣南債券、面值 2.4 億美元的廣南資產管理公司的股票和 1 億美元的現金"改為"廣南債權人用 4.9 億美元的債權換取面值1.5 億美元廣南債券、2.4 億美元的廣南資產管理公司的債券和 1 億美元的現金"。由於債券比股票享有更高的索償權，因此將廣南資產管理公司的股票換成廣南資產管理公司的債券，對債權人有實質的經濟利益。

第三，將粵海投資債券的幣種改為港元，同時利率提高到 8%。按照當時的市場行情，利率為 7% 的美元債券與利率為 8% 的港元債券的經濟價值大體相等。

根據"9·10 債務重組方案"，債權人以 21.9 億美元的債權換取價值 15.75億美元的各類債券，以 21.31 億美元的債權換取了價值 4.465 億美元的股票，用4 億美元的債權換取 4 億美元的現金。債權回收率從"5·25 債務重組方案"的55.16% 下降到 51.29%，即削債率從原來的 44.84% 提高到 48.71%，削債總額達到 22.995 億美元。回收率下降的主要原因，是重組債務由原來的 43.90 億美元上升到 47.21 億美元，增加的部分主要是從 1999 年 7 月起到 2003 年 3 月底止應付的利息，以及增加了其他應進入重組的債權。

在廣東省政府提出"9·10 債務重組方案"之後，談判雙方圍繞債務重組的諸多問題展開了激烈的討價還價。同時，雙方還約定所有商業談判必須在 1999年 12 月 15 日之前完成，否則，重組將因聖誕節和春節的放假而被拖延。經過三個月的激烈談判，雙方的分歧逐步縮小。

1999 年 12 月 16 日，廣東省政府與粵企、南粵、廣南債權銀行代表就粵海債務重組簽署了原則性框架協定，即"12·15協定"。與此同時，新粵企——廣東控股（香港）有限公司與粵海投資就用供水公司股權換取粵投股份簽署了有條件協定，粵投與粵投的債權銀行代表就粵投債務重組簽署了原則性協定，高盛與廣東省政府就高盛以2000萬美元購買粵投股簽署了原則性協定，債券持有人委員會就廣東省政府債權銀行代表達成的原則性協定致函給廣東省政府，表達了稍有保留的支持態度。"12·15協定"及一系列相關協定，意味着粵海重組已邁出了關鍵性的一步。

在"12·15協定"簽署時，已登記債權為49.06億美元，其中，債權銀行及債券持有人37.63億美元，廣東省政府5.35億美元，其他債權人為6.08億美元。根據"12·15協定"，廣東省政府將放棄索償權4.15億美元，包括用水公司部分股權換來對粵企向粵投利潤擔保的索償權2.4億美元，自重組以來到1999年6月底為粵企墊付利息1.1億美元，為重組廣南付出的重組對價0.65億美元。換言之，參加重組的債權共44.91億美元，其中，債權銀行及債券持有人37.63億美元，廣東省政府1.2億美元，其他債權人為6.08億美元。

根據"12·15協定"，全體債權人24.05億美元的債權將換成價值20.21億美元的各類債券，18.01億美元的債權將換成價值5.24億美元的各類股份，2.85億美元的債權將換成現金。即全體債權人將獲得價值28.30億美元的各類債券、股票及現金，回收率為63.02%，削債率為36.98%。

在"12·15協定"簽字儀式後的記者招待會上，廣東省政府的代表發言指出，已經簽署的主要協定條款，"反映了有關各方，其中包括廣東省政府都需要承擔一定的經濟損失。但是由於債權人和廣東省知道都有機會收回這些損失，所以協定對各方來說都是一個雙贏的解決方案。這項協定充分顯示了廣東省政府對國際金融市場的誠意"。粵海債權人委員會認為："對債權人來說，這是一項公正而平等的協定，其中雖然牽涉債權人與廣東省政府共同承擔的經濟損失，但也提供了全面回收這些損失的前景。"

▲ 重組成功——粵海蛻變廣東控股 ◢◢◢

　　"12 · 15 協定"只是為粵海重組提供了一個基本框架，但是，仍然有許多具體、細緻的問題需要繼續深入展開談判。因此，從 1999 年 12 月 15 日到 2000 年 12 月 22 日，粵海重組的談判具體由互相關聯又分別獨立的四組談判繼續展開。這四組談判包括：第一，廣東省政府分別與粵企、廣南、南粵的 166 家債權銀行和 286 家債券持有人分別就粵企、廣南、南粵債務重組的條款及法律文件展開談判；第二，由粵海投資與粵投 79 家債權銀行和超過 100 家債券及票據持有人分別就粵投債務重組的條款及法律文件展開談判；第三，由新粵企即廣東控股（香港）經營班子與粵投經營班子就粵投收購粵港供水（控股）股權的條款及法律文件展開談判；第四，由粵港供水（深圳）經營班子與貸款銀團就銀團向粵港供水（深圳）提供相當於 1 億美元的港元貸款的條款及法律文件展開談判。

　　據武捷思後來的回憶，這四組談判涉及的主要問題包括：關於粵港供水（控股）債券的發行條件；關於非財務債權人債權的處理；關於小額債權人的處理；關於不參加重組債權的確認；關於擔保公司的法律陷阱；關於廣南的債務分擔；關於信託公司的債務分擔；關於顧問費的處理；關於印花稅的分擔；關於重組對價的儲備；關於新公司、信託公司債務本金償還進度；有抵押債權的處理；關於新公司、信託公司資產的抵押；關於新公司、信託公司盈餘現金的還款機制；關於新公司、信託公司財產的聲明和擔保；關於粵投銀行債務的重組；關於粵投債券的重組計劃；關於重組債權的變化；以及關於銀行債務重組的附加條款。

　　在"12 · 15 協定"基本框架基礎上的四組談判歷時超過一年，參與談判的人員超過 1000 人。早在 2000 年 8 月，廣東省政府就與談判各方達成共識，要在 2000 年 12 月 15 日完成債務重組交易的結案、交割。然而，談判最終還是拖延到 2000 年 12 月 22 日即聖誕前夕。當天下午，廣東省政府與佔銀行債權 98% 的債權銀行和佔債券金額 99% 的債券持有人簽署了粵海債務重組的最終協定。

　　在最終債務重組協定中，談判雙方確認的成交重組的債權共計 49.40 億美元，其中，債權銀行為 28.71 億美元，債券持有人為 11.08 億美元，債權人為 5.76 億美元，廣東省政府為 3.85 億美元。重組後，全體債權人 21.85 億美元的舊債權轉換成實際經濟價值為 18.35 億美元的新債權；22.91 億美元的舊債權轉換成價值 5.25 億美元的各類股權；4.7 億美元的舊債權轉換成 4.7 億美元的現金。全體債權人的經濟回收率為 57.22%，削債率為 42.78%。其中，銀行及債券持有人的經濟回收率為 61.77%，削債率為 38.23%，削債 15.21 億美元；廣東省政府注入估計價值為 22 億美元以上的東深供水項目，墊付利息 4.79 億美元，支付顧問費 1.09 億美元，再加上其他墊付費 2.32 億美元，合共出資 30.2 億美元以上，回收的重組對價及產權為 10.1 億美元，出資回收率為 33.44%，即淨出資 20.1 億美元以上。

根據最終重組協定，原有的粵企由在香港註冊的"廣東控股有限公司"所取代。廣東控股由廣東省政府在內地註冊成立的"廣東粵港投資控股有限公司"全資擁有。廣東控股持有 42.52% 的上市公司粵海投資股權，持有 100% 的擔保公司，持有 51%-89% 的廣南集團和 100% 的廣南資產管理公司。粵海投資持有 81% 的"粵港供水（控股）有限公司"，後者則持有 99% 的粵港供水項目。粵港供水項目另外 1% 的股權由廣東粵港投資控股有限公司持有。擔保公司由就粵企改組而成，持有 10.67% 的粵海投資，50% 的新公司（持有原粵企和南粵仍在正常作的企業，新公司名義上持有 81 家下屬企業，但實際運作的只有 12 家），100% 的信託公司。信託公司（持有原粵企和南粵待處理資產，信託公司名義上持有 264 家下屬公司）則持有 6% 的廣南集團。而重組債權人則持有 11.86% 的粵海投資，19% 的粵港供水（控股），100% 的香港物業，50% 的新公司。

2000 年 2 月，武捷思臨危受命，擔任粵海集團董事長兼總經理，全權負責化解粵海集團債務重組危機並打理重組後的廣東控股。據武捷思後來的回憶，2000 年 12 月 22 日，"談判各方顧問中的許多人都買了當天晚上離開香港的飛機票。通宵未眠的律師們還在趕寫各種法律文件，財務顧問還在為最後兩個問題而爭議和協商"。"中午，廣東省政府、債權人的代表和顧問們六十餘人聚集在謝爾曼律師事務所的會議室中，焦急地等待各種法律文件的簽署。下午 2 時 30 分，參與重組工作的十幾家律師事務所逐一確認各自負責的法律文件已經完成，並由談判各方簽署完畢之後，主持人邀請過戶代理銀行——渣打銀行的代表正式將重組代價中的現金過戶到債權人指定的賬戶。渣打銀行的代表拿起手提電話通知渣打銀行的結算部門。15 分鐘以後，渣打銀行打來電話，聲明有關現金已轉到指定賬戶。此時，已經是下午 2 時 45 分，離銀行停止營業還有 15 分鐘。在場的人們在相互握手、擁抱、乾杯慶祝粵海債務重組交易成功結案、交割之後紛紛離開現場，其中很多人直接趕往飛機場。粵海債務重組案就這樣結束了。"至此，一度轟動國際資本市場的"粵海重組"終於落下了帷幕。

曾參與粵海重組的粵海方面工作人員陳連從（時任粵海集團屬下一家合資保險公司的執行董事）事後回憶說："當企業到了被重組的地步，跟債權人談判的籌碼本來已不多，在外強高壓下，要想在談判中由被動變主動，勝似虎口奪食。""在重組早期，許多重大問題在技術上由顧問主導。但當重組到了業務重組的關鍵時刻，任何外來的重組顧問，就難顧其問了。重組畢竟有別於破產，重組顧問不敢像破產清盤官那樣，什麼都一刀切。真的那樣什麼都一刀切下去了，那麼企業離破產清盤的日子就不會太遙遠了。"他並表示："整個重組過程極為慘烈，粵海先後有兩名管理層人員因心理壓力和工作強度超負荷，而在辦公期間腦溢血突發成為植物人。"對於參與重組的陳連從們來說，每一場談判，都是一場鬥智勇的博弈；能做的，只有步步為營了。

在整個重組過程中，由於重組所涉的財務和法律問題異常複雜，債務人和債權人雙方聘請的中介機構超過 100 家，包括高盛、畢馬威、謝爾曼、齊伯禮、羅賓咸、標準普爾等世界知名的投資銀行、會計師事務所、律師事務所和評級機構。有評論指出，參與"粵海重組"的中介機構陣容之強大，在世界企業重組史上也是少有的。

2001 年，"粵海重組"項目被國際權威雜誌《國際金融評論》評為該年度"亞洲最佳重組交易"。該雜誌發表文章說，"粵海重組"是亞洲有史以來最大、最複雜的債務重組，充分展示了廣東省政府對高透明度、平等公正重組的認同和支持，這種情況以往在中國相當罕見，被廣泛喻為市場對中國各省、市政府公司重拾信心的標誌。

中資企業告別"窗口公司信用"

粵海重組後，迅速關閉和處理了全部 80 家毛虧損企業，這些企業每年大約流失現金 6-8 億港元。粵海公司原來的 2.3 萬名員工裁剩一半。過去，國有企業經營者只要不把錢裝進自己腰包裏就行，新粵海提出了更高的要求，只要造成虧損就是"過"，就一律按照現代企業法則予以撤職。原來駐港中資企業管理人員與香港本地人員的收入差距較大，公司搞好搞壞個人無所謂。新粵海按績效給管理人員提成，充分調動他們的工作積極性。武捷思後來回憶說，在主持新粵海工作期間，我做了幾件事情，包括改造企業組織架構、改變企業管理架構、界定總部和各個二級公司總部的角色、給予管理層獎勵和壓力、關閉虧損企業、裁減多餘人員、建立了監督和制約機制。

重組後的新粵海——廣東控股按照專業化方向，把投資主要集中在基礎建設、公用事業及其相關的高科技產業上。2001 年，廣東控股轉虧為盈，當年新粵海實現稅前利潤超過 5 億港元。2003 年，廣東控股實現贏利達到 8 億港元，其中還不包括東深供水工程；負債 206 億港元，淨減債 128 億港元；資產負債率降為 55%，所有者利益由 81 億港元增加到 103 億港元。這標誌着廣東控股開始擺脫困境，走上健康發展的軌道，呈現出勃勃生機。

"粵海重組"的震撼性影響，主要在於其全資股東——廣東省政府藉此明確地發出一個信號：向"窗口公司信用"告別，改變國際金融界與海外中資企業之間形成的、不正常的"遊戲規則"。"粵海重組"不僅為廣東省全面化解地方金融風險贏得了寶貴時間，而且也為廣東及全國其他同類企業的重組創造了條件，積累了經驗。粵海之後，福建省的"窗口公司"福海集團、華閩公司，廣東珠海市的"窗口公司"珠光集團等一批境外中資企業，也先後宣佈進行重組。2003 年11 月，國務院辦公廳轉發商務部等部門《關於改革內地駐港澳地區"窗口公司"管理模式意見的通知》，宣佈取消"窗口公司"稱謂，內地政府及部門不得直接出資到港澳地區設立中資企業，並要求各地方政府與原"窗口公司"脫鈎工作在2004 年 6 月底以前完成。

30
雙綫收購 利豐實施 "本土策略"

2004 年以前，利豐併購策略的主綫，是尋求大型或具有戰略性的收購，如收購天祥、太古貿易等，藉此建立強大的客戶關係以開拓新的市場和業務……

不過，自 2004 年起，利豐便發生了 "靜悄悄的革命"，利豐開始奉行 "雙綫收購" 策略，特別是重點收購美國、歐洲市場擁有龐大銷售網絡的品牌經銷商或著名品牌。

2010 年，為了配合集團將登陸美歐的 "本土策略" 拓展至亞洲區特別是中國內地，利豐宣佈私有化利和經銷，其後在利豐美國、利豐歐洲和利豐亞洲的基礎上，成功分拆利標品牌上市。

經過連串的收購、重組，利豐順利實施登陸美國、歐洲和亞洲的 "本土策略" （Onshore Strategy），從而實現從貿易採購為主向貿易採購—品牌經銷—品牌零售的全球供應鏈管理的模式轉型創新。

2004 年以前，利豐併購策略的主綫，是尋求大型或具有戰略性的收購，例如收購英之傑採購服務、太古貿易以及金巴莉公司等，藉助這類公司所建立的強大的客戶關係來開拓新的市場和業務，進一步加強本業的實力。不過，自 2004 年起，利豐貿易開始奉行 "雙綫收購" 的策略，在繼續尋求大型或具有戰略性的收購的同時，開始實施積極的填補式收購，即收購比自己規模小的公司，以拓展新業務範圍，獲取技術，擴展現有能力，以一年收購 3-5 個較小型商貿公司（每個收入基數約為 1 億美元）為目標。

利豐總裁樂裕民（Bruce Philip Rockowitz）表示：利豐 "其中一個關鍵策略是進行一連串較小規模的收購項目，以提升集團在不同範疇的實力。" 利豐認為，"藉着將該等公司併入利豐，集團可藉助該等公司所建立的強大客戶關係及其在本業的實力，從而產生巨大的協同效應。" 根據利豐研究中心的研究，這一時期，利豐的收購兼併對象有四個衡量標準：一是可以拓展市場地域或客戶網絡；二是可以拓展產品的種類；三是可以拓展採購網絡；四是收購後可以優化效率，提升贏利。利豐貿易董事總經理馮國綸表示："這些收購將對集團擴展產品平台及地域覆蓋範圍產生莫大幫助。"

據不完全統計，2004-2010 年期間，利豐先後進行了三十多次收購。經過多年的發展，利豐在全球 40 多個國家／地區建立逾 80 個辦事處，其全球採購網絡包羅世界各地近 11000 名供應商，這些供應商均為講究品質和具高成本效益的廠家。利豐的銷售市場亦從美國擴展到全球各地。其中，美國的市場份額從 2002年的 72% 下降至 2010 年的 65%；同期，歐洲市場的份額則從 19% 上升至 25%，2008 年曾達到 29%。

連串的收購不僅為利豐構建了一個全球性的採購網絡，拓展了多元化的市場和產品，提高了效率，為利豐帶來最寶貴的人力資源，而且更重要的是，利豐透過收購成功實施了登陸美國和歐洲的 "本土策略" （Onshore Strategy），進而創新其全球供應鏈管理，以適應 2009 年全球金融海嘯爆發以來國際經貿環境的深刻變化。

◢ 實施"本土策略"——籌組利豐美國、利豐歐洲 ◣

　　長期以來，利豐在全球供應鏈管理中的薄弱環節，是在岸品牌經銷。收購英之傑亞洲區市場業務組建利和經銷集團後，利豐在亞太區有了業務發展平台，但在歐美市場仍然是"空白點"。而在這方面，利豐其實擁有發展的強大優勢，利豐與美國經銷商長期以來已經建立起深厚的商業合作關係，本身更具備強大的全球供應鏈管理能力，這些美國客戶對利豐有信心，都希望利豐能夠進而代理他們的品牌分銷。因此，從 2004 年開始，利豐便發生了"靜悄悄的革命"，集團將收購的重點轉向美國的本土市場，特別是美國市場中擁有龐大銷售網絡的的經銷商和著名品牌，並在收購的基礎上組建總部設在美國紐約的全資附屬公司利豐美國，專責實施登陸美國的"本土策略"（Onshore Strategy）相關業務。"本土策略"成為利豐在 2005-2007 年"三年計劃"中的關鍵市場策略，被視為帶動集團贏利增長的主要力量，可以使利豐更有效地參與客戶在各個層面的供應鏈管理及決策。

　　利豐登陸美國的"本土策略"涵蓋三類業務，包括專賣品牌（Proprietary Brands）、自有品牌（Private Label）和特許品牌（Licensing Recognized Brands）：

　　一、專賣品牌（Proprietary Brands）：利豐從 2004 年起開始發展多個專賣品牌。2005-2007 年度，利豐通過收購美國的經銷、零售商或從設計師處取得直接生產專賣品牌的貨品的特許和權利。過去，利豐只能為佳能、李斯特等品牌提供採購製造的服務；取得專賣品牌後，利豐可以從設計到採購、生產、質量管理、物流等一手包辦，直接將產品賣給零售商。為了加強這方面的業務能力，利豐從 2005 年起開始針對培植專賣品牌的能力進行多項收購，如收購 AME 公司的卡通人物的特許使用權，買下 Regatta 以吸取經營專賣品牌的設計與推銷技巧等等。

　　二、自有品牌（Private Label）：利豐通過收購規模較小的公司，取得專門為一個品牌設計的的製成品供應給零售商。這類客戶需要以自己的獨特品牌推銷獨有的服裝及日用消費品品牌，與其他競爭對手相區別。它們需要更積極的服務、設計上的意見及物流支持，利豐貿易的自有品牌業務正好為它們提供了一站式的解決方案。

三、特許品牌（Licensing Recognized Brands）：利豐為已經有知名度的品牌（如迪士尼）開發特許商品，在該品牌專門店銷售。它通過控制產品設計、採購、產品交付、質量管理、定價和儲存等來加強品牌的效應。與其他品牌管理商相比，利豐規模大，能夠為客戶提供更好的價格，而且熟悉供應鏈管理，可以快速地對市場的變化作出合適的反應。

其核心內容，就是發展美國本土品牌分銷業務，從而鞏固和拓展利豐的核心市場。這一策略背後的戰略考慮是："首先，通過為零售客戶提供更多服務並提高價值鏈功能，可以收取更高的服務費並提升邊際利潤，因為設計與品牌管理服務的利潤比採購外包高出一倍。其次，利豐在香港的總部與其最大的美國客戶相距太遠，登陸美國的本土策略可使利豐與顧客的距離更接近，關係更密切，當顧客開始規劃它的新業務時，便會想到利豐。再次，業務身處美國會得到最快的信息，利豐可以快速地反應並應對所有可能對業務有影響的變動。最後，利豐登陸美國，可以打入美國的進口市場。利豐注意到美國的進口市場存在巨大的機會。很多分銷商及中介公司通過利豐採購產品在本土出售，既然如此，利豐只要建立美國的本土業務，便可以直接為零售客戶提供包括設計、製造和物流的一站式供應鏈。"

2005-2009 年間，利豐美國先後收購了三家主要卡通人物特許權公司，包括 Briefly Stated Holdings, Inc.、American Marketing Enterprises Inc. 及 Wear Me Apparel LLC（以 Kids Headquarters 為名稱經營業務）。這三家公司均為從事睡衣服裝設計、市場推廣及銷售的老牌公司，共擁有超過 150 個卡通人物的特許權，包括 Hello Kitty、Angry Birds 及多個屬於迪士尼及華納兄弟的產權。這些收購為公司在美國建立卡通人物業務奠定了基礎。2007 年及 2009 年，公司先後收購了自營女裝品牌設計及市場推廣的領導者 Regatta (U.S.A.) LLC 的資產（包括 Daisy Fuentes 及 Sofia Vergara）及 Wear Me Apparel LLC 的全部資產，後者為美國著名的青年男裝及兒童服裝設計公司、經銷商及零售商。2010 年，公司訂立男士時尚服裝 Sean John 的特許權安排。這些收購建立了公司品牌服裝的業務基礎。

與此同時，2006-2010 年間，利豐美國着手建立公司的手袋及配飾業務，包括 2006 年 Rosetti Handbags & Accessories, Ltd. 收購了女士手袋、銀包及相關配飾的首個自有品牌 Rosetti；2008 年透過收購 Van Zeeland, Inc.，從而擁有了 Kathy Van Zeeland、B. Makowsky 及 Tignanello 等女士手袋、銀包及相關配飾品牌等，使公司成為了美國領先的手袋供應商。2011 年，公司透過收購美國的百年品牌老店 Fishman & Tobin，進軍男孩服裝、男孩及女孩校服以及男孩運動服市場。同時，收購了一家專注於以 Erica Lyons 及 Daisy Fuentes 等品牌從事人造首飾及配飾設計、市場推廣及分銷的公司——Crimzon Rose International，並收購了 Ely & Walker 品牌，從而擴充了公司的男士時尚服裝業務。

自 2008 年開始，利豐將登陸美國的"本土策略"複製到歐洲本土，並成立利豐歐洲，總部設在英國倫敦。2010 年 2 月 26 日，利豐歐洲宣佈收購英國成衣製造商 Visage 集團，以使公司在發展最為迅速的歐洲市場進行擴張。Visage 集團是一家英國自有服裝品牌生產商，客戶包括英國頂尖的高級及大眾化零售商，總部設於英國曼徹斯特，並於香港、上海、廣州、達卡及德里設有海外辦事處，在英國、香港、中國內地、孟加拉和印度擁有 500 位員工。Visage 集團在男士、女士及兒童服裝的設計及產品發展方面，擁有卓越的專長及能力。利豐歐洲以 1.73 億英鎊（20.76 億港元或 2.64 億美元）的代價收購 Visage 集團。利豐歐洲表示，Visage 將"為在歐洲未來的發展提供一個實質性的平台，以及相適應的基礎條件"，"收購事項將使本集團顯著擴展目前的營運規模，及在建立具規模的歐洲本土業務上，進一步落實集團的目標"。2011-2013 年間，利豐歐洲又先後收購歐洲的領先卡通人物商品供應商 TVMania，歐洲嬰兒、兒童及女裝批發商 Fashion Lab，兒童美容產品的主要卡通人物特許權持有人 Added Extras LLC 及 Lotta Luv LLC，以及意大利服裝公司 SICEM International。這些公司各自均與主要特許權擁有者如迪士尼及 Sanrio 建立了關係。透過這些收購，集團在北美、歐洲及亞洲持有逾 350 個卡通人物特許權。

經過數年發展，美歐本土業務已成為利豐業務發展的一個重要支柱。2010 年，利豐的美國及歐洲的本土業務營業額分佈達 26 億美元和 11 億美元，佔公司年度營業總額 1241.15 億港元（約合 159.12 億美元）的 16.34% 和 6.91%，即本土業務約佔利豐營業總額的四分之一左右。更重要的，是將利豐集團經營的供應鏈管理從過去的採購環節拓展到經銷環節，使利豐的業務進一步邁向高增值領域。

◢ 私有化利和經銷——組建利豐亞洲 ◣◣◣

利和經銷的前身是英之傑集團的亞太區市場推廣（IMAP），其歷史最早可追溯到具有百年悠久歷史的和記洋行。1860 年，英商羅伯特·沃克（Robert Walker）在香港創辦 Robert Walker & Co.，初期業務主要是經營布匹、雜貨及食品的轉口貿易。1878 年，英商夏志信（John D. Hutchison）加入公司，兩年後接管公司，改名為 John D. Hutchison & Co.，即和記洋行。

20 世紀 90 年代，英之傑曾經有過一個輝煌的發展時期。當時，英之傑的股價節節上升，一度成為英國第四十大上市公司。可惜，在此關鍵時刻，英之傑集團管理層判斷錯誤，在幾宗重要收購兼併中損失慘重，造成很大的財政壓力。其後，英之傑進入一個動盪時期，瀕瀕撤換高層主管，政策策略舉棋不定，全球業務逐步走下坡路，公司股價一跌再跌。1997 年亞洲金融危機爆發後，英之傑對亞洲地區的生意逐漸失去信心，決定收縮業務，將經營集中在集團最核心的汽車經銷代理上。在這種背景下，英之傑將部分亞洲區非核心業務出售，其中包括市場拓展業務的亞洲區生意。

所謂"有人辭官歸故里，有人漏夜趕科場"。正當英之傑對亞洲區市場拓展業務意興闌珊之際，利豐卻看好這盤生意。1999 年 1 月，馮國經、馮國綸兄弟透過集團旗下的利豐（經銷）集團有限公司（Li & Fung [Distribution] Ltd.），向英之傑收購其所持有的私營業務——亞太區市場推廣業務（IMAP），包括總代理跨國公司在亞洲市場分銷消費品及工業用品，以及提供物流管理服務，收購價為 6040 萬英鎊或 1.63 億新加坡元。當時，IMAP 的經營贏利為 370 萬英鎊（約合 4623 萬港元），淨資產 2.193 億英鎊（約合 27.4 億港元），其中，3340 萬英鎊（約合 4.13 億港元）為現金。

馮國經則表示："英之傑集團已經在亞太地區建立起具長遠增長潛力的市場拓展及分銷網絡，我們將在亞洲區市場復甦及增長的基礎上進一步拓展這些業務。"利豐收購 IMAP 及 IMS 的目的，是要拓展亞洲區市場，建立利豐業務的"第三個支柱"。馮國經認為，美國市場是利豐的"第一個支柱"；收購英之傑採購（天祥洋行）後，利豐建立起"第二個支柱"，即歐洲市場；收購 IMAP，利豐建立起"第三個支柱", 即亞洲市場。利豐希望藉助英之傑長期以來所建立的龐大經銷網絡, 並充分利用集團在泛亞洲市場的綜合優勢, 加強在亞洲市場尤其是中國內地市場的發展。

利豐經銷收購英之傑亞太區的市場推廣業務(IMAP)後, 成為亞洲區主要的經銷商之一。該公司總部設於香港新界沙田利豐中心, 由馮國經出任公司董事局主席兼行政總裁, 反映出馮氏對這盤生意的重視。完成收購後, 利豐經銷先後制定了兩個"三年計劃", 對所收購的業務、管理架構和資訊科技平台等展開重組, 選定營銷、物流和製造為集團的三項核心業務。其中, 重點加強物流業務的發展, 將英和物流(IDS Logistics)改組為利和物流(IDS Logistics), 透過投資建立龐大的泛亞物流基建網絡, 將物流業務從後勤支援部門轉變為前綫業務。

重組完成後, 公司改名為"利和經銷集團有限公司"(Integrated Distribution Services Group Limited, 簡稱 IDS), 下轄三個業務部門, 最核心的是利和商務(IDS Marketing), 其前身是英和商務(JDH Marketing Ltd.)。該公司作為泛亞地區一家主要消費品分銷商, 業務以分銷快速流轉消費品及保健品為主, 擁有超過一百五十年營運經驗, 在消費品品牌經銷方面長期處於領導地位, 享譽亞洲地區。另一項業務是利和製造(IDS Manufacturing), 其前身"英和製造"是一家擁有超過四十年經驗的生產承辦商, 專注於生產食品、醫療藥品、個人護理產品及家居用品, 曾為 900 多家跨國公司代理商生產貨品, 涉及 3000 多個世界知名品牌, 重組後約為逾 40 家客戶製造超過 100 個品牌, 主要產品包括食品及飲品、醫療藥品、個人護理產品及家居用品等。第三個部門為"利和物流", 在亞洲區設有 42 個配送中心及倉庫, 總樓面面積約 34.82 萬平方米, 提供合共約 29.5 萬個貨盤的貯存量。

2004 年 11 月, 利豐將利和經銷分拆上市。利和經銷上市在香港獲得熱烈反應, 公開招股部分錄得超額認購 152.7 倍。公司根據回撥機制, 將公開發售部分從 1200 萬股增至 6000 萬股; 國際配售則從 1.08 億股減至 6000 萬股, 發行價定為每股 3.50 港元, 集資 4.2 億港元, 主要用於加強集團在香港及中國內地的物流、經銷等核心業務, 以及在亞洲區內進行併購以增強集團三項核心業務等。同年 12 月 7 日, 利和經銷在香港掛牌上市。

利和經銷上市後，進入第三個"三年計劃"（2005-2007年）。利和制定"把2004年度純利倍增"的戰略目標，並實施"強勁內部增長"和"策略性併購"的雙綫發展策略，包括與主要客戶建立及擴大地區性合作關係，在亞洲區展開多項相關業務的收購，並透過收購物流業務進軍美國及英國市場。其中，在中國內地的經銷網絡取得可觀發展，共設有18間能開出發票及直接向零售商分銷品牌產品的辦事處，分銷範圍遍及全國150個城市，接觸超過一萬個現代零售點。2007年，利和經銷的營業收入達到12.96億美元，比2004年增長1.22倍；純利2815萬美元，是2004年的2.6倍，比公司的三年計劃目標"把2004年的純利倍增"（即至少達2110萬美元）高出33%。

踏入2008年，由於受到美國次貸危機引發的全球金融海嘯的衝擊和影響，利和經銷的業務發展遭遇困難。不過，由於公司亞洲業務表現強勁、美國及英國收購項目全年入賬所帶動，當年利和經銷的營業收入仍較2007年增加30.0%，達到16.80億美元，但盈利則下跌11.5%。2009年，公司的美國、英國以至部分亞洲客戶的生意額減少，全年營業收入為18.02億美元，輕微增長7%；但由於成本控制得宜及效率提升，核心經營盈利強勁回彈，大幅增長20.4%至2525萬美元。

2010年，為了配合利豐登陸美歐的"本土策略"，以形成協同效應，利豐決定私有化利和。8月10日，利豐發表通告宣佈，將按照協議安排（Scheme of Arrangement）私有化利和經銷。利豐將以每股21港元的高溢價私有化利和經銷。利和自2004年上市後，股價從每股3.5港元的招股價反覆上升，曾於2007年2月創下33.5港元的新高，但2008年一度跌至6港元水平。利和停牌前股價為15.42港元，利豐的收購價約有36.19%的溢價。利和股東可以選擇收取每股21港元，或者每股收取0.585股利豐新股，整項交易涉及代價最高近44億港元。

9月13日，利豐召開股東特別大會議決私有化提案，結果99.8%股東贊成通過私有化利和經銷。消息刺激利豐系內4隻股份全綫造好，其中，利豐再創新高，最高達每股44.45港元，利和經銷亦一度上升至每股25.95港元，比利豐的私有化作價高出23.57%。10月7日，利和經銷召開股東特別大會表決利和私有化提案，結果獲得2.77億股贊成票，贊成票佔投票總數的98.92%，私有化議案獲得大比數通過。11月3日，利豐宣佈，共收到3.35億股選擇以利豐股份作代價，約佔私有化計劃股份總數 99.02%；332 萬股則選擇收取現金，作為註銷代價。利豐將要為此增發 1.96 億股股份，及支付現金代價合共 6963 萬港元。至此，私有化順利完成。

有市場分析認為這次私有化收購價過高，PE 值高達 95 倍。對此，利豐總裁樂裕民表示，利豐貿易私有化利和經銷後，將有利於為利豐提供亞洲平台，幫助集團建立環球經銷網絡。利豐認為，私有化利和有利配合及支持利豐的增長策略，這些策略包括：

- 擴大公司於亞洲之覆蓋（特別是中國）；
- 提供完整端到端供應鏈解決方案；
- 可選擇日後進軍餐飲採購業；
- 提升營運協同效益及新業務前景。

利豐表示，隨着亞洲在國際貿易及經濟增長中所佔比重日益增加，特別是中國本身已成為主要消費市場，亞洲地區將屬於利豐未來增長策略的重要部分。是項交易對利豐把握中國及亞洲各地的分銷及批發商機十分重要，可即時為集團提供須發展經年始能建立的企業規模、人才、專業知識及所需的商業脈絡。利和私有化，將使利豐在美國及歐洲批發業務取得的成就再次在亞洲（特別是中國）發揚光大。利豐並指出："建議使利和可憑藉本公司於產品開發及採購之優勢，為客戶提供端到端供應鏈方案。本公司於美國或歐洲之業務使利和之規模大幅擴大，並可接觸更廣泛客戶基礎。此為利和帶來更多交叉銷售機會，更高之營業額增長，並提高美國或歐洲倉庫之使用率。"

2011 年 1 月，利豐宣佈以利和經銷的業務網絡和資源為基礎，成立利豐亞洲（LF Asia），計劃將利豐美國的商業模式複製到新興亞洲市場特別是中國內地市場，大規模發展在中國的本銷業務。其後，利豐宣佈對原有業務架構進行重組，改組為包括貿易、本土分銷及物流三大業務的九個部門。這些重組和改革，正如《利豐有限公司 2010 年年報》所指出："完成可能是公司歷史上最複雜的改組，為新三年業務發展計劃的高速增長作準備。"

為配合業務架構的重組，2011 年 5 月 18 日，利豐董事局在召開公司股東大會後宣佈集團高級管理層的新安排：自即日起樂裕民（Bruce Philip Rockowitz）將出任集團總裁及行政總裁，馮國綸出任執行副主席，而馮國經則將於 2012 年下屆股東周年大會退任集團主席職務，屆時馮國綸將接替擔任主席職務。利豐即日起將有九位新升任的總裁負責管理公司旗下貿易、物流及分銷業務三個環球業務網絡，並向樂裕民彙報。利豐九位總裁中，有五位負責貿易，一位負責物流，三位負責本土分銷業務，分別主管美國、歐洲及亞洲（主要是中國內地）的經銷業務。

利豐主席馮國經在傳媒簡報會上親自宣佈了這項管理層的新安排。馮國經指出："利豐發展至今的規模，已達致需要一個全新組織架構的階段。有關安排旨在令利豐可更有效地管理其多元化且發展迅速的環球業務。"他並明確表示："這次的變動，是為了令利豐日後可以順利過渡至新一代管理層（transition to the next generation of management），而作出的安排。"

市場對於利豐的管理層重組反應正面，有關消息傳出後即刺激利豐系股價大幅上升。這次管理層重組的最大亮點，就是利豐在經歷了十多年快速發展而達到現今規模時，因應全球後金融危機時代發展的新形勢，及時進行業務架構重整和管理層重整，為未來集團的長遠發展鋪路。

◢◢ 分拆利標品牌上市──構建品牌經銷新平台 ◢◢◢

2008 年全球金融海嘯之前，利豐的經營業務獲得持續、快速的增長。據統計，1992 年公司上市當年，利豐的營業額為 5.29 億美元，到 2011 年增長到 200.3 億美元，即十九年間增長了 36.86 倍，年均增長率高達 21%；同期，利豐的核心經營溢利從 1900 萬美元增加到 8.82 億美元，增長了 45.42 倍，年均增長率高達 22%，可以說創造了一個商業奇跡。這一時期，隨着採購業務的快速增長，利豐進一步拓展供應鏈管理業務，先後籌組利豐美國、利豐歐洲及利豐亞洲，使集團由原本擁有的一個環球採購網絡，發展至包括採購貿易、本土品牌分銷業務及物流等三個相互連接的全球業務網絡，為客戶提供涵蓋整個供應鏈的一站式服務。

不過，由於在美歐，特別是美國市場展開的快速而大量的收購，部分業務缺乏有效的重組，再碰上國際經貿環境發生重大轉變等種種不利因素，一度令利豐的業績下滑。2012 年度，利豐錄得營業額為 202.22 億美元，儘管比上年度微增

1%，但核心經營溢利僅為 5.11 億美元，同比大幅下跌 42%。為了應對外部經貿環境轉變的挑戰及配合集團新業務的拓展，2014 年 7 月，利豐在旗下利豐美國、利豐歐洲及利豐亞洲的品牌服裝業務基礎上，將公司的品牌服裝業務以"利標品牌"名義在香港分拆上市，令公司業務回復到較為單純的採購和物流兩大類。商業營運模式的簡化，使利豐貿易重新將注意力集中到採購等核心業務，進而產生大量現金流並減低波動。

新公司全稱"利標品牌集團有限公司"（Global Brands Group Holding Limited），主要業務是在美洲、歐洲及亞洲區經營全球領先的服裝、鞋類、時裝配飾及相關時尚產品，這些品牌包括授權品牌和擁控品牌兩大類，分別約佔營業額的 80% 和 20% 左右。上市時，利標共擁有超過 350 個授權品牌的活躍特許授權、10 個活躍的擁控品牌及超過 100 個管理品牌。其中，擁控品牌包括 Frye 及 Rosetti 等多個著名品牌。Frye 品牌創立已超過 150 年，是美國一個歷史悠久的傳統品牌，擁有擅長生產優質皮革製品的信譽。1994 年以來，Rosetti 品牌一直以合理價格推出具時尚風格及設計師特色的手袋系列，以銷量計是美國領先手袋銷售商之一。

利標利用自身在產品設計、市場推廣及品牌管理方面的專業知識，以公司旗下的授權品牌及擁控品牌創造產品，再將產品售予零售商並從中賺取收益。公司的客戶則主要來自美洲、歐洲及亞洲地區的零售商，包括 Nordstrom（諾德斯特龍百貨公司）、Macy's（梅西百貨公司）、Kohl's（科爾士百貨公司）、J. C. Penney（傑西潘尼百貨公司）等百貨公司，Wal-Mart（沃爾瑪）及 Target（塔吉特）等大型超市連鎖店、廉價零售商、獨立連鎖店、專賣零售商，macys.com 及 calvinklein.com 等客戶與品牌的電子商務渠道，以及 amazon.com 及 zappos.com 等獨立電子零售商等。2013 年，公司的營業額為 32.88 億美元，比 2008 年的 28 億美元增長了 18%。其中，85% 來自美國市場，另 15% 來自歐洲、亞洲等其他市場。

利標總部設在香港，在全球各地設有超過 50 個辦事處和陳列室，其中，在美國的辦事處設在紐約，為高級管理層、產品設計與開發及多個主要陳列室的所在地；在歐洲的主要辦事處設於英國倫敦；在亞洲（不包括香港）的主要辦事處設在中國上海。公司的的財務、訂單流程管理及資訊科技等主要全球性業務支援職能，以美國北卡羅來納州格林斯堡市為基地，在歐洲的支援辦事處位於德國蒙海姆，在中國的支援辦事處則位於廣東番禺。公司員工為 3000 人。

在上市文件中，利標強調，公司的競爭力源於以下方面：授權品牌產品組合廣闊，與多個產品類別及地區的特許權擁有者保持穩固關係；成功打造擁有重大發展機遇的擁控品牌產品系列；廣博的品牌管理專業知識；全球性的品牌平台使公司能夠優化每個品牌的類別擴展、市場覆蓋版圖和經濟規模；創新的設計和開發能力；建立多年的高質量全球供應網絡；以及經驗豐富的管理團隊。利標表示，上市後公司的策略重點，將包括進一步打造授權品牌產品組合；通過擴大業務版圖地域，特別是亞洲的業務版圖，來擴大品牌平台；擴大包括電子商務在內的經銷渠道；增添額外產品類別的能力以擴大品牌平台；以及充分把握和利用分拆帶來的管理重點及業務營運合理化等。

2014 年 5 月，利豐宣佈將以介紹形式將旗下利標品牌集團有限公司分拆在香港聯交所上市，並委託高盛、花旗銀行和滙豐銀行為聯席保薦人。7 月 9 日，利標品牌掛牌上市，當日收市價為 1.8 港元，成交金額達 14.1 億港元。利標品牌副主席兼行政總裁樂裕民（Bruce Philip Rockowitz）表示："預計在未來五至十年內，（我們的）品牌業務可以有 2 至 4 倍的增長。" 利標並表示："展望未來，無論在透過與品牌擁有人合作或在集團已擁有的品牌上，我們均繼續致力將大眾化奢侈品市場中的頂尖美國實力品牌帶入全球市場，鞏固我們的領導地位。" "隨着業務持續增長及加強，我們的首要策略重點之一乃擴展我們在全球業務的覆蓋範圍。我們已於美國建立了一個領先的平台，在可見將來將繼續是我們最大的業務市場。我們深信集團可將美國已取得的成功擴展至歐洲及亞洲地區。"

利標上市後，主要圍繞童裝、男女時裝、鞋履配飾以及品牌管理四個核心營運範疇展開。一方面，利標品牌繼續專注於對主要擁控品牌的投資，透過多方面發展的方式拓展這些品牌直接向消費者銷售的業務，例如，由公司完全擁有的品牌 Frye，透過多個渠道和消費者進行深入互動，進展理想，公司持續擴大 Frye 在美國零售市場的份額。2016 年 3 月，利標位於亞特蘭大的 Frye 店舖獲零售設計協會（Retail Design Institute）頒授最佳軟性產品專賣店——鞋履類（Best Soft Line Specialty Store-Footwear）的認可證書。除實體店外，利標還透過推出電子商務平台拓展其網上業務，於 2015 年度被評為全球最創新電子零售商之一。至於集團擁控的其他品牌，也取得新發展，如在即將舉辦冬季奧林匹克運動會的韓國、日本及墨西哥等地進一步拓展集團擁控滑雪服裝品牌 Spyder 的銷售網絡；透過合營公司 Seven Global 與英國經典傳統男士服裝品牌 Kent & Curwen 簽訂特許授權協議，將品牌擴展至男士服裝領域；透過與歐萊雅集團旗下男士護膚品 Biotherm Homme 展開合作，進一步拓展此品牌至男士護理產品的類別等。

與此同時，利標品牌還通過選擇性引入新特許授權及擴展平台，來加強集團的核心優勢。2014 年 12 月，利標品牌與著名球星大衛・碧咸（David Beckham）及其業務合作夥伴 Simon Fuller 合作，成立合營公司 Seven Global，在全球推動 Beckham 品牌於嶄新消費產品類別的發展，並將繼續與其他知名的體育及娛樂界巨星以及品牌產權擁有者，打造大型全球品牌。此外，利標就冬季配飾與 Kate Spade New York 簽訂全球特許授權協議，並收購了襪類產品公司 PS Brands，以進一步鞏固集團在童裝和卡通人物等業務領域的領導地位。在擁控品牌業務方面，利標引入經典知名品牌在擁控品牌 Jones New York，致力擴展現有的女性服裝及服飾平台。此外，鑒於牛仔服飾潮流復興，利標透過引入 Joe's Jeans 及 Buffalo 兩大品牌，打造一個專為牛仔服飾而設的平台。

據利標品牌公告，從 2015 年 1 月至 2016 年 3 月止的十五個月期間，公司營業額增加至 41.18 億美元，集團總毛利維持自 2013 年以來的升勢，為 13.79 億美元，佔營業額的 33.5%，核心經營溢利 7500 萬美元。集團按地區劃分的營業額分別為北美佔 81%、歐洲 / 中東佔 15%，亞洲佔 4%。換言之，利標在亞洲的業務仍處於剛起步階段。

◢ 初步實現全球供應鏈管理模式的轉型 ◣◣◣

2005 年之前，利豐集團儘管已建立起其全球供應鏈管理的網絡，但是在採購、經銷和零售等三個環節，其產品其實並不匹配。其中，採購貿易環節主要經營服裝和家居產品等硬貨，經銷環節主要由利和分銷快流消費品，而零售環節則主要由利亞零售經營便利店。總體而言，利豐全球供應鏈管理的相對薄弱環節，是經銷、零售等中、下游環節。

　　從 2004 年起，隨着國際經貿環境的轉變，特別是授權品牌經營的迅速崛起，利豐決定將品牌經營作為集團未來的業務發展重點，因而透過“雙綫收購”，組建利豐美國、利豐歐洲，又私有化利和經銷並組建利豐亞洲，進而分拆利標品牌上市，重新構建其品牌經銷的業務平台。經過連串的收購、重組，期間甚至經歷一些波折，但利豐初步實現其登陸美國、歐洲和亞洲市場的“本土策略”的戰略目標，從而實現了從貿易採購為主向貿易採購—品牌經銷—品牌零售的全球供應鏈管理的模式轉型。

31

借殼泰富 中信整體香港上市

　　20 世紀 90 年代，香港中資企業崛起，其中，最矚目的當屬出身世家大族的榮智健主導的中信泰富。

　　可惜，2008 年美國次貸危機爆發後，中信泰富爆發"炒匯巨虧"醜聞，公司虧損嚴重，市值大幅縮水。在此危急之際，第一大股東中信集團出手挽救，事件導致董事長榮智健黯然辭職……

　　中信泰富管理權的易手，為中信集團帶來新的發展契機。2014 年，中信集團以"蛇吞大象"的方式，借殼中信泰富，一舉實現了集團整體香港上市的戰略目標。

　　人們將拭目以待：這家易名為"中信股份"的新公司，能否以其嶄新的姿態和管理模式，與香港的老牌大行怡和、太古、長和等同台競技、並駕齊驅，甚至超越前者？

中信泰富的歷史最早可追溯到 1985 年香港中信集團的創辦。1978 年 12 月，中共召開十一屆三中全會，決定實施改革開放路綫。1979 年，受中國領導人鄧小平委託，素有“紅色資本家”之稱的榮毅仁在北京創辦中國國際信託投資公司，即中信集團的前身，開創了中國第一個對外開放的窗口。1985 年 5 月，中信在香港註冊成立中信國際投資（香港）有限公司（簡稱“香港中信”），先後在香港、深圳、山東等地投資了幾家工廠，做了幾筆鋼材進口生意，均為中小型規模。1987 年，香港中信集團重組，榮毅仁之子榮智健應邀出任副董事長兼總經理。自此，香港中信開始活躍起來。

◢ 榮智健與中信泰富 ◢◢◢

榮智健出生於 1942 年，1965 年畢業於天津大學電子工程系。文化大革命爆發後被“下放”到四川涼山彝族自治州，接受“勞動教育”。1972 年，榮智健回到北京，進入機電部電子研究所工作。1978 年，他告別妻兒，持單程探親簽證獨自來到香港。此時，他的堂兄榮智謙和榮智鑫早於二十多年前已到香港定居。榮智健到來時，他們正準備創辦愛卡電子廠，榮智健就加入他們的行列，三兄弟各佔三分之一股份。榮智健的第一筆創業資金是父親為他提供的 100 多萬港元。1982 年，愛卡電子廠被美國一家大企業收購，榮智健得到了 720 萬美元，是當年投資額的 56 倍。

1987 年榮智健出任香港中信副董事長兼總經理後，即利用中信集團的影響力，在航空、電訊等公用事業領域展開一系列大型投資。第一個大手筆就是以 23 億港元收購英資太古集團旗下國泰航空公司 12.5% 股份。收購前，這一提議曾遭到許多董事會成員的反對，因為當時世界航運業普遍低迷，香港航空市場也很不景氣。為了說服他們，榮智健花了六個月做調查研究，他最後給出的解釋是“香港要繁榮，處處得靠運輸，不是輪船就是飛機，國泰已有幾十年的經驗，有一支優秀管理隊伍，發展潛力巨大”。北京總部在聽取他的彙報後不到五天，就批准了這項收購，為此國務院還特地批准給香港中信 8 億元人民幣的貸款作為運作資金。

在嘗到甜頭後，1989 年底，他展開香港中信有史以來最大的一筆投資，以逾 100 億港元價格，收購香港電訊 20% 股權，成為這家當時在香港股票市場市值最大公司的第二大股東。1990 年，榮智健又以 5 億港元購入港龍航空 38.3% 股權。經過這幾次收購行動，香港中信聲名大噪，商界同行為之矚目。到 90 年代初，香港中信已發展至相當龐大的規模，除持有國泰航空 12.5%、港龍航空 38.3%、香港電訊 20% 股權外，還擁有東區海底隧道 23.5%、澳門電訊 20% 的股權，以及價值約 10 億港元的地產物業、一個約 30 萬噸的船隊，在內地江蘇、內蒙古等地投資建設的發電廠，集團總資產接近 200 億港元。

踏入 90 年代，香港中信開始借殼上市。1990 年 2 月，香港中信以 3.69 億港元價格向華商曹光彪家族收購小型地產上市公司泰富發展 51% 股權。榮智健表示："這只是第一步，我們希望在香港這個資本主義社會學習做生意。"收購完成後，泰富發展發行 3.11 億新股，每股 1.2 港元，集資 3.73 億港元，向香港中信購入港龍航空 38.3% 股權及兩幢工業大廈。1991 年 6 月，泰富發展再發行 14.92 億新股，每股作價 1.35 港元，另發行 5 億港元可換股債券，集資 25.1 億港元，向香港中信購入國泰航空 12.5% 股權及澳門電訊 20% 股權。交易完成後，泰富發展易名為中信泰富，成為資產總值逾 40 億港元的大型上市公司。

這時，榮智健的"野心"愈做愈大。1991 年 10 月，榮智健、中信泰富聯合香港著名華商李嘉誠、鄭裕彤、郭鶴年等人組成財團，成功收購華資大行恒昌企業。中信泰富取得恒昌 36% 的股權，榮智健本人取得 6% 股權。榮智健並出任恒昌董事局主席。1992 年 2 月，中信泰富再向李嘉誠、鄭裕彤、郭鶴年等恒昌股東提出全面收購建議。收購完成後，中信泰富的資產淨值從原來的 64 億港元急增到 95.4 億港元，成為香港股市中一家實力雄厚的藍籌公司，旗下經營的業務範圍遍及地產、投資、汽車、銷售、糧油代理等，已初具"洋行"式綜合型企業集團的規模。

90 年代期間，中信泰富繼續拓展其多元化業務，其中最突出的是發展基礎建設、發電業務以及鋼鐵業。中信泰富最初拓展的基礎建設業務，是以合夥方式獲得興建及營運香港西區海底隧道的專營權。隨後，中信泰富購入香港中信於 80 年代中期購入的東區海底隧道權益。1993 年，中信泰富向香港中信購入香港電訊

12% 權益。這期間，集團另外一個發展重點就是投資中國內地的業務。中信泰富購入上海已有的隧道和大橋專營權，包括南浦大橋、楊浦大橋及打浦路隧道，並興建延安東路隧道。1993 年，中信泰富購入在 80 年代末由香港中信發展的利港發電廠 56% 權益以及新力發電站 50% 權益。同年，又購入江陰興澄特種鋼鐵廠的控股權益。

1994 年，中信泰富與香港中信合作購入鄰近中環添馬艦地皮，興建公司總部大樓——中信大廈，該大廈於 1998 年啟用。1997 年亞洲金融危機期間，中信泰富與香港其他"紅籌股"公司一樣，受到嚴重衝擊。不過，公司投資於發電、公路隧道及大橋專營權所帶來的的穩定現金流緩和了衝擊。90 年代末，中信泰富再度開始擴展電訊業的業務，包括與有關各方合作興建一條涵蓋全國總長為 32000 公里的光纖網絡。2000 年又購入中信國安的 50% 權益及電訊 1616 全部權益，後者易名為中信電訊 1616（現為"中信國際電訊"）。

踏入 21 世紀，中信泰富加強了其在內地房地產的投資和開發，尤其是在上海及快速發展的長三角城市。中信泰富從香港中信購入多個投資物業，包括上海青浦區、上海浦東陸家嘴新金融區的項目，以及寧波的商業辦公大樓發展項目，並在長三角其他城市增加土地儲備。與此同時，中信泰富亦加強投資特鋼業務。2004 年，中信泰富增持江陰特鋼廠的權益，並於同年收購湖北新冶鋼 95% 權益，又取得在深圳證券交易所上市的大冶特殊鋼的多數權益。2006 年初，中信泰富為確保集團在中國的鋼廠有長期穩定的鐵礦石來源，在澳洲皮爾巴拉地區收購了一個 10 億噸磁鐵礦的全部開採權，並擁有另一個 50 億噸的開採及認購權。2007 年，中信泰富又先後分拆中信 1616 集團有限公司和大昌行集團在香港聯交所獨立上市。

至此，中信泰富除了持有一系列戰略性股權之外，基本形成了三大主營業務，分別為特鋼製造、鐵礦開採和在中國內地的房地產業。

◢ 中信泰富"炒匯巨虧"事件 ◢◢◢

可惜的是，2008 年美國次貸危機爆發後，中信泰富旋即爆出"炒匯巨虧"醜聞，將公司董事長榮智健推到風口浪尖。

此事件需追溯到 2007 年。當時，中信泰富為投資、經營在澳洲的鐵礦石項目，需要澳元投入及以歐元從歐洲進口設備。為對沖澳元、歐元、人民幣升值風險，鎖定美元支出成本，在 2007 年 8 月至 2008 年 8 月的一年間，中信泰富分別與滙豐銀行、花旗銀行、摩根士丹利資本、美國銀行、巴克萊銀行、瑞信國際、法國巴黎銀行等 13 家銀行簽訂了 24 份外匯遠期合約，做多澳元、歐元與人民幣。中信泰富簽訂的外匯遠期合約，全稱為“累計目標可贖回遠期合約”，它約束中信泰富以合同約定的價格在未來的特定時期內持續買入特定數量的澳元、歐元與人民幣。具體包括四種合約，分別為“澳元累計目標可贖回遠期合約”（每月結算）、“每日累計澳元遠期合約”（每日結算）、“雙貨幣（澳元、歐元）累計目標可贖回遠期合約”（每月結算）、“人民幣累計目標可贖回遠期合約”（每月結算）。這些合約均為風險極大的金融衍生產品。

中信泰富簽訂合約時，澳元兌美元匯率正處於上升通道，大有逼近 1 整數關口之勢，中信泰富看似是“穩賺不賠”。然而，2008 年美國次貸危機的蔓延使得全球經濟衰退風險加劇，澳大利亞中央銀行不得不降息以刺激經濟，加上大宗商品價格回落，澳元兌美元的匯率直線回落，整體跌幅高達 60%。同時，歐元兌美元的匯率也持續下降。其後，澳元兌美元的匯率繼續下跌，中信泰富所簽訂的外匯合約的風險充分暴露，終於釀成巨額損失。

2008 年 9 月 7 日，中信泰富董事會獲悉期權交易虧損的消息。據香港政府審裁處後來披露的文件顯示，當天，中信泰富總經理范鴻齡與集團財務董事張立憲舉行會議，聽取後者有關炒匯巨虧的彙報。會議期間，范鴻齡意識到問題的嚴重性，他立即邀請董事會主席榮智健及董事李松興、周志賢等，以及香港中信財務部門負責人 Albert Tam 參加會議。會議中，五名董事瞭解到了公司相關外匯衍生品風險敞口。文件顯示：“所有參會的人士都表示，張立憲當時明顯非常焦慮……事實上，更顯然的是，當時參會的每個人都感到壓力。榮智健一度發怒，用拳頭拍打桌子，並向張立憲怒吼。”當時，參會人士認為，中信泰富面臨約 40-60 億港元的潛在虧損，不過，如果澳元反彈，這部分潛在虧損將大幅被抵消。會議並達成一致共識——因為事件高度敏感，需要高度保密，“簡而言之，只有需要知道的人才可以知道"。

一個半月後，經過緊張的幕後醞釀，中信泰富終於向公眾公佈有關事件。10月20日，中信泰富在股市收市後發佈盈利警告，宣稱有管理層在未獲董事會主席授權下，簽訂了多份槓桿式外匯交易合同，導致集團錄得已變現虧損8.077億港元，仍在生效的外匯合約按公允價值計量的虧損高達147億港元，合共155億港元，且虧損有可能繼續擴大。中信泰富預期，2008年集團全年業績將錄得虧損，但事件不涉及欺詐，母公司中信集團將會提供15億美元備用信貸，以應付需要。同時，中信泰富兩名高層——集團財務董事張立憲和集團財務總監周志賢即時辭職。

此公告一出，香港市場震驚。翌日，中信泰富股價開盤即暴跌38%，之後更一度跌至每股6.47港元，跌幅超過55.4%。當日收報每股6.52港元，跌幅達55.1%，遠超過業界預計的20%左右的跌幅。全天交易結束後，中信泰富的靜態市盈率已下降到1.33倍，公司總市值從前一天的318.4億港元跌至不足143億港元，一天之內蒸發了175億港元，在股市的損失超過了外匯交易的損失。高盛、花旗、摩根大通和里昂證券等多家投資銀行均調低中信泰富的投資評級及目標價。高盛把中信泰富的評級由"中性"降至"沽出"，12個月目標價由原來的31.5港元削減至12.5港元。花旗亦把中信泰富的評級調低至"沽出"，目標價由28港元降至6.66港元。

10月22日，香港證監會和聯交所相繼宣佈將對中信泰富外匯巨虧事件展開調查，港交所還透露接到十多宗涉及中信泰富的投訴。由於中信泰富的股價在兩天內已經跌了近80%，聯交所公佈的公告顯示，中信泰富主席榮智健及母公司中信集團，在市場內分別增持100萬股及200萬股，以維持股價穩定。

到了11月，香港中信母公司中信集團終於出手挽救。中信集團宣佈，為應對中信泰富可能發生的流動性危機，集團向中信泰富緊急提供15億美元（約116.25億港元）的備用信貸。該資金後來轉化為對中信泰富的注資，使中信集團持股比例從原來的29%增加到57.56%。與此同時，中信集團還協助中信泰富重組澳元槓桿外匯合約，通過合約更新方式受讓了中信泰富風險敞口較大的57億澳元的外匯遠期合約。相關措施使中信泰富暫時穩定下來。

2009 年 1 月 2 日，中信泰富發佈公告披露，該公司董事榮智健、榮明傑（榮智健之子）、范鴻齡、常振明等 17 名董事正接受香港證監會的調查。翌日，《福布斯》推出 2008 全球富豪"身家縮水榜"，榮智健不幸入圍，身家從 2008 年的 30 億美元暴跌到 7.5 億美元，縮水 75%。3 月 25 日，中信泰富公佈了 2008 年年報，宣佈虧損 126.62 億港元，其中，外匯合約所導致的變現及市場公允值的稅後虧損為 146 億港元，這是這家著名紅籌公司 19 年來的首次虧損。如果別除外匯合約損失，中信泰富本可以在 2008 年獲得稅後溢利 19 億港元。當時，董事會主席榮智健強調，集團財務狀況仍穩健，暫時無供股需要。他並表示，自己無意辭職，"我還沒有想過退休"。

4 月 3 日，香港警務處商業罪案調查科對中信泰富總部展開了突擊搜查，在逗留一小時之後拿走了大批文件。同時，中信泰富也發佈公告稱，香港警務處商業罪案調查科在當天根據一項搜查令，要求中信泰富及其董事就 2007 年和 2008 年簽訂的外匯合約，以及從 2007 年 7 月 1 日至 2009 年 3 月 16 日期間發佈的公告提供詳細資料，以調查中信泰富是否存在"公司董事做出虛假陳述"，或者"串謀欺詐"的違規行為。中信泰富並未透露有哪些董事受到警方審問。此外，公司表示還接受了香港證監會的一項相關調查。

4 月 8 日，中信泰富召開特別董事會，討論人事變動。聞風而來的大批媒體記者從早上 9 點多就聚集於香港金鐘中信大廈總部前，一直等到下午 5 點。當日下午 5 時 30 分，中信泰富正式對外發佈公告稱，公司主席榮智健、總經理范鴻齡辭職，即日生效，中信集團副董事長兼總經理常振明接任主席和總經理一職。榮智健在辭職信中表示："香港商業罪案調查科發佈搜查令，要求公司及其董事提供資料，在社會上產生了很大影響。面對這個現實，相信退位讓賢對公司最為有利。"與此同時，公司總經理范鴻齡也提出辭職。他表示："榮先生能給我機會參與創立中信泰富集團銘感於心，他請辭之時亦是我辭任之機。"公司公告對榮、范兩人表達了謝意和高度讚揚，稱他們為公司早年奠下基石，在多年間，公司旗下的業務顯著擴充，在實踐公司的策略性目標上建立成就，及他們的營商經驗及視野為董事會提供真知灼見。

榮智健、范鴻齡辭職而空缺的職位，由公司董事常振明出任。其時，常振明為中信集團副董事長兼總經理、中信銀行副董事長及非執行董事，及中信國際金融副董事長。常振明與中信泰富的淵源可追溯到 2000 年，當時他擔任公司的執行董事，直到 2005 年。2000 年，中信集團嘉華銀行有限公司原董事長金德琴因貪污受賄、挪用巨額公款，被判處無期徒刑，中信嘉華銀行瀕臨破產。次年，常振明接掌中信嘉華銀行總裁一職。常振明採取一系列大刀闊斧的動作，包括斥資 42 億港元收購華人銀行，使中信嘉華的規模和業務大幅增長，重新步入良性經營軌道。2006 年 7 月，時任建設銀行行長的常振明又回到中信集團任副董事長。當時就有媒體稱，常振明此番受中央委派，將率總資產達 8000 億元人民幣的中信集團在海外上市。

當天晚間，常振明在接受媒體採訪時嚴厲批評了中信泰富的麻痺大意，他指出：“從過去的損益表來看，中信泰富 90 年代做實業投資以來，沒有做過投機、對沖的東西。顯然這次是麻痺大意，風險管理極其薄弱，以後成立風險管理委員會，就絕對不會再發生了。”不過，常振明也高度評價了中信泰富現有資產質量和中信集團對此的戰略。他指出：“特鋼包括新澄、大冶、石家莊，發電是國內第一。對於房地產，我們從銷售渠道、社會關係、客戶渠道、資金都將給予支持。現在我們是大股東，考慮在業務上的整合支援，對於中信泰富的戰略就是整合和互動。”他並表示：“沒有退路，只能成功，而且必須把中信泰富做好，這是中信集團的要求。”

5 月 5 日，市場傳聞榮智健以每股 11.95-12.2 港元拋售 6000 萬股中信泰富股權，套現約 7.32 億港元。有業內人士指出，榮智健辭去董事會主席一職後，只有約一成的股權，並且失去話語權，加上已年近 70 歲，套現合情合理。也有人士指出，由於香港警方已介入炒匯醜聞調查，一旦榮智健受到牽連，其所持股份將被凍結，屆時就無法順利套現。目前中信泰富股價已經反彈，因此，他這次是先小試牛刀配售少量股份，為其下次大量拋售做鋪墊。榮智健拋售股權後，其持股比例從 11.53% 降至 9.88%。

中信泰富的“炒匯巨虧”事件一直持續到多年以後。2010 年 1 月 5 日，三名中信泰富小股東起訴公司前主席榮智健的案件，在小額錢債審裁處開庭。2012 年 11 月 27 日，東區裁判法院裁定 2008 年時任中信泰富財務部的助理董事崔永年涉嫌炒匯事件內幕交易罪成，判 15 個月監禁，罰款約 100 萬港元，三年內不得擔任香港公司的董事。他上訴後被裁定有關定罪無效，獲原訟法庭頒令重審。2014年 1 月 30 日，崔永年最終承認控罪，被判監 9 個月及罰款 61.2 萬港元。

及至 2014 年 9 月，香港證監會對中信泰富及五名前執行董事，包括主席榮智健、董事總經理范鴻齡、副董事總經理張立憲和李松興，以及執行董事周志賢等展開法律程序。香港證監會認為，中信泰富及該五名董事曾從事市場失當行為，在 2008 年就中信泰富的槓桿式外匯合約投資的巨額虧損披露虛假或具誤導性的財務狀況資料。香港證監會的理據來源於 2008 年 9 月 12 日中信泰富在當日交易收市後在香港聯合交易所刊發的一則通函。該份通函與中信泰富附屬公司大昌行收購一汽豐田 4S 公司 49% 權益以及雷克薩斯 4S 公司 50% 權益及相關股東貸款的須予披露及關連交易有關。在該份通函中，中信泰富披露 "就董事所知，本集團自 2007 年 12 月 31 日以來的財務或交易狀況概無出現任何重大不利變動"。該通函所確定的 "最後實際可行日期" 為 2008 年 9 月 9 日。香港證監會認為，這則通函載有關於中信泰富財務狀況的虛假或具誤導性陳述內容。

不過，中信泰富對此並不同意。於是，香港證監會向政府審裁處發出通知書，要求審裁處進行研訊程序並裁定，中信泰富是否曾發生任何市場失當行為，及確認任何曾從事該市場失當行為的人的身份。從 2014 年 12 月 12 日舉行第一次初步會議，到 2015 年 11 月 16 日案件正式聆訊，審裁處對此案裁決耗時逾兩年。審訊全程長達 50 日。審裁處認為，證監會以 "股價敏感" 來量度 "財務出現重大不利變動" 的處理有誤，而證監會指上述通函 "虛假或具誤導性" 的指控亦未達所需的舉證標準。審裁處最終裁定中信泰富及其五名前執行董事在刊發上述通函一事中，沒有從事市場失當行為，榮智健等 "脫罪"。

至此，中信泰富 "巨額虧損" 事件算是最終落幕。有評論指出，這一事件是場外金融衍生交易中一個並不罕見的個案。剔除是否存在對手方欺詐的因素不論，中信泰富與 2004 年的中航油（新加坡）事件、1994 年的美國寶潔公司事件一樣，都是 "無知者無畏" 的絕佳範例。

◢ 反向收購——中信集團借殼泰富整體上市 ◢◢◢

常振明出任中信泰富董事會主席後，同年 11 月委任張極出任集團董事總經理，組成新的管理層，並對公司展開整頓、調整，重點是將所持非控制性股權的非核心業務出售。2009 年，中信泰富出售所持國泰航空 14.5% 權益。2010 年出售香港空運貨站 10% 的權益及石家莊鋼廠 65% 的權益，又將所持澳門電訊的 20% 股權專售給中信 1616，後者進一步收購中信集團所持中國電訊牌照的公司的 49% 股權，藉此合併電訊權益。到 2013 年底，中信泰富的三大主營業務佔總資產的比例超過 70%，其中，鐵礦開採佔 33%，特鋼佔 22%，中國內地房地產開發佔 17%。

中信集團入主中信泰富後，即考慮如何利用公司的上市地位實現集團在香港的整體上市。常振明在出任中信泰富董事會主席當天就表示："中信泰富這個公司是好的，中信集團作為大股東，中信泰富資源整合很有前景。以前中信集團有些公司是和中信泰富有競爭關係的，（考慮到）以前我們雖然也是 29% 的股東，但僅此而已。現在我們是大股東了，不僅要避免競爭，還要進行整合的。"有報道稱，常振明回歸中信時，就肩負着籌劃中信集團上市事宜。

2013 年，中共召開十八屆三中全會，明確提出了國有企業混合所有制改革的方向。作為央企巨頭的中信集團及時把握機會，將籌劃集團整體上市作為頭等大事謀劃。實際上，從 2008 年起，中信集團就開始謀劃整體上市。當時，正值全球金融海嘯爆發，危機意識促使集團開始尋求新的發展方向，管理層根據中信集團的發展歷史和特點，達成必須結合海外市場、通過上市倒逼改革的總體發展思路。2009 年，時任中信集團董事長的孔丹就曾對媒體表示，希望通過整體上市，倒逼中信集團調整其發展模式。不過，當時仍然處於"紙上談兵"的階段。2010 年，為配合發展新思路，集團啟動股份制改造。2011 年 12 月 27 日，中信集團公司完成重組改制，集團更名為"中國中信集團有限公司"（簡稱"中信集團"），並以絕大部分經營性淨資產作為出資，設立"中國中信股份有限公司"。集團計劃利用中信股份業務平台，實現整體海外上市計劃。不過其後，因政府換屆等外部因素，集團整體上市進程一度被擱置。

十八屆三中全會後，中信加速推進整體上市戰略部署。最初，中信集團整體上市有兩種方案，其一是海外市場 IPO，其二是在香港以 H 股形式上市。因為中信集團旗下核心資產已經在香港和 A 股市場上市，整體在 A 股上市不合法規，於是香港成為集團上市的首選地。但是，如果在香港市場發行 H 股，中信集團雖然也能直接獲得發展資金，但改革的味道就淡了許多。十多年來，中信眼看多家內地國企 H 股上市後，在公司治理、人事任免等方面的改革成效甚微，與中信利用上市倒逼改革的初衷相悖。

　　在此關鍵時刻，中信泰富"巨額虧損"事件的發生，給集團帶來新的發展契機。事件發生之前，中信集團儘管是中信泰富的第一大股東，持有該公司 29% 股權，但並沒有參與管理，公司的管理決策權控制在作為第二大股東的榮智健方面，後者持有公司 19% 股權。事件發生後，中信集團對中信泰富的持股增加到 57.56%，並且取代榮智健掌握了公司決策權。經過 2008 年澳元衍生品事件，中信泰富元氣大傷，雖然它還是恒生指數的成分股，但關注度已大不如前。經過反覆衡量、考慮，中信集團決定利用中信泰富這個"殼"，以"紅籌股"的形式實現集團整體在香港上市戰略。

　　2014 年 3 月初，常振明在北京出席"兩會"時告訴媒體，中信集團上市如順利，預計年內完成。3 月 25 日午盤，中信泰富停牌，稱待發內幕消息，停牌前報每股 12.66 港元，升 4.8%。翌日晚間，中信泰富發佈公告稱，正在與母公司中信集團商議收購其主要業務平台中國中信股份有限公司 100% 的股權。作為中信集團主要業務平台，中國中信股份有限公司及其附屬公司實際上已成為中國規模最大的綜合性企業集團之一，在中國及海外具有多元化的產業佈局，包括銀行、證券、房地產、基礎設施、資源能源、工程承包、貿易及其他業務。截至 2013 年 12 月 31 日，集團（不包括中信泰富）未經審計的彙總歸屬於中信股份的股東權益約為 2250 億元人民幣，2013 年度未經審計的淨利潤約為 340 億元人民幣。

　　3 月 27 日，中信泰富復牌，開盤直綫衝高，報每股 15.20 港元，較停牌前大漲 20%。同一天，國際評級機構穆迪將中信集團、中信泰富和中信資源的評級，列入上調的復評名單。4 月 1 日，香港聯交所最新資料顯示，中信泰富的控股架構出現變化，中信集團新增一家名為 CITIC Glory Limited 的離岸公司去持有中信泰富股份。該公司為首次持有中信泰富 5% 或以上股份權益，為英屬處女島（BVI）的註冊公司，其最終控股公司仍為中信集團。

4 月 16 日晚間，中信泰富發佈公告表示，中信泰富已於 3 月 26 日與控股股東中國中信集團有限公司和北京中信企業管理有限公司簽訂框架協定，中信泰富擬以現金及發行新股的方式收購後兩者持有的中國中信股份有限公司 100% 股權。收購完成後，包含中信集團絕大部分淨資產、股東權益高達 2250 億元人民幣的中國中信股份有限公司將注入中信泰富，實現在港整體上市，開創央企整體上市先河。同時，中信泰富將引入 27 個投資者，包括騰訊、周大福、馬來西亞富商郭鶴年等等，據披露，中國中信股份有限公司是中信泰富的控股股東，間接持有中信泰富 57.51% 股權。中信集團則持有中國中信股份有限公司總股本的 99.9%，並通過全資子公司中信企業管理持有另 0.1% 股權。

根據協定，中信泰富是次收購發行新股的價格為每股 13.48 港元，較公司的最新收盤價每股 12.66 港元溢價約 6.48%，較公司停牌前 30 個交易日的均價每股 11.05 港元溢價約 21.99%。由於受中信集團注資預期的影響，2014 年 2 月中信泰富股價跌破每股 10 港元之後，就一路走高，強勁反彈，令公司市值增加到 370 億港元。

這次收購，是一次典型的"蛇吞大象"式的"反向收購"：以市值僅 370 億港元的子公司中信泰富，收購股東權益高達 2250 億元人民幣的母公司——中國中信股份有限公司。收購完成後，中國中信股份有限公司將由中信泰富控股股東變身中信泰富全資公司，中信泰富則成為母公司從而實現整體香港上市的戰略目標。對於是次交易，中信泰富主席常振明表示，董事會認為該交易可以增加公司業務的多元性及規模，擴大資產和資本，增強公司的整體競爭力，從而更好地把握中國經濟增長帶來的各種機遇，還可使公司發揮綜合優勢與整體協同效應，提升經營效率。有評論認為，這次收購"另具深意"，中信集團在香港上市體現了國企改革的決心，更彰顯了香港在中國改革開放中所扮演的積極角色。

8 月 25 日，中信泰富完成相關收購程序。中國中信股份有限公司更名為"中國中信有限公司"（簡稱"中信有限"），中信泰富更名為"中國中信股份有限公司"（簡稱"中信股份"），中信有限成為中信股份的全資子公司。收購完成後，中信集團通過其境外全資子公司持有中信股份 77.9% 的股權。其後，中信集團通過其境外全資子公司處置了部分中信股份股權，使集團持有中信股份的股權減至 58.13%。

◢ 中信股份——香港大"紅籌"公司 ◤◤◤

中信集團透過其業務平台中信股份（SEHK：00267）實現整體香港上市後，洗脫了中信泰富因"炒匯巨虧"所帶來的"頹氣"，一舉成為香港經濟中具"大行"規模的大型綜合企業集團，成為香港最大、最有影響力的"紅籌"公司。據統計，2015 年，中信股份的業務資產總值高達 68388.69 億港元，實現收入達 3696.88 億港元，歸屬於普通股股東的淨利潤達 472.37 億港元。

中信股份經營的業務廣泛，涵蓋金融、資源能源、製造、工程承包、房地產等各個領域。在金融業，公司透過所持有子公司中信銀行（65.97%）、中信信託（100%）、誠信人壽（50%）、中信證券（16.66%）等，涉及銀行、信託、保險及證券等全方位金融服務領域。在資源能源業，公司透過所持有子公司中信資源（59.50%）、中信礦業國際（100%）、中信金屬（100%）、新力能源（100%）等，分別在中國內地、澳洲、巴西、秘魯、加蓬、印尼和哈薩克斯坦等國家的多個開發項目中擁有權益，業務涉及資源勘探、開採和加工、資源貿易以及發電業務等領域。

在製造業，公司透過所持有子公司中信泰富特鋼（100%）、中信重工（100%）、中信工程設計（100%），主要業務包括特鋼、重型機械、鋁車輪及鋁鑄件製造等，且均處於內地領先地位。在工程承包業，公司透過所持有子公司中信建設（100%）、中信工程設計（100%）等，涉及基礎設施、房屋建築、工業建設等工程的承包和設計業務。在房地產業，公司透過所持有子公司中信泰富地產（100%）、中信城市開發運營（100%），發展和投資中國內地及香港的房地產業。此外，公司經營業務還擴展到資訊業務、貿易、基礎設施、環保、現代農業、出版、通用航空等其他領域，包括持有中國國際電訊 60.24% 股權，持有大昌行集團 56.07% 股權，持有中信興業和中信環保 100% 股權等。

表三：2015 年中信股份業務分佈（單位：億港元）

行業	業務資產		實現收入		歸屬於普通股股東淨利潤／（損失）	
	價值	佔比（%）	價值	佔比（%）	價值	佔比（%）
金融業	62111.76	90.82	2053.78	55.55	527.53	111.68
資源能源	1416.93	2.07	456.64	12.35	(172.51)	(-36.52)
製造業	972.08	1.42	600.77	16.25	24.96	5.28
工程承包	422.45	0.62	146.76	3.97	26.01	5.51
房地產	2328.09	3.40	275.28	7.45	41.37	8.76
其他	1137.38	1.66	163.65	4.43	25.01	5.29
合計	68388.69	100.00	3696.88	100.00	472.37	100.00

　　不過，從業務份額來看，中信股份明顯偏重金融業。2015 年金融業的業務資產總值高達 62111.76 億港元，實現收入為 2053.78 億港元，金融業歸屬於普通股股東淨利潤為 527.53 億港元，在公司整體業務中所佔比重分別為 90.82%、55.55% 和 111.68%（表三）。實現收入中，除金融業外，依次是製造業、資源能源、房地產、工程承包，分別佔 16.25%、12.35%、7.45% 和 3.97%，其他業務佔 4.43%。從歸屬於普通股股東淨利潤／損失來看，除金融業外，貢獻最大的業務是房地產業，佔 8.76%，製造業、工程承包均佔 5% 左右。而資源能源還虧損 172.51 億港元。換言之，從 2015 年的數據看，中信股份的業務多元化仍有待進一步提高。另外，中信股份在香港上市後，另一個挑戰就是如何轉換公司的經營、管理模式，使之與國際接軌，達致當初設計在海外整體上市的戰略目標。

　　中信股份表示："中信獨特的平台、多元化的業務組合以及協同規模，能讓我們更好地把握中國及世界經濟發展帶來的機遇，為股東創造長期價值。" "我們積極融合世界先進技術，以國際最佳標準的企業管理為標杆，以公司的可持續發展為目標，致力成為一家經久不衰的企業。"

　　作為香港的大紅籌公司，中信股份能否以其嶄新的姿態和管理模式，在香港這一平台上，與香港的老牌大行怡和、太古、長和等大藍籌同台競爭、並駕齊驅，又或甚至超越前者？人們將拭目以待！

32

乾坤挪移 李嘉誠重組長和系

　　2009 年全球金融海嘯爆發後，國際經貿環境發生深刻變化，一方面是歐元區經濟及資產市場低迷不振，另一方面中國經濟開始步入增長放緩的"新常態"。

　　面對新形勢，已屆 85 歲高齡的長和系創辦人李嘉誠開始其一生中另一次最重要的戰略運籌：他先是不動聲色地從中國內地、香港等地減持資產物業；同時大舉投資歐洲，甚至"買起半個英國"。

　　更令人矚目的是，他打破"永不遷冊"的承諾，先後透過電能實業分拆港燈電力投資、長和系"三部曲"重組，以及長江基建合併能源實業（未成功），相繼將旗下上市公司變相遷冊海外……

　　李嘉誠的"乾坤大挪移"，在香港、特別是中國內地，乃至海外，引起廣泛的關注甚至非議，在英國公投"脫歐"後更對他的判斷力產生懷疑。

　　從歷史來看，李氏的策略其實與當年滙豐銀行的"帝國還鄉"相當類似，其背後無疑有着深刻的經濟、社會乃至政治等因素的考慮。

2013年，李嘉誠已年屆85歲高齡，然而他仍一直保持着早年養成的兩個習慣：一是睡覺之前看書，特別是跟公司的專業有關的書；二是晚飯之後看英文電視，不僅要看，還要跟着大聲說，因為"怕落伍"。熟悉李嘉誠的人士表示，他是一個危機感很強的人，他每天90%的時間，都在考慮未來的事情。他總是時刻在內心創造公司的逆境，不停地給自己提問，然後想出解決問題的方式，"等到危機來的時候，他就已經做好了準備"。

就在2013年前後，李嘉誠開始策劃一個後來使他受到相當大非議的策略——乾坤大挪移：逐步減持在中國內地、香港的投資或資產物業，大舉加強在歐洲特別是英國的介入，並實施全球矚目的長和系業務重組，變相遷冊海外。有人認為，這可能是李嘉誠生前的最後一次重大的戰略性部署。

◢ 李嘉誠在中國內地、香港的"撤資"風波 ◣◣◣

香港商人參與內地房地產、基礎設施的投資，始於20世紀80年代中國改革開放初期。不過，自1978年被邀請到北京參加國慶觀禮後一直到1989年，李嘉誠對於內地的投入，主要以捐資辦學、公益捐贈為主，並沒有涉及房地產業務。李嘉誠對內地房地產業的大規模投資，大約從1989年起。這一年爆發"天安門事件"，部分外資企業從內地撤離，李嘉誠卻反其道而行，開始進軍內地市場。1992年，鄧小平南巡廣東，中國進入全方位對外開放的新時期。同年5月，李嘉誠旗下的長江實業在深圳成立合資的深圳長和實業有限公司，正式開啟李氏集團大規模投資內地之旅。1993年初李嘉誠正式對外宣佈轉向中國內地市場拓展時，長江集團在內地項目已佔到集團資產的四分之一。其中，最具標誌性的項目，就是拿下了位於北京東長安街1號、佔地10萬平方米的絕佳地段，建成亞洲最著名的商業建築群之一——東方廣場，總投資額高達20億美元。

2003年，和記黃埔在內地初步佈局了上海、深圳、重慶、廣州、北京等一綫城市。2005年中央政府出台樓市調控政策，和記黃埔"逆市而上"，陸續在西安、成都、長沙、長春、武漢、天津、重慶等地投入400億元人民幣的巨額資金，圈下了超過 300 萬平方米的土地，基本完成了其對一綫城市和主要二綫城市的戰略佈局。從投資綫路看，李嘉誠的長和系在內地的擴張遵循了一條從中心到邊緣、從一綫城市擴散向二綫城市的策略，而投資時機，多是在內地房地產市場陷入低谷之際。主要是因為，一綫城市房地產市場競爭激烈，加之高漲的樓價受到中央政策的強力抑制，未來投資風險顯而易見；而眾多二綫城市，樓價仍有不少上升空間，投資風險較低，收益較高。

據統計，李嘉誠重組長和系時，集團共擁有 2092 萬平方米的土地儲備，其中 379 萬平方米位於香港，1652 萬平方米在內地，在海外擁有 61 萬平方米。也就是說，長和系近八成土地儲備在內地，這些土地儲備大部分在 2005 年以前獲得，獲得土地的成本很低。從時間看，長和系進入內地進行地產開發的一個顯著特點，是通過分期緩慢開發、變相囤地，坐享土地升值。由於拿地時間較長，中間採取“囤地”手段，其土地儲備均價處於較低水平，這就保證了將地塊的價值充分挖掘，從而實現項目利潤最大化。李嘉誠在內地的土地策略，其實就是香港富豪熱衷的“landbank 模式”，即所謂的“低價拿地、長綫操作”的“抄底”策略。

據統計，從 2005 至 2014 年的十年間，長江實業在內地已建成物業總樓面面積約達 876 萬平方米，分別分佈在北京、上海、廣州、深圳、重慶、成都、長春、西安、長沙等內地一綫城市和省會城市，其中，以成都建成的物業最多，達 187 萬平方米。其中已完成的地產項目包括北京的譽天下，長春的御翠園，常州的御翠園，上海的御沁園、御翠園、御濤園和嘉里不夜城，成都的南都匯和彩疊園，深圳的御峰園和世紀匯，廣州的珊瑚灣畔和逸翠莊園，重慶的逸翠莊園等。這十年間，以面積計算，長江實業在內地建成物業約佔集團全部建成物業的八成以上。以 2013 年為例，這一年，長江實業全部建成的物業總面積大約為 195 萬平方米，其中內地建成 178 萬平方米，佔長江實業全部建成物業面積約 91.5%。長江實業在內地房地產項目的發展，大幅提高了集團的營業額。據統計，1999 年長江實業的營業額為 82 億港元，到 2011 年增加到 424 億港元，十二年間增長了 4.17 倍。

不過，2008 年全球金融海嘯爆發以來，特別是 2013 年以來，隨着國際經貿環境和中國經濟環境的變化，李嘉誠在內地的投資策略發生重要變化，其基本趨勢就是拋售在中國內地處於高位的房地產物業。據粗略統計，犖犖大者主要有：

• 2008 年，李嘉誠旗下和記黃埔以 44.4 億元人民幣出售位於上海的總部大樓世紀商貿廣場。

• 2013 年 8 月，李嘉誠旗下的長江實業、和記黃埔以 25.78 億元人民幣出售廣州西城都薈廣場項目。

• 2013 年 10 月，李嘉誠旗下的長江實業、和記黃埔以 71.6 億元人民幣出售上海陸家嘴東方匯經中心，該項交易單價高達 8.2 萬元人民幣／平方米，成為上海大宗交易賣得最貴的項目。

• 2014 年 2 月，李嘉誠旗下長江實業持股 7.84% 的新加坡房地產基金亞騰資產管理公司（ARA）以 24.8 億元人民幣出售南京國際金融大廈。

• 2014 年 4 月，李嘉誠次子李澤楷旗下公司以 57.6 億元人民幣出售北京盈科中心。

• 2014 年 8 月，李嘉誠旗下長江實業持股 7.84% 的新加坡房地產基金亞騰資產管理公司（ARA）以 15.4 億元人民幣出售上海盛邦國際大廈。

• 2016 年 10 月，李嘉誠旗下長實地產與李嘉誠海外基金會，將以 200 億元人民幣出售上海世紀匯地產項目。

上述出售商業地產項目中，以上海世紀匯最為矚目。該項目是李嘉誠集團在上海陸家嘴的地標性項目。2004 年，李嘉誠的長和系擊敗新鴻基地產奪得上海陸家嘴這塊 "黃金寶地"。該項目為位於上海陸家嘴地鐵 2、4、6、9 號綫上蓋物業，佔地面積達 5.1 萬平方米，包括國際級購物中心和兩座超甲級寫字樓，總建築面積約 36 萬平方米，其中，商場面積約 14 萬平方米，寫字樓面積約 13 萬平方米。不過，李嘉誠奪得該地塊後，並沒有急於開發。直至 2008 年，該項目才進入環評階段，開工日期更延後至 2011 年 3 月。目前，該項目已竣工，正進入內部裝修階段。早在 2015 年 7 月，市場已傳出長實地產有意出售世紀匯廣場的傳聞，售價約為 200 億元人民幣。及至 2016 年 10 月 26 日，長江實業地產終於發表公告，宣佈將與李嘉誠海外基金會一道以 200 億元人民幣的售價出售上海世紀匯廣場，預計交易將於 2017-2018 年完成。出售世紀匯廣場之後，李嘉誠在上海持有的商業物業，將僅剩位於南京西路的梅龍鎮廣場以及普陀區真如的在建項目。

據市場的粗略估計，這一時期，李嘉誠在內地拋售物業套現資金金額至少在1000億元人民幣以上。不僅如此，2011年以前，長江實業及和記黃埔每年都在內地吸納一些土地儲備，但2012年5月購入上海一塊住宅用地之後，長和系在內地市場再沒有買進過一塊土地。值得注意的是，與此同時，李嘉誠也在香港減持資產：

• 2013年7月，李嘉誠高調宣佈將出售和記黃埔旗下的百佳超市。百佳超市在香港擁有約270間門店，是香港僅次於英資怡和集團旗下惠康超市的第二大超市集團，市場佔有率達33.1%。消息傳出一時驚動香港。當時，連《人民日報》海外版也以《李嘉誠出售百佳引熱議，被疑撤資香港》的標題予以報道。不過，該出售計劃其後於10月份擱淺。

•2013年7月，李嘉誠旗下長江實業以58.5億港元出售所持置富產業信託權益。

• 2014年1月29日，李嘉誠宣佈將電能實業旗下的香港電燈公司分拆，後者於當年單獨上市，成為香港最大的IPO之一，電能實業套現241.27億港元。香港電燈公司註冊地在開曼群島。

• 2014年3月，和記黃埔旗下在新加坡的上市公司和記港口信託，以24.72億港元的售價，將亞洲貨櫃碼頭公司60%權益出售予中資的中海集團。

• 2014年3月21日，和記黃埔將旗下屈臣氏集團24.95%權益出售予新加坡淡馬錫集團，作價440億港元，並保留兩年後分拆屈臣氏上市的權利。屈臣氏是香港一家歷史悠久的老牌公司，創辦於1828年，1841年從廣州遷至香港。1981年屈臣氏被李嘉誠旗下的和記黃埔收購，成為和記黃埔全資子公司，隨後公司業務擴展到保健產品、美容產品、香水、化妝品、食品、飲品、電子產品、洋酒及機場零售業務等多個領域。1989年，屈臣氏進軍內地，在北京開設第一家店舖。2011年，屈臣氏在內地開設店舖突破1000家。2013年，屈臣氏在安徽開設內地第1500家店舖，從而完成在中國一綫城市到四綫城市的覆蓋佈局。2012年，屈臣氏實現銷售收入1490億港元。整家公司估值高達1950億港元（折合約250億美元）。其中，屈臣氏全資持有的百佳超市店舖總數達345間，分佈香港、澳門及廣東華南地區，2012 年銷售收入達 217 億港元。

• 2015 年 6 月，電能實業以 76.8 億港元的售價，將所持香港電燈公司 16.53%
權益售予中東的卡塔爾投資局。此外，卡塔爾投資局再向李嘉誠的長江基建購入
電能實業 3.37% 股權。交易完成後，卡塔爾投資局共持有香港電燈 19.9% 股權；
電能實業對香港電燈持股減至約 33.37% 股權，套現逾 92.5 億港元。

• 2016 年 11 月，長實地產將所持香港中環中心 75% 權益以 358 億港元的售價，
出售給中資公司中國郵政儲蓄銀行。中環中心位於香港中環商業核心區域皇后大
道中，落成於 1998 年。2016 年 7 月，市場已經傳出中環中心求售傳聞，當時就
有中資財團出價 200 億元。這次中國郵政儲蓄銀行出價 358 億港元，刷新了香
港樓市單筆交易總價的最高紀錄。中國郵政儲蓄銀行剛於 2016 年 9 月 27 日以 H
股在香港上市。其時李嘉誠透過旗下三個基金共購入中國郵政儲蓄銀行約 11.62%
股權。有評論認為，是次交易雙方各有所得，李嘉誠以約 108 億港元購入中國郵
政儲蓄銀行股份，支持該公司在香港上市，換取後者購入自己想出售的物業資產，
實現逐步撤資。

粗略估算，這幾年李嘉誠旗下公司在香港也大約出售超過 1000 億港元資產
物業。李嘉誠拋售內地、香港資產，特別是內地房地產項目的策略，引起內地媒
體和社會各方的關注，並掀起了軒然大波。其中，最具衝擊力的是署名羅天昊於
2015 年 9 月 13 日發表在新華社批准成立的瞭望智庫評論文章《別讓李嘉誠跑了》。
該評論認為：李嘉誠等豪族的坐大得益於北京的 "招安" 政策，其在內地的地產
財富也 "並非完全來自徹底的市場經濟，恐怕不宜想走就走"；"中央政府應權
衡利弊，果斷拋棄不再有利用價值的香港豪族，平抑豪族……"。一時間，對李
嘉誠的抨擊、非議鋪天蓋地。

◢ 乾坤挪移——大舉投資歐洲，"買起半個英國" ◣◣◣

就在相繼拋售中國內地、香港的資產物業的同時，李嘉誠透過旗下公司，特
別是和記黃埔旗下公司，大舉進軍歐洲特別是英國市場，實施 "乾坤大挪移" 的

投資策略。

　　不過，在此之前，和記黃埔主要透過出售旗下歐洲公司資產和股權獲利或獲得資金。典型的案例是"千億賣橙"。1990 年，和記黃埔組建 Orange 電訊公司，並於 1996 年在英國倫敦和美國紐約上市，總投資 84 億港元。1999 年，電訊類企業的股票市值屢創新高，和記黃埔抓住時機，先是在 2 月份出售約 4% 的 Orange 股份，套現 50 億港元，10 月再將 Orange 剩餘約 45% 的股權全部出售給德國電訊商曼內斯曼（Mannesmann），作價 1130 億港元，從而創造了"千億賣橙"的"神話"。至此，和黃在 2G 上全部退出歐洲移動市場。

　　和記黃埔出售 Orange 後，在全球各地不斷競投 3G 牌照。但 3G 的發展遠沒有那麼樂觀。和記黃埔的 3G 業務在 2002 年虧損 20.7 億港元，到 2004 年虧損已擴大到 370 億港元。到 2004 年底，和記黃埔已向 3G 業務投入約 2000 億港元。市場擔憂 3G 前景導致和黃的股價大幅下挫。2004 年，為解決 3G 資金問題，李嘉誠開始分拆旗下主要的電訊資產上市，儘量將 3G 業務的影響孤立化，以解決 3G 的困擾：先是分拆香港的固定電話業務上市；其後分拆 2G 業務，包括分拆香港和澳門、印度、以色列、泰國、斯里蘭卡、巴拉圭及加納等八地電訊資產上市，再由和記電訊國際"私有化"和記環球；最後進一步分拆 3G 業務。

　　2009 年，全球金融海嘯爆發，歐美經濟相繼陷入不景，其後歐洲更爆發持續的主權債務危機，資產市場價格低沉。在這種背景下，李嘉誠開始轉變策略，轉而在海外大舉投資，投資領域從能源、電訊等領域擴大到基礎設施建設、水務、管道燃氣、地產等行業，投資地域主要在歐洲，其中英國成為主戰場，另外還包括意大利、荷蘭、瑞典、丹麥、奧地利及愛爾蘭等歐洲國家。犖犖大者包括：

　　• 2010 年，長江基建牽頭財團以 90.3 億美元價格收購英國電網。

　　• 2011 年，長江基建牽頭財團以 38.7 億美元收購英國水務業務；同年，李嘉誠以 24 億英鎊買下 Northumbrian 自來水公司。

　　• 2012 年 7 月，長江基建牽頭財團以 30.32 億美元收購英國管道燃氣業務；7 月 31 日，和記黃埔收購英國曼徹斯特機場集團。

　　• 2012 年 8 月，長江基建等斥資 77.53 億港元收購英國天然氣供應商。

　　• 2012 年，和記黃埔旗下歐洲 Three 集團積極透過收購壯大業務版圖，反向收購 Orange 的法國電訊及收購奧地利 Orange，並在 2013 年完成交易後併入奧地利 Three。

• 2013 年收購西班牙電訊（Telefónica）愛爾蘭子公司 O2，2014 年獲准交易後併入愛爾蘭 Three。

• 2014 年 4 月，和記黃埔投資 15.12 億美元在英國倫敦商業區金絲雀碼頭（Canary Wharf）重建 Convoys Wharf，開展商住地產項目，長和系因而成為英國最大的單一海外投資者。

• 2015 年 1 月，長江實業及其子公司長江基建以合資企業的名義，以 10.27 億英鎊收購英國 Eversholt 鐵路集團。

• 2015 年 1 月，李嘉誠旗下和記黃埔宣告，將斥資約 102.5 億英鎊（約折合 956 億元人民幣），收購英國第二大移動電訊運營商 O2 UK。O2 UK 創辦於 2002 年，2006 年被西班牙電訊以 180 億英鎊收購。和記黃埔計劃收購交易完成後將 O2 UK 與旗下的 "Three" 移動公司合併，從而成為英國最大的電訊集團，所佔市場份額將達 41%。

不過，李嘉誠收購 O2 UK 的計劃一波三折，進展並不順利。2015 年 11 月，歐盟反壟斷監管部門對 Telefónica SA 將英國手機運營商 O2 UK 股權出售給和記黃埔的交易計劃進行了反壟斷調查。2016 年 2 月 4 日，李嘉誠的長江和記實業作出承諾：在未來五年，"3+O2" 將在英國的電訊業務投資 50 億英鎊；在合併後五年內絕不提高語音、短訊或資料傳輸價格；"3+O2" 將通過出讓網絡容量中小部分共用權益，令其他英國電訊市場的競爭對手可以在公平競爭的環境下提供服務。可惜，5 月 11 日，歐盟委員會宣佈否決長江和記實業有限公司收購西班牙電訊公司旗下英國無綫運營商 O2 UK 的計劃。歐盟反壟斷機構稱，若該交易達成，將導致價格上升，並減少英國客戶的選擇，同時阻礙英國互聯網基礎設施的創新和發展。

據市場粗略估計，目前，李氏商業帝國在英國的總資產高達約 3900 億港元，包括三個港口、三家連鎖店、一家移動運營商、一家鐵路集團、一家區域電網公司、二家區域煤氣公司、一家水務公司。其中，在倫敦市區還有一個 3500 套住宅的樓盤開發項目。除英國外，李嘉誠還在奧地利、荷蘭、新西蘭等其他地區開展收購行動：2014 年集團旗下長江基建先後於 1 月、6 月以 4.1 億美元和 12.51 億美元收購新西蘭廢物管理公司 Enviro Waste 及荷蘭最大的廢物轉化能源公司 AVR Afvalverwerking B. V.。其後，長和系又以 15.04 億美元高額收購奧地利 3G 通訊業務。據市場粗略估計，李嘉誠旗下的長和系公司自 2008 年金融危機爆發後，已累計斥資超過 3000 億港元進行海外資產收購。

這一時期，李嘉誠旗下長和系公司的海外投資主要有以下兩個特點：

第一，重視"反周期操作"，並且與集團的多元化、國際化拓展緊密結合起來。在投資周期逢低吸入，佔據發展先機，幾乎是李嘉誠海外投資開闢每一個新領地的一個基本準則。在香港投資界，李嘉誠被稱為"玩 cycle（周期）的人"。他做投資，是在摸準了行業的發展規律和周期之後，不但做到在行業處於投資的最佳時機時才大舉進入，還讓所投資行業與其他的產業處於不同的業務周期，互補不足，相得益彰。長和系的和記黃埔最能體現李嘉誠的投資策略。和記黃埔下屬有七大行業，包括港口及相關服務、房地產、零售及製造、能源及基建，和新興產業如電訊、互聯網、生命科技等，各個行業之間有很強的互補性。例如，在 1998-2001 年間，1998 年零售業務不佳，但基建和電訊業務好；1999 年物業和財務投資較差，但是零售卻好轉了；2000 年零售、物業和基建都很差，但是能源好；2001 年零售和能源比較差，但是其他五個行業都很好。李嘉誠如果僅投資單一行業，那整個企業集團就容易引起大起大落。但是，如果在全球佈局多個周期互補行業，就會使得整個集團東方不亮西方亮，每段時間都會有表現好的行業來彌補其他行業的下滑。同時，李嘉誠一旦決定投資某個行業，就會想盡辦法，在全球範圍尋找機會。和記黃埔的電訊業務，從 20 世紀 80 年代後期開始，就走多元化道路。因為不同的國家和地區在科技發展和應用程度有較大區別，公司就利用這種差異推出適應當地實際情況的技術和產品。這意味着，和記黃埔的一項技術能在不同時期在不同市場推廣，其盈利期限可以被盡量延長。可見，李嘉誠的"反周期操作"還與他的"多元化、國際化"策略緊密結合起來。

第二，奉行"高現金、低負債"、"現金為王"的財務政策，並且重視聯合系內公司共同收購以減低資金壓力。長和系的資產負債率一般保持在 12% 左右。

李嘉誠曾對媒體表示：「在開拓業務方面，保持現金儲備多於負債，要求收入與支出平衡，甚至要有盈利，我想求的是穩健與進取中取得平衡。」李嘉誠曾說過：「現金流、公司負債的百分比是我一貫最注重的環節，是任何公司的重要健康指標。任何發展中的業務，一定要讓業績達致正數的現金流。」長和系長期維持流動資產大於全部負債的策略，以防地產業務風險擴散。如果當年的經常性利潤較低或者現金流緊張，李嘉誠往往會用出售旗下部分投資項目或資產的方法來解決。在亞洲金融危機後，和黃先後出售了 Orange 等資產，用非經常性盈利平滑了業績波動。另一方面，資產出售帶來的利潤，為和黃在危機後的低潮期大舉投資港口、移動通訊等「準壟斷」行業提供了資金支持。和黃的商業模式：通過一系列能產生穩定現金流的業務，為投資回報周期長、資本密集型的新興「準壟斷」行業提供強大的現金流支持。此外，在海外展開收購兼併時，往往聯合系內其他公司共同展開。自 2008 年以來，長江基建投入了超過 220 億美元用於海外收購，但得益於這種策略，長江基建的淨資產負債率平均值一直保持在 4.4% 左右，該公司 2012 年的淨利潤達 94 億港元（約合 12 億美元），幾乎是五年前的兩倍。相比之下，在海外收購方面孤軍奮戰的中電控股的資產負債率則徘徊在 84.3% 的高位，2012 年的淨利潤下降 22%。

◢ 長和系重組——變相遷冊海外 ◢◢◢

就在長和系在中國內地、香港以及歐洲等海外市場進行資產和業務大規模重新配置的同時，自 2013 年起，李嘉誠對長和系的股權和業務也展開令人矚目的重組。重組前，李嘉誠旗下的長和集團成員包括多家公司：長江實業、和記黃埔、電能實業（前香港電燈）、長江基建、TOM 集團等十家上市公司。

這次的世紀性的重組，包括電能實業分拆港燈電力投資、長和系重組，以及長江基建合併能源實業等（圖四）。

第一，電能實業分拆港燈電力投資。

2013 年 12 月，李嘉誠旗下的電能實業宣佈，將分拆港燈電力投資（港燈）

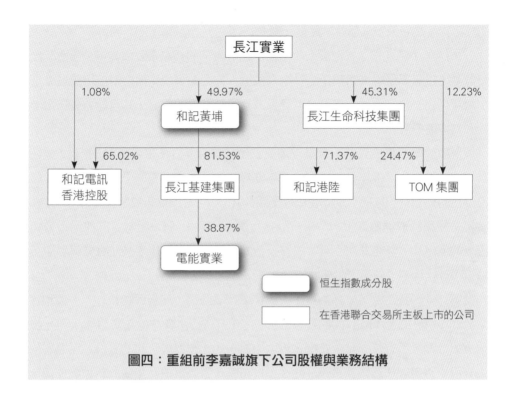

圖四：重組前李嘉誠旗下公司股權與業務結構

上市，並根據情況出售港燈 50.1%-70% 的股權。港燈於 2013 年 9 月 23 日在開曼群島註冊成為獲豁免有限公司。2014 年 1 月 6 日，電能實業分拆港燈上市的議案獲逾 99% 的股東支持通過。同年 1 月 16 日，港燈在香港交易所上市，發售 44.269 億股份，發售價為每股 5.45 港元，集資約 235 億港元，同年 1 月 29 日在港交所掛牌上市。

2015 年 6 月，電能實業宣佈，以 76.81 億港元向卡塔爾投資局出售港燈電力投資 16.53% 的股權。此外，卡塔爾投資局向長江基建手中買入港燈電力投資 3.37% 股權，收購完成後將持有共 19.9% 港燈。李嘉誠在 1985 年 1 月以 29 億元從置地收購香港電燈 35% 股權。以當時收購價計算，香港電燈市值約 84 億港元。經過 30 年的經營，電能實業（前身為香港電燈）的市值超過 1400 億港元，增長 16 倍；連同股息每年投資回報率高達 16%。分拆上市後的港燈成為李嘉誠旗下首家在海外註冊的上市公司。

第二，長和系"三部曲"重組計劃。

2015 年 1 月 9 日，香港股市收市後李嘉誠旗下的長和系公佈其"三部曲"重組計劃，這無疑是香港回歸十七年以來最重大的企業事件。消息傳出彷彿在香港市場新扔出一枚"重磅炸彈"，引發香港及國際社會的矚目，其震撼力有如當年怡和宣佈遷冊海外。

是項計劃的權威資料，首推香港交易所於 1 月 9 日下午 4 時 17 分、22 分在其正式網站上的"披露易"頁面代長江實業及和記黃埔發表的上市公司公告。該份公告的分類詞，包括"非常重大的收購事項"、"集團重組或協議安排"、"私有化 / 撤銷或取消證券上市"、"分拆"等，一共 10 個，與當日其他上市公司發佈的消息比，真是非同小可。根據公佈的資料，李嘉誠旗下長江實業與和記黃埔合併改組計劃，包括"三部曲"：

第一步，長江實業變身為長江和記實業有限公司（簡稱"長和"）。長和實業於 2014 年 12 月 11 日在開曼群島註冊成立，為長江實業的全資附屬公司。根據重組計劃，所有長江實業股份，將以一對一的比率換成長和的股份，而原有的長實股票將隨即被註銷及銷毀。此後，長和將代替長實成為集團的新控股公司，擁有長實及其所有附屬公司的權益，其股份將在港交所主機板上市，沿用長實目前的股票代號 0001。之後，長實於港交所的上市地位將不復存在。完成此第一步，須得到長實股東、香港高等法院原訟法庭和港交所上市委員會的批准。計劃完成後，長和完全取代長實，而公司的註冊地將從香港轉移到開曼群島。

第二步，首先是和記黃埔收購部分赫斯基能源股份。赫斯基能源是加拿大最大的一家綜合能源上市公司，其股權的約三分之一屬於一系列的李嘉誠家族基金，另外約三分之一屬於和記黃埔。該步驟是由和記黃埔收購原來屬於李嘉誠家族基金所擁有的加拿大赫斯基能源股份的六分之一左右（約為赫斯基能源市值的 6.24% 權益），從而使長和所持赫斯基能源的股權從 33.97% 增加到 40.21%。其次，由長和實業併購和記黃埔，並整合與長江基建合營的五個項目。計劃中的這一部分，換股比率為 1 股和記黃埔股份換取 0.684 股新的長和股份。當然，此步驟亦須經相關的股東、法庭和交易所或監管機構同意，方可進行。這裏，由長和併購和記黃埔，可以說是整個收購行動的核心。

第三步，分拆新的長和實業的地產業務，交由新公司長江實業地產有限公司（簡稱"長實地產"）經營、上市。這一步的經濟涵義很強。短期而言，美國年中可能加息，導致利率上揚，對房地產可能很不利；分拆現時和黃系的地產業務到新的獨立運作掛牌的公司，對集團的不利影響就可減低。由於地產業務的"賣點"在於資產增值，而其他資產業務注重的卻是營運收益，兩者的投資者的期望不同，管理層的策略也不一樣，分拆地產業務有利於各自經營發展。與母公司長和實業一樣，長實地產也是在開曼群島註冊、在香港上市的雙重意義上的"離岸"公司：相對於香港，兩家公司離岸註冊；相對於開曼群島，兩家公司離岸上市。

從重組方案來看，其中的目的之一無疑是想要進一步梳理長和系的內部業務。長和系這次大動作重組分拆，集團給出的理由是為集團股東着想，要解決"控股導致股價偏低"的問題（holding company discount 或 conglomerate discount）。李嘉誠公開表示，這次集團改組，能夠減少控股折讓、釋放價值，投資者便得益。重組前，長江實業與和記黃埔有太多業務存在交叉重複；重組後，兩大集團的業務分類更加清晰，地產業務與非地產業務分屬兩個集團來操作，避免了此前的內部競爭或利益輸送等嫌疑，企業運作也更加透明。所以，從投資者角度來說，李嘉誠實施的這一重組方案實屬利好。不過，更重要的是，重組後，李嘉誠旗下的兩家主要上市公司，其註冊地都從香港轉到開曼群島，實現了變相遷冊海外。

第三，長江基建合併能源實業。

2015 年 9 月，長江基建宣佈，計劃以 116 億美元的換股形式合併旗下公用事業公司電能實業，以創立一間世界級的多元化基建公司。每股由長江基建持有的電能實業股份將交換新發行的長江基建股份，換股比率為每股電能實業股份交換 1.04 股長江基建股份。換股比率基於長江基建和電能實業截至（及包括）2015 年 9 月 4 日五個交易日的平均收市價釐定，每股並派發股息 5 港元。合併後，電能實業將退市。長和實業、長實地產、長建等公司註冊地均在海外，電能實業是唯一一家在中國境內註冊的長和系公司。這就意味着，一旦電能實業成功併入長江基建並退市，李嘉誠將最終完成旗下公司註冊地的全部遷冊海外。

不過，長江基建合併能源實業的計劃進展並不順利，遭到部分小股東的反對。

為爭取合併成功，2015 年 10 月，長江基建宣佈，原有 1 股換取 1.04 股和派發 5 港元股息，分別提高至以 1 股換取 1.066 股長江基建股份，和派發 7.5 港元股息。不過，在電能實業的股東大會上，電能實業與長江基建合併的決議案僅獲得 50.8% 票數贊成，而反對票則佔 49.2%。根據相關規定，兩家公司的合併交易必須得到至少 75% 少數股股東同意，同時持反對意見的少數股股東不能超過 10%。因此，有關長江基建合併能源實業的計劃被迫擱置。至此，李嘉誠旗下上市公司，除了電能實業外，都成功變相遷冊海外。

對於李嘉誠長和系的改組，市場普遍給予正面的肯定和支持。有香港大型投資銀行的高管認為："李嘉誠的做法受到了資本市場的普遍歡迎，因為長和系的多個大型集團涉足多個產業，每一產業估值不同，這使得集團上市公司股價較淨資產賬面價值有所折讓。"根據公告，長實賬面權益為 3790 億港元，市值 2920 億港元，這中間存在 23% 的折讓。2015 年 1 月 9 日重組消息宣佈後，李嘉誠旗下上市公司於美國掛牌的預託證券當晚彈升逾 10%。1 月 12 日，香港股市開盤伊始，長江實業與和記黃埔的股價均大漲逾 15%。

◢◢ 李嘉誠 "乾坤大挪移" 背後的原因分析 ◣◣

2009 年全球金融海嘯爆發，特別是 2013 年以來，李嘉誠透過在中國內地、香港與歐洲的資產重新配置，以及股權和業務重組，實現了世紀性的 "乾坤大挪移"。對於這次 "大遷徙" 式的重組，李嘉誠的解釋是，為了長子李澤鉅接班和方便做生意。不過，由於長和系在香港的地位特殊，該集團如此大動作的背後，必定有更多深刻的政經原因。歸納以後，大致有以下幾個方面的原因：

第一，從純粹的經濟考慮，是李嘉誠 "反周期操作" 的結果。反周期操作或者說 "低買高賣"，是導致李嘉誠成功崛起的一貫策略。

2009 年以來，由於中國政府的宏觀刺激政策，特別是中央的 "四萬億" 投資和地方政府支持房地產業的一系列政策，內地房地產市場的估值一直處於相當高位置；而反觀同期的歐洲資產市場，由於受到全球金融海嘯和持續的主權債務危機的影響，資產價格一直處於低位。這種內地以及香港房地產市場的高估值和歐洲資產市場的低估值，形成了鮮明的對比。雖然，從長期看，中國內地房地產市場可能仍有較大升值空間，但至少未來一段時期內，增值空間遠比過去要小得多，甚至還有較大風險。因此，從做生意角度對李嘉誠來說，撤資中國內地和香港，進而投資歐洲資產市場，無疑是一次值得考慮的投資選擇。在這方面，要充分承認李嘉誠的過人眼光。

李嘉誠在內地減持投資物業，曾引起內地傳媒和評論的一片非議。對此，李嘉誠曾在2015年9月發文回應稱，自己只是一個純粹的商人，不偏不倚地做生意，並不存在"逃跑"一說。"香港需要尋找未來，大陸需要尋找未來，大中華地區需要尋找未來，全世界都需要尋找未來，但是我需要尋找的只是利潤，地產、金融可以，教育、科技也可以。對我來說，誰是趨勢、誰利潤最大才是我要考慮的，而不是空洞的政治考慮和虛假的道德說教……李嘉誠不會跑，也不願跑，更跑不了。"其子李澤鉅講得更清楚："除長江集團中心外，沒有任何物業我們是一定要持有，於考慮交易時，公司不會考慮感情因素。"有評論認為，"商人有祖國，從商無國界"，從商者，即使是擁有非常高知名度的李嘉誠，其本性都是不斷尋找可低買高賣的國家和地區，以追逐更高回報。《亞洲教父》和《亞洲模式》的作者喬·斯塔威爾評論說："他（李嘉誠）是一位堪稱完美的資產交易者。每當他出手買入某項資產，它肯定無比划算，而一旦售出，那肯定是個再好不過的價格。"

第二，從政治、經濟綜合考慮，香港的政局風險上升，經濟增長放緩，戰略地位下降，集團在香港發展空間有限。

2013年，香港發生了兩起針對李嘉誠的事件：先是3月在長實業績會前，香港多個社會團體手舉橫幅和標語在長實集團大樓前，抗議李嘉誠年賺逾67億港元，卻合理避稅繳納零元所得稅，要求政府創設"李嘉誠稅"。對此，李嘉誠表示："這正是我多年來加大海外投資的原因，樹大招風，引起社會仇富很正常。既然大家不願意看到我壟斷香港，那我就去歐洲、去北美、去內地投資。"同年4月，和記黃埔旗下港口管理公司發生要求改善待遇等的罷工，碼頭工人用漫畫諷刺李嘉誠，在李嘉誠旗下商舖發起"罷買行為"，大有"打土豪、分田地"的氣勢，惡搞李嘉誠的漫畫把他描繪成"吃人惡魔",一些工人用文革手法與李嘉誠鬥爭,很多社會團體和香港市民捐款支持罷工工人。這兩件事情使李嘉誠顏面大損,身心疲憊,深感"不患寡而患不均"的時代正臨近香港。而 2014 年 10 月,香港更爆發激烈的"佔中"運動。

另一方面,香港經濟增長放緩,集團在香港的發展空間有限。2000 年 10 月 25 日,歐洲議會發表報告,就點名指責以李嘉誠為首的李氏家族生意,在香港市場佔有率太高,可能對香港經濟造成支配性影響,甚至會出現壟斷情況。李嘉誠次子李澤楷被指 TOM 在創業板獲豁免部分上市條件是享有特權。該報告還聲稱:"這個家族的業務共佔香港股票市場資本估值約四分之一到三分之一,當中包括的行業有電話、移動電話、電力、超級市場及地產等等。"在這種背景下,從資本安全角度考慮,在歐洲資產低估值時投資到英國為主的歐洲雖然不是上上策,但至少是中上策,是較為保守的良好選擇。

第三,對中國政治、經濟環境轉變的考慮及世界形勢可能存在的系統性風險的防範。

李嘉誠曾經向英國《金融時報》表述自己的投資準則:"在決定優先(投資)場所時,有幾個標準對我很重要:法制法規、能保證投資的政治穩定性、寬鬆的生意環境以及良好的稅收結構,這些都是重要特徵。"李嘉誠家族雖然創業在香港、發展在香港,成就也在香港和中國內地,但本質上仍屬於西方資本。李嘉誠的崛起是在港英時期,是在滙豐銀行等英國資本一手支持下,從寂寂無名到發展成亞洲首富。大集團的發展背後一定要有金融體系的支撐,李嘉誠旗下企業財團的主要支撐來源於英國金融體系。因此,如果未來真的爆發新冷戰,真的出現西方金融圍堵中國的局面,李氏財團夾在中間將會非常難受。所以,從資本安全角度考慮,李嘉誠投資英國,實際上是一種避險行為,規避的是大的、可能出現的系統性風險。就資本生存角度說,這種做法屬於為自保作出的戰略調整。

第四,規避交接班和交接班後的系統性風險。

有學者認為,相比公司財務或稅務上的考慮,香港的政治風險增加及法治制度的不明朗因素,才是李嘉誠轉移註冊地的主因。從法律角度看,將來公司若捲入訴訟,香港法庭或許對長和沒有司法權。目前,李嘉誠已屆耄耋之年,雖然身體健康但畢竟年歲不饒人，因此進行財團的交接班是必然的。從過去李嘉誠對兩子的安排上看，李氏集團未來的掌舵人是其長子李澤鉅。但是，相比李嘉誠在政商兩界長袖善舞的能力，其子一向低調，是否有掌控大局的能力仍有待考驗。在這種情況下，安全的做法是不將雞蛋放在一個籃子裏。基於此，一方面將一部分資產分散到低估值的歐洲，另一方面又將公司註冊地轉移到開曼群島，就是一種較為穩妥的安排。另外，市場人士分析，其長子李澤鉅一直在業務發展方面傾向於國際化佈局。這不僅可以突破父親的成就陰影，成就第二代的開拓者形象，而且可以將家族企業順勢從局限於一地、受一地政治色彩影響，轉為更為國際化的跨國常青樹企業。有評論認為："長和系此次大重組，從資本市場解讀是合理的；從產業佈局角度，也到瓜熟蒂落之時；從家族管理來說，條件也已具備。"

◢ 餘音──眼光超前還是馬失前蹄？ ◢◢◢

從歷史來看，李嘉誠這次的"乾坤大挪移"，其實與當年滙豐銀行的"帝國還鄉"相當類似。20 世紀 80-90 年代期間，滙豐銀行為應對香港政治、經濟環境的轉變，加快部署其國際化戰略，先後收購美國海洋密蘭銀行、英國米特蘭銀行，又透過業務重組將公司註冊地和集團總部變相遷往英國。李嘉誠的策略與滙豐銀行當年的策略，有異曲同工之妙，其背後其實也有着深刻的經濟、社會、政治等因素的考慮。

李嘉誠從中國內地、香港減持投資物業，同時"抄底"歐洲和英國，在香港、中國內地乃至國際社會，都引起了廣泛的關注和評論。2015 年 10 月，中英兩國在倫敦簽署了關於能源、旅遊、醫療衛生等一系列協議，總金額約 400 億英鎊（約人民幣 4000 億元）。當時，市場立即想起早前李嘉誠在英國的一系列被稱為"買起半個英國"的超前投資佈局，有評論認為："相對於此輪中國企業組團到英國'做生意'，李嘉誠着實快人一步"，"我們對他的深謀遠慮肅然起敬"。不過，事隔不到一年，2016 年 6 月，英國公投"脫歐"重創英國金融市場，英鎊暴跌創三十年來新低，資產市場價格大幅下挫。受此影響，李嘉誠旗下的長和系股票大幅下跌。不過，李嘉誠似乎對此早有準備，稱"即使英國脫歐，也不會是世界末日"。

是次"乾坤大挪移"，究竟是李嘉誠的眼光超前，還是馬失前蹄？可能需要一段相當長的時間才能作出最後的判斷……

33

中原逐鹿 萬科爭奪戰

2015 年 6 月，中國證券市場爆發慘烈股災，內地房企標杆萬科的股價跌至低位，為伺機 "中原逐鹿" 的群雄提供了一個絕佳機會。萬科 H 股在香港上市，故也將萬科爭奪戰列入本書。不過，爭奪戰的主戰場在內地 A 股市場，香港證券市場僅為次要的輔助戰場。

首先覬覦萬科的，是寶能集團創辦人姚振華。2015 年下半年，寶能透過旗下前海人壽及鉅盛華，依託多個資產管理計劃，以迅雷不及掩耳之勢先後五次舉牌，一舉超過華潤而成為萬科第一大股東。

面對 "野蠻人" 的入侵，萬科管理層先是高調反對，繼而停牌籌劃資產重組，試圖透過引進深圳地鐵這一戰略性股東，以稀釋寶能股權。不過，萬科的資產重組卻 "意外地" 遭到華潤的反對，"寶萬之爭" 演變為寶能、萬科、華潤的 "三國殺"。萬科復牌後，股價一度大跌，另一匹 "黑馬" 恒大乘勢殺入，"三國殺" 發展為四方博弈。

爭奪戰中，寶能一舉成名，一向享有盛名的萬科創辦人王石及管理層備受挑戰，昔日第一大股東華潤顯得進退失據，而獨立董事則罕見地發揮其關鍵少數的作用。

不過，是役的結局卻出現石破天驚的轉變，在中國監管部門的強勢干預下，姚振華及寶能進退維谷，華潤出售萬科股權，深圳地鐵成為第一大股東，王石則功成身退……

前後持續兩年之久的萬科爭奪戰給人們提供了一個深入瞭解中國資本市場現狀的絕佳案例。

萬科全稱"萬科企業股份有限公司",1984年5月30日創辦於深圳,當時的名稱為"深圳現代科教儀器展銷中心",法人代表為王石,主要從事自動化辦公設備及專業影視器材的銷售業務。1988年,公司通過公開競標獲得威登別墅地塊,同年又與深圳市寶安縣新安鎮合作,投資第一個土地發展項目"深圳市寶安縣新安鎮固成村皇崗嶺萬科工業區",開始進入房地產行業。同年12月,公司公開向社會發行股票2800萬股,集資2800萬元人民幣(以下簡稱"元"),資產及經營規模迅速擴大。1991年1月29日,公司A股在深圳證券交易所掛牌交易,名稱定為"深圳萬科企業股份有限公司",股票代號為0002,為深圳證券交易所第二家上市公司。同年6月,萬科通過配售和定向發行新股2836萬股,集資1.27億元,開始跨地域房地產業務發展。翌年,上海萬科城市花園項目正式啟動,萬科正式將大眾住宅項目的開發確定為公司的核心業務。

1993年,萬科決定放棄走日本"綜合商社"模式,轉而向專業化方向發展。同年3月,萬科發行4500萬股B股,並於5月28日在深圳證券交易所掛牌上市,成為深圳證券交易所上市的首批B股企業之一,股票代號為2002。萬科B股上市,募股資金45135萬港元。1997年6月,萬科增資配股募集資金3.83億元,主要投資於深圳住宅開發,推動了公司房地產業務發展再上一個台階。2000年初,萬科再增資配股募集資金6.25億元,陸續投資於深圳、上海及北京的住宅項目及零售業務。該年底,華潤集團及其關聯公司成為萬科第一大股東,持有萬科15.08%股權。2001年,萬科將直接及間接持有的萬佳百貨股份有限公司72%的股份轉讓予華潤集團及其附屬公司,成為專一的房地產公司。2002年6月,萬科發行可轉換公司債券,募集資金15億元,進一步增強了發展房地產核心業務的資金實力。

◢ 萬科——中國房地產企業的標杆 ◢◢◢

從2003年起,萬科從深圳、上海相繼進入北京、天津、瀋陽、成都、武漢、南京、長春、南昌、佛山、鞍山、大連、中山、東莞、廣州、無錫、崑山、北海等城市。2005 年初，萬科通過與南都集團的合作，進入蘇州、鎮江等城市，業務已經擴展到全國 21 個大中城市。這一時期，萬科逐步確定了以珠三角、長三角和環渤海灣區域為中心的三大區域城市群發展以及其他區域中心城市的發展策略，力求在一個特定的區域內實現各種資源的集約化經營，形成"全國性思維，本土化運作"的開發格局和"3+X"的區域發展模式。2009 年以後，由於一綫城市地價過高，萬科開始加大二綫城市投資力度。萬科在推行"區域化"的同時，加強產品"精細化"發展，從單純追求開發量和結算面積的粗放式經營，轉到注重品質和利潤貢獻率的集約化、精細化經營。

2005 年，萬科營業額突破 100 億元，成為中國首個突破百億的房地產開發商。2007 年，萬科共銷售住宅 4.8 萬套，銷售套數位居世界前列，不僅成為中國最大的專業住宅開發企業，而且躋身全球最大的住宅企業行列。憑藉一貫的創新精神及專業開發優勢，萬科樹立了住宅品牌，並為投資者帶來了穩定增長的回報。作為內地最早上市的企業之一，萬科一直保持着中國 A 股市場持續盈利、增長年限最長、持續分紅年限最長的紀錄。萬科持續增長的業績以及規範透明的公司治理結構，使公司贏得了投資者的廣泛認可。公司在發展過程中先後入選《福布斯》"全球 200 家最佳中小企業"、"亞洲最佳小企業 200 強"、"亞洲最優五十大上市公司"排行榜；多次獲得《投資者關係》等國際權威媒體評出的最佳公司治理、最佳投資者關係等獎項。憑藉公司治理和道德準則上的表現，公司連續多次獲得"中國最受尊敬企業"，以及《華爾街日報》（亞洲版）"中國十大最受尊敬企業"等稱號。

2013 年，萬科開始走出國門、佈局海外市場。同年 2 月，萬科與美國有頭號房企之稱的鐵獅門房地產公司聯合宣佈，兩家公司達成協議共同開發位於美國西岸舊金山的公寓項目，包括兩幢大廈和兩個購物中心，這是萬科在北美市場的首次投資。與此同時，萬科召開 2013 年第一次臨時股東大會，審議以介紹方式將已發行的 B 股轉換至香港聯交所主機板上市及掛牌交易事宜，獲得超過 99% 的高票通過。2014 年 3 月 4 日，萬科 B 轉 H 股計劃申請獲得中國證監會批准。5 月 21 日，萬科收到港交所上市委員會聆訊通過的函件。

實施 B 轉 H 計劃過程中，萬科安排了華潤、GIC 和惠理作為協力公司向全體

B 股股東提供現金選擇權,行權價格為每股 12.39 港元。原持有公司 B 股股份的投資者,既可以繼續持有股份,也可以選擇實施現金選擇權,將其持有的部分或全部萬科 B 股轉讓給提供現金選擇權的提供方。結果,最終有效申報的現金選擇權數量僅佔公司 B 股總股數的 1.84%。這體現了投資者對萬科 H 股上市前景的信心。轉板前,萬科 B 是 B 股市場唯一一個 B 股相對於 A 股存在溢價的股票。2014年 6 月 25 日,萬科 B 股成功轉板,以 H 股形式在香港聯交所上市交易,簡稱"萬科企業",股票代號為 2202.HK。上市的萬科 H 股股票總數為 1314955468 股,佔萬科總股本的 11.94%。按上市首日開盤價 13.66 港元計算,萬科 H 股市值約為179.6 億港元。

萬科登陸 H 股市場,為萬科全面對接國際資本市場提供了契機。這是萬科在國際化戰略上的又一重大舉措。萬科董事會主席王石表示,在香港發債成本比在內地低近一半,B 股轉 H 股後,可有助公司降低融資成本,有助公司引入國際投資者,幫助公司打造國際品牌,香港作為國際金融中心,相信將為萬科下一個十年的發展提供更高的起點。萬科總裁郁亮也指出,H 股的成功上市,是萬科和投資者共同的期盼。相比 B 股市場,H 股市場在資源配置、市場影響力和成交狀況方面有明顯優勢,在香港上市,將讓更多的境外投資者認識萬科、瞭解萬科,為公司今後有效利用境外資源創造更有利的條件。

2014 年,為了進一步激發經營管理團隊的主人翁意識、工作熱情和創造力,強化經營管理團隊與股東之間共同進退的關係,萬科開始嘗試推行事業合夥人計劃。其實,早在 2010 年,萬科受到大股東華潤的啟發和影響,已開始推行 EP 獎金方案。2010 年前,萬科的薪酬主要包括固定薪酬、基於每季度銷售額的銷售獎和基於當年利潤的年終獎等幾大塊。2010 年,萬科對薪酬結構做了一項重大調整,一方面削減了銷售獎、年終獎,另一方面引入了基於當年創造的經濟利潤的 EP獎金制度。2014 年 4 月,萬科 EP 獎金的獎勵對象發起並召開萬科持股計劃合夥人大會。合夥人大會執委會委員于文安表示,持股合夥人大會是 EP 獎勵對象為管理運作 EP 獎金而成立的自治組織,僅僅針對 EP 獎金管理、投資、兌現事宜,並非公司組織機構的一部分,和公司沒有隸屬關係,更沒有權力干預公司經營。執行委員會是合夥人大會的執行機構,負責具體辦理相關的事宜。

2014 年 5 月 28 日，萬科合夥人持股計劃首次在二級市場出手增持萬科 A 股股票。萬科公告稱，代表公司 1320 名事業合夥人的盈安合夥於當日購入公司 A 股股票 3583.92 萬股，佔公司總股本的 0.33%。從 2014 年 5 月到 2015 年 1 月，萬科累計先後披露了 11 次合夥人持股計劃購買股票的信息。截至 2015 年 1 月 27 日，盈安合夥認購的證券公司集合資產管理計劃已合計持有 4.94 億股萬科 A 股，佔萬科總股本的 4.48%。當時，萬科總裁郁亮曾在一個公開場合表示，萬科管理層及骨幹員工已成為公司的第二大大股東了！

2014 年，萬科創辦人兼董事會主席王石在對萬科創辦 30 周年作總結時表示：目前，萬科正處於它的歷史最佳狀態，萬科的經營業績、品牌價值、行業地位和社會影響都處於歷史高峰；或者說處在最佳狀態可以重新出發，更上一層樓。

▲ "野蠻人" 寶能系覬覦萬科 ◢◢◢

萬科儘管取得了輝煌業績，在社會上享有崇高聲譽，但是，它卻有一個致命的弱點：沒有控制性大股東。歷史證明，這些缺乏控制性股東、高資產（包括無形資產）的企業，一旦在股價低迷時將有遭到追擊的危險。很不幸，萬科這個時刻到來了。2015 年 6 月，中國證券市場爆發一場震撼性的股災，受大勢拖累，萬科股價一度跌至每股 13-15 元的低位，成為各方群雄追逐、圍獵之 "鹿"。而最早覬覦萬科的，竟然是靠販賣蔬菜起家、最初名不見經傳的潮汕商人姚振華旗下的寶能集團。

姚振華，1970 年出生於廣東潮汕，早年就讀華南理工大學工業管理工程專業和食品工程專業，1992 年進入深圳，靠販賣蔬菜起家。2000 年，姚振華註冊成立深圳寶能投資集團有限公司，註冊資本為 3 億元。二十多年來，在姚振華的統領下，寶能系迅速發展成為集地產、保險、小額貸款、教育、醫療、農業等眾多行業的龐大而神秘的商業帝國。姚振華也因而成為商界的風雲人物，曾相繼出任廣東潮聯會名譽會長、廣東省政協常委，並且與王石一道成為 "特區拓荒牛卅載競風流" 榜上人物。

其實，寶能集團在覬覦萬科之前，已成功圍獵深圳一家上市公司——中國南玻集團股份有限公司。南玻是一家中外合資公司，成立於 1984 年，1992 年 2 月南玻 A、B 股同時在深圳證券交易所上市，成為中國最早的上市公司之一，是中國玻璃行業和太陽能行業的龍頭企業。與萬科一樣，南玻股權分散，缺乏持控制性股權的大股東。從 2015 年 2 月起，寶能集團透過旗下的前海人壽在二級市場大量購進南玻 A 股，經過不斷增持及前後五次舉牌，至 2015 年底寶能集團旗下的前海人壽、鉅盛華、承泰等，作為一致行動人，合共持有南玻總股本的 25.05%，成為南玻最大單一股東。寶能的"入侵"曾一度遭到南玻董事會的"抵抗"，後者試圖通過修改公司章程等行動，以苛刻條件阻止寶能掌控董事會。可惜，有關行動並未能成功，在強大壓力下，南玻數名董事會董事相繼辭職，寶能成功控制南玻集團。

就在寶能收購南玻捷報頻傳的同時，姚振華開始策劃一場規模更大的收購，這一收購將他推到中國商界的風口浪尖上，同時也大大提升了他的知名度。這一次，他將矛頭指向中國最優秀的企業之一——萬科，他的策劃顯然早已精心準備，一出手即氣勢凌厲、果斷、迅速！2015 年 7 月初，就在中國股市持續暴跌之際，寶能透過旗下的前海人壽，以公司萬能險賬戶保費資金 79.6 億元以及傳統保費資金 24.62 億元，合共斥資 104.22 億元，在短時間內購入萬科 5.53 億股股份，佔萬科 5% 股權，購入價在 13.28-15.47 元區間。在 7 月 24 日之前，寶能宣佈再購入萬科股票 5%，這次則是透過旗下另一家公司鉅盛華，而前海人壽則少量配合，收購價約在每股 13.28-15.99 元區間，總投資約 80.87 億元。這一階段鉅盛華以自有資金約 39 億元，以 1:2 的槓桿撬動券商資金約 78 億元，購買萬科股票。這期間的槓桿主要是通過與中信、國信、銀河等券商開展融資融券和收益互換實現的。短短一個月間，寶能系合共增持了萬科 10% 的股權！

寶能的收購迅速引起社會的關注和熱議。2015 年 8 月 31 日，萬科召開臨時股東會議，宣佈將斥資 100 億元回購公司股票，回購資金約佔公司淨資產的 11.3%，佔公司總資產的 1.97%，回購價格為不超過每股 13.20 元，預計可回購股份不少於 7.575 億股。此舉顯然是要防止公司股票跌得過低，被外人從中漁利。在會議上，被問及對寶能系收購公司股票的看法時，王石表示："萬科一直是股權高度分散的企業。如果參照國際上比較大的企業，股權結構都是比較分散。對於萬科而言，中小股東就是我們的大股東，雖然沒有絕對控股，但是有相對控股。萬科多年以來已經適應了這種股權結構，我們對董事會負責，萬科管理層一直在董事會裏有很主動的發言權。華潤在過往時間裏的做法基本上是，非但沒有一味謀取利益，反而承擔很多責任。"從事後來看，王石的這番話，明顯低估了他所面對的挑戰。

當被問到寶能事前有否溝通時，萬科高級副總裁兼董秘譚華傑表示：雙方有溝通，寶能表示他們是看好萬科的經營及前景而進行財務投資。據王石後來透露，當時，王石曾在馮侖的辦公室首次也是唯一一次會見寶能老闆姚振華，雙方從晚上 10 點談到凌晨 2 點，但沒有達成共識。姚振華表示，寶能成為萬科大股東後，"王石還是萬科旗手，還會維護王石這面旗幟"。但王石對此並不買賬，他表示："在那個時間點上選擇萬科股票、增持萬科股票是萬科的榮幸，但是你想成為第一大股東，我是不歡迎的。"王石並指出，寶能系用短債長投方式強行進入萬科，風險很大，就是一場賭博。姚振華問王石，你為什麼接受華潤不接受我們，就是因為你不願意接受我們的管理？我們也可以像華潤這樣做，信任你王石培養的團隊，不插手。王石說，你錯了，你們根本對萬科不瞭解，你們對華潤更不瞭解。雙方的談話不歡而散。

隨後，姚振華加快了收購萬科股份的速度。到 8 月 26 日，寶能第三次舉牌，寶能透過旗下的前海人壽和鉅盛華宣佈，再購入萬科 5.04% 股權。當時，正值救市後新一輪暴跌，萬科股價也有下跌。寶能沒有披露這波買入的價格，但萬科這段時間的成交均價沒有超過每股 14 元，以每股 14 元計算，寶能這次買股約花了 77.93 億元。這次舉牌後，寶能系合共已持有萬科 15.04% 股權，超過華潤而成為萬科第一大股東。8 月 27 日，即寶能第三次舉牌的翌日，王石在其微博中首次表明他對萬科遭遇瘋狂舉牌的態度。微博發佈了一張賽艇圖片並稱："濱海爆炸，萬科三個小區首當其衝，一萬多居民撤離家園；股市過山車，野蠻人強行入室……"

這裏，王石已明確將寶能看作"野蠻人"。所謂"野蠻人"，最早出自貝賴恩·伯勒的《門口的野蠻人》一書。該書以寫實的手法記錄了 KKR 收購 RJR 納貝斯克公司的世紀之戰。此後，華爾街開始用"野蠻人"來形容那些不懷好意的收購者。其實，早在2014年，萬科管理層已開始擔憂可能出現的"野蠻人"。在萬科2014年春季例會上，萬科總裁郁亮向與會萬科高管推薦了《門口的野蠻人》這本書。郁亮指出：萬科現在肥得流油，但只需要200億元就能買下萬科。郁亮的這次講話被稱為是推進萬科事業合夥人制度的一次總動員。

面對寶能的多次舉牌，王石及萬科管理層曾多次求助於華潤，並提出相關方案，如引進戰略性投資者、H股增發、與華潤置地重組等，但華潤的態度並不明朗，沒有及時和堅決出手，只是在8月31日和9月1日，兩次象徵性地增持萬科，分別以均價每股13.37元增持約752.15萬股和以均價每股13.34元增持約2974.3萬股，總投資約4.97億元。完成增持後，華潤共計持有萬科A約16.9億股，佔萬科總股本的15.23%，加上旗下全資子公司持有的股份，總持股比例為15.29%，一度反超寶能系而重奪第一大股東之位。

此後一段時間，爭奪戰一度沉寂下來。不過，從11月27日開始，寶能再次大舉入市，透過南方資本等資管通道，漲停板掃貨，又買入萬科5.49億股股份，佔4.969%股權，耗資96.52億元。12月4日，萬科發佈公告宣稱，鉅盛華及其一致行動人前海人壽合計已持有公司A股股票約22.11億股，佔公司總股本的20.008%，再次成為公司第一大股東。不過，令市場關注的是，這次面對寶能的行動，華潤並無新的動作，只是按兵不動。

12月8日，萬科發佈公告，安邦保險集團自11月以來先後通過旗下的安邦人壽保險、安邦財產保險、和諧健康保險及安邦養老保險，合計購入萬科A約5.53萬股，佔公司總股本5%。安邦保險成立於2011年6月，2012年底總資產規模達到5100億元，是近年崛起的一股神秘的金融新貴。其實，早在2014年第三季度，安邦就曾通過旗下一隻"安邦人壽保險股份有限公司—穩健型投資組合"產品持有萬科A 2.35億股，佔總股本的2.23%，位列第四大股東。不過，隨後安邦大幅減持萬科，到2015年4月退出萬科十大股東之列。12月23日，安邦發佈聲明稱，看好萬科發展前景，會積極支持萬科發展，希望萬科管理層、經營風格保持穩定，繼續為所有股東創造更大的價值。同日，萬科官網罕見發佈聲明表示，萬科歡迎安邦保險成為萬科重要股東，並表示萬科在轉型過程中，"需要保險資金的支持，也正在積極探索與保險資金的合作機會"。此一聲明，與對寶能的態度形成鮮明的反差。

然而，面對安邦的介入，寶能的舉牌更加快速，先後於 12 月 10 日、11 日、17 日、18 日等大量購入萬科股份，深陷股權大戰的萬科 A 股價一漲再漲，欲罷不能。至此，萬科爭奪戰終於引起證監當局的關注。12 月 10 日，深圳證券交易所管理部向鉅盛華發出《關注函》，一連提出九個關注事項，其中，寶能借道槓桿資金舉牌背後的相關權利行使、資金來源及信息披露等問題成為焦點。與此同時，深圳證券交易所也致函萬科，詢問萬科管理層與兩個資產管理計劃——金鵬資管計劃和德贏資管計劃——的關係。其時，該兩個資管計劃合共持有萬科 7.79% 股權。萬科回應稱，該兩個資管計劃管理人各自自行使投票權，因而不存在一致行動人關係。12 月 23 日，中國證監會發佈關於印發《保險公司資金運用信息披露準則第 3 號：舉牌上市公司股票》的通知，以進一步規範保險公司舉牌上市公司行為。

◢ 萬科反擊——停牌籌劃資產重組 ◣

面對寶能的"瘋狂"舉牌，萬科管理層展開反擊。12 月 17 日，萬科董事會主席王石在公司北京會議室內部講話中明確表示，不歡迎寶能成為第一大股東，因為寶能系"信用不夠"，"一進、一拆、一分"就是寶能的發家史。王石並質疑寶能系的資金來源，認為其"層層借錢，循環槓桿，沒有退路，在玩賭的遊戲"。認為寶能系用短債長投方式強行進入萬科，風險極大，本身就是一場賭博。王石稱，寶能系層層借錢，迴圈槓桿，一直這樣滾雪球滾下去，就像美國上世紀 80 年代的垃圾債券、槓桿收購，一旦撐不下去，後果不堪設想，1990 年美國就有接近 60 家壽險公司破產，尤其像萬科這麼大的體量，連續兩三個漲停板往上硬推，就是在玩賭的遊戲，就會沒有退路。

最近幾年，國際機構給萬科的評級是給全世界地產公司中最高的，因為萬科的融資成本非常低。一旦寶能系控股，大的投資公司、大的金融機構以及商業評級機構就會對萬科的信用評級重新調整。因此，寶能系入主萬科，必然會影響到萬科的品牌信用，影響到萬科的客戶，影響到萬科上下游產業鏈。王石表示："這個時候只能說對不起，我們要為萬科的信用、為萬科這個品牌而戰，為中小股東而戰。"此外，寶能系旗下的寶能地產 2014 年整個房地產交易額才幾十億，而 2014 年萬科的銷售額破兩千億。如此大的差距，讓其覺得寶能系管理萬科不夠格。王石還表示，寶能系增持到 30% 以後，可能會要求召開臨時股東大會，另外還可能在社會上散佈他和郁亮不和的謠言，或者用其他方式分化瓦解萬科管理層和員工，但是這些手段都是無用功。因為他和郁亮面對當前所有問題的立場是完全一致的。隨後，萬科決定由總裁郁亮先行親赴香港與華潤置地商談有關應對事宜。對此，12 月 18 日凌晨，寶能系作出了回應，強調"重視每一筆投資，相信市場的力量"。

當天，萬科發佈公告稱：本公司正在籌劃重大資產重組事項，因為有關事項尚存不確定性，為了維護投資者利益，避免對公司股價造成重大影響，根據深圳證券交易所的相關規定，公司 A 股股票已於 2015 年 12 月 18 日下午 1 時起開始停牌。在香港上市的萬科 H 股也同時停牌。12 月 18 日下午，針對媒體對寶能系槓桿收購萬科股權一事的關切，中國證監會新聞發言人張曉軍表示，市場主體之間收購、被收購的行為屬於市場化行為，只要符合相關法律法規的要求，監管部門不會干涉。當日，萬科股票再次漲停，以每股 24.43 元創下新高。當時，寶能系在萬科 A 所持股份比例為 25.54%，佔公司總股本的 24.26%；華潤總持股比例為 15.29%；安邦總持股比例為 6.18%。

萬科停牌籌劃資產重組，被視為王石帶領的萬科管理層反擊行動的開始，一旦擴股，寶能系此前所持有的股份將被稀釋。萬科此次停牌重組，為了規避寶能參與，只能往三年期定增方向策劃，初步計劃定增 20% 股份，其中 10% 作為員工持股計劃，另 10% 向市場募集資金。12 月 19 日上午，王石曾轉發一條微博，並評論稱"下周一見"，但他隨即刪除了此條微博，並轉發了另外一條微博，評論道："在現代社會的經濟生活中，上市公司的生存，股東舉足輕重，但是健康發展卻離不開它的員工、客戶、供應商和社區的支持。公司在做出經營決定，就不僅要考慮股東利益，還要考慮相關利益人的利益。惡意收購在法律角度是個近乎中性的詞，無關道德，但在倫理角度，其行動不顧社會相關利益至少是不善。"

這一時期，有關萬科收購戰的傳聞不絕於耳。其一是指浙商銀行百萬資金以十多倍槓桿通過多層通道用於"寶能系"舉牌萬科。對此，浙商銀行緊急回應表示，浙商銀行理財資金投資認購華福證券資管計劃132.9億元作為優先方，僅用於鉅盛華整合收購非上市金融股權，不可用於股票二級市場投資，也不作為其他資管計劃的劣後資金。浙商銀行一向秉承合規、合法、安全的原則辦理各項業務。其二是指華潤信託持有寶能地產股權，華潤為寶能地產第二大股東。對此，華潤信託在官網公告稱，其確曾設立一信託計劃，由信託計劃持有部分寶能地產股份，但該信託計劃已於2015年6月結束，持有的寶能地產股份已於2015年7月全部轉出，並已在深圳聯合產權交易所完成交割。

2016年1月15日，就在萬科停牌即將屆滿之時，萬科再申請繼續停牌。不過，在此之前的1月6日，萬科H股已在香港聯交所復牌。萬科H股復牌後，正值股市暴跌，萬科H股股價大幅下跌，到1月15日收市跌至每股17.56港元，較復牌前的22.9港元，跌幅達23%。當時，就有市場人士指出，萬科H股的股本儘管只佔總股本的11%左右，但H股持續走低情況下，A股一旦復牌也將面臨一波補跌的行情。及至3月13日，萬科宣佈，已與深圳地鐵集團簽署一份合作備忘錄，萬科計劃以定向增發股份方式收購深鐵資產，價格約在400-500億元之間。3月17日，萬科召開股權變動之後的首次股東大會，表決萬科A是否將繼續停牌至6月18日，結果表決獲得通過，出人意料的是，寶能系在表決中投下了贊成票。

戲劇性反轉出現在股東大會結束之後。3月19日，一向做"捧手掌櫃"的華潤突然發聲明稱，萬科與深圳地鐵的合作公告沒有經過董事會討論及決議通過，華潤派駐萬科董事已向有關監管部門反映，要求萬科經營依法合規。一向和萬科形同一家的華潤此時突然發難，讓萬寶之爭的變數再起。對此，萬科回應稱，春節前管理團隊拜會華潤董事時，曾經明確提到公司有意與深圳地鐵集團進行戰略性合作，並提到"存在向地鐵集團增發股票的可能性"。萬科與深鐵簽署的戰略性合作備忘錄僅為對擬議交易的初步意向，"在公告披露前，公司根據內部信息披露管理流程，向包括所有董事在內的信息披露委員會委員知會了這一事項"。

到第三次停牌即將屆滿之際，即 2016 年 6 月 17 日下午，萬科召開復牌前的董事會會議，以審議萬科管理層提出的萬科和深圳地鐵重組預案。根據預案，萬科擬以發行股份的方式，購買深圳市地鐵集團持有的前海國際 100% 股權，初步交易價格為 456.13 億元。前海國際主要資產為待開發的前海樞紐項目地塊和安托山項目地塊，均為深圳核心區域極度稀缺的大型優質地鐵上蓋項目，總計容建面積約 181.1 萬平方米。其中，前海樞紐項目規劃為 3 條地鐵綫和 2 條城際鐵路的交匯，未來可通過軌道交通直達香港，定位為帶領深圳邁向世界級城市、引導區域經濟升級轉型的世界級綜合體地標；而安托山項目則是深圳第一豪宅集群區罕見大規模地塊項目。萬科管理層表示：此次交易意義重大，不僅可直接獲得深圳核心地段的優質地鐵上蓋項目，通過引入深鐵集團作為戰略股東，萬科還將深度介入“軌道 + 物業”的創新模式，極大地拓展未來獲取土地儲備的渠道，加快向“城市配套服務商”轉型，推動產品和業務升級，實現長期盈利能力的提升，讓全體股東都能分享地鐵經濟的紅利。

根據預案，這次交易的股份發行價為每股 15.88 元，相比停牌價 24.43 元折價 35%。據分析，在萬科停牌前 20、60、120 個交易日三個檔次中，萬科重組團隊選擇了 60 個交易日的 93.6% 的方案，確定發行價為每股 15.88 元，主要理由是“考慮到萬科 A 股股價在停牌前急劇拉升”。6 月 17 日收市，萬科在香港的 H 股，股價為每股 17.52 元港幣，折合人民幣約每股 14.857 元，即發行價比 H 股股價有 6.88% 的溢價。有評論認為，萬科重組團隊顯然不希望被市場和股東認為是在“賤賣”股份。若重組方案通過，萬科將發行 28.72 億股，在 H 股股本不變前提下，交易完成後，深圳地鐵將持有萬科 A 20.65%，成為第一大股東，寶能旗下的鉅盛華及其一致行動人所持股權將下降為 19.27%，華潤持有下降為 12.1%，安邦保險持股 3.61%，而代表萬科的兩個基金——國信金鵬和德盈 1 號，則分別持有 3.29% 和 2.37%。

在萬科董事會會議上，華潤派駐萬科的三名董事明確提出反對意見，表示認可萬科與深圳地鐵的合作有利於萬科發展，但認為沒有必要通過發行股份的方式實現，可以通過現金購買等方式進行。華潤董事並與獨立董事產生尖銳分歧。一位獨立董事表示：“我親自去考察了深圳地鐵，也看了兩個項目所在地塊，覺得真的是很好。我覺得這次買的不是資產，而是萬科的未來。"另一位獨立董事認為："如果不通過，會損害萬科品牌形象，如果地鐵資產無法注入，那麼華潤有什麼優質資產可以幫助萬科的發展，維護中小投資者利益呢？"表決時，11 名董事中，獨立董事張利平表示自身存在潛在的關聯與利益衝突，申請不對所有相關議案行使表決。議案由十名董事進行表決，結果是：7 票同意，3 票反對，一票迴避，最終董事會以超過三分之二的票數通過此次預案。會後，華潤方面向傳媒提出五點反對意見，認為重組方案難以對萬科有持續性支持，反而所有股東的權益都會被過度攤薄，同時也會導致每股盈利有較大降幅，因而重組方案有待商榷。華潤並對萬科董事會的表決結果是否有效持質疑態度。

▲ 萬科、寶能、華潤的 "三國殺" ◢◢◢

至此，萬科爭奪戰可謂峰迴路轉、再添變數。一向被認為是萬科管理層 "靠山" 和備受推崇的華潤集團突然 "變臉"，給王石和萬科管理層一個措手不及。

在此風雨飄搖之際，一直 "沉默" 的第一大股東寶能突然 "發難"。6 月 24 日凌晨，寶能系的鉅盛華及前海人壽保險公開發表聲明稱："我方明確反對萬科本次發行股份購買預案，後續在股東大會表決上將據此行使股東權利。"對此，華潤集團微信公眾號隨後回應，再次表明其反對重組立場，並提及 "高度關注萬科存在的內部人控制等公司治理問題"。針對華潤與寶能聯手反對重組，王石在微信朋友圈連發兩條微信，對當前複雜博弈態勢發出感慨："當你曾經依靠、信任的央企華潤毫無遮掩的公開和你阻擊的惡意收購者聯手，徹底否定萬科管理層時，遮醜布全撕去了。好吧，天要下雨，娘要出嫁。還能說什麼？" 言語之間，充分流露了他對一直倚重的華潤的失望之情。自此，市場上有關華潤和寶能是否一致行動人的猜測此起彼伏。

6 月 28 日，鉅盛華及前海人壽進一步借勢發力，向萬科發出通知，指寶能方面欲提請公司董事會召開臨時股東大會，審議由其提出的十二項議案，包括審議關於提請罷免王石、郁亮、喬世波等七人董事職務的議案，關於提請罷免張利平等三人獨立董事職務的議案，以及提請罷免謝凍、廖奇雲公司監事職務的議案。寶能認為，在審議重大資產重組預案相關事項過程中，王石作為董事長沒有充分關注重組交易價格的公允性、合理性，沒有充分關注重組是否有利於公司及全體股東的整體利益、能否均衡反映股東的訴求，沒有對異議董事提出的意見予以必要的重視和考慮，沒有對獨立董事提出迴避的合法合規性予以特別的關注與審查，嚴重違反《公司法》規定的董事義務及深交所規定的董事行為規範，違背了其對公司和股東負有的誠信、勤勉、忠實義務，沒有盡到保護公司及股東利益的責任。

寶能並認為，萬科已經成為被內部人實際控制的上市公司，違背了《公司法》、《證券法》、《上市公司治理準則》等法律法規及規範性文件對上市公司的治理要求，不利於維護股東利益和萬科長期發展。寶能進而追本溯源指出，從萬科於 2008 年宣佈無實際控制人開始，萬科已經偏離上市公司規範運作的要求，萬科管理層控制董事會、監事會，越過公司股東大會自行其是，王石作為董事長，對此負有直接主要責任。寶能除對萬科事業合夥人制度進行"抨擊"外，還特別指出，王石在 2011-2014 年擔任董事期間，前往國外遊學，長期脫離工作崗位，卻依然在未經股東大會事先批准的情況下從萬科獲得現金報酬共計 5000 餘萬元。在萬科缺少股東層面實際控制人、有效監管手段缺位的情況下，王石利用董事長地位獲取巨額報酬，損害公司和廣大投資者利益，嚴重違反《公司法》等法律法規規定的董事勤勉、忠實義務。"王石為了自身利益，不遵守上市公司規則與公司《章程》的約束，沒有履行其作為董事應當盡到的責任和義務，不適合繼續擔任公司董事職務。"

面對咄咄逼人的大股東"寶能系"，萬科管理層展開"抵抗"行動。在 7 月 1 日下午召開的萬科董事會上，董事會成員以 11 票全票贊成通過了"關於不同意深圳市鉅盛華股份有限公司及前海人壽保險股份有限公司提請召開 2016 年第二次臨時股東大會的議案"。與此同時，萬科一連發佈八個公告，包括宣佈公司復牌、宣告過去半年公司的"靚麗"業績，以及針對罷免提案修訂公司董事會議事規則。按照《董事會議事規則》（修訂稿），萬科的董事由股東大會選舉或更換，每屆任期三年，任期從股東大會通過之日起計算，至本屆董事會任期屆滿時為止。

董事任期屆滿，可連選連任。董事在任期屆滿前，股東大會不得無故解除其職務。此外，萬科公告還顯示，其最新發佈的深圳地鐵入股的資產重組議案，還進行了交易標的資產的預估值及交易價格等六大修訂。有分析認為，修訂重組案很有針對華潤質疑的意味。

所謂"一石激起千重浪"。7月4日，華潤透過官方微信號發佈江平等13位內地權威專家的四點論證意見，認為暫無證據表明華潤和寶能應被認定為一致行動人，直指"股權分散且以創始人為管理核心的上市公司要避免產生內部人控制、忽視股東合理訴求與合法權益的現象發生"，並認為認為"6·17"董事會決議實際並未有效形成。不過，同日，萬科最大自然人股東劉元生則向中國證監會等七部發出實名公開舉報信，提出五點疑問並列舉大量事實，矛頭則對準華潤、寶能。劉元生自1988年萬科股改起就與萬科形影相隨。據披露，劉持有超過1%的萬科股份，以當時萬科的股價計算，其持有的市值約為27億元。

劉元生的質疑包括：（一）寶能系與華潤到底有多少合作項目？雙方到底有多少重大利益關聯性？雙方在哪些事項上達成了一致行動的交易？（二）寶能與華潤是何時在萬科第一大股東地位問題上開始談判交易？先後達成過哪些默契與協議？（三）雙方對深鐵重組聯手出爾反爾，背後有何陰謀？（四）隱瞞雙方達到第一大股東易主的秘密協議，是否已明白無誤涉嫌內幕信息、內幕交易和市場操縱？（五）多個跡象表明寶能用於收購的資金來自不合規的銀行資金，用於收購的主體故意規避法律法規的明確要求，請問寶能是不是利用違法資金和不合規主體收購並控制上市公司？

其後一段時間，市場陸續傳出雙方博弈的各種傳聞。7月5日，首先爆出萬科企業工會向法院起訴鉅盛華、前海人壽、南方資本、泰信基金、西部利得等損害股東利益責任糾紛案。三日後，香港媒體引述一封寄到港交所的"爆料信"，懷疑萬科"某些管理高層正在併購一個新的平台，令他們即使被辭退，亦可以繼續以同一組人運作"，匿名信的下款自稱為"一名感到萬科管理層的行為噁心的人"。有關消息如果是事實，則萬科管理層涉嫌以公司資金和資源來滿足個人利益，有損害整體股東利益、違反信託人職責之嫌。同日，有報道稱，汕頭市委書記陳良賢帶隊考察寶能，同行的還有全國各地潮汕商會會長，寶能董事長姚振華帶領集團高管彙報寶能的發展。

　　7月19日，萬科向監管部門提交《關於提請查出鉅盛華及其控制的相關資管計劃違法違規行為的報告》，報告稱寶能系的九大資產管理計劃違法違規，引發市場廣泛關注。7月21日，萬科和寶能系分別收到來自深交所的監管函。翌日，一直沉默的證監會終於發聲。中國證監會新聞發言人鄧舸在當天的新聞發佈會上表示，深圳證監局、深圳證券交易所、中國證券投資基金業協會分別收到萬科提交的書面報告。對此，深圳證監局、深圳證券交易所立即展開調查，並已分別對鉅盛華未將權益變動相關備查文件備置於上市公司住所，萬科未履行公司決策程序且向非指定媒體提前發佈未公開重大信息等違規行為，向鉅盛華、萬科發出監管函件予以警示，並對其主要負責人進行監管談話。鄧舸表示，事件發展至今，沒有看到萬科相關股東與管理層採取有誠意、有效的措施消除分歧，相反通過各種方式激化矛盾，對此，證監會對萬科相關股東與管理層表示譴責。證監會將會同有關監管部門繼續對有關事項予以核查，依法依規進行處理。其後，萬科董秘朱旭回應稱，“公司接到監管部門來函高度重視，虛心接受監管部門批評，並將積極改正。我們會配合調查，加強和監管部門的合作”。

　　這次萬科爭奪戰中，獨立董事華生的頻頻“發聲”，成為市場關注的一個“亮點”。華生是與王岐山、馬凱、張維迎等人一道從1984年著名的“莫干山會議”崛起的、目前在內地具影響力的經濟學家，萬科是他唯一出任獨董的上市公司，且不拿一分錢報酬。作為萬科的獨立董事，處於萬科爭奪戰核心並親歷萬科董事會投票全程的華生，自6月18日起陸續在微博“發聲”，其後更在《上海證券》連續發表《我為什麼不支持大股東意見》上、中、下三篇文章，以及《大股東就是上市公司的主人嗎？——我為什麼不贊成大股東意見（續一）》、《萬科的獨董喪失了獨立性，還是首次展現了獨立性——我為什麼不贊成大股東意見（續二）》等多篇文章。在這些系列文章中，華生表達了對萬科管理層的支持，指“萬科是國內罕見的經營者支配、所有者監督的現代企業制度樣本，也是國有企業作為第一大股東監督不經營的成功改革模式，自己會不遺餘力地支持呵護萬科模式”。同時，他從公司治理和國企改革的角度對自己不贊成大股東意見進行了闡述，詳細披露萬科股權之爭各方爭議的內情及細節。有評論認為，華生的文章無論對於同行還是媒體都有巨大的信息披露貢獻。

華生還質疑華潤與寶能之間可能存在的關係，認為兩家公司涉嫌一致行動人，需要被調查。他甚至在微博宣稱，“看到人民網等說鉅盛華在去年寶能舉牌後質押股權向華潤巨額融資並直接增持萬科。電話查證此事屬實”。與此同時，華生對萬科管理層也提出批評，指“寶能舉牌後我曾多次批評萬科管理層的輕率表態”，“萬科的管理層大模大樣慣了，自詡自己是治理結構和文化獨特的現代企業，顯得既不懂國企的規矩，又沒有私企的殷勤，就容易惹惱新的大管家”。

◢ 四方博弈——恒大“殺入”戰團 ◣◣◣

2016 年 7 月 4 日，停牌超過半年的萬科 A 股終於復牌。其間，在大市的拖累下，未停牌的萬科 H 股已跌去原有市值的三分之一，在重組提案仍未獲得共識的情況下，復牌之後萬科的補跌似乎沒有懸念。在外界看來，假如萬科股價大跌，最先承受不住的，可能便是擁有大量槓桿資金的寶能系。

果然，復牌首日，萬科 A 跌停，報收每股 21.99 元，全天成交額 9382 萬元人民幣。7 月 5 日，萬科 A 再次跌停，報收每股 19.79 元。不過，收市前，萬科 A 遭遇大筆資金掃貨，寶能系鉅盛華購入萬科 A 7529.3 萬股，佔萬科總股本的 0.682%。若以每股 19.79 元計算，寶能耗資約 14.9 億元。有傳媒注意到，經過兩天跌停板，萬科 A 股價已逼近寶能系部分資管計劃的成本綫；若 7 月 6 日繼續跌停，寶能其中三大資管計劃的成本綫將被擊穿。不過，7 月 6 日，復牌第 3 天的萬科 A 終於打破跌停，當天報收每股 19.1 元。稍後，萬科發佈公告稱，鉅盛華及其一致行動人前海人壽已合共持有萬科 A 27.60 億股，佔萬科總股本 25%。其後，萬科 A 仍逐步下跌，至 7 月 20 日一度跌至每股 16.74 元，即萬科 A 復牌以來股價跌幅已超過 30%。據市場初步統計，復牌前寶能系整體持倉的浮盈尚在 230 億元以上，隨着股價的持續下跌，不僅這些賬面盈利蒸發，部分資管計劃在虧損後甚至面臨平倉的風險。

就在此關鍵時刻，平地一聲雷，另一匹“黑馬”恒大“殺入”戰團，不僅挽救了處於危險狀態下的寶能，而且令局勢更加撲朔迷離。恒大全稱"恒大地產集團有限公司"，創辦於 1997 年，創辦人許家印。經過近二十年的發展，已發展成為集地產、金融、互聯網、健康、旅遊、文化及體育於一體的企業集團，在全國一百八十多個城市擁有五百多個地產項目，員工 8 萬多人。2015 年福布斯中文網公佈的全球企業 2000 強中，恒大排名第 500 位。恒大之覬覦萬科，相信已有一段時間了。萬科復牌後股價一跌再跌，給恒大提供了一個絕佳的入市機會。

從 7 月 25 日起，就在萬科 A 復牌後止跌回升之際，恒大透過旗下七家公司，在深圳證券交易所集中競價交易系統大舉增持萬科 A 股股份，至 8 月 8 日共增持 5.52 億股，佔萬科總股份的 5.00%。8 月 15 日，萬科發佈公告稱，恒大通過其附屬公司在市場共收購 7.53 億股萬科 A 股股份，持股比例增加到 6.82%，收購總價為 145.7 億元人民幣。至此，萬科爭奪戰由寶能、萬科管理層、華潤三方對峙的股權之爭進一步演變為四方博弈。不過，從恒大在 8 月 4 日首次公告買入萬科之時起，萬科管理層及各大股東均保持緘默，並未對恒大舉牌一事發表看法。

值得注意的是，幾乎就在恒大在 A 股市場"殺入"的同時，香港一家名為"力信資本管理有限公司"收購萬科 H 股的圍獵行動曝光。8 月 9 日，力信資本管理以每股 20.50 港元的均價購入萬科 H 7738.16 萬股，耗資 15.86 億港元，使該公司所持萬科 H 總數達到 9627.31 萬股，約佔萬科企業總股份的 7.32%。其後，力信資本管理再先後進行了四次增持，到 8 月 24 日所持股數增加 1.52 億股，使所佔萬科企業總股份增加到 11.54%。以均價 20 港元計算，力信資本管理增持萬科 H 股耗資已超過 30 億港元。力信資本在香港股市的頻頻出擊，引起了香港媒體的關注。據香港註冊處提供的信息顯示，力信資本創立於 2013 年 12 月，並非某些媒體報道的 2012 年創立，註冊資金為 100 港元。有細心的傳媒發現，力信資本出擊萬科 H 的手法與其在 2014 年出擊馬斯葛的手法頗為一致，下手果斷凌厲，絕不拖泥帶水，而這兩次出擊都在某種程度上與恒大產生了交集。

及至 8 月 22 日，萬科管理層首度回應恒大舉牌一事，萬科董秘朱旭表態："萬科股票是二級市場公開交易品種，買賣股票是股東權益。恒大沒有透露進一步增持和減持的意圖。"萬科方面還透露，恒大在入股之前與萬科高層有接觸，但當恒大成為萬科股東後，萬科致函詢問其持股意圖，恒大並未回覆。恒大的購買並沒有止步。從 8 月 12 日至 8 月 22 日、11 月 9 日至 17 日，恒大先後兩次透過旗下九家附屬公司在市場上進一步增購萬科，合共購入 5.52 億股萬科 A 股，使得恒大持有萬科 A 股總數進一步增加到 11.04 億股，佔萬科總股本 10%，總投資超過 240 億元。11 月 9 日，正值美國總統大選結果揭曉，特朗普擊敗希拉莉贏得總統選舉。伴隨這個消息的公佈，全球股市大幅波動，在 A 股出現震盪下挫的情況下，萬科 A 卻在恒大持續買入的推動下，股價逆勢上漲 8.59%，並且在第二天早盤開盤強勢上漲，創下了每股 28.28 元人民幣的新高紀錄。

當時，恒大曾表示，因認可萬科 A 的投資價值，故增持萬科 A；未來十二個月內將根據證券市場整體狀況並結合萬科業務發展情況及股價等因素，決定是否繼續增持或減持集團在萬科 A 中擁有的股份。及至 11 月 29 日，恒大再宣佈，已於 11 月 18 日至 29 日期間，恒大透過其附屬公司在市場上及透過大宗交易進一步收購了 5.1 億股萬科 A 股，連同之前已收購萬科 A 股，恒大合共持有 15.53 億股萬科 A 股，佔萬科總股本的 14.07%，總收購代價為 362.73 億元。恒大宣稱："萬科為中國最大的房地產開發商之一，其財務表現強勁。本收購為公司的投資。"不過，有評論指出，恒大購入萬科，並非單純的投資那麼簡單。根據萬科公司章程，萬科非獨立董事候選人名單由上屆董事會或連續 180 個交易日單獨或合計持有公司發行在外有表決權股份總數 3% 以上的股東提出。恒大由於在 8 月 12 日這個關鍵時間點入局，剛好能在 2017 年 3 月董事會選舉之時提出董事候選人名單，可見恒大的目的至少是要在萬科董事會擁有一個以上席位！

至此，萬科成為股權高度集中的上市公司，其中，寶能系持有萬科股權 25.4%，華潤持有 15.24%，恒大持有 14.07%，安邦持有 6.18%，萬科管理層透過金鵬資管計劃持有 4.14%，萬科企業股中心透過德贏資管計劃持有 3.66%，證金持有 2.89%，萬科工會持有 0.61%，最大自然人劉元生持有 1.23%，再剔除 11.93% 的 H 股股份，即萬科 A 被分散持有的股份只佔公司總股本的 14.65%，總數為 15.492 億股。此外，在萬科 H 股方面，中渝置地主席張松橋透過名下公司力信資本管理持有萬科 H 股 1.52 億股，佔萬科 H 股總股本的 11.54%，新世界發展鄭家純家族的"御用經紀"鼎珮證券持有萬科 H 股 5.57%，未經證實的江湖傳聞稱，兩人均為恒大許家印的"牌友"。另外，由前"恒生大班"柯清輝任主席的中策集團旗下證券公司中策富匯也持有萬科 H 股約 2.57% 股權。萬科已如王石所說，成為了一隻"莊股"。

◢ 石破天驚——萬科爭奪戰的"意外"結局 ◢◢◢

爭奪戰發展至此，寶能董事長姚振華可以說走到他人生的巔峰，而王石及萬科管理層則幾乎失去了事態發展的主導權和主動權，不少評論者甚至預言了王石"出局"的下場。對此，王石本人似乎也早有心理準備。他在一條微信裏表示："人生就是一個大舞台，出場了，就有謝幕的一天。但還不到時候，着啥子雞（急）嘛。"對於萬科爭奪戰的最後結局，獨立董事華生曾在微博發表了自己的預見："我一直認為萬科最後難免兩個結局：一是無論大股東是誰，保持萬科無實際控制人的現代治理結構，公司長期發展和業主等均可望實現多贏。這是包括我在內許多人不放棄努力的原因。二是管理團隊出走賣股變現再創業，資本剩餘時代並非難事，對他們自己更可能是幸事。就理論分析來說，前者有意義，後者有意思。"

然而，事態的發展並沒有如一般人預料的那樣。此時的姚振華並沒有就此止步，他意氣風發、躊躇滿志地將收購的目標指向另一家上市公司——格力電器。截至 2016 年 11 月 30 日，前海人壽持有格力電器的股權 4.13%，一躍而成為該公司第三大股東。不過，這次姚振華就沒有那麼幸運了。12 月 3 日，格力電器董事長兼總裁董明珠在一個經濟論壇上，主動講起格力被寶能舉牌一事，並撂下"狠話"："如果有人要成為中國製造的破壞者，他們就會成為罪人。" 格力電器不同於萬科，是一家製造業龍頭品牌企業。在實體經濟低迷不振的當下，格力之被舉牌顯得尤為觸目。董明珠的這番話確實戳到了中國經濟的痛點。最近幾年，中國的實體經濟一直比較疲弱，特別是自主創新的短腿使中國的供給側結構性改革舉步維艱。

數小時後，一貫低調沉穩的中國證監會主席劉士余在公開演講中，突然脫稿"發飆"，以嚴厲措辭痛批"野蠻收購"。他表示，希望資產管理人不當奢淫無度的土豪、不做興風作浪的妖精、不做坑民害民的害人精。"有的人拿着金融牌照，進入金融市場，用大眾的資金從事所謂的槓桿收購，實際上最終承受風險的是廣大投資者。"劉士余還警告："陌生人變成了野蠻人，野蠻人變成了強盜。當你挑戰刑法的時候，等待你的就是開啟的牢獄大門。" 劉主席雖然沒有直接點名，但鋒芒所指明眼人一看便明白。兩天後，中國保監會針對前海人壽萬能險業務經營存在問題、整改不到位的情況，宣佈停止寶能系旗下前海人壽萬能險的新業務，叫停前海人壽、恒大人壽等六家險企的互聯保險業務，並派駐檢查組進駐前海人壽、恒大人壽。至此，萬科爭奪戰出現了石破天驚的變局。

與此同時，萬科的股權變動也出現了出人意料的新情況。2017 年 1 月 12 日，即在萬科宣佈終止與深鐵重組僅半個月後，萬科發佈公告，稱收到華潤集團和深圳地鐵集團的通知，公司股東華潤股份及其全資子公司中潤貿易已與深圳地鐵集團簽署萬科股份轉讓協定，華潤股份和中潤貿易擬以協定轉讓方式將其合計持有的公司約 16.9 億 A 股股份（約佔萬科總股本的 15.31%）轉讓給深圳地鐵集團，每股轉讓價為 22 元，較萬科停牌前的每股 20.4 元，溢價 7.8%，總轉讓價為 371.7 億元。轉讓完成後，華潤股份和中潤貿易將不再持有公司股份。當日，華潤集團發佈公告稱，此次股權轉讓是一個多方共贏的處理，"是綜合考慮自身發展戰略和產業佈局的需要，也是國有資產保值增值的需要"。

華潤之作為萬科的第一大股東，始於 2000 年 8 月。十七年來，萬科董事局主席王石曾多次感謝華潤對於萬科快速發展所起的重要作用。不過，在此次萬科爭奪戰中，作為萬科大股東的華潤似乎顯得進退失據。面對寶能的瘋狂買入，萬科管理層曾不止一次上門請求華潤給予支持，但華潤僅兩次增持萬科，此後再無動作。其後，萬科管理層提出的增發股權引入深鐵的預案，華潤方面更公開表示指責。有報道稱，其後，華潤受到來自國資監管層面的壓力，國務院國資委就此作出"央企不與地方爭利"的表態，要求華潤配合深圳市政府妥善解決問題。相信出售股權正是在此背景下作出的合理戰略部署或者可能是"無奈之舉"。不過，華潤在此時退出萬科亦獲利豐厚，其股權轉讓價高達 371.7 億元，再加上持股十七年來的分紅，累積獲得收益超過 400 億元。

華潤的退出在幾個月前是不可想像的，它打亂了股權之爭各方的計劃和步驟。1月13日，恒大表示無意進一步收購萬科股份，並將所持萬科股份入賬為可供出售金融資產。恒大高層也公開表態：恒大不會、也無意成為萬科控股股東。當晚，寶能系也罕見地在官網發聲明稱：歡迎深圳地鐵投資萬科，願共同為深圳及萬科的發展而努力，寶能看好萬科，作為財務投資者，支持萬科健康穩定發展。這一聲明中將此前寶能系舉牌萬科時用的"戰略財務投資者"改為"財務投資者"，戰略二字取消暗含寶能有意放棄對萬科管理權的爭奪。不過，這一聲明顯然並不能讓萬科管理層放心。

事態的逆轉至此並沒有停止。2017年2月22日下午，中國保監會主席項俊波及保監會副主席陳文輝、黃洪、梁濤出席了國新辦新聞發佈會，重點談到了金融大鱷問題和險資舉牌問題。保監會主席項俊波表示："對個別渾水摸魚、火中取栗且不收斂、不收手的機構，依法依規採取頂格處罰，堅決採取停止新業務、處罰高管人員直至吊銷牌照等監管措施，絕不能把保險辦成富豪俱樂部，更不容許保險被金融大鱷所借道和藏身。"對於大家最關心的險資舉牌問題，保監會副主席陳文輝在答記者問時提到，險資一定要堅持穩健審慎的投資理念，我們要求保險資金在投資中應當以固定收益類的產品為主，股權等非固定收益類的產品為輔。股權投資應當以財務投資為主，戰略投資為輔。即使是戰略投資，應當是以參股為主，控股為輔，這是我們基本的原則和投資理念。

兩日後，中國保監會開出了有史以來最嚴厲的罰單，針對前海人壽因編制提供虛假資料及違規投資非藍籌股票、辦理T+0結構性存款業務、認購管理人資質不符合監管要求的股權投資基金、未按規定披露基金管理人資質、部分項目公司借款未提供擔保等違規運用保險資金等有關違法案件，對前海人壽處以共計80萬元的罰款，並對時任前海人壽董事長姚振華給予撤銷任職資格及禁入保險業十年的處罰。翌日，中國保監會再開出一張罰單，給予恒大人壽限制股票投資一年的處罰，下調權益類資產投資比例上限至20%，並責令撤換另兩名相關責任人，責令整改有關問題等。這兩張罰單都是頂格處罰，其中前海人壽董事長姚振華被罰"紅牌"出局，為期達十年之久。顯然，這是一次劍指以險資舉牌為代表的多層嵌套、高槓桿配資這種"套路"的殺雞儆猴。保監會的公告明確指出，"近年來，隨着保險市場快速發展，激進投資、集中舉牌、一致行動人併購等跨行業跨領域的新問題新情況開始顯現"。寶能系曾意欲"血洗"萬科管理層，此次處罰雖與萬科無直接關係，但選在萬科 3 月份董事會換屆選舉召開前的時間點下發處罰決定，被認為是在釋放信號。

對此，因萬能險陷入監管漩渦的前海人壽在其官網回應稱，堅決落實保監會的監管要求，堅持"保險姓保"，深入服務實體經濟，做市場的友好投資者和長期投資者，為保險行業健康發展和實體經濟發展做出應有的貢獻。恒大人壽也在第一時間發佈公告表態：公司堅決貫徹落實，認真整改，切實加強內部管理，一定堅持"保險姓保"的發展理念，堅持長期投資、價值投資和穩健投資的基本原則，為保險業的平穩健康發展做出應有貢獻。數日後，前海人壽董事長姚振華宣佈辭去其在兩家保險公司擔任的董事長職務。姚振華因以萬能險的多層嵌套、高槓桿配資"血洗"南玻、舉牌萬科而聲名大噪，然而最終未能審時度勢見好就收而一敗塗地。有評論認為，曾經意氣風發的姚老闆絕對想不到，自己會以一個"失意者"的形象被定格在中國資本史上。

萬科股權爭奪戰，在寶能董事長姚振華被罰後並沒有結束。6 月 9 日，恒大發佈公告稱，已與深圳地鐵簽訂協議，將所持 15.53 億股萬科股票（約佔萬科股份的 14.07%），以每股 18.80 元，全數轉讓給深圳地鐵集團，總轉讓價為 292 億元。交易完成後，深鐵持有萬科股份增加到 29.38%，一舉超過寶能集團的 25.4% 而成為第一大股東。恒大稱：該公司將萬科股權出售而產生的虧損約為 70.7 億元，並表示"出售事項為本公司的戰略發展需要"。有報道說，在恒大與深鐵進行此次交易的數日前，深圳市國資委旗下的深圳投資控股有限公司掛牌出讓五個對政策依賴極強的舊城區改造項目，恒大奪得了其中的四個。而且，恒大正醞釀將總部從廣州遷往深圳，並計劃借殼深深房回歸 A 股市場。

理論上講，萬科爭奪戰本應在 2017 年 3 月結束，因為按照規定，萬科董事會將在 3 月 27 日之前換屆，從而使持續兩年之久的爭奪戰正式落幕。不過，萬科董事會的換屆一直拖至 6 月份，超期服役了三個月。6 月 21 日早晨，萬科終於發佈公告稱，收到剛成為第一大股東不久的深圳地鐵《關於萬科 2016 年度股東大會增加臨時提案的函》，擬提名郁亮、林茂德、肖民、陳賢軍、孫盛典、王文金、張旭為新一屆董事會非獨立董事候選人，提名康典、劉姝威、吳嘉寧、李強為獨立董事候選人。其中，萬科管理層佔三席，分別為總裁郁亮，執行副總裁兼首席風險官王文金、執行副總裁兼首席運營官張旭。第一大股東深圳地鐵佔三席，為董事長林茂德，總經理肖民、財務總監陳賢軍。另有一人為深圳市賽格集團董事長孫盛典，為非執行董事。四名獨立董事候選人分別為新華保險前董事長康典、中央財經大學中國企業研究中心主任劉姝威、畢馬威中國前副主席吳嘉寧、前海金融控股有限公司董事長李強。其結構與現屆董事會相似，只不過原來大股東華潤的三人換成現在大股東深圳地鐵的三人，萬科管理層仍然維持三人不變，只不過是王石換成了張旭，而來勢洶洶的寶能系卻未能在新董事會提議名單上佔有一席之位。對此，提出換屆方案的深圳地鐵集團表示，該方案已經與寶能溝通，寶能"書面發函"表示支持換屆提案。

在當日稍早之前，萬科董事長王石則在微信朋友圈發文宣佈退休："我在醞釀董事會換屆時，已決定不再作為萬科董事被提名。從當初我們放棄股權的那一刻起，萬科就走上了混合所有制道路，成為一個集體的作品，成為我們共同的驕傲。未來，萬科將步入一個嶄新的發展階段。今天，我把接力棒交給郁亮帶領下的團隊，我相信這是最好的時候。他們更年輕，但已充分成熟。我對他們完全放心，也充滿期待。"對於王石在此時選擇退出，社會上不乏讚揚之聲。《第一財經日報》總編輯秦朔表示："他（王石）是萬科的創始人，更是新時期中國現代企業制度和商業文明的重要開拓者。他離開萬科的姿態比他創立萬科的姿態更令人尊敬。"不過，也有評論在質疑，王石的退出究竟是順勢而為還是無奈之舉？

2017 年 6 月 30 日，萬科股東大會如期召開。新一屆董事會候選人提名全部獲得通過。其中，郁亮當選為董事會主席兼公司總裁、首席執行官，林茂德當選為董事會副主席，王文金為執行副總裁、首席風險官，張旭為執行副總裁、首席營運官，孫嘉為執行副總裁、首席財務官。王石不再擔任董事，但為了充分肯定王石對公司不可替代的貢獻，董事會委任王石為董事會名譽主席。據報道，在股東大會上，兩年來深陷股權爭鬥漩渦的王石一改愁雲，神情放鬆，在與股東交流過程中談笑風生，與寶能"血洗"董事會時期判若兩人，就像剛剛吃完紅燒肉一般歡喜。值得一提的是，作為第二大股東的寶能和第三大股東的安邦均未派人出席股東大會，對股東大會不發一聲。至此，萬眾矚目的萬科爭奪戰終於平靜地落下帷幕。

◢ 誰勝誰負？ ◢◢◢

縱觀這場持續兩年之久的萬科爭奪戰，從表面上看，王石及萬科管理團隊經過艱苦努力似乎取得了最終的勝利，擊退或者說成功阻止了"野蠻人"寶能的"入侵"。王石笑到了最後，功成身退，萬科進入接班人郁亮的時代。不過，王石及萬科管理團隊真的贏了嗎？是役，王石作為中國最成功的企業家之一的形象無疑遭到損害和質疑，萬科管理團隊的弱點也暴露無遺。更重要的是，王石走了，交給郁亮的萬科，對管理層而言，是比華潤時代複雜的國資、民資、險資股東並存的局面。從某種意義上說，成就萬科的是管理層文化，這種文化背後是王石一直引以為傲的股權設計結構——"股權分散，中小投資者跟隨，大股東支持"。在郁亮時代，取代華潤的第一大股東深圳地鐵還會像華潤那樣一如既往地支持管理層嗎？除此不確定性之外，郁亮面對的還有缺乏流通的股權結構、寶能的動向，以及整體地產業的疲態。在郁亮的帶領下，萬科如何藉助第一大股東深圳地鐵的潛能更上一層樓，將成為中國地產界和社會大眾關注的一個焦點。

在這場爭奪戰中，一度來勢洶洶的寶能及其掌舵人姚振華似乎成為最大的輸家，在監管部門的干預下，寶能系旗下前海人壽萬能險的新業務被叫停，董事長姚振華被罰撤銷任職資格及禁入保險業十年，作為手握 25.4% 萬科股權的第二大股東卻不能進入董事會。不過，寶能似乎並未全輸，是役寶能一戰成名，姚振華藉此聲名大噪。更重要的是，在萬科爭奪戰中，寶能獲得了超過 200 億元的賬面盈餘，寶能的動向仍然對萬科的發展着重要影響。另外，參與爭奪戰的恒大集團旗下公司也受到監管部門的制裁，恒大將收購股權轉讓給深圳地鐵虧損 70 億元。不過，恒大在是役中也得到它想要的東西。作為原第一大股東的華潤，因為在爭奪戰中進退失據，被迫將股權轉讓給深圳地鐵，似乎也成為一大輸家。不過，華潤在萬科也獲得不菲的利潤。倒是深圳地鐵，意外地成為這場爭奪戰的最大贏家。至此，萬科進入了深鐵＋郁亮的新時代。

這場萬眾矚目的爭奪戰無疑是中國資本市場上最重要的一次收購兼併案例，從中可以深入窺測到中國資本市場的發展現狀，它涉及資本市場法律的完善、監管部門的執法、上市公司的大小股東、管理層的公司治理，以及收購兼併者等等各個方面。這次爭奪戰的一大"亮點"，是獨立董事華生曾多次發聲，對萬寶之爭的最終解決起了推動作用。萬科爭奪戰無疑給人們留下了許多的啟示，其中最重要的可能有兩點：

第一，在中國資本市場日益發達的背景下，股權分散的上市公司將面臨被收購兼併的巨大風險。香港企業併購的歷史證明，凡股權分散、高資產、低市值的上市公司，幾乎無一例外都會受到外界資本的狙擊，萬科爭奪戰似乎又提供了一典型案例。面對"野蠻人"寶能的強勢"入侵"，一直顯得相當強大的萬科管理層表現出空前的軟弱無力，其股權分散的弱點暴露無遺。萬科爭奪戰的發生，再一次提醒所有的上市公司，對管理層而言，不僅要把公司經營好，得到投資者的認可，而且要使公司保持穩定的、可控制的股權結構，才能抵禦住外來的"野蠻人"的挑戰。有評論認為：這次王石的得勝，"靠的不是資本的力量，而是來自權力的庇佑，只是因為他在道德上佔到了上風"。如果再有下次，可能就沒有那麼幸運了。

第二，萬科爭奪戰的發生，充分暴露了中國資本市場的監管漏洞、立法的滯後。中國資本市場的一個要害問題，就是因為市場要素的不發達，其中包括舉牌收購的發展不夠，導致大股東和管理層感受不到來自市場的這種壓力。不過，隨着資本市場的發展，這種情況將發生重大改變。從這個意義上說，萬科爭奪戰其實是對忽視治理結構的公司管理層敲響警鐘，對中國市場明顯利大於弊。在萬科爭奪戰中，合法性與合理性發生了嚴重衝突。有評論指出："寶能資金組織方式並未違反現行法律法規"，只是現行法律法規已經嚴重滯後於中國資本市場的發展。在是次事件中，監管部門剛開始給人的感覺是若即若離，既批評大股東將保險公司當作融資平台，又未及時劃綫執法，直到2016年底才全面逆轉。因此，有關立法、監管機構需要從萬科爭奪戰事件上總結經驗，推動立法進步和執法合規，以契合現階段資本市場發展，"讓上帝的歸上帝，凱撒的歸凱撒"。

34

船王謝幕 中遠收購東方海外

　　2008 年全球金融海嘯以來，國際航運業持續低迷，集裝箱航運業務萎縮
嚴重，觸發了行業內的併購和重組浪潮。其中，董氏家族的東方海外國際處
於風口浪尖。

　　由"世界船王"董浩雲創辦的東方海外，在 20 世紀 80 年代中期曾一度
遭遇財務危機與債務重組，其後在長子董建華的努力下，險渡難關並躋身全
球十大集裝箱航運集團之列。

　　不過，2016 年東方海外錄得虧損，旋即成為全球航運巨頭的窺測對象。
其中，剛完成重組的中資航運巨頭中遠海運從全球戰略佈局出發，鍥而不捨，
終於"抱得美人歸"。

　　面對沉重經營壓力，航運世家董氏家族最終決定賣盤，謝幕退隱。有評
論指出："東方海外賣盤，對董家乃至香港都是一個時代的終結，惟從國際
航運業競爭角度來看，它亦是一個新時代的開端。"

　　誠然，是項收購還需中國內地、香港以及歐美國家或地區的相關部門審
批，時間需要 6-8 個月。未來進展如何、是否最終落實仍有待繼續觀察。

20 世紀 70 年代末 80 年代初，香港躋身"世界船王"的華商有兩人，一位是包玉剛，另一位是董浩雲。其實，董浩雲創辦的航運集團遠比包玉剛的環球航運要早，可追溯到 20 世紀 30 年代。董浩雲原籍浙江定海，自幼就對航運發生濃厚興趣，他在其自述中曾表示："本人自幼即對海洋發生興趣，以船為第二生命。"董浩雲中學畢業後考入當時北方金融鉅子周作民興辦的航運業訓練班，結業後被派往天津航運公司任職，由於他的奮鬥和苦幹，備受公司器重，十年後躍升公司常務董事，30 年代初被先後推選為天津輪船同業公會常務理事、副會長，開始在航運業嶄露頭角。

◢ "世界船王"董浩雲與東方海外 ◣◣◣

30 年代初，日本藉"九一八"事變侵佔東三省，塘沽以北的東北航綫均被日本航商壟斷，而塘沽以南的沿海及長江航綫又被英資的太古輪船公司、藍煙囱公司、鐵行輪船公司及怡和的印華輪船公司所控制，中國民族航運業尚在夾縫中掙扎求存，除官辦的輪船招商局之外，民營的主要有三北輪船、政記輪船及民生實業等公司。1936 年，董浩雲針對當時中國航運業的癥結，提出一份"整理全國航業方案"，提出了抗衡外資航商、發展民族航運事業的策略建議。可惜，未被當時的國民政府接納。

1941 年 3 月，董浩雲籌集 25 萬元資金，在香港註冊成立中國航運信託有限公司。他以外商身份，船隻懸掛英國和巴拿馬國旗作掩護，經營中國沿海及東南亞航運事業。不過，中國航運信託公司創辦不久，就碰上日本偷襲珍珠港，第二次世界大戰全面爆發。戰後，董浩雲看準因二次大戰破壞而造成全球性的船荒之機，於 1946 年 8 月創辦中國航運公司，先後購入"凌雲號""慈雲號""唐山號""昌黎號""天龍號""通平號"等輪船，組成船隊展開沿海及遠洋航行。1949 年中國內地解放前後，董浩雲將中國航運信託公司和復興航業公司的船隊遷往台灣，同年在香港創辦金山輪船國際有限公司，將航運的基地逐漸移到香港。

50-60 年代，香港、台灣、日本等東亞地區經濟蓬勃發展，進出口貿易大增，再加上朝鮮戰爭、中東戰爭及越南戰爭的相繼爆發，刺激了航運業的發展。其時，美、日的龐大船隊已因海員工資大幅上升、工會勢力壯大而削弱了競爭力，以香港為基地的航商卻擁有一支工資低廉而工作效率高的海員隊伍，遂在競爭中逐漸佔據優勢。60年代初，金山輪船公司以低廉價格向美國購入12艘萬噸級勝利型貨輪，稍後又以不航行歐洲綫為條件低價向西德購入一批1.4萬噸的雙柴油機雙軸客貨船，先後投入繁忙的遠東至北美航綫中，董氏家族的船隊迅速擴大。

60年代，當航運業進入巨型油輪時代，董浩雲再次站在前沿。1959年，董浩雲已看到石油航運的輝煌前景，遂向日本佐世堡船廠訂造7萬噸級的油輪"東方巨人號"，這是當時全球十大油輪之一。1966年，董氏航運集團再向日本訂造6艘22.7萬噸級超級油輪，而同年，董氏訂造的11.8萬噸級油輪"東方巨龍號"下水啟航。至此，董氏航運集團已粗具規模，其業務向兩個方面發展，一是以自己的船隊自行經營遠東至北美、西歐的客貨運輸；二是訂造大噸位散裝貨輪和超級油輪以計時租賃的方式租予客商。

60年代末，香港航運開始進入貨櫃運輸時代，董氏航運集團成為最先進入貨櫃紀元的先鋒。1969年，董浩雲以東方海外貨櫃航業公司的名義，開辦全貨櫃船業務，把7艘舊式貨船改裝為貨櫃船，每星期一次航行美國西岸。1973年，董浩雲將東方海外貨櫃航業公司在香港上市，集資1.2億港元用於訂造新船和還債。這就是東方海外實業有限公司的前身。

從70年代中起，董浩雲悉心培育東方海外實業，先後將統一散裝貨船公司、統一貨櫃航業公司和大德公司等注入東方海外實業，令其船隊急增至14艘以上。東方海外實業極注重旗下船隊的質素，不斷以"汰舊建新"的方式保持競爭優勢。1978年度，東方海外實業的盈利達到1.1億港元，比上市初期增長一倍。1980年，東方海外斥巨資收購了英國最大的航運集團富納斯惠實輪船公司。經此一役，東方海外的船隊總噸位從1979年的46萬噸躍升到120萬噸，成為董氏旗下實力最強大的航運公司。

到80年代初，董浩雲躋身世界七大船王之列，集團旗下漆有黃煙囪、標有"梅花"標誌的船隻達125艘，總載重噸位超過1100萬噸，附屬公司包括中國航運信託、金山輪船、東方海外實業等遍佈全球各地，包括香港、台灣、新加坡、日本、英國、美國、加拿大、沙特阿拉伯等地，成為跨國性世界級航運集團。而董浩雲本人則被美國《紐約時報》稱為 "世界最大獨立船東"。

1980 年，董浩雲宣佈退休。同年，他訂購的超巨型油輪 "海上巨人號" 下水，該船載重噸位達 56.3 萬噸，成為全球最大船舶，而董氏本人亦被稱 "海上巨人"。1982 年，董浩雲因病逝世，家族生意由其子董建華、董建成繼承。董浩雲一生熱愛航海事業，他對中國航運業的熱切期望，奇跡般地由他本人實現。董浩雲從事航運亦不忘社會公益，1971 年他曾購入超級油輪 "伊利沙伯皇后號" 並改裝為 "海上學府"，計劃在海上創辦一所大學。"海上學府" 1971 年被焚後，他再購入 "大西洋號"，並易名為 "宇宙學府"。他更創立 "董浩雲獎學金"，供亞洲和南美優秀大學生登輪進修。董浩雲留下的遺言是："地球表面四分之三是海洋，我們應該有雄心征服海洋。" 然而，他沒料到，數年後他創立的海上王國正面臨嚴峻的危機。

▲ 東方海外的財務危機與債務重組 ◀◀◀

東方海外實業的問題主要是對市場前景判斷錯誤，以致在不適當的時機擴充過速。東方海外實業作為董氏集團在香港的上市旗艦，主要業務是經營貨櫃輪船。其最致命的錯誤，是 1980 年 4 月以 12 億港元價格收購英國最大輪船公司之一的富納西斯（Furness Withy）。經此一役，東方海外實業的船隊噸位作三級跳，從1979 年的 46 萬噸急增至 1980 年的 120 萬噸，資產從同期的 26.7 億港元躍升至63 億港元，負債也從 19.7 億港元急增至 50 億港元，資產負債率已躍升至 83%，超過危險警戒綫。東方海外實業收購富納西斯後，原計劃將其改組，不料卻遭到僱員的強烈反對，被迫放棄，令東方海外實業揹上一個沉重的包袱。

後來，東方海外實業仍繼續擴張，先是向大股東董氏家族購入大量資產，包括位於紐約、悉尼及新加坡的物業、保險業務及 8 艘輪船，接着又宣佈以 9 億港元購入 6 艘貨櫃船，以壯大船隊。到 1982 年，東方海外實業的船隊已急增至 368萬噸，比 1980 年再增加兩倍。為了改善資產負債比率，東方海外實業雖然曾三度供股，注入大股東資金，但到 1984 年底，公司的資產負債率仍高企 78%，即只要公司資產減值 22%，其資產淨值便等於零。這時期，東方海外實業的長短期負債已高達 92.4 億港元，由於負債沉重，1984 年度僅利息淨支出就高達 5.61 億港元，是該年度除稅後盈利（未計算非經常收入）的 3.3 倍。

東方海外實業負債經營，顯然寄望於世界航業的復甦，然而，1984 年世界航運業在貨櫃運輸方面的競爭更趨激烈，在貨櫃運輸量龐大的港美太平洋航綫，運輸量雖有所增加，但運費卻因同業競爭激烈而無法調升，而遠東至歐洲航綫的運費更趨下跌，影響了東方海外實業的盈利能力。1985 年，世界航運業陷入空前衰退，東方海外實業的財務危機開始表面化，出現 24.8 億港元的資產負值，已瀕臨破產。當時，整個董氏航運集團已深陷危機之中。董氏集團擴張達最高峰時，旗下的油輪、貨櫃輪、散裝貨輪等共達 150 艘，已居全球第二位。當時，整個集團債務已高達 200 億港元，債權人兩百餘家，遍佈全球五十多個國家。由於債務過多，作為抵押品的船隻因航運業衰退而大幅貶值，董氏航運集團已資不抵債。而當時該集團向日本造船廠訂造的 24 艘新船，更急需現金結賬，於是觸發財務危機。

當時，身為董氏航運集團及東方海外實業主席的董建華，所面對的是全球商業史上第三大宗企業挽救個案，頭兩宗是美國的佳士拿車廠和洛歇飛機廠，所承受壓力之大，不言而喻。董建華是董浩雲長子，1937 年在上海出生，1949 年隨父移居香港，畢業於英國利物浦大學。返港後即加入家族生意，其時董氏家族從事航運事業已達 30 年之久。董建華為完成集團債務重組，曾多次遠赴日本，與以東棉承造為中心的商社、造船廠展開艱苦談判，並與以香港滙豐銀行、美國漢華實業銀行、日本東京銀行和興業銀行為首的兩百餘名債權人展開長達 17 個月的冗長磋商。由於不是透過法律程序強制執行重整方案，重組成功的關鍵是達成共識，兩百多個債權人分別來自五十多個家，有五十多種法律，當時業內人士估計成功的機會不到一成。

談判期間，董建華首先成功說服日本的造船廠接受少量賠償後取消 12 艘新船的訂單，又得中國銀行率先襄助，貸出 2000 萬美元，令其他 11 家債權銀行亦各貸出 2000 萬美元，共籌得 2.4 億美元支付另 12 艘新船款項，令董氏集團獲得喘息之機爭取時間設計重組方案。在最關鍵時刻，董建華又獲得霍英東的協助，答應注資 1.2 億美元，使東方海外得以繼續營運。1987 年 1 月，董建華終於成功與債權人簽訂集團債務重組的協議。

是次債務重組，主要內容是成立一家名為東方海外國際的新公司，以管理董氏集團旗下 31 艘貨櫃船，專責貨櫃運輸業務，由霍英東向該公司注資 1 億美元，取得該公司 35% 股權，而東方海外實業則持有該公司 65% 股權，東方海外實業的債權人則把全部債務轉換為東方海外實業的票據、優先股及新普通股，共持有東方海外實業 67% 股權，其中 52% 股權連同董氏家族持有的 23% 股權則注入一家由董氏家族管理的董氏控股基金中，並指定該基金存在 15 年，以備東方海外實業在取得利潤時向債權人贖回股份，原東方海外實業股東則持有該公司 10% 股權。董氏集團旗下的金山輪船公司亦以類似方式重組，由董氏控股基金持有 100% 股權，管理旗下 34 艘油輪和散裝貨輪。是次重組，令董氏航運集團得以避免被清盤命運，並為該集團在全球航運業市場重建其地位提供了一個機會。

自此，東方海外實業着力整頓資產，不斷出售非核心業務及投資，包括英國富納西斯股權、香港國際貨櫃碼頭 20% 股權，以及多宗以億元計資產，套現 20 餘億港元資金，以改善財務狀況並集中經營貨櫃運輸業務。80 年代後期，世界航運業開始復甦，東方海外實業的盈利能力開始好轉，先後於 1989 年 12 月及 1990 年 3 月向債權人購回票據及部分優先股。1992 年 5 月，東方海外實業在董建華的苦心經營下終於擁有終止債務的實力，於是宣佈再次重組計劃，將東方海外實業的票據、優先股和普通股全部轉換為東方海外國際的票據優先股（亦可換取現金）及普通股，霍英東注入的 1 億美元亦轉換為東方海外國際的可贖回優先股及可換股可贖回優先股。同年 7 月，東方海外國際取代東方海外實業在香港上市，成為董氏集團的上市旗艦。

1993 年，即重組後的第七個年頭，東方海外國際開始錄得較穩定的盈利並首次恢復派息，董氏家族對東方海外的控股權也重新上升到 50% 以上。1994 年，東方海外股價大幅颷升 66.94%，升幅居香港股市十大升幅上市公司的榜首。其時，東方海外的借貸仍約有 38 億港元，但流動投資組合約達 30 億港元，財務狀況已大為改善，業務已重上軌道。其掌舵人董建華，經多年艱苦奮鬥，至此可說是苦盡甘來。

◢ 東方海外國際——最佳收購標的 ◢◢◢

1997 年香港回歸後，董建華出任首任特區行政長官，由其弟董建成接任東方海外國際主席。董建成早年在英國求學，獲得英國利物浦大學理學學士學位。後赴美國留學，獲得麻省理工學院機械工程碩士學位。1986 年因為公司財務重整，回到香港。在董建成的領導下，東方海外國際的業績從 2003 年起大翻身，當年的營業額增長 31.9% 至 32.41 億美元，純利則大增 5.36 倍，達 3.29 億美元，兩者都創了新高。到 2005 年 3 月 3 日，董建華家族持有的東方海外股份市值達到 134.6 億港元。2009 年全球金融海嘯後，東方海外每年都實現了盈利，其航綫擴展到亞洲、歐洲、北美、地中海、印度次大陸、中東及澳新等地，業務規模躋身全球十大班輪的行列之中。

不過，這一時期，全球海運業一直低迷不振。2013 年 10 月，東方海外主席董建成公開表示，自 2008 年以來，航運業界 "失去了五年的機會"，至今市場需求仍未返回 2008 年水平，目前供需仍處於失衡狀態，不知何時才能真正改善。他並指出：航運業前景不明朗，主要是由於美國經濟未見理想，歐洲經濟增幅近乎零。目前已有愈來愈多船停止營運，不過其總體運力仍存在，且不少公司繼續投資於效益較好的船型，相信在市場整體失衡下，業界仍可通過妥善管理尋找平衡點。

海運業的低潮引發行業內的收購兼併和整固浪潮。2016 年，規模超過東方海外的全球第七大航運商韓進破產，韓國碩果僅剩的現代商船處於被收購傳言之中，而日本三大船公司則宣佈整合集運業務，與法國巨頭達飛海運集團合併其集裝箱業務。行業最大的馬士基航運也緊急轉舵，宣佈不再通過造新船而以收購運力的方式實現市場份額增長。同年 12 月，馬士基航運宣佈以 40 億美元收購德國漢堡南美。而法國達飛則以 25 億美元收購新加坡的東方海皇航運。隨着收購兼併的展開，全球海運業的集中度進一步提高。

在全球航運業併購浪潮下，市場開始把併購的目光投向其他排在行業前列的班輪公司。2016 年上半年，東方海外意外地宣佈集團經營虧損 1900 萬美元，歸屬上市公司股東淨虧損為 5670 萬美元。東方海外國際主席董建成表示，2016 年的前六個月全球航運艱難，大環境經濟市場增長疲軟，消費者需求大不如前，貨量難以增長，部分航綫的運價一度跌至無法維持的水平。

從年底起，市場開始盛傳中遠海運將收購東方海外國際，但均被東方海外國際予以否認。2017 年 1 月 13 日，研究機構 Alphaliner 刊發了一篇文章，詳細報道了東方海外國際被收購的傳聞。該文表示："中遠海運集運和長榮海運常被認為是東方海外的潛在買家，儘管這兩家公司都沒有對新一輪併購表示有興趣。東方海外一直被視為是贏家，因其在集運板塊的持續盈利和強大的收益管理。然而，東方海外也沒有倖免於集運市場的低迷，預計 2016 年該公司全年淨虧損，這將是 2009 年以來的第一次年度虧損業績。" 結果引發了投資者對東方海外國際股價的投機，導致東方海外國際在香港證券交易所的股價暴漲，截至 1 月 11 日，東方海外國際股價漲至 38.75 港元，開年十一天上漲就超過 20%。

1 月 16 日，另一家分析機構德路里也提出預測表示：剛剛完成收購東方海皇（NOL）不久的法國達飛，將被視為收購東方海外的首選。德路里表示：在達飛收購東方海皇（NOL）之前，由於類似的規模、國際化的企業文化和協同效應，大多數分析師和投資者一直認為，東方海外國際和東方海皇（NOL）是業內最適合合併的公司。它並指出："在我們看來，收購東方海皇（NOL）後，達飛和東方海外國際的結合會更容易一些。收購東方海外國際還可補充達飛其他業務，不僅進一步擴大遠端貿易，還可增加達飛在亞洲區內航綫的市場份額，以更好地與馬士基航運旗下負責亞洲區域內運輸的穆勒亞洲航運競爭。" 同時，"對東方海外國際的收購可使達飛在香港證券交易所上市，實現其長期以來的上市野心"。

在法國達飛被推測為最有可能的買家後，長榮海運和中遠海運也先後被傳加入了收購東方海外國際的競爭，一樁併購集齊了海洋聯盟（OCEAN Alliance）的四家成員。不過，對這些預測和分析，有關主角均予以否認。1 月 18 日，東方海外國際的亞洲航綫主要競爭對手長榮海運宣佈：報道中關於長榮海運的部分"純屬猜測"，"我們對於揣測性的報道不予回應"。同日，中遠海運發言人也表示，不知悉競購東方海外一事。翌日，東方海外向《21 世紀經濟報道》記者也否認了有關消息，並表示將不回應外界的猜測。

　　不過，有關的回應並不能平息市場的猜疑。5 月 16 日，中遠海運屬下的香港上市公司中遠海運控股股份有限公司（簡稱"中遠海控"）發佈重大事項停牌公告，表示中遠海控接到間接控股股東中遠海運的通知，獲悉中遠海運擬籌劃重大事項，該事項可能會涉及公司，鑒於該事項存在重大不確定性，為保證公平信息披露，維護投資者利益，避免造成公司股價異常波動，決定自 5 月 17 日起停牌。市場的即時反應是中遠海運對東方海外國際的收購可能進入關鍵階段。

　　6 月 20 日，市場再爆出重磅消息，包括《華爾街日報》《勞氏日報》在內等多家國際媒體報道了關於中遠海運計劃收購東方海外的消息。《華爾街日報》引述知情人士消息稱，中遠海運以至少 40 億美元收購東方海外的談判已進入後期，東方海外國際控股股東董氏家族接受出售想法，雙方正在磋商價格，交易最快或於 7 月份達成。

　　《勞氏日報》則報道稱，中遠海運準備在 7 月 1 日收購東方海外，正好是香港回歸 20 周年紀念日。《勞氏日報》表示，從目前來看，此交易是否能達成還要看持有東方海外國際 69% 的董氏家族的意願。鑒於當前公司不斷上漲的股價，以及中遠海運日益增大的胃口，在激烈的市場形勢下，董氏家族可能會走漢堡南美原東家 Oetker 家族的路。不過，就在傳媒消息發出不到一天時間，6 月 21 日，東方海外國際再次發聲，否認報道中有關中遠海運集運準備收購其集運板塊東方海外國際的傳聞。

　　西方傳媒鍥而不捨地追蹤有關收購東方海外的消息，是基於全球航運業重組、整固的大趨勢。近兩年來，全球航運承運商數量不斷銳減，2014 年全球共有 19 家全球航運承運商，到 2016 年已減至 11 家。2017 年 7 月日本郵船、商船三井和川崎汽船共同宣佈成立新公司日本 ONE，至此全球承運商將只剩下 10 家，即 2M 聯盟的 2 家——馬士基航運（含漢堡南美）和地中海航運；OCEAN 聯盟的 4 家——達飛、中遠海運、長榮海運和東方海外；THE 聯盟的 3 家——赫伯羅特、ONE、陽明海運。聯盟之外的獨立承運商僅餘現代商船一家。有分析指出，如果按照一個競爭充分的商業性行業發展規律來看，集運市場全球營運商數量應該在 6-8 家。這個 "6-8 家" 的數字不是隨便定出來的，而是參考大量商業性行業保持穩定狀態的慣例而作出的判斷。由此可見，從 2017 年起，還應該有一輪行業併購浪潮。

有評論認為，在目前全球十大航運承運商中，處境最尷尬的可能是作為第二梯隊的東方海外、陽明海運和現代商船三家。從市場份額看，它們在東西向主幹航綫上缺乏規模經濟性，缺少與第一梯隊公司同場競技的能力。而從平均船舶容量來說，它們又不能適應區域市場上的眾多中小港口。這三家中型公司究竟打算像中遠與中海那樣對等合併，還是像東方海皇那樣被收購，抑或像以星航運那樣轉型為區域性承運商，人們不得而知。但是可以肯定的是，它們中的任何一家公司都不想成為 "韓進第二"。目前，這三家公司都有可能成為被收購的目標候選人，尤其是東方海外國際。德路里公司的一份報告指出，長期以來，東方海外面對嚴峻挑戰而仍然保持驕人的財務業績和豐厚的利潤。這對於任何一家潛在的收購者來說，它都是一個完美的標的。在當前這個 "規模稱王" 的集裝箱運輸市場上，僅佔全球市場份額約 3% 的東方海外國際顯然難以與巨頭們同場競技。

在市場和傳媒的推波助瀾之下，東方海外國際的股價一路飆升，到 2017 年 6 月 22 日早盤結束時，公司股價上升到每股 52.74 港元，比 1 月 11 日的股價再上升了 36%，整個公司市值達到 330 億港元。不少評論指出：從各個方面來看，東方海外都是當之無愧的最佳併購標的。誰能併購東方海外國際，將在全球航運競爭格局中佔有份額優勢。正因為如此，東方海外被視為 "行業中最閃亮的星"。

▲ 船王世家謝幕，中遠海控接盤 ◄◄◄

在東方海外收購傳聞中，風頭最盛的是中資公司中遠海運集團。中遠海運全稱 "中國遠洋海運集團有限公司"（China COSCO Shipping Corporation Limited），於 2016 年 1 月 4 日，根據中國國務院批准，由中國遠洋運輸（集團）公司（簡稱 "中遠集團"）和中國海運集團總公司（簡稱 "中海集團"）重組合併而成，同年 2 月 18 日在上海掛牌成立。該集團屬於中央國資委直接管理的特大型國有企業，主要業務是在內地和全球經營航運、物流、航運金融、裝備製造產業、航運服務產業、社會化產業和互聯網與相關業務等。據該公司公佈的數據，截至 2016 年 12 月 31 日，中遠海運集團經營船隊的綜合運力為 1082 艘，8168 萬載重噸，排名世界第一。其中，集裝箱船隊規模 321 艘，169 萬 TEU，居世界第四；乾散貨自有船隊運力 450 艘，3821 萬載重噸，油氣船隊運力 137 艘，1873 萬載重噸，雜貨特種船隊 174 艘，460 萬載重噸，均居世界第一。

中遠海運的集裝箱運輸業務，主要由旗下的 "中遠海運控股股份有限公司"（簡稱 "中遠海控"）專業經營，運力規模排名世界第四。中遠海控前稱中國遠洋控股股份有限公司，總部設於中國，是中遠海運集團航運主業的海外上市旗艦平台。該公司於 2005 年 6 月 30 日以 H 股在香港掛牌上市，於 2007 年 6 月 26 日以 A 股形式在上海證券交易所上市。公司擁有中遠海運集裝箱運輸有限公司（簡稱 "中遠海運集運"）100% 股權，以及中遠海運港口有限公司約 43.92% 股權。中遠海控以集裝箱航運、碼頭業務為核心，截至 2016 年 6 月底，通過中遠海運集運公司控制自營集裝箱船舶 304 艘，運力達 161 萬標準箱，集裝箱船隊經營規模位居世界第四位。該公司共經營國際、內地航綫 330 條，其中，國際航綫 207 條（含國際支綫），內地航綫 36 條，長江、珠江航綫 87 條，船隊掛靠全球 76 個國家和地區的 242 個港口，通過遍佈全球的行銷和服務網絡，為客戶提供優質的 "門到門" 服務。通過中遠海運港口有限公司經營碼頭業務，在全球 21 個港口經營集裝箱泊位達 123 個，年處理能力達 6575 萬標準箱。

中遠海運透過持股 45.47% 的中遠海控，雄心勃勃，將發展目標定為致力成為 "世界第一梯隊集裝箱運輸和碼頭投資經營服務供應商"。從佈局全球營運的角度看，併購東方海外，顯然成為其爭霸全球的重要部署。而且，中遠海運與東方海外的合作關係已有多年的歷史。2000 年，中遠集團就從東方海外成功購買了集運 IT 系統，在商務信息化上邁出了一大步，雙方藉此建立了良好的合作關係。多年來雙方也在部分航綫上展開過合作。

經過數月的談判，中遠海運的併購行動終於取得重大突破。2017 年 7 月 9 日晚間，東方海外國際與中遠海運旗下的中遠海控、上海港務集團聯合宣佈，中遠海控與上港集團將向東方海外全體股東發出附先決條件的自願性全面現金收購要約，每股作價 78.67 港元，收購價較東方海外星期五（7 月 7 日）收盤價 60 港元，溢價 31%。假設要約獲全數接納且交易完成，中遠海控將持股 90.1%，上港集團將持股 9.9%。而持有東方海外國際 68.7% 股份的控股股東董建華家族已訂立不可撤回的承諾，同意接受此次要約。當晚，中遠海控還就這一收購事項發佈了一份重大資產購買報告書（草案），並稱是次要約收購的對價將以現金支付，以每股 78.67 港元計算，整家公司的總價值為 492.31 億港元，合計人民幣 428.70 億元。

在是次交易中，中遠海控透過境外全資下屬公司 Faulkner Global 與上港 BVI 聯合展開有關收購。Faulkner Global 全稱 "Faulkner Global Holdings Limited"，成立於 2017 年 5 月 8 日，註冊地為英屬處女島（BVI）。上港 BVI 是上港國際港務（集團）股份有限公司所屬離岸全資子公司上港香港全資持有公司，全稱 "Shanghai Port Group（BVI）Development Co., Limited"，成立於 2017 年 6 月 7 日，註冊地為英屬處女島。其中，Faulkner Global 將全數收購控股大股東董氏家族持有的 Fortune Crest Inc. 及 Gala Way Company Inc. 兩家公司。Fortune Crest Inc. 持有東方海外國際 56.04% 股權，Gala Way Company Inc. 持有東方海外國際 12.66% 股權，合共 68.7% 股權。據公佈，Faulkner Global 展開是次要約的收購資金來源為自有資金及自籌資金。根據 Faulkner Global 與中國銀行簽署的主要條款清單，以及中國銀行向 Faulkner Global 出具的確認過橋貸款的承諾函，中國銀行將安排其境外分支機構向 Faulkner Global 提供總金額不超過 65 億美元的銀行過橋貸款；在滿足各項先決條件後，相關方將就該等過橋貸款簽署正式貸款協定。

交易完成後，中遠海運集運和東方海外將繼續以各自的品牌提供貨櫃全球運輸服務，充分發揮自身優勢的同時，挖掘協同效應潛力，共同實現營運效率和競爭力的進一步提升，實現長期可持續增長。兩家公司均為海洋聯盟的成員，並將繼續在該聯盟框架下合作。

董建華長子、現任東方海外國際執行董事董立均則表示："經過多年的辛勤耕耘，東方海外擁有了目前的業務規模和行業地位。能夠實現這一成績，我和與我共同奮鬥的管理層和員工們都倍感自豪。此次公佈的要約是基於發掘公司未來潛力並加強公司長期行業競爭力的慎重考量，我們相信中遠海控是延續公司成功發展的最佳夥伴。"東方海外國際並表示：近年來全球貨櫃航運公司皆面臨嚴峻挑戰，催生行業深度整合浪潮，今次交易是中遠海控和東方海外把握航運業發展大型化、規模化和集約化的機遇，實現可持續發展的共同選擇。

聯合要約方並承諾，在交易後至少兩年內繼續聘用東方海外現有員工並維持現有薪酬及福利體系。除此之外，聯合要約方有意保留東方海外在香港的上市地位，並將東方海外的總部及管理職能繼續留在香港；中遠海控將進一步發揮雙方的全球網絡優勢，為香港的經濟繁榮與國際航運中心的建設發揮作用。受有關消息刺激，東方海外國際股價一度衝高 25% 至 75 港元，創逾六年新高；中遠海控 H 股亦一度漲近 12% 至 4.55 港元的近兩年高位。

不過，這次併購交易並沒有結束，還需完成一系列的審批程序，包括：取得國家發改委對境外投資事項的備案；國務院國資委對本次交易的批准（如需）；通過上海證券交易所對是次交易的《重組報告書》等披露文件的審核；根據中國證監會頒佈的《重組辦法》，是次交易在中遠海控股東大會上獲出席該次股東大會的股東所持表決權的三分之二以上通過；通過國家商務部和歐盟、美國有關機關就是次交易的反壟斷事項的審核；取得 CFIUS 就是次交易的批准；以及其他相關政府部門或相關方的審批、備案或同意。

假如收購交易能夠完成，持有東方海外 68.7% 股權的董建華家族，將獲得 338 億港元收益，約 43.38 億美元，接近稍早傳聞價 40 億美元。至此，在中國航運界縱橫近八十年之久的船王世家董氏家族將宣告謝幕！一代華資船王就此退出江湖！市場對於這次董氏家族"賣盤"背後原因的猜測很多，但無疑，在全球航運低潮下所承受的沉重經營壓力，是其中一個重要原因。2016 年，東方海外國際全年虧損高達 2.192 億美元（約 17 億港元）。集團主席董建成在公司年報公開承認："過去一年業界經歷罕見之艱難市況。在大部分地區增長緩慢而運載力過剩下，多條航綫均遇挑戰。"

不過，這仍不能解釋董氏家族的退隱。對此，《華爾街日報》引述參與交易談判的人士稱，董建華家族之前不想出售東方海外，但中國政府施加"大量壓力"促成交易，最終董建華家族在獲得一個合理的報價後讓步。這一揣測似乎頗有市場。然而，以董建華現在香港的地位以及他與中國的密切關係，即使受到有關方面的壓力，他若堅持不賣盤，中遠海控大概也無可奈何。更可能的是，董氏家族權衡利弊，從國家利益的大局出發，配合國家航運事業國際化的發展戰略，毅然售盤。而收購方中遠海控也沒有虧待他，給了一個高溢價的合理售價。有評論認為："董家為何願意放棄家族經營的祖業？翻看大量資料後，得出的最大的可能性只有一個，有一股更大的力量需要董家犧牲小我，完成大我，而董家在這方面的覺悟在香港都是街知巷聞，這樣的兼併自然水到渠成。但這次的兼併，對董家來說，看似犧牲，實則名利雙收，董家並不一定就此退場。"

◢ 東方海外國際對中遠海控的價值 ◢◢◢

在全球航運低潮中，即使東方海外國際於 2016 年錄得巨額虧損，但中遠海運集團為何仍然堅定不移地要收購該公司，並且交易總規模更是從當初的 40 億美元漲至了 60 億美元左右？對此，中遠海控董事長萬敏的回答是："中遠海控敬重東方海外的管理團隊和專業能力，認同東方海外的品牌和企業文化。中遠海控致力於香港國際航運中心的建設，收購完成後，公司將加大投入，強化行業領導地位，為東方海外的員工提供更廣闊的發展平台。"可以說，併購東方海外國際，對中遠海控而言，具有多方面的價值和意義。

當前，國際集裝箱航運業正在由"高風險、高投入、低回報、強周期"的傳統運營模式，向"規模化、聯盟化、低成本"的模式轉變。在這樣的大潮下，順者昌，逆者亡，剩者為王。中遠海控要在國際集裝箱航運業站穩腳跟，維持競爭優勢，在規模上需要進一步擴張。目前，東方海外國際是全球最具規模的國際綜合集裝箱運輸、物流及碼頭公司之一，在全球超過 58 個國家設有 230 多家分支機構，在全球範圍運營 104 條集裝箱運輸航綫，也是業界應用資訊科技及電子商貿處理整個貨物運輸過程的領先企業。集裝箱運輸方面，截至 2016 年底，東方海外國際經營的船舶共有 96 艘（包括自有經營和租賃經營），總運力達 574318標準箱。根據 Alphaliner 2017 年 6 月份月報的統計資料，該公司在全球運力排名第七位。此外，東方海外國際還有 6 艘 21000 標準箱的新船舶將於 2017-2018 年交付。根據 Alphaliner 的資料，中遠海控併購東方海外國際後，其船隊規模將超越法國達飛輪船，將以 2418975 標準箱的運力位居世界第三位，運力佔市場份額的 11.6%，僅次於丹麥的馬士基和瑞士的地中海航運（MSC），進入全球第一梯隊行列。

在具體業務方面，中遠海運集團董事長許立榮在 "2016 上海航運交易論壇：航運供給側改革" 的演講中曾表示，中遠海運對協力廠商的運輸能力還不夠、份額還很小，所以未來集團要向協力廠商運輸市場開拓，要向新興市場、特別是經濟成長速度比較快的地區進行戰略傾斜、戰略開發。下一步，中遠海運將會在南美市場、非洲市場、中美洲市場、印度市場增加競爭能力。簡單來說，就是加大南北運輸和第三世界國家的運輸，搶佔剩餘地盤。而併購東方海外國際，正好彌補了其南北綫路和東西亞綫路的不足，並使太平洋綫路得到強化。

更重要的是，東方海外國際最有價值的資產，是其技術優勢、穩健的財務運營模式和先進的管理理念。中遠海控的前身之一中遠集運在 2002 年已引入了當時東方海外國際的核心 Iris2 系統，現在還用這套系統，但東方海外國際已經在使用領先兩代的 Iris4 系統，東方海外國際的系統目前在全球範圍內仍廣泛應用於航運領域。併購東方海外國際，可以學習、引進東方海外國際的先進技術和管理模式、管理經驗，使中遠能夠在真正意義上躋身全球第一流的航運企業。對此，世界最大獨立船東塞斯潘（Seaspan）首席執行官王友貴表示，收購東方海外國際是一件雙贏的事，中遠海控將擴大航綫規模，提升經營水平，船隊的運力更加充足，結構更豐富、更合理。

◢◣ 餘音…… ◢◣◢◣

二次大戰以後，香港作為遠東地區的溝通東北亞和東南亞的國際航運樞紐再度崛起，航運業興旺發達。到 20 世紀 70 年代航運業高峰期，香港 "四大船王"，包括包玉剛的環球航運、董浩雲的東方海外、曹文錦的萬邦集團和趙從衍的華光航業，旗下船隊縱橫全球海域，令香港成為全球數一數二的國際航運中心。然而，時移勢易，到 80 年代中期，全球航運業陷入低迷，船王包玉剛實施 "棄舟登陸"

策略，率先將經營重心從航運轉向地產，曹文錦將航運業經營重點移師新加坡。如今，連碩果僅存的董建華家族的東方海外國際也轉手中資公司中遠海控。自此，華商在香港航運界的主導地位將畫上句號。難怪有評論說：“東方海外賣盤，對董家乃至香港都是一個時代的終結。”

不過，舊船王的謝幕，正好是新船王的崛起。作為中資首屈一指的航運集團，中遠海運集團透過其在香港的上市旗艦——中遠海控併購東方海外國際，正雄心勃勃地爭霸國際。人們將拭目以待，以香港為上市平台的中遠海控，是否能夠使開始滑落的香港國際航運中心地位重振雄風？

35

頻繁易手 亞視從輝煌到停播

　　亞洲電視的發展，最早可追溯到 20 世紀 40 年代末 "麗的呼聲" 的創辦，它揭開香港電視史的第一頁，並成為全球第一家華語電視台。

　　亞洲電視在邱德根、林伯欣時代，曾與無綫電視展開一幕幕精彩絕倫的擂台戰，並一度扭虧為盈，這是它的高光時刻。

　　然而，90 年代後期以來，亞洲電視遭遇了頻繁的控股權轉變，這導致了管理層的多次更換、播放素質大幅下降，逐步走向衰敗並最終被迫停播，令人扼腕嘆息！

　　亞洲電視從輝煌走向覆滅的案例，顯示頻繁的股權變更，亦是導致一家公司衰落的重要原因之一。

麗的電視——從英資公司到澳洲財團

1949 年 3 月，英國公司麗的呼聲（Rediffusion）創立“麗的呼聲（香港）有限公司”，計劃在香港開設有綫電視服務，據說為此曾公開徵求電視台的中文譯名，喇沙書院老師黃敬忠以“麗的呼聲”應徵，結果獲得採用。3 月 22 日，香港麗的呼聲（Radio Rediffusion）正式啟播，安裝費為 25 港元，每月收費 9 港元，共設兩個廣播頻道，其中“銀色台”主要以粵語廣播，“藍色台”主要為英語頻道，每天播送 24 小時。麗的呼聲在全盛時期主要播放廣播劇和單人講述的天空小說節目，這些廣播劇傳播到新加坡與吉隆坡當地麗的呼聲播出，極受歡迎。不過，70 年代初期，受到香港商業電台、無綫電視啟播的影響，麗的呼聲自願交還牌照，電台廣播至 1973 年 9 月 30 日午夜後停播。

受到香港麗的呼聲成功的鼓舞，英國麗的呼聲再接再厲，於 1957 年在香港開設電視台——麗的映聲。同年 5 月 29 日，麗的映聲正式啟播，設有麗的一台（中文台）和麗的二台（英文台），揭開了香港電視發展史的第一頁。該電視台仍以收費方式提供服務，向每個用戶收取安裝費 25 港元、租機月費 45 港元和牌照費 36 港元——這對於當時一支汽水僅售幾毫的物價來說，並非人人可負擔。初期，麗的映聲開設的是有綫黑白電視英文台，1963 年增設中文台，以廣東話為主要廣播語言。

不過，麗的映聲的發展並不理想，開辦 5 年虧損總額超過 650 萬港元。1967年，麗的呼聲再投資 1200 萬港元在港島灣仔軍器廠街及軒尼斯道交界處興建麗的電視大廈。當時，香港無綫電視啟播在即，但麗的並未意識到面臨嚴重挑戰，還宣稱無意增加彩色電視節目。1973 年 4 月，麗的決定從收費電視轉為免費電視，公司名稱亦由“麗的映聲”改為“麗的電視”（Rediffusion Television Limited，簡稱 RTV）。可惜，此時離香港無綫電視啟播已過 6 年半，為時已晚。至 1978 年，麗的電視虧損估計已高達 4000 萬港元。

70 年代後期，在無綫電視的強大攻勢下，麗的電視被迫變陣應對。1979 年，麗的電視推出由麥當雄、蕭笙執導的 60 集武俠電視劇《天蠶變》，該劇憑着扣人心弦的情節、紮實的動作設計和徐少強、余安安等主演的精彩演出，贏得萬千觀眾的青睞，首播平均有超過百萬觀眾收看，成功打破與無綫慣性收視差距，迫使無綫腰斬該時段的單元劇，並以當年首席武俠小生鄭少秋夥同趙雅芝、汪明荃等拍製經典武俠劇《楚留香》予以對陣。《天蠶變》更創造了香港電視史上自創武俠劇的先例。

1980 年 9 月，麗的電視推出了集全台精英籌備多時的"千帆並舉展繽紛"攻勢，一口氣推出三套全新的劇集，包括鄉土情濃的《大地恩情之家在珠江》、古裝劇《風塵淚》及青春片《驟雨中的陽光》。其中，36 集的《大地恩情之家在珠江》，以清末民初廣東香山縣圍村生活為背景，描繪出一段濃郁的鄉土情，成功喚起觀眾的家鄉情結。《大地恩情》首周收視即超過四成。其後，該劇的收視一路攀高，把無綫由鄭少秋、李司棋、鄭裕玲等領銜主演的的電視劇《輪流傳》打得落花流水。當時，報刊傳媒紛紛以"十年風水輪流轉"為題大加報道，寓意無綫收視戰敗。無綫痛定思痛，被迫將《輪流傳》腰斬，並拉來鎮台之寶汪明荃與紅極一時的電影小生謝賢合作，推出經典劇集《千王之王》，為無綫挽回頹勢。

同期，麗的電視在另一時段播放的《驟雨中的陽光》，亦受到觀眾歡迎，主演陳秀雯一炮而紅。《驟雨中的陽光》是香港電視史上青春片的開山鼻祖，對後來的青春片影響甚深。麗的再接再厲，再拍攝多部青春劇，包括《青春三重奏》、《IQ 成熟時》、《甜甜廿四味》等，皆獲不俗收視。其中，《甜甜廿四味》是由張國榮與關之琳合作主演的偶像劇；而由鍾保羅、莊靜而、蔡楓華主演的《IQ 成熟時》，則壓倒了同一時段無綫由黃杏秀、李琳琳、劉丹擔綱演出的民國恩仇劇《龍虎雙霸天》，迫使無綫再度腰斬劇集。此外，麗的電視相繼推出由萬梓良擔綱演出的《大內群英》、由黃元申擔綱演出的《少年黃飛鴻》、《大俠霍元甲》、由梁小龍擔綱演出的《陳真》等，均受到市場熱烈追捧。其中，《大俠霍元甲》成為內地改革開放以後引入的首部港產電視劇，曾在內地造成萬人空巷的轟動，該劇主題曲《萬里長城永不倒》一度唱響了大江南北。

可惜，正當麗的電視稍有起色時，麗的電視英國母公司麗的呼聲在加拿大投資洗衣連鎖乾洗店失利，決定收縮東亞地區業務，因而 1981 年 3 月將其所持有的麗的電視 61.2% 股權以 1.2 億港元出售予三個澳洲財團——大衛森、亨利鍾斯和 CRA 有限公司。澳洲財團隨即派四人代表進入董事局，原本麗的母公司的代表減至兩人，連同八名其他財團代表，組成 14 人的新董事局。這是香港電視史上第一次電視股權大轉讓。

澳洲財團接手後，曾躊躇滿志，希望有一番作為。這一時期，麗的電視先後推出《女媧行動》、《大香迷》、《天使危機》等高質素劇集，其中，《IQ 成熟時》的收視率更與無綫電視的《豆芽夢》打成平手。不過，1981 年 6 月，麗的眾多台前幕後精英，如黃錫照、麥當雄、蕭若元、蕭笙、程小東、林滿華、楊澤霖、秦沛、關正傑和李龍基等相繼辭職或過檔無綫，導致麗的電視收視每況愈下，逐漸陷入財務困境。澳洲財團經一年半努力仍未能將電視台的經營扭轉虧損，於是再次敗下陣來。

◢ 邱德根收購──亞洲電視首度盈利 ◣◣◣

1982 年 6 月，遠東集團主席邱德根向麗的電視注資 1 億港元，取得該公司 50% 股權並入主董事局。同年 9 月 24 日，麗的電視正式改名為 "亞洲電視有限公司" （Asia Television Limited，簡稱 ATV）。不過，邱德根主政後，與原有澳洲財團在經營上一直存有分歧，以致公司行政出現混亂。1984 年 1 月，邱德根再斥資 5000 萬港元，向澳洲財團手上購入餘下 50% 股權，從而結束兩財團互相對峙的局面。亞洲電視進入邱德根時代。

邱德根，原籍浙江寧波，與娛樂業頗有淵源，早年曾在上海光明戲院任職，1950 年移居香港後，曾租借荃灣戲院經營電影放映業，至 1954 年已擁有沙田、大埔、粉嶺、元朗、西貢、錦田等 10 多家戲院。1962 年，邱德根購入荔園遊樂場，並斥資興建 "宋城"。60 年代初，電懋老闆陸運濤為抗衡邵氏兄弟，曾計劃與邱氏合作發展電影業，可惜該項合作因陸運濤墮機罹難而夭折。這一時期，邱德根經營的業務已從娛樂業擴展到銀行、地產、酒店、貨倉及製造業。70 年代，邱德根先後將經營地產的遠東集團和經營荔園、宋城，戲院及保齡球場的遠東酒店實業在香港上市，逐漸發展成一家中型的華資財團。邱氏的遠東集團，旗下業務儘管涉及多方面，但重心仍是娛樂業。

邱德根以"慳"字在商界馳名，入主亞視後，即對亞視展開多項改革，包括緊縮資源，減省成本等。當時，有人指責邱德根對亞洲電視"刻薄"，如古裝劇集不論唐宋元明，服飾都是一樣；也有人指當年亞視員工一日只能取用四格廁紙，新年利是則是遠東銀行代用券等等。不過，對此，邱德根曾回應說"應花則花，怎算的孤寒？我是自己慳不是慳別人，你可以問所有人，我不會孤寒，只是應花則花"。邱德根時代的亞視台徽與邱德根旗下的遠東集團標誌一樣，同為"金錢形"。為了對應無綫電視的頻道名稱，1987年亞視分別將中、英文頻道命名為"黃金台"和"鑽石台"，並以"黃金鑽石耀香港，亞洲電視顯光芒"作為宣傳口號。

　　80年代，亞洲電視在邱德根的主政下頗有起色。1983年9月，亞視工程部引進二合一 Betacam 攝錄機，成為第一家應用此先進器材的香港電視台。為配合節目發展，亞視舉辦第一屆藝員訓練班，當年的畢業生中有黃秋生、麥翠嫻等。1984年4月，亞視開辦以重播綜合性節目精彩片斷為主的《大家早晨》節目，其後改為《亞洲早晨》，發展成為具競爭力的電視早晨新聞節目。翌年，亞視獲得《亞洲小姐》的主辦權，打破無綫十多年的選美活動壟斷。此後，《亞洲小姐》便成為亞視一年一度的大型電視節目，也為香港演藝圈培養了不少人才，如黎燕珊、利智、朱慧珊、伍詠薇、葉玉卿、楊恭如、韓君婷、羅霖、陳煒等。1986年，亞視又舉辦《電視先生選舉》（《亞洲先生》前身），開創了"男性選美"之先河。

　　在電視劇方面，亞洲電視先後推出武俠片《再向虎山行》、《四大名捕》、《萍蹤俠影錄》，根據神話故事改編的《八仙過海》，以及歷史劇《武則天》和《秦始皇》等優秀電視劇。其中，《再向虎山行》由徐小明監製，梁小龍、董驃等主演，講述"南滄海"、"北鐵山"兩位大俠明知山有虎，偏向虎山行的俠義故事，該劇在內地首播時曾掀起巨大波瀾，街頭巷尾一度唱響"留步！喂，留步！"（內地人唱為"老包！喂，老包！"）的主題曲。《四大名捕》根據溫瑞安同名武俠小說改編，"曾經讓無數人心神蕩漾，魂牽夢繞，為其中的江湖所陶醉"。《萍蹤俠影錄》根據梁羽生同名武俠小說改編，由劉松仁、米雪主演，被梁羽生認為是最滿意的版本。這一時期，亞視的優秀電視劇被認為是"劇情嚴謹，環環相扣"人物塑造個性鮮明，因而收視率節節上升。這期間，亞視又在晚間夜深時段播放成人節目《活色生香》，亦贏得不少收視率。

1985 年，亞洲電視首次轉虧為盈。同年，邱氏放棄收取債券利息，亞視開始獲利 1229 萬港元。1986 年度和 1987 年度，亞視再獲利 664 萬港元和 710 萬港元。可惜，正當亞視漸有起色之際，邱德根接連遭受打擊，1988 年長子邱達成因醉酒駕車撞死警員，被判入獄。此事令邱德根的雄心壯志受挫，加上亞視雖有盈利，但仍無法與無綫電視抗衡，灰心之餘遂將亞視三分之二股權分售予林百欣家族和鄭裕彤家族。1989 年 2 月，邱德根因涉嫌作假賬而被拘捕，最後法庭宣判接納邱氏患老人癡呆症理由而中止起訴，此事導致邱氏將剩餘三分之一亞視股權亦售予林、鄭兩家，結束長達 7 年的苦心經營。

▲ 林百欣時代——亞洲電視再創輝煌 ◢◢◢

1988 年 6 月，林百欣家族旗下的麗新集團與鄭裕彤家族旗下的新世界集團，聯同邱德根家族，合組新公司 "Thomond Investment Limited"，向遠東集團全面收購亞洲電視，作價 6.13 億港元（其中，林百欣家族和新世界財團的投資 4.087 億港元），三方各持三分之一股權，邱德根則留任亞視董事局主席。是項收購意味着林氏家族和新世界已購入亞洲電視三分之二股權，邱氏家族所持股權則被攤薄至餘下三分之一。1989 年 1 月，麗新集團及新世界再以 2.375 億港元收購邱德根手上餘下的 33.25% 股權，由兩者平分。至此，邱德根結束在亞洲電視長達 6 年半的經營。1994 年，林百欣進一步購入股權，令旗下麗新集團持有的亞視股權達到 67.5%，成為絕對控股股東，亞視進入林百欣時代。

1989 年，是亞洲電視史上一個重要年份。林百欣、鄭裕彤入主亞視後，隨即對亞視展開大刀闊斧的改革，包括啟用由藍、綠、紅三色絲帶組成的新台徽，將中英文頻道分別改名為 "本港台" 和 "國際台"，在節目編排方面亦力求創新。同時，大撒金錢，展開有史以來最大規模的挖角潮，首先挖走無綫的幕後重臣周梁淑怡、汪岐及金牌監製招振強、韋家輝、戚其義等，又以高薪聘請無綫台柱沈殿霞、曾志偉、盧海鵬、林建明等，以及一綫藝人李香琴、黃日華、鄭少秋、吳啟華、任達華、鄧萃雯、曾華倩、陳玉蓮、戚美珍、陳庭威等，打散無綫長壽綜藝節目《歡樂今宵》的傳統班底。

在此基礎上，亞視先後製作了一批經典電視劇，包括《還看今朝》、《勝者為王》系列、《銀狐》、《我和春天有個約會》、《殭屍道長》、《戲王之王》、《司機大佬》、《馬場風雲》、《槍神》、《龍在江湖》，以及武俠劇《雪花神劍》、《劍嘯江湖》、《精武門》等等。其中，《還看今朝》匯聚了大批從無綫跳槽亞視的藝人，包括黃日華、任達華、吳啟華、戚美珍等，獲得良好口碑。《勝者為王》由陳庭威等主演，該劇以嚴謹手法處理人物性格，透過兩位出身迥異的年青人的傳奇經歷，揭露賭壇的恩怨鬥爭及展示在賭場浮沉打滾的眾生相，首播時最高曾創下 21 點的收視率，在海外市場的出租率也創下全年最高峰。《銀狐》亦幾乎出動了當時亞視最熱門的人物，包括黃日華、曾華倩、伍詠薇、張家輝、呂頌賢、劉錦玲、江華、鮑起靜等，該劇描述了幾個曾在社會最底層打拼的人物，經過種種磨難，最後登上社會高峰的故事。其中，主演黃日華將段紹祥這個亦正亦邪的角色演繹得淋漓盡致。有評論認為：該劇“情節非常緊湊，故事情節豐滿，人物命運跌宕起伏，一環扣一環，非常精彩”。《銀狐》為亞視 1993 年台慶劇集，被不少觀眾視為亞視可與無綫的《大時代》相提並論的電視劇。另外，1995 年播出的《精武門》，被視為亞視《大俠霍元甲》、《陳真》等民國武俠題材的延續，由甄子丹、萬綺雯、尹天照主演，被稱為“武打場面最為頻繁和激烈的一部港劇”。

在綜藝節目方面，亞視推出成人訪談節目《今夜不設防》，由黃霑、倪匡、蔡瀾三大名嘴聯手主持，邀請演藝圈多位明星，包括林青霞、成龍、周潤發、張國榮、王祖賢、張曼玉、周星馳、梅艷芳、邱淑貞、關之琳、葉子楣等為嘉賓。在節目中，各位明星卸下平日的謹慎，放下身段，與主持人喝酒抽煙，開懷暢談娛樂圈趣事，一時間吸引了不少眼球。《今夜不設防》被評論為“華語綜藝成人性的一個極限”、“一檔既空前，也絕後的華語綜藝”。

1993 年，台灣華視推出《包青天》電視劇，一經播出即引發收視狂潮，壓倒無綫、亞視兩台的收視。1994 年，無綫和亞視同時購入台灣版《包青天》，兩台同期熱播，出現惡性競爭。1995 年，無綫重金聘請影視巨星狄龍、黃日華等，配備豪華陣容，重新拍攝了一部長達 80 集的《包青天》。亞視則請出包拯專業戶金超群，以及范鴻軒、呂良偉等，再拍一部長達 160 集的《新包青天》，兩台對打前後持續兩年之久，形成香港電視史上有名的"雙包案"。

這一時期，亞視與無綫在電視劇以外的其他領域也展開激烈競爭。在體育資訊領域，亞視在"1990 年世界杯足球賽"轉播方面，以清談搞笑開派對的方式開播，大勝無綫的"專業"體育報道，贏得了收視率和聲勢，連從加拿大返港的著名體育主持人何守信也不能壓陣，迫使無綫中途變陣，將世界杯足球賽轉播幾乎變為"歡樂今宵"。在娛樂資訊領域，亞視和無綫分別推出《香港奇案》和《猛料茶館》，《香港奇案》大量採用十大奇案式的懸疑揭秘，包括家庭衝突、血腥仇殺等，而《猛料茶館》則充滿"歡樂今宵"式的輕鬆笑料。在時事特寫節目領域，亞視於 1994 年第 2 季度推出《今日睇真 D》，經過半年多的努力，成為亞視收視率最高的節目。《今日睇真 D》的強勁勢頭，迫使無綫多次變陣，於當年 10 月推出同類的《城市追擊》。

不過，亞洲電視儘管在節目上出現不少突破，但仍未可徹底扭轉收視率的頹勢。期間，鄭裕彤家族減持股份，而林百欣家族則專注於控制成本，減少虧損。1998 年，亞視董事局主席林百欣在台灣牽涉一宗賄賂案被扣留，同年 7 月，林百欣次子林建岳將所持亞視 51% 的股權，出售予從越秀集團出身的商人封小平與鳳凰衛視董事長劉長樂等人。至此，林百欣時代正式結束，無綫與亞視的第一次正面擂台戰，亦偃旗息鼓。

◢◢ 控股權頻繁易手──亞洲電視逐步走向衰敗 ◣◣◣

香港回歸後，亞洲電視股權出現多次重大變動。1998 年，商人封小平與鳳凰衛視董事長劉長樂合組"龍維有限公司"，與黃保欣旗下的"聯旺有限公司"聯手，以約 7 億港元代價，收購亞洲電視 51% 的股權，入主亞洲電視，由黃保欣出任亞視董事局主席，吳征、封小平等相繼出任行政總裁。吳征、封小平等入主後，對亞洲電視進行大刀闊斧的改革，包括裁員、引入多個新的節目製作系統、大幅改版新聞報道等。

1998 年，亞視推出科幻特技電視劇集《我和殭屍有個約會》，該劇由尹天照、萬綺雯、陳啟泰、楊恭如主演，憑藉香港電視圈前所未有的漫畫風格和天師殭屍的宿命情緣，賺盡口碑，被觀眾評為年度最驚喜電視劇，並掀起科幻電視劇的熱潮。當時，尹天照和萬綺雯的殭屍天師形象深入人心，甚至被某周刊票選為最受歡迎的電視情侶。1999 年 6 月，亞視從內地引進兩部風靡內地的電視劇——由台灣知名作家瓊瑤小說改編的《還珠格格》，以及由內地作家二月河同名小說改編的《雍正王朝》，結果兩劇雙雙報捷。尤其是《還珠格格》，在播出後掀起追捧狂潮，收視率節節攀升。《還珠格格》主演之一的趙薇在香港紅翻了天，推動該劇衝向 30 點的最高峰，創造了亞視劇集最高收視紀錄。根據尼爾森收視資料，無綫黃金時段收視全面大敗，亞視以平均 3 個百分點的收視超過無綫，這在無綫的歷史上尚屬首次。當年香港《明報》曾評論說："這可與哈雷彗星相比。"不過，《還珠格格》一役開啟了亞視日後狂買外購劇的慣性，促使亞視減少了自製劇的產量，為後來的沒落埋下伏筆。

1999 年 3 月，亞視還與中國星旗下的香港永盛音像企業合作，製作豪門家族恩怨情仇類電視劇《縱橫四海》，由名導演王晶執導，由譚耀文、陶大宇、葉德嫻、周海媚、鮑起靜、楊恭如等知名藝人主演，陣容鼎盛，製作宏偉，情節緊湊，人物個性鮮明。該劇開播後氣勢如虹，至大結局時錄得平均 23 點的收視率，最高收視 25 點，擊敗了同期無綫播出的《先生貴姓》和《刑事偵緝檔案 IV》等。2000 年，亞視先後推出以選美為題材的《美麗傳說》，以及《影城大亨》、《世紀之戰》等電視劇。其中，《影城大亨》以邵逸夫為原型，勾勒了香港整個電影電視發展史。

1998 年 9 月，亞洲電視推出紀錄片《尋找他鄉的故事》，走訪全球不同角落，介紹當地華人生活，加上金庸的題筆、喜多郎的點題音樂和鍾景輝的旁述，深入民心，節目連續 6 年奪得香港電視欣賞指數首位。2001 年 4 月，亞視從英國引入益智節目《百萬富翁》版權，自行製作香港版本，由陳啟泰主持，每次送出最高 100 萬港元獎金，一時大受歡迎，收視率最高達 39 點。為了應對，無綫緊急推出由鄭裕玲主持的同類益智遊戲節目《一筆 OUT 消》，以化解對方的攻勢。這是亞視對無綫的最後一次擂台大戰。該年度，亞洲電視取得 4600 萬港元盈利，成為亞視少有的獲利年度之一。

不過，2002 年，亞洲電視股權再次出現變動。當年 6 月，鳳凰衛視董事長劉長樂與長江製衣主席陳永棋聯手，透過全資擁有的 VMH 公司（Vital Media Holdings Ltd.），以股份加現金的形式全面收購龍維有限公司的股權。交易前，林百欣為首的麗新集團持有亞視約 33％股權，陳永棋為首公司佔 16.25%，龍維持有 46%，封小平透過龍維持有 24.12% 股權。交易後，封小平將其所持龍維股權全部出售，退出亞洲電視，VMH 成為亞視的最大股東。亞洲電視管理層亦出現變動，陳永棋取代封小平出任亞視行政總裁，鳳凰衛視原執行副總裁余統浩則出任亞視營運總裁。

同年 7 月 9 日，李嘉誠旗下的 Tom.com 與林百欣名下的麗新發展簽訂諒解備忘錄，宣佈通過其全資子公司 Tom.com HK 收購亞洲電視有限公司 32.75% 股權，同時通過子公司 Tom.com BVI 收購豐德麗持有的 HKATV.COM 50% 股權。收購採用換股的方式：Tom.com 向麗新發行 8720 萬股新股，每股作價 3.33 港元，總金額 2.9 億港元；向豐德麗發行 1280 萬股新股，每股作價 5.51 港元，總金額約 7000 萬港元。即 Tom.com 付出總共 3.6 億港元代價成為亞視的第二大股東。諒解備忘錄簽署之後，香港輿論一片嘩然，"TOM 揀了個大便宜"之類的說法甚囂塵上，一時成為業界焦點。

不過，到 8 月 19 日，事態急轉直下，Tom.com 發表聲明，宣佈終止收購亞洲電視股權計劃。Tom.com 首席執行官王兟表示，終止向麗新發展及豐德麗收購亞洲電視股權，是基於審慎的投資態度，這次純屬商業決定，除了因為價錢不合之外，也因為 Tom.com 未能全面審查亞視的財務狀況。至於詳情，他拒絕進一步透露。稍後，亞視總裁陳永棋宣佈以其私人控股的公司，動用 3.6 億港元，收購林百欣家族旗下麗新發展擁有的 32.72% 亞視股權。交易完成後，陳永棋持有亞視股權增加到 52.08%，超過劉長樂持有的 42.92%，成為亞視單一最大股東。不過，陳永棋主政期間，亞洲電視仍然未能扭虧為盈。

到 2007 年，亞洲電視股權再次出現變動，這次是由已故華商查濟民之子查懋聲旗下的名力集團牽頭，聯同荷蘭銀行集團合組財團，購入亞洲電視 47.58% 股權；查懋聲與其兄弟共同擁有的泛泰集團另持有 10.75% 股權，合共持有亞洲電視 58.33% 股權，成為最大股東。另外，國務院直屬企業中信集團以其附屬公司僑光集團入股 14.81%。原來的大股東陳永棋及劉長樂則減持股權至 26.85%。交易完成後，查懋聲出任亞洲電視董事局主席，陳永棋改任副主席。

查懋聲入主亞洲電視後，一度雄心勃勃，他為公司注入 10 億港元資金，招兵買馬，準備大展拳腳。據說，當時亞視計劃對無綫展開大規模的挖角，包括歐陽震華、羅嘉良、張家輝、宣萱、郭可盈、陳慧珊、蔡少芬等台前一綫，以及何麗全、曾醒明、汪岐、鄺業生等幕後重臣，不過，最終還是因為因財力不濟而作罷。同時，亞視將電視總部遷入位於大埔工業村的亞視新電視綜合大樓，更換台徽（台徽形狀為英文字母小寫 "a" 變體加大寫 "TV"——aTV），進行全新的節目改版，並計劃籌備上市事宜。

2008 年 12 月，亞視宣佈委任資深電訊業高管張永霖為執行主席，王維基為行政總裁。兩人上任後，宣稱要將亞視改革成新媒體，將電視電訊融為一體，不再重複傳統拍劇運作，主攻中高檔路綫刺激收視。由於兩人過往從商作風剽悍，其中王維基更有 "電訊魔童" 之稱，坊間普遍預期亞視將要進行相當徹底的企業內部改革。不過，在短短 12 天後，雄心勃勃的王維基突然宣佈辭職，有關改革亦不了了之。在陳永棋和查懋聲時代，亞洲電視每況愈下。知名電視人蕭若元曾作這樣的評論："（亞洲電視）在陳永棋時代還有戲拍，到了 2007-2008 年的查懋聲、費道宜時代便不拍劇集，不拍戲，什麼都不做"。

2009 年 1 月，台灣旺旺集團創辦人蔡衍明受查懋聲邀請，入股亞視。2010 年 1 月，查懋聲突然宣稱，自己年事已高，加上健康原因，希望能為亞視找到新的 "歸宿"。他並坦誠，接手亞視三年來，公司一直沒有賺錢。同年 4 月，查懋聲表示已與內地富商王征簽訂亞洲電視股權轉讓合約。不過，由於在操作過程引起亞視另一股東蔡衍明不滿，結果演變成持續的股權糾紛。蔡衍明就事件在香港召開記者會，以台語怒批查懋聲是 "吃人夠夠"，"欺人太甚"。他並出聲明指查懋聲為退出亞視 "一物兩賣"，即先於 2009 年就股份轉讓與自己簽署意向書，但 2010 年則與王征簽訂買賣合約。據說，王征本姓盛，祖上為清朝巨賈，是清朝著名實業家盛宣懷堂弟的曾孫，時任香港懋輝發展有限公司董事長、北京榮豐房地產開發有限公司董事長、重慶吉聯房地產開發有限公司董事長等多種身份。

當時，王征雄心勃勃地表示，將在 20 年內投資 20 億港元，將亞視打造成“亞洲的 CNN，成為香港的良心電視台”。半年後，王征通過其香港遠房親戚黃炳均購入亞視 52.4% 股權，成為第一大股東，並以“義工”身份“協助”亞視。其後，他在一個亞視活動中，以主持人身份引《還珠格格》主題歌詞，“感謝天感謝地，感謝命運讓我們相遇”，來形容自己和亞視的關係。不過，王征入主亞視後，其一系列活動受到質疑。2012 年 11 月，王征帶領一眾員工到香港特區政府總部舉辦“關注香港未來”活動，並於亞視直播，以維護亞視的牌照，反對政府增發免費牌照給予其他公司。2013 年，香港廣管局調查後裁定，王征干預亞視運作，違反牌照條件，對亞視罰款 100 萬港元。

這一時期，由於頻繁的股權轉變，亞視管理層極不穩定，導致亞洲電視的節目質素逐步下降，自製劇大幅減少，人才大量流失，加上受到“慣性收視”等其他各種不利因素影響，亞視開始陷入困境。當時，就有學者評論說：“亞視放棄自製節目，等於將監管節目素質的權力拱手讓人，結果得不償失，處於被動、挨打的弱台位置。”2011 年 7 月 6 日，亞洲電視在未有得到中華人民共和國官方證實的情況下，於當日報道前中共總書記江澤民逝世的消息，引起軒然大波。新華社其後作出澄清否認，事件使亞視新聞部公信力嚴重受損，高級副總裁梁家榮辭職。

2012 年，亞洲電視虧損 3.4 億港元，2013 年擴大至 3.78 億港元。其後，亞視因資金緊絀而拖欠員工薪酬，節目播映受到影響，甚至取消播出新聞節目《亞洲早晨》、《新聞簡報》、《普通話新聞》等，在香港影視傳媒領域引發轟動反應。為了節省開支，亞視甚至不惜出售《洪熙官》、《精武門》、《我和殭屍有個約會》系列等經典自製劇集給對手無綫。管理、營運策略的失誤，加上一些負面新聞，導致亞視流失了很多廣告商，在節目收視方面也陷入低迷，個別節目甚至近乎是零收視。

◢ 亞洲電視遭遇停播厄運 ◣◣◣

2011 年 10 月 12 日，蔡衍明旗下公司 Norwares Overseas Inc. 入稟香港高等法院，申請亞洲電視清盤，原因是 2009 年蔡衍明曾向亞視付款 2300 萬港元，惟亞視卻未有向他發行可換股債券。其後，亞視將 2300 港元可換股債券歸還予蔡衍明，香港高等法院亦正式撤銷蔡衍明對亞視清盤的申請。

面對亞視的種種困難，從 2014 年起，王征意興闌珊，停止投資，2015 年更公開表示已對亞視完成 "歷史任務"，不會再注資。這一時期，王征開始尋找接盤人，但是始終沒有出現願意出資拯救亞視的個人或公司。據媒體報道，王征曾開價 17 億港元出售其股份，包括亞視欠他近 11 億港元的債務以及股份作價 6 億港元。如果要接手亞視，除了要償付這部分資金之外，還需再投入巨資更新設備，以及打造新節目。市場預計，總投資或需以幾十億港元計。有傳聞稱，包括娛樂大亨楊受成、澳門新賭王呂志和、香港電視老闆王維基等，都曾對亞視股份表示出興趣，但接觸之後，都打了退堂鼓。

2014 年 12 月 8 日，亞視股東蔡衍明向法院要求委任獨立監管人進入亞視董事局，重組公司結構，法官裁定蔡衍明勝訴，高等法院並頒令委任德勤的黎嘉恩和何熹達擔任亞洲電視經理人。由於亞洲電視的本地免費電視節目服務牌照於 2015 年 11 月 30 日屆滿，2015 年 4 月 1 日，香港特區政府行政會議召開特別會議商討亞洲電視續牌事宜，決定不續牌予亞視；同時宣佈向李澤楷旗下的電訊盈科附屬公司——香港電視娛樂有限公司發放 12 年免費電視牌照，在未來兩年內提供粵語及英語電視頻道服務。

2016 年 4 月 1 日子夜，亞洲電視免費電視牌照最終到期，亞視結束其 58 年又 308 天的營運。當晚，不少香港民眾、媒體聚集在亞視電視台門口。晚上 11 點，亞視的本港台正在重播最後一個節目——亞姐特輯《Miss Asia 25th 瑰麗巡迴》法國站時，於 11 時 59 分突然停播熄機，電視畫面迅即變藍色，之後雪花一片，終止播放。亞視在最後一刻的平均收視為 6.6 點，即有 43 萬人次收看。

4 月 2 日凌晨亞視廣播結束後，公關及宣傳科高級經理黃守東最後一次以亞視發言人身份會見傳媒，他感謝觀眾 59 年來的支持，感謝歷年來台前幕後所有亞視員工的努力，又讚揚所有"亞視人"都是最優秀的傳媒工作者及電視從業員。他並希望亞視以衛星廣播及網絡電視繼續廣播，最後引用亞視經典電視劇《天蠶變》主題曲歌詞"經得起波濤，更感自傲"，勉勵亞視及員工勇敢向前。黃守東發言後向傳媒及公眾鞠躬致謝，掩面流淚，步回亞視大樓，成為亞視最後的經典一幕。

對於亞視的停播，資深藝人鮑起靜曾激動地說："當時王征入主亞視，我還以為他會帶給亞視新開始，但怎料到他用了5年時間，搞垮一個50多年歷史的電視台。"香港著名評論人查小欣認為："亞視的興衰起落是傳媒工作者的最佳反面教材。亞視雖有經營超過半世紀的本錢，而王征入主5年就有本領將亞視送入墳墓，可見做傳媒完全沒有吃老本這回事。""亞視的死因不單是多個節目錄得零或一點收視率，令觀眾完全失望，還屢犯廣播條例，誤報新聞，濫用新聞自由，削弱亞視新聞公信力，破壞企業形象，更多次拖欠員工薪金……最可憐的是600多位亞視職員藝人，未知何去何從。"

不過，亞洲電視的故事似乎並未最後結束。2016年5月3日，由內地商人司榮彬旗下的上市公司協盛協豐控股有限公司的附屬公司星鉑企業有限公司（Star Platinum Enterprises Limited）與主要債權人王征及其名下公司簽署協議，購入王的股權與債項，星鉑企業成為亞視唯一的投資者及主要債權人之一，持有亞視超過52%股權。2017年4月24日，香港高等法院正式批准解除德勤的亞視臨時清盤人職務，亞視轉由星鉑企業接管。2018年1月19日，重組後的亞洲電視改名為"亞洲電視數碼媒體有限公司"，並正式啟播，與香港寬頻（HKBN）攜手合作，透過以流動應用程式及OTT平台廣播節目。

36

"最佳交易" 越秀收購創興銀行

90 年代後期以來，香港先後遭受兩次金融危機的嚴重衝擊，銀行業的經營環境發生深刻變化，一批本地中小型銀行和證券公司先後易手。

其時，苦心經營創興銀行數十載的大股東廖氏家族，因種種內外部原因，亦有意"賣盤"，為此着手推行"市場化"策略，包括將銀行改名、實行專業化管理等。

在此背景下，雄心勃勃的中資公司越秀集團當機立斷，籌組收購團隊，展開遊說工作，巧妙突破收購面對的三大政策性難題，終於"一箭定江山"。

是次收購，無論對越秀集團，還是創興銀行，都是一次"華麗轉身"。因而，它被譽為"最佳金融機構交易"。

金融海嘯爆發後創興銀行的"市場化"策略

創興銀行創辦於 1948 年，當時稱為"廖創興儲蓄銀行"，創辦人為潮汕籍商人廖寶珊。銀行名稱冠以"廖"姓，凸顯出鮮明的家族色彩；"創興"之名表示銀行創辦旨在協助香港市民"創業興家"。廖創興銀行創辦初期，推出了眾多創新措施，如率先面向新興中小企業和普通大眾，推出了 10 港元開戶等措施，以高息吸引客戶，延長銀行開業時間，加強對外宣傳等等。50 年代後期，廖創興銀行發展迅速，成為當時在香港銀行界一家獨具特色的華資銀行，在香港銀行業市場有口皆碑，特別是在香港的潮汕社會具有極高的知名度。

不過，60 年代初期，廖創興銀行遭遇銀行擠提風潮，導致創辦人廖寶珊病逝，家族生意由第二代廖烈文、廖烈智承傳。在廖氏兄弟的帶領下，廖創興銀行奉行"服務工商，審慎經營"的方針，引入日本三菱銀行作為戰略合作夥伴，成為 80 年代香港銀行危機中少數沒有受到嚴重衝擊的華資銀行之一。到 90 年代初中期，廖創興銀行已發展成為一家初具規模的本地華資銀行集團，成為香港本地註冊銀行的中堅力量。1994 年，廖創興銀行成功在香港聯交所掛牌上市。上市後，廖創興銀行利用所籌集的資金，積極拓展銀行的分行網絡，更新銀行科技設備等，推動銀行業務的發展。

回歸以後，由於先後遭遇 1997 年亞洲金融危機和 2008 年全球金融海嘯的兩次嚴重衝擊，香港銀行業的經營環境發生了深刻變化，中小銀行的經營環境日趨困難。與此同時，隨着人民幣國際化進程和中國企業"走出去"的步伐加快，香港作為中國內地與國際市場跨境交易的平台的角色日益凸顯，這進一步推動中國內地金融機構以香港為平台拓展海外市場。在這種宏觀背景下，香港銀行業的併購風潮再度掀起，有關收購、兼併的個案此起彼伏，期間被併購的香港銀行，包括廣安銀行、友聯銀行、第一太平銀行、華人銀行、道亨銀行、浙江第一銀行、港基國際銀行、亞洲商業銀行、永隆銀行、永亨銀行等一眾華資銀行。

這一時期，廖創興銀行的經營困難開始浮現。2007-2013 年，創興銀行的客戶存款從 603.27 億港元增長到 711.65 億港元，年均增長率僅為 3.0%，遠低於 1993-1997 年期間的 21.9%，及 1997-2007 年期間的 9.3%；同期，銀行貸款總額從 315.87 億港元增長到 451.20 億港元，年均增長率為 7.1%，亦遠低於 1993-1997 年期間的 25.6%；銀行總資產從 690.52 億港元增加到 851.88 億港元，年均增長率為 3.9%，遠低於 1993-1997 年期間的 18.7% 及 1997-2007 年期間的 8.0%。其間，股東應佔溢利在 2008 年大幅下跌 87.9%，直至 2011 年以後才逐步回升到 5 億港元以上水平。可以說，廖創興銀行經歷了上市以來最困難的時期。

為了應對經營環境的轉變，廖創興銀行接連採取了一連串更加貼近市場的"市場化"經營策略，包括銀行改名、搬遷總行並改變包裝、積極開拓大型屋邨分行、實施專業化管理等等。2006 年 11 月 29 日，廖創興銀行召開特別股東大會，一致通過決議，將銀行名稱改為"創興銀行有限公司"（Chong Hing Bank Limited），即刪除銀行原有的"廖"字，淡化銀行的家族色彩。創興銀行表示：改名主要有兩個方面的考慮：其一，是為了銀行塑造新形象，注入新元素，讓銀行更趨年輕化，有利吸納更多年輕一代，令客戶更趨多元化。其二，2004 年 CEPA 實施，使香港金融機構更容易打開內地市場，新銀行名稱可幫助開拓內地經營，促進業務多元化發展。不過，當時市場揣測銀行名稱去"廖"，是為了減輕家族色彩方便日後出售銀行股權。

廖創興銀行改名後，適逢銀行總部大樓建成，於是決定在啟用新銀行總部大樓的同時，改變銀行"包裝"，包括更換職員服裝、銀行擺設、門面裝潢等，藉以打造一個清新、活潑、專業、現代及前衛的形象。與此同時，創興銀行加快分行網絡的發展，相繼在九龍特別是新界的大型屋邨開設分行。到 2013 年底，創興銀行在香港各區開設的分行數目達到 51 間。此外，在中國內地開設了 1 間，即汕頭分行，以及兩間代表處，即上海代表處和廣州代表處，並在澳門和美國加州三藩市各開設 1 間分行，形成了一個較為完整的銀行網絡。

這一時期，香港銀行業專業化管理趨勢日益凸顯。為了適應形勢的發展，創興銀行還積極推動董事會和管理層的調整，並先後引進多名外資銀行高層專業管理人士。2009 年 11 月，創興銀行宣佈董事會及高層人士的改組，年屆 79 歲的廖烈文宣佈退休，不再出任銀行主席兼行政總裁，董事總經理兼行政總裁一職由其弟、年屆 65 歲的廖烈智接任。2012 年 11 月，創興銀行再公佈連串董事會及高層成員變動，其中最矚目的，是擔任行政總裁的廖烈智宣佈退任，其職位由 51 歲的常務董事兼副行政總裁劉惠民出任。劉惠民於 1988 年加入創興銀行，出任總稽核師，於 2001 年獲委任為銀行董事，2007 年出任銀行副行政總裁。這是創興銀行創辦以來，首位由非廖氏家族人士出任銀行行政總裁職務。銀行並增設兩位副行政總裁，包括於時任銀行常務董事的曾昭永和王克嘉。至此，廖氏家族大股東基本淡出銀行管理層。

對於創興銀行推行的一系列"市場化"策略，市場的解讀是大股東正為"賣盤"而未雨綢繆。不過，對此，廖氏家族及創興銀行均予以否認。

◢◢ 越秀集團實施 "3+X" 戰略──劍指創興銀行 ◣◣◣

越秀集團原為廣州市政府在香港的"窗口"公司，創辦於 1985 年 4 月，當時稱為"香港越秀企業有限公司"（簡稱"香港越秀"），主要任務是為廣州市引進資金和項目，利用外商身份以合資合作等方式在廣州興辦企業，參與改造老舊企業；同時，積極參與對廣州有重大影響的能源和重工業項目的投資建設等。1986 年，香港越秀在港註冊成立"越秀財務公司"，作為金融業務的運作平台，開展股票投資、證券、保險等業務，成為較早涉足金融業務的中資公司之一。

1992 年初，鄧小平南巡廣東，全國掀起改革開放和加速經濟發展的新熱潮。香港越秀管理層因應形勢發展的新進展，制定了"立足香港、依託廣州，向海外延伸，向國內發展"的戰略方針，並於同年 8 月將越秀企業有限公司重組為"越秀企業（集團）有限公司"（簡稱"越秀集團"）。1992 年 11 月，越秀集團分拆旗下地產業務──越秀投資有限公司在香港上市。藉助越秀投資上市而籌集的資金，越秀集團逐步走上了多元化擴展道路。1997 年，越秀集團再分拆旗下交通基建業務，重組為越秀交通有限公司，在香港上市。

不過，1997 年，在亞洲金融危機猛烈衝擊下，越秀集團與其他中資紅籌股一樣，經歷了一場嚴峻的挑戰。當時，越秀集團正面臨還債高峰期，集團本部的 55 億港元銀行負債中，短期負債高達 50.5 億港元，若無法按期償還本息將可能也同樣面臨破產清算的風險。面對危局，越秀集團管理層經過深入分析，決定既不採取廣信集團破產的方法，也不採取粵海集團債務重組方法，而是採取通過注入優質資產的方法，渡過危機。2000 年 9 月，越秀集團與包括 92 家國際金融機構的債權人簽署重組協議，將廣州城建集團、鳴泉居等非上市資產注入公司。2003 年 12 月，越秀集團籌劃設立成立 "越秀房託基金"，並向基金注入廣州白馬大廈、財富廣場、城建大廈、維多利廣場 4 項物業的持有權益。2005 年 12 月，越秀房地產投資信託基金（簡稱 "越秀房託"）在香港掛牌上市，越秀投資套現約 30 億港元資金，並持有越秀房託 31.3% 股權。越秀房託的掛牌上市，使越秀集團增加了一個新的資本運作平台，進而推動越秀集團步入一個大發展的新時期。

2008 年，美國次貸危機觸發全球金融海嘯，導致全球經濟低迷，越秀集團旗下的地產、造紙、水泥、酒店等行業都受到衝擊，生產經營再次面對空前的壓力和挑戰。為破解集團發展面對的困境和發展難題，越秀集團提出了新的發展定位："做大做強現代服務業，改造提升傳統產業，謀劃戰略性新興產業，打造既有強大融資能力、又有持續發展後勁的現代國際化跨國企業集團。" 為實現這一發展定位，集團提出了 "三年調整優化發展" 的整體思路，即用 3 年時間調整產業結構，優化資本結構，改革體制機制，形成 "3+X" 的現代產業佈局，從而實現集團的戰略轉型，使越秀集團發展成為產業經營和資本經營雙輪驅動的現代化跨國企業集團。

越秀集團在實施的 "3+X" 戰略中，金融業板塊由內地的 "廣州越秀金融控股" 和境外的 "香港越秀金融控股" 兩個金控平台組成。其中，廣州越秀金控成立於 2012 年，2016 年在內地上市，持有證券、租賃、資產管理、產業基金、擔保、小貸、金融科技等業務板塊。不過，在 2013 年以前，越秀金融板塊的發展，缺乏一個核心的部門——銀行業。2012 年，越秀集團資產總值中，金融資產僅為 250.72 億元人民幣，佔集團總資產比重僅為 14.4%，遠低於房地產板塊的 54.7% 和交通基建板塊的 19.2%。當年，越秀集團的營業收入和稅前利潤中，金融業分別為 11.22 億元人民幣和 4.23 億元人民幣，所佔比重分別為 6.0% 和 6.6%，遠低於房地產的 69.3% 和交通基建的 28.7%。

正因為如此，越秀集團將發展銀行業視為實施 "3+X" 戰略轉型的關鍵和核心。為此，越秀金控確立了 "打造以銀行、證券為核心，以信託、租賃為重要支撐，以私募基金、小微金融等為特色業務的國際化金融控股集團"的整體發展思路。為了補上銀行業務的缺口,越秀集團一直謀劃通過申請銀行牌照,或者通過併購重組的方式進入銀行業。而當時,中國銀監會已全面收緊銀行牌照發放,幾乎完全關閉除了鄉鎮銀行之外的銀行牌照申請通道。越秀集團也曾嘗試考慮併購內地銀行。然而,隨着中國內地銀行業監管收緊,無論新設銀行還是控股性併購銀行,均面臨政策性制約。在這種背景下,越秀集團將目光轉向香港市場。2012年5月,越秀集團通過與其合作關係密切的野村證券,得知香港本地註冊銀行創興銀行有意"賣盤"的消息,便當機立斷,將收購的目標轉向香港本地註冊銀行——創興銀行。

創興銀行是一家歷史悠久的商業銀行,經過近70年的發展,已在香港及中國內地、澳門特區乃至美國舊金山等地建立起一個相對完整的銀行網絡。早在20世紀90年代初中期,該行已開始致力在中國內地建立分行網絡,在廣東省汕頭市設立分行、在上海設立代表處,這對於不僅要進軍香港銀行業,更急於拓展內地銀行業市場的越秀集團來說尤為重要。同時,創興銀行是香港上市公司,持有財務、證券、商品期貨、保險等多個金融業務牌照,並擁有 RQFII(人民幣合格境外投資者)資格,可以開展證券買賣、期貨交易、投資銀行、保險及再保險等業務,有利於推動集團金融業務的多元化發展。另一個有利因素是,創興銀行自1961年以來素以穩健、保守經營著稱,風險防控能力強。由於經營穩健、保守,資產質量相對較高,越秀集團接手後,憑藉集團的優勢,有利於挖掘創興銀行的發展潛力,取得更好的發展業績。此外,創興銀行的股權結構清晰,相對較為簡單,大股東廖氏家族有出售控股權的意欲,市場機遇千載難逢。

事實上,自2003年以來,香港金融市場上,有關創興銀行股權出售的傳聞此起彼伏。2003年6月,市場就盛傳中國農業銀行有意向第二大股東中遠太平洋,購入其持有的兩成創興銀行股權,但有關傳聞隨即遭到否認。2007年1月,市場再傳出內地最大銀行——中國工商銀行有意收購創興銀行,但再次遭到後者的否認。2008年全球金融海嘯爆發以來,香港本地銀行的經營環境日趨惡化,特別是2008年老牌的本地銀行永隆銀行股權被中資招商銀行收購,在香港本地銀行中引起連鎖反應,有不少香港本地的華資銀行都傳出"求售"的消息。這一時期,隨着廖氏昆仲相繼進入暮年，廖氏第二代將經營銀行的接力棒交給第三代，已到了關鍵階段。而此時，廖氏第三代對接班的興趣，則明顯不如其父輩。他們之中許多都有自己的事業或專業。2013 年 3 月，創興銀行公佈年度業績時，行政總裁劉惠民首次明確表示：銀行對"賣盤"會"積極考慮"。市場憧憬創興銀行"賣盤"，刺激創興銀行股價一度急升，創兩年來的新高。可以說，經過審慎的權衡，廖氏家族終於決定"賣盤"。

越秀集團的收購，最早從 2012 年 5 月開始。同年 10 月底，在野村證券的牽綫安排下，越秀集團董事長陸志峰、副董事長兼總經理張招興、首席資本營運官李鋒等越秀高層，拜訪了創興銀行董事總經理、時年 73 歲的廖烈智，揭開了收購的序幕。在此後雙方的多次接觸中，廖烈智瞭解了越秀集團的發展歷程、經濟實力、經營誠信，並對越秀集團做銀行理念給予認同。對於越秀集團表現出來的收購誠意，廖氏家族表示歡迎和讚賞。這為收購奠定了最初的基礎。

◢ 籌組收購團隊——巧妙破解三大政策性難題 ◣

由於創興銀行註冊地位於香港，收購涉及香港法律以及大規模外幣融資。為了簡化流程，方便行事，越秀集團決定利用旗下香港資產的經營主體——香港越秀，發起對創興銀行的收購。出於保密考慮，在越秀集團內部將此項收購計劃命名為"牡丹花項目"，並組建收購團隊，聘請野村國際（香港）擔任財務顧問，貝克律師事務所、中倫律師事務所為法律顧問。從 2013 年 8 月上旬，該團隊展開為期兩個月的盡職調查。結果顯示，創興銀行運營穩健，資產良好，無重大收購風險。越秀集團由此確認己方收購意圖，項目進入關鍵環節。

越秀集團在收購創興銀行的過程中，首先遇到的第一個政策性難題，是香港金融管理局對於收購本港銀行的收購主體的政策限制。根據香港《銀行業條例》規定，有關收購最終必須獲得香港金融管理局的批准、同意方可生效。而在香港，截至 2012 年，已經有 26 年沒有非金融機構收購本地銀行的先例。更無先例可循的是，該併購案還是首次地方國企併購香港銀行。香港金管局已經監管的在香港中資銀行的控股股東均為央企。

為了突破這一政策難點，越秀集團委託貝克律師事務所、野村國際（香港）從市場准入角度進行政策解析，瞭解香港監管機構的政策取向，加強與監管部門的溝通，並制定相應的行動方案。恰巧，這一時期，香港銀行監管的相關政策也在逐步放寬。依據巴塞爾銀行監管委員會設定的過渡時間表，《巴塞爾協議 III》框架的第一階段於 2013 年起在香港生效，香港金管局根據相關規定修改了《銀行業條例》，要求“任何海外金融或非金融公司必須在港成立僅以持有銀行為目的的控股公司”，並滿足一系列資本要求。為符合這一規定，2013 年 7 月，越秀集團通過香港越秀在香港註冊“越秀金融控股有限公司”，作為收購創興銀行的主體機構，法定資本為 1000 萬港元。

為順利展開收購，越秀集團收購團隊多次赴香港與香港金融管理局進行溝通，介紹越秀集團的發展情況、收購意圖以及未來發展創興銀行的理念和戰略，使香港金融管理局打消疑慮。與此同時，越秀集團亦按照香港監管當局要求，主動提交資本充足率、流動資金、大額風險承擔、資產抵押、集團結構、業務活動、風險管理等一系列詳細的財務資料，確保符合收購條件。2013 年 10 月 7 日，香港金融管理局頒佈新修訂的《銀行業條例》，對銀行收購方的要求作出新規定：“申請成為本地銀行大股東控權人的法團，若是海外地區成立，必須在港註冊一間法團控股公司，該公司成立的唯一目的，須純粹持有銀行股份，即控股公司不能同時持有保險、證券等非銀行金融業務。”這意味着香港銀行業政策壁壘解除，越秀集團在香港註冊的“越秀金融控股有限公司”已符合參股、兼併香港銀行的基本條件和要求。

越秀集團在收購創興銀行遇到的第二個政策性難題，是如何在取得銀行控制權的同時，仍保留其上市地位。談判期間，大股東廖創興企業希望全部出售所持創興銀行 50.20% 股權。而按照香港監管機構《收購及合併守則》要求，對於超過 50% 以上股權的大股東變更，通常要求進行全面要約收購，結果將導致私有化退市。對此，越秀集團一開始就明確希望能維持創興銀行的上市地位，以便更好地利用國際資本市場，促進創興銀行的做強做大。為此，越秀集團與廖氏家族及香港金融監管機構經過反覆溝通，最終決定採用 75% 的部分要約方案：併購方需最少就創興銀行已發行股份的 50% 加 1 股收到對部分要約的有效接納，併購方應盡可能收購合資格創興銀行股東確認其有意出售的創興銀行股份，但最多不超過已發行股份的 75%。該方案最終獲得了香港金融監管當局的批准。

根據部分要約交易架構，若創興銀行全體股東均接受要約，則廖創興企業最終只能出售 37.65%（50.20×75%），保留 12.55%，這將導致公眾流通不足，創興銀行依然面臨退市風險。為此，廖氏家族承諾，一旦出現此類情況，將配合越秀集團將廖創興企業所持剩餘 12.55% 股權分派給廖創興企業的所有股東，以保證其對創興銀行的持股量低於 10%，滿足公眾持股的要求。

越秀集團在收購創興銀行中遇到的第三個政策性難題，是如何籌借到巨額收購資金而有能嚴防信息外洩影響股價波動。作為上市銀行，創興銀行接受香港金管局、香港聯交所、香港證監會監管，其收購交易嚴格遵守保密條款。為了在高度保密的環境下籌組收購資金，越秀集團決定一方面利用收購主體香港越秀金控的母公司——香港越秀長期在境外經營所積累的自有境外資金，另一方面則借道台灣、新加坡等地籌組銀團貸款。最初，越秀集團通過台北富邦銀行牽頭組織了一筆 2 億美元銀團貸款，並通過財務顧問野村證券牽頭，台灣銀行、兆豐銀行參與組織了一筆最高額度為 10.45 億美元的 1 年期過橋貸款。其後，在有關創興銀行尋求出售股權的消息公開後，以此為契機將關係良好的星展銀行引入銀團，壓低了一部分過橋貸款的利息成本。根據香港《兼併及收購守則》，涉及香港上市公司的收購交易中，收購方需出具貸款協定等相關財務資料，向監管機構證明其收購能力，以規避潛在交易風險。台灣銀團的貸款協定實際上起到履行程式的作用，越秀集團以此為憑證，取得監管機構對收購創興銀行的批准。

2013 年 10 月 25 日，越秀集團、廖氏家族方面、創興銀行等發佈部分要約收購聯合公告，保密義務消除。此時，廣州市政府明確向越秀集團注資 40 億元人民幣。為瞭解決迫在眉睫的收購資金問題，越秀集團在野村證券協助下，在香港進行新一輪融資，由中銀國際、工銀亞洲、東亞銀行、星展銀行等 7 家銀行共同參與，分別組建了 1.5 年期、3 年期兩筆美元子彈式貸款，以取代之前成本較高的台灣貸款，由此節省了大量利息支出。對此，在此兩輪融資中擔任中國法律顧問的中倫律師事務所表示："以子彈貸款替換過橋貸款，業界計算可以為越秀集團節省下大量的利息成本。越秀集團的境外子公司以本身尚不夠完全的實力借助兩輪境外融資完成該併購案顯示出高超的財技,相當值得稱道。"

◢ 妥善解決兩個核心環節——成功取得創興銀行控股權 ◣

在收購過程中,核心環節之一是越秀集團與廖氏大股東雙方對交易對價格的確定。當時,越秀集團正面臨多個潛在收購者的競爭。越秀集團經過與廖氏家族的反覆磋商,根據獨立協力廠商評估顧問普華永道、物業評估師第一太平戴維斯及仲量行等仲介機構對創興銀行的銀行業務及分行物業作出評估,最終商定創興銀行的總估價為 155.25 億港元,即每股作價 35.69 港元,按照 2012 年底銀行淨資產 73.7 億港元計算,折合市淨率約 2.11 倍,處於獨立協力廠商普華永道測算的估值區間之內(111-163 億港元)。越秀集團要約收購創興銀行 75% 股權,交易作價為 116.44 億港元。

另一核心環節是交易的安排。在收購談判過程中,廖氏家族提出,希望在出售創興銀行股權的同時,保留創興銀行持有的銀行總部大樓——創興銀行中心。創興銀行中心是一棟 26 層高、建築面積超 10 萬平方英尺的高級寫字樓,位於香港中環,地理位置優越。廖氏家族希望保留此幢大廈的產權。因而提出,在出售所持創興銀行控股權後,由家族上市旗艦廖創興企業收購創興銀行中心全部股權。越秀集團接受了廖創興企業的物業收購要求。不過,鑒於銀行總部選址及搬遷成本高昂,出於穩定性考慮,需要繼續租用創興銀行中心作為過渡辦公場所。為此,雙方達成一項物業交易:創興銀行中心售後回租。

2013 年 3 月,市場上開始流傳創興銀行大股東出售控股權的有關傳聞,導致創興銀行股價出現波動。到 8 月份,香港《信報》報道了創興銀行尋求出售的消息,有關傳聞公開化。8 月 7 日,創興銀行及母公司廖創興企業宣佈停牌,當時創興銀行股價已升至每股 22.45 港元。當天,創興銀行的控股股東及創興銀行針對收購傳聞,發佈聯合公告,承認有數位獨立協力廠商人士與公司股東接洽,而股東並未與任何人士達成承諾或訂立任何協議。8 月 8 日,創興銀行復牌後,其股價大漲近兩成。

當時，市場在盛傳越秀集團將收購創興銀行的同時，又傳出香港另一家本地銀行——永亨銀行股權出售的消息。受此消息刺激，9 月 17 日永亨銀行股價大幅上升近四成，收市報每股 116.8 港元，創下 1993 年上市以來的最高價位。當日，大新銀行股價上升 17.7%，至每股 13.32 港元，創興銀行股價也升至每股 32.75 港元。當時，市場人士表示：「近年銀行業經營環境困難，監管要求日嚴，銀行要滿足資本及其他監管要求，加上部份銀行缺乏接班人，部分銀行股東或會意興闌珊，不排除繼永亨及創興後，大新及東亞若遇到好的價錢，亦願意出售銀行業務。」而投資銀行摩根大通更認為，2013 年 9 月 17 日是香港本地銀行併購「值得紀念的一天」。有評論指出：「隨着創興銀行、永亨銀行先後確認放售，香港本地銀行整固潮亦等於『展開終結篇』」。

2013 年 10 月 25 日，香港越秀金融控股有限公司向創興銀行正式發出收購要約：以每股 35.69 港元的價格向創興銀行合資格股東收購最多 32625 萬股股份，佔已發行創興銀行股本 75%，總收購價為 116.44 億港元。另外，創興銀行將派發特別股息每股 4.1596 港元。與此同時，創興銀行與廖創興企業就位於中環之銀行總部物業創興銀行中心達成轉讓及租賃協議，創興銀行以 22.3 億港元價格將創興銀行中心轉讓予廖創興企業，而廖創興企業亦會把該中心地下及其他 18 層樓層租賃給創興銀行，為期 5 年，創興銀行享有再將租賃續展 5 年的選擇權。創興銀行並決定將物業轉讓收益作為特別股息進行分派，以便所有股東均能從物業轉讓中受益。

2013 年 12 月 20 日，創興銀行舉行股東特別大會，就有關越秀金控收購創興銀行事宜進行表決，結果獲得 99.987% 股份贊成，0.013% 股份反對，獲正式通過成為普通決議案。2014 年 1 月 8 日，香港金融管理局根據香港《銀行業條例》，批准廣州越秀集團有限公司、香港越企及越秀金融控股有限公司各自成為創興銀行的大股東控制人。2 月 14 日，創興銀行董事會宣佈，野村國際（香港）有限公司代表越秀金融控股有限公司向創興銀行合資格股東收購銀行股本中最多 32625 萬股股份的自願性現金部分要約已經完成。越秀金融控股有限公司收到創興銀行股東有效接納 4.24 億股，佔創興銀行已發行股本的 97.51%，因越秀金融控股有限公司最多僅收購 75% 股份,即 3.2625 億股,故向每名股東按比例收購。該次併購總交易金額 116.44 億港元,扣除物業交易賬面值變化,越秀集團最終以 2.08 倍的市賬率收購創興銀行。

收購完成後,廖創興企業保留 5040 萬股創興銀行股份,持股量為 11.59%,剩餘公眾持股量約 13.41%,不符合香港《上市守則》公眾持股要求。為解決流通量不足問題,2014 年 4 月 30 日,廖創興企業對全體股東進行實物分派,每 10 股廖創興企業獲得 1 股創興銀行。分派完成後,廖創興企業持股比例降至 2.89%,創興銀行的公眾持股比例恢復至不低於 25% 水平,符合香港《上市規則》規定。創興銀行於 5 月 7 日恢復買賣。至此,歷時近兩年的收購順利落下帷幕。

◢◢ "最佳金融機構交易" ——越秀與創興銀行華麗轉身 ◣◣◣

越秀集團成功收購香港註冊的創興銀行,在香港社會和中國內地都產生了極大的反響。2014 年 12 月,基於越秀集團在收購創興銀行過程中的卓越表現,香港《財資》雜誌(*The Asset*)將該項收購評為"年度最佳交易——最具創意交易";《金融亞洲》(*Finance Asia*)雜誌亦將該項收購評為"金融成就大獎——最佳金融機構交易"。該項收購凸顯了越秀集團在資本運作領域具有敏銳的市場機會捕捉能力、在遭遇壁壘時的創新能力,以及強大的資本運營能力和國際資源的整合能力。這大大提升了越秀集團在香港、中國內地等海內外的聲譽、品牌和形象。

是次收購,無論是對越秀集團、對創興銀行本身,都具有重要的現實意義。根據越秀集團與廖氏家族達成的協議,收購完成後,越秀集團可繼續使用"Chong Hing"、"創興"的品牌和名稱,享有創興銀行在香港 65 年經營所積累的廣泛聲譽、客戶資源和銷售網絡。越秀集團藉助創興銀行的資源和經驗,迅速彌補銀行業務的空白,成功建立起一條從銀行到證券、基金、期貨、產業投資、融資擔保、小額貸款、投資諮詢等各領域的、完整的"金融產業鏈",為集團實現越秀金融打造全牌照的綜合性金融控股集團的戰略目標,打下堅實基礎。越秀集團董事長張招興表示:"對我們來講,創興銀行是我們產業轉型的最核心。"換言之,收購創興銀行是越秀集團實現"產業轉型的最核心",標誌着越秀集團基本實現"3+X"的產業轉型。

　　對於創興銀行而言,越秀集團收購創興銀行,由於越秀集團強大的政府背景和充沛的內地商業資源,為創興銀行拓展內地銀行網絡,注入了強大的動力。事實上,自 2014 年收購完成後,創興銀行取得了長足的發展,銀行在進一步鞏固香港業務的同時,迅速在內地構建一個立足穗港、佈局全國的經營網絡,在原有汕頭分行的基礎上,先後建立了廣州、深圳、上海、北京、澳門等 5 間分行,以及廣州海珠區、佛山南海區、佛山順德區、廣東南沙自貿片區、廣東橫琴自貿片區、東莞南城街道、中山東區等 7 家支行。2020 年,創興銀行的總資產達 2329.00 億港元,客戶存款為 1832.28 億港元,除稅前溢利 22.81 億港元,分別比收購前的 2013 年增長了 1.73 倍、1.57 倍及 2.53 倍。現階段,創興銀行正致力於打造"跨境特色的綜合性商業銀行"(An integrated commercial bank with cross-border expertise)。創興銀行表示:"我們的重要經營指標要超越行業平均水平,最終要達至行業領先地位。從業務佈局上我們跨越穗港兩地、面向全中國佈局,但更重要的是我們要擁有國際化的視野,堅持國際化的標準,提高國際化的水平,不斷做強、做大自己。"是次收購,無論對越秀集團,還是創興銀行,都是一次"華麗轉身"。

　　不過,2021 年 5 月,越秀集團突然一反維持創興銀行上市地位的初衷,宣佈將以每股 20.80 港元價格,即溢價約 51.2%,私有化創興銀行,涉及資金 50.96 億港元。對此,越秀集團的解釋是:創興銀行將加快內地和香港多項業務的佈局和提升,這意味着需要大量的資本補充。2014-2020 年間,雖然創興銀行業績持續向好,但香港銀行業整體估值下行,因此判斷,在當前市場條件下和可預見的未來中,創興銀行沒有從市場上籌集新股本的切實可行機會,這將制約銀行未來發展。為此,決定私有化創興銀行,以便向創興銀行注入財務資源,以滿足其資本需求而不攤薄獨立股東權益,並支持創興銀行執行發展計劃。市場人士分析,越秀私有化創興銀行還有一個重要原因,就是自 2014 年入股以來,創興銀行的成交量持續低迷令大股東失望,失去股市集資功能。8 月 30 日,私有化創興銀行計劃相繼獲得法院會議和股東特別大會高票通過(99.97% 和 99.91%)。9 月 23 日,法院聆訊批准私有化計劃。9月30日下午，創興銀行正式退市，成為越秀集團的全資附屬公司，揭開銀行發展的新一頁。

責任編輯		許正旺
版式設計		吳冠曼
封面設計		陳曦成
書籍排版		陳朗思

書　　名		香港企業併購經典（增訂二版）
編　　著		馮邦彥
出　　版		三聯書店（香港）有限公司
		香港北角英皇道四九九號北角工業大廈二十樓
香港發行		香港聯合書刊物流有限公司
		香港新界荃灣德士古道二二〇至二四八號十六樓
印　　刷		美雅印刷製本有限公司
		香港九龍觀塘榮業街六號四樓 A 室
版　　次		二〇一三年一月香港第一版第一次印刷
		二〇一七年八月香港增訂版第一次印刷
		二〇二三年七月香港增訂二版第一次印刷
規　　格		十六開（170 mm× 240 mm）五二〇面
國際書號		ISBN 978-962-04-5274-1

© 2013, 2017, 2023 三聯書店（香港）有限公司

Published & Printed in Hong Kong, China.